D1922618

J.V.

DER BORN JUDAS

Legenden, Märchen und Erzählungen

Gesammelt von
Micha Josef bin Gorion
Herausgegeben und
mit einem Nachwort von
Emanuel bin Gorion

Jüdischer Verlag

Die Geschichten sind übertragen von
Rahel bin Gorion
(1879–1955)

Erste Auflage 1993
© Insel Verlag 1959
© dieser Ausgabe Jüdischer Verlag im Suhrkamp Verlag
Frankfurt am Main 1993
Alle Rechte vorbehalten
Druck: Nomos Verlagsgesellschaft, Baden-Baden
Printed in Germany

VORREDE ZUR ERSTEN AUSGABE

Neben den Mythen, Sagen und Lehren, die das jüdische Schrifttum durchziehen, das Leben und die Hoffnungen des Volkes bestimmen, läßt sich noch ein besonderes Gebiet abgrenzen, das Legenden und Erzählungen, Märchen und Geschichten in sich schließt. Dieses Gebiet zu bearbeiten, ist die Aufgabe des hier beginnenden Werkes. Es soll der Versuch gemacht werden, den bekannten großen Märchen- und Legendensammlungen, wie Der Weise und der Tor, Tausendundeine Nacht, Gesta Romanorum, eine neue Sammlung, die ihr eigenes Bild hat und die anderen ergänzen dürfte, anzugliedern. Geistige Dinge, die Brot und Wasser des Tages waren, überleben den Tag, und so ist uns in den Volksdichtungen und religiösen Geschichten der Alten ein reiches Erbe zuteil geworden. Wir alle führen, trotz der Kluft der Jahrhunderte und der Sonderheit der Stämme, dieselbe Zwiesprache mit uns in den Stunden der Not wie in den Stunden seelischer Gehobenheit.

Die Mythen und Lehren erzählen von der Schöpfung der Welt, von der Offenbarung Gottes im All und vom Jüngsten Tag; um die Heroen gruppieren sich die Sage und die Legende; die Märchen und Geschichten schöpfen aus der Fülle des Lebens, werden aber auch nicht selten mit den Sprüchen und Ermahnungen der Weisen in Verbindung gebracht. Hinter jeder biblischen und talmudischen Sentenz verbirgt sich eine Historie, die Erfahrung einer besonderen Begebenheit.

Der Weg zu der jüdischen Erzählung geht von der biblischen Chronik aus; die Wiege der Legende sind der Talmud und der Midrasch. Unsere Sammlung beginnt aber mit der nachtalmudischen Zeit; sie begleitet das Mittelalter und endet mit dem Chassidismus, mit dem auch die Volksdichtung im eigentlichen Sinne aufhört. Vom Talmud selbst sind nur die Mären aufgenommen worden, die sich vom Ganzen losgelöst haben, Gegenstand der Bear=

beitung geworden und in den Bereich der Volkserzählung übergegangen sind. Es sollen hier nicht bloß literarische Dokumente gegeben werden, sondern Volksgeschichten, die sich von Geschlecht zu Geschlecht fortgepflanzt haben, in allen Fährnissen des Lebens erzählt wurden und zur Erhaltung des Volkstums in gleichem Maße beigetragen haben wie Lehre und Gesetz, Synagoge und Kultus.

Die jüdische Volksliteratur ist im großen ein Erzeugnis der Diaspora. Die uralten Traditionen und Gegensätze, die auf heimatlichem Boden entstanden sind, wirken zwar weiter fort; es kommen aber die Wechselbeziehungen zu den Wirtsvölkern hinzu. Trotz aller Abgeschlossenheit fand ein stetes Nehmen und Geben statt; und so manches Dunkle, ja Verschollene anderer Volksliteraturen ließe sich im hebräischen Märchen neubeleuchtet wiederfinden.

›Eine von der Weltgeschichte anerkannte historische Besonderheit sind die Juden, nach Volkstum und Bekenntnis ein Ganzes, dessen Richtungen von einheitlichen, mit ihren Wurzeln in das tiefste Altertum hineinragenden Gesetzen gelenkt werden, und dessen geistige Erzeugnisse bereits über zwei Jahrtausende *eine* Lebensfaser unzerreißbar durchzieht. Dies die Berechtigung zur Existenz, die Begründung der Eigentümlichkeit einer jüdischen Literatur. Aber sie ist auch aufs innigste mit der Kultur der Alten, dem Ursprung und Fortgang des Christentums (und des Islams), der wissenschaftlichen Tätigkeit des Mittelalters verflochten, und indem sie in die geistigen Richtungen von Vor- und Mitwelt eingreift, Kämpfe und Leiden teilt, wird sie zugleich eine Ergänzung der allgemeinen Literatur, aber mit eigenem Organismus, der, nach allgemeinen Gesetzen erkannt, das Allgemeine wiederum erkennen hilft.‹ [Zunz.]

Die jüdische Historie pflegt den biblisch-apokryphischen Stil; im Vordergrund steht die Tat, der Sinn ist auf das Heroische gerichtet. Die Legenden hingegen sind mehr in der talmudischen knappen Art gehalten; es ist kein eigentliches Erzählen, sondern nur ein Mitteilen. Das Wunder ist mit dem Ereignis verwoben; das innere Auge schaut beides zugleich. Aber schon im Talmud schieben sich neben die Heiligengeschichten Weisheitserzählungen, Parabeln und Fabeln, welche Züge des echten Orientalismus aufweisen. Mit dem Einsetzen der arabischen Periode im Judentum verbreitert sich dieser Strom. Eine bewußte Erzählungskunst, die sich mit Vorliebe der gereimten Prosa bedient, tritt zutage; die Erbauung ist nicht nur Mittel, sondern auch vornehmlicher Zweck der Dichtung.
In den Zeiten der Bedrängnis wendet sich die Volkserzählung wieder den besonderen Ereignissen zu. Unstet und flüchtig ist das Volk Israel, aber auch Jahve erwartet die Erlösung und die Rückkehr in sein Heim. Die Romantik des Heiligen Landes erwacht; um die Gräber der Väter spinnen sich neue Historien. Nach und nach durchtränkt die Mystik die jüdische Erzählung. Alte Mythen kehren wieder; wie in den Tagen der Genesis paaren sich Dämonen und Gespenster mit den Menschenkindern. Wandel und Taten der Heiligen werden der einzige Gegenstand der Darstellung.
Der Verlauf der jüdischen Legende und des Märchens zeigt uns beinahe dasselbe Bild, das wir im Werdegang der Schrift des Alten und des Neuen Bundes gesehen haben. Wie in der Bibel von der Offenbarung und der Prophetie ein Weg zu den Weisheitsschriften hinüberleitet, ein weiterer aber durch die Visionen Ezechiels und die Gesichte Daniels zu den apokalyptischen Weissagungen führt, ebenso weiten sich die hebräischen frommen Legenden zu Märchen und Parabeln, worauf dann wieder die Heiligen- und

Wundergeschichte in Erscheinung tritt und nun allein die Herrschaft über die Gemüter hat.
Die Legende erzählt von dem menschlichen Tun auf Erden; Sittenreinheit und Gerechtigkeit öffnen die Tore des Paradieses, Elia und die Engel sind die Boten des Lebens. Der mystischen Erzählung aber ist die Erde nur ein Planet des Himmels. Da oben wohnen die menschlichen Seelen seit jeher, und wenn sie in Leiber gekleidet werden, Antlitz und Odem bekommen, so geschieht das nur, um eine bestimmte Handlung hienieden zu verrichten; danach kehren sie in die ewige Heimat zurück, um die Gottheit zu preisen.

Mit dem Sammeln jüdischer Märchen und Legenden ist schon in den frühesten Zeiten begonnen worden. Das meiste Material aber ist in den zahlreichen Chroniken, lexikalischen Werken, Biographien, Memoiren, Moralbüchern und in den Vorreden zu Schriften verschiedenen Inhalts zerstreut. Viele dichterische Stoffe sind in Kodizes versteckt, wo sie gar nicht zum Thema gehören. Was in Handschriften verborgen ist, ist nur zum kleinen Teil gehoben worden.
Wo die Juden noch geschlossen wohnen und ihre alten Traditionen pflegen, lebt neben den aufgezeichneten noch eine Menge mündlicher Geschichten. Der Sammler hat in seiner Jugend viele Legenden und Märchen aus dem Volksmund gehört und ihre Wirkung miterlebt.

Friedenau 1916 M. J. bin Gorion

ERSTES BUCH:
BIBLISCHE MÄREN

1. DER WEISSE WOLF UND DER PROPHET MOSE

Unser Lehrer Mose, Friede sei mit ihm, weidete einst die Schafe seines Schwähers in der Wüste. Da erschien ihm eines Tages ein Engel in der Gestalt eines weißen Wolfes. Der Wolf sprach zu Mose: Friede mit dir, du Mann Gottes. Mose erschrak vor der Erscheinung. Das sah der Wolf dem Propheten an und sagte: Ich bitte dich, mein Herr, gib mir ein Schaf von deiner Herde, daß ich es fresse und meinen Hunger stille. Mose antwortete: Sind denn die Tiere der Sprache mächtig? Darauf sagte der Wolf: Du, durch den die Schrift in der Wüste Sinai gegeben werden soll, du, der du das Goldene Kalb wirst sprechen hören und die Geschichte von der Eselin Bileams niederschreiben wirst, du sprichst zu mir in dieser Weise? Gib mir ein Schäflein von deiner Herde, dann will ich weiterrennen und den Willen meines Schöpfers erfüllen. Da entgegnete Mose: Sieh, die Herden sind nicht mein, sie gehören meinem Schwäher Jethro an, und das Gesetz lehrt: ›Seid rein vor Gott und vor Israel.‹ Ich bin nichts mehr denn ein Tagelöhner gleichwie der Erzvater Jakob, der Labans Habe treu hütete und am Tage die Hitze, in der Nacht den Frost ertragen mußte. Sagten doch die Altvordern: Die treu sind, haben im Eden ein Gehege, dessen Herrlichkeit die andern nicht schauen können. Hierauf sprach der Wolf: Ich bin nicht gekommen, um dir zuzuhören. Geh zu deinem Schwäher und frage ihn, ob du ein Schaf von deiner Herde mir geben darfst. Der Prophet antwortete: Wenn ich dir folge und von hier gehe,

wer wird die Herde so lange behüten und sie vor den Tieren der Wüste, den Wölfen und Panthern, beschützen? Bist du doch selber einer aus der Wildnis; wie mögen erst die andern Raubtiere sein? Der Wolf sagte darauf: Läßt du mich hier, so will ich die Schafe hüten; ich will keines von ihnen verletzen und, ich schwöre beim Himmel, keines fressen. Verzehre ich eines, so nenne mich einen aus dem zehnten Geschlecht, aus dem Geschlecht, das schlimmer ist als das der Sintflut und das des Turmbaues.
Also ging Mose zu seinem Schwäher und erzählte ihm von dem seltsamen Begegnis. Jethro sprach: Gib dem Wolf ein Stück von den Besten meiner Herde; deine Hand sei hierin wie die meinige. Da kehrte Mose zu den Schafen zurück und fand den Wolf bei der Herde liegen, den Kopf auf die Vorderbeine gesenkt. Das Tier fragte den Menschen: Was hat dein Schwäher gesprochen? Der Prophet antwortete: Er läßt mich sagen, du sollest dir das Beste seiner Schafe aussuchen. Und Mose erhob seine Augen zum Wolf, aber der ward nicht mehr gesehen.

2. DER PROPHET UND DER BETRÜGER

Als Mose sich auf dem Wege nach dem Berge Horeb befand und seinen Stab in der Hand führte, begegnete ihm in der Wüste an einem Scheidewege ein alter Mann. Der grüßte und sprach: Friede mit dir, Meister! Mose erwiderte den Gruß und fragte: Wo willst du hin? Der Wanderer antwortete: Ich schweife im Lande umher. Da sprach der Prophet: Hast du auch Brot zu essen mit? Denn in der Wüste ist nichts gesät, und kein Weinberg und Feigenbaum ist zu finden. Daß du nicht allzubald matt und durstig werdest! Der alte Mann entgegnete: Ich habe zwei Brote in meinem Sack. Darauf sprach Mose: Ich trage drei Brote mit mir. Wir wollen nun meine und deine zusam=

menlegen, und sie sollen uns gemeinschaftliche Zehrung für den Weg sein. Und beide zogen ihre Brote hervor, zeigten sie einander, worauf sie der Alte in seinen Sack tat und diesen auf seine Schulter nahm. Mose aber sagte: Gib acht auf das Bündel, daß du es nicht verlierst.

Als sie eine längere Strecke zusammen gegangen waren, sprach einer zum andern: Wir wollen ein jeder ein Brot essen und uns stärken. Also wurden dem Sack zwei Brote entnommen und verzehrt, und drei waren somit in dem Reisebeutel des Alten verblieben. Nachdem die Wanderer wieder ein großes Stück Weges zurückgelegt hatten, verspürten sie Hunger und sprachen zueinander: Wir wollen uns abermals mit Brot laben. Und sie aßen ein jeder ein Brot, und so war nur noch eines übrig.

Die beiden Männer wanderten nun weiter einen halben Tag. Hierauf sprach Mose zu seinem Reisegefährten: Laß uns noch das letzte Brot miteinander verzehren. Da leugnete der alte Mann und schwur, sie hätten nur vier Brote zusammen gehabt. Wie sie nun weiter ihres Weges gingen, sahen sie zwei Hirsche rennen; die waren aber von Gott gesandt. Mose sprach zu seinem Begleiter: Fange eins von den beiden Tieren. Der alte Mann entgegnete: Bin ich denn närrisch, daß ich einem Hirsch nachlaufen soll? Was ist denn behender im Rennen als ein Hirsch? Der Prophet sprach: Nimm meinen Stab und schwinge ihn vor den Tieren. Das tat der Alte, und die zwei Hirsche blieben stehen und konnten sich nicht von der Stelle rühren. Und Mose schlachtete das Wild und briet das Fleisch. Er sprach zu dem alten Manne: Gib acht, daß du die Knochen der Tiere ganz läßt und nichts entzweibrichst. Nachdem das Fleisch verzehrt worden war, legte Mose die Knochen der Hirsche zu zwei Gerippen zusammen, fuhr darüber mit seinem Stabe und betete innig zu seinem Schöpfer. Da ließ der Herr die Tiere lebendig werden, und sie konnten wieder aufstehen. Hierauf sprach Mose zu seinem Genossen: Ich beschwöre dich bei dem Namen dessen, der die zwei Hirsche lebendig gemacht hat, welche doch weder Fleisch noch Sehnen hatten, mir zu sagen, ob du mich mit dem letzten Brote nicht betrogen hast? Da schwur der Alte, daß er es nicht verzehrt und es auch nicht entwendet habe.

Nachdem die beiden wieder eine Zeit lang geschritten waren, empfanden sie Durst. Da schlug Mose mit seinem Stabe gegen einen Felsen, und Wasser entquoll dem Stein. Die Wanderer tranken und erquickten sich. Mose sprach abermals zu seinem Weggenossen: Ich beschwöre dich bei dem, der das Wasser aus dem Felsen springen ließ, zu bekennen, ob du dich an dem Brote nicht vergriffen hast. Und der Alte gab wie das erste Mal einen Eid darüber ab, daß weder seine Hand noch sein Mund an dem Verschwinden des Brotes schuld seien. Da sagte Mose: So wollen wir denn weiterreisen!

Und sie setzten ihre Reise fort und kamen bis an eine Siedelung. Hier fanden sie die Einwohner betrübt und weinend. Der Prophet fragte: Warum seufzt ihr alle? Die Leute antworteten: Unser Ältester ist verschieden, und der war uns allen ein Vater. Wir würden unsere Seelen für die seinige hingeben. Da erbarmte sich Mose der Trauernden. Er ließ sich zu dem Verstorbenen führen, betete für ihn zu Gott und legte seinen Stab auf die Leiche. Da erzitterte der Tote und ward lebendig. Und wieder sprach Mose zu seinem Reisegefährten: Ich beschwöre dich bei dem, der den entseelten Leichnam erweckt hat, sage mir, wo das fünfte Brot hingekommen ist. Und der ungetreue Alte gab zum dritten Mal einen Schwur darüber ab, daß er von dem Verbleib des Brotes nichts wisse. Da sprach Mose bei sich: Das ist doch wohl einer aus dem zehnten Geschlecht.

Und sie zogen weiter und befanden sich wieder in der Wüste. Mose sprach zu seinem Mitwanderer: Ich will mich

entfernen und will einen Brunnen hier auffinden, damit ich meinen Leib reinige. Behalte nun meinen Stab so lange in deiner Hand. Wie aber Mose vom Wege abgebogen war, sprach der alte Mann bei sich: Das ist der Stab, mit dem mein Gefährte all die Wunder vollbracht hat; ich will mir ihn aneignen und damit gleichfalls die Toten zum Leben erwecken. Und er behielt den Wunderstab in seiner Hand und ging davon. Da stieß er nach einiger Zeit auf ein Anwesen. Dessen Einwohner besaßen einen Schatz, der stets von einem Knaben bewacht wurde. Da nahm der Alte das Geld weg und tötete den Knaben. Hernach legte er den Stab des Propheten auf den Erwürgten und gedachte es Mose gleichzutun; aber nicht umsonst heißt es: Es ist nicht allen Geschöpfen gegeben, Wunder zu wirken. Indessen kehrte Mose vom Brunnen zurück und sah, daß sein Begleiter mit dem Stabe davongegangen war. Er eilte ihm nach und fand ihn dabei, wie er um den toten Knaben vergeblich bemüht war. Die Einwohner des Dorfes drängten sich um den Übeltäter und wollten ihn umbringen, wie es in der Schrift heißt: ›Die Seele des Mörders für die Seele des Getöteten!‹
Da betete Mose zu Gott, und der Knabe ward lebendig. So hatte der Prophet seinen Gefährten vor der Rache der Dorfleute gerettet. Unsere Altvordern sprachen: Zwei, die nur vier Ellen miteinander gegangen sind – mit solchen rechtet nicht Gott. Und Mose und der alte Mann traten wieder die Wanderschaft an. Sie kamen an einen Bach, und Mose schüttete am Ufer drei Häuflein Erde auf. Er betete zu Gott, und der Staub ward in Gold verwandelt. Da sprach er zu seinem Mitwanderer: Sieh, was der Herr zu tun vermag. Dieser aber fragte: Wem soll das Gold gehören? Der Prophet erwiderte: Wer das fünfte Brot gegessen hat, soll zwei Goldklumpen bekommen; der es nicht genossen hat, erhält einen. Da sprach der von Gier Getriebene: Ich bin es, der

das Brot verzehrt hat. Darauf sagte Mose: So magst du nun alle drei Haufen an dich nehmen. Und unser Lehrer schied von seinem Gefährten, und dieser wußte nicht, wohin er sich gewandt hatte.

Nun gab sich der Betrüger Mühe, das Gold fortzuschaffen. Da sah er Leute mit Kamelen daherkommen. Er sprach zu ihnen: Helft mir den Schatz heben; ihr sollt ein Drittel davon haben. Die Reisenden erwiderten: Wir sind hungrig, hole uns zuerst Brot aus der Stadt; danach wollen wir das Gold auf die Kamele laden.

Der Übles Sinnende ging weg und überlegte, wie er das Brot, das er den Wanderern bringen wollte, vergiften könnte. Diese wiederum beschlossen untereinander, den Finder des Goldes umzubringen, wenn er käme. Wie nun der Frevler mit dem Brot erschien, hieben ihm die Kamelreiter den Kopf ab. Darauf aßen sie das vergiftete Brot und fielen selbst tot hin, und so blieb das Gold ungehoben bis auf den heutigen Tag.

Du aber, der du diese Geschichte gelesen hast, wisse, daß es ein böses Geschlecht ist, das das zehnte genannt wird. Die ihm zugehören, veruntreuen, was man ihnen gibt; sie sind Lügner, Meineidige, Betrüger und alle gottlos.

3. AM BRUNNEN

Unser Lehrer Mose hatte zur Gepflogenheit, einsame Stätten aufzusuchen, wo er mit sich selbst Zwiesprache hielt und wo der Geist Gottes über ihn kam. Eines Tages ruhte er unter einem Baume, der unweit einer Quelle war, und gab sich seinen Gedanken hin. Da sah er einen Mann an den Brunnen kommen und Wasser trinken und danach wieder seine Straße ziehen. Dem Manne aber war ein Beutel entfallen, und er hatte es nicht gemerkt. Nach einer Weile kam ein andrer Mann an den Brunnen, trank gleich=

falls Wasser und sah den Beutel liegen. Er hob ihn freudig auf und setzte seinen Weg fort. Nach ihm machte ein dritter Wanderer Rast vor der Quelle, und der verweilte an der Stätte längere Zeit.

Unterdessen ward der erste Mann des Verlustes gewahr und sprach bei sich: Gewiß habe ich den Beutel am Brunnen fallen lassen, als ich mich bückte und Wasser trank. Und er lief behend zurück und sah da einen Mann sitzen. Er fragte ihn: Was machst du hier? Der Angesprochene erwiderte: Ich bin müde und ruhe hier ein wenig; ich habe hier etwas gegessen und getrunken, und nun will ich weiter wandern. Da sprach der Mann, der das Geld verloren hatte: So hast du wohl meinen Beutel gefunden, den ich hier habe liegen lassen; es kann kein andrer gewesen sein als du, denn es ist erst eine Weile her, daß ich ihn verloren habe. Der Beschuldigte antwortete: Freund, ich habe fürwahr deine Börse nicht bei mir; zeihe mich nicht zu Unrecht des Raubes. Ist es erst kurze Zeit, daß dir dein Geld abhanden gekommen ist, so kann es nicht hier gewesen sein; suche es also anderswo. Oder du hast am Ende gar nichts verloren, dann geh weiter, wo du hin willst. Und die beiden Männer zankten miteinander und hieben aufeinander ein. Da erhob sich der Prophet und wollte sie trennen; ehe er aber hinzugekommen war, hatte der Mann, der das Geld verloren, den andern erschlagen und war davongelaufen.

Da ward Mose voll Barmherzigkeit über den, der ohne Schuld den Tod erlitten hatte, und es nahm ihn wunder, daß unser Herrgott solche Dinge geschehen läßt. Er sprach: Herr, von dreierlei ungerechten Taten war ich eben Zeuge. Du hast fürs erste zugegeben, daß einer um seine Habe gekommen ist; du hast fürs zweite zugelassen, daß einer, dem sie nicht gehörte, sich an ihr erfreut hat und von niemand in ihrem Besitz gestört wurde; du hast fürs dritte nicht verhindert, daß einer, der nichts verbrochen hat, getötet worden ist. Und dessen nicht genug, mußte noch der Mann, der den Verlust erlitten hat, zu einem Mörder werden. So kläre mich denn auf, allmächtiger Gott, wie diese Geschehnisse zu verstehen sind. Da erwiderte der Herr seinem Diener Mose und sprach: Du wähnst, mein Handeln sei verkehrt, und so dünkt manches, was ich tue, den Menschen wunderlich, denn er weiß nicht, daß alles seinen Grund und seine Richtigkeit hat. Du sollst nunmehr erfahren, daß der, der den Beutel verloren hat, wohl selber redlich war, daß sein Vater aber dieses Geld geraubt hatte. Der damals Bestohlene wiederum war der Vater des Mannes, der den Beutel gefunden hat. Also fügte ich, daß der Sohn des Eigentümers zu seinem rechtmäßigen Erbe gelangte. Von dem, der erwürgt worden ist, soll dir offenbart werden, daß er des Diebstahls zwar nicht schuldig war, daß er aber einst, es ist lange her, den Bruder des Mannes, der ihn jetzt umgebracht, erschlagen hatte. Die Mordtat geschah ohne Zeugen, und das Blut des Getöteten blieb ungerächt. Also ließ ich es zu, daß der Mörder von dem Bruder seines Opfers verdächtigt und totgeschlagen wurde. Und so lasse ich manches in der Welt sich zutragen, was der Mensch nimmer verstehen kann. Keiner kann meine Wege erforschen, und ihr möget oftmal nicht begreifen, warum es zuzeiten dem Frevler wohl, dem Gerechten aber übel ergeht.

4. DAS BILDNIS

Als Mose Israel aus dem Lande Ägypten geführt hatte und die Kunde davon zu den Völkern gedrungen war, erfaßte sie Furcht und Staunen, und sie verwunderten sich baß über den Mann, der solche Heldentaten vollbracht hatte. Ein arabischer König aber begehrte sehnlich, den Sohn

Amrams zu sehen, und sandte einen erlesenen Maler in das Lager der Ebräer mit dem Auftrage, ihm von dem Führer der Stämme Jakobs ein Bildnis zu verfertigen. Der Künstler ging hin, bildete die Gestalt Moses ab und brachte die Tafel seinem Fürsten. Da ließ der König die Weisen kommen und gab ihnen auf, aus dem Bilde das innere Wesen und den Charakter des Dargestellten herauszulesen und das Geheimnis seiner Kraft aus seinen Zügen zu ergründen. Die Weisen beschauten das Bildnis und gaben dem König einstimmig folgende Antwort: Nach dem, was wir sehen, zu urteilen, muß der berühmte Mann, das wollen wir unserm Herrn gestehen, ein Mensch von böser Veranlagung, voll Hochmut, Habgier und heftiger Triebe sein, einer, in dem man alle Laster, die die menschliche Seele herabwürdigen, vermuten kann. Da ergrimmte der König und sprach: Ihr verhöhnt mich wohl; von überallher höre ich nichts als Ruhmvolles über den herrlichen Mann. Nun erschraken die Untergebenen, die Gesichtsforscher und der Künstler, und suchten sich mit demütiger Stimme zu rechtfertigen. Die Weisen gaben dem Maler die Schuld und sagten, daß die Zeichnung falsch sei; der Künstler wiederum schob die Schuld auf die Beurteiler, die das Bild nicht zu deuten verstünden.

Da nun der König die Wahrheit wissen wollte, begab er sich in eigener Person mit seinen Reitern in das Lager Israels. Er kam und sah noch von der Ferne das Angesicht Moses, des Mannes Gottes. Er holte das Bildnis hervor und verglich es mit der lebendigen Erscheinung, und siehe, es stimmte mit dieser überein. Dessen verwunderte sich der Fürst ohne Maßen. Er suchte das Zelt des Propheten auf, bückte sich und fiel vor ihm auf sein Angesicht und erzählte, was ihm mit dem Werke des Künstlers widerfahren war. Er sprach: Sei mir gnädig, du Mann Gottes! Ehe ich dein Antlitz geschaut hatte, glaubte ich, daß die Arbeit des

Malers mißlungen wäre; nun ich dich von Angesicht schaue, sehe ich, daß die Gesichtsdeuter, die an meinem Tische speisen, mich betrogen haben, und daß das, was sie treiben, Afterkunst ist.

Da erwiderte Mose dem Fürsten und sprach: Nicht so, mein Herr; sowohl deinem Bildner als deinen Weisen ist recht zu geben. Wäre ich nicht von Natur, wie mich dir die Nachdenklichen schilderten, ich gliche einem verdorrten Stück Holz, von dem man gleichfalls sagen kann, daß es von Untugenden frei ist. Jawohl, mein Herr, ich stehe nicht an, dir zu bekennen, daß all die Fehler, die die Gesichtsdeuter aus meinem Bilde herausgelesen haben, und noch viele andre in mir vorhanden sind, daß ich aber durch die Kraft meines Willens ihrer Herr geworden bin, so daß das Gegenteil davon nunmehr meine zweite Natur ausmacht. Das ist der Grund dafür, daß ich solchen Namen errungen habe, und daß ich verherrlicht werde im Himmel da oben und auf der Erde da unten.

5. JOSUA BIN NUN

Der Vater Josuas, des Sohnes Nuns, wohnte in der Landschaft Mizrajim, und seine Frau war lange Zeit unfruchtbar. Da betete der fromme Mann für sein Weib, und Gott erhörte ihn. Als aber das Weib schwanger wurde, fastete der Gerechte und weinte Tag und Nacht, ohne aufzuhören. Das nahm seine Ehefrau übel, und sie sprach zu ihm: Du solltest dich freuen, daß Gott dein Bitten vernommen hat. Ihr Mann gab ihr darauf nichts zur Antwort. Als sie aber täglich auf ihn einredete und ihn mit ihren Worten bedrängte, eröffnete er ihr sein Herz und erzählte ihr, ihm sei von den himmlischen Höhen herab geweissagt worden, daß dieser Sohn ihn einst töten werde. Das Weib nahm seine Worte mit Glauben auf, denn sie wußte, daß aus sei=

nem Munde stets die Wahrheit kam. Als sie das Kind geboren hatte, sah sie, daß es ein Sohn war. Sie nahm ein Kästlein, verklebte es mit Ton und Pech, legte das Kind hinein und warf es in den Strom. Aber der Herr sandte einen großen Fisch, und dieser verschlang das Kästlein mit dem Knaben.

Da begab es sich, daß der König seinen Fürsten und Hofleuten ein großes Fest bereitete und der Fisch gefangen wurde, der den Josua verschlungen hatte. Man brachte den Fisch vor den König, schnitt ihn auf, und siehe, ein Knabe lag darin, der weinte. Da staunten der König und seine Fürsten, und der König befahl, ein Weib zu bringen, das sollte den Knaben säugen.

Also wurde Josua groß im Hause des Königs, und der König machte ihn zu seinem Scharfrichter. Da geschah es, daß jener Gerechte, der Vater Josuas, sich vor dem König versündigt hatte und dieser dem Scharfrichter befahl, dem Manne den Kopf abzuhauen. Nach den Rechten des Landes aber fielen Weib, Kinder und Habe des Getöteten dem Henker zu.

Als danach Josua sich seiner Mutter näherte, um zu ihr einzugehen, da quoll aus ihren Brüsten Milch und ergoß sich über das Lager. Darob entsetzte sich Josua über die Maßen, und er nahm seinen Spieß, um das Weib zu erstechen, denn er dachte, sie sei eine Hexe. In diesem Augenblick entsann sich die Frau der Worte ihres Mannes, des Gerechten, und sprach zu ihrem Sohne: Es ist keine Zauberei, was du siehst; das ist die Milch, mit der du getränkt werden solltest, denn ich bin deine Mutter. Und sie erzählte ihm alles, was vorgefallen war. Alsbald ließ Josua von ihr ab. Nunmehr gedachte auch er dessen, was er gehört hatte, daß er in einem Fisch aufgefunden worden sei. Ach, daß er nicht gewußt hatte, daß der Verurteilte sein Vater war! Und er tat Buße.

Daher nannte man ihn den Sohn Nuns, weil auf aramäisch Nun Fisch bedeutet. Die Kundschafter aber, die Mose ausgesandt hatte, hießen ihn Kopfhauer wegen seiner früheren Tat, die er an seinem Vater begangen hatte.

6. DIE HONIGKRÜGE

Während der Regierungszeit König Sauls lebte in einer der Provinzen Israels ein bejahrter Mann, der eine junge, aus reichem Hause stammende Frau zur Gemahlin hatte. Nun verschied dieser Mann und fuhr heim nach der ewigen Wohnstätte. Der Statthalter der Landschaft hatte inzwischen ein Auge auf das liebliche Weib geworfen und wollte sie mit Gewalt in sein Haus bringen. Allein das Weib mochte für nichts ihm zu Willen sein. Da sie sich aber vor dem Mächtigen fürchtete, beschloß sie, aus dem Lande zu fliehen. Sie nahm ihr ganzes Gold, das sie besaß, und tat es in irdene Krüge, füllte aber die Gefäße nicht bis an den Rand, sondern legte von oben eine Schicht Honig auf. Die Töpfe gab sie einem Freunde ihres verstorbenen Mannes im Beisein von Zeugen in Verwahrung und verließ die Gegend.

Nach einiger Zeit starb der Statthalter, und das junge Weib kehrte in ihre Heimat zurück. Während ihrer Abwesenheit aber begab es sich, daß der Mann, bei dem sie ihr Vermögen zurückgelassen hatte, das Verlobungsfest seines Sohnes feierte und Honig benötigte. Er stieg in den Keller und entdeckte die Töpfe der Witwe. Er hob die Deckel ab und fand die Gefäße augenscheinlich bis an den Rand mit Honig gefüllt. Wie er aber die Honigschicht entfernte, sah er das darunter befindliche Gold leuchten, und denselben Inhalt wiesen auch die übrigen Krüge auf. Da schüttete der Mann das Gold aus, beschaffte sich des andern Tages Honig und füllte damit alle Töpfe der reichen Frau.

Als diese nach ihrer Rückkehr ihn aufsuchte und ihr Pfand zurückverlangte, sagte der Ungetreue: Hole die Zeugen, in deren Gegenwart du mir den Honig in Verwahrung gabst, und nimm deine Töpfe zurück. Das Weib kam mit den Zeugen wieder, und der Freund ihres Mannes händigte ihr vor den Augen der Begleiter die Krüge aus. Zu Hause angelangt, fand die Witwe die Töpfe nur mit Honig gefüllt. Da fing sie zu schreien und zu jammern an. Sie ging zum obersten Richter und klagte ihm ihr Leid. Der Richter fragte: Hast du Zeugen dafür, daß du dem Manne Gold in Verwahrung gegeben hast? Das Weib antwortete: Davon weiß niemand. Da sagte der Gesetzesmann: Tochter, wie soll ich da Rat schaffen? Mache dich auf und geh zum König Saul, vielleicht verhilft dir der zu deinem Rechte.
Also begab sich die Frau zum König, dieser aber verwies sie auf das Hohe Gericht. Allein auch der Hohe Rat fragte die Witwe, ob sie Zeugen dafür habe, daß die Töpfe Gold enthielten. Sie erwiderte: Ich habe davon zu niemand gesprochen, das sollte nicht offenbar werden. Da sagten die weisen Männer: Wir dürfen nur richten, nachdem wir Zeugenaussagen vernommen haben. Dinge, die ohne Mitwissende sich ereignen, können wir nicht beurteilen.
Also ging das Weib verzagten Herzens davon. Da traf sie unterwegs David, den künftigen König Israels, der zu der Zeit noch ein Hirtenknabe war und mit den Kindern spielte. Sie hielt mit ihrem Schmerz selbst vor der Jugend nicht zurück und sagte: Der Hohe Rat hat meiner Klage über den Mann, der mich betrogen hat, kein Gehör geschenkt. Laßt Ihr Euch die Sache erzählen und sprecht Recht in Eurer Güte. Da sagte David: Bitte den König, daß er mir gestatte, hier zu richten, und ich will in der Angelegenheit Klarheit schaffen. Die Frau ging darauf wieder zum König Saul und sprach vor ihm: Mein Herr, ich bin einem Knaben unterwegs begegnet, der, wie er behauptet, meine

Rechtssache entwirren kann. Saul antwortete: Führe den Knaben vor mich. Das Weib holte den Hirtenknaben, und der König sprach zu ihm: Ists wahr, daß du die Wahrheit an den Tag bringen kannst? David erwiderte: Wenn ich deine Erlaubnis dazu habe, so will ich es, auf Gott vertrauend, versuchen. Da sprach Saul: Ich gestatte es dir. Hierauf sagte David zu der Klägerin: Zeige mir die Krüge, die du dem Manne in Verwahrung gegeben hast. Die Frau holte das Geschirr und ließ es David sehen. Der junge Richter fragte: Sind es in Wahrheit die Töpfe, die du damals bei dem Manne zurückgelassen hast? Das Weib antwortete: Das sind sie. Nun wandte sich David an den der Untreue beschuldigten Mann und fragte ihn gleichfalls, ob er die Töpfe als die, die in seinem Keller gestanden hatten, erkenne, und auch der Mann bejahte die Frage. Da sprach David zu der Witwe: Bringe andre leere Töpfe her. Das tat sie, und David befahl ihr, den Inhalt aus den ersten Töpfen in die neuen zu schütten. Danach hob David die geleerten Gefäße und zerbrach sie vor den Augen aller Anwesenden. Nun untersuchte er die Scherben und fand an der inneren Wand eines Topfes zwei Goldstücke kleben, die durch den Honig haften geblieben waren. Alsbald sprach David zu dem, der das Pfand angenommen hatte: Auf und erstatte der Frau ihr Gold, das sie dir anvertraut hat!
Und Saul und ganz Israel erfuhren von der Geschichte und waren voll großer Verwunderung. Nun wußten alle, daß der Geist Gottes mit dem Sohne Isais war.

7. DIE HORNISSE UND DER KÖNIG DAVID

Eines Tages saß David in seinem Garten und sah eine Hornisse eine Spinne verzehren; ein blöder Junge aber rannte hin und her mit einem Stock in der Hand und suchte die Insekten zu vertreiben. Da sprach David vor Gott: Herr der Welt! Wem nützen diese drei Wesen? Die Hornisse saugt den Honig, und ihr Stachel bereitet Schmerzen; die Spinne webt immerzu, und das Gewebe dient nicht einmal zu ihrer eigenen Bekleidung, der Narr endlich richtet nur Unheil an und weiß nichts von deiner Größe und Einzigkeit. Da erwiderte der Herr: David, du verhöhnst meine Geschöpfe. Es wird ein Tag kommen, da du ihrer bedürfen wirst und so erfahren, wozu sie da sind.

Als viele Tage danach David vor Sauls Nachstellungen sich in einer Höhle versteckte, schickte Gott eine Spinne, und die spann einen Schleier über den Eingang zur Höhle. Saul kam hintennach, sah das Netz über dem Loch und sprach bei sich: Hierein kann niemand geschlüpft sein, denn er hätte die Spinnfäden zerreißen müssen. Und er sah in der Grube nicht nach und schritt weiter. David aber stieg aus dem Versteck, küßte die Spinne und sprach: Gesegnet seist du und gelobt dein Schöpfer! Und zu Gott sprach er: Wer gleicht dir in deiner Allmacht, und wer bringt solches zuwege?

Es währte nicht lange, und David kam auf seiner Flucht zu Achis, dem Könige von Gath. Hier drohte ihm Rache für die Tötung Goliaths, und so stellte er sich wahnsinnig vor dem König und seinen Hofleuten. Achis aber hatte eine Tochter, deren Verstand verkehrt war. Als ihm David vorgeführt wurde, sprach er zu seinen Dienern: Ihr treibt wohl Spott mit mir? Weil ich eine irrsinnige Tochter habe, bringt ihr mir noch diesen Narren her? Oder fehlt es mir gar an Wirrköpfen? Also wurde David in Ruhe gelassen; er konnte fliehen und dankte Gott für den Einfall, den er ihm gegeben hatte.

Er sollte aber auch noch einer Hornisse dankbar gedenken. Er kam in die Wüste Siph, an die Stätte, an der Saul mit seinem Feldhauptmann Abner lagerte. Abner beschützte das Haupt seines Königs und lag vor ihm auf dem Rük=

ken mit gebeugten Beinen. Da schlich sich David heran und langte unter den Knien Abners nach einem Kruge Wasser, der neben Saul stand. In diesem Augenblick aber streckte der Feldhauptmann seine Füße aus, und David wurde wie von zwei schweren Säulen gedrückt. Er bat den Herrn um Erbarmen und rief: Mein Gott, mein Gott, warum hast du mich verlassen? Da ließ ihm der Herr ein Wunder widerfahren und sandte eine Hornisse, die Abner in den einen Fuß stach. Nun zog der Hauptmann die Knie wieder an, und David entwich und lobte den Herrn.
Es ziemt sich nicht, daß der Mensch an Gottes Werken Tadel übe.

8. DER PSALMENVERS

Als der Feldherr Davids, Joab, seinen König den Vers dichten hörte: ›Wie sich ein Vater seiner Kinder erbarmt‹* – verwunderte er sich und sprach: Muß denn die Barmherzigkeit eines Vaters als Gleichnis angeführt werden? Ist es nicht vielmehr die Mutter, die sich ihrer Kinder am meisten annimmt, ihrer wartet, sie pflegt und großzieht? Wie kann mein Herr einen solchen Spruch getan haben? Ich will mich aufmachen und will unter den Menschenkindern Umschau halten, um zu erfahren, ob die Worte des Königs zutreffend sind.
Und Joab schweifte im Lande Israel umher. So kam er an einen Ort, wo er einen alten Mann fand, der zwölf Kinder hatte. Dieser Mann verrichtete den ganzen Tag schwere Arbeit im Felde; wenn es Abend wurde, kaufte er für seinen Lohn einen Laib Brot und ernährte so dürftig sich und die Seinigen. Wiewohl der Mann alt und gebrechlich war, brauchte keines seiner Kinder zu arbeiten, denn er mühte sich für sie und versorgte sie mit Nahrung. Er schnitt das

* Psalm 103, 13

Brot jeden Abend in vierzehn Stücke, gab jedem seiner Kinder wie seiner Frau ein Stück und aß selbst seinen Teil.
Wie Joab das Treiben dieses Mannes beobachtete, sprach er bei sich: Ich kann nur mit diesem meinen Versuch machen. Als der fürsorgliche Alte am Morgen seine Arbeit im Felde antrat, sprach ihn Joab an und sagte: Wie seltsam ist dein Tun! Du bist ein alter Mann und arbeitest schwer den ganzen Tag, um deine Kinder satt zu machen. Wäre es nicht besser für dich, wenn sie sich mühten und du von ihrer Mühe lebtest? Wolltest du auf das Angebot meines Königs eingehen, du verkauftest ihm einen deiner Söhne; von dem Gelde, das du erhieltest, könntest du dich und deine übrigen Hausgenossen sehr wohl ernähren. Als der alte Mann dieses Ansinnen vernahm, fuhr er den Feldherrn Davids voller Zorn an, daß dieser davonging.
Nun gedachte Joab, der Mutter der Kinder denselben Antrag zu machen. Er suchte sie auf und redete zu ihr in folgender Weise: Du und dein Mann, ihr seid beide alt und habt zwölf Kinder großgezogen. Ihr arbeitet, und sie leben von eurer Mühe. Die alte Frau antwortete: Das ist seit jeher der Welt Ordnung, daß Eltern für ihre Kinder sorgen. Da sprach Joab: Warum soll aber euer Leben in Mühe und Arbeit dahingehen? Ihr müßtet danach trachten, eure Kinder ohne Kummer und Anstrengung am Leben zu erhalten. Das Weib fragte: Wie sollen wir das anstellen? Joab antwortete: Verkauft mir einen eurer Söhne, und ihr könnt dann mit den übrigen Kindern herrlich und in Freuden leben. Die Frau sagte darauf: Ich will die Sache meinem Manne vortragen; vielleicht ist er willens, das zu tun. Joab sprach: Nun wohl, so rede mit ihm. Das Weib wendete ein: Wie aber, wenn mein Gemahl das ablehnt? Der Feldherr erwiderte: So tu es eigenmächtig, dein Mann wird es bei so vielen Kindern nicht gewahr werden. Die Frau sprach: Wenn er es dennoch bemerkt und ich ihm den Sohn nicht

zurückbringen kann, so tötet er mich. Joab sagte: Überlaß mir den Knaben; ich gebe dir für ihn hundert Golddinare. Zürnt dein Mann, so soll er seinen Sohn wiederhaben. Also nahm das Weib das Geld aus der Hand des Feldherrn und führte einen ihrer Söhne zu ihm heraus. Joab begab sich mit dem Knaben außerhalb des Ortes, um zu sehen, was nun geschehen würde.

Als des Abends der alte Mann sich an den Tisch setzte, nahm er das Brot und schnitt es wie täglich in vierzehn Teile. Da sah er, daß ein Stück übriggeblieben war. Er schrie laut und fragte nach dem abwesenden Sohne. Die Mutter flüsterte begütigend: Er ist bei seinem Freunde. Da sprach der Alte: So hole ihn gleich; ich esse nicht eher, als bis er zurück ist. Die Frau bat: Wir wollen erst unsere Mahlzeit abhalten, ich rufe dann den Knaben zurück. Der Mann aber sagte: Wir nehmen keinen Bissen in den Mund, bevor er wieder hier ist. Da sagte das Weib: Warum soll ich es vor dir verhehlen? Ich habe ihn dem fremden Manne verkauft, der bei uns vorgesprochen hat. Hier hast du die hundert Dinare, die ich bekommen habe. Ich tat es, damit du für unsern Unterhalt nicht mehr zu sorgen brauchst.

Wie das der Vater erfuhr, wollte er nichts essen und nichts trinken die ganze Nacht. Des Morgens machte er sich auf, den Fremden zu suchen. Er hatte die hundert Dinare und eine Waffe mitgenommen und gedachte den Käufer, falls er sich weigern sollte, das Kind herauszugeben, zu töten. Joab aber stand draußen auf dem Wege und wartete auf das, was nun kommen sollte. Der Alte lief auf ihn zu und sagte: Hier hast du dein Gold, gib mir meinen Sohn wieder. Joab antwortete: Seine Mutter hat ihn mir verkauft. Hat sie nicht gleichen Teil an ihm wie du? Ihr habt zusammen zwölf Kinder; einem jeden von euch gehört aber nur die Hälfte eines jeden Kindes. Hat mir dein Eheweib das eine Kind verkauft, so soll dafür dir ein Kind gleichfalls ganz gehören. Der ergrimmte Vater aber sprach: Ich mag darüber nicht mehr Worte mit dir wechseln. Gibst du mir meinen Sohn nicht wieder, so töte ich dich, oder ich lasse mich von dir töten. Da Joab diese Worte hörte, lachte er auf. Er nahm das Geld aus der Hand des Alten und gab ihm seinen Sohn zurück.

Nun rief der Feldherr aus: Wie richtig hat doch David seinen Spruch abgefaßt: Gleichwie sich ein Vater seiner Kinder erbarmt, so erbarmst du dich unser, o Herr! Er sagte nicht, gleichwie sich eine Mutter ihrer Kinder erbarmt. Eben hat ein Weib ihren Sohn verkauft, wo sie sich für seinen Unterhalt nicht zu plagen brauchte. Der Vater aber, dem diese Sorge oblag, war bereit, mit seinem Leben für sein Kind einzustehen.

9. DER KNABE SALOMO

Als Salomo noch ein Knabe war, zog David in einen Krieg. Der Prinz genoß währenddessen Unterricht bei einem bedeutsamen Kenner der Wissenschaften, und so fragte er eines Tages seinen Lehrer: Kannst du mir in deiner großen Weisheit sagen, ob mein Vater den Krieg gewinnen und unverletzt heimkehren wird? Der Weise antwortete: Das liegt fern, denn der Feind ist stark. Von dem Augenblick an tat Salomo alles, um in den Besitz besonderer Kräfte zu gelangen. Und es geschah, daß, als nur eine Haarbreite David von dem Tode trennte, die Schlacht eine Wendung nahm und der feindliche König tot hinfiel. Im Sterben aber rief er aus: Salomo hat mich getötet! Es ist Salomo, von dem der Tod über mich kommt! Das erfuhr der Lehrer des Königssohnes, und ihm ward die Größe der Gaben offenbar, die sein prinzlicher Schüler besaß. Als nach beendetem Kriege David zurückkehrte, wandte er Salomo seine ganze Vaterliebe zu.

10. DIE BLUTPROBE

Zu der Zeit, da David König über Israel war, lebte in einer Stadt ein sehr reicher Mann, der Knechte und Mägde und große Güter besaß. An Kindern hatte er nur einen einzigen Sohn. Eines Tages kaufte der Reiche viel Ware und gab sie seinem Sohne, damit der einen Handel anfange. Der Jüngling lud die Ware auf ein Schiff, stach in See und reiste nach Afrika, woselbst er mehrere Jahre verblieb. Während dieser Zeit verschied daheim sein alter Vater, und die ganze Habe ging auf den obersten Knecht, der die Schätze verwaltete, über. Der Knecht aber fing an, das Gesinde zu bedrücken und dermaßen zu plagen, daß die Diener davongingen. Also ward der frühere Sklave alleiniger Besitzer des Vermögens, das sein Herr hinterlassen hatte. Er ließ es sich an nichts fehlen und schwelgte im Genuß des Geldes.

Nach einiger Zeit kehrte der Sohn aus dem fernen Lande zurück. Er trat in das Haus seines Vaters ein, fand aber seinen Erzeuger nicht mehr, denn der war von hinnen geschieden. Wie nun der Erbe die inneren Gemächer öffnen wollte, erschien der Knecht, versetzte ihm einen Stoß und rief: Was willst du in meinem Hause, Frechling? Da erhob der Jüngling seinen Stock, schlug damit den Knecht und sprach: Nichtswürdiger Sklave, du hast das von meinem Vater und mir mit Mühe Erworbene eingeheimst und lebst in Freuden von unserm Besitze. So entspann sich ein Streit zwischen den beiden, und es war niemand da, der ihn schlichten konnte. Zuletzt lief der Sohn des Verstorbenen zum König David, klagte vor ihm und sprach: Der König lebe ewig! Der und der Sklave hat das ganze Vermögen meines Vaters an sich gerissen und sagt zu mir: Nicht du bist der Eigentümer, sondern ich bin es. Da fragte David: Hast du Zeugen, daß dem so ist? Der Erbe erwiderte: Die habe ich nicht. Darauf wurde der Knecht vor den Herrscher beschieden und ebenfalls gefragt, ob er Zeugen habe, und auch der gab zur Antwort, daß niemand über den Fall aussagen könne. Da sprach der König zu dem Knecht: Zieh ab, du bist diesem hier nichts schuldig. Als der Sohn des Heimgegangenen dieses Urteil vernahm, gab er seinem Verdruß laut Ausdruck und klagte wieder und wieder über das Unrecht vor dem König, bis David erzürnte und sagte: Wenn du noch weiterjammerst, will ich dich bestrafen. Hättest du Zeugen, so könnte ich Recht sprechen; ohne Zeugen aber, was kann ich tun?

Der junge Prinz Salomo sah den Abgewiesenen weinen, und er sprach zu ihm: Tritt noch einmal vor den König; wird er wieder zornig, so sage: Mein Herr und König, willst du mir nicht recht geben, so überlaß es deinem Sohne Salomo, das Urteil zu sprechen. Das befolgte der Jüngling, und David übergab den Fall Salomo zur Entscheidung. Da fragte Salomo den Kläger: Kennst du das Grab deines Vaters? Der Sohn antwortete: Ich kenne es nicht. Hierauf fragte Salomo den Knecht: Wirst du das Grab des Verstorbenen finden? Der Knecht erwiderte: Das kann ich wohl. Nunmehr sprach Salomo: So geh und bringe mir einen Arm von dem Bestatteten. Der Knecht ging auf den Friedhof, hieb von der Leiche seines Herrn einen Arm ab und brachte ihn Salomo. Da sprach Salomo zu den beiden Streitenden: Ein jeder von euch lasse sich zur Ader und nehme das Blut in einem Gefäß auf. Nachdem die Rechtenden das vollbracht hatten, sagte Salomo zu dem Knecht: Tauche den toten Arm in dein Blut. Das tat der Knecht, und der Körperteil behielt sein Aussehen. Danach befahl Salomo dem Sohne des Verstorbenen, das abgeschnittene Glied in sein Blut zu tunken, und siehe, der abgetrennte Teil verfärbte sich und wurde rot. Da zeigte Salomo den Arm dem versammelten Volke und sprach: Seht, das ist ein Blut und ein Fleisch. So mußte der Knecht die ganze Habe, die er sich widerrechtlich angeeignet hatte, dem wahren Erben zurückgeben. Ganz Israel aber staunte über das, wovon es Zeuge gewesen war.

11. DAS GELIEHENE EI

Einst hielten die Knappen Davids gemeinschaftlich ihre Mahlzeit ab, und es wurden ihnen gekochte Eier aufgetragen. Einer der Jünglinge war hungriger als die andern und verzehrte seinen Teil vor ihnen. Als dann die übrigen zu essen begannen, schämte er sich, daß seine Schüssel leer war, und sprach zu seinem Nebenmann: Borge mir ein Ei. Der Kamerad antwortete: Ich will es gerne tun, wenn du mir vor Zeugen versprichst, mir das Ei zu der Zeit, wann ich es verlangen werde, zurückzuerstatten samt dem vollen Ertrag, den es mir bis dahin eingebracht haben würde. Der Knabe verpflichtete sich vor allen Tischgenossen, das zu erfüllen. Nach langer Zeit erinnerte ihn der Freund an die Schuld. Der Jüngling antwortete: Das Darlehen bestand nur in einem Ei. Der Freund aber verlangte viel mehr, und so gingen sie beide zum König David. Vor dem Tore zum Palast sahen sie Salomo, den Sohn des Königs, sitzen. Er hatte zur Gewohnheit, alle, die zu David in einer Angelegenheit kamen, nach dem Grunde ihres Besuches zu fragen. Als nun die zwei Knaben erschienen, wollte er gleichfalls den Grund wissen, weshalb sie gekommen seien. Die Jünglinge erzählten ihm ihren Fall. Da sprach Salomo: Tragt meinem Vater den Zwist vor; wenn ihr zurückkehrt, sagt mir, wie er euch beschieden hat.

Also ließen sich die Knappen vom König David vernehmen, und der Kläger stützte sich auf die Aussagen der Zeugen und erzählte von der Bedingung, unter der der Borg geschehen war. Danach hätte der, der das Ei erhalten habe, dem, der es gegeben habe, allen Gewinn zu zahlen, den man von einem Ei in solch einer langen Zeit habe. Darauf sprach König David zu dem Angeklagten: Du hast deine Schuld zu tilgen. Da sagte der Jüngling: Ich weiß nicht, wieviel ich zu zahlen habe. Der Freund stellte nun vor dem König eine Rechnung auf und führte folgendes aus: In einem Jahre wird aus einem Ei ein Küchlein; das Jahr darauf bringt dieses Huhn achtzehn Küchlein; im dritten Jahre erzeugen die achtzehn gleichfalls je achtzehn, und so weiter jedes Jahr. Also war die winzige Schuld zu einer Riesenforderung angewachsen, und der Knabe verließ den Gerichtssaal des Königs voll Bangigkeit. Am Schloßtor sprach ihn wieder Salomo an und fragte: Wie war das Urteil des Königs? Der Jüngling erwiderte: Ich werde genötigt, für alles aufzukommen, was mein Freund, wie er sagt, an dem Ei verloren hat, und siehe, das macht eine große Summe aus. Da sagte Salomo: Höre auf meine Stimme; ich will dir einen guten Rat geben. Der Jüngling antwortete: Mögest du lange leben! Salomo sprach: Geh aufs Feld hinaus und mache dir an einem gepflügten Acker zu schaffen, an dem die Regimenter des Königs täglich vorbeiziehen. Nimm ein Maß gekochter Bohnen mit und wirf, wenn du die Streiter kommen siehst, eine Handvoll davon in die Erde. Wer dich nun fragt, was du tust, dem sage: Ich säe gekochte Bohnen. Fragt man dich dann: Wer hat denn je gesehen, daß man gekochte Früchte als Saat verwende? so antworte: Wer hat je gesehen, daß aus einem gekochten Ei ein Küchlein werde?

Der Jüngling säumte nicht, diese Weisung zu befolgen, stellte sich an den bezeichneten Ort und streute den wunderlichen Samen in die Erdfurchen. Als die Söldner vorbeizogen, fragten sie den Knaben: Was machst du hier? Er antwortete: Ich will gekochte Bohnen zum Keimen bringen. Da meinten die Streiter: Hat man je gehört, daß Gekochtes weitersprieße? Der Jüngling entgegnete: Hat man

je gehört, daß ein gesottenes Ei sich zu einem Küchlein verwandle? Und jede vorbeiziehende Truppe stellte dieselbe Frage und erhielt dieselbe Antwort, bis die Geschichte zu den Ohren des Königs drang. Da ließ David den Jüngling abermals vor sich kommen und fragte ihn: Wer hat dir eingegeben, so zu verfahren? Der Knabe antwortete: Ich bin selbst auf den Ausweg verfallen. David aber sprach: Ich erkenne die Hand Salomos in diesem Treiben. Da gestand der Jüngling die Wahrheit und sagte: Bei deinem Leben, mein Herr und König, dein Sohn Salomo hat diesen Rat ersonnen von Anfang bis zu Ende. Nunmehr ließ David den Prinzen rufen und sprach zu ihm: Wie fällt dein Urteil in dieser Sache aus? Salomo gab zur Antwort: Wie soll der Jüngling für Dinge einstehen, die man nicht als vorhanden ansehen kann? Ein Ei, das in kochendem Wasser gar geworden ist, kann nicht als ein künftiges Küchlein betrachtet werden. Hierauf sprach David zu dem Jüngling: Gib deinem Gläubiger nur ein Ei zurück.
Daher heißt es: ›Herr, verleih dein Gericht dem Könige und deine Gerechtigkeit des Königs Sohne.‹

12. DIE SCHLANGE UND DER MENSCH

An einem Wintertage ging ein alter Mann von einer Stadt in die andere und sah auf dem Wege eine Schlange liegen, die vor Kälte halb erstarrt war. Da gedachte der Greis des Verses: ›Seine Barmherzigkeit erstreckt sich auf alle Geschöpfe.‹* Und er nahm die Schlange und wärmte sie an seinem Busen, bis ihr Geist wieder lebendig ward. Wie sie aber zu sich kam, schlang sie sich um den Körper ihres Lebensretters und wollte ihn erdrosseln. Da rief der alte Mann: Böses Geschöpf, du willst mich gar töten! Wäre ich nicht, du wärest vor Kälte erfroren. Komm, wir wollen zu-

* Psalm 145, 9

sammen vor den Richter gehen. Die Schlange antwortete: Das will ich gerne tun, aber vor wem wollen wir unsern Streit austragen? Der Greis sagte: Vor dem ersten, der uns begegnet. Bald vertrat ihnen den Weg ein Ochse. Den sprach der Alte an und rief ihm: Bleib stehen! Und er erzählte ihm, was vorgefallen war. Die Schlange fuhr dazwischen und sagte: Ich handle so mit Recht, denn es heißt in der Schrift: ›Ich will Feindschaft säen zwischen dem Menschen und der Schlange.‹* Da sprach der Ochse: Die Schlange ist in ihrem Recht. Und hast du ihr Gutes erwiesen, so darf sie es dir mit Bösem vergelten. Das ist der Welt Ordnung. Auch mein Herr verfährt mit mir nicht anders. Ich arbeite für ihn und pflüge den Acker Tag und Nacht, und wenn die Essenszeit kommt, nimmt er sich das Beste und gibt mir bloß Stroh; auch schläft er in einem Bette, mich aber läßt er im Hofe draußen liegen. Da verdrossen die Worte des Ochsen den alten Mann, und er ging mit der Schlange weiter. Bald begegnete ihnen ein Esel. Nun trugen sie diesem ihr Anliegen vor. Aber der Esel gab wie der Ochse der Schlange recht. Zu der Zeit war David, der Sohn Isais, König in Juda, und der alte Mann beschloß, mit der Schlange vor ihn zu kommen. Aber auch David entschied nicht zugunsten des alten Mannes. Er sprach: Schon seit alters her besteht die Feindschaft zwischen dem Menschen und der Schlange, wie es die Schrift bekundet. Was kann ich hiergegen tun? Also ging der Greis weinenden Auges vom König David und sah dessen Sohn Salomo vor dem Brunnen des Hofes stehen. Der war dazumal noch ein Knabe. Der Stock seines Vaters David war in den Brunnen gefallen; da befahl Salomo, rund um den Brunnen die Erde zu graben, damit sich das Wasser ausbreite und der Stock heraufschwimme. Als das der Greis sah, sprach er bei sich: Das ist ein weiser Knabe, ich will ihm mein Leid

* 1. Buch Mose 3, 15

klagen; vielleicht daß er mir recht gibt vor der Schlange. Und er erzählte, wie böse die Schlange an ihm gehandelt hatte. Da sprach Salomo: Habt ihr denn euren Hader nicht meinem Vater vorgetragen? Der Greis antwortete: Jawohl, aber der König meinte, daß mir nicht zu helfen sei. Da sagte Salomo: Kommt mit mir zusammen noch einmal zu meinem Vater. Also gingen die drei zum König David, und Salomo hielt den Stab in der Hand, der soeben aus dem Brunnen gezogen worden war. Salomo sprach zum König: Warum hast du nicht richten wollen zwischen dem Mann und der Schlange? David entgegnete: Es geschah ihm recht, weil er die Worte der Schrift außer acht gelassen hat. Da sagte Salomo: Geliebter Vater, laß mich in diesem Falle das Urteil sprechen. David antwortete: Geliebter Sohn, dies sei dir hiermit verstattet.

Salomo wandte sich an die Schlange und fragte: Warum willst du einem, der dir Gutes getan hat, Böses zufügen? Die Schlange erwiderte: So hat mir Gott zu tun geboten. Darauf sprach Salomo: Willst du alles, was in der Schrift steht, befolgen? Die Schlange antwortete: Jawohl. Da sprach Salomo: So hast du zuallererst den Leib des Mannes zu verlassen und dich aufrecht hinzustellen, denn so heißt es im Gesetz: ›Zwei, die einen Streit miteinander haben, sollen sich vor dem Richter aufstellen.‹* Die Schlange antwortete: Das will ich erfüllen. Und sie rutschte vom Körper des Mannes hinunter. Darauf wandte sich Salomo an den Kläger und sprach zu ihm: Die Schrift sagt: ›Er wird dir den Kopf zertreten.‹** So tu nun, wie es befohlen ist. Da erhob der Greis seinen Wanderstab und tötete die Schlange.

* 5. Buch Mose 19, 17 ** 1. Buch Mose 3, 15

13. DIE KÖNIGIN VON SABA

Nach dem Tode Davids ward sein Sohn Salomo König an seiner Statt. Diesem verlieh Gott die Herrschaft über die Tiere des Feldes, über die Vögel des Himmels und über alles, was auf Erden kreucht. Aber auch die Geister, die Dämonen und die Kobolde unterstanden seiner Gewalt. Eines jeglichen Geschöpfes Zunge war Salomo verständlich, und die Tiere ihrerseits konnten seine Sprache verstehen. Heißt es doch von ihm in der Schrift: Er redete von den Bäumen.

Wenn Salomos Herz vom Wein fröhlich wurde, ließ er die Könige der benachbarten Länder rufen, und sie nahmen Wohnung in seinem Palast. Darauf befahl er, die Geigen, Zimbeln, Pauken und Harfen, auf denen sein Vater David zu spielen pflegte, ertönen zu lassen. Eines Tages, als ihn der Rebensaft heiter gemacht hatte, hieß Salomo alle Tier-, Vogel- und Wurmarten sowie die Geister um sich versammeln, damit sie Tänze aufführten und seine Größe den geladenen Gästen offenbar werde. Die fürstlichen Schreiber riefen die Tiere bei ihren Namen, und sie nahten dem Herrscher, ohne mit Stricken gebunden oder in Ketten gefesselt oder von Menschen mit Gewalt geführt zu sein. Der König schaute sich in der Schar der Vögel um und fand den Auerhahn nicht unter ihnen. Darüber ward er erbost und befahl, diesen Vogel zu fangen und zu strafen. Aber der flog bald von selber herbei und sprach zu Salomo: Mein Herr und König aller Welt möge mich anhören und sein Ohr meiner Rede neigen. Heute vor drei Monaten habe ich einen Beschluß gefaßt, über den ich mit mir zu Rate gegangen bin. Ich aß kein Brot und trank kein Wasser, denn ich hatte mir vorgenommen, alle Lande zu durchfliegen und zu sehen, ob es nicht einen Erdstrich gibt, dessen Bewohner von meinem Herrn und König nicht gehört haben. Und

da fand ich ein Reich, dessen Hauptstadt Kitor, die Weih=rauchstadt, benannt wird, und das im Morgenlande liegt. Der Boden dieses Landes ist pures Gold, und das Silber liegt in den Straßen unbeachtet gleich dem Mist. Die Bäume selbst stammen noch aus der Schöpfungszeit und werden aus den Wassern des Paradieses getränkt. Ein zahlreiches Volk, das gekrönt einhergeht, bewohnt das Land. Die Leute kennen keinen Krieg und verstehen den Bogen nicht zu spannen. Die aber das Reich beherrscht, ist ein Weib; die Königin von Saba wird sie geheißen. Und der Auerhahn fuhr fort und sprach weiter vor Salomo: Ist es meinem Könige recht, so will ich wie ein Held meine Lenden gür=ten und nach der Stadt Kitor im Lande Saba fliegen. Ich will die Fürsten daselbst in Ketten legen und die Mächti=gen fesseln und sie vor meinen Herrn bringen. Dieser Rat des Vogels gefiel Salomo wohl. Die Schreiber des Königs wur=den gerufen, sie fertigten einen Brief aus und banden ihn an den einen Flügel des Auerhahnes. Und der Vogel reckte seine Schwingen und stieg hoch zum Himmel empor. Im Fluge aber zog er auch die andern Vögel mit sich, und sie flo=gen mit ihm nach der Stadt Kitor im Sabäerlande.
Es begab sich nun an einem Morgen in der Frühe, daß die Königin von Saba aus ihrem Palast ging, um die Sonne anzubeten. Aber siehe da, das große Gestirn war verfin=stert von einem Schwarme Vögel. Da zerriß die Königin ihre Kleider und ward wie verstört. Wie sie so dastand, ließ sich der Auerhahn zu ihr herab, und sie sah den Brief, der an seinem Fittich befestigt war. Sie brach das Schreiben auf und las darin folgendes: Von mir, dem König Salomo, der der Königin von Saba und ihren Fürsten den Friedens=gruß entbietet. Es wird dir wohl bekannt sein, daß mich Gott zum Herrscher über das Vieh des Feldes, die Vögel des Himmels und über die Geister gemacht hat, und daß die Könige des Morgen- und Abendlandes, der Mittag-

und Mitternachtzonen zu mir kommen und mir ihre Auf=wartung machen. So ihr nun gewillt seid, mich gleichfalls zu begrüßen, so will ich euch Ehren erweisen, wie ich sie vor euch keinem erwiesen habe. Wo ihr euch aber das zu tun weigert, meinem Wunsche trotzen und nach meinem Befinden nicht sehen wollt, so will ich euch von meinen Mächtigen, meinen Heeren und Reitern heimsuchen lassen. Fragt ihr aber: Wer sind wohl die Mächtigen, die Heere und die Reiter des Königs Salomo? so mögt ihr wissen: Die wilden Tiere, das sind seine Mächtigen, die Vögel seine Reiter, die Dämonen seine Heere. Die Geister werden euch auf euren Lagern erwürgen, das Wild wird euch auf dem Felde zertreten, und die Vögel werden euer Fleisch fressen.

Als die Königin dieses Schreiben gelesen hatte, griff sie zum zweiten Male mit der Hand nach ihren Kleidern und zerriß sie. Sie ließ alsobald ihre Ältesten und Ratgeber kommen und sprach zu ihnen: Erfahrt, was der König Sa=lomo mir schreibt. Die Hofleute antworteten alle zusam=men: Wir kennen einen König namens Salomo nicht, und seine Herrschaft dünkt uns nicht groß. Allein die Fürstin achtete nicht der Worte ihrer Mannen. Sie rief die See=leute ihres Landes zusammen und befahl ihnen, Schiffe mit Tannenholz und kostbaren Perlen zu laden. Danach suchte sie sechstausend Kinder, Knaben und Mädchen, aus, die alle gleich von Wuchs und Gestalt waren und auf das Jahr, den Monat, den Tag und die Stunde dasselbe Alter zählten. Sie ließ sie in Purpurkleider hüllen und gab ihnen einen Brief für König Salomo mit, in dem es hieß: Von der Stadt Kitor bis zum Lande Israel ist ein Weg von sieben Jahren. Deinem Gebet aber, das zu entsenden ich dich bitte, wird es gelingen, mich in drei Jahren zu dir zu bringen.

Nach Ablauf der drei Jahre kam die Königin von Saba nach Jerusalem zu dem König Salomo. Und Salomo schickte sei=nen Feldherrn Benaja ben Jojada voraus, damit er die Für=

stin empfange. Benaja aber war von großer Schönheit, und sein Angesicht glich der Morgenröte und dem Planeten Venus, der heller als die andern Sterne leuchtet; auch konnte man es mit einer Rose vergleichen. Als die Königin von Saba den Feldherrn Salomos erblickte, stieg sie aus ihrem Wagen. Da fragte der Sohn Jojadas: Warum verläßt du dein Gefährt? Die Königin erwiderte: Bist du denn nicht der König Salomo? Darauf sagte der Feldherr: Ich bin nicht der König Salomo, ich bin nur einer seiner Diener, die um ihn sitzen. Da wandte sie sich um und sprach in Gleichnisrede zu ihren Begleitern: Ihr habt den Löwen noch nicht geschaut, wohl aber den, an den er sich lehnt.

Hierauf führte Benaja die fremde Königin zu Salomo. Der Sohn Davids aber verließ, als die Königin kommen sollte, das Schloß, in dem er sich aufgehalten hatte, und stieg in seinen Glaspalast, um dort die Sabäerfürstin zu erwarten. Die Königin betrat das Gemach und wähnte, Salomo sitze im Wasser. Also hob sie den Saum ihres Kleides und entblößte ihre Beine; diese aber waren behaart. Salomo sprach: Deine Schönheit ist wie der Frauen Schönheit, allein die Behaarung steht eher einem Manne als einem Weibe an.

Die Königin von Saba sprach: Mein Herr und König! Ich will dir drei Rätsel aufgeben; lösest du sie, so weiß ich, daß du weise bist, wo nicht, so bist du wie die andern Menschen. Und sie hub an und fragte: Aus einem hölzernen Brunnen schöpft ein eiserner Eimer Steine, worauf ein Wasser fließt. Salomo entgegnete: Das ist das Schmuckrohr, dem man mit einem eisernen Löffel die harten Steinchen der Augenschminke entnimmt; reibt man die Lider damit ein, so tränen die Augen. Da sprach die Königin von Saba weiter: Was ist das? Es stammt von der Erde, frißt Staub, ist flüssig und schaut ins Haus. Salomo antwortete: Das ist das Erdharz, womit man die Häuser beim Bauen verpicht. Und nun fragte die Königin von Saba zum

dritten Male: Im Sturme bewegt es sich und erhebt ein großes und bitteres Geschrei. Gleich dem Schilf läßt es den Kopf hängen; es ist ein Ruhm für die Reichen, ein Spott für die Armen, eine Zierde für die Toten, ein Schmerz für die Lebenden, eine Freude den Vögeln, ein Ärger den Fischen. Das ist der Lein, erriet Salomo. Die Ähren auf dem Felde senken ihr Haupt. Als Segel braust er im Sturme auf dem Meere. Er ist ein Ruhm für die Großen, die Byssus tragen, ein Spott für die Armen, die in Lumpen einhergehen, eine Zierde für die Verstorbenen, die in das leinene Totengewand gehüllt werden, ein Schmerz für die Lebenden, wenn sie an den Galgenstrick denken, eine Freude den Vögeln, die den Flachssamen picken, ein Ärger den Fischen, die in Garnnetzen gefangen werden. Da sprach die Königin von Saba: Mir ist noch nicht die Hälfte von deiner Weisheit geschildert worden. Du hast Einsicht und großen Ruhm gewonnen; selig dein Volk und selig deine Diener!
Danach führte Salomo die Sabäerkönigin in seinen Wohnpalast. Als die fremde Fürstin die große Pracht, die Salomo umgab, gewahrte, ließ sie Dank und Preis dem zukommen, der den König erschaffen hatte, und sprach: Gelobt sei der Herr, dein Gott, der an dir Gefallen gefunden und dir den Herrscherthron verliehen hat, auf daß du Recht und Gerechtigkeit übest! Und sie beschenkte den König mit Gold und Silber. Auch der König gab der Fürstin alles, was sie nur begehrte.

14. AUF DER MEERESINSEL

König Salomo hatte eine Tochter, die war so schön, daß es ihresgleichen im ganzen Lande Israel nicht gab. Salomo wollte gerne erfahren, wer seiner Tochter als Ehemann bestimmt sei, und blickte zu den Planeten. Da ersah er aus der Stellung der Himmelslichter, daß der Zukünftige des

Mädchens ein Bettler, der ärmste Mann im ganzen Volke, sein sollte. Was tat der König? Er baute einen hohen Turm im Meere, ließ diesen von allen Seiten mit Mauern umgeben und tat reichlich Vorrat an Speise und Trank hinein. Danach nahm er seine Tochter und schloß sie in dem Turme ein; siebzig Kämmerer von den Ältesten Israels wurden ihr zugesellt. In dem Turm aber war keine Tür gemacht worden, damit kein Mensch von außen eindringen könnte. Hierauf sprach Salomo: Nun will ich sehen, wie Gott sein Vorhaben ausführt.

Es trug sich aber zu, daß jener Bettler, der der Königstochter zugedacht war, in einer Nacht umherirrte, nackend und barfüßig, hungernd und dürstend, und keinen Ort zum Schlafen fand. Da sah er das Aas eines Ochsen auf dem Felde liegen; er kroch zwischen die Rippen, um sich zu erwärmen, und schlief daselbst ein. Alsbald kam ein Geier geflogen, nahm das Aas mit dem Menschen darin und trug es auf das Dach jenes Turmes, gerade über die Kammer der Königstochter. Der Vogel fraß den toten Leib des Tieres und blieb auf dem Dache sitzen.

Wie der Morgen anbrach, stieg die Tochter Salomos auf das Dach, wie sie es alle Tage zu tun gewohnt war. Da erblickte sie den Jüngling. Sie fragte ihn: Wer bist du, und wer brachte dich hierher? Der Fremdling erwiderte: Ich bin ein Judäer, ein Sohn der Stadt Akko, und ein Vogel hat mich hierhergebracht. Darauf führte die Königstochter den Jüngling in ihre Kammer, wusch ihn und salbte ihn und zog ihm Kleider an, daß er überaus schön ward, wie kein zweiter im jüdischen Lande.

Und die Tochter Salomos gewann den fremden Jüngling lieb mit ihrem ganzen Herzen, und ihre Seele hing an seiner Seele, denn er war von hohen Gaben und kannte sich in der Schrift aus. Eines Tages sprach die Königstochter zu ihrem Gast: Ist es dein Wille, mich zu heiligen? Der Jüng=

ling erwiderte: O, dürfte ich das! Und er erhob sich, ritzte sein Fleisch auf und schrieb dem Mädchen mit seinem Blute das Ehegelöbnis. Alsdann heiligte er sie und sprach: Gott, der Herr, sei uns heute Zeuge, auch seine Engel, Michael und Gabriel, seien unsere Zeugen! Und der Jüngling ging zu der Jungfrau ein nach aller Welt Weise, und sie empfing von ihm.

Als danach die Kämmerer sahen, daß die Tochter ihres Königs schwanger worden war, sprachen sie zu ihr: Uns ist es, als sei dein Leib gesegnet. Die Königstochter antwortete ihnen: Dem ist in Wahrheit so. Da fragten die Kämmerer weiter: Von wem bist du denn schwanger worden? Aber die Tochter Salomos entgegnete: Was soll euch das Wissen darum? Da verdüsterte sich das Angesicht der Leibwächter, denn sie fürchteten den König Salomo, daß er sie der Unachtsamkeit beschuldigen würde. Sie schickten zum Könige, daß er käme und mit ihnen spräche.

Der König Salomo bestieg ein Schiff und kam auf die Insel zu den Ältesten. Da sprachen sie: Unser Herr und König! Das und das ist mit deiner Tochter geschehen; aber der Herr möge die Schuld nicht auf seine Knechte laden. Als der König dieses vernahm, ließ er seine Tochter rufen und fragte sie um das, was sich mit ihr ereignet hätte. Sie erwiderte: Einen Jüngling schickte mir Gott hierher, der ist schön und von gütigem Herzen, gelehrt und schriftkundig, und der hat mich geheiligt. Da ließ der König den Jüngling holen; dieser kam und zeigte dem Könige das Ehegelöbnis, das er seiner Tochter geschrieben hatte. Da fragte ihn Salomo nach seinem Vater und nach seiner Mutter, desgleichen nach seinem Geschlechte und nach dem Orte seiner Herkunft. Aus der Erzählung des Jünglings aber erkannte Salomo, daß es derjenige war, von dem er in den Sternen gelesen hatte. Da ward der König voll großer Freude und sprach: Gelobt sei der Herr, der jedem das Seine zukommen läßt!

15. DER MEHLSACK DER WITWE

Folgende bedeutungsvolle Geschichte trug sich zu in den Tagen König Salomos, Friede sei mit ihm.

Es lebte in einem Orte eine fromme Frau, die stets bemüht war, Gutes zu tun. Obgleich sie selber bedürftig war, gab sie von dem Ihrigen andern ab. Sie buk täglich drei Brote und verschenkte zwei davon an Arme; das dritte war ihre Tagesspeise. Einmal pochte an ihre Tür ein Mann und sprach: Herrin, ich fuhr mit meiner Habe auf einem Schiffe, aber das Fahrzeug zerbrach, und alle seine Insassen wie der Steuermann sind umgekommen; nur mich allein haben die Wellen an den Strand gespült, und ich bin dem Tode entronnen. Jedoch was nützt mir das, meine Sinne sind schier vergangen, denn es sind drei Tage her, daß ich nichts genossen, da ich durch unwirtliche Gegenden getrieben worden bin. Alsbald holte das Weib ein Brot herbei und gab es dem Hungernden. Danach setzte sie sich hin und wollte das zweite Brot verzehren, als wieder ein Armer an ihrer Schwelle erschien, seine Stimme erhob und flehentlich bat: Gute Frau, erbarme dich meiner und gib mir Brot, daß mein Geist wieder auflebe. Ich wurde von Feinden gefangengehalten, und es sind drei Tage her, daß ich geflohen bin und auf der Flucht nichts gegessen habe. Da reichte ihm die Mitleidige das zweite Brot und rief: Gelobt sei der Herr, daß er mich Gutes hat tun lassen; seiner Hilfe sei Dank, mein Teil ist lauter. Nun zog sie das dritte Brot hervor, um es zu verspeisen, aber da betrat ein dritter Bettler ihr Haus und sprach: Gütigste, ich bin unterwegs von Räubern, die mir auflauerten, überfallen worden und mußte mich in den Wald flüchten. Also nähre ich mich schon seit vielen Tagen von Kräutern und habe bald vergessen, wie ein Stück Brot mundet. Erquicke mich nun mit etwas Backwerk, wodurch ein Schmachtender gesättigt wird. Das gutherzige Weib gab ihr letztes Brot hin und verblieb selbst ohne Speise. Da sprach sie bei sich: Ich will sehen, ob ich noch Mehl in meinem Sacke habe; das will ich zu einem Teig rühren und daraus ein Brot backen. Aber der Sack enthielt nichts mehr. Also sprach das Weib: Ich will Weizenkörner sammeln, sie zu Mehl vermahlen und meine Seele laben. Und sie ging aufs Feld, las ein paar Handvoll Getreide auf, trug es nach der Mühle und mahlte die Körner fein. Sie legte sich das Säcklein auf den Kopf und trat den Heimweg an. Aber da erhob sich vom Meere ein wehender Sturm, riß es ihr vom Haupte und schleuderte es weit weg. Also ward die Arme um ihre Hoffnung gebracht. Sie fing bitter zu weinen an und rief: Womit mag ich mich vor dem Herrn versündigt haben, daß mir solches widerfahren ist? Und sie ging zum König Salomo. An dem Tage war um ihn der Hohe Rat versammelt. Sie sprach: Sagt an, ihr Gerechten, was kann der Grund sein dafür, daß ich heute auch nicht eines Stückes trockenen Brotes teilhaftig geworden bin? Da sie noch redete, betraten den Saal drei Handelsleute, die mit ihrem Schiffe gelandet waren, und sprachen: Unser Herr und König, nimm diese siebentausend Goldstücke an dich, sie sollen ein Weihegut für die Armen sein. Salomo fragte: Was ist geschehen, daß ihr so viel Geld gutwillig opfert? Da erzählten die Kaufherren: Wir fuhren auf unserm Schiffe, das kostbare Ladung trug, und waren unweit des Ufers, als es ein Leck bekam. Das suchten wir zu verstopfen, allein es gelang uns nicht, und das Schiff war nahe daran, mit allem, was darauf war, zu versinken. Da riefen wir: Gebieter der Welt! Erreichen wir das Festland, so soll der zehnte Teil von dem, was das Schiff birgt, den Armen gehören, und wir selbst wollen Buße tun. Und wir fielen mit dem Angesicht zur Erde, auf daß einer nicht das Sterben seines Gefährten sehe. Und so groß war unsere Angst, daß die Sinne

verwirrt wurden. Wir merkten es nicht, daß wir die Küste erreicht hatten und uns bereits auf dem Festlande befanden. Wir rechneten den Wert unsrer Waren zusammen, und der Zehnte davon machte siebentausend Goldstücke aus, die wir unserm Gelübde gemäß hiermit darbringen. Da sprach König Salomo zu den Kauffahrern: Wißt ihr, an welcher Stelle das Loch sich befand und wodurch es geschlossen worden ist? Die Handelsleute erwiderten: Das wissen wir nicht. Salomo sprach: So seht euch euer Fahrzeug an. Die Kaufherren gingen hin und fanden, daß das Leck von einem Sacke Mehl geschlossen worden war. Den zogen sie heraus und brachten ihn dem König. Da sprach Salomo zu dem frommen Weibe: Erkennst du den Sack an seinen Merkmalen und seinem Siegel? Die Frau entgegnete: Ich erkenne ihn wohl, das ist mein Mehlsack. Darauf sagte Salomo: Deinetwegen hat es der Herr vollbracht; wer in Gottes Wegen wandelt, mit dem ist Gott.
Und alle Anwesenden wie der Hohe Rat staunten ob der Weisheit Salomos.

16. EIN WORT DES PREDIGERS

Schau, das habe ich gefunden, spricht der Prediger, als ich ein Erlebnis zum andern tat, um Einsicht zu gewinnen. Und meine Seele sucht noch und hats nicht gefunden: unter tausend habe ich einen Mann gefunden, aber ein Weib hab ich unter den allen nicht gefunden.*
Als der Hohe Rat und Israel den König Salomo so sprechen hörten, waren sie voll Verwunderung. Darauf sagte der König: Gefällt es euch, so will ich einen Beweis für meine Worte erbringen. Das Volk und die Ältesten sprachen: Tu es, o König. Da sprach Salomo: Wohlan, nennt mir ein rechtschaffenes Weib in Jerusalem, das einen recht=

* Prediger 7, 27–28

schaffenen Mann zum Gemahl hat. Die Ältesten hielten Umschau in der Stadt und machten ein solches Paar ausfindig. Da ließ Salomo vorerst den Gatten kommen und sprach zu ihm: Ich gedenke dir Ehrungen zu erweisen und dich zum Aufseher meines Palastes zu ernennen. Der Bürger erwiderte: Ich bin dein Untertan und will dir dienen. Salomo sagte: Du müßtest aber noch in dieser Nacht deine Frau töten und mir ihren Kopf bringen. Ich werde dich dann zu meinem Eidam und zu einem Hauptmann in Israel machen. Der Gehorsame antwortete: Ich will deinen Willen befolgen.

Als der Mann sich aber draußen befand und über den Befehl des Königs nachdachte, fing er zu weinen und zu klagen an. Sein Weib war schön und lieblich und war Mutter seiner kleinen Kinder. Unweit der Wohnung trat ihm die Frau entgegen und fragte: Mein Herr, was ist dir, daß du so betrübt dreinschaust? Der Verstörte antwortete: Laß ab von mir, ich trage einen Kummer in meinem Herzen. So betraten sie das Haus. Das Weib setzte ihrem Manne Speise und Trank vor, allein er mochte nichts anrühren. Er ging seinen Gedanken nach und überlegte: Was soll ich anfangen? Soll ich mein Weib töten, das mir Kinder geboren hat? Und er sagte zu der Frau: Lege dich mit den Kleinen schlafen.

Als das Weib eingeschlummert war, stand der Mann auf und entblößte sein Schwert, um sie zu töten. Wie er aber an das Lager trat, sah er den einen Knaben auf dem Busen seiner Mutter liegen, den andern daneben zusammengekauert schlafen. In dieser Stunde rief er aus: Der Satan hat sich wohl in Salomos Herz eingeschlichen. Weh! Weh! Was soll ich tun? Töte ich mein Weib, so kommen auch diese Kindlein um. Und er steckte das Schwert zurück in die Scheide und sprach: Gott schelte dich, du Satan! Bald aber stellte er sich wieder vor das Bett und sagte: Ich erschlage sie doch, und morgen gibt mir der König seine

Tochter und verleiht mir großen Reichtum. Und er zog abermals das Schwert hervor. Da sah er, wie das Haar des Weibes die Gesichter der Kinder bedeckte. Es erfaßte ihn Mitleid, und er sprach: Und wenn mir der König sein Schloß und alle seine Schätze beschert, ich töte meine Frau nicht. Und er tat das Schwert in den Behälter, legte sich zu seiner Frau und schlief bis zum Morgen.

Des andern Tages erschienen die Boten Salomos und führten den Bürger zu ihrem König. Salomo fragte den Mann: Wie war es mit dir? Hast du meinen Befehl erfüllt? Der Rechtschaffene erwiderte: Ich will meinen Herrn bitten, von dem Ansinnen zu lassen. Ich versuchte es ein und das andre Mal, allein mein Herz ließ es nicht zu. Da sagte Salomo: Nun habe ich einen Mann unter tausend gefunden! Und der Ehemann des Weibes zog ab.

Wie dreißig Tage vergangen waren, schickte der König im geheimen zu der Frau dieses Mannes und ließ sie kommen. Er fragte sie: Hast du einen guten Ehegatten? Das Weib erwiderte: Jawohl. Darauf sprach Salomo: Ich habe von deiner Schönheit und von dem Leuchten deines Antlitzes gehört und habe dich liebgewonnen. Ich will dich zum Weibe nehmen, dich über alle Fürstinnen und Königinnen erheben und dich von Kopf bis Fuß in Gold kleiden. Da antwortete das Weib: Was du nur begehrst, will ich tun. Salomo sprach: Ein Umstand jedoch ist uns im Wege, und der läßt mich mein Vorhaben nicht ausführen; das ist, daß du verehelicht bist. Dagegen sprach das Weib: Was soll nun geschehen? Salomo erwiderte: Töte deinen Mann, so will ich dich nachher meine Frau werden lassen. Das Weib sagte: Das will ich vollbringen. Darauf sprach Salomo in seinem Herzen: Dieses Weib gedenkt im Ernst ihren Mann zu verderben; wir wollen nun irgendeine Maßnahme treffen, daß der Versuch kein Unheil zur Folge hat. Und er gab der Frau ein Schwert aus Zinn, das aber wie ein echtes

blitzte. Salomo sprach: Mit dieser Waffe hau deinem Manne den Kopf ab.
Das Weib nahm das Schwert aus der Hand des Königs und kehrte heim. Als ihr Mann des Abends kam, küßte und umarmte sie ihn und sprach: Setze dich, mein Herr, du Krone meines Hauptes! Der Mann freute sich über den Empfang, und sein Herz hegte keinen Argwohn. Das Weib trug den Tisch herein, und die beiden aßen und tranken miteinander. Der Mann sagte: Weib, wie bist du heute so munter! Sie entgegnete: Ich will mit dir fröhlich sein und will dich einmal trunken sehen. Da lachte der Gatte und genoß viel Wein, bis er verwirrt wurde und in Schlaf ver= sank. Wie das das Weib sah, stand sie auf, sprach sich Mut zu und holte das Schwert hervor, das ihr der König mitgegeben hatte. Sie erhob es und ließ es auf den Nacken ihres Mannes fallen. Da erwachte der Schlafende, und siehe, sein Weib stand mit gezücktem Schwerte vor ihm. Er fragte: Was ist geschehen? Wie kommst du zu dieser Waffe? Be= kennst du mir nicht die Wahrheit, so haue ich dich in Stücke. Da gestand die Frau alles und sagte: Das und das hat mir König Salomo zu tun befohlen. Ihr Gemahl sagte darauf: Fürchte dich nicht.
Als des andern Morgens der Mann erwachte, sah er die Boten des Königs seinetwegen kommen. Er ließ sich mit seiner Frau zu Salomo führen. Der König saß da, von sei= nem Hohen Rat umgeben, und sprach, als er die beiden Ehegatten sah: Erzählt mir, was alles zwischen euch vor= gefallen ist. Da fing der Mann an und sagte: Ich erwachte diese Nacht und sah mein Weib vor mir stehen im Begriff, mich zu töten. Wäre das Schwert nicht aus Zinn, ich wäre nicht mehr am Leben. Ich hatte mich ihrer, als der König mir sie zu töten befahl, erbarmt, sie aber empfand kein Mitleid. Darauf sprach Salomo: Ich wußte, daß die Frauen das Erbarmen nicht kennen, und gab ihr deshalb ein zin=

nernes Schwert. Als die Ältesten das alles angehört hatten, sagten sie: Es ist wahr, was der König gesprochen hat: Ein Weib ist unter Tausenden nicht zu finden.

17. VOR DEN AUGEN DES GEMAHLS

Noch eine Geschichte soll sich zur Zeit Salomos zugetragen haben, und diese gab ihm ebenfalls Grund, den obigen Ausspruch zu tun.

Ein Jüngling aus der Stadt Tiberias kam nach der Stadt Bethar, um hier in der Schrift unterwiesen zu werden. Er war von sehr schöner Gestalt. Da gefiel er einem Mädchen, und sie sprach zu ihrem Vater: Ich flehe dich an, gib mir diesen Jüngling zum Manne. Der Vater eilte zu dem Jüngling und sagte zu ihm: Ist es dein Wunsch, ein Weib zu freien, so will ich dir meine Tochter antrauen. Der Jüngling erwiderte: Es ist mir recht. Und er heiligte die Jungfrau und fuhr mit ihr nach dem Hause seines Vaters. Daselbst verblieb er ein ganzes Jahr und war fröhlich.

Als das Jahr um war, sprach das Weib zu ihrem Gemahl: Nun bitte ich dich, mich zu meinen Eltern zu führen, damit ich sie wiedersehe. Da sattelte der junge Mann Pferde, belud sie mit Speise und Trank und allerlei Kostbarkeiten und machte sich mit seiner Gefährtin auf den Weg nach Bethar. Als sie aber eine Strecke gefahren waren, trat ihnen ein bewaffneter Räuber entgegen, und wie das Weib diesen erblickte, überkam sie die Liebe zu ihm, und bald hielt sie es zu dem Buben gegen ihren Eheherrn. Der Jüngling wurde mit Stricken gebunden, und der Räuber näherte sich in unflätiger Weise dem Weibe. Danach setzte er sich hin und aß und trank mit der Sünderin. Und der an den Baum Gebundene mußte dem allem zusehen.

Nachdem die Mahlzeit beendet war, legte sich der Unhold mit dem Weibe schlafen; vorher aber nahm er einen Krug

Wein und stellte sich ihn zu Häupten. Während nun die beiden umnebelt dalagen, kroch eine Schlange herbei, trank von dem Wein und spie ihr Gift in den Krug. Der Räuber erwachte, griff nach der Kanne und tat einen Schluck. Er war alsobald tot. Da sah der junge Mann das Wunder, das ihm widerfahren war, und sagte zu dem Weibe: Ich bitte dich, schneide die Stricke auf und befreie mich. Das Weib antwortete: Ich fürchte, daß du mich töten wirst. Er aber sagte: Ich schwöre dir, daß ich dir nichts tun werde. Das ungetreue Weib schaute nach dem Räuber, und siehe, der lag da wie ein Stück dürres Holz. Da erhob sie sich, zer=schnitt die Schnur und machte den Jüngling frei. Nunmehr setzten sie den Weg fort und kamen nach Bethar in das Elternhaus des Weibes.

Die alten Leute freuten sich der Ankunft ihrer Tochter und bereiteten den Angekommenen ein Mahl. Da sagte der Eidam: Ich genieße nichts, als bis ich über das, was sich unterwegs begeben hat, gesprochen habe. Und er erzählte den Vorfall im Walde. Was tat der Vater des Weibes? Er stand auf und tötete die gottlose Tochter.

Nun durfte wohl Salomo in seiner Weisheit sagen: Ich habe kein redliches Weib unter tausend gefunden!

18. DER DIEB VERRÄT SICH SELBST

Unsere Lehrer erzählen: Drei Männer wanderten am Rüst=tage zum Sabbat miteinander, und der heilige Tag sollte bald anbrechen. Da sprach einer zum andern: Wir wollen Rast machen und unser Geld an einem sichern Orte ver=wahren. Und sie taten so. Als es Mitternacht wurde, stand einer der Männer auf, nahm die drei Beutel aus dem Ver=steck heraus und vergrub sie an einer andern Stelle. Nach Sabbatausgang wollten die Wanderer ihren Weg fortset=zen und suchten erst den Platz auf, wo sich das Geld be=

finden sollte. Das war aber nicht mehr vorhanden. Da begannen sie einander des Diebstahls zu beschuldigen. Der eine sprach: Du hast es gestohlen. Der andre sprach: Du hast es weggenommen. Und sie gingen zum König Salomo und legten ihm ihren Streit dar.

Als Salomo die gegenseitigen Bezichtigungen angehört hatte, ward ihm bange, und er sprach bei sich: Wenn ich hier kein richtiges Urteil fälle und das Geld nicht zutage fördere, so werden die Menschen von mir denken, daß meine Weisheit dahin sei. Und der König saß da und überlegte und sann, was er den Männern antworten und wie er den Dieb bloßstellen sollte. So sagte er zunächst: Zieht ab, ihr Wanderer, kommt mit eurem Anliegen morgen wieder.

Als die drei Männer am nächsten Tag erschienen, sprach Salomo: Ihr seid Handelsleute und habt ferne Länder kennengelernt, so wird es euch an Witz und Scharfsinn nicht mangeln. Der Kaiser von Rom hat mich wegen einer Begebenheit, die sich in seinem Lande ereignet hat, um Rat gefragt, und von dieser möchte ich euch hier berichten. Vielleicht ist euch ein ähnlicher Fall schon begegnet, und ihr werdet mir Bescheid geben können. Alle drei Männer antworteten: Sprich, o König. Salomo fing an und erzählte:

Ein Jüngling und eine Jungfrau wohnten in einer Stadt und hatten einander lieb. Der Knabe sprach zu dem Mädchen: Versprich mir, daß du mein sein wirst; sollte ich dich aber nicht ehelichen können, so schwöre mir, nicht eher eines andern Weib zu werden, als bis du meine Erlaubnis eingeholt hast. Das Mädchen gab darüber einen Schwur ab. Es geschah aber nach Jahren, daß sie sich mit einem andern Freier verlobte. Als der Bräutigam ihr nahen wollte, sprach sie: Ich kann dir erst dann zu Willen sein, wenn mich der und der Jüngling freigibt. Der hat mich einst durch einen Eid gebunden. Was tat ihr Gefährte? Er machte sich mit dem Mädchen auf den Weg zu jenem Jüngling. Er nahm Gold, Silber und kostbare Kleider mit und gedachte durch Geschenke seine Braut loszukaufen. Als sie den Ort erreichten, begab sich das Mädchen allein zu dem Jüngling und sprach: Ich gedenke des Eides, den ich dir einst gegeben habe, und bitte dich, diese Kostbarkeiten zu nehmen und mich freizugeben, daß ich meinem Gemahl gehören darf. Der junge Mann antwortete: Da du deinen Schwur gehalten hast, so will ich dich ohne jede Gabe von deinem Worte entbinden. Du bist fortan frei, und freue dich deines Teiles. Das Mädchen holte ihren Bräutigam, und sie traten beide den Rückweg an. Da wurden sie auf der Landstraße von einem alten Räuber überfallen. Der nahm dem Jüngling alles Geld ab und schleppte das Mädchen fort. Da sprach die Geängstigte: Nimm auch das, was ich bei mir habe, allein tu mir nichts an. Laß mich mit meinem Gemahl heimziehen. Und sie erzählte dem Räuber ihre ganze Geschichte. Sie sprach: Wenn mein früherer Verlobter, der doch ein Jüngling im besten Alter war, sich bezwungen und mich freigegeben hat, um wieviel leichter müßte es dir fallen, der du doch bejahrt bist, mich unberührt davongehen zu lassen. Als der Räuber die Worte des Mädchens vernahm, wurde er mildern Sinnes; er ließ sie ziehen und gab ihr alles zurück, was er ihrem Bräutigam abgenommen hatte. Sie fand noch ihren Gefährten, und sie zogen beide in Frieden heim.

Und nun, setzte König Salomo seine Erzählung fort, läßt mich der römische Kaiser fragen, wer von den dreien: das Mädchen, ihr früherer Verlobter oder der Räuber, für sein Handeln am meisten zu loben sei? Aber antwortet ihr und sagt, wer euch von allen als der lobenswerteste erscheint!

Da nahm der eine von den streitenden Männern das Wort und sprach: Ich preise die Jungfrau, weil sie ihren Schwur treu gehalten hat. Der zweite Mann sagte: Ich rühme den

Jüngling, der sich seiner Rechte begab und dem Mädchen entsagte. Der dritte von den drei Männern endlich sprach: Nicht die Jungfrau und nicht den Jüngling bewundere ich. Staunen aber muß ich über den Räuber, daß er nicht nur das Mädchen unberührt ziehen ließ, sondern ihr noch das geraubte Geld zurückgab. Für diese Tat erscheint er mir als der rühmenswerteste von allen.
Da wandte sich der weise König Salomo an den letzten Sprecher und sagte: Du bist der Missetäter! Wenn du nach dem Gelde, das du nicht gesehen hast und von dem du nur erzählen hörtest, solches Verlangen trägst, um wieviel mehr wirst du das Geld deiner Gefährten, dessen Versteck dir bekannt war, an dich zu reißen suchen. Und der König befahl, diesen Mann zu fesseln und zu züchtigen. Da gestand der Dieb, daß er das Geld entwendet hatte, und gab den Ort an, wo es sich befand. So erhielten die rechtmäßigen Besitzer ein jeder seinen Teil.

19. DIE DREI GUTEN RATSCHLÄGE

Drei Brüder begaben sich einst nach Jerusalem zum König Salomo, um von ihm Weisheit zu lernen. Der König sprach zu ihnen: Bleibt hier und seid um mich; ich will euch zu weisen Männern machen. Und er gab ihnen hohe Ämter an seinem Hofe. Also verblieben die Brüder in der Königsstadt dreizehn Jahre. Eines Tages sprachen sie zueinander: Was treiben wir hier? Wir haben unsre Häuser verlassen und sind hierhergekommen, um Weisheit zu gewinnen. Wir haben aber nur dem König all die Jahre gedient und für uns nichts errungen. Wollen wir Urlaub nehmen und in unsre Heimat zurückkehren. Und sie traten vor den König und sprachen zu ihm: Herr, es sind dreizehn Jahre her, daß wir uns von den Unsrigen getrennt haben; verstatte uns, heimzukehren und sie wiederzusehen. Da ließ Salomo seinen Schatzmeister dreihundert Goldstücke bringen und sagte zu den Brüdern: Wählt eines von beiden: ein jeder bekommt hundert Goldstücke, oder er lernt von mir drei wertvolle Lebensregeln. Die Brüder kamen dahin überein, lieber das Gold zu nehmen und nach Hause zu reisen. Als sie sich vier Meilen von Jerusalem entfernt hatten, sprach der jüngste von ihnen: Was haben wir getan? Waren wir denn zu Salomo gekommen, um reich zu werden? Wollt ihr auf meinen Rat hören, so geben wir dem König das Geld zurück und lassen uns von ihm unterrichten. Die zwei Brüder antworteten aber: Willst du die Goldstücke um drei Sprüche vertauschen, so geh hin und tu es. Wir geben unsern Gewinn für Weisheit nicht her.

Also trat der jüngste Bruder allein den Rückweg an. Er kam vor den König Salomo und sprach zu ihm: Herr, als ich vor dreizehn Jahren nach Jerusalem kam, so geschah es nicht des Goldes, sondern der Weisheit wegen. So nimm denn, ich bitte darum, meine hundert Goldstücke zurück und laß mich die drei Leitsätze von dir empfangen.

Der König willigte darein und begann den Jüngling zu unterweisen. Er sprach zu ihm: Mein Sohn, die erste Lehre lautet: Wenn du eine Reise unternimmst, so sei bestrebt, sie anzutreten, sobald du die Sonne aufgehen siehst; auch rate ich dir an, nicht den Abend abzuwarten, sondern Rast zu machen, solange noch Tag ist. Als zweites empfehle ich dir: Suche nie einen Strom zu überschreiten, wenn Hochwasser ist, sondern warte ab, bis die Überschwemmung vorbei ist. Als dritten Grundsatz endlich merke dir, ein Geheimnis nie einer Frau anzuvertrauen, und wäre sie deine eigene Ehegefährtin.

Nachdem der Jüngling die drei Regeln vernommen hatte, bestieg er sein Roß und ritt seinen Brüdern nach. Er ereilte die beiden, und sie fragten ihn: Was hast du Nützliches vom König zu hören bekommen? Er antwortete: Was ich gelehrt worden bin, das behalte ich für mich. Also wanderten sie gemeinsam. Wie einige Stunden vergangen waren, langten sie an einem Orte an, der schön zum Ruhen war. Da sprach der jüngste: Hier könnten wir gut Rast machen; hier finden wir Wasser und Bäume und einen Weideplatz für unsere Tiere. Wollen wir hier übernachten und morgen, sobald Tag ist, weiterwandern, wenn uns Gott das Leben läßt. Die Brüder antworteten darauf: Du bist töricht. Als du das Gold dem Könige zurücktrugst, um dafür Weisheit zu holen, da erkannten wir, daß du einer ohne Verstand bist. Wir können jetzt noch einige Meilen zurücklegen, und du rätst uns, hier über Nacht zu bleiben. Der Jüngling sagte: Tut nach eurem Willen; ich für mein Teil breche jetzt nicht auf.

Also zogen die zwei ältesten Brüder weiter, und der jüngste stieg vom Pferde herunter. Er hieb einige Bäume ab, legte ein Feuer an und überdachte den Platz, auf dem er mit seinem Pferde lagern wollte. Er ließ das Tier, solange es hell war, im Grase weiden. Des Abends gab er ihm Hafer zu fressen, nahm selbst sein Mahl ein und schlief wohlgemut ein.

Seine Brüder waren inzwischen weitergeritten, aber es wurde Abend, und sie konnten keine Weide für ihre Pferde finden; auch sahen sie keine Bäume und hatten kein Holz, um Feuer zu machen. In der Nacht fiel dichter Schnee vom Himmel, und die zwei Männer erstarrten vor Kälte. Dem Jüngling aber war in seiner geschützten Lage nichts zugestoßen. Als es Morgen wurde, machte er sich auf und ritt in der Richtung, in der seine Brüder ihm gestern entschwunden waren. Da fand er sie beide tot auf dem Wege liegen. Er brach in lautes Weinen aus, bestattete die Umgekommenen auf dem Felde, nahm die zurückgelassene Habe mit sich und ritt weiter. Bald kam er an einen Fluß, den er zu überschreiten hatte. Die Morgensonne hatte aber den nächtlichen Schnee zum Schmelzen gebracht, und so war der Bach aus den Ufern getreten. Der Jüngling stieg von seinem Rosse und wollte warten, bis das Wasser gefallen wäre. Als er so dastand, kamen zwei Diener des Königs mit Kamelen, die mit Gold beladen waren, und wollten den Fluß hinüberfahren. Sie fragten ihn: Magst du nicht mit uns hinüber? Er antwortete: Das Wasser ist zu hoch, um eine Fahrt zu wagen. Die Knechte achteten der Warnung nicht und wateten durch den Strom. Als sie aber bis zur Mitte kamen, wurden sie von der Strömung erfaßt und ertranken. Der Jüngling wartete, bis Ebbe eingetreten war, überschritt den Bach und hob das Gold der ertrunkenen Knechte auf. Er zog davon und langte wohlbehalten in seinem Hause an.

Als die Frauen der zwei ältern Brüder den jüngsten allein ankommen sahen, fragten sie ihn nach ihren Männern. Er antwortete: Sie sind in Jerusalem geblieben. Und der Heimgekehrte kaufte Felder und Weinberge, baute einen Palast und schaffte sich viel Vieh an. Seine Ehefrau fragte ihn: Mein Herr, sage mir, wie bist du zu diesem Reichtum gekommen? Darüber geriet er in heftigen Zorn und antwortete: Du hast mich darum nicht zu fragen. Das Weib aber bedrängte ihn so lange, bis er ihr alles gestand. Als es darauf einmal zu Streitigkeiten zwischen ihnen kam und er sie tätlich angriff, schrie sie laut und rief: Nicht genug, daß du deine zwei Brüder getötet hast, willst du auch mich umbringen.

Da nun die zwei Schwägerinnen dieses vernahmen, machten sie sich nach Jerusalem auf und verklagten den Bruder ihrer Männer vor dem König. Salomo befahl, den Missetäter zu köpfen. Als der junge Mann hingerichtet werden sollte, bat er sich aus, ein Wort dem König sagen zu dürfen. Er wurde vor Salomo gebracht, fiel auf sein Angesicht vor ihm und sprach: Mein Herr, ich bin einer von den drei

Brüdern, die dir dreizehn Jahre gedient haben. Ich bin der jüngste, der dir beim Abschied die Goldstücke zurückgegeben hat, um deiner Weisheit teilhaftig zu werden. Die Lehren, die du mir gegeben hast, haben mich fürwahr beschützt. Und er erzählte alles, wie es sich zugetragen hatte. Da erkannte der König den Jüngling und sah, daß er die Wahrheit gesprochen hatte. Er sagte: Fürchte dich nicht. Deine Weisheit ist es, die dich deine Brüder hat überleben lassen. Du hast sie und meine unbedachtsamen Knechte mit Recht beerbt. Geh, freue dich deiner Habe!

20. DIE SPRACHE DER TIERE

König Salomo hatte einen Freund, der fern von ihm wohnte und ihn alljährlich zu besuchen pflegte. Wenn der Mann dann wieder in seine Heimat reiste, gab ihm der König Geschenke für ihn und seine Angehörigen mit. Einmal aber brachte der Freund dem Herrscher eine kostbare Gabe dar. Als er nun von Salomo Abschied nehmen sollte, wollte ihm der König gleichfalls ein Geschenk verehren, allein der Mann weigerte sich, irgendeinen Gegenstand anzunehmen. Er sprach: Mein Herr und König, ich trage kein Verlangen nach Reichtümern, denn, dem Allmächtigen und deiner Güte sei Dank, ich habe alles, wessen ein Mensch bedarf, und es gebricht mir an nichts. Wenn aber mein Herr seinem Knechte eine besondere Gnade will zuteil werden lassen, so möge er ihn die Sprache der Tiere und der Vögel verstehen lehren. Darauf erwiderte der König: Sei gewiß, Bruder, daß ich dir deine Bitte nicht versagen möchte und deinen Wunsch zu erfüllen nicht zögern würde. Allein bedenke, daß diese Kunst Gefahr in sich birgt, und daß sie ein tiefes Geheimnis bleiben will. Verrätst du nur ein Wort von dem, was du gehört hast, so bist du alsobald des Todes, keine Sühne vermag das Urteil zu wenden. Da sprach der Wißbegierige: Wenn ich nur einen Teil deiner Weisheit erlange, will ich damit umgehen, wie du es mir befiehlst. Als nun Salomo sah, wie groß der Drang seines Freundes war, stillte er sein Verlangen, brachte ihm die Tiersprache bei, und der fuhr freudig heim.

Da begab es sich eines Tages, daß der Mann mit seiner Frau vor dem Hause saß, als sein Ochse von der Feldarbeit zurückkam. Man band ihn an die mit Futter gefüllte Raufe, und er kam neben den Esel zu stehen, der an diesem Tage daheim geblieben war, weil er sich krank gestellt hatte. Da fragte der Esel den Ochsen: Freund, wie ergeht es dir in diesem Hause? Der Ochse erwiderte: Ach, Bruder, ich kenne nichts als Mühe und schwere Arbeit bei Tag und bei Nacht. Da sagte der Esel: Ich wünsche dir Ruhe und will dir einen guten Rat geben, wie du deine Plage loswerden könntest. Der Ochse antwortete: Bruder, du erbarmst dich meiner! Ach, daß dein Herz stets bei mir bliebe! Ich will deinen Worten in allem folgen. Der Esel sagte: Gott weiß, daß ich nur aus reinem Herzen und treuer Absicht zu dir rede; mein Gedanke wäre, daß du die Nacht über kein Stroh und kein Futter zu dir nähmest. Wenn nun unser Herr sieht, daß du nichts gefressen hast, wird er dich für krank halten und von der Last der Arbeit befreien. Du wirst nun wie ich von deinem Joche ausruhen. Der Rat gefiel dem Ochsen wohl, und er tat in allem, wie der Esel gesprochen hatte.

Bevor es Tag wurde, stand der Besitzer des Hofes auf und sah den Esel das Futter des Ochsen verzehren, während jener schlief. Da gedachte er dessen, was er die zwei Tiere hatte sprechen hören, und begriff die List des Esels. Darüber mußte der Mann laut auflachen, daß es schallte. Sein Weib hörte das Gelächter und fragte ihn, als er wieder in die Stube eintrat: Warum hast du eben so laut gelacht, du grausamer Spötter? Er antwortete: Ich erinnerte mich eines spaßhaften Vorfalls, den ich einst erlebt habe, und mußte darüber lachen.

Des Morgens sah der Hausherr nach der Krippe des Tieres und sprach zu dem Stalljungen: Der Ochse soll heute keine Arbeit tun; spanne statt seiner den Esel ein, der soll für sich und für den Ochsen arbeiten. Als es Abend wurde, kam der Esel zurück in den Stall, müde und schwach. Der Ochse fragte ihn: Bruder, hast du die herzlosen Menschenkinder nicht von mir sprechen hören? Der Esel antwortete: Ich hörte sie sagen: Frißt der Ochse weiter kein Futter, so wollen wir ihn schlachten und das Fleisch verspeisen. Als das der Ochse vernahm, erbebte er vor Schreck. Er warf sich auf die Krippe wie ein Löwe auf seine Beute und hob den Kopf nicht eher auf, als bis er das ganze Futter aufgefressen hatte. Der Hausherr hörte auch diese Unterredung der Tiere und die lustigen Einfälle des Esels und brach wieder in ein unbändiges Gelächter aus. Da rief seine Ehefrau: Schon gestern lachtest du so höhnisch; da dachte ich, es wäre Zufall. Nun hebst du wieder ein Gelächter an, und es weilt doch kein Fremder mit uns, der dazu Anlaß gegeben hätte; du spottest wohl meiner, denn du siehst an mir Unschickliches. Ich schwöre bei Gott, daß du dich mir nicht eher nähern darfst, als bis du mir den Grund deiner Heiterkeit gesagt hast. Da sprach der Mann bittend und flehentlich, voll Liebe und Ehrfurcht: Sei stille, Schwester, es ist mir verboten, das Geheimnis zu verraten. Die Frau aber sprach: Ich habe im Ernst einen Schwur darüber abgegeben, daß du mein Angesicht nicht sehen wirst, es sei denn, du sagst mir die Wahrheit. Der Mann sagte: Ich weiß, daß, wenn ich das Geheimnis preisgebe, ich verloren und vernichtet bin. Das Weib wiederholte: Ich habe gelobt, nicht zu essen und nicht zu trinken, als bis ich dich überredet habe. Da sprach der Mann: Ich will meine Seele darum geben, um dich am Leben zu erhalten; ich wähle lieber den Tod, als daß dir ein Haar gekrümmt werde, denn was ist mein Leben, wenn ich dich nicht mehr habe. Laß nun jetzt von mir ab, ich will meine letzten Bestimmungen treffen, dann will ich dir, was du wissen willst, offenbaren. Und er ließ bereits seine Freunde rufen, um ihnen seinen Willen kundzutun.

Der Unglückliche hatte einen Hund, und dieser lief im Hofe traurig umher, ließ sein Brot und ein Stück fettes Fleisch, das man für ihn hingelegt hatte, unberührt liegen, denn er grämte sich darum, daß sein Herr sterben sollte. Da kam der Hahn daher, pickte das Brot und das Fleisch auf und verzehrte es voll Behagen mit seinen Frauen. Nun fiel der Hund erbost über den Hahn her und bellte: Du gottloser Wicht, wie groß ist deine Gier und wie gering deine Demut. Dein Herr schwebt wie ein Sünder zwischen Leben und Tod, und du frißt und gehabst dich wohl in seinen vier Pfählen und kümmerst dich nicht um ihn. Da erwiderte der Hahn: Wenn dein Herr einfältig und unverständig ist, was kann ich dagegen tun? Sieh, ich habe zehn Frauen und herrsche über sie alle; keine tut, was nicht nach meinem Sinne ist. Dein Herr aber hat nur eine Gefährtin und kann über sie nicht regieren und sie nicht zurechtweisen und strafen. Und der Hahn sperrte seinen Schnabel auf und rief laut: In einem Netze von seiner Frau gefangen zu sein: gibts ein Übel, das größer wäre als dieses? Spitze dein Ohr und lerne weise sein aus dem Munde eines Hahnes. Darauf fragte der Hund: Wie soll es unser Herr anstellen mit seiner Frau? Der Hahn erwiderte: Er nehme einen dicken Knüppel und gerbe ihr damit gehörig das Fell; ich will Bürge sein dafür, daß sie um Gnade bitten wird und er ihr nie wird Rede stehen müssen.

Der Mann, der schon seinem Ende nahe war, hörte die Rede des Hahnes, tat nach seinem Rat und entrann so dem Verderben.

Aber auch einer treuen Frau soll Salomo einst begegnet sein, und von dieser erzählt uns die folgende Geschichte.

Als der König Salomo daranging, den Tempel zu erbauen, schrieb er Briefe an die Könige und Fürsten aller Länder, daß sie ihre geschicktesten Künstler nach Jerusalem entsendeten. Hier sollten diese gegen Lohn ihre Arbeit verrichten. Die Fürsten kamen dieser Bitte nach, denn dem König Salomo schenkte man überall Gehör.

Allein in einer Landschaft lebte ein berühmter Meister, der seine Kunst außerhalb seines Ortes nicht ausüben mochte, auch wenn man ihm den höchsten Lohn bot. Er hatte nämlich eine überaus schöne und anmutige Frau, wie es ihresgleichen nicht gab, und wollte sie nicht allein lassen in der Furcht, es könnten frevle Männer kommen und sie um ihre Tugend bringen.

Als nun das Schreiben Salomos in dieser Stadt eintraf, ließ der Fürst den Künstler vor sich führen. Er kam, bückte sich vor dem Herrscher und sprach: Was befiehlt mein Herr und König seinem Knecht? Der Fürst antwortete: Mein Wille ist, daß du dich aufmachst und nach Jerusalem ziehst; daselbst sollst du an dem Tempel, den Salomo baut, mitwirken; denn das ist ein mächtiger, gar herrlicher König, und ich darf sein Wort nicht auf die Erde fallen lassen.

Also verließ der Künstler seinen Fürsten betrübten Herzens und kam verstört nach Hause. Sein Weib fragte ihn nach der Ursache des Kummers, und da erzählte er ihr von dem vom Herrscher verhängten Geheiß. Darauf sprach das Weib: Bin ich es, um derentwillen du dich zu gehen weigerst, so laß allen Zweifel aus deinem Herzen. Ich will dir einen Talisman auf die Reise mitgeben, der, solange er unverändert bleibt, dir als Beweis für meine Unschuld gelten soll. Laß den Befehl unsers Königs nicht umsonst verklingen und mache getrost den Weg nach Jerusalem mit den andern Künstlern. Sei ohne Sorge und verharre in der Gewißheit, daß ich rein bleiben werde. Da ward der Meister ruhigen Sinnes, er ließ sich Speise und Trank reichen und freute sich mit seiner Gefährtin.

Des Morgens stand er auf und machte sich bereit, nach Jerusalem zu reisen. Da gab ihm seine Genossin eine Glaskapsel, in der sich ein Stückchen Werg und eine winzige leicht glimmende Kohle befand. Sie sprach zu ihm: Dieses kleine Gehäuse sollst du an deinem Halse tragen; solange sich das Läppchen an dem Feuer nicht entzündet, kannst du sicher sein, daß die Flamme der sündigen Triebe mich nicht erfaßt hat. Der Meister hängte die Kapsel um seinen Hals, hob seine Füße auf und zog gen Jerusalem. In der Heiligen Stadt angekommen, ging er an seine Arbeit und half den Bau herrlich gestalten.

Der König Salomo erschien täglich an der Arbeitsstätte, sah, wie weit das Werk durch die Künstler gediehen war, und versprach, ihren Lohn zu verdoppeln. Eines Tages hob er seine Augen auf und erblickte das Glasbüchschen am Halse unseres Meisters. Er wunderte sich darüber und fragte den Künstler nach der Bedeutung des seltsamen Gegenstandes. Da erzählte dieser, warum er die Kapsel trage.

Was stellte Salomo an? Er ließ zwei Jünglinge von reizender Gestalt und freundlichem Blick zu sich bescheiden und gab ihnen auf, nach der Stadt des Künstlers zu gehen, in seinem Hause Herberge zu nehmen und seine Frau zu verführen. Die Jünglinge taten nach dem Befehl des Königs und begaben sich nach dem fernen Lande, in dem der Künstler wohnte. Hier angelangt, kehrten sie in dem Hause ein, das dem Meister gehörte. Die Hauswirtin empfing sie freundlich und ließ sie an ihrem Tische speisen. Als sie ihnen aber abends ein Nachtlager zugewiesen hatte, schloß sie die Tür der Kammer ab und hielt die Gesellen einen Monat lang gefangen.

Und der König Salomo schaute täglich auf die Kapsel des bei ihm arbeitenden Künstlers, und siehe, das Wolläppchen blieb unversehrt. Da sprach er bei sich: Nun will ich mich aufmachen, will selbst nach jener Stadt gehen und das Weib in Versuchung bringen. Und er verkleidete sich, damit man ihn nicht erkenne, nahm zwei Diener mit und fuhr in die Heimat des Künstlers. Er stieg in der Wohnung der keuschen Frau ab. Diese bereitete ihm einen ehrenvollen Empfang und ließ für ihn ein Mahl rüsten, das eines Königs würdig war. Denn sie erkannte in ihrer Weisheit, daß ihr Gast kein andrer als König Salomo war. Als letztes Gericht ließ sie eine Schüssel gekochter Eier reichen, von denen jedes mit einer andern Farbe bemalt war, und sprach: Iß davon, mein Herr und König. Da sagte Salomo: Wen nennst du hier einen König? Das Weib erwiderte: Aus deinen Augen spricht die königliche Würde, und ich bin deine Magd, die dich bittet, von jedem dieser Eier etwas zu kosten, damit du ihren Geschmack erfahrest. Also aß Salomo ein wenig von jedem Ei und sagte: Die Eier schmecken eins wie das andre, wenn sie sich auch in der Färbung der Schalen voneinander unterscheiden. Da entgegnete die Frau: Wie diese Eier hier, so sind auch wir Frauen: im Äußeren verschieden, für die Lust alle gleich. Und so hat es sich der Mühe nicht verlohnt, eines glatten Gesichtes wegen so viele Meilen zurückzulegen. Ich bin nicht mehr denn eine deiner Mägde, und du kannst mit mir tun, was dir recht ist. Allein du bist der Weisesten einer und wirst wissen, daß alles irdische Begehren nur eitel und sündig ist.

Als nun Salomo die liebreizende Rede des Weibes vernahm, rief er aus: Gesegnet seist du dem Herrn und gesegnet dein edler Sinn! Und er bat sie, ihm wie eine Schwester zu sein. Darauf gab er ihr ein kostbares Geschenk und kehrte nach Jerusalem zurück. Hier erzählte er dem Manne der

stolzen Frau, was ihm mit ihr begegnet war, und entließ ihn in Frieden. Er zahlte ihm einen zehnfachen Lohn und sagte zu ihm: Zieh heim, erfreue dich an dem, was du dein Eigen nennst.
Da reiste der Künstler nach seinem Heimatlande zurück. Nun beichtete ihm auch seine Genossin, was ihr mit den Jünglingen, die von dem König gesandt worden waren, und mit dem Könige selbst widerfahren war. Er küßte sie auf das Haupt und hielt sie von nun an in Ehren noch mehr als vorher. Und ewige Freundschaft verband seit der Zeit die Ehegatten mit dem König Salomo.

22. DER STREIT DER GLIEDER

Es gab einst einen König im Perserlande, der litt an Auszehrung und war dem Sterben nahe. Da sagten die Ärzte, die seine Krankheit behandelten: Nur eins könnte dem König helfen. Wenn er Löwenmilch zu trinken bekäme, würde er genesen. Darauf schickte der Herrscher seinen Leibarzt zu Salomo, dem Sohne Davids, daß der ihm Löwenmilch zu finden verhelfe. Als der Arzt bei Salomo eintraf, ließ dieser den Feldherrn Benaja ben Jojada holen und fragte ihn: Wie könnte man Löwenmilch beschaffen? Benaja antwortete: Laß mich zehn Zicklein mitnehmen, und ich will eine Löwin melken. Und er begab sich mit einigen Dienern außerhalb Jerusalems, wo er eine Löwenhöhle wußte. Er stellte sich von ferne hin und sah die Löwin ihre Jungen säugen. Da warf er ihr ein Zicklein zu, und sie fraß es. Den zweiten Tag trat Benaja etwas näher an die Höhle und warf der Löwin wieder ein Zicklein zu. So kam er jeden Tag näher an die Grube, bis er am zehnten Tag mit der Löwin spielen konnte. Er zog einen Augenblick an ihren Zitzen, entnahm den Eutern Milch und ging davon. Nun kehrte er zu Salomo zurück, gab die Löwenmilch dem

fremden Arzt und ließ ihn mit Frieden zu seinem Herrn gehen.
Als der Heiler sich in der Mitte des Weges befand, schlief er ein und sah im Traume die menschlichen Körperteile miteinander rechten. Die Füße sprachen: Kein Glied ist so wichtig wie wir; wären wir nicht zum König Salomo geeilt, die Milch hätte nicht herbeigeholt werden können. Darauf sagten die Hände: Keines der Glieder ist wie wir. Hätten die Hände Benajas die Löwin nicht gemolken, die Milch wäre nicht da. Die Augen meinten: Wir sind obenan; hätten wir den Weg zur Höhle nicht gewiesen, nichts wäre erreicht. Das Herz aber sprach: Ich bin als das erste Glied zu nennen. Hätte ich den Rat nicht ersonnen, eure Hilfe wäre unnütz. Nun fiel die Zunge ein: Ich bin das Hauptglied. Gäb es keine Sprache, was vermöchtet ihr alle miteinander? Aber da schalten alle Glieder die Zunge und riefen: Wie wagst du es, dich uns gleichzustellen, die du im Finstern wohnst und Fleisch ohne Knochen bist. Die Zunge aber antwortete: Ihr sollt es heute noch erfahren, daß ich euer Herr bin.
Als der Arzt von seinem Schlaf erwachte, behielt er den Traum in seinem Herzen; er zog aber seine Straße weiter. Er kam vor den kranken König, und seine Zunge stammelte die Worte: Hier ist die Hundemilch, die wir für dich ausfindig gemacht haben. Trinke davon. Da erzürnte der König über den Heilkünstler und befahl, ihn zu henken. Als man ihn an den Galgen führte, überfiel ein Zittern alle Glieder des Verurteilten. Da sprach die Zunge zu den übrigen Körperteilen: Heute sagte ich es euch, daß ihr alle nicht wichtig seid. Wenn ich euch nun rette, wollt ihr da bekennen, daß ich eure Herrscherin bin? Die Glieder antworteten: Das werden wir zugeben. Da wandte sich die Zunge an die Henker und sprach: Bringt mich noch einmal vor den König. Das befolgten die Strafvollzieher. Da fragte

der Arzt den Fürsten: Warum hast du mich zu töten befohlen? Der König antwortete: Weil du mir Hundemilch gebracht hast. Der Arzt sprach: Was verschlägts? Wenn sie nur eine gute Arznei ist. Aber auch eine Löwin nennen wir Hündin. Darauf trank der König von der Milch und ward gesund. Es war aber auch Löwenmilch, was er genossen hatte. Also entließ er den Arzt in Frieden. Da sprachen die Glieder zu der Zunge: Nun sehen wir, daß du in Wahrheit Herrin aller Glieder bist. Daher sagt auch die Schrift: ›Tod und Leben steht in der Zunge Gewalt.‹*

23. DER ERBE MIT DEN ZWEI KÖPFEN

Folgende Geschichte spielte sich zur Zeit König Salomos ab. Es kam zu ihm einst Asmodäus und sprach zu ihm: Bist du der, von dem es heißt: Er ist weiser denn alle Menschen? Salomo erwiderte: So hat mir der Herr versichert. Da sprach Asmodäus: Ist es dein Wunsch, so zeige ich dir ein sonderbares Geschöpf, wie du es dein Lebtag nicht gesehen hast. Salomo antwortete: Das will ich gern schauen. Alsbald streckte Asmodäus seinen Arm nach unten aus und zog aus der Unterwelt Tewel einen Menschen hervor, der zwei Köpfe und vier Augen hatte. Da erbebte und entsetzte sich Salomo. Er sprach aber: Führe das Ungeheuer in mein Gemach. Danach ließ der König seinen Feldherrn Benaja rufen und sprach zu ihm: Weißt du, daß es auch in den Regionen, die unter uns sind, Menschenkinder gibt? Der Feldherr erwiderte: Ich wüßte es nicht, wenn ich es nicht von Ahitophel, dem Ratgeber deines Vaters, gehört hätte. Da sagte Salomo: Was würdest du sagen, wenn ich dir einen von diesen zeigte? Benaja sprach: Wie vermagst du mir ein solches Wesen vorzuführen? Kannst du es aus der Untiefe, wohin man erst nach einem Wege von fünf=

* Sprüche 18, 21

hundert Jahresreisen gelangt, hervorholen? Nun ließ der König das zweiköpfige Geschöpf aus dem Gemach treten. Als Benaja es gewahrte, fiel er auf sein Angesicht und rief aus: Daß du mich diese Stunde hast erleben lassen, Herr! Danach wandte sich der König an den Unheimlichen und fragte ihn: Von wem stammst du ab? Der Zweiköpfige erwiderte: Wir sind menschlicher Herkunft und sind Sprossen vom Geschlechte Kains. Salomo fragte weiter: Wo ist eure Wohnstätte? Der aus der Unterwelt erwiderte: Unser Stamm bewohnt die Region Tewel. Der König fragte: Scheinen auch bei euch Sonne und Mond? Der Unterirdische antwortete: Jawohl, und sagte: Auch wir säen und ernten und züchten Schafe und Rinder. Salomo fragte: Wo geht bei euch die Sonne auf? Der Zweiköpfige erwiderte: Sie geht in Abend auf, und in Morgen geht sie unter. Salomo fragte noch den Seltsamen, ob sein Volk das Beten kenne. Der bejahte die Frage und sagte: Wir beten stets: Wie sind deine Werke so groß, o Herr; du hast sie alle weislich geordnet.

Salomo sprach zu dem Sohne Kains: Ist es dein Wunsch, nach deiner Heimat zurückzukehren? Der Zweiköpfige erwiderte: Tut es in eurer Güte und bringt mich in mein Land zurück. Da ließ Salomo Asmodäus kommen und bat ihn, das fremde Wesen nach dem Weltteil Tewel zurückzuführen. Allein der Dämonenfürst antwortete: Das ist für alle Ewigkeit nicht mehr möglich.

Also blieb der Zweiköpfige im Lande Israel wohnen. Er erwarb einen Acker, pflügte das Feld und schnitt das Getreide und ward sehr reich. Er ehelichte ein Weib und zeugte mit ihr sieben Söhne. Davon gerieten sechs der Mutter nach, einer aber ward wie der Vater und kam mit zwei Köpfen auf die Welt. Hernach starb der Fremdling und hinterließ seinen Söhnen ein großes Vermögen. Die sechs mutterähnlichen Söhne sprachen: Wir sind unser sieben

Erben. Der Zweiköpfige aber sprach: Wir sind unser acht, und auf mich entfallen zwei Teile von der Hinterlassenschaft. Und sie gingen zum König Salomo, daß der in ihrem Erbschaftsstreit richte. Die sechs sprachen: Unser Herr und König! Wir sind sieben Brüder, der aber unter uns, der zwei Köpfe hat, behauptet, er müsse zwei Teile bekommen, und will das väterliche Erbe in acht Teile teilen. In diesem Augenblick versiegte die Weisheit Salomos. Er ließ die Sache vor den Hohen Rat bringen, aber auch die Gesamtheit der Richter vermochte nicht, den Streit zu schlichten. Sie sprachen: Sollen wir sagen, daß der Seltsame nur ein Wesen ist, vielleicht stellt er dennoch zwei Menschen dar? Und sie enthielten sich des Urteils. Da sagte Salomo: Der Morgen wird Recht sprechen.
Als es Mitternacht wurde, begab sich der König in den Tempel, stellte sich zu einem Gebet hin und rief: Herr der Welt! Als du mir in Gibeon erschienst, sprachst du zu deinem Knechte: Verlange von mir, was du willst, du sollst es haben! Ich ging dich damals weder um Gold noch um Silber an und bat dich nur, mich der Weisheit teilhaftig werden zu lassen, damit ich die Menschenkinder gerecht richte. Da erwiderte der Herr: Du sollst am Morgen erleuchtet werden.
Des andern Tages rief Salomo abermals seinen Gerichtshof zusammen und sagte: Laßt den Zweiköpfigen vor uns erscheinen.
Alsbald wurde dieser Erbe geholt, und Salomo sprach: Schaut zu; ich will mit diesem Mann einen Versuch machen. Und der König befahl, heißes Wasser, alten Wein und ein Leintuch herzubringen. Als das geschehen war, vermengte er den Wein mit dem Wasser, tauchte das Tuch darein und warf es an den einen Kopf des Rechthaberischen. Da riefen beide Köpfe: Unser Herr und König, wir müssen sterben, das ist unser Ende, wir sind ein Mensch und nicht zwei.

Die Versammelten sagten hierauf: Habt ihr nicht beteuert, daß ihr zwei seiet? Hierauf wurden die Streitenden entlassen, und der König befahl, das Erbe in sieben gleiche Teile zu teilen.
Da nun Israel Salomos Urteil hörte, ward es voll Verwunderung und Furcht.

24. DAS SCHACHSPIEL

Eine der liebsten Unterhaltungen König Salomos war das Schachspiel, welches, wie jedermann weiß, er auch erfunden hat.
Eines Tages saß er wie täglich mit seinem obersten Ratmann Benaja bei diesem Spiel, und letzterer befand sich in arger Bedrängnis. Denn dem König, als dem Erfinder der Kunst, konnte niemand darin beikommen. Während nun Benaja sich keinen Rat wußte, drang von der Straße Lärm in den Saal. Zwei Männer zankten und rauften miteinander vor dem Schlosse. Der König stand auf und schaute zum Fenster hinaus. Diesen Augenblick benutzte Benaja, um von den Steinen des Königs einen zur Seite zu schaffen. Salomo setzte sich wieder an den Spieltisch, hatte aber das Verschwinden des Steines nicht bemerkt. Und nun wurde seine Hand matt, und es gelang ihm nicht mehr, das Spiel zu seinem Vorteil zu wenden. Also wurde der bisher stets Besiegte einmal zum Sieger.
Den König aber verdroß es, daß seine Weisheit dieses Mal versagt hatte, und er wußte doch so wohl, daß sich keiner rühmen konnte, die Kunst wie er zu beherrschen. So beschloß er denn, der Ursache seiner Niederlage nachzugehen. Er stellte die Figuren noch einmal in ihrer ursprünglichen Ordnung auf und schob sie bald hin und bald her. So fand er heraus, daß einer von den Steinen fehlte. Er sprach bei sich: Gewißlich hat mich Benaja hintergangen, als ich zum

Fenster hinausguckte. Er hat sodann den Stein entfernt und so das Spiel gewonnen. Ich will ihm aber nicht die Schande ins Gesicht sagen, sondern es so anstellen, daß er von selbst die Wahrheit bekennt und den Betrug gesteht.
Nun verhielt sich Salomo still und ließ es Benaja nicht merken, daß er an das Geheimnis irgendwie dachte. Eines Tages vor Abend lehnte sich der König zum Fenster hinaus und sah auf der Straße zwei Männer mit Säcken auf den Schultern leise gehen und flüstern. Aus ihren Gebärden erkannte er, daß sie auf Raubzüge ausgegangen waren. Da zog sich Salomo rasch ins Zimmer zurück, warf sein königliches Gewand ab, steckte sich in ein Dienerkleid und eilte auf die Straße zu den zwei Männern. Er grüßte sie und sprach zu ihnen: Seid gesegnet, ihr lieben Freunde! Auch meine Finger haben euer Handwerk gelernt. Seht, ich halte in der Hand die Schlüssel zu den Gemächern des Königs, wo ich seine Schätze verborgen weiß. Schon lange sinne ich auf Wege, meinen Plan auszuführen; nun habe ich alles wohl durchdacht, ich mag aber das Wagnis nicht allein unternehmen. Gefällt es euch, so kommt mit, wir wollen gemeinsame Sache machen. Da willigten die Gesellen ein, denn sie erkannten den König nicht, und sagten: Du gib uns an, was wir zu tun haben, und führe uns den Weg; die Arbeit selbst wollen wir mit unserm Werkzeug vollbringen. Salomo antwortete: Es ist aber noch zu hell; warten wir, bis es Nacht ist und Jerusalem im Schlafe liegt.
Als es Mitternacht wurde, sprach der König zu den zwei Schelmen: Macht euch auf, jetzt ist die Zeit gekommen. Und er führte sie in den Palast und brachte sie in ein Zimmer, in dem sich viele Kostbarkeiten befanden. Die Diebe griffen danach, er aber sprach zu ihnen: Faßt hier nichts an, ihr findet Besseres, und das sollt ihr euch nehmen. Dann kam er mit ihnen in einen andern Raum, der gleichfalls voll prachtvoller Gegenstände war. Aber auch hier ließ er

sie die Hände nach nichts ausstrecken, indem er ihnen andres in Aussicht stellte, das nicht schwer zu tragen sein würde. Zuletzt brachte Salomo die Diebe in eine Kammer, in der seine Edelsteine aufbewahrt lagen. Hier sprach er zu ihnen: Greift zu und nehmt, soviel ihr haben wollt. Während ihr eure Taschen füllt, will ich hinausgehen und uns den Rückweg sichern. Die Toren glaubten der glatten Rede ihres Verführers, nicht ahnend, daß dieser der König selbst war, und gingen ans Werk, ohne zu wissen, daß sie ihr Verderben bereiteten. Salomo aber entfernte sich und schloß die Tür des Gemaches ab; nunmehr waren die Raublustigen wie in einem Netze gefangen. Hierauf zog Salomo seine königlichen Kleider an, rief seine Diener und sagte: In meine Schatzkammer sind Diebe eingedrungen. Gebt Obacht, daß keiner von ihnen entrinne; sonst seid ihr des Todes. Da wurden die Gesellen auf das strengste bewacht.
Des Morgens ließ der König seinen Gerichtshof zusammentreten. Der oberste Ratmann Benaja sollte gleichfalls zugegen sein. Salomo setzte sich obenan und stellte die Frage: Ihr wahrheitsliebenden, gesetzeskundigen Männer, sagt an, wie soll ein Dieb bestraft werden, der bei der Tat ertappt worden ist, und noch dazu ein Dieb, der den König bestohlen hat? Als Benaja diese Worte vernahm, wurde sein Herz zage, und seine Glieder begannen zu zittern, denn er dachte bei sich: Nun hat mein Herr die Sache mit dem Stein entdeckt und will mich von dem Hohen Gerichtshof verurteilen lassen. Schweige ich jetzt und warte, bis der Richterspruch gefallen ist, so werde ich als Übeltäter doppelt bestraft. So ist es wohl besser, ich gestehe dem König mein Vergehen ein, rechtfertige mich vor ihm und bitte ihn um Verzeihung; vielleicht wird er mir wieder geneigt und vergibt mir meinen unbedachten Schritt. Und Benaja säumte nicht mit dem, was er sich vorgenommen hatte; er fiel vor dem König mit dem Angesicht zur Erde, flehte ihn

an und sprach: Ich, mein Herr und König, ich bin der Dieb. Bei unserm letzten Schachspiel, als meines Herrn Auge den Vorgang auf der Straße beobachtete, habe ich mich erdreistet und einen Stein entwendet, wodurch ich damals gewann. Und nun, mein Herr und König, ich habe mich vor dir und vor den Richtern laut zu meiner Schuld bekannt, so sieh denn darüber hinweg und befreie mich von der schweren Strafe. Salomo hörte das Geständnis seines Feldherrn an, lachte und sprach: Sei ruhig, Freund Benaja, nicht deinetwegen habe ich den Gerichtsrat zusammengerufen. Ich habe den kleinen Vorfall längst vergessen und dir auch verziehen. Ich ließ die Richter zusammentreten, weil ich in dieser Nacht zwei Schelme abgefaßt habe, die meine Schätze ausräumen wollten. Also, ihr Herren Richter, sprecht euer Urteil. Der Gerichtshof prüfte den Fall und verhängte über die Diebe den Tod durch den Strang.
Salomo aber freute sich sehr, daß es ihm gelungen war, durch die Überführung der Diebe Benaja in einen grundlosen Schreck zu versetzen und ihm so das Bekenntnis zu entlocken. Nun wußte er, daß die Ursache des verlorenen Spieles nicht im verminderten Können zu suchen war, und daß sein Geist ihn nicht verlassen hatte.

25. DER STURZ SALOMOS

›Der Weise dünke sich nicht groß wegen seiner Weisheit.‹*
Ein solcher Weiser war Salomo, der Sohn Davids. Als er seinen Herrscherthron innehatte, überhob er sich und ward stolz. Er sprach von sich: Keiner gleicht mir in der ganzen Welt! Und er übertrat das Gebot der Schrift, das da befiehlt: ›Der König soll nicht viel Weiber nehmen!‹**
Das verletzte Gebot aber erhob vor dem Herrn Anklage und sprach: Herr der Welt! Gibt es einen Satz in deiner

* Jeremia 9, 22 ** 5. Buch Mose 17, 17

Schrift, der unnütz niedergeschrieben wäre? Gott antwortete: Es ist kein Satz überflüssig. Da sprach das Gebot: Und siehe, der König Salomo setzt sich über mich hinweg und hat siebenhundert Weiber und dreihundert Kebsweiber. Darauf erwiderte der Herr: Dein Streit soll von mir ausgefochten werden.

Und Gott wandte sich alsobald an Asmodäus, den Fürsten der Geister, und sprach zu ihm: Steig hinunter in das Schloß Salomos, zieh dem König seinen Siegelring von der Hand, nimm seine Gestalt an und setz dich auf seinen Thron. Das tat der Böse und füllte den Platz des Königs aus. Also hielt ganz Israel Asmodäus für seinen Herrscher. Salomo aber irrte durch Städte und Dörfer und schrie überall: Ich bin Salomo, der Sohn Davids! Ich, der Prediger, war König über Israel in Jerusalem.* Und im Volke sprach einer zum andern: Seht den Wahnsinnigen! Der König sitzt auf seinem Throne, und dieser spricht von sich, er sei, der das Buch Koheleth** geschrieben hat. Sie schlugen ihn mit einem Schilfrohr, und wenn sie ihm zu essen gaben, so war es ein Napf Grütze. Drei Jahre war Salomo unstet und flüchtig, bis der Herr sprach: Dein Vergehen gegen mein Gebot ist gesühnt.

Was hatte aber Asmodäus in den drei Jahren getrieben? Er wohnte allen Frauen Salomos bei und kam zu einer, die ihrer Reinigungstage halber sich abseits hielt. Als sie ihn eintreten sah, sprach sie: Salomo, warum verfährst du mit uns jetzt anders, als deine Sitte war? Darauf schwieg der Dämon. Nunmehr sprach das Weib: Du kannst nicht Salomo sein. Und der Ruchlose verlangte selbst von der Mutter Salomos Unerlaubtes. Er sagte zu ihr: Mutter, du sollst mir zu Willen sein. Da versetzte die alte Königin: An der, die dich geboren hat, willst du deine Lust haben? Du bist im Leben nicht mein Sohn. Und sie ging stracks zu dem Feldherrn Benaja und sprach zu ihm: Benaja, das und das

* Siehe Prediger 1, 12 ** Das Buch des Predigers

Ansinnen hat der Throninhaber an mich gestellt. Da erzitterte der Ratgeber Salomos; er zerriß seine Kleider, raufte sich die Haare und sagte: Dieser kann unmöglich der Sohn Davids sein; das ist gewißlich Asmodäus. Der Jüngling aber, der im Lande umherstreift und ruft: Ich bin der Prediger – dieser wird unser König sein.

Und Benaja ließ sogleich den Einfältigen holen und sprach zu ihm: Mein Sohn, sage mir, wer bist du? Der Jüngling erwiderte: Ich bin Salomo, der Sohn Davids. Benaja fragte weiter: Wie ist dein Sturz erfolgt? Salomo antwortete: Eines Tages saß ich wie immer auf meinem Throne, da wurde ich wie von einem Wind erfaßt und aus dem Schlosse geworfen. Von dem Tage ab ward mein Sinn verstört, und ich wanderte ziellos umher. Der Sohn Jojadas sprach: Kannst du auch irgendein Zeichen angeben, daß es sich in Wahrheit so mit dir verhält? Der ehemalige König entgegnete: Das kann ich wohl. In der Stunde, da ich zum Herrscher ernannt ward, legte mein Vater David die eine Hand in die deinige und die andre in die Hand des Propheten Nathan. Meine Mutter aber stand obenan.

Als Benaja diese Worte vernahm, rief er den Hohen Rat zusammen und sprach zu den Ältesten: Ein jeder schreibe den unverstellten Namen des Herrn auf ein Schild und hefte dieses auf sein Herz. Das befolgten die Ältesten. Sie sprachen aber zu Benaja: Wir fürchten uns vor dem Namen des Allmächtigen, den Asmodäus an seiner Brust trägt. Da sagte Benaja: Siebzig sollen sich vor einem fürchten? Ihr seid wohl nicht die von Gott Begnadeten! Und der Feldherr begab sich selbst zu Asmodäus, reckte seinen Arm und versetzte ihm einen Hieb; danach entriß er ihm den Siegelring und wollte ihn erwürgen. Aber da erscholl eine Stimme und rief: Halt ein, töte ihn nicht! Von mir ist die Sache ausgegangen, weil Salomo mein Gebot geringgeachtet hat. Nun händigte Benaja den Siegelring Salomo

aus, und dem Entthronten ward wieder seine frühere Gestalt und Herrlichkeit.
Nachdem Solomo diesen Wandel in seinem Geschick erfahren hatte, sprach er: Was ist mein Königtum, was ist meine Herrschaft wert? Sie haben mir in den drei Wanderjahren nicht genützt. Nur den, der sich selber erniedrigt, erhöht der Herr. Es ist keine Tugend so hoch zu preisen als Bescheidenheit und Demut.

26. SALOMO ALS BETTLER

König Salomo hat den Spruch geprägt: ›Es ist besser ein Gericht Kraut mit Liebe denn ein gemästeter Ochse mit Haß.‹* Wann ist Salomo diese Einsicht geworden? Ein Talmudlehrer führte das aus und erzählte: Als der weise König um seinen Thron gebracht worden war und an die Türen der Häuser klopfen mußte, um sein tägliches Brot zu erlangen, traf er mit einem reichen Manne zusammen, den er um eine Gabe bat. Dieser sagte: Mein Herr, ist es dein Wille, so kehre für heute bei mir ein. Salomo ließ sich führen, und der Reiche brachte ihn in das obere Stockwerk seines Hauses, bereitete einen ganzen Ochsen für seinen Gast und setzte ihm außerdem viele Speisen vor. Darauf aber begann der Gastgeber von den verflossenen herrlichen Zeiten Salomos zu erzählen und fragte immerzu: Erinnerst du dich noch der und der Taten, die du, als du König warst, vollbracht hast? Da nun dem Entthronten seine gewesene Größe vor Augen geführt ward, fing er zu weinen und zu heulen an. Und das ganze Mahl wurde von den Schilderungen des Wirtes und dem Jammern des Gastes begleitet, bis dieser mit Tränen davonging.
Des andern Tages begegnete Salomo einem armen Manne, bettelte auch ihn an, und dieser sprach zu ihm: Mein Herr,

* Sprüche 15, 17

gefällt es dir, so nimm bei mir Herberge für den heutigen Tag. Da antwortete Salomo: Willst auch du mich kränken, wie es dein Genosse gestern mit mir gemacht hat? Der Freundliche erwiderte: Ich bin ein armer Mann und kann, wenn du mich besuchst, dir nur ein Gericht Kraut anbieten. Ist es dir recht, so tritt in mein Haus. Da willigte Salomo ein und ging mit dem Manne nach seiner Wohnung. Als die beiden drinnen waren, wusch der Wirt seinem Gast Gesicht, Hände und Füße und stellte auf den Tisch einen Teller Kraut hin. Aber er tröstete den einst Mächtigen und sprach zu ihm: Mein Herr, der Allgütige hat deinem Vater einen wahren Eid geschworen, davon wird er sich nicht wenden: ›Ich will dir auf den Stuhl setzen die Frucht deines Leibes.‹ Also wird die Herrschaft dem Samen Davids nicht genommen werden. Das sind aber von jeher des Herrn Wege: er weist zurecht und züchtigt und läßt dann wieder Gnade walten. Heißt es doch: ›Wen Gott lieb hat, den straft er, und hat doch Wohlgefallen an ihm wie ein Vater am Sohn.‹ Also wird er auch dir dein Königreich wiedergeben. Als Salomo diese Rede vernahm, ward er wieder frohgemut.

27. DER RUHMREDIGE VOGEL

Einst saß König Salomo auf der Burg Zion und hörte zwei Vögel miteinander zwitschern. Salomo aber verstand die Sprache der Tiere, und so wußte er, worüber sich die Vögel unterhielten. Der eine sprach zum andern: Willst du, so zerstöre ich den Bau, auf dem der König mit seinen Füßen steht. Als das Salomo vernahm, wunderte er sich und sprach bei sich: Vermag ein Vogel ein solches Werk zu vollbringen? Und er befahl, ein Netz auszubreiten und den Sänger zu fangen. Nachdem man seiner habhaft geworden war, brachte man ihn zum König. Da sprach Sa=

lomo zu dem Flatternden: Wie willst du, schwaches Geschöpf, die Burg zerstören, auf der ich mich aufhalte? Darauf erwiderte der Vogel: Salomo, ist das deine Weisheit? Ist es dir verborgen, daß es der liebenden Männchen Art ist, Wunderdinge zu erzählen und im Ausdruck zu übertreiben, um die Umworbene für sich zu gewinnen? Also suchte auch ich meine Geliebte zu blenden und ihren Gefallen zu erregen.

28. DIE AMEISE UND DER SELTSAME PALAST

Was hat sich mit dem König Salomo nicht alles ereignet! Gott hatte ihm große Weisheit verliehen und ihn zum Herrscher gemacht über alle Geschöpfe der Welt, die Tiere sowohl als die Menschen. Und Salomo saß auf einem riesengroßen Teppich, sechzig Meilen lang und sechzig Meilen breit, der aus grüner Seide und lauterm Golde gewirkt war, und auf dem allerlei herrliche Bilder gemalt waren. Auf diesem Teppich trug der Wind den König durch die Lüfte, und er nahm sein Morgenmahl in Damaskus ein, die Abendmahlzeit aber im Lande Medien; bald war er im Osten, bald im Westen. Vier Fürsten standen in seinen Diensten; der eine war aus dem Geschlechte der Menschen und hieß Asaph, der Sohn Berechias, der andere war ein Geist und hieß Remirat, der dritte Fürst war der Löwe, der König der Tiere, der vierte aber der Seeadler.

Eines Tages war Salomo von einem stolzen Gefühl durchdrungen und sprach von sich: Es gibt keinen Herrscher, dem Gott wie mir Weisheit, Einsicht und Wissen gegeben und zum Fürsten über alles von ihm Geschaffene gemacht hat. In diesem Augenblick widersetzte sich der Wind der Luftfahrt Salomos, und vierzigtausend Mann aus seiner Gefolgschaft fielen vom Teppich auf die Erde. Als Salomo das geschehen sah, schalt er und rief: Halt stille, Wind!

Allein der Sturm antwortete: Halte du stille vor deinem Gott und überhebe dich nicht, so will auch ich dich weitertragen. Da ward Salomo von den Worten des Windes beschämt.

Wiederum eines Tages geschah es, daß Salomo an einem Tal vorbeifuhr, das von Ameisen bewohnt war, und eine Ameise zu den andern sprechen hörte: Kriecht in eure Löcher, damit ihr von den Heeren Salomos nicht zertreten werdet. Darob erzürnte der Sohn Davids, und er sprach zu dem Winde: Fahr auf die Erde hinab. Da lenkte der Wind den Höhenteppich niederwärts. Und Salomo ließ die Ameisen kommen und sprach zu ihnen: Welche war es von euch, die den andern riet, die Wohnstätten aufzusuchen, damit Salomos Streiter sie nicht verderbten? Die Ameise, die die Worte gesprochen hatte, bekannte sich dazu und sagte: Ich war es, die den Rat gegeben hat. Da fragte Salomo: Warum hast du so geredet? Die Ameise erwiderte: Ich fürchtete, daß meine Schwestern beim Anblick deiner Heere vom Lobe des Herrn lassen würden und der Allmächtige über uns ergrimmen würde. Salomo sprach: Warum hat von allen Ameisen keine außer dir die Mahnung ausgesprochen? Die Ameise antwortete: Weil ich ihre Königin bin. Salomo fragte: Wie ist dein Name? Die Ameisenkönigin erwiderte: Ich heiße Machschema. Da sprach Salomo: Ich will an dich eine Frage richten. Die Ameise antwortete: Es ziemt sich nicht, daß der Fragende oben sitze und der Gefragte unten bleibe. Da hob Salomo sie von der Erde und streifte sie auf einer Stufe seines Thrones von den Fingern ab. Aber die Ameise sprach: Es ziemt sich nicht, daß der Gefragte sich unter dem Fragenden befinde; du hast mich auf deiner Hand zu dir hochzuheben, und dann will ich dir Antwort geben. Das tat der König, und die Ameise stand seinem Angesicht gegenüber. Sie sprach: Nun bringe deine Fragen vor. Salomo sagte: Kennst du jemand, der erhabener wäre als ich? Die Ameise antwortete: Jawohl. Der König fragte: Wer kann das nur sein? Die Ameise entgegnete: Das bin ich. Da sprach Salomo: Wie kannst du dich größer dünken, als ich bin? Die Ameise antwortete: Wäre ich dir nicht überlegen, der Herr hätte dich nicht gesandt, um mich hochzuheben. Da ward Salomo voll Zorn über diese Worte, und er warf die Ameise auf die Erde. Er sprach: Du Kerbtier, du weißt nicht, mit wem du sprichst. Ich bin Salomo, der Sohn des Königs David. Darauf versetzte die Ameise: Wisse, daß auch du nur von menschlichem Samen entstanden bist und keinen Grund zur Überhebung hast. Da fiel Salomo auf sein Angesicht und ward gedemütigt von den Worten der Ameise.

Danach sprach Salomo zu dem Wind: Heb den Teppich von hinnen, und wir wollen weiterfahren. Der Wind wehte den Fahrteppich des Königs in die Höhe und trug ihn davon. Die Ameise rief Salomo nach: Zieh fort, vergiß aber nicht den Namen des Allgelobten und hege keinen Hochmut.

Der Teppich Salomos fuhr, vom Winde getrieben, zwischen Himmel und Erde und blieb zehn Tage und zehn Nächte in der Luft schweben. Am letzten Tage sah Salomo von oben einen herrlichen Palast ganz in Gold gebaut auf der Erde stehen. Er sprach zu seinen Fürsten: Ich habe mein Lebtag solch prächtiges Schloß nicht geschaut. Und er befahl dem Winde, den Teppich landen zu lassen. Das Fahrzeug ließ sich hinunter, und Salomo stieg mit Asaph ben Berechia daraus. Sie gingen beide rund um den Palast und sogen den Duft der Gräser ein, der an den Duft des Gartens Eden gemahnte. Sie konnten aber keinen Eingang zu dem wunderbaren Bau finden und wollten gern sein Inneres betreten. Da sie miteinander darüber sprachen, erschien der Fürst der Geister vor dem König und fragte ihn: Mein Herr, weshalb bist du so betrübt? Salomo erwiderte: Mich bekümmert es, daß ich kein Tor zu dem Schlosse sehe, und ich weiß nicht, wie ich hinein soll. Darauf sagte der Oberste der Dämonen: Mein Herr und König, ich will denen, die mir unterstehen, Befehl geben, auf das Dach des Palastes zu steigen und Umschau zu halten; vielleicht ist da oben ein Mensch oder ein Vogel oder sonst ein Geschöpf zu finden. Und er tat einen wilden Schrei und rief den Geistern: Beeilt euch und fahrt hinauf; vielleicht begegnet euch da oben ein lebendes Wesen. Die Teufel sprangen behend auf das Dach. Bald kamen sie herunter und sprachen zu ihrem Fürsten: Herr, es ist niemand in der Höhe zu sehen außer einem alten Adler, der auf seinen Fittichen sitzt. Da befahl Salomo seinem Seeadler, den Bewohner des Daches herunterzuholen. Der greise Vogel erschien vor Salomo; er öffnete seinen Mund zum Lobe des Herrn und bot sodann dem König den Friedensgruß. Salomo fragte den Vogel: Wie ist dein Name? Der Adler erwiderte: Ich heiße Elanad. Salomo fragte weiter: Wieviel Jahre zählst du? Der Vogel antwortete: Ich bin siebenhundert Jahre alt. Der König sprach: Weißt du oder hast du gehört, ob es einen Eingang zu diesem Hause gibt? Der Adler entgegnete: Mein Herr, bei deinem Haupte, ich weiß es nicht, aber ich habe einen Bruder, der zweihundert Jahre älter ist als ich, und der über mir horstet; der wird darüber aussagen können. Da sprach Salomo zum Fürsten der Vögel: Geleite diesen hier nach seinem Nest und bringe seinen ältern Bruder hierher. Und bald ward der Vogel nicht mehr gesehen. Nach einer Stunde erschien sein Genosse, ein neunhundertjähriger Aar mit Namen Alëoph. Auch dieser Vogel sang dem Herrn Loblieder und begrüßte sodann den König. Auf die Frage aber nach dem Zugang zu dem Palast wußte auch er keine Antwort zu geben und verwies auf seinen noch älteren Bruder, der in der obersten Höhe nistete. Darauf befahl Salomo, den neunhundertjährigen Adler heimzuführen und den allerältesten zu holen. Nun wurde ein uralter Vogel, der seine Schwingen nicht mehr regen konnte, von den Vögeln, die in Salomos Dienste standen, auf ihren Flügeln gebracht, und dieser lobte gleichfalls den Schöpfer und grüßte den König. Auf seine Fragen antwortete er Salomo, daß er Altaamor heiße und dreizehnhundert Jahre alt sei. Nach dem Schloßtor befragt, erwiderte der Adler: Bei deinem Leben, mein Herr, ich selbst habe das Schloß ohne Tor vorgefunden, aber mein Vater erzählte mir, daß zu der westlichen Seite sich ein Zugang befinde, der aber von Staub und Schutt verdeckt sei. Ist es dein Wille, so befiehl dem Winde, daß er die Erde wegfege, und das Tor wird sichtbar werden. Alsbald ließ Salomo den Wind um den Palast herum brausen. Die Erde wurde weggekehrt, und ein mächtiges Tor aus Gußeisen, auf dem die vielen Jahrhunderte gleichsam aufgezeichnet waren und der Rost Brandflecke gebildet hatte, zeigte sich den Blicken Salomos.

Am Tor hing ein Schloß, und darauf standen folgende Sätze geschrieben: Wißt, ihr Menschenkinder, daß dieses Prachtgebäude von uns bewohnt gewesen ist; wir lebten darin Jahre hindurch froh und fröhlich, bis der Hunger uns heimsuchte. Dann zermahlten wir unsere Perlen anstatt des Weizens, es half uns aber nichts. Also überließen wir unsern Palast den Adlern und legten uns platt auf die Erde. Den Vögeln aber sagten wir: Wer euch nach dieser Burg fragt, dem antwortet, daß ihr sie erbaut vorgefunden habt. Und noch folgendes war auf dem Schließgerät eingeschnitten: Es betrete kein Sterblicher das Innere dieses Hauses, er sei denn ein Prophet oder ein König. Er schaufle die Erde an der rechten Seite der Tür weg; daselbst wird er einen gläsernen Schrank finden, diesen zerbreche er und nehme die Schlüssel heraus.

Das tat Salomo alles; er fand die Schlüssel und schloß das Tor auf. Da erblickte er ein zweites Tor, das ganz aus Gold war. Er öffnete dieses und sah sich wieder einem Tor ge=

genüber. Das tat er auf und sah ein viertes Tor vor sich. Er riegelte es auf, und eine herrliche Halle, die in Rubinen, Topasen, Smaragden und Perlen schillerte, empfing den König. Die Halle lief in einen Alkoven aus, der gleichfalls mit Edelsteinen gepflastert war, und aus dem man, weitergehend, durch prachtvolle Gemächer und Höfe schritt, deren Boden aus aneinander gefügten Gold- und Silbersteinen bestand. In einem Gemach sah Salomo einen silbernen Skorpion auf der Erde liegen. Er schob ihn weg und fand eine Tür, die zu einem unterirdischen Gange führte. Salomo stieg hinab und kam in einen Raum, in dem Unmengen von Gold, Silber und Perlen aufgehäuft lagen. Hier stieß er wieder auf eine Tür, und an der hing ein Schloß, das folgende Inschrift trug: Der diesen Palast bewohnt hat, war ehemals mächtig und groß. Löwen und Bären hatten vor ihm Furcht. Er genoß der Freuden und thronte auf seinem Stuhl. Aber lange vor der Zeit ward ihm beschieden zu sterben, und er fuhr dahin, und die Herrscherkrone fiel von seinem Haupte. Wanderer, betritt die Halle, und du wirst Wunder schauen! Salomo machte die Tür auf und gewahrte wieder eine Tür. Auch diese war beschrieben, und es war darauf zu lesen, daß die Einwohner des Schlosses in Reichtum und Ehren ihre Tage zugebracht hätten. Die Schätze allein seien von ihnen übriggeblieben, die Menschen aber hinweggerafft worden. Sie hätten grausame Zeiten gesehen und seien zuletzt in ihre Gräber eingezogen; auch nicht eine Fußspur sei von ihnen auf der Erde zurückgeblieben. Salomo drückte das Schloß auf und kam in einen Saal, der von edlem Gestein glänzte. Auf einer Wand stand geschrieben: Was hab ich, der ich hier gewohnt habe, nicht alles an Macht besessen, was hab ich nicht für Schriften gelesen, für Speisen und Getränke genossen, für Gewänder getragen; wie bin ich gefürchtet worden, was hab ich aber auch selbst fürchten müssen! Und weiter kam Salomo in ein prunkvolles Gemach, das drei Ausgänge hatte. Auf der einen Tür standen folgende Zeilen: Menschensohn, die Zeit wird sich durch dich nicht täuschen lassen; auch du wirst welk werden, wirst deinen Platz räumen müssen und wirst zu guter Letzt unter der Erde ausgestreckt liegen. Die zweite Tür enthielt den Spruch: Sei nicht übereilig, gar winzig ist dein Teil; die Welt geht von einem auf den andern über. Auch die dritte Tür war beschrieben; der Lehrsatz lautete: Nimm dir Zehrung mit auf den Weg; versieh dich mit Brot, solange Tag ist. Deines Bleibens auf Erden ist nicht lange, und der Tag deiner Heimfahrt ist verborgen.

Salomo überschritt eine Schwelle und sah in dem neuen Raume das Bildnis eines Menschen in sitzender Stellung, das einen lebendig dünkte. Rings um diesen standen viele Götzenbilder. Der König trat nahe an das große Bild, und da rührte es sich und schrie mit lauter Stimme: Zu Hilfe, ihr Satanskinder! Seht, Salomo ist gekommen und will euch vernichten! Und Feuer und Rauch entstiegen den Nasenlöchern der Bildsäule. Es erhob sich ein Getümmel unter den Teufeln; sie tobten und lärmten. Da fuhr Salomo sie an und sprach: Ihr wollt mir Furcht einjagen? Wißt ihr denn nicht, daß ich der König Salomo bin, dem alle Geschöpfe der Welt untertan sind? Ich will euch strafen dafür, daß ihr euch wider mich auflehnt. Und Salomo sprach den unverstellten Namen Gottes aus. Da verstummten die Geister mit einem Male, und keiner konnte ein Wort herausbringen. Die Götzenbilder fielen alle um, die Satanskinder aber flohen und warfen sich in die Fluten des Ozeans, um nicht in die Hand des Sohnes Davids zu geraten.

Alsdann näherte sich Salomo abermals dem gegossenen Bildnis, steckte die Hand in dessen Mund und entnahm ihm ein silbernes Täfelchen. Darauf waren aber Worte eingeritzt, die Salomo nicht zu lesen verstand. Darüber grämte er sich sehr und sprach zu seinen Begleitern: Ihr wißt, wieviel Mühsal ich zu überwinden hatte, bis ich an dieses Bildnis gelangt bin. Nun kann ich den Sinn der Inschrift nicht herausfinden. Da sah Salomo auf einmal einen Jüngling eintreten; der war aus der Wüste gekommen. Er bückte sich vor dem König und fragte: Weswegen bist du so betrübt, du Sohn Davids? Salomo erwiderte: Es ist dieses Schildchens wegen, dessen Inschrift mir dunkel ist. Der Jüngling sagte darauf: Laß mich die Tafel sehen, und ich werde dir sagen, was auf ihr geschrieben steht. Ich weilte auf meinem Platze, aber der Herr sah, daß du bekümmert warst, und schickte mich, daß ich dir das Verborgene aufhelle. Salomo gab dem Knaben das Täfelchen, und dieser besah es; sein Gesicht drückte Staunen aus, und er begann zu weinen. Er sprach: Salomo, die Inschrift ist in griechischer Sprache, und sie besagt: Ich, Schedad, der Sohn Eads, war König über zehntausend Reiche, ich ritt auf zehntausend Rossen, und Zehntausende von Fürsten unterstanden meiner Gewalt. Ich habe der Helden Zehntausende geschlagen, als aber der Todesengel bei mir eintraf, war ich ihm gegenüber ohnmächtig. Und noch stand auf dem Schildchen geschrieben: Wer diese Worte liest, der plage sich nicht allzuviel in dieser Welt, denn des Menschen Ende ist der Tod, und nichts bleibt bestehen als nur der gute Name.

Das alles hat Salomo erlebt.

ZWEITES BUCH:
HISTORIEN

29. DER SIEBENJÄHRIGE BEN SIRACH

Staunt ob der Weisheit des Sohnes Sirachs! Der brauchte ein Maß Weizen nur anzusehen und wußte die Zahl der Körner genau zu nennen. Also ward sein Ruhm in der ganzen Welt laut, und der König von Babylon, Nebukadnezar, erfuhr von der Verstandeshelle des Knaben. Als aber auch die Weisen des Königs von ben Sirachs Begabung Kunde erhielten, sprachen sie: Wehe uns, nun wird uns Nebukadnezar verderben. Wir wollen aber den Ebräer vor dem König verleumden und ihn bewegen, daß er den Knaben herkommen lasse. Dann wollen wir diesem eine schwere Frage aufgeben, und weiß er darauf nichts zu sagen, so töten wir ihn. Und sie taten so und übermittelten dem König ihren Wunsch. Da sprach Nebukadnezar: Worüber wollt ihr den Jüngling fragen? Die Weisen erwiderten: Er soll uns darüber Rede stehen, was Ach und Weh bedeutet. Alsbald wurden tausend Reiter entsandt, welchen allen eine Fußzehe fehlte und welche Bäume mit der Wurzel ausreißen konnten, den Sohn Sirachs zu holen.

So kam der kluge Knabe, er war zu der Zeit sieben Jahre alt, vor den König Nebukadnezar. Die Weisen Babels versammelten sich um ihn und fragten ihn: Sag an, was ist Ach und was ist Weh? Darauf verließ Jesus ben Sirach den Raum und fing draußen drei Schlangen und drei Skorpione. Er hatte einen zweiteiligen Korb mit zwei Öffnungen mit und ließ die Schlangen durch das eine Loch und die Skorpione durch das andre Loch in den Korb schlüpfen. Danach

schloß er die Öffnungen und kehrte zu den Weisen Nebukadnezars zurück. Diese fragten: Was hast du in dem Korbe? Ben Sirach antwortete: Schaut selbst hinein. Da steckte der eine Weise seine Hand in den Korb und stieß auf die Schlangen. Er schrie laut auf: Ach, was bringst du her? Darauf steckte er die Hand in das andere Loch und fühlte die Skorpione. Er rief entsetzt: Ach und weh! Da sagte ben Sirach: Nun wißt ihr, was Ach und Weh ist.
Als die Weisen Babylons merkten, was der Knabe mit ihnen angestellt hatte, wurden sie voll Angst; sie erzitterten und erbebten und fielen auf ihr Angesicht. Nebukadnezar aber sprach zu ihnen: Ihr hattet mit mir ausgemacht, daß ihr den Knaben, falls er euch nicht zu antworten wüßte, töten würdet. Nun er aber eine Lösung gefunden hat, muß die Strafe, die ihr ihm zugedacht habt, auf euch angewendet werden. Darauf erwiderten die Weisen: Der Herr tue an seinen Knechten, was sein Wille ist. Nebukadnezar überantwortete die Unterlegenen dem Sohne Sirachs, und dieser sagte: Ihr habt mich nur des Ach und Weh wegen hierhergebracht; nun wohl. Und er ließ sie in eine Löwengrube werfen, wo sie mit Ach und Weh umkamen.

30. TOBIA DER DANITER

Zur Zeit der ersten Frommen lebte in einer Stadt ein unschuldiger und rechtschaffener Mann von geradem Blick; er war begütert und bekannt und hieß Tobia, der Sohn Ahias, des Daniters. Er war jedem Armen eine Stütze, und wurde ein Toter aufgefunden, um den sich niemand kümmerte, so trug er ihn zu Grabe, machte ihm Totenkleider und erfüllte an ihm alles, was die Sitte befiehlt.
Aber die Bürger dieser Stadt waren böse Menschen, voller Argwohn und List, und diese beschuldigten die Ebräer vor

dem König und sprachen: Unser Herr und König, die Israeliten öffnen unsere Gräber und ziehen die Gebeine unserer Toten heraus; sie verbrennen die Leichen und bereiten daraus Arzneien und Zaubermittel. Da entbrannte der Zorn des Königs, und er beschloß, es den Juden zu vergelten. Er sprach: Jeder Ebräer meines Landes, der stirbt, soll in die große Grube, die vor der Stadt ist, geworfen werden. Wer aber einen ins Grab legt, wird gehängt.

Da starb eines Tages ein Fremdling in der Stadt, und es war niemand, der ihn begraben wollte. Alsbald machte sich Tobia, der Fromme, auf, wusch den Toten, zog ihm Kleider an und bestattete ihn. Das sahen die gottlosen Stadteinwohner, ergriffen den Tobia, brachten ihn vor den Richter und riefen: Herr! Richte diesen Ebräer hier, der das Gebot des Königs übertreten und einen von seinem Volke beerdigt hat. Da gebot der Richter, Tobia zu hängen, und man führte ihn vor die Stadt hinaus an einen Galgen, den man für ihn aufgestellt hatte. Als aber die Leute an den Galgen herankamen, wurden sie vom ersten bis zum letzten mit Blindheit geschlagen und konnten das Gerüst nicht finden.

Also entzog sich ihnen der Verurteilte und kehrte heim in sein Haus. Er rief seine Freunde und Verwandten, sowie alle, die eines Glaubens mit ihm waren, zusammen, erzählte ihnen von dem, was sich mit ihm begeben hatte, und von dem Guten, das Gott an ihm getan, und sprach: Danket Gott, denn er ist gut, und seine Gnade währt ewiglich! Es gibt keinen Gott, der allsehend wäre, außer ihm. Gelobt sei sein Name, der Name dessen, der den Frieden seiner Knechte will.

Wie danach der König in die Stadt kam, berichteten ihm die Leute, was ihnen widerfahren war, als sie Tobia hängen wollten. Da erschrak der König über die Maßen, und sein Herz wurde zag; er ließ in seinem ganzen Reiche laut ausrufen: Wer einem Israeliten Schaden tut, sei es an Leib oder Vermögen, der ist gleich einem, der seinen Augapfel schädigt, und jeder, der ihnen ein Leid zufügt, soll gehängt werden, mag er auch ein Vornehmer und Angesehener sein. Alsdann gab er den Ebräern das Recht, ihre Toten mit Ehren zu begraben, erhob sie und hielt sie hoch sein Lebelang. Jene Bösewichter aber erlangten ihre Sehkraft nie wieder.

Eines Tages schlief der Fromme auf seinem Lager, über dem eine Schwalbe ihr Nest hatte; als er erwachte und nach dem Nest hinaufsah, fiel daraus Schwalbenkot auf seine Augen, und sie wurden dunkel und konnten nicht mehr sehen; eine weiße Haut hatte sich über sie gelegt.

Tobia war alt und hatte nur einen einzigen Sohn. Diesen rief er herbei und sprach zu ihm: Mein Sohn, als ich noch Handel trieb, reiste ich durch alle Länder und Reiche. Da bin ich auch einmal im Inderlande gewesen und habe dort gehandelt und viel Geld erworben. Weil aber die Wege daselbst unsicher waren, gab ich mein Geld einem guten, treuen Manne, mit Namen Peer-Hasman*, zum Verwahren. Nun ist mir durch meine Sünden und Vergehen mein Augenlicht verlorengegangen. So höre denn, mein Sohn: Suche dir einen Begleiter, der die Wege in Indien gut kennt, und ich will dich mit ihm zu dem Manne schicken, bei dem ich mein Gold und Silber habe liegenlassen; ich weiß, daß, wenn er dich sieht und du ihm ein Schriftstück mit einem Zeichen von mir überbringst, er dir das Geld wiedergibt, denn er ist ein rechtschaffener Mann.

Da ging der Knabe auf den Platz, wo man die Führer zu dingen pflegte, und fand dort einen, der im Inderlande wohl Bescheid wußte und Weg und Steg darin kannte. Er brachte ihn zu seinem Vater und sprach zu ihm: Siehe, dieser Mann kennt das Inderland und die Wege darin, wie er unsere Stadt und ihre Straßen kennt. Da sagte Tobia zu

* Der Rühmliche seiner Zeit

dem fremden Manne: Ist dir in Indien die Stadt Tubat bekannt? Jener erwiderte: Mein Herr, ich wohnte daselbst an zwei Jahre; das ist ein gar großer Ort, von vielen Weisen bewohnt. Tobia sprach: Wie soll ich es dir lohnen, daß du meinen Sohn dorthin bringst? Der Mann entgegnete: Zahle mir fünfzig Goldstücke dafür. Tobia sprach: Ich will sie dir mit Freuden geben. Darauf schrieb Tobias Sohn einen Brief an den Freund in Indien, und Tobia setzte sein Zeichen darunter. Danach fiel er seinem Sohn um den Hals, umarmte und küßte ihn und sprach: Geh in Frieden, der Gott meiner Väter möge mich noch leben lassen, wenn du in Frieden heimgekehrt bist.
Also zog der Jüngling mit dem Fremden bis an die Stadt Tubat, und der Führer brachte ihn in das Haus des getreuen Mannes. Da fragte der Jüngling: Bist du der Redliche, der Peer-Hasman geheißen wird? Der Angeredete erwiderte: Warum fragst du nach meinem Namen? Der Jüngling sprach: Mein Vater Tobia, der Daniter, schickt mich zu dir; er entbietet dir den Friedensgruß, dir und den Deinigen. Und er gab ihm das Schreiben seines Vaters. Als Peer-Hasman das Blatt und die Zeichen von der Hand Tobias sah, schaute er den Jüngling an und glaubte nun, daß der Knabe der Sohn seines Freundes war; er umarmte und küßte ihn, setzte ihm Honig und Milch vor und sprach: Geht es gut meinem Freunde und lieben Bekannten, meinem Pfleger und treuem Gesellen? Der Jüngling erwiderte: Es steht wohl um ihn. Da freute sich Peer-Hasman über den Sohn seines Freundes, nahm sich seiner in Liebe an und sprach zu ihm: Mein Sohn, du sollst bei mir einen Monat bleiben, ich will mich an deiner süßen Rede erfreuen. Allein der Jüngling erwiderte: Mein Herr, laß mich in mein Land und nach meiner Stätte ziehen, das ist der Wille meines Vaters und auch mein Wille. Seit dem Tage, da ich meinen alten Vater verlassen habe, bangt sich mein Herz um ihn, denn er

hat keinen andern Sohn außer mir; darum will ich eilen und mit Hilfe des Schöpfers nach meiner Heimat zurückkehren. Da erfüllte der rechtschaffene Mann den Wunsch des Jünglings, gab ihm das Vermögen seines Vaters, legte noch Kleider und Geschenke dazu, ließ zwei von seinen Knaben mit ihm gehen und schickte ihn fort mit Freude und Gesang.

Als der Sohn Tobias mit seinen Genossen unterwegs war und am Ufer des Meeres wandelte, warfen die Wellen einen Fisch ans Land. Da ergriff der Begleiter den Fisch, schnitt ihm den Bauch auf und nahm die Leber und die Galle heraus. Der Knabe fragte: Bei deiner Seele, warum hast du den Fisch liegenlassen und nur Leber und Galle behalten? Der Genosse erwiderte: Weil diese beiden Teile von besonderer Beschaffenheit sind und man aus ihnen eine heilsame Arznei bereiten kann; in welchem Hause mit der Leber geräuchert wird, dorthin kommt nie ein böser Geist oder Dämon, und kein Ungemach sucht den Besitzer heim; und bestreicht ein Blinder seine Augen mit der Galle, so werden sie aufgetan und werden wieder sehend. Da bat der Jüngling den Führer, er möge ihm die Leber und die Galle schenken; dieser gab ihm die Stücke, und der Knabe band sie in den Zipfel seines Mantels.

Nun kam der Jüngling freudig nach Hause und fand seinen Vater ruhig und voll Vertrauen. Tobia freute sich sehr über die Rückkehr seines Sohnes und daß er das Geld wiedergebracht hatte. Er sagte zu ihm: Geh zum Wechsler, zahle deinem Führer hundert Goldstücke und noch mehr und entlohne ihn nach seinem Willen. Da ging der Knabe mit dem Manne hinaus; wie er sich aber nach ihm umschaute, war jener nicht mehr zu sehen. Er suchte ihn in der ganzen Stadt und fand ihn nicht. So kam er zu seinem Vater und sagte: Mein Begleiter ist verschwunden und nicht zu finden. Da sprach der Vater: Mein Sohn, unser Gott hat uns

diesen Mann um unseres Lebens willen geschickt; das war gewiß der Prophet Elia.
Alsdann erzählte der Knabe dem Vater von der Leber und der Galle des Fisches und wozu sie nützlich seien. Tobia bestrich seine Augen mit der Galle, und Gott tat sie auf, und er konnte wieder sehen. Darauf sagte er zu seinem Sohne: Mein Sohn, Gott hat dich den wahren Weg geführt; er hat unser Flehen erhört und dich in Frieden wieder heimgebracht. Und nun höre auf meinen Rat, tu ein gutes Werk und nimm die Tochter meines Bruders zum Weibe; sie sieht ihre Freundinnen alle vermählt, ist selber aber von schwerem Mißgeschick betroffen.
Dieses Mädchen hatte in Wirklichkeit ein sonderbares und furchtbares Los. Dreimal war sie Männern angetraut worden, und jedesmal geschah etwas Seltsames, wie man es bisher nicht gehört hatte; jeder, der bei ihr ruhte, wurde des Morgens im Bette tot aufgefunden. Da sprach der Jüngling zum Vater: Wie soll ich mich aber diesem Mädchen nähern? Ich fürchte, daß auch ich sterbe, wie ihre drei Männer gestorben sind. Der Vater erwiderte: Mein Sohn, es war wohl ein böser Geist oder Dämon, der die Männer getötet und ihre Seele genommen hat. Nimm von der Leber, die dir dein Begleiter gegeben hat, und räuchere damit ihr Haus durch, wie er dir geraten hat; vertraue auf Gott, und du wirst vor allem Bösen behütet werden.
Da stählte der Jüngling sein Herz und weigerte sich nicht, das Gebot seines Vaters zu erfüllen. Er nahm das Mädchen zum Weibe und gewann sie lieb. In der Nacht räucherte er mit der Leber des Fisches das ganze Haus von innen und von außen durch, auch das Bett und die Kleider. Alsdann kam er in das Gemach, ging zu seiner Braut ein, und sie empfing von ihm.
Sein alter frommer Vater aber betete und weinte die ganze Nacht vor Gott, und sein Herz war voller Bangigkeit und

Unruhe. Der Jüngling schlief bis zum Morgen, und als die Leute erwachten, fanden sie ihn froh und guten Mutes, ohne Schmerz und Krankheit. Also lebten die Neuvermähl= ten ohne Furcht und Angst und verbrachten ihre Jahre in Freude und Glück.

31. SUSANNA

In Babel lebte ein Judäer namens Jojachin, der hatte ein gottesfürchtiges Weib mit Namen Susanna. Er war reich und wurde von allen geehrt, und in seinem Hause pflegten sich seine Stammesgenossen zu versammeln. Zu dem Hause gehörte auch ein weiter Garten, und Susanna erging sich darin und badete daselbst. Dazumal hatte man zwei Älteste erwählt, das Volk zu richten, und diese beiden übten ihr Amt im Hause Jojachins aus. Als sie nun die Schönheit der Hausherrin sahen, entbrannten sie in unzüchtiger Lust zu ihr. Anfangs verbargen sie ihre Gedanken einer vor dem andern, doch eines Tages, nachdem das Volk das Gebäude verlassen hatte, schlichen sie sich heimlich in den Garten, begegneten einander dort und gestanden sich gegenseitig ihr Vorhaben ein. Daraufhin beschlossen sie, das nichts= würdige Werk gemeinsam auszuführen. Sie paßten die Ge= legenheit ab, da Susanna sich zum Baden in den Hain be= geben und ihre zwei Mägde fortgesandt hatte, Salböl zu holen. Die Dienerinnen verriegelten die Pforte zum Gar= ten, aber die beiden Greise hatten sich schon zwischen den Bäumen versteckt, und als Susanna die Kleider ablegte, um ins Wasser zu steigen, kamen die Ruchlosen hervor, er= griffen sie und sprachen zu ihr: Sei uns zu Willen, und weigerst du dich, so werden wir aussagen, wir hätten dich mit einem Jüngling ertappt. Da erschrak Susanna und zit= terte, aber sie sprach bei sich: Diesen Frevlern werde ich nicht entrinnen, besser also, ich falle in Gottes denn in der

Menschen Hand. Und sie erhob ein großes Geschrei und rief: Herr, errette mich vor diesen Bösewichtern! Nun schrien auch die beiden Alten wider sie; das Haus lief zusammen, die Knechte öffneten die Tür und hörten, wie die beiden Greise die Susanna des Ehebruchs bezichtigten. Da erstaunten alle ihre Freunde und Verwandten und ihr ganzes Gesinde über diese Beschuldigung, denn noch nie hatte irgendwer etwas Böses gegen das Weib vorgebracht.

Am folgenden Tage versammelte sich das Volk wie immer in Jojachins Hause, und die beiden Ältesten erhoben sich, klagten Susanna an und sprachen: Wir haben sie im Garten gesehen, sie schickte ihre zwei Mägde weg, und da kam ein Jüngling und ruhte bei ihr; wir eilten herzu, um ihn festzunehmen, aber der Knabe entwischte uns. Die Menge schenkte diesem Zeugnis Glauben, denn die Ältesten galten als rechtschaffen und ohne Sünde. Man führte Susanna vor, die Ältesten hießen sie nackt ausziehen, denn in ihrer Geilheit wollten sie sich noch an ihrem Anblick erfreuen, und verurteilten sie zum Tode. Da sie nun gesteinigt werden sollte, erhob sie ihre Augen zum Himmel und betete: Du wahrhafter Richter, der du meine Unschuld kennst, erlöse mich vor der ungerechten Strafe und laß mich nicht als Sünderin vor dem Volke gelten!

Da erweckte Gott den Daniel, und der rief aus: Herr, sprich mich frei von der Schuld am Tode dieser Gerechten! Das Volk fragte: Was redet dieser hier? Daniel antwortete: Ist es denn in Israel Brauch, ein Todesurteil zu fällen, ohne daß der Sachverhalt geprüft worden sei? Laßt mich den Fall noch einmal vornehmen und untersuchen! Also wurde Susanna von der Richtstätte zurückgeführt. Auch die beiden Verleumder erschienen und wiederholten ihre Lüge. Nunmehr ließ Daniel die beiden Alten voneinander trennen und vernahm jeden besonders. Er fragte den ersten: Unter was für einem Baume hast du die Frau mit dem

Jüngling gesehen? Der antwortete: Unter einer Terebinthe. Da sagte Daniel: Du bist überführt, denn ein solcher Baum wächst in dem ganzen Garten nicht. Er ließ sich den zweiten bringen und stellte an ihn dieselbe Frage. Und der antwortete, der Baum sei eine Platane gewesen.
Also wurde die Bosheit der beiden Alten vor allem Volke offenbar. Man tat ihnen, wie sie der unschuldigen Susanna zu tun gedacht hatten.

32. DIE DREI PAGEN DES DARIUS

Serubabel, der Sohn Sealtiels, der Hofmeister des Königs Darius, war ein weidlicher Mann. Er war weise und verständig und des Geistes voll, denn Daniel hatte ihm alles übertragen. Er fand Gnade vor den Augen des Königs; der König gewann ihn lieb, gleichwie er Daniel lieb hatte, und machte ihn zum Ersten unter seinen Fürsten und zum Hauptmann über seine zwei Leibwächter. Als eines Tages die Hofleute beim König waren, sprach dieser: Habt ihr im ganzen Lande einen Mann gesehen, der so klug und verständig wäre und den Geist Daniels in sich trüge, wie Serubabel? Die andern antworteten: Der König hat wohl gesprochen.
Da begab es sich an einem Nachmittag, als der König nach dem Mahle schlafen sollte und die drei Leibwächter, unter ihnen auch Serubabel, wie immer um ihn standen, daß den Knaben die Zeit lang wurde, denn der Schlaf des Königs, der viel Wein genossen hatte, währte länger denn sonst. Sie sprachen zueinander: Wohlauf, laßt uns Rätsel raten und sinnige Sprüche erdenken, ein jeglicher nach seiner Weisheit; laßt sie uns dann auf eine Schriftrolle niederschreiben und dem König unter das Kissen legen, auf daß er sie sehe, wenn er wieder erwacht, und die Sätze auf ihre Richtigkeit prüfe. Wessen Spruch aber weiser sein wird als die seiner Freunde, der soll der Nächste nach dem Kö=

nige werden, auf dem Throne sowohl wie im Wagen, soll bei ihm aus und ein gehen, seine Tischgeräte sollen golden sein, und sein Roß soll einen goldenen Zaum haben; er soll die Krone des Vizekönigs auf seinem Haupte tragen und solchen hohen Sold wie dieser beziehen; all sein Begehren soll vom Könige erfüllt werden, und er soll des Königs Vertrauter sein. Darauf erwiderten die übrigen: Es sei dem so. Und sie schlossen einen Bund miteinander und bekräftigten ihn nach dem Brauche Persiens und Mediens, daß er nicht mehr aufgehoben werden konnte. Alsdann holten sie Schreibfeder und Schriftrolle, warfen Lose, und ein jeder schrieb seinen Spruch nieder. Der das erste Los gezogen hatte, schrieb: Keiner ist stärker als der König. Der zweite schrieb: Nichts ist stärker als der Wein. Der dritte, das war Serubabel, schrieb: Nichts gleicht an Stärke dem Weibe. Nachdem sie damit fertig waren, schoben sie die Rolle dem König unter das Haupt.

Der König aber war inzwischen wach geworden und hatte ihr Flüstern gehört. Er fuhr sich mit seinen beiden Händen über die Augen, suchte unter seinem Polster und fand die Rolle mit den drei Sprüchen der Jünglinge. Er entfaltete das Blatt, las darin und hielt es, bis seine Fürsten und Machthaber, Hofleute und Landpfleger zusammentraten. Alsdann ließ er auch die drei Knaben kommen und sprach zu ihnen: Ein jeder lasse mich seinen Denkspruch hören und deute mir seinen Sinn. Wessen Lehrsatz der beste und richtigste sein wird, den will ich erheben und hoch ehren, wie es in der Schriftrolle geschrieben steht.

Da trat der erste vor, las seinen Satz und sprach: Der König und die Fürsten mögen zuhören und vernehmen den Spruch, den ich gemacht habe: Keiner ist mächtiger denn der König. Der zweite trat vor und sprach: Nichts ist auf Erden stärker als der Wein. Der dritte, das war Serubabel, trat vor und sprach: Nichts ist so stark wie das Weib. Dar=

auf sagten der König und die Fürsten: Wir haben eure Lehren vernommen, nun laßt uns ihre Bedeutung hören.
Da sprach der erste: Sei mir gnädig, o Herr, und seid mir gnädig, ihr Herren und Helden! Ihr wißt doch von der Kraft des Königs und von der Macht seiner Herrschaft, die sich über Wasser und Erde, Inseln, Völker und Zungen erstreckt. Über Tod und Leben hat er zu bestimmen. Gebeut er seinen Untertanen, in den Krieg zu ziehen, so ziehen sie alle wohlbewaffnet aus, wenden sich nicht um und stellen sich dem Tode entgegen; will er Mauern umstürzen, so werden Mauern umgestürzt. Und haben die Menschen geackert, gesät und das Getreide geerntet, so geben sie dem Könige den Zins davon, noch ehe sie selber gegessen haben. Denn sie fürchten den König und zittern aus Angst vor ihm, weil er Herr und Herrscher ist über sie und es keinem gegeben ist, sein Wort und Gebot zu ändern. Deshalb ist es wahr, was ich gesprochen habe, daß keiner dem Könige an Stärke gleichkommt. Da wunderten sich alle, die den König umgaben, über diese Worte.
Darauf sprach der zweite Knabe: Sei mir gnädig, mein Herr, und seid mir gnädig, ihr weisen Männer! Wohl wißt ihr alle von der Stärke des Königs und von der Größe seiner Macht, mit der er regiert und die Lande beherrscht; die Furcht und der Schrecken vor ihm erfüllen alle Menschenkinder, wie ihr es eben vernommen habt. Und dennoch, der Wein ist noch stärker, als es der König ist. Wahr ist es, daß der König mächtig ist; hat er aber Wein getrunken, so hat der Wein über ihn Gewalt, und der König wendet seinen Sinn andern Dingen zu; er huldigt dem Sang, dem Spiel und dem Tanz und richtet sein Augenmerk auf Geringes; sein Herz wird umgewandelt, daß er an sich zieht, die ihm ferne waren, und von sich stößt, die ihm nahestanden, daß er Lieblinge tötet und Fremde ehrt, daß er auf niemand, sei es Vater oder Mutter oder Anverwandter,

Rücksicht nimmt. Wer wüßte nicht von der Macht des Weines? Einer, der nie in einem Buche gelesen hat, wird großsprecherisch, wenn er getrunken hat, der Schweigsame wird laut, gibt das Geheimnis preis, bringt das Verborgene an den Tag, der Schamhafte wird dreist. Der Wein bewirkt, daß die Bekümmerten heiter werden, daß die Armen, Bedrückten und Todgeweihten in Freude und Jubel geraten; die in Ketten Gefesselten lachen auf, wenn sie vom Weine genossen haben; in der Trunkenheit läßt der Freund über den Freund sein Schwert blitzen. Wenn danach der Rausch verflogen ist, vergessen sie alles, was sie gemacht haben, verstehen es nicht mehr und sagen: Wir haben nichts getan! Wer will nun nicht glauben, daß der Wein stärker ist als der König, wo er doch über ihn Macht gewinnt? Er hindert die Füße am Gehen und läßt die Augen sehen, was nicht ziemlich ist, und den Mund sprechen, was er nicht gelernt hat. So wisset denn, der Wein ist stärker als der König. Da wunderten sich die Zuhörer über die Maßen.

Darauf rief der König den Serubabel, der der dritte war, und sprach zu ihm: Sage auch du uns den Sinn deines Spruches, wie es deine Freunde getan haben. Serubabel antwortete: Ich will es tun. Und er sprach: Hört zu und merkt auf, du König und ihr Fürsten, Vögte und Satrapen, sowie ihr andern. Wohl ist der König groß und stark, wohl ist es wahr, daß der Wein ihn schwach machen kann. Niemand wird die Kraft des Königs und die des Weines leugnen. Aber das Weib ist noch stärker als der König und der Wein und alle Früchte des Weinberges, von denen Wein kommt. Wie sollte auch das Weib nicht stärker sein als der König? Sie hat den König geboren, hat ihn gesäugt, sein gewartet, ihn aufgezogen, ihn ernährt, ihn gekleidet, ihn gewaschen und reingehalten, ihn gestraft und ihn in ihrer Gewalt gehalten, wie eine Mutter ihren Sohn in der Gewalt hat, daß er Furcht vor ihr empfand und erzitterte,

wenn er ihr Schelten vernahm; bald züchtigte sie ihn, bald schalt sie ihn, und erhob sie die Rute, so floh er auf die Straße aus Angst vor ihr. Wird aus dem Knaben ein Jüngling, so vergißt er nicht die Furcht, die er vormals vor ihr hatte, und hört auf sie allezeit wie der Sohn auf seine Gebärerin. Wenn er danach seine Augen erhebt und ein schönes Weib sieht, so begehrt er ihre Schönheit und will sich ihrer freuen; seine Seele hängt an ihr; sein Herz ist ihr zugewandt, und um keinen Preis will er sie um eine andre vertauschen. Selbst die Mutter, die ihn geboren hat, den Vater, der ihn gezeugt hat, verläßt und vergißt er um des Weibes und ihrer Schönheit willen. Gar viele sind aus Liebe zu einem Weibe töricht geworden; gar viele sind um ihretwillen um den Verstand gekommen; viele Weise sind in ihr Netz geraten und Verständige in ihr Garn verstrickt worden; sie hat zwischen Brüdern Zwietracht erweckt, sie hat Liebende voneinander getrennt, daß sie einander die Treue brachen. Geht ein schönes Weib an einem Manne vorbei, der Kostbarkeiten bei sich trägt, so heftet er seine Blicke auf sie, auf ihre Schönheit, und spricht sie ihn gar an, so entfällt ihm alles, was er in den Händen hält. Er steht da mit offnem Munde und schaut auf sie, denn sie hat sein Herz an sich gezogen. Wer wollte daran nicht glauben und die Macht der Frauen bezweifeln?
Sagt an, fuhr er fort, für wen schafft ihr und für wen müht ihr euch ab? Für wen sucht ihr viel Gut zusammenzuraffen, wenn nicht für die Weiber, wenn nicht dafür, um ihnen alles Köstliche zu verehren, Gold und Silber, Schmuck und herrliches Gerät, Myrrhe, Weihrauch und Würze und wohlriechende Öle? Und schlägt einer eine Bresche in die Ordnung der Welt und sucht einen Ort auf, um andern aufzulauern, sei es auf den Wegen, sei es in Wüsten und Bergen, sei es in Wäldern oder auf dem Meere, und streitet und tötet und raubt und plündert, ist gewalttätig und ver=

gießt Blut, um seiner Habgier zu frönen – wem fällt da der Raub und die Beute und das Erhaschte zu? Dem Weibe wird es dargebracht. Habe ich doch den König auf seinem Throne sitzen sehen und neben ihm sein Kebsweib Apponia, die Tochter Abesius', des Mazedoniers; sie streckte ihre Hand aus, nahm die Krone vom Haupte des Königs und setzte sie sich auf, und der König lachte dazu. Und als sie in Zorn geriet, konnte der König sie nicht beschwichtigen. Wer wollte nicht glauben, daß das Weib stärker ist als alles? Die Kraft Simsons hat ein Weib gebrochen, der König David wurde von einem Weibe verführt, Salomo hat sich von einer Frau betören lassen. Wie viele sind von ihr geknechtet worden! Nicht zu zählen sind die von ihr Umgebrachten, riesengroß ist die Zahl ihrer Opfer. Und auch dies nicht zu übersehen. Ein einziger König beherrscht ein ganzes Land; gar unzählig ist das Volk darin, und dennoch zittern sie alle vor ihrem Herrscher, denn er hat über sie Gewalt. Ebenso gibt es einen Herrn und Gebieter über jedes einzelne Weib; nach ihm steht ihr Verlangen, und doch kann er es nicht zuwege bringen, sie sich hörig zu machen. Und wie war es mit Adam, dem Vater aller Erdenkinder? Ein Weib hat ihn dazu verleitet, das Gebot seines Gottes zu übertreten, und dafür ist über ihn und über alle seine Nachkommen der Tod verhängt worden.
Und nun, wo die Macht des Weibes dargetan worden ist, wer sollte daran nicht mehr glauben? Ist doch dies der Welten Ordnung von Anfang an bis auf heute; noch hat sich darin nichts geändert. So habe ich wohl das Richtige gesprochen. Aber ich will dem König und allen Zuhörern verkündigen, daß die Herrschaft des Königs eitel ist, und daß die Kraft des Weines nichtig ist, und daß die Macht des Weibes trüglich ist, und alle drei nicht das Rechte sind, und daß die *Wahrheit* allein über alles herrscht, was im Himmel und auf Erden, was im Meere und in den Grün=

den ist. Die Wahrheit behauptet sich selbst vor Gott und vor den Menschen; wo die Wahrheit wohnt, kann keine Lüge bestehen; auf der Wahrheit sind Himmel und Erde aufgebaut worden, und wahr ist der Herr, unser Gott, in Ewigkeit ewig.

Da erwiderten alle, die um den König standen, und sprachen: Es ist wahr. Und der König sprach zu Serubabel: Komm her zu mir. Serubabel trat vor den König, und der König streckte seine Hände aus, zog ihn an sich, umarmte und küßte ihn vor den Augen alles Volkes und sprach zu ihm: Gelobt sei der Herr, der Gott Serubabels, der ihm den Geist der Wahrheit eingegeben hat, denn Gott ist die Wahrheit; sein Thron ist auf Wahrheit gestützt, und alles übrige ist eitel. Darauf erwiderten alle Fürsten, Statthalter und Landpfleger sowie alles Volk und sprachen: Fürwahr, die Wahrheit ist über alles, und nichts ist in der Welt, was sich ihr gegenüberstellen kann; sie herrscht im Himmel und auf Erden, alles ruht auf ihr. Wahr ist der Gott Serubabels, der ihm verliehen hat, die Wahrheit zu preisen und zu loben vor Gott, dem Könige und den Menschen.

Und der König Darius gebot, daß man alle Ehrungen, die in der Schriftrolle verzeichnet waren, Serubabel zuteil werden lasse, denn weit mehr als seine zwei Freunde hatte er Gnade vor seinen Augen und vor den Augen der Fürsten gefunden.

33. DIE GEBURT ALEXANDERS

Nektanebos, der König Ägyptens, der große Zauberer und Wahrsager, war vor dem Perserkönig Artaxerxes geflohen, nachdem er in Erfahrung gebracht hatte, daß jener das Ägypterreich zertrümmern und erobern wollte. Er ließ sich in Mazedonien nieder und lebte daselbst als Fremdling. Niemand wußte von ihm, wer er war und von welchem

Volke er abstammte, dennoch wurde er von den Mazedoniern hochgeachtet.
Da geschah es, daß Philippos, der Mazedonierkönig, in den Krieg zog. Alsbald begab sich Nektanebos in das Schloß des Königs, um die Königin Nebiras zu besuchen. Wie er aber seine Augen zu der Gemahlin Philippos' erhob, erwachte in ihm die Sehnsucht nach ihr, und er gewann sie sehr lieb. Er bückte sich vor der Königin, küßte ihre Hand und sprach zu ihr: Gott stehe dir bei, du Herrin Mazedoniens. Die Königin erwiderte: Der Herr segne den ruhmvollen Weisen; setze dich mir zur Rechten. Da nahm Nektanebos Platz neben der Königin Nebiras. Die Gemahlin Philippos' wandte ihrem Gast das Gesicht zu und sagte: Deine Weisheit spricht dafür, daß du ein Sohn Ägyptens bist. Nektanebos entgegnete: Du hast wohl geraten, Herrin und Königin, und gar sehr ehrt es mich, daß du mich den Ägyptern zuzählst. Beredsam sind die Söhne dieses Volkes; sie wissen Träume zu deuten und verstehen es, Verborgenes zu erforschen. Bin ich auch nicht einer aus ihrer Mitte, so bin ich doch als ein ihnen Verwandter anzusehen und stehe ihnen nicht nach in der Beherrschung der geheimen Lehren und im Wissen um das Zukünftige. Und während Nektanebos das sprach, wandte er sein Auge von der Königin nicht ab, so sehr hatte ihre Schönheit und Anmut seine Blicke gefesselt. Da sprach die Königin: Warum gefällt es dir, mich so anzuschauen? Nektanebos erwiderte: Wo ich dich sehe, gedenke ich dessen, was mir von den Göttern vorausgesagt worden ist: daß ich dereinst in die Nähe einer hohen Gebieterin kommen und ihr dienen werde, und ich will die Hoffnung hegen, daß du diese Herrin bist. Und Nektanebos zog aus dem Busen einen Sarderstein hervor, der mit Perlen besetzt und in drei Kreise geteilt war; auf dem einen Teile des Steines waren die zwölf Zeichen des Tierkreises eingegraben; der zweite

trug die Abbildungen der sieben Planeten; auf dem dritten waren die verschiedenen Stellungen der Himmelskörper angegeben, aus denen man die Geschicke der Reiche ersehen konnte; die vier Ecken der Tafel waren mit Edelsteinen verziert und enthielten Deutungen der geheimnisvollen Naturvorgänge. Als die Königin Nebiras diesen Stein sah, ward sie voll Verwunderung und sprach zu dem Zauberer: Nektanebos, dir haben die Götter große Weisheit verliehen; willst du mir noch den Tag, die Stunde und den Augenblick nennen, da der König Philippos geboren worden ist, so wird mein Glaube an deine Zaubermacht ein vollkommener Glaube sein.
Da nahm Nektanebos seine Orakelkünste vor und gab der Königin den Tag, die Stunde und die Minute an, an denen die Geburt des Königs Philippos erfolgt war. Und er sprach ferner zur Königin: Verlangt es dich außer diesem noch andres zu wissen, so will ich dirs offenbaren. Darauf sprach die Königin Nebiras: Die Leute im Lande erzählen einander, daß es des Königs Absicht sei, mich zu verstoßen nach der Rückkehr vom Kriege. Nektanebos antwortete: Es ist unwahr und falsch, was das Volk behauptet; wohl wird sich zwischen dir und deinem Gemahl nach Jahren etwas ereignen, und er wird sich von dir trennen, aber danach wird er reumütig zu dir zurückkehren. Da bat die Königin den Weissager, ihr das Kommende noch mehr zu entschleiern und ihr in dem künftigen Zwist mit Philippos beizustehen. Darauf sprach Nektanebos zur Königin: Wisse, daß einer der großen Götter dich begehrt und von dir fordern wird, daß du dich ihm hingebest; dieser Gott wird dir in allen deinen Nöten behilflich sein. Die Königin Nebiras sprach: Wer ist denn dieser Gott, und wie sieht er von Gesicht und Gestalt aus? Nektanebos erwiderte: Er trägt den Namen Amon der Starke; er heißt so, weil er Kraft und Stärke gibt einem jeden, der sich auf ihn verläßt und ihm

dienen will. Da sprach die Königin: Beschreib mir seine Erscheinung, damit ich ihn erkenne, wenn er zu mir kommt. Nektanebos entgegnete: Er wird dir als Mann in mittleren Jahren erscheinen, nicht als Jüngling und nicht als Greis; an der Stirne hat er Hörner gleich einem Stier; sein Bart gleicht einem Hundebart. Dieser Gott sucht deine Zuneigung und will zu dir eingehen. Darauf sagte die Königin Nebiras: Wenn es wahr ist, was du sprichst, so will ich dich nicht allein für einen Weissager, sondern für einen Gottesmann halten.

Nach dieser Begebenheit zog sich Nektanebos in die Einsamkeit des Waldes zurück, sammelte Gräser und Wurzeln und stellte mit ihnen sein Zauberwerk an, wodurch die Königin Nebiras bei Nacht Gesichte zu sehen bekam, die er heraufbeschworen hatte. Tags darauf schickte die Königin einen Boten, daß er Nektanebos zu ihr hole. Als der Weise kam, sprach die Königin zu ihm: Deine Worte haben sich bewahrheitet. Ein Engel ist mir im Traume erschienen, der sprach: Es ist einer zu dir entsandt worden, und der wird alles, was du heißest, tun. Nektanebos antwortete: Ich weiß nun, was du gesehen hast. Weise mir jetzt in deinem Schlosse eine Stätte zu, wo ich diese Nacht ruhen könnte, und du wirst die Deutung deines Traumes mit deinen eigenen Augen sehen. Der Gott Amon, der dir erschienen ist, wird zu dir in Gestalt einer Schlange kommen; danach wird diese Schlange das Aussehen eines Menschen annehmen, der mir ähnlich ist. Bin ich aber einmal in deiner Nähe, so kläre ich dich darüber auf, wie du zu verfahren hast. Die Königin Nebiras erwiderte und sprach: Siehe, das Schloß steht dir offen; wähle dir einen Raum, woselbst es dir zu weilen gefällt. Werden sich deine Worte als wahr erweisen, so sollst du des Knaben Lehrmeister werden, der nun geboren werden soll. Und die Königin befahl, Nektanebos ein Schlafgemach zu richten.

Als es Nacht wurde, verwandelte sich Nektanebos in eine Schlange nach Art der Zauberer, die jede gewünschte Gestalt annehmen können; er kam als Schlange vor das Lager der Königin Nebiras und ging zu ihr ein. Danach sprach er zu ihr: Von diesem Samen wird dir ein Sohn geboren werden, der an Kraft und Größe alle Menschenkinder übertreffen wird.

Hierauf verließ Nektanebos den Palast der Königin. Nach einiger Zeit fühlte die Königin Nebiras ein Kind in ihrem Leibe sich stoßen. Sie ließ alsbald Nektanebos rufen, erzählte ihm, daß sie ein Kind trage, und bat ihn, ihr in seiner Weisheit zu sagen, was sie von ihrem Manne Philippos zu gewärtigen habe, wenn der die Kunde von ihrer Schwangerschaft vernehme. Nektanebos erwiderte: Fürchte dich nicht; der Gott Amon wird dir helfen und wird das Herz deines Gemahls Philippos dir geneigt machen. Und Nektanebos begab sich wieder in den Wald und sammelte Halme und Kräuter, durch die er die Bewegung der Sterne sich dienstbar zu machen vermochte und jedem Menschen Träume eingeben konnte, die ihm für seine Zwecke nützlich waren. Also träumte dem Philippos im Kriegslager, daß der Gott Amon bei seinem Weibe Nebiras geschlafen hätte; nachdem er ihr beigewohnt hatte, verschloß er ihren Leib und versiegelte ihn mit einem Ring; das Siegel stellte eine Schlange mit einem über dem Haupte gezückten Schwerte dar. Philippos erwachte von seinem Schlaf, und sein Geist war verstört. Er ließ seine Weisen und Beschwörer kommen und erzählte ihnen von dem Gesicht. Da bedeuteten ihn die Wahrsager, daß seine Gemahlin, die Königin, in Bälde von einem göttlichen Geiste einen Sohn gebären werde; dieser Sohn werde wie eine Schlange und wie ein Löwe mächtig sein, und sein Reich werde sich über alle Länder der Welt, die von der Sonne beschienen werden, erstrecken.

Nach diesem Traume eroberte Philippos die Stadt, die er belagert hatte, und es schien ihm im Verlaufe der Schlacht, als kämpfe unter seinen Händen eine Schlange und verbreite Entsetzen und Tod über die Feinde. Nachdem er das Land bezwungen hatte, kehrte Philippos in sein Reich, nach Mazedonien, zurück. Als er seinen Hof betrat, kam ihm seine Gemahlin Nebiras entgegen, und sie gefiel ihm gar wohl; er umarmte und küßte sie. Danach sprach er zu ihr: Du bist rein und schuldlos; du hast dich dem Willen eines Gottes gefügt; kein Sterblicher kann dich eines Fehltrittes zeihen und dich geringachten. Mir haben die Götter im Traume offenbart, was dir alles begegnet ist, und es wäre nicht recht, wollte man dich als Sünderin ansehen.

Als darauf, nach einiger Zeit, der König Philippos im Festsaale im Kreise seiner Hofleute und Fürsten auf dem Throne saß und seine Gemahlin Nebiras ihm zur Rechten Platz hatte, erschien plötzlich eine Schlange, die der verwandelte Nektanebos war, im Saale; sie kroch auf die Königin Nebiras zu, legte ihren Kopf in deren Schoß und küßte sie. Da erschraken der König und sein Hofstaat, und Philippos sprach: Dies ist die Schlange, die ich am Tage, an dem wir das feindliche Land einnahmen, gesehen habe. Sie schlug die Feinde, die mit mir kämpften, daß sie vor meinem Angesicht flohen. Darüber erstaunte ich damals nicht wenig.

Nach abermals einiger Zeit saß Philippos wieder auf seinem Throne; da kam ein Vogel geflogen und setzte sich auf des Königs Schoß; hier legte der Vogel ein Ei, und das Ei rollte vom Schoße des Königs hinunter, fiel auf die Erde und zerbrach. Aus der Schale aber kroch eine kleine Schlange hervor; die bewegte sich rasch auf ihrem Bauche vorwärts; alsdann wandte sie sich um, um in ihre Schale zurückzukehren, und blieb leblos liegen, ohne die Hülle erreicht zu haben. Dieses Vorganges verwunderte sich der König Philippos, und er rief seine Weisen und Wahrsager und er=

zählte ihnen von dem Vogel, dem Ei und der Schlange. Die Weisen antworteten dem Könige: Wisse, daß die Erscheinung eine Prophezeiung enthält, die dir die Götter verkündigen wollen. Der Sohn, der dir geboren werden soll, wird alle vier Seiten der Welt beherrschen und wird die Reiche umher unterjochen; wo er aber seiner Heimat zustreben wird, wird ihn der Tod ereilen.

Nach diesen Geschichten erkrankte die Königin Nebiras an den Beschwerden der vorgeschrittenen Schwangerschaft. Sie ließ Nektanebos rufen, und dieser erkannte, daß ihre Niederkunft nahe bevorstand. Als die Tage voll wurden und die Königin gebären sollte, hieß Nektanebos ihre Mägde, die um sie waren, die Königin stützen und darauf achten, daß sie bis zuletzt stehen bleibe. Währenddessen überzog sich der Himmel mit Wolken, die Sonne verdunkelte sich, und Finsternis erfüllte die Welt. Da setzte sich die Königin nieder und gebar einen Sohn. In dieser Stunde erbebte die Erde, die Stützen des Himmelsgewölbes gerieten ins Wanken, es donnerte und blitzte, und eine Kälte trat ein, wie sie bis dahin in Mazedonien nicht bekannt war. Die Pagen kamen vor den König Philippos und sagten ihm die Geburt des Sohnes an. Darauf begab sich der König zu seiner Gemahlin und sprach zu ihr: Mich deuchte bislang, daß das Kind mir ein Ärgernis sein werde, weil es nicht meines Samens ist. Wo ich aber die großen Wunder gesehen, die seine Geburt begleitet haben, erkenne ich, daß der Knabe ein Göttersohn ist. Ich will ihn großziehen, und ich heiße seinen Namen Alexandros. Und der König befahl den Dienerinnen Nebiras', des Knaben zu warten und ihn zu pflegen.

Und Alexander ähnelte seinem Aussehen nach weder seinem Vater noch seiner Mutter. Sein Haar war wie das eines Löwen. Er hatte große Augen, das eine war blau, das andere schwarz; auch seine Zähne waren übermäßig groß.

Seine Sprache jagte Schrecken ein; wenn er redete, hörte es sich wie das Brüllen eines Löwen an. Der Knabe ward groß, und man ließ ihn eine Unterrichtsstätte besuchen; er war einsichtig und zeigte Verständnis für die Wissenschaften und die Lehren der Moral. Als er zwölf Jahre alt war, konnte er jedem Pferde aufsitzen, und kein Roß konnte seiner Kraft widerstehen. Da nun Philippos Alexanders Heldenmut und Überlegenheit sah, bewunderte er ihn und sprach zu ihm: Alexander, ich muß dich liebhaben, und meine Seele ist der deinigen hold; doch kann mein Herz nicht Ruhe bewahren, wenn ich dich ansehe und erkenne, wie sehr dein Angesicht von dem meinigen verschieden ist. Die Königin Nebiras hörte aber diese Worte Philippos' an Alexander, und das verdroß sie; sie glaubte, daß der Sinn ihres Gemahls sich von ihr abgewandt hätte. Also befragte sie darum Nektanebos und bat ihn, sie über Philippos' Inneres aufzuklären. Nektanebos erwiderte der Königin: Du sollst von deinem Eheherrn nichts denn Gutes denken; sein Herz ist dir ganz ergeben. Diese Antwort des Nektanebos an die Königin wurde auch von Alexander gehört, und er fragte den Zauberer: Woher hast du diese Kunst, und wieso vermagst du zu wissen, was des Königs Herz birgt? Nektanebos aber war einer der Lehrmeister Alexanders. Er antwortete ihm auf seine Frage: Zu diesem Wissen gelangt man, wenn man die Sternkunde beherrscht und die Kraft der Himmelskörper erkennt. Darauf sprach Alexander: Mich verlangt es gleichfalls, dieser Weisheit teilhaftig zu werden, und alle Künste, die du mich bislang gelehrt hast, erscheinen mir gering und nichtig dagegen; warum hast du es versäumt, mir dieses Wissen beizubringen? Nektanebos entgegnete: Um in diese Wissenschaft eingeweiht zu werden, muß der Mensch die Einsamkeit der Wälder suchen und muß zu den Sternen blicken. Da fragte Alexander den Zauberer: Kannst du in deiner Weisheit wissen, wie dein Ende und dein Tod ausfallen werden? Nektanebos versetzte: Kraft meiner Kunst weiß ich, daß mein Ende nahe ist, und daß ein meinen Lenden Entsprossener mich töten wird.

Alexander sprach zu Nektanebos: Du hast mir das Wissen um diese Dinge höchst begehrenswert gemacht; wie könnte auch ich es erlangen? Nektanebos antwortete: Wie ich dir bereits gesagt habe, kannst du diese Geheimnisse erfahren, wenn du mit mir in die Wälder ziehst.

In einer der darauffolgenden Nächte traf Alexander mit seinem Lehrmeister Nektanebos zusammen, und sie begaben sich in den Wald. Als sie bis an die Gräben kamen, die rund um die Mauern der Stadt liefen, sprach Nektanebos: Schau dir den Planeten Saturnus an und sieh, wie sein Licht sich verdunkelt, wogegen die Gestirne Jupiter und Venus so hell leuchten. Alexander erwiderte: Zeige mir die Himmelslichter genau, Meister. So kam Nektanebos ganz dicht an Alexander heran; als der Zauberer aber die Augen zu den Sternen erhob, um den Königssohn über sie zu belehren, stieß ihn dieser in einen Graben, daß er hineinfiel. Alexander sprach: Fahre dorthin, wo der Zorn Gottes dich erreicht; so wird einem getan, der die Geheimnisse des Königs preisgibt.

Da erhob Nektanebos seine Stimme aus dem Graben und sprach zu Alexander: Was ich geschaut, ist nunmehr Wahrheit geworden; du bist mein Sohn Alexander, von dem ich in den Sternen gelesen habe, daß er mich umbringen wird. Darauf sagte Alexander: Ich sollte dein Sohn sein? Nektanebos versetzte: Du bist es, frage nicht danach, wieso du es bist. Da ergrimmte Alexander noch mehr und warf einen Stein nach Nektanebos; der traf ihn, und der Wahrsager ward getötet.

Hernach aber schlug das Herz Alexanders, und er sprach bei sich: Vielleicht ist es doch wahr, was Nektanebos ge=

sagt hat. Und es reute ihn, daß er den Weisen erschlagen hatte. Er stieg in den Graben hinunter, holte den Leich=nam Nektanebos' herauf und trug ihn auf seiner Schulter in das Schloß des Königs. Als die Königin Nebiras ihren Sohn so ankommen sah, sprach sie: Was ist mit dir, Alex=ander? Alexander erwiderte: Das hier ist der Leib meines Lehrers Nektanebos. Da rief die Königin aus: Warum hast du diese Untat begangen? War er doch dein Vater oder ein deinem Vater gleicher, und du hast ihm Gutes mit Bösem vergolten. Alexander gab darauf zur Antwort: Daran ist allein die Schwäche deines Herzens und dein feiger Sinn schuld.

Die Königin Nebiras ließ darauf den Leichnam Nektane=bos' mit Ehren in ihrem Schlosse beisetzen.

34. DAS GRAB DES ALTHEMENES

Alexander rüstete zu seinem ersten Feldzug. Er sammelte seine Heeresmacht, ließ viel eiserne Kriegswagen bauen und stellte sich mit einer Fahne in der Hand an die Spitze seiner Streiter. Er kam mit ihnen in einen dichten Wald, und durch diesen zogen die Truppen neunundzwanzig Tage lang. Am Vorabend des letzten Tages standen sie vor ei=nem überaus hohen Berge, auf dem ein prächtiger Palast erbaut war. Alexander sprach zu seinen Mannen: Wer will mit mir den Berg besteigen? Da meldeten sich zweihun=dert Söldner und sagten: Wir wollen die Höhe erklettern. Also stiegen Alexander und seine Begleiter den Berg hin=auf und kamen vor ein mächtiges Tor. Hier saß ein alter Mann. Wie dieser den König erblickte, lief er auf ihn zu und wollte ihn umarmen. Allein die Helden Alexanders vertraten ihm den Weg und ließen ihn nicht an den König heran. Da rief der Greis: Warum wehrt ihr mir, Alexan=der, meinen Herrn und König, zu begrüßen? Darob staun=

ten die Krieger und sprachen: Wer hat dir gesagt, daß unser Führer der König Alexander ist? Der Greis erwiderte: Sein Name und sein Antlitz sind auf der Mauer des Palastes eingemeißelt, den ich seit vielen Jahren und Tagen bewache. Die Krieger fragten: Worin besteht deine Kraft und deine Stärke, daß du hier ganz allein weilst? Siehe, wir, eine kleine Zahl von Männern, halten dich fest. Da entbrannte der Zorn des alten Mannes, und er sprach: Ihr glaubt über mich gesiegt zu haben? Hielte mich nicht die Ehrfurcht ab, die ich dem Könige schulde, ich achtete euer nicht. Allein mir ist zum Gebot gemacht worden, nichts zu tun, was gegen den König ist. Darauf sagten die Streiter Alexanders: Haben wir Gnade vor deinen Augen gefunden, so laß uns deine Kraft sehen. Der Greis antwortete: Wenn es der König gestattet, so will ich euch meine Stärke zeigen. Alexander sagte: Die Erlaubnis ist dir hiermit gegeben.

Als der Schloßwächter dieses Wort des Königs vernahm, fing er dermaßen laut zu brüllen an, daß die Getreuen Alexanders nicht mehr stehenbleiben konnten und auf ihr Angesicht fielen. Selbst Alexander stürzte um. Er rief dem Greis zu: Halt ein und fahr nicht fort, denn weder ich noch meine Mannen können deine Stimme ertragen. Der Seltsame sprach: Wohlan, kommt, du und deine Helden, mit mir; ich will euch die Herrlichkeiten des Palastes zeigen; der ist wunderbar und reizend zum Anschauen. Darauf sagte Alexander: Ist es dir recht, so steigt einer von meinen Begleitern hinunter und holt einen Schreiber, damit dieser alles verzeichne, was er auf dem Berge sieht. Der Greis antwortete: Das mag geschehen. Alsbald fuhr einer von den Kriegern hinunter und kam zurück mit dem obersten Schreiber Alexanders, dem Judäer Menahem.

Nun betrat der König mit seinem Gefolge das Schloß. Sie kamen zuerst in ein hohes und weites Gemach, das ganz aus rotem Glas bestand und in dem sich fünfundneunzig Fenster befanden. Und innen vor den Fenstern flatterten viele Arten von Vögeln und ließen ihr Gezwitscher weithin erschallen. Im obersten Fenster aber saß ein alter Mohr, und dieser fächelte beim Eintritt des Königs mit einem Tuche über den Vögeln. Da verstummten sie alle auf einmal und gaben keinen Laut von sich. Danach verließen Alexander und die Begleitung den Raum und kamen in eine andre Halle. Diese war aus grünem Glase, und vielerlei Tiere, reine und unreine, kauerten auf dem Boden. Unter den Tieren war eins, das ein absonderliches Aussehen hatte. Der Körper des Tieres war von unten bis oben glatt und unbehaart; seine Füße glichen Löwenfüßen, das Gesicht war das eines Vogels, die Augen waren zwei Ellen groß und weit, die Zähne anderthalb Ellen lang, und die Höhe des Tieres betrug fünf Ellen. Alexander war voll Verwunderung über diesen Anblick. Da sprach der Greis: Staune nicht, ich will dich noch Wunderbareres sehen lassen. Er entfernte sich und kam bald mit einem Halme zurück, den er dem Tiere ins Maul steckte. Alsbald kam aus dem Schoße des schrecklichen Geschöpfes ein andres Wesen, das gleichfalls absonderlich war. Dieses war ganz mit weißen Haaren bedeckt, hatte eine menschliche Stimme, und seine Zähne waren grün. Der alte Mann sprach: Ein Haar von diesem Tier ist ein Mittel, Siege zu erringen. Wer ein solches Haar bei sich trägt, vor dem fallen die Feinde haufenweise nieder. Da spottete Alexander dieser Worte des Greises. Aber der Alte ergrimmte und sprach zu dem König: Wie wagst du es, meiner Rede mit Hohn zu begegnen? Wisse, daß dein Ende bitter sein wird. Da Alexander sah, daß der alte Mann gekränkt war, fing er an, mit ihm milde zu reden, und suchte seinen Zorn zu besänftigen. Er sprach zu ihm: Habe ich etwas gesagt, was unschicklich ist, so vergib mir im Hinblick auf meine kö=

nigliche Würde. Der Alte erwiderte: Ich will dir darin gehorchen, aber fahre in der vorigen Weise nicht fort. Nunmehr sprach Alexander zu dem Greis: Willst du mir Gunst erweisen, so zeige mir weiter die Schönheiten der Burg. Der alte Vogt sagte: Komm mit mir. Und er führte den König in ein schönes Gemach, das ganz aus rotem Marmor gebaut war und nach allerlei Gewürzen duftete. Der Geruch drang in die Nase Alexanders, und er fühlte seine Kraft größer werden. Er schaute sich um und erblickte einen Marmorsockel, auf dem ein Gefäß aus rotem Glase stand. Er fragte seinen Führer: Was enthält dieses Glas? Der Burgvogt erwiderte: Darin ist das Öl Jerichos, der Palmenstadt, eingesammelt.

Danach gewahrte Alexander einen Block aus grünem Marmor, der wie eine königliche Gruft aussah. Er fragte den Greis: Wer liegt hier begraben? Der antwortete: Unter diesem Stein ruht der König Althemenes; sein Körper wurde mit Balsamöl eingesalbt und ist bis auf heute frisch geblieben. Alexander fragte: Weißt du denn, wie lange es her ist, daß dieser König hier beigesetzt ist? Der Greis sagte darauf: Ich will die Inschrift lesen, die auf dem Stein eingegraben ist. Und er las die eingemeißelten Worte und sagte: Es sind zweihundertfünfundachtzig Jahre her. Alexander sprach: Willst du mir gnädig sein, so zeige mir auch den Körper des eingesalbten Fürsten, damit ich sehe, ob deine Worte wahr sind. Der Greis sagte: Ich will deinem Wunsche willfahren, allein sei gewarnt und hüte dich, den Leichnam zu berühren, wenn du diese Nacht bei einem Weibe geruht hast. Alexander antwortete: Das war nicht der Fall. Die Worte des Königs entsprachen aber nicht der Wahrheit. Der Wächter sprach: Sage auch deinen Mannen, daß sie den Körper des Toten nicht berühren sollen, wenn sie sich vom Beischlaf nicht gereinigt haben. Alexander rief aus: Wer den Leib des Herrschers anfaßt, ist des Todes.

Hierauf wälzte der Burgvogt den Stein von der Grabstätte und zog die Decke zurück, die den Toten verhüllte. Da ward dem König und seinen Helden das Antlitz des Entschlafenen sichtbar, und sie erstaunten über den Anblick. Alexander fragte den alten Mann: Soll ich das Fleisch des Toten berühren? Dieser erwiderte: Tu das nicht. Allein Alexander befühlte die Leiche. Er fiel alsobald rücklings nieder, sein Angesicht ward von Schweiß bedeckt, und sein Aussehen hatte sich verändert. Da erhoben die Krieger ein lautes Geschrei. Sie knieten vor dem alten Vogt nieder, flehten ihn an und sprachen: Herr, sei uns gnädig, was ist mit unserm König geschehen? Der Greis sprach: Sagte ich euch nicht, daß ihr an die Leiche nicht herankommen solltet? Die Mannen Alexanders fuhren fort zu weinen und baten den Greis um Erbarmen. Da sprach dieser: Hätte ich nicht Achtung vor euch, ich kümmerte mich nicht um euren König. Nun aber seht, was ich mit ihm vornehmen werde. Die Mannen sprachen: Wir sind hier und wollen alles tun, was du uns befiehlst. Der Burgwächter sagte: Fürchtet euch nicht, es ist Hoffnung da, den König zu retten. Und er holte ein schwarzes Horn, tat zischende Kohlen drein und berührte damit die Stirn Alexanders.

Alsbald richtete sich der König auf, aber er war stumm und konnte kein Wort herausbringen. Als das die Helden sahen, ward ihre Freude über das Erwachen des Königs in Trauer verwandelt. Der Greis aber sprach: Seid ohne Sorge. Und er hob ein Gras auf und steckte es dem Fürsten ins linke Ohr. Hierauf öffnete Alexander den Mund und redete seine Streiter an. Da wurden sie voll großer Freude.

Der Hauswart fragte den König: Wie scheutest du dich nicht, dem Leichnam Althemenes' zu nahen? Riet ich dir doch, das nicht zu tun. Alexander entgegnete: Was soll ich dir antworten? Des Narren Unverstand schadet ihm selbst. Und er sprach zu dem Greis: Mein Herr, ich bitte dich, miß

den Körper des Althemenes. Das befolgte der alte Mann. Er maß die Leiche und fand, daß sie neunzig Ellen lang war. Da staunten der König und seine Krieger. Alexander sprach zu dem Greis: Und nun breite die Decke über den Toten aus. Der Greis erfüllte den Befehl.
Die Geschichte spinnt sich noch weiter.

35. DER LÖWE ALS REITTIER

Es begab sich einst, daß Alexander aus einem Orte floh, in dem Wilde hausten, und die Verbindung mit seinem Heere verlor. Er wanderte neun Monate lang, um seine Streiter wiederzufinden, und es zehrte an ihm bei Tage die Hitze und bei Nacht der Frost. Der neunte Monat des Herumirrens ging zu Ende, als Alexander in einem Walde einem Löwen begegnete. Er wandte sich um und ergriff die Flucht vor dem Raubtier, allein dieses lief ihm nach und erfaßte einen Zipfel seines Gewandes. Sodann legte es sich zu den Füßen des Königs. Da setzte sich Alexander rittlings auf den Löwen und ließ sich von ihm tragen, und der Löwe brachte ihn, ohne daß es Alexander wollte, in eine Höhle. Hier sah der Mazedonierfürst wieder einen Greis sitzen und bot ihm den Friedensgruß. Der Alte sprach: Bist du mein Herr Alexander? Da staunte der König und fragte: Wer sagte dir, daß mein Name Alexander ist? Der Greis entgegnete: Ich sah dich in Jerusalem einziehen, als du die Stadt verderben wolltest. Alexander sprach zu dem Greis: Wer bist du? Wie ist dein Name? Welches Stammes bist du? Der Alte erwiderte: Wozu fragst du nach meinem Namen? Ich will dir nichts verraten. Schwörst du mir aber, daß du den Judäern nichts Böses zufügen wirst, so will ich dich zu deinem Heere bringen. Und er führte den König in einen andern Raum, in dem ein herrliches Roß stand. Er sprach zu Alexander: Besteige das Roß, ich will hinter dir ziehen. Und so wanderten Alexander und der Greis zusammen, und sie gelangten nach sechs Monaten an das Lager der Krieger. Da nun die Streiter ihres Feldherrn ansichtig wurden, wurden sie voll großer Freude und bliesen die Posaune, daß die Erde erdröhnte. Und Alexander erzählte seinen Mannen alles, was ihm widerfahren war, und befahl dem Schreiber Menahem, das von ihm Erlebte getreulich zu verzeichnen. Danach sprach der König: Wo ist der Greis, der mich zu euch gebracht hat? Die Menge schaute sich nach dem alten Mann um, der war aber nicht zu sehen. Da grämte sich der König über die Maßen und befahl, alle Ortschaften zu durchsuchen, allein der Greis war nirgends zu finden.

36. DIE GEBEINE JEREMIAS

Damit das Andenken an ihn der Nachwelt bliebe, beschloß Alexander, eine Stadt zu erbauen und sie mit seinem Namen zu benennen. Als aber die Baumeister an die Arbeit gingen und die Stützpfeiler der Mauern errichteten, kamen Scharen von Vögeln geflogen und nisteten sich rund um die Pfeiler ein. Nach diesen flogen andre Vögel herbei, und die Hinzugekommenen fraßen die bereits Ansässigen auf. Diese Erscheinung erregte das Bedenken Alexanders, und er dachte bei sich, von dem Bau zu lassen. Er sprach: Vielleicht ist dies ein böses Vorzeichen und eine Weissagung, daß der Stadt Verwüstung droht und sie nicht lange wird bestehen bleiben. Wozu soll ich das Werk unternehmen? Darauf versammelten sich die Weisen Ägyptens, die Priester und Kalenderkundigen; sie traten vor Alexander und sprachen: Die Begebenheit mache dich in deinem Vorhaben nicht schwankend, gib den Bau der Stadt nicht auf. Sie ist vielmehr ein Zeichen dafür, daß der Ort eine Zufluchtsstätte für Fremde aller Länder sein wird; man wird von ihm aus die andern Reiche kennenlernen, man wird ihn von weither aufsuchen, und viel Handel wird hier getrieben werden. Da Alexander diese Auslegung vernahm, gab er Befehl, mit dem Bau fortzufahren. Also ward die Stadt Alexandria errichtet.

Danach hieß Alexander die Weisen im Lande Ägypten Umschau halten und das Grab des Propheten Jeremia finden. Seine Gebeine sollten ausgegraben werden und danach verteilt in den vier Enden der neuerbauten Stadt beigesetzt werden, damit diese für alle Zukunft von Schlangen, Ottern, Kröten und bösen Tieren verschont bleibe. Dieser Befehl des Königs wurde ausgeführt, und wirklich wird bis auf den heutigen Tag in Alexandria kein Raubtier und kein Gewürm gesehen. So ging in Erfüllung, was Alexander seiner Stadt gewünscht hatte.

37. IN DEN LÜFTEN UND IM MEERE

Alexander sprach einst bei sich: Was ich bisher vollbracht habe, genügt mir nicht. Und er sagte zu seinen Helden: Bringt mir vier große und mächtige Adler her. Die Getreuen erfüllten den Wunsch des Königs, und er befahl, die Vögel drei Tage hungern zu lassen. Am dritten Tage nahm der König eine große Holzplatte und ließ die Adler mit den Füßen daran binden. Darauf wurden vier Pflöcke in die Ecken der Holzplatte getrieben, und an diesen wurde oben je ein Stück rohes Fleisch befestigt. Alexander selbst setzte sich gleichfalls auf die Platte. Die ausgehungerten Adler sahen das hängende Fleisch und schwangen ihre Flügel, um es zu erreichen. Da sie aber an die Platte angebunden waren, hoben sie diese mit sich, und so stieg das seltsame Fahrzeug mit dem König immer höher und höher, bis es die Wolken erreichte. Da oben aber konnte Alexander die Luft nicht ertragen. So zog er rasch die Pflöcke aus der Platte, drehte sie um und befestigte sie an der Holzfläche mit dem

Fleisch nach unten. Nun sahen die Adler die Fleischstücke unten hängen und flogen abwärts, um sie zu fressen. Also kam die Platte mit dem König auf die Erde hinunter.

Alexander sprach: Als ich zwischen Himmel und Erde schwebte, sah ich das Weltall um mich, und die Erde nahm sich aus wie ein Becher, der auf dem Ozean schwimmt.

Danach hatte der König wieder einen Gedanken, und er sprach zu seinen Weisen: Stellt mir eine große hohle Ku=gel aus weißem Glas her. Mir reicht nicht aus, was ich in den Höhen gesehen habe; ich will noch in die Tiefe des Meeres dringen und will erfahren, was unter der Erde ist. Des Königs Befehl wurde ausgeführt; Alexander setzte sich in die Glaskugel, nahm einen leuchtenden Stein und einen lebendigen Hahn mit hinein und sagte zu seinen Begleitern: Laßt mich in die Tiefe hinab. Harrt meiner ein volles Jahr; steige ich im Laufe des Jahres nicht aus dem Wasser, so kehrt allein in eure Hütten zurück. Die Rat=mannen Alexanders versenkten die Kugel mit ihrem Kö=nig ins Meer. Das gläserne Tauchgerät fuhr durch die Ge=wässer bis auf den Meeresgrund hinab, und Alexander schaute alles, was im Meere lebt, das Kleinste sowohl als das Größte. Nach drei Monaten seines Aufenthaltes im Ozean ward Alexanders Verlangen gestillt. Er schlachtete den Hahn, den er mithatte, und vergoß sein Blut. Das große Meer aber kann keinen Blutstropfen in sich aufneh=men, und so spie es die Kugel mit dem König aus und ließ sie stranden. Alexander wurde an eine ferne Küste gewor=fen und kam unter ein Volk, dessen Zunge ihm unbekannt war. Die Bewohner dieser Insel waren Menschen von ab=sonderlichem Aussehen. Sie hatten nur ein Auge in der Mitte der Stirn; ihre Gesichter waren zwei Ellen breit; auch ihre Füße waren über alle Maßen groß. Als sie aber Alex=anders ansichtig wurden, überfiel sie Furcht, und sie bück=ten sich vor ihm bis zur Erde.

38. VOR DEN TOREN DES PARADIESES

Nach dieser Begebenheit sagte Alexander zu seinem Gefolge: Bringt mir das Abbild meiner Gestalt. Als der Befehl erfüllt war, schwur Alexander bei seinem Bildnis, daß er seine Wanderung nicht eher einstellen werde, als bis er einen Ort fände, von dem kein Weg nach rechts, links oder geradeaus führe. Danach machte er sich mit seinem Heere auf und überschritt den Strom. Nun kam er vor ein Tor, das dreißig Ellen hoch war. Auf dem Tore aber war eine Inschrift eingeschnitten, und Alexander rief den Schreiber Menahem, daß er sie lese. Menahem fand folgenden Wortlaut: Macht die Tore weit und die Türen in der Welt hoch, daß der König der Ehren einziehe!

Hierauf zog Alexander weiter mit seiner Streitmacht, und der Weg führte ihn diesmal durch ein Gebirge. Sechs Monate währte der Gang durch die felsige Gegend, und nach Ablauf dieser Zeit fanden sich die Wandernden in einer Ebene. Hier sahen sie ein Tor ragen, dessen Höhe mit dem Auge nicht zu überschauen war. Das Tor aber trug gleichfalls eine Inschrift in großen, herrlichen Zeichen. Auch diese wurde von Menahem gelesen und die einzelnen Buchstaben zerlegt und gedeutet. Sie lautete: Dieses ist das Tor Gottes, Gerechte dürfen hier eintreten. Da sprach Alexander: Das sind wohl die Tore des Paradieses. Und er rief: Wer mag darüber befohlen sein? Da antwortete eine Stimme: Dieses ist die Pforte des Gartens Eden, und ein Unbeschnittener darf nicht hinein. In der Nacht darauf schnitt Alexander die Vorhaut seines Fleisches ab, und die Ärzte des Königs brachten durch Kräuter die Wunde zur Heilung. Das Geschehnis blieb dem Heere verborgen, denn Alexander hatte den Ärzten Schweigen geboten. Des andern Morgens rief der König den Wächtern der Tore: Gebt mir den Zins, und ich will meiner Wege gehen. Da wurde ihm ein

Kästchen herausgereicht, in dem ein menschliches Auge lag. Alexander streckte seine Hand danach aus, um das Kästchen zu heben, allein dieses war zu schwer. Da fragte der König: Was ist denn das, was ihr mir gegeben habt? Die Wachen erwiderten: Das ist eines Menschen Auge. Alexander sprach: Was soll mir diese Gabe? Er erhielt die Antwort: Dieses dir zum Zeichen, daß dein Auge des Reichtums nicht satt wird, und daß deine Seele des Wanderns nimmer müde wird. Alexander sprach: Was tue ich, daß ich die Lade vom Boden erhebe? Die Wächter des Edens entgegneten: Lege darauf etwas Erdenstaub, und du wirst sie leicht tragen können. Dies ist ein Zeichen dafür, daß deiner Augen Lust erst gestillt sein wird, wenn du in die Erde zurückfährst, von der du genommen bist. Das befolgte Alexander, und siehe, das Kästchen ließ sich hochheben. Er tat es zu seinen Schätzen und bewahrte es zum Andenken auf, als einen Zins aus dem Garten Eden.

39. DER KÖNIG UND DIE WEISEN

Auf einem Feldzuge nach Indien wollte Alexander die Landschaft Oxydrakon aufsuchen, deren Einwohner durch ihre Weisheit berühmt waren. Man wußte von ihnen, daß sie unbekleidet umhergingen und in Hütten und Erdhöhlen wohnten. Als dieser Stamm von Alexanders Absicht erfuhr, schickten die Ältesten zu dem Könige Abgesandte mit Briefen, in denen folgendes stand: Es ist für dich zwecklos, uns zu bekriegen, denn du wirst bei uns keine Beute machen. Wo du aber unsre Weisheit kennenlernen willst, so erscheine ohne Söldner und Streitmacht und führe mit uns eine sanfte Sprache. Dein Reich ist der Krieg, unseres aber die Wahrheit.

Also kam Alexander zu dem seltsamen Volke, und siehe, es lief nackend umher, und Frauen und Kinder lagerten gleich Schafen auf den Wiesen. Der König fing mit einem Vorübergehenden ein Gespräch an und fragte: Habt ihr keine Gräber für eure Toten? Der Angeredete erwiderte: Da, wo ich wohne, werde ich auch bestattet. Darauf hielt Alexander einen andern an und fragte ihn: Welche Zahl ist größer, die der Toten oder die der Lebenden? Der weise Mann entgegnete: Der Toten und der Armen sind stets mehr denn der Lebenden und der Reichen. Nun wandte sich Alexander an einen dritten und fragte: Wer übertrifft den andern an Klugheit und List: der Mensch oder das Tier? Der Gefragte antwortete: Der Mensch ist von allen Geschöpfen das listigste. An einen vierten stellte Alexander die Frage: Was ist älter, der Tag oder die Nacht? Und er erhielt die Antwort: Die Nacht ist älter; das Kind im Mutterleibe weilt im Finstern. Alexander fragte den nächsten, dem er begegnete: Worin besteht die Herrschaft der Fürsten? Ihm wurde geantwortet: In Raub und Gewalt. Wieder einen fragte Alexander: Welcher ist es, der nimmer lügt? Die Antwort lautete: Die Wahrheit ist allein bei Gott. Und noch einen prüfte der große König auf seine Weisheit und fragte ihn: Welcher Seite ist der Vorzug zu geben: der rechten oder der linken? Der aus dem stolzen Volke beschied Alexander: Die linke Seite ist der Sitz des Herzens, das die Wurzel alles Lebens ist; deshalb ist sie die wichtigere. Auch läßt eine Frau ihr Kind zuerst an der linken Brust saugen, und die Fürsten tragen ihren Herrscherstab in der linken Hand.

Nachdem Alexander in dieser Weise viele Fragen gestellt hatte, sprach er zu den weisen Bürgern: Bittet auch mich, daß ich euch etwas gebe. Da schrie das Volk und rief: Verleih uns ewiges Leben! Alexander erwiderte: Das steht nicht in meiner Macht. Nun fragten die Männer: Wozu entfachst du also Kriege, raubst und eroberst Länder und suchst die Welt zu bezwingen, wenn du nicht weißt, wem nach

deinem Tode deine Herrlichkeit zufallen wird? Darauf erwiderte der Mazedonierfürst: Das wirken die himmlischen Mächte; sie befehlen uns, denen zu dienen, die nach uns kommen werden, denn dazu haben sie uns erschaffen. Wie das Meer nur im Sturme Wellen schlägt, wie die Bäume nur im Winde ihre Zweige bewegen, so wird der Mensch in seinem Tun von einer über ihm stehenden Macht getrieben. Auch mein Wille wäre es, ein geruhsames Leben zu führen, allein der Herr alles Seins, in dessen Hand die Seele der Lebenden ist, gebeut mir anders.
Und mit diesen Worten verließ Alexander das Land und setzte seinen Eroberungszug fort.

40. DER SELTSAME RECHTSFALL

Mit Hilfe einer Zauberperle, die ihm auf dem Wege leuchtete, verließ Alexander das Gebiet der finstern Berge und kam in ein andres Reich. Der Fürst dieses Reiches ging dem König von Mazedonien entgegen, empfing ihn mit großen Ehren und fügte sich in allem seinen Wünschen.
Eines Tages saßen die beiden Herrscher beisammen, die Häupter mit Kronen geschmückt, als zwei Männer erschienen, die miteinander einen Rechtsstreit hatten. Diesen wollten sie ihrem Fürsten darlegen. Der eine sprach: Sei mir gnädig, mein Herr. Ich habe von dem Manne, der hier steht, ein Stück Land erworben. Darauf wollte ich ein Haus bauen; als ich aber die Erde zu graben anfing, fand ich einen Schatz von hohem Werte. Da sagte ich zu dem Manne: Nimm dir das Gold; ich habe von dir ein Grundstück gekauft und keine Kostbarkeiten. Hierauf sprach der andre Mann vor dem König: Mein Herr, zürne mir nicht; als ich diesem hier das Feld verkaufte, gab ich es ihm ab mit allem, was darauf und darin war, von dem tiefsten Grunde an gerechnet und den Luftraum einbegriffen, der darüber bis

zum Himmel reicht. Gleichwie aber mein Nachbar das verschmäht, was nicht sein ist, so will auch ich mir fremdes Gut nicht aneignen. Da wandte sich der Landesherr an einen der Rechtenden und fragte: Hast du einen Sohn? Der Gefragte erwiderte: Jawohl, mein Herr. Darauf fragte der König den andern Mann: Hast du eine Tochter? Und auch dieser bejahte die Frage. Nunmehr sprach der Fürst zu dem, der einen Knaben hatte: So laß deinen Sohn die Tochter deines Nachbarn freien, und als Mitgift gebt ihnen beiden den gefundenen Schatz. Dessen waren die beiden Männer zufrieden.
Als Alexander das alles angehört hatte, lachte er laut auf. Da fragte ihn der königliche Richter verwundert: Hab ich nicht wohl geurteilt und einen guten Ausweg gefunden? Alexander erwiderte: Du hast ein gerechtes Urteil gefällt und den Streit fein geschlichtet, allein ich wäre in meinem Machtgebiete anders verfahren. Der Fürst fragte: Wie hättest du der Fehde ein Ende gemacht? Alexander gab zur Antwort: Wenn man in meinem Reiche dem König einen solchen Hader unterbreitet hätte, er hätte kurzerhand die Rechtenden erschlagen und den Schatz an sich genommen. Darob staunte der Fürst und fragte: Scheint denn die Sonne in eurem Lande? Alexander antwortete: Sie scheint bei uns wie überall. Der Fürst fragte weiter: Fällt der Tau bei euch nieder? Alexander erwiderte: Der Himmel spendet uns wie auch euch seinen Tau. Der Fürst fragte: Gibt es bei euch ebenfalls Haustiere? Alexander entgegnete: Auch das haben wir. Da sprach der Fürst: So sind es wohl die Tiere, um derentwillen euch Leben und Nahrung gewährt werden, denn ihr selbst seid der Gnade nicht wert.

41. DER LETZTE SEINES GESCHLECHTS

Alexander kam einst in ein Reich, dessen Herrscherge=schlecht vertilgt worden war. Er fragte die Einwohner, ob von dem Stamme der Könige kein Mitglied mehr am Le=ben wäre. Sie antworteten: Jawohl, ein Sproß des Hauses ist übriggeblieben. Alexander sagte: Laßt mich ihn sehen. Die Leute entgegneten: Er hält sich stets auf dem Toten=acker auf. Da befahl der König, ihm den hohen Sprößling vorzuführen. Dieser kam, und Alexander fragte ihn: War=um wohnst du in einer Grabstätte? Der Seltsame erwiderte: Ich wollte die Gebeine der Könige von den Gebeinen der Knechte scheiden, aber siehe, sie gleichen einander in allem. Alexander sprach wieder: Ist es dein Wunsch, mir zu fol=gen? Ich will dich erheben und deinem Stamme zu neuer Größe verhelfen. Darauf schwieg der Jüngling. Da fragte Alexander: Was wäre sonst dein Begehren? Der aus dem Hause der Könige antwortete: Ich wünsche mir Leben ohne Tod, Jugend ohne Alter, Reichtum ohne Mangel, Freude ohne Kummer, Wohlbefinden ohne Krankheit. Da sprach der Mazedonierfürst: Ich habe mein Lebtag keinen ge=sehen, der so wäre wie dieser. Der Königssohn aber schied von Alexander und verließ nie mehr die Grabstätten der Toten.

42. DIE SPRECHENDEN BÄUME

In einem Briefe, den Alexander an seinen Lehrmeister Ari=stoteles aus Indien geschrieben hat, teilt er ihm folgende Begebenheit mit.

Als wir in das Land Kaphsiakon einzogen, es war die neunte Tagesstunde, da wehte ein heftiger, alles niederbeugender Wind, so daß wir uns auf unsern Füßen nicht halten konn=ten. Wir legten uns platt auf die Erde und warteten, bis der Sturm aufgehört hätte. Ich unterwarf das Land Kaphsiakon, welches eine Landschaft des indischen Reiches ist. Die Einwohner sagten zu mir: Wir haben dir etwas zu zeigen, was wunderbar und außerordentlich merkwürdig ist und von dir geschaut zu werden verdient. Komm mit uns, wir wollen dich Bäume sehen lassen, die wie Menschen der Rede mächtig sind. Und die Leute führten mich in einen Garten, und ich erblickte daselbst zwei Bäume, die Früchte trugen, wie sie in Ägypten unter dem Namen Morbithon bekannt sind. Auf dem Stamme des einen Baumes war die Sonne abgebildet, und das war ein männlicher Baum; auf dem Stamme des zweiten Baumes war der Mond abgebildet, und das war ein weiblicher Baum. Der männliche Baum wurde Schemesch benannt, den weiblichen nannte man Jareach. Als ich den Garten betrat, riefen die Bäume: Tod, Tod! Eine Furcht tut sich kund! Hernach ertönten aus dem Sonnenbaume Worte in indischer Sprache, und die Einwohner mochten mir die Rede nicht deuten, da sie vor mir Angst hatten. Ich schwur ihnen aber, daß ich ihnen nichts Böses tun würde, und sie sagten zu mir: Der Baum verkündet dir, Alexander, daß du in Bälde von der Hand deiner Mannen und Freunde fallen wirst. Da ward der Mond sichtbar, ich kniete vor den Bäumen nieder, betete und fragte, ob es mir noch beschieden sei, meine Mutter und meine Anverwandten in Mazedonien wiederzusehen? Darauf kam aus dem weiblichen Baume eine Stimme, die in griechischer Sprache sagte: Dir sei hiermit kund, daß du in Babel von der Hand eines dir Befreundeten den Tod empfangen und weder deine Mutter noch dein Heimatland je wiedersehen wirst. Des andern Tages, als die Sonne aufging, kam ich wieder an dieselbe Stätte, betete und fragte, ob denn die Tage meines Lebens bald zu Ende seien? Hierauf antworteten beide Bäume: Deine Jahre sind abgelaufen, und deine Tage sind vollendet; du wirst in Babel den Tod erleiden, und nach deinem Tode wird dein Geschlecht erlöschen. Frage nicht weiter, denn dir wird keine Antwort.

43. ARISTOTELES' BEKEHRUNG

Folgendes Schreiben sandte der Weise Aristoteles an seinen königlichen Schüler Alexander:
Gelobt der Herr, der die Blinden erleuchtet und den Irrenden den Weg weist. Preis und Ruhm gebührt ihm, der an mir Gnade getan und mich von der Torheit befreit hat, in der ich mein Leben lang befangen war. Ich trieb die Lehre vom Wesen aller Dinge und wähnte alles mit dem Verstande zu erfassen; ohne Zahl sind die Bücher, die ich darüber geschrieben habe, die aber, die darin lesen, muß es schütteln. Aber nun traf ich, da ich alt wurde, mit einem Weisen, einem Sohne Judas, zusammen, und der lenkte mich mit starker Hand und wies mich auf die Schrift, das Erbteil seines Volkes vom Berge Sinai. Er fesselte mein Herz durch die Worte seiner Lehre, indem er mir die wahren Wunder und Zeichen kundtat, die im heiligen Namen vollbracht worden sind, und die man mit den Sinnen wahrnehmen kann. Ich aber, ein Tor und Nichtswissender, ahnte bislang nicht, daß die Mehrzahl der Dinge da liegt, wo man mit dem Verstande nicht mehr hinreicht. Wie ich mich aber besann und meine Kraft zusammennahm, um das Gesetz der Juden zu erforschen, sah ich, daß es auf festen Grundlagen ruht, nicht wie die Philosophie, die vielgeehrte.
Und nun, mein herzlieber Zögling Alexander, du großer Fürst, mögen meine Schriften dich nicht irreleiten und auch deine Freunde, die Weisen, nicht unsicher machen. Könnte ich alle Bücher, die ich verfaßt habe, und die in alle Enden der Welt zerstreut worden sind, beisammen haben, ich würde sie den Flammen übergeben, auf daß auch nicht eins

den Mächtigen zu Gesicht käme und durch sie der Verwirrung noch mehr würde. Denn ich weiß, daß ich von Gott schwere Strafen zu gewärtigen habe, weil ich gefehlt und andrer Fehl verschuldet habe.

Also will ich dich, mein Sohn Alexander, und alle, die nach mir kommen werden, wissen lassen, daß das, was wir mit der Vernunft begriffen zu haben glauben, trüglich ist, und nur die Macht dessen, der höher ist als die Höchsten, in Wahrheit besteht. Mein Unglück wollte, daß meine Werke im ganzen Abendland Verbreitung fanden. Hiermit verkünde ich aber offen und klar, daß es unrecht ist, sie zu lesen und in ihnen zu forschen, denn die ganze Kunst des Denkens ist etwas Sündhaftes, und Philosophie ist ein leerer Wahn. Nun aber fühle ich mich rein vor Gott, denn ich habe ohne Wissen geirrt. Weh jedoch denen, die meinen Lehren nachgehen; sie betreten damit den Weg des Verderbens. Wisse, Alexander, daß nicht nur der erwähnte judäische Mann mich auf die Gefahren der Philosophie hingewiesen hat; davon spricht schon König Salomo in seinen Gleichnissen. Er sagte: ›Daß du nicht geratest an ein fremdes Weib‹* – er meinte damit die Afterweisheit. ›Laß dein Herz nicht weichen auf ihren Weg, denn wer zu ihr einkehrt, kommt nicht heil heraus.‹ Wehe den Augen, die Falsches geschaut! Wehe den Ohren, die Falsches gehört! Wehe mir, wehe mir! Ich habe mein Leben mit Dingen zugebracht, die nur schädlich sind und niemand frommen, die nur herabziehen und nicht erheben.

Du, Alexander, sagst, ich müßte mich freuen, daß mein Name als Verfasser vieler Werke unter allen Völkern bekannt ist, und daß meiner in alle Ewigkeit gedacht werden wird. Mir wäre es aber lieber, in den Büchern der Juden einen Platz zu haben, als im Schrifttum der Heiden zu glänzen. Ich zöge den Tod solchem Ruhme vor. Denn wer

* Sprüche 2, 16

einen Zipfel der Thora erfaßt hat, geht dem Licht entgegen, wer sich aber der Philosophie weiht, fährt in die Grube. Ich habe die Strafe für alles zu tragen.
Ich habe dir, Alexander, bislang das alles verschwiegen, weil ich deinen Grimm fürchtete. Nun aber offenbare ichs dir, denn ich weiß, daß ich, ehe dieses Schreiben zu dir gelangt, tot in der Erde ruhen werde. Und so lasse sich Alexander, der große König, den Friedensgruß entbieten von seinem Lehrer Aristoteles, der in die ewige Heimat zieht.

44. DIE KLAGE DER MUTTER

Nachdem Alexander in Babylon entschlafen war, wurde der goldene Schrein mit seiner Leiche nach der Stadt Alexandria, im Lande No Amon, woselbst seine Mutter weilte, gebracht. Als der Sarg vor der Königin niedergestellt wurde, deckte sie das Antlitz des Toten auf und sprach: Staunt des Anblickes! Einer, dessen Weisheit bis zum Himmel drang, dessen Herrschaft sich auf die entlegensten Teile der Erde erstreckte, dem alle Könige aus Furcht die Hand reichten, liegt jetzt in Schlaf versunken, und ihm ist kein Erwachen; er schweigt und spricht nimmer, und es tragen ihn auf ihren Händen, die ihn bei seinen Lebzeiten nicht hätten sehen dürfen. Wer wird mich nun zurechtweisen, daß ich zurechtgewiesen werde, wer wird mich mit Worten züchtigen, daß ich gezüchtigt werde, wer wird mich trösten, daß ich getröstet werde, wer wird mich beruhigen, daß ich beruhigt werde, wer wird mich ermahnen, daß ich ermahnt werde, wer wird mich belehren, daß ich belehrt werde? Aber wüßte ich nicht, daß ich ihm auf dem Wege, den er gegangen ist, bald folgen werde, ich würde weinen und ein Jammergeschrei erheben. So möge denn Friede sein mit dir, Alexander; mit dir, der du gelebt hast und nun tot bist! Du warst von den Lebenden der Beste und bist von den Toten der Trefflichste. Bei diesen Worten der Königin weinten die Klageweiber, die sie umstanden. Die eine sprach: Nun ruht Alexander für immer, und das bringt unser Inneres in Bewegung. Ein zweites Klageweib rief: Der König ist verstummt; so öffnen sich unsre Lippen zur Klage. Eine dritte sagte: Ein großer Lehrmeister war Alexander, als er noch lebte; nun redet er durch seinen Tod lauter denn je. Eine vierte sprach: Es ist genug des Unglücks! Gestern noch reichte deine Macht, Alexander, bis an das Weltende hin, und heute wird dein Befehl nicht mehr gehört.

45. JUDITH

Als der König Seleukos Jerusalem belagerte, zogen die Israeliten Säcke an und fasteten. Es war aber dort zudann eine sehr schöne Jungfrau, namens Judith, die Tochter Achitows, und diese betete täglich vor Gott, indem sie ihren Leib mit einem Sack bedeckte und Asche auf ihr Haupt streute. Da gab der Herr ihrem Herzen einen Gedanken ein, durch den ein Wunder vollbracht werden sollte. Sie ging zu den Torwächtern und sprach zu ihnen: Macht mir auf! Möglich, daß durch meine Hand Wundersames geschehen wird. Die Wachen antworteten: Ob du nur nicht anderes im Sinne hast! Die Jungfrau sprach: Bewahre! Da öffneten die Wächter die Tore, und sie schritt in das Lager Seleukos' mit ihrer Magd. Sie sagte zu den Dienern des Königs: Ich habe ein geheimes Anliegen an euren Herrn. Und die Leibwächter meldeten: Ein schönes Mädchen ist aus Jerusalem gekommen und sagt, sie habe etwas Geheimes dem König zu übermitteln. Darauf sprach Seleukos: Sie möge hereinkommen.

Also trat die Jungfrau vor den König und kniete vor ihm nieder. Der König sprach zu ihr: Was führt dich hierher? Das Mädchen erwiderte: Mein Herr und König! Ich bin aus einem vornehmen Geschlechte zu Jerusalem. Meine Brüder und meines Vaters Anverwandte waren Fürsten und Hohepriester. Ich habe nun gehört, das Ende dieser Stadt sei nahe, und sie solle durch deine Hand fallen. Darum habe ich mich beeilt, hierherzukommen, um Gnade von dir zu erbitten.

Als der König die Schönheit des Mädchens sah und ihre Rede hörte, fand sie Gunst vor seinen Augen, und er freute sich der Nachricht, die sie ihm überbracht hatte. Er befahl seinen Knechten, ein großes Mahl zu bereiten. Während diese damit beschäftigt waren, hieß er seine Hofleute ihn verlassen. Als er aber mit der Jungfrau allein blieb, verlangte er von ihr Unerlaubtes. Das Mädchen erwiderte: Mein Herr und König, bin ich doch selber hierhergekommen, nur um dir zu Willen zu sein; aber zur Stunde ist es mir verboten, denn noch währt meine Unreinheit; diese Nacht will ich mich reinigen. Darum bitte ich den König, einen Befehl zu geben, daß niemand, der ein Weib mit ihrer Magd zur Quelle gehen sieht, sie behellige. Wenn sie dann zurückkehrt, so ist sie in des Königs Händen, und er tue an ihr, wie es ihm wohlgefällt.

Das gewährte ihr der Bösewicht. Er lud zum Feste alle aus seiner Sippe, sowie seine Hofleute und Knechte, und sie aßen mit ihm, waren fröhlich und betranken sich am Wein. Als die Tischgenossen sahen, daß der König mit dem Kopfe zu nicken anfing, sagten sie: Wir wollen hinausgehen, denn er will mit der Ebräerin allein sein. Und sie standen auf, und der König blieb allein mit der Jungfrau und mit ihrer Magd. Da nahmen die beiden Frauen ein Schwert und hieben dem Seleukos das Haupt ab. Alsdann verließen sie den Raum und nahmen den Kopf mit. Als sie hinausgingen, wurden sie von den Wachen bemerkt. Aber einer sprach zum andern: Keiner rühre sie an, denn so hat der König geboten.

Also gingen die Frauen weiter und kamen vor die Tore Jerusalems um Mitternacht. Judith sprach zu den Wächtern: Öffnet uns, die Rettung ist bereits erfolgt. Da antworteten ihr die Wächter: Nicht genug, daß du Sünde getan hast, willst du noch Israels Blut preisgeben? Darauf beschwor das Mädchen ihre Aussage. Sie glaubten ihr aber immer noch nicht, bis sie ihnen das Haupt des Seleukos zeigte. Da sahen sie, daß sie die Wahrheit gesprochen hatte, und öffneten ihr das Tor.

Tags darauf zogen die Israeliten aus und überfielen die Heere Seleukos'. Sie töteten viele Feinde und vernichteten sie. Die Übriggebliebenen ließen ihre Pferde und ihre Habe zurück und flohen, und Israel erbeutete alles.

Der Tag aber, an dem Judith den Seleukos getötet hatte, wurde zu einem Feiertage erhoben.

46. DIE HASMONÄERBRAUT

Als die Griechen zur Zeit Antiochus Epiphanes' sahen, daß all ihr Bemühen, Israel den Bräuchen seiner Väter abwendig zu machen, nichts nützte, erließen sie ein neues Gesetz, das noch schwerer und härter war als die vorigen; danach sollte jede neuvermählte Jungfrau die erste Nacht von dem Statthalter des Ortes beschlafen werden. Wie das die Kinder Israel vernahmen, wurden sie mutlos, ihre Widerstandskraft war dahin, und die Jünglinge ließen davon ab, sich mit den Mädchen zu verloben. So wurden die Töchter Israels alt und welk, und es ging an ihnen in Erfüllung, was da geschrieben steht: ›Ihre Jungfrauen jammern, und Jerusalem ist betrübt um sie.‹* Die Griechen aber trieben ihren Mutwillen an den Töchtern Israels. Diese Ordnung währte Jahre und Monate, bis sich der Fall mit der Tochter des Hohenpriesters Matathia ereignete, die

* Klagelieder 1, 4

den Hasmonäersohn Eleasar heiraten sollte. Als ihr Freudentag kam, setzte man sie in die Brautsänfte. Alle Vornehmen Israels waren zu dem Feste erschienen zu Ehren der Häuser Matathias und der Hasmonäer, die die größten ihrer Zeit waren. Wie sie sich aber zum Mahle setzten, da stand Hanna, die Tochter Matathias, von ihrem Stuhl auf, schlug die Hände aneinander und riß ihr Purpurkleid vom Leibe, so daß sie nackend stehen blieb vor allem Volk, vor ihrem Vater, ihren Brüdern und ihrem Schwäher. Als das ihre Brüder sahen, schämten sie sich und senkten ihre Blicke zu Boden; alsdann erhoben sie sich wider ihre Schwester und wollten sie töten.

Da sprach die Jungfrau: Hört zu, meine Brüder und ihr meine Freunde; darob, daß ich, wiewohl sonst ohne Sünde, vor diese Gerechten mich nackend hingestellt habe, ereifert ihr euch so sehr; daß ich aber einem Unbeschnittenen, der seine Lust an mir stille, zugeführt werden soll, darüber geratet ihr nicht in Eifer. Lernen solltet ihr von Simeon und Levi, den Brüdern Dinas, die nur zwei waren, und deren Zorn über die Unehre ihrer Schwester dermaßen entbrannte, daß sie die Einwohner einer Stadt wie Sichem umbrachten. Sie haben für den einigen Gott ihr Leben eingesetzt, und der Herr half ihnen und hat sie nicht beschämt. Ihr aber seid euer fünf Brüder, Juda, Jochanan, Jonathan, Simeon und Eleasar, der jüngeren Priester könnt ihr zweihundert zählen; setzt euer Vertrauen auf Gott, und er wird euch beistehen, denn ihn kann niemand daran hindern zu helfen. Sie brach in Weinen aus und rief: Herr der Welt! Erbarmst du dich nicht unser, so erbarme dich deines heiligen Namens, der mit uns verbunden ist. Räche uns heutigestags!

In dieser Stunde loderte der Grimm ihrer Brüder auf, und sie sprachen: Wir wollen beratschlagen, was zu tun ist! Und sie faßten alsbald einen Entschluß und sagten: Laßt uns unsere Schwester vor den König führen und ihm

sagen: Unsere Schwester ist die Tochter des Hohenpriesters; keiner in ganz Israel ist größer als unser Vater, und so ziemt es sich nicht für seine Tochter, daß ein Statthalter ihr beiwohne, sondern der König selber müßte es sein. Alsdann wollen wir ihn überfallen und töten; nach ihm sollen seine Diener und Fürsten an die Reihe kommen; der Herr wird mit uns sein und wird uns siegen lassen.
Und wirklich ließ Gott die große Erlösung kommen; es wurde alsbald eine Stimme hörbar, die aus dem Allerheiligsten kam: Die Jünglinge haben in Antiochia den Sieg errungen!

47. MIRJAM UND IHRE SIEBEN SÖHNE

Mirjam, die Tochter Tanchums, wurde mit ihren sieben Söhnen gefangengenommen und vor den römischen Kaiser geführt. Der Kaiser sprach zu dem ältesten der sieben Söhne: Bete meinen Gott an. Der Jüngling erwiderte: Ich verleugne nicht den Heiligen, gelobt sei er, der zu uns gesprochen hat: Ich bin der Herr, dein Gott! Alsbald wurde der Jüngling hinausgeführt und getötet. Danach rief man den zweiten und sprach zu ihm: Bücke dich vor dem Götzen. Der Jüngling antwortete: Ich verrate nicht meinen Gott, der da gesagt hat: Du sollst keine andern Götter haben außer mir! Da wurde auch er getötet. Nach ihm wurde der dritte gerufen, und diesem wurde das gleiche befohlen. Der Jüngling gab zur Antwort: Ich lasse nicht von meinem Gott, der uns geboten hat: Du sollst die fremden Götter nicht anbeten! Und er wurde hingemordet. Darauf wurde der vierte vor den König beschieden und vernahm denselben Befehl. Er entgegnete: Ich werde meinem Herrn nicht untreu, der uns vermahnt hat: Du sollst vor einem fremden Gotte nicht niederfallen! Da wurde auch er geschlachtet. Nach ihm wurde der fünfte Sohn Mir=

jams dem Kaiser vorgeführt und gleichfalls aufgefordert, den Götzen anzubeten. Er versetzte: Sollte ich meinem Herrn abtrünnig werden, der uns gerufen hat: Höre, Israel, der Herr, dein Gott, ist der einige Gott! Und auch dieser wurde hingerichtet. Danach brachte man den sechsten der Brüder vor den Kaiser, und der Herrscher sprach zu ihm wie zu den vorigen. Da antwortete der Jüngling: Ich will mich von meinem Herrn nicht abwenden, von dem es in seiner Schrift heißt: Gott ist der Herr, und es ist keiner außer ihm! Also wurde auch dieser getötet.
Zuletzt holte man den jüngsten Sohn Mirjams, und der sollte vor dem Götzen knien. Da sprach der Knabe: Ich will meine Mutter um Rat fragen. Und er kehrte zu seiner Mutter zurück und sprach zu ihr: Was soll ich tun? Mirjam antwortete: Willst du, daß deine Brüder allein in dem Kreise weilen sollen, der um ihren Schöpfer ist, und du draußen stehenbleibest? Höre nicht auf den Gottlosen und sondere dich von deinen Brüdern nicht ab. Also kam der Knabe wieder vor den König, und dieser fragte: Willst du nun auf mich hören? Der Jüngling entgegnete: Ich weiche nicht von meinem Gott, der da gesprochen hat: Du hast es heute gewählt, daß ich dein Gott sei! Darauf sprach der Kaiser: Ich will meinen Ring, der das Bildnis unseres Abgottes trägt, auf die Erde werfen, bücke dich und heb ihn auf, damit es aussehe, als hättest du meinen Willen getan. Da antwortete der Jüngling: Wehe dir, du König! Was deiner Ehre zukommt, wird doch wohl der Ehre des Heiligen, gelobt sei er, gewißlich zukommen. Alsbald wurde er hinausgeführt und mit dem Tode bestraft. Seine Mutter sprach zu dem Kaiser: Laß mich meinen Sohn küssen. Das wurde ihr gestattet. Danach wandte sie sich an ihre getöteten Söhne und sprach zu ihnen: Sagt eurem Vater Abraham, sein Herz möge sich nicht überheben, weil er dem Himmel einen Sohn geopfert hat; denn ich hatte sie-

ben Söhne und habe sie alle geopfert. Hierauf stürzte sich Mirjam vom Dache hinunter und starb. Und eine himmlische Stimme erscholl: Der Kinder Mutter, sie ist fröhlich. Jedermann in Israel sei darauf bedacht, in der Furcht des Herrn zu verharren, auf daß er für würdig befunden werde, mit den Gerechten im Eden zu weilen.

48. DER TOD MARIAMNENS

Als Herodes aus Rom nach Jerusalem zurückgekehrt war, fand er sein Haus in einem verworrenen Zustande, denn Joseph, der Mann seiner Schwester Sulamith, wie der Tyrier Soemus, unter deren Obhut er sein Weib Mariamne zurückgelassen hatte, hatten ihr den geheimen Auftrag verraten, den er vor seiner Abreise gegeben hatte. Danach wäre es ihre Pflicht gewesen, falls Herodes nicht lebend zurückgekehrt wäre, Mariamne zu töten, damit sie nach seinem Tode keines andern Weib würde. Als das die Königin erfuhr, geriet sie in tiefe Betrübnis, und was ihr auch Herodes von der Größe und Herrlichkeit dessen, was er in Rom erlebt hatte, erzählte, sie wurde nicht froh, lächelte nicht und hörte ihm nicht zu; noch mehr, sie schmähte vor ihm seine Verwandtschaft. Herodes litt großen Schmerz, als er die feindliche Haltung seines Weibes merkte, denn er hatte sie über alles lieb.

Eines Tages fing Mariamne einen Streit mit Herodes' Schwester, Sulamith, an; sie sagte ihr beleidigende Worte und ließ abermals Schmähungen über das Geschlecht ihres Mannes fallen. Darauf begab sich Sulamith zu dem Könige und verleumdete Mariamne vor Herodes, indem sie sprach: Als der König in Rom bei Augustus war, schlief mein Mann Joseph bei der Königin Mariamne. Das wollte Herodes nicht glauben, denn er kannte die Keuschheit seiner Gattin seit gestern und ehegestern. Allein die Feindschaft, die ihm Mariamne entgegenbrachte, bewirkte es, daß er den Worten seiner Schwester doch einige Beachtung schenkte. Er ließ Mariamne rufen und sprach zu ihr: Was soll der Haß bedeuten, den du gegen mich ohne Grund hegst? Warum liebst du mich nicht mehr wie ehedem? Habe ich dich doch mehr lieb als alle Frauen, und wie ich dir einmal geschworen habe, hat sich seit dem Tage, da ich zu dir eingegangen bin, keine Lust zu einem andern Weibe in mir geregt. Mariamne erwiderte: Hättest du mich lieb, wie du behauptest, du wärest nicht mein Feind. Wer hat denn je gehört, daß man einen, den man liebt, hätte töten wollen? Wie konntest du an dem Tage, da du deine Reise zu Augustus antratest, Joseph aufgeben, mich umzubringen? Wie das der König vernahm, entsetzte er sich überaus; er ließ Mariamne aus der Umarmung, in der er sie gehalten hatte, und rief aus: Fürwahr, was ich eben gehört habe, ist mir ein Beweis, denn Joseph hätte meinen Befehl nie preisgegeben, wenn er ihr nicht beigewohnt hätte. Und der König verließ den Raum und schlief diese Nacht nicht in dem Gemach Mariamnens.

Als Sulamith sah, daß Herodes ihre Erzählung mit Glauben aufgenommen hatte, lockte sie einen von den Mundschenken des Königs durch Gold und Silber an und sprach zu ihm: Nimm dieses Gift, geh damit zum Könige und sage ihm: Deine Gemahlin Mariamne gab mir Gold und Silber und hieß mich, dir diesen Becher überbringen, indem sie sprach: Laßt den König davon trinken; es ist ein Liebestrank, der meinen Gemahl mir wieder geneigt machen soll. Der Kämmerer tat in allem, wie ihm Sulamith befohlen hatte. Da erschrak Herodes und sprach: Wo ist das Getränk? Der Diener reichte es ihm, und der König befahl, es einem Manne zu geben, der zum Tode verurteilt worden war. Der trank das Gift und starb alsogleich.

Hierauf gab Herodes Befehl, seine Gemahlin Mariamne,

den Mann seiner Schwester, Joseph, und den Tyrier Soemus gefangenzunehmen. Außerdem ließ er einen Kämmerer Mariamnens fesseln, damit der die Wahrheit über den Trank bekenne. Allein der Kämmerer sagte nichts aus. Er erzählte nur von dem Haß der Königin, der dadurch geweckt worden war, daß Joseph und Soemus ihr den geheimen Befehl des Königs verraten hatten. Daraufhin gebot der König, Joseph und Soemus, den Tyrier, zu töten. Die Königin aber hieß er gefangenhalten, bis das damalige Siebenzig-Ältesten-Gericht zusammentreten würde, das über sie das Urteil fällen sollte. Da kam aber Sulamith mit ihren Helfern vor den König und sprach: Wisse, daß, wenn Mariamne nur noch einen Tag am Leben bleibt, das Volk sich wider dich erheben wird. Die Anhänger der Königin werden von überall herkommen und werden sie ohne Krieg und Aufruhr nicht sterben lassen. Darauf sagte Herodes: Tut nach eurem Willen.

So wurde Mariamne auf den Richtplatz außerhalb der Stadt geschleppt. Ihre Mutter Alexandra kam herbei und schrie: Komm heraus, du Nichtswürdige, die du deinem Gatten ungehorsam warst. Und sie fluchte und schalt unter Weinen und Klagen. Sie sprach aber so nur aus List, um von Herodes nicht getötet zu werden und nachher eine Gelegenheit zu finden, an ihm Rache zu nehmen. Auch viele Weiber keiften und schimpften hinter Mariamne, weil sie sie für schuldig hielten. Mariamne aber antwortete mit keinem Worte und schritt dem Tode entgegen ohne Furcht und Angst, als ginge sie zu einem Feste. Ihr Antlitz hatte sich nicht verstellt, und ihr Gang war um nichts anders geworden, denn die Königin verachtete den Tod wie alle aus dem Geschlechte der Hasmonäer. So führte sie dem Volk die Hoheit und den Adel ihres Stammes vor Augen. Sie reckte ihren Hals dem Schwerte entgegen und ward getötet und zu ihren Vätern versammelt.

Mariamne war allen Frauen an Schönheit, Würde und Reinheit überlegen; auch in der Gottesfurcht war sie ihnen voran; allein die Demut kannte sie nicht, und sie fluchte ihrem Gemahl, als sie ihn Unrechtes tun sah. Doch ihre Schönheit, kein Mensch vermag die zu beschreiben!
Und der Herr säumte nicht mit der Rache für ihren Tod und schlug das Königshaus mit schwerer Seuche; es starben viele von den Knechten des Königs wie von den Streitern und Fürsten. Auch viele Städte Judäas wurden von der Krankheit heimgesucht. Da betete Israel und rief: Herr der Welt, wegen einer Seele laß nicht so viele aus deinem Volke umkommen. Darauf heilte Gott die Kranken, und der Plage ward gewehrt.
Herodes aber gereute es, daß er Mariamne hatte töten lassen, und sein Zorn wurde in Sehnsucht umgewandelt. Er trug ein Verlangen nach ihr und rief ihren Namen an, als stünde sie ihm gegenüber. Ihren Dienern wurde befohlen, für sie die Tafel herzurichten und einen Thron neben dem Könige aufzustellen, als wäre sie noch am Leben. Danach verfiel Herodes einer schweren Krankheit aus Liebe zu Mariamne und aus Begier nach ihr, denn er konnte das Feuer in seinem Innern nicht ertragen.
Als Alexandra sah, daß der König krank geworden war, sann sie darauf, ihn umzubringen. Herodes aber erfuhr von dem Anschlag und befahl, sie zu töten.

49. ARCHELAUS UND GLAPHYRA

Archelaus, der Sohn Herodes', erfuhr, daß sein Bruder Jowaw, der König Libyens, gestorben war, und nahm dessen Frau Glaphyra zum Weibe. Diese Glaphyra war aber vormals die Gemahlin Alexanders, gleichfalls eines Sohnes Herodes', gewesen, und als der von seinem Vater getötet worden war, wurde sie das Weib Jowaws. Nunmehr nahm sie Archelaus, als der, dem sie zukam, zum Weibe, denn sein Bruder Jowaw war gestorben, ohne einen Nachkommen in Israel hinterlassen zu haben. Von Alexander aber hatte Glaphyra Kinder. Und Archelaus brachte sie nach Jerusalem in sein Haus.

Da sah das Weib im Traume ihren ersten Mann Alexander vor sich stehen, und es verlangte sie danach, ihn zu umhalsen. Er aber stieß sie von sich und sprach zu ihr: Laß ab von mir und rühr mich nicht an; du solltest dich schämen, mich zu umarmen, wo du dich nach mir von Jowaw, dem Könige von Libyen, hast beschlafen lassen; doch nicht genug daran, hurst du noch mit meinem Bruder Archelaus und läßt mich meine Schande in meinem eigenen Hause schauen. Und er sprach weiter und schwur: So wahr Gott lebt, ich werde diese Schmach nicht mehr tragen und werde Rache nehmen an dir und an meinem Bruder Archelaus, der diese Nacht vor meinen Augen bei dir schlief und eine Ungeheuerlichkeit begangen hat, wie sie wider alles Gesetz ist.

Da erwachte das Weib und erzählte den Traum ihren Jungfrauen. Zwei Tage nur lebte noch Glaphyra nach diesem Traum und starb und ward den Entschlafenen zugesellt – zwei Tage, nachdem sie den Traum gesehen hatte.

Aber auch Archelaus hatte nach ihrem Tode ein Gesicht. Er sah neun volle und gute Ähren aus einem Halme wachsen; als er aber später hinblickte, stand ein großer Stier vor den Ähren, leckte mit der Zunge an ihnen und verschlang sie alle. Archelaus erwachte von seinem Schlaf und erzählte den Traum einem Wahrsager, damit er ihn deute. Die neun Ähren, sprach der Weise, sind neun Jahre, das sind die Jahre deiner Herrschaft, die nun vorbei sind; der Ochse aber, der die Ähren gefressen hat, ist der Kaiser von Rom, der dein Reich in diesem Jahr von dir nehmen wird.

Und wie fünf Tage nach diesem Traum vergangen waren,

kam das römische Heer über Archelaus, und der Feldherr der Römer legte ihn in Ketten und verschickte ihn nach Rom. Daselbst starb Archelaus.

50. PAULINA ODER DER FREVEL IM TEMPEL

Wir wollen hier eine der Greueltaten erzählen, die sich zur Zeit des Kaisers Tiberius zugetragen hat.
Es lebte damals in Rom ein Weib, namens Paulina, schön von Angesicht und von Gestalt, voller Anmut und Reiz. Wer sie nur sah, ließ seine Arbeit stehen und schaute ihr nach, und viele begehrten, ihr beizuwohnen. Aber dieses gelang keinem, denn sie war keusch und war eines Mannes Eheweib.
Paulina pflegte oft in den Tempel zu gehen; da sah sie einmal ein Jüngling, namens Mundus, welcher Oberreiter bei Tiberius war, und er entbrannte in feuriger Liebe zu dem schönen Weibe. Er trug ihr an, bei ihr ruhen zu dürfen, und bot ihr zwanzigtausend Drachmen Gold dafür. Aber das Weib weigerte sich, ihm Gehör zu schenken, und erzählte alles ihrem Manne.
Als nun Mundus sah, daß sie auf ihn nicht hören wollte, ging er zu dem Priester, der über den Tempel in Rom gesetzt war. Zu der Zeit waren im Tempel zwei Götterbilder, Osiris und Anubis, aufgestellt, und letzterer war im Volke am meisten geachtet. Nun begab sich der Jüngling zu dem Priester und brachte ihm zehntausend Drachmen Gold, damit er das Weib überrede und sie in den Tempel bringe. Der Priester ging zu dem Weibe und erzählte ihr folgendes: Also sprach Anubis, der große Gott: Komm nach meinem Tempel und schlafe vor meinem Altar, ich will in der Nacht aufstehen und dir geheime Dinge offenbaren, denn ich liebe dich, und du sollst meine Prophetin sein.
Da freute sich das Weib gar sehr und erzählte es ihrem

Manne. Jener sagte: Wer darf einem Gotte einen Wunsch verweigern?
Also ging Paulina abends nach dem Tempel; die Dienerinnen machten ihr vor dem Altar ein Lager zurecht, und das Weib legte sich hin; darauf entfernten sich die Mägde, denn so hatte es der Priester befohlen. Als das Weib allein geblieben war, trat der Jüngling in Gestalt des Gottes Anubis hinter dem Altar hervor, schlüpfte unter ihre Decke und warf sich mit einem gierigen Kuß auf das Weib. Da erwachte Paulina und fragte: Wer bist du? Mundus erwiderte: Ich bin Anubis, der Gott, und bin zu dir gekommen, weil ich dich liebhabe. Darauf sprach das Weib: Wenn du ein Gott bist, wieso kannst du ein Weib begehren? Kann denn ein Gott bei einem Weibe schlafen? Der Jüngling antwortete: Wohl kann ein Gott zu einem Weibe eingehen; so hat ein schönes Weib wie du von einem Gott den Jupiter geboren, und viele andre Frauen haben von Göttern empfangen. Da glaubte ihm Paulina und sprach: Selig bin ich unter den Töchtern, daß mich ein Gott liebt. Und sie versagte ihm nicht mehr, worum er sie gebeten hatte, und er schlief bei ihr die ganze Nacht.
Des Morgens ging das Weib erfreut in ihr Haus und erzählte ihrem Manne alles, was sich mit ihr im Tempel begeben hatte. Ihr Mann war gleichfalls froh darüber und sagte: Wohl uns, daß uns Gott erwählt hat. Auch die andern Frauen priesen Paulina glücklich und sprachen: Selig bist du, daß du dich einem Gotte vermählen durftest.
Danach geschah es, daß Mundus zu Paulina kam und zu ihr sprach: Dein Teil war, daß du dich Anubis, dem großen Gotte, hingeben konntest. Aber siehe nunmehr, wie du dem Gotte seine Bitte nicht abgeschlagen hast, so darfst du sie einem Menschen nicht abschlagen, und wie du dein Geheimstes einem Gotte nicht versagt hast, so versage es auch nicht einem Menschen. Wisse denn, der große Gott

gab mir, was du zu geben dich geweigert hast. Er, dessen Name Anubis ist, brachte dich in den Tempel und ließ mich meine Lust an dir stillen. Du wolltest mir nicht zu Willen sein und wolltest nicht die zwanzigtausend Drach=men nehmen, die ich dir gebracht hatte, und siehe, die Götter erfüllten mir meinen Wunsch umsonst und ohne Geld. Wo mein Name Mundus war, wolltest du auf mich nicht hören, als ich ihn aber in Anubis änderte, gehorch=test du mir. Paulina, entnimm nun die Lehre aus diesem Fall und sei auch hinfort mein.

Da ward Paulina sehr betrübt, daß sie verunehrt worden war. Sie ging hin und erzählte es ihrem Manne; dieser aber konnte sie nicht strafen, denn sie war mit seinem Wissen in den Tempel gegangen.

Als der Kaiser Tiberius das alles erfahren hatte, ließ er die Priester töten, den Tempel zerstören und die Götzenbilder im Tiber ertränken. Dem Mundus aber tat er nichts, denn er sprach: Die Liebe ließ ihn alles vergessen, und die Lei=denschaft wurde über ihn Herr. Und er bestrafte den Jüng=ling durch Verbannung.

51. DIE MAGD UND DER SOHN DES PRIESTERS

Der samaritanische Priester Nathanael hatte einen Sohn, der hieß Bahaam; auch hatte er eine Magd, die hieß Sul. Da erhob die Magd ihre Augen zu Bahaam, dem Sohne ihres Herrn; sie hatte ihre Lust zu ihm und liebte ihn gar sehr. Und die Magd sprach zu ihm: Schlafe bei mir. Ba=haam aber weigerte sich und sagte: Wie sollte ich denn solch ein Übel tun und wider Gott sündigen, wo ich heili=gen Samens bin? Die Liebe der Magd war sehr groß. Der Jüngling aber wandte sich ihr nicht zu; sein Sinn war allein auf das Gebet, die Lobgesänge und Hymnen gerichtet, und er las immer in der Heiligen Schrift.

Da sann die Dirne Böses gegen Bahaam. Sie ging zu einem Magier, der hieß Simon und wohnte in der Stadt Tabalin. Sie sprach zu ihm: Mein Herr Nathanael schickt mich zu dir; er will dich belohnen und wünscht von dir, du sollst seinen Sohn töten, der eigenwillig und ungehorsam ist. Er will ihn im stillen umgebracht wissen, denn er kann wegen seiner Bosheit sein Gesicht nicht mehr sehen. Hier sind zwölf Golddinare, die er dir schickt; geh hin, beeile dich und führe das aus, aber geheim, nicht offenkundig.
Dem Magier ward es eigen zumute, denn er glaubte nicht recht den Worten der Magd. Ihr aber antwortete er: Allem, was uns Nathanael befiehlt, wollen wir gehorchen und es befolgen. Darauf sprach Simon zu dem Fürsten der Totengeister: Geh zu dem Sohne Nathanaels und greife seine Seele; laß aber seinen Odem ihn nicht eher verlassen, als bis wir seinen Vater gesehen haben. Vielleicht bereut es dieser, daß er seinen Sohn hat umbringen lassen, und will ihn wieder lebendig sehen; dann können wir ihm seine Seele wiedergeben. Möglich ist es auch, daß die Magd selbst den Auftrag erdacht hat und Nathanael darum nicht weiß.
Da ging der Fürst der Totengeister zu dem Sohne Nathanaels, wie ihm Simon befohlen hatte, und fand ihn gerade dabei, wie er Erstlinge verzehrte.* So konnte er ihm nicht nahen. Er kehrte zu Simon dem Magier zurück und sagte: Ich kann ihn nicht berühren, denn er ist heilig und, siehe, ich fand ihn auch dabei, wie er Heiliges aß. Da sprach Simon: Geh wieder zu ihm und bleib bei ihm, bis er die heilige Speise zu Ende genossen hat; alsdann greif ihn. Der Totengeist kam abermals vor Bahaam; als dieser aber das Essen beendigt hatte, stellte er sich zum Gebet hin. So kehrte der Geist wieder zu Simon zurück und sagte: Ich habe keine Gewalt über ihn, denn als er mit seinem Mahle fertig geworden war, fing er an zu beten; alsdann legte er

* Eine weihevolle Handlung

sich schlafen und ruhte in Reinheit; was soll ich nunmehr tun? Er wird die ganze Nacht rein bleiben, und wenn er aufgestanden ist, kehrt er, wie es seine Gewohnheit ist, dazu zurück, Gebete herzusagen, Loblieder zu singen und in der Schrift zu lesen. Wie soll ich da in seine Nähe kommen und ihn schädigen? Da sprach Simon der Magier: Hab acht auf ihn, vielleicht verunreinigt er in der Nacht sein Lager. Das tat der Fürst; und wirklich widerfuhr dem Bahaam ein nächtliches Geschehen. Da ergriff der Totengeist seine Seele, und Bahaam lag von da ab wie ein Toter.
Der Priester Nathanael und seine Freunde standen des Morgens auf, und siehe, Bahaam war tot. Da erhoben sie ein lautes, bitteres Geschrei. Als die Gemeinde ihr Jammern hörte, kamen sie in den Hof Nathanaels und weinten gleichfalls. Alsdann kam auch Simon der Magier in das Haus des Priesters und fand ihn in großer Trauer, laut schreiend und wehklagend. Er näherte sich ihm und sprach mit ihm leise: Sei mir gnädig, mein Herr, ich sehe dich um deinen Sohn trauern und weinen; warum hast du deine Magd Sul geschickt, daß man ihn töte? Ich bin voll Verwunderung darüber; wo du aber deinen Sohn lebendig sehen willst, so kann ich das vollbringen. Nathanael erwiderte: Steht es in deiner Macht, meinem Sohn das Leben wiederzugeben, so beeile dich und tu das. Alsbald stellte sich Simon dem Toten zu Häupten und sagte einige Worte vor sich hin. Da richtete sich Bahaam auf, stand auf seinen Füßen und wußte nichts von dem, was mit ihm geschehen war.
An demselben Tage führte Nathanael seine Magd hinaus und schlug sie hart, bis sie vor den Augen der Gemeindeältesten bekannte, was sie mit dem Sohne Nathanaels und Simon dem Magier getan hatte. Danach befahl der Priester, sie hinzurichten, und sie wurde getötet vor den Augen der Zeugen, die sie hatten sprechen hören.

Simon der Magier aber schämte sich vor Nathanael und verzog nach der Stadt Armina.

52. DIE MÄRTYRER AUS LUD

Einst wurde in Rom die Tochter des Königs tot aufgefunden, und man wußte nicht, wer an dem Tode schuldig war. Die Heiden sprachen: Wer kann das getan haben? Doch niemand sonst als die Israeliten, die unsere Feinde sind. Und sie bestimmten, daß ganz Israel ausgerottet werden sollte.

Zu derselben Zeit wohnten in Lud zwei Brüder, und diese ergriff der Eifer des Herrn, daß sie beschlossen, ihr Leben dem Ruhme des Heiligen, gelobt sei er, zu opfern und sich hinschlachten zu lassen. Sie kamen vor die Heiden und sprachen: Warum habt ihr über ganz Israel den Tod verhängt? Wir zwei haben allein diese Untat begangen und haben die Königstochter getötet. Alsbald wurde die Strafe dem Volke erlassen, und die zwei Brüder wurden festgenommen. Was geschah ihnen? Sie wurden hart gepeinigt, und jeden Tag schnitt man ihnen ein andres Glied ab, auf daß ihre Seele langsam abstürbe.

Dafür aber, daß sie solch eine Tat vollbracht haben und von sich sprachen: Es ist besser, daß zwei sterben und Israel gerettet werde – lehrten unsere Weisen von ihnen: Die Märtyrer von Lud, kein Geschöpf ist es wert, in ihrer Nähe im Eden zu weilen.

DRITTES BUCH:
AUS DEM REICHE DER MÜNDLICHEN LEHRE

53. DIE BETER

Ein frommer Mann stand da und betete. Da kam eine Schlange, kroch über die Füße des Andächtigen, und der unterbrach sein Gebet nicht. Seine Schüler fragten ihn: Herr, bist du es nicht gewahr geworden, daß eine Schlange dich berührt hat? Der Fromme erwiderte: Unheil komme über mich, wenn ich etwas gemerkt habe.

Ein frommer Mann stand da und übte Andacht vor dem Herrn. Da ging der König an ihm vorüber, er aber betete weiter. Als der Fromme sein Gebet beendet hatte, sagte der König zu ihm: Von Euch heißt es, daß Ihr demütig seid; Euch müßte man aber vielmehr hochmütig nennen. Darauf erwiderte der fromme Mann: Wäre ich unterwegs oder säße ich daheim und eilte ich, wenn ich dich erblickt hätte, zu deiner Begrüßung nicht entgegen, du hättest mir zürnen dürfen. Nun aber verrichtete ich mein Gebet, und unser Gesetz befiehlt und sagt: Wer sich zum Beten hingestellt hat – mag auch der König an ihm vorbeigehen und nach seinem Wohlergehen fragen, er darf ihm nicht antworten; mag ihn auch eine Schlange in die Ferse stechen, er darf das Gebet nicht unterbrechen.
Als der König das vernahm, wurde er versöhnt und entließ den frommen Mann in Frieden.

54. VON DER REDLICHKEIT DER MEISTER

Es heißt in der Schrift: ›Wisse, daß der Herr, dein Gott, ein verläßlicher Gott ist.‹ Unsere Weisen sprachen: Wenn schon unter den Sterblichen Treue vorkommt, wie muß da die Treue des Ewigen sein!

Der Weise Simeon ben Schatach, der Bruder der Hasmonäerkönigin Salome, kaufte einst einen Esel von einem Ismaeliter. Da fanden die Schüler des Meisters einen edlen Stein am Halse des Tieres. Sie sprachen zu dem Lehrer: ›Herr, Gottes Segen macht reich.‹ Simeon aber antwortete ihnen: Ich habe einen Esel erworben, einen Edelstein aber nicht miterworben. Und er machte sich auf und trug den Stein zum Ismaeliter. Da rief der Heide aus: Gelobt sei der Herr, der Gott Israels, der Gott Simeons, des Sohnes Schatachs!

Wie nun der Mensch hier die Treue wahrte, so wird sie der Herr Israel wahren und wird seinem Volke das Gute vergelten, das es tut.

Der Fromme Pinehas, der Sohn Jaïrs, wohnte in einer Stadt im Süden. Eines Tages kamen Fremde in seine Gegend, um ihr Brot zu suchen, und ließen bei ihm zwei Maß Gerste zum Verwahren zurück. Danach zogen sie ihres Weges weiter und vergaßen das Pfand. R. Pinehas aber säte die Gerste auf ein Feld, erntete sie und sammelte den Ertrag in einer Scheune. So verfuhr er sieben Jahre nacheinander. Da kamen die Gesellen von damals und forderten ihre zwei Maß Körner von Pinehas zurück. Alsbald erkannte sie der Fromme, öffnete die Scheune und sprach: Kommt, holt euch euren Besitz!

55. DER GEHEILTE JÜNGLING

Wer die Wahrheit spricht, wird auch sonst nicht straucheln.

In alten Zeiten lebte ein Jüngling, Abkömmling vornehmer und weiser Geschlechter, der, seine Herkunft vergessend, von einer frevlen Neigung sich treiben ließ und zum Spießgesellen der Diebe und Räuber wurde, daß er jene im Stehlen übertraf. Da, eines Tages, wurde dennoch der Geist Gottes in ihm rege und gemahnte ihn an seines Vaters und seiner Mutter hehre Abkunft, daß er sein bisheriges Tun zu bereuen anfing. Er ging zu dem Weisen Simeon ben Schatach, weinte vor ihm und sprach: Mein Herr, mein Vater, ich will meinen Wandel bessern. Darauf erwiderte der Weise: Mein Sohn, weine nicht und gräme dich nicht; es ist mir ein leichtes, dir zu helfen und deine Krankheit zu heilen; es bedarf dazu nicht mehr, als daß du dich allezeit des Lügens enthaltest, und deine Seele wird dem Verderben entrinnen. Da sagte der Jüngling: Du hast mir ein Geringes auferlegt; was du befohlen hast, das will ich treu befolgen. Der Weise sprach: Schwöre es mir. Und der Jüngling schwur Gehorsam und ging in seine Hütte.

Da begab es sich eines Tages, daß die Nachbarin des Burschen ins Badehaus ging. Alsbald ergriff den Jüngling seine frühere Lust; er stahl alles aus ihrem Hause, ihre Gewänder, ihre Gold- und Silbergeräte und ließ darin nichts übrig. Als er aber im Hinausgehen war, sprach er bei sich: Wenn das Weib zurückkommt und ihrer Habe wegen ein Geschrei erhebt, wie werde ich ihr da Rede stehen können? Sage ich: Ich bin rein und bin ohne Schuld, so ist meine Antwort Lüge und Betrug, und was wird aus meinem Schwur?

Und er trug, was er genommen hatte, alsogleich zurück und begriff den weisen Rat des Simeon ben Schatach.

56. DAS STRAFGERICHT ÜBER DIE ACHTZIG HEXEN

Einem frommen Manne wurde im Traume gesagt: Begib dich zu Simeon, dem Sohne Schatachs, und sage ihm, daß eine schwere Strafe seiner harrt, weil er die Hexen des Landes nicht ausgerottet hat. Er hat vormals gelobt, sie, sobald er Oberhaupt des Lehrhauses würde, alle zu vertilgen, und nun ist er Oberhaupt geworden und hat ihnen nichts getan; ihrer achtzig hausen in einer Höhle bei Askalon, und von da aus verbreiten sie Verderben. Da sprach der fromme Mann: Wie, wenn Simeon mir aber mit Unglauben begegnet? Das Gesicht erwiderte: Glaubt er dir nicht, so mache ihm dieses Zeichen vor. Zieh vor ihm deinen Augapfel aus der Augenhöhle, danach setz ihn wieder ein; das Auge wird sehend bleiben.

Da ging der fromme Mann zu dem Lehrer Simeon, dem Sohne Schatachs, überbrachte ihm den Auftrag und wollte vor ihm die Wundertat ausführen, die er gelehrt worden war. Allein der Weise wehrte ab und sprach: Ich glaube dir in allem; ich habe im Herzen die Absicht wohl gehegt, die Hexen zu richten, mit den Lippen jedoch kein Gelübde ausgesprochen.

Hierauf machte sich der Lehrer an einem stürmisch regnerischen Tage auf und nahm achtzig Jünger mit sich. Er gab einem jeden von ihnen reine Gewänder mit, die sollten sie in große Töpfe tun und dic Töpfe als Hüte auf ihren Häuptern tragen, damit die Kleider nicht naß würden. Simeon ben Schatach sprach zu den Schülern: Wenn ihr mich einmal pfeifen hört, so hüllt euch in die Gewänder; hört ihr mich zum zweiten Male pfeifen, so dringt mir nach in die Höhle. Ein jeder von euch umfasse eine Hexe und hebe sie hoch von der Erde; kann eine Hexe nicht mehr auf dem Boden stehen, so ist ihre Kraft dahin. Und Simeon stellte sich vor den Eingang zur Höhle und rief: Ihr Dirnen, macht mir auf, ich bin eures Schlages. Die Hexen öffneten ihm die Tür, und der Lehrer kam in die Höhle. Sie fragten ihn: Du kommst an einem solchen Tage, und deine Kleider sind trocken und vom Regen nicht durchnäßt. Der Weise antwortete: Ich habe meinen Weg zwischen den Regentropfen genommen. Die Hexen fragten weiter: Und was hast du bei uns vor? Simeon erwiderte: Ich will von euch lernen und will euch lehren; eine jede von euch zeige, was sie kann. Da sagte die eine Hexe einen Spruch und zauberte Brot herzu; die andere sagte ihren Spruch, und Wein kam auf den Tisch; die dritte schaffte durch ihre Zauberkünste Fleisch herbei; die vierte bewirkte, daß fertige Gerichte erschienen. Danach sprachen sie zu Simeon: Und du, was kannst du vollbringen? Simeon entgegnete: Ich will jetzt zweimal pfeifen und locke durch meinen Ruf achtzig Jünglinge her, die mit euch scherzen werden, und an denen ihr eure Freude haben werdet. Da sprachen die Hexen: Danach hätten wir schon Lust. Der Lehrer ließ den ersten Pfiff ertönen, und die Jünglinge zogen die trockenen Kleider an; er pfiff zum zweiten Male, und sie erschienen allesamt in der Höhle. Simeon ben Schatach sprach: Ein jeder erwähle sich die, die für ihn bestimmt ist. Alsbald hoben die Jünglinge jeder eine Hexe hoch. Einer sprach zu seiner Genossin: Verschaffe mir Brot. Das konnte die Hexe nicht mehr bewerkstelligen. Da führte der Jüngling sie an den Galgen. Der zweite sprach zu seiner Gefährtin: Du, hole Wein her. Das Hexenweib hatte aber nicht mehr die Kraft zu zaubern. Also wurde auch sie gehängt. Und so erging es allen achtzig Hexen.

57. HILLEL UND SEINE LEHRMEISTER

Hillel, der Babylonier, der bedeutsame Lehrer Israels, war arm und bedürftig, und sein täglicher Verdienst bestand in einem halben *Sus*. Die Hälfte davon verwandte er auf seine Nahrung, die andere gab er dem Wächter des Lehrhauses, in dem die Meister Schemaja und Awtalion lehrten, daß er ihm gestatte, den Worten der Weisheit und der göttlichen Offenbarung aus ihrem Munde zu lauschen.
Eines Tages, es war zur Winterszeit, hatte Hillel keine Gabe für den Wächter, und so ließ ihn dieser nicht in das Lehrhaus ein. Da stieg Hillel auf das Dach und lehnte sich mit dem Kopfe an das Fenster der Halle, um dem Vortrage der Lehrer zuzuhören. An diesem Tage fiel dichter Schnee vom Himmel, und der Fromme wurde von den Flocken ganz bedeckt; er ward es indessen nicht gewahr, so dürstete ihn nach den Lauten der Lehre. Als es Abend wurde, konnte er vor Kälte nicht mehr aufstehen und blieb über dem Fenster liegen.
Des Morgens betraten die Lehrer Schemaja und Awtalion das Lehrhaus und fanden den Raum ganz dunkel. Sie blickten zu dem Fenster, woher sonst das Licht kam, und sahen, daß es verdeckt war. Sie suchten die Stelle ab und fanden Hillel wie tot daliegen. Da zogen sie ihm die Kleider aus, hüllten ihn trocken ein und machten ein Feuer um ihn, daß sein Geist in ihn zurückkehrte. Von dem Tage ab ließen sie ihn ihr Lehrhaus ohne Entgelt besuchen.

58. DIE GEDULD HILLELS

Hillel gelangte zu seiner Vollkommenheit dadurch, daß er sich der Lehre befleißigte und arm, wie er war, sich Wissen anzueignen suchte. Er war mild in seinem Benehmen und hatte ein gütiges Herz; deshalb wurden seine Tugenden

gerühmt, und es wurde zum Sprichwort: Der Mensch sei sanftmütig wie Hillel und nicht aufwallend wie Schammai.
Man erzählt:
Zwei Männer gingen einst eine Wette darum ein, wer von ihnen beiden den Weisen Hillel erzürnen werde; der das zuwege brächte, sollte von dem andern vierhundert Sus erhalten. Also begab sich der eine am Freitag zu Hillel, kam vor sein Haus und rief: Wo ist hier Hillel? Wo ist hier Hillel? Der Weise war gerade dabei, sich zu Ehren des Sabbats den Kopf zu waschen; er warf sich den Mantel um, kam heraus und sprach zu dem vor der Tür Stehenden: Was ist dein Begehren? Jener sagte: Ich habe eine Frage an dich. Hillel erwiderte: Frage nur, mein Sohn. Der Mann sprach: Warum sind die Schädel der Babylonier plattgedrückt? Hillel antwortete: Eine bedeutsame Frage hast du an mich gerichtet. Ihre Köpfe sind platt, weil es in diesem Lande keine Wehmütter gibt. Da ging der Mann fort und kam in einer Stunde wieder. Abermals rief er: Wo ist Hillel? Hillel kam heraus und sprach zu dem Wiedererschienenen: Was ist dein Verlangen? Jener sagte: Ich habe noch eine Frage zu stellen. Hillel antwortete: Laß sie mich hören, mein Sohn. Da sprach der Dreiste: Warum sind die Augen der Palmyrener schief? Hillel entgegnete: Weil sie in sandigen Gegenden wohnen und der Wind ihnen den Sand in die Augen treibt. Der also Beschiedene ging fort, wartete wieder eine Stunde und kam zum dritten Male vor das Haus Hillels. Er rief: Wo hält sich Hillel auf? Hillel zog sich den Mantel an und kam zu dem Manne heraus. Dieser fragte: Warum sind die Füße der Afrikaner so breit? Hillel antwortete: Der Boden ihres Landes ist sumpfig, und sie gehen unbeschuht; davon dehnen sich ihre Füße. So hatten die Fragen des Aufdringlichen Hillel nicht aus der Fassung zu bringen vermocht. Da nun der Mann, der die Wette eingegangen war, sah, daß er den Gleichmut des

Weisen nicht brechen würde, sprach er: Bist du Hillel, der Fürst der Juden? Hillel erwiderte: Das bin ich. Da sagte der Wütige: Es möge deinesgleichen nicht viele in Israel geben. Darauf fragte Hillel: Mein Sohn, warum sollen meinesgleichen nicht viele werden? Der Mann versetzte: Weil ich durch dich vierhundert Sus verloren habe. Hillel sprach: So sei nun fortan gelassen; es ist besser, daß du vierhundert Sus Schaden erfahrest, als daß Hillel in Zorn gerate.

Unzählige Geschichten werden von diesem Frommen erzählt. Es sei jedermann weitherzig und mit seinem Teil zufrieden. Heißt es doch: ›Der Jähzorn ruht im Herzen der Narren‹, und: ›Laß die Heftigkeit aus deinem Herzen und tu die Bosheit von deinem Leibe.‹

59. DAS FROMME PAAR

Von R. Chanina ben Dossa erzählen die Weisen, daß zu seinen Lebzeiten täglich vom Berge Horeb eine Stimme zu hören war, die da rief: Die ganze Welt wird allein meines Sohnes Chanina wegen gespeist, und ihm selbst genügt ein kleines Maß Johannisbrot von einem Sabbat zum andern!

Das Weib dieses Frommen sah an jedem Rüsttage zum Sabbat die andern Frauen kochen und backen zu Ehren des heiligen Tages und schämte sich, daß sie selber nichts hatte, um Speisen zu bereiten. Sie pflegte im Ofen Feuer zu machen und Töpfe, bloß mit Wasser gefüllt, hineinzustellen, nur um ihre Nachbarinnen glauben zu machen, daß sie gleich ihnen geschäftig sei. Einst, als sie so den Ofen heizte, kam eine Frau zu ihr und sagte: Du entfachst ein Feuer, und ich weiß, daß du nichts kochst und nichts bäckst. Und sie guckte in den Ofen, fand ihn aber voller Brote und den Trog mit Teig gefüllt. Da rief sie der Gattin Chaninas und sprach: Zieh das Brot heraus, es ist ausgebacken, und der

Teig in der Mulde ist aufgegangen. Also nahm Chaninas Weib die Brote heraus und buk weiter von dem frischen Teige.
So tat der Herr Wunder und große Dinge an diesen Gerechten, ihrer Verdienste und ihrer Frömmigkeit wegen. Einmal, es war gleichfalls am Vorabend des Sabbattages, vergriff sich die Frau und goß in die Lampe Essig anstatt Öl; als sie es gewahr wurde, seufzte sie sehr. Da sah Chanina sie betrübt dastehen und fragte: Was ist dir? Sie erzählte ihm das mißliche Geschehnis. Er aber sprach: Laß es dich nicht bekümmern; wer zum Öl gesagt hat, daß es brenne, wird dem Essig befehlen, daß er leuchte! Und richtig, die Lampe brannte die ganze Nacht und den Tag darauf, bis man an ihr das Licht, das den Ausgang des Sabbats meldet, anzündete.
Eines Tages empfanden sie besonders schwer den Druck der Not und die Härte der Entbehrungen, und die Frau sprach zu ihrem Manne: Bitte deinen Gott, daß er dir von dem Guten, das deiner im Jenseits harrt, etwas schon hier verleihe. Das tat Chanina, und ihm ward ein goldener Fuß von seinem Tisch im Paradiese gegeben. Aber in der Nacht darauf sah er im Traume die goldenen Tische seiner Genossen ganz und unversehrt dastehen, und an seinem fehlte ein Fuß. Als er erwachte, erzählte er den Traum seinem Weibe. Sie sprach: So bitte doch deinen Gott, daß er das Gold zurücknehme. Das tat Chanina, und der Fuß des Tisches kam an seinen Platz zurück. Darüber sprachen die Weisen: Dies letzte Wunder ist noch größer als das erste, denn es gilt als Regel: Vom Himmel wird gegeben, nie aber zurückgenommen.
Sonder Zahl sind die Taten dieses Frommen. Man sagt, daß sein Gebet vom Herrn nie ungehört blieb. So erzählten von ihm die Weisen: Einst kam ein Regen nach langer Dürre, und Chanina war unterwegs; da verdroß ihn die

Nässe, und er rief: Die ganze Welt ist in Freude, Chanina allein hat seine Pein! Alsbald hörte der Regen auf, und Chanina erreichte bei Nacht sein Haus. Danach sprach er: Die ganze Welt ist in Bedrängnis; allein Chanina soll sich freuen? Da strömte der Regen von neuem.

60. DIE LANGMUT CHANINAS

Der Fromme R. Chanina ben Dossa wollte einst seinen Lehrer besuchen. Vorher aber kehrte er in das Bethaus ein und sagte den Spruch her: Empfange jedermann mit freundlichem Angesicht! Da kam ein Vornehmer in die Lehrhalle und sprach: Wer nimmt mich auf die Achsel, trägt mich in sein Haus und wartet mir auf? R. Chanina stand auf und sprach: Ich will es tun. Und er hob den Fremden auf seine Schulter, trug ihn in sein Haus und stellte vor ihn einen Krug Wasser. Aber der Gast warf sich auf die Erde und wälzte sich im Staube. Chanina fragte ihn: Herr, was ist dein Begehren? Was soll ich dir als Nahrung anbieten? Der Fremde erwiderte: Honig und Nüsse will ich haben. Da ging der Weise zu einer Tür hinaus und seine Frau zur andern; sie holten das Gewünschte und setzten es dem Gaste vor. Allein der Fremde stand auf und warf den Tisch mit den Speisen um. Chanina sprach in gütiger Weise: Herr, womit kann ich dir Genüge tun? Der Gast entgegnete: Wer trägt mich davon und bringt mich an meinen Heimatsort? Chanina sprach: Ich will es tun.
Als danach der Weise, den Fremden auf den Schultern, auf die Straße hinausgegangen war, fühlte er auf einmal die Last sich heben und sah eine Flamme zum Himmel hinauffahren. Aus der Flamme aber hörte er eine Stimme, die rief: Chanina, kehre heim, du bist erprobt und ohne Fehl befunden worden; wir wollen dir keinen Ärger mehr bereiten, denn du bist der, von dem es heißt: ›Ich lege mein

Wort in deinen Mund und bedecke dich mit dem Schatten meiner Hände.‹

61. DER FROMME UND DIE GEISTERKÖNIGIN

Der Fromme Chanina ben Dossa befand sich einst auf dem Wege zu Chanina ben Teradion, den er heilen sollte. Die Schüler ben Dossas sprachen zu ihrem Meister: Auf der Straße, die du ziehst, befindet sich eine Stätte, die wird von bösen Geistern beherrscht. Da sagte der Lehrer: Meine Söhne, wer von euch umkehren will, kehre um. Darauf machte ein Teil der Schüler Kehrt, die übrigen aber folgten Chanina. Als er mit ihnen an die bewußte Stätte kam, stellte sich ihnen die Königin der Geister mit ihrer Sippe entgegen. Sie sprach zu Chanina: Was bist du für einer? Er gab zur Antwort: Was soll dir das Wissen darum? Sie fragte: Bist du nicht ben Dossa? Er antwortete: Was soll es dir, das zu erfahren? Die Dämonin sagte: Vom Tage, da ben Dossa erschaffen worden ist, sprechen drei Reihen von Engeln im Himmel den Segen. Die eine Reihe ruft: Gelobt sei der Herr in Ewigkeit, Amen, Amen! Die andere Reihe ruft: Gelobt sei der Herr in Ewigkeit, halleluja! Die dritte Reihe ruft: Gelobt sei der Herr in Ewigkeit, der Gott Isaaks und Israels! Da sprach Chanina: Ist dem in Wahrheit so? Die Dämonin antwortete: So ist es. Hierauf sprach Chanina: Wie dem auch sei, ich bestimme über dich, daß du an diesem Orte nicht mehr erscheinen darfst.

Man erzählt, daß die Dämonin seit jener Zeit an dieser Stelle nicht mehr gesehen ward, und daß sie umherschweift und umherirrt, bis sie den Platz, den sie einzunehmen hat, findet.

62. DER VOGEL UND DAS HALSBAND

In den Tagen R. Jochanan ben Sakkais lebten im Mittag=lande zwei Brüder, und beide waren sie reich. Der eine nahm eine Frau, der andre zog nach Jerusalem, an den Ort, wo der Tempel stand, und wohnte daselbst. Er sprach: Das Haus Gottes soll zerstört werden, so mag auch ich unter=gehen; ich will kein Weib nehmen und will mich nicht des Lebens freuen; wie das Heiligtum in Trauer stehen wird, so werde auch ich traurig dasitzen. Aber zu allen Festtagen pflegte er seinen Bruder zu besuchen und ihm den Friedens=gruß zu entbieten. So kam er einmal in seine Heimat und traf den Bruder nicht an. An diesem Tage wusch die Frau des Hausherrn ihre Kleider auf dem Hofe; sie hatte sich dabei ihres Halsschmuckes entledigt, der einen Wert von zehntausend Dinaren hatte, und ihn vor sich hingelegt. Als sie den Gast in den Hof kommen sah, schämte sie sich vor ihm und lief davon; den Schmuck hatte sie unter einem Palmbaume liegenlassen. Auf dem Baum aber saß ein Vo=gel und baute an seinem Neste. Der Fromme kam in den Hof, und als er niemand dort sah, ging er davon. In die=sem Augenblicke flog der Vogel vom Baume herunter, holte das Halsband und steckte es in sein Nest.

Kurz darauf kam der Mann der Frau nach Hause und fand sein Weib weinen und sich die Haare raufen. Er fragte sie: Warum weinst du? Sie antwortete: Ich war dabei, meine Kleider reinzumachen, und hatte mein Geschmeide abge=legt; nun suchte ich es wieder und fand es nicht mehr; ich weiß aber nicht, wer es gestohlen haben kann. Da fragte der Mann: Wer hat während der Zeit den Hof betreten? Das Weib erwiderte: Es war niemand hier außer deinem Bru=der, der heute gekommen ist, und niemand hat es genom=men als nur er. Darauf sprach ihr Mann: Mein Bruder hat allem Glück der Welt entsagt, hat sein Gut und Geld gelassen und hat sich vor lauter Liebe zu Gott seinem Dienste geweiht, und nun behauptest du, daß er deinen Schmuck gestohlen habe? Das Weib blieb bei ihrer Aussage und sprach: So führe ihn vor die Weisen und laß ihn einen Eid schwören. Der Mann gehorchte den Worten seines Weibes, suchte seinen Bruder auf und brachte ihn vor die Richter. Diesen erzählte er dann die Begebenheit. Die Richter sprachen: Einer, der das Behagen des Diesseits verschmäht hat, sollte einen Schmuck stehlen? Ein Gerechter wird solches nicht tun.

Da kam die Sache vor R. Jochanan ben Sakkai, und dieser sprach zu dem der Tat Verdächtigen: Willst du dieses Streites wegen einen Eid ablegen? Der Fromme erwiderte: Ich kann die Wahrheit beschwören und habe keine Furcht. Der Lehrer sagte: Gib deinem Bruder lieber von deinem Gelde und leiste keinen Schwur. Der Beschuldigte jedoch antwortete: Ich muß es der Leute wegen tun, damit sie mir nichts Unrechtes nachsagen. Und er beharrte auf seinem Wunsch.* — Jochanan ben Sakkai sprach zu den Klägern: Zieht ab und kommt morgen früh wieder zu mir.

Danach ging R. Jochanan ben Sakkai in sein Haus, stellte sich zu einem Gebete hin und sprach: Herr der Welt! Alles Verborgene ist dir offen und bekannt; du weißt um das Geschehene, und so rette mich vor der Sünde, einen Eid abzunehmen. Da erscholl eine Stimme vom Himmel und rief: Jochanan ben Sakkai, geh in den Hof jenes Mannes; dort steht ein Baum, und auf dem Baume ist der Gegenstand versteckt, den gestohlen zu haben der Fromme beschuldigt wird. Also ging man hin und fand das Geschmeide. Da wunderte sich der Meister und sprach: Dieser hat nicht gestohlen und nicht geraubt und ist, nur weil er die Wahrheit beschwören wollte, bestraft worden, um wieviel mehr denn einer, der einen falschen Eid ablegt und den

* Wofür er anscheinend vom Himmel bestraft worden ist

Namen des Herrn entweiht. Darum sagt auch die Schrift: ›Schwört nicht falsch in meinem Namen.‹*

63. ELIESER BEN HYRKANOS

Elieser, der Sohn Hyrkanos', einer der berühmten Meister der mündlichen Lehre, mußte in seiner Jugend zusammen mit den Knechten seines Vaters das Feld bauen. Die Knechte hatten mit gefurchtem Boden zu tun, Elieser aber mußte steinigen Acker urbar machen. So saß er denn da und weinte. Da sprach sein Vater zu ihm: Weswegen weinst du? Ist es, weil du felsiges Land zu bearbeiten hast? Du sollst gleichfalls lockere Erde zum Pflügen bekommen. Aber Elieser saß da vor dem aufgewühlten Acker und weinte nach wie vor. Da fragte ihn sein Vater: Warum weinst du noch immer? Bist du betrübt, daß du ein umgebrochenes Feld vor dir hast? Elieser erwiderte: Das ist es nicht. Der Vater sprach: Warum weinst du denn? Der Sohn antwortete: Mich verlangt es danach, von der Schrift zu erfahren. Hyrkanos sagte: Wo du achtundzwanzig Jahre alt geworden bist, willst du dich der Lehre weihen? Eheliche ein Weib und zeuge Kinder; diese kannst du dann in ein Lehrhaus bringen.

Hiernach nahm Elieser zwei Wochen lang keine Speise zu sich, bis ihm Elia, seinem Andenken Heil, erschien und zu ihm sprach: Du Sohn Hyrkanos', warum vergießest du Tränen? Elieser erwiderte: Weil sich mein Herz nach der Lehre sehnt. Darauf sprach Elia: Willst du ein Schriftkundiger werden, so mache dich auf und begib dich nach Jerusalem zu R. Jochanan ben Sakkai. Alsbald zog Elieser nach Jerusalem zu dem Meister R. Jochanan.

Er trat in sein Haus, setzte sich hin und weinte. Der Lehrer fragte ihn: Warum weinst du vor mir? Elieser entgegnete: Weil ich nach der Lehre lechze. Da sprach der Meister:

* 3. Buch Mose 19, 12

Wessen Sohn bist du? Elieser wollte darauf nicht antworten. R. Jochanan sprach weiter: Hast du das ›Höre Israel‹, das tägliche Gebet und den Tischsegen auswendig gelernt? Elieser entgegnete: Ich kann das alles nicht. Da lehrte ihn der Meister das Bekenntnis hersagen, das Gebet lesen und den Tischsegen rezitieren. Elieser aber weinte auch danach. Da fragte ihn ben Sakkai: Warum grämst du dich noch immer? Elieser antwortete: Weil ich auch das Gesetz kennen lernen will. Also lehrte ihn Jochanan eine Woche lang zwei Abschnitte der *Mischna**, und Elieser wiederholte sie und suchte sie in eins zu verbinden. All die acht Tage aß und trank er nichts, bis sein Odem stinkend wurde und R. Jochanan ihn von sich wies. Da weinte Elieser. Der Meister fragte ihn: Weshalb weinst du? Elieser erwiderte: Weil du mich verstoßen hast, wie man einen Grindigen verstößt. R. Jochanan erwiderte: Mein Sohn, gleichwie der Geruch aus deinem Munde jetzt zu mir gedrungen ist, so möge dereinst der Lehre Duft aus deinem Munde bis zum Himmel dringen. Und er fragte ihn: Von wem stammst du ab? Elieser entgegnete: Ich bin ein Sohn des Hyrkanos. Da sprach der Lehrer: So bist du also reicher Leute Kind und hast es mich nicht wissen lassen? Bei deinem Leben, du mußt heute an meinem Tische speisen. Elieser versetzte darauf: Ich habe mein Mahl bereits eingenommen. R. Jochanan fragte: Bei wem bist du in Herberge? Elieser antwortete: Bei Josua ben Chanania und bei Josse dem Priester. Da ließ R. Jochanan in der Herberge nach ihm fragen und bekam zur Antwort: Es sind acht Tage her, daß der Jünger nichts genossen hat.

Andre erzählen, Josua ben Chanania und Josse der Priester wären vor R. Jochanan gekommen und hätten ihm gesagt, daß Elieser seit acht Tagen ohne Nahrung geblieben sei. Als R. Jochanan das hörte, stand er auf, zerriß seine

* Das Grundbuch der ›mündlichen Lehre‹

Kleider und sprach: Wehe dir, Elieser, es fehlte nicht viel, und wir hätten dich verloren. Zum Lohn aber dafür, daß der Unflat aus deinem Munde von mir verspürt worden ist, wird in Zukunft die Lehre aus deinem Munde von einem Ende der Welt bis an das andre vernommen werden. Über dich rufe ich aus: ›Der eine hieß Elieser!‹*

Inzwischen sprachen daheim die Söhne Hyrkanos' zu ihrem Vater: Zieh hinauf gen Jerusalem und entsetze deinen Sohn Elieser seines Erbteils. Hyrkanos begab sich nach Jerusalem, um seinen Sohn Elieser zu enterben, und kam in der Stadt an, als gerade ein großes Fest dem Meister Jochanan ben Sakkai bereitet wurde, zu dem alle Vornehmen des Landes geladen waren, wie ben Zizit Hakescheth, Nakdimon, der Sohn Gorions, ben Kalba Sawua. Da wurde R. Jochanan angesagt: Der Vater Eliesers ist hier. R. Jochanan sprach: Weist ihm einen gehörigen Platz zu. Also kam Hyrkanos in die Nähe des Meisters zu sitzen. R. Jochanan wandte sich an Elieser und sprach zu ihm: Trage uns einiges aus der Lehre vor. R. Elieser antwortete: Herr, ich will dir dafür ein Gleichnis anführen. Ich komme mir wie ein Graben vor, aus dem man mehr Wasser herausschöpfen möchte, als man hineingegossen hat; kann ich doch nur das von mir geben, was ich von dir empfangen habe. R. Jochanan sprach darauf: Viel eher gleichst du einem Quell, aus dem immer aufs neue das Wasser hervorbricht, gleichviel ob er welches aufgenommen hat oder nicht. So kannst du von dir aus Weisheit künden, viel mehr als vom Berge Sinai einst gekündet worden ist. Und weiter sprach der Meister: Wo dich aber meine Gegenwart scheu machen sollte, so will ich den Raum verlassen. Und R. Jochanan ging hinaus. Da begann R. Elieser aus der Schrift zu predigen; sein Angesicht leuchtete wie die Sonne, und Strahlenhörner gleich denen Moses gingen von seiner Stirn aus;

* Siehe 2. Buch Mose 18, 4

kein Mensch wußte, ob es Tag war oder Nacht. Alsdann kam von hinten R. Jochanan an ihn heran; er küßte sein Haupt und sprach: Selig ihr Väter, Abraham, Isaak und Jakob, daß dieser euren Lenden entsprossen ist!
Da sagte Hyrkanos: Wem wird diese Huld dargebracht? Man antwortete ihm: Deinem Sohne Elieser. Darauf sprach Hyrkanos: So hätte es vielmehr von mir heißen sollen: Selig bin ich, daß meinen Lenden ein solcher entsprossen ist. R. Elieser saß da und predigte, und Hyrkanos stand vor ihm auf seinen Füßen. Als Elieser seinen Vater vor sich stehen sah, ward er verwirrt und sagte: Vater, setze dich, ich kann nicht weitersprechen, wenn du vor mir stehst. Hyrkanos erwiderte: Mein Sohn, nicht um dir zuzuhören bin ich hierhergekommen, sondern um dich zu enterben. Nun ich aber deinen Ruhm gesehen habe, bin ich gesonnen, deine Brüder zu enterben und ihr Teil dir zu schenken. Darauf sprach Elieser: Bin ich doch nur wie einer meiner Brüder. Hätte ich mir viel Land gewünscht, der Herr hätte es mir gegeben, wie es heißt: ›Des Herrn ist die Erde und ihre Fülle, die Welt und was in ihr lebt.‹ Wäre ich auf Gold und Silber ausgewesen, der Herr hätte es mir gegeben, wie es heißt: ›Mein ist das Gold und das Silber, spricht der Herr Zebaoth.‹ Mein Sehnen aber galt einzig der Schrift; die Kunde des Gesetzes ist allein in meinen Augen wert; ›allem Falschen bin ich abhold‹.

64. DAS HIMMLISCHE HEMD

Ich will dir hier etwas erzählen, wovon der Anfang gering ist, das Ende aber gewichtig.
Die beiden großen Meister R. Elieser und R. Josua pilgerten einst nach dem Tempel in Jerusalem; es war am Vorabend des Versöhnungstages. Als sie auf den Zionsberg gekommen waren, trat ihnen ein Engel entgegen, der trug

in der Hand ein weißes Hemd, leuchtend wie die Sonne und fein geglättet; nur fehlte daran am Halse der Saum. Da sagte der eine Meister zu dem andern: Dieses Hemd ist wohl für einen von uns beiden gesandt worden. Sie näherten sich dem Engel und fragten ihn, für welchen von ihnen das Hemd bestimmt sei. Der Engel antwortete: Euer harren viele Hemden und bessere als dieses hier. Dieses Hemd soll ein Mann aus Askalon bekommen mit Namen Joseph der Gärtner. Da gingen die beiden Lehrer weiter.

Nachdem die Tage des Dienstes vor dem Herrn vorüber waren, machten sich R. Elieser und R. Josua auf den Weg zu dem Manne aus Askalon. Als die Bürger dieser Stadt von der Ankunft der Weisen hörten, gingen sie ihnen entgegen, und viele baten sie, bei ihnen einzukehren. Aber die Weisen weigerten sich und sprachen: Wir wollen nirgends herbergen als im Hause Josephs des Gärtners. Da schickte man Leute mit ihnen, die sie bis zu der Wohnung Josephs brachten.

Sie kamen vor die Pforte des Gartens und sahen den Mann von ferne Kraut lesen; sie riefen ihm die Friedensworte zu, und er erwiderte ihnen den Gruß. Sie sprachen: Wir möchten gerne bei dir zu Gaste bleiben. Er antwortete: Meine Ehrwürdigen, ihr seid an den Reichen und Vornehmen vorbeigegangen und seid zu mir gekommen; Gott aber weiß, daß in meinem Hause nichts mehr ist als zwei Brote. Da sprachen die Weisen: Uns genügt, was du hast; wir wollen dir keine Mühe sonst machen. Da setzte er ihnen das Brot vor, und sie aßen davon, tranken Wasser dazu und verrichteten den Tischsegen. Alsdann sprachen sie zum Gärtner: Du siehst, wir sind zu dir gekommen und haben es verschmäht, bei deinen Nachbarn abzusteigen; so sage uns denn, was ist dein Wirken? Er antwortete ihnen: Ihr seht, daß ich arm bin, und ich habe in Wahrheit nichts anderes vor als die Arbeit im Garten, bei der ihr mich traft.

Sie sprachen weiter: Dennoch sage uns, hast du diese Arbeit von klein auf getan? Er erwiderte: Nun es euch verlangt, von mir mehr zu erfahren, so will ich es euch sagen. Wißt, daß mein Vater einer der Großen und Reichen dieser Stadt war; als er aber gestorben war, verlor ich das Vermögen, und die Einwohner der Stadt sahen mich und vertrieben mich voller Haß. So zog ich weinend davon, baute mir diese Hütte hier, pflanzte den Garten und säte darin Kräuter; was mir nun der Garten trägt, verkaufe ich, gebe die Hälfte davon den Armen, und von der andern Hälfte ernähre ich mich und die Meinigen.

Da sprachen die Weisen: Wisse, daß Gott der Herr deinen Lohn sehr groß machen wird; wir haben eben einen Engel gesehen, der trug ein Hemd, und er sagte uns, es sei für dich bestimmt. Das Hemd war blendend weiß und fein glatt, und nur der Teil, der den Hals umschließt, war nicht gesäumt. Wir sind nun hierhergekommen, um dir kundzutun, daß Gott an dir Gutes zu tun gedenkt. Dein Verdienst wachse aber noch mehr. Da segnete der Mann seine Gäste und pries sie, und sie gingen ihres Weges.

Als die Weisen fort waren, sprach das Weib Josephs zu ihrem Manne: Ich habe gehört, was die Lehrer dir von dem Hemde erzählt haben, und daß der Hals des Hemdes ohne Saum sei. So höre denn auf mich und nimm meinen Rat an: tu alles und gib dir Mühe, das, was an dem Hemde fehlt, zu ergänzen. Da antwortete ihr Mann: Du redest, als wärest du eine der Reichen; du kennst doch unsere Armut und unsern Mangel und weißt, daß ich nichts habe, um noch mehr Gutes zu tun. Das Weib sagte: Gehorche mir, mein Herr, laß dir meinen Rat angelegen sein, und es wird dir wohlergehen. Führe mich auf den Sklavenmarkt, verkaufe mich und verteile das Geld unter die Armen; vielleicht wird danach dein Hemd vollendet werden. Ihr Mann sprach: Ich fürchte aber, ob der Käufer dich nicht überreden und dich zu seinem Willen zwingen wird; ich würde so des Hemdes ganz und gar verlustig werden. Aber das Weib sprach: Ich schwöre dir bei der Wahrheit des Himmels, daß ich nimmer straucheln werde. Da hörte Joseph auf die Stimme seines Weibes, verkaufte sie als Sklavin und gab den Erlös den Armen.

Und der Kaufherr, der die Frau erstanden hatte, sah, daß das Weib schön war, und wollte sie bezwingen; aber er konnte ihr nichts antun. Er machte sie zur Aufseherin über seine Kammern und gab ihr alle seine Schlüssel. Aber das Weib sprach: Mein Herr, ich bin es nicht wert, dein Kebsweib zu sein. Da wurde er sehr zornig über sie und gab sie seinem Schafhirten; diesem befahl er, sie zu bedrängen. Aber auch der Hirte vermochte nicht, das Weib zu überreden. Er schlug sie wund, sie war ihm aber nicht zu Willen. Er verbitterte ihr das Leben durch schwere Arbeit und durch Bedrückung, und sie litt geduldig und harrte der Barmherzigkeit des Himmels.

Nach vielen Tagen machte sich ihr Mann auf, verkleidete sich, kam zu ihr und trat vor sie als Fremder. Da sah er ihre große Not; statt der früheren Pracht fand er Elend, statt des weiten Mantels einen engen Sack. Er sprach zu ihr: Ist es dein Wille, daß ich dich kaufe? Ich will dich zum Weibe nehmen und dich von deinem Leiden erlösen. Die Frau erwiderte: Mein Herr, das ziemt sich nicht, ich bin eines Mannes angetrautes Weib. Joseph fuhr fort, sie mit Worten zu locken, aber sie hörte nicht auf ihn.

Als nun der Mann sie so standhaft fand, wurde ihm klar, daß sie ihren Schwur gehalten und den Bund nicht gebrochen hatte. Da nahm er die Larve von seinem Gesicht, und sie erkannte ihn; sie küßten und umarmten einander und weinten laut. Ihr Schrei stieg zu Gott empor, und sie vernahmen eine Stimme, die rief: Vollendet ist dein Hemd, aber das Hemd deines Weibes ist noch schöner als das dei=

nige. Geh an den und den Ort, daselbst wirst du einen großen Schatz finden, den dein Vater verborgen hat.
Da ging Joseph und tat nach diesem Wort; er fand in der Grube Gold, Silber und Edelsteine sonder Zahl. Er nahm dieses alles, löste sein Weib aus und fuhr fort, mit ihr Gnade und Barmherzigkeit zu üben alle Tage.

65. DAMA DER ASKALONIER

Einst fragten die Schüler den Meister R. Elieser: Welches ist das Maß bei der Erfüllung des fünften Gebotes? Er antwortete ihnen darauf: Seht euch das Beispiel Dama ben Netinas an; seine Mutter war unverständig und schlug ihn im Beisein seiner Freunde, er aber pflegte darauf nicht mehr zu sagen als: Mutter, laß es genug sein.
Eines Tages kamen zu ihm die Weisen Israels, um bei ihm einen Edelstein zu kaufen, weil aus dem Priestergewand einer verlorengegangen war. Sie boten ihm den Preis von tausend Goldstücken. Dama trat in den Wohnraum und sah seinen Vater liegen, den Fuß auf dem Kästchen ausgestreckt, in dem der Edelstein war. Er wollte seinen Vater nicht wecken und kam ohne das Juwel zu den Weisen heraus. Da dachten diese, daß er von ihnen mehr Geld haben wollte, und erhöhten den Preis auf zehntausend Goldstücke. Inzwischen erwachte der Vater Damas von seinem Schlaf. Da trat der Sohn wieder in die Kammer, holte den kostbaren Stein und gab ihn den Weisen. Diese wollten ihm die zehntausend Goldstücke auszahlen, allein Dama sprach: Bewahre, ich will daraus, daß ich meinen Vater geehrt habe, keinen Nutzen ziehen; ich nehme nur den Preis von tausend Goldstücken, den ich zu Anfang mit euch vereinbart habe.
Wie hat ihm der Herr diese Handlungsweise gelohnt? Unsere Lehrer erzählen: In demselben Jahr warf ihm seine

Kuh ein rotes Kalb ohne Fehl, und dieses verkaufte er den Priestern um mehr als zehntausend Goldstücke. Siehe, welchen Teil der erlangt, der Vater und Mutter ehrt!

66. DIE BOTSCHAFT DES ENGELS

Der Priester Elisa war ein Gerechter ohne Fehl, und ihm wuchs kein Kind auf. In der Stunde, da sie geboren wurden, starben die Kindlein. Da sprach Elisas Weib zu ihrem Manne: Mein Herr, es sind der Gerechten so viele, die Kinder haben, wohlgeraten, wie sie selber sind, und wir, uns gedeiht auch nicht ein einziges Kind. Darauf sprach Elisa: Tochter, jene Gerechten pflegen der Reinheit mehr als wir. Ehe sie das Lager besteigen, nehmen sie an ihrem Leibe Waschungen vor, und sie wie ihre Frauen heiligen sich vorerst. Da erwiderte das Weib: Mein Herr, wollen auch wir so tun und uns diese Sitte zu eigen machen. Und sie verfuhren so.

Eines Tages war das Weib nach der Wasserquelle gegangen und hatte sich gewaschen, wobei sie einige Male untertauchte; als sie auf dem Wege nach Hause war, sah sie ein Schwein vor sich daherlaufen. Da kehrte sie um und wusch sich abermals. Als sie darauf hinausgegangen war, begegnete ihr ein Kamel. Sie kehrte um und wusch sich noch einmal. Und so kam ihr vierzigmal Unreines in den Weg, und sie kehrte jedesmal um und wusch sich aufs neue. Da sprach der Herr zum Engel Gabriel: Fahre hinab, erscheine dieser Tugendreichen und laß sie in dieser Nacht gesegnet werden; ihr soll ein Gerechter vollauf entsprießen, Ismael mit Namen, und dieser soll künftighin Hohepriester vor mir sein.

Da stieg Gabriel hinab, schmückte sich wie ein Bräutigam und stellte sich vor die Tür des Badehauses; als er so stand, schien er dem Weibe ihr Mann Elisa zu sein. Sie sah nur ihn allein und ging ungehindert nach Hause. In der Nacht

darauf sollte sie einen Knaben empfangen, den dereinstigen Hohenpriester Ismael.
Der Engel Gabriel ward Gevatter des Knaben. Jedesmal, wenn R. Ismael in den Himmel steigen wollte, rief er den heiligen Namen an, fuhr hinauf, und Gabriel erzählte ihm alles, was er wissen wollte. Doch nicht allein das, sondern er zeigte ihm die Quellen des Heils und des Trostes, die dereinst Israel zuteil werden sollen.

67. DER AKIWA-ROMAN

ERSTE ERZÄHLUNG: AKIWAS VERLÖBNIS

Vernimm, was ein frommes Weib, reicher Eltern Kind, einst vollbracht hat.
Es lebte ein Mann im Lande Israel, mit Namen Kalba Sawua. Man nannte ihn so, denn mochte in sein Haus selbst ein hungriger Hund kommen, er gab ihm satt zu essen.*
Akiwa aber war der Hirte seiner Schafe. Kalba Sawua hatte eine Tochter, schön und lieblich, und diese gewann Akiwa lieb. Sie sprach zu ihm: Nimm mich zum Weibe. Er antwortete: Ich will nach deinen Worten tun.
Als dieses Kalba Sawua angesagt wurde, verdroß es ihn zu Tode, und er gelobte vor Gott, seiner Tochter nichts von seinem Reichtum zu geben dafür, daß sie an einem ungelernten Manne Gefallen gefunden hatte.
Aber die Tochter achtete nicht dessen und vermählte sich mit Akiwa. Er sprach ihr Trost zu und redete: Wir sind wohl arm und leiden Not, aber sei fest und vertraue auf Gott; wenn ich dereinst reich bin, will ich dir einen goldenen Stirnreif schenken. Als sie einmal so miteinander redeten, kam einer und bat: Mein Weib soll gebären, und es ist nichts im Hause, worauf sie sich hinlegen könnte; wollt ihr nicht Gnade an mir tun und mir irgendwelches Zeug

* Kalba, aramäisch: Hund; sawua: satt

geben? Akiwa hatte nichts als Stroh und gab dem Manne seinen Teil. Er sagte zu seiner Frau: Sieh, daß Gott an uns noch Gutes tut. Dieser Mann aber soll Elia gewesen sein.

Nach vielen Tagen sprach Akiwas Weib zu ihrem Gefährten: Höre, mein Herr, folge meinem Rat und widme dich der Lehre. Da gehorchte ihr Akiwa, machte sich auf und begab sich zu R. Josua und R. Elieser, um bei ihnen der Weisheit teilhaftig zu werden. Zwölf Jahre blieb er daselbst und kehrte danach in seine Stadt zurück; zwölftausend Schüler waren schon damals um ihn. Da hörte er einen die verlassene Frau kränken und zu ihr sprechen: Ich weiß, was dein Vater an dir getan hat dafür, daß du einen Schafhirten zum Manne erwählt hast, einen Unwissenden, der deiner nicht würdig war. Nachdem er dich geehelicht hatte, ging er fort und kehrt nicht wieder schon seit zwölf Jahren; du bist bei seinen Lebzeiten gleichsam eine Witwe. Da erwiderte Akiwas Weib und sprach: Mein Wille ist, daß er nochmals zwölf Jahre fortbleibe und nicht als Unwissender heimkehre. Als Akiwa sie so reden hörte, begab er sich wieder an seine Lehrstätte und lag dort weitere zwölf Jahre der Lehre ob.

Alsdann kehrte er in seine Heimat zurück, und es begleiteten ihn vierundzwanzigtausend Schüler. Da machten sich die Ältesten der Stadt auf, um ihn würdig zu empfangen; so kam er mit großen Ehren an, und niemand wußte, daß es Akiwa wäre. Er aber ließ es seinem Weibe ansagen; sie wollte zu ihm hinausgehen und hatte nichts anzuziehen als ihre zerrissenen Kleider. Eine der Nachbarinnen sprach zu ihr: Nimm dieses Kleid von mir. Da erwiderte sie: ›Der Gerechte weiß der Armen Weise‹; sie ging ihrem Manne entgegen und fiel auf ihr Angesicht. Akiwas Schüler wollten sie wegstoßen, allein der Meister sprach: Laßt ab von ihr, sie hat bitteres Leid erfahren; sie war es, die mich und euch der Lehre Gottes zugeführt hat.

Indessen vernahm auch Kalba Sawua, daß ein weiser Mann in die Stadt gekommen sei, und eilte ihm entgegen, um ihn darum anzugehen, daß er ihn von seinem Schwur entbinde. Es betrübte ihn das Los seiner Tochter, die große Not litt. Akiwa fragte ihn nach seinem Begehren, und Kalba Sawua erzählte ihm von seinem Gelübde. Da sprach Akiwa: Weswegen hast du so gehandelt? Kalba Sawua erwiderte: Weil meine Tochter einen zum Manne genommen hat, der ihr nicht gleich war, besitzlos und der Schrift unkundig. Darauf sprach Akiwa: Und wäre er so wie ich gewesen, hättest du dieses nicht gelobt? Kalba Sawua antwortete: Bewahre! Hätte er nur einen Abschnitt lesen können, ich hätte ihm die Hälfte meines Vermögens gegeben. Da sprach Akiwa: Ich bin dein Eidam, deiner Tochter Mann! Alsbald stand Kalba Sawua auf, küßte Akiwas Haupt und umarmte ihn. Danach gab er ihm die Hälfte seines Vermögens.
Also ward R. Akiwa reich und machte seiner Frau einen goldenen Reif, wie er es ihr versprochen hatte. Gott half ihnen aus ihrer Not und mehrte ihre Habe.
Sieh, zu welch großen Ehren dieser Mann durch seine Weisheit gelangt war. Die Weisheit hatte er sich aber in größter Armut erworben.

ZWEITE ERZÄHLUNG: AKIWAS LEHRJAHRE

Man erzählt von R. Akiwa, daß er vierzig Jahre alt geworden war und noch nichts von der Lehre wußte. Als er die Tochter Kalba Sawuas zum Weibe genommen hatte, sprach sie zu ihm: Geh nach Jerusalem und laß dich in der Schrift unterweisen. Akiwa erwiderte: Ich bin vierzig Jahre alt, was kann mir noch groß gelingen?
Darauf stand er eines Tages vor einem Brunnen in Lud und sah, daß der Stein vor dem Brunnen eine Rinne hatte.

Er fragte: Wodurch ist diese Höhlung an dem Stein entstanden? Man gab ihm zur Antwort: Durch das Seil, das an ihm reibt, wenn es mit dem Eimer emporgezogen wird. Da begann Akiwa von dem Greifbaren auf das Entfernte Schlüsse zu ziehen. Er sprach bei sich: Wenn das Weiche das Harte zu höhlen imstande ist, um wieviel mehr müssen der Lehre Worte, die wie Eisen wuchtig sind, sich in mein Herz eingraben, das aus Fleisch ist.

Andre erzählen die Geschichte so:

Akiwas Weib sprach zu ihrem Manne: Wende dich der Lehre zu. Er antwortete darauf: Man wird meiner spotten, weil ich schon so alt bin und noch gar nichts kann. Das Weib sprach: Du sollst bald ein Wunder sehen. Und sie sprach weiter zu Akiwa: Bringe einen Esel her, dessen Rücken geschunden ist. Akiwa tat so. Da bedeckte das Weib den Rücken des Tieres mit Erde und streute Kressesamen darauf. Nach einiger Zeit sproßten die Blumen empor. Da führte Akiwa den Esel auf den Markt, und alle Menschen lachten darüber; er führte ihn den folgenden Tag auf den Markt, und die Leute machten sich lustig darüber; am dritten Tage führte er das Tier gleichfalls hinaus, und die Leute hielten sich nicht mehr darüber auf. Da sprach Akiwas Weib zu ihm: Geh und widme dich der Lehre; den ersten Tag wird man über dich lachen, den zweiten Tag wird man lachen; den dritten Tag wird man sagen: Das ist dieses Menschen Art.

Da begab sich Akiwa zu einem Lehrer, der kleine Kinder unterrichtete, und sprach zu ihm: Herr, lehre mich lesen. Der Lehrer schrieb ihm das Alphabet in der üblichen Reihenfolge auf, und Akiwa erfaßte es; danach schrieb er es ihm in einer andern Ordnung vor, indem er auf den ersten Buchstaben den letzten folgen ließ, auf den zweiten den vorletzten und so weiter, bis er zu der Mitte des Alphabets kam, und Akiwa prägte es sich auch in dieser Form ein.

Danach brachte er ihm den Tischsegen bei, dann ließ er ihn das Priestergesetzbuch lesen, bis Akiwa die ganze Schrift verstehen konnte.
Hierauf zog Akiwa zu den Lehrmeistern R. Elieser und R. Josua und sprach zu ihnen: Ihr Weisen, eröffnet mir den Sinn der Mischnalehre. Als die Meister ihm einen Lehrsatz aus diesem Buche vorgelesen hatten, nahm Akiwa selber ihn noch einmal vor. Er setzte sich für sich hin und wendete jedes Wort in dem Abschnitt um; er machte sich selbst über das Aussehen der einzelnen Schriftzeichen Gedanken und wußte es bald zu deuten. Danach kam er vor seine Lehrer und stellte neue Fragen an sie, daß sie sich des öftern auf eine Antwort erst besinnen mußten. So forschte Akiwa immer weiter in der mündlichen und in der schriftlichen Lehre, bis er alle Gesetze und Bräuche aus der Schrift abzuleiten vermochte und ihre Geheimnisse und Verborgenheiten ihm klargeworden waren.

Es wird von Akiwas Lehrzeit erzählt, daß er täglich Späne auflas und ein Bund daraus machte; die Hälfte davon verkaufte er, um sich zu ernähren, die übrigen Späne trug er in sein Haus und zündete sie nacheinander an, um bei ihrem Licht zu studieren. Da wurden eines Tages seine Nachbarn darüber ärgerlich und sprachen zu ihm: Akiwa, du bringst uns um mit diesem Rauch; verkauf uns die Späne und kauf dir dafür Öl zum Leuchten. Akiwa erwiderte darauf: Mannigfachen Nutzen ziehe ich aus dem Holz: bei seinem Lichte forsche ich, bei seinem Feuer wärme ich mich, von dem Gelde, das es mir einbringt, ernähre ich mich.
Akiwa sollte aber nicht von der Welt scheiden, ohne einen Teil seines zukünftigen Lohnes im Diesseits geerntet zu haben. Man erzählt, daß er sechzig goldene Tische besessen habe; dreißig standen zum täglichen Gebrauch bereit,

dreißig befanden sich in den Schatzkammern. Man berichtet ferner, daß er für seine Gemahlin allen erdenklichen Schmuck zu erwerben suchte; er ließ für sie eine goldene Krone machen, die mit den prächtigsten Perlen und Edelsteinen besetzt war, und an der die Abbildungen der Sonne und des Mondes, der Sterne und der Planeten glänzten. Akiwas Kinder sprachen zu ihm: Vater, wir müssen uns vor den Leuten schämen, daß du unsere Mutter mit solchem Prunk ausstattest. Sie führen die Worte im Munde: Seht den Greis, was er nicht alles für sein Weib aufwendet. Akiwa antwortete seinen Kindern: Ich habe ihr noch nicht die Hälfte von dem vergolten, was sie für mich getan hat; denn gar groß war das Leid, das sie mit mir geteilt hat.

68. DER WANDERNDE TOTE

Der Meister R. Akiwa ging einmal an einem Friedhof vorüber und sah einen Menschen mit einem Bund Holz auf den Schultern wie ein Pferd schnell rennen. Das Gesicht dieses Mannes war kohlschwarz wie das eines Schmiedes. Akiwa befahl dem Eilenden stehenzubleiben und sprach zu ihm: Mein Sohn, weswegen verrichtest du solch schwere Arbeit? Bist du ein Sklave, und dein Herr legt dir dieses Joch auf, dann will ich dich erlösen und will dir deine Freiheit wiedergeben; bist du aber so arm, so komm, ich will dich reich machen. Der Angeredete erwiderte: Mein Herr, laß mich weitergehen, ich darf mich nicht aufhalten. Akiwa sprach: Bist du ein Mensch oder ein Geist? Da sagte der Mann: Der mit dir spricht, ist ein Toter; tagtäglich schickt man ihn aus, Holz zu hacken, um mit diesem Holz ihn selbst zu verbrennen. Akiwa fragte: Was war dein Tun auf Erden? Der Tote antwortete: Ich war bei meinen Lebzeiten Zinseinnehmer, und da war ich nachsichtig gegen Reiche und würgte die Armen, und dessen nicht genug, bin ich einst am Versöhnungstage zu einer Jungfrau eingegangen, die eines Jünglings Braut war. Darauf sprach Akiwa: Mein Sohn, hast du nicht von den Strafengeln, die über dich befohlen sind, einmal vernommen, ob es nicht einen Ausweg für dich gibt? Der Tote entgegnete: Mein Herr, sprich nicht mit mir, sonst werden mich meine Aufseher noch mehr strafen, denn das ist die Art dieser Züchtiger. Mir ist auch nicht zu helfen; nur eins, hörte ich sie einmal sagen, könnte mir Linderung bringen, aber das ist ein Ding, das nicht auszuführen ist. Die Strafengel meinten: Hätte dieser Mann einen Sohn und stimmte dieser während des gemeinsamen Gebetes den Gesang an: Lobet den Herrn, den Allgelobten – und riefe die Gemeinde dazu Amen, so würde das den Sünder von seiner Pein erlösen. Ich aber habe keinen Sohn; ich habe wohl eine Frau hinterlassen, die, als ich starb, schwanger war; ich weiß aber nicht, ob sie einen Knaben oder ein Mädchen geboren hat; und ist es auch ein Knabe, wer soll ihn in der Schrift unterweisen? Ich hatte keinen Freund in dieser Welt.

Alsbald nahm sich R. Akiwa vor, nach der Stadt zu gehen, wo der Tote gewohnt hatte, und wenn dieser einen Sohn hätte, ihn zu unterrichten. Akiwa fragte den Toten: Wie ist dein Name? Der erwiderte: Ich heiße Akiwa. Der Lehrer fragte weiter: Und wie war der Name deines Weibes? Der Mann antwortete: Sie hieß Schischna. Akiwa fragte: Und wie hieß die Stadt, in der du wohntest? Der Tote entgegnete: Ich wohnte in Laodicea.

Also begab sich R. Akiwa dorthin und fragte nach dem verstorbenen Zinspächter. Die Stadteinwohner riefen, als sie seinen Namen hörten: Die Gebeine des Bösewichtes mögen zerrieben werden! Akiwa sprach: Dennoch laßt mich von ihm alles erfahren. Die Leute erwiderten: Ein Sohn ist ihm nach dem Tode geboren, und der ist unbeschnitten. Da ließ Akiwa den Knaben holen, und er beschnitt die Vor=

haut seines Fleisches; danach fing er an, ihn in der Schrift zu unterweisen, und suchte ihm den Tischsegen beizubringen. Allein der Junge begriff nichts von der Lehre. Da fastete R. Akiwa des Knaben wegen vierzig Tage. Eine Stimme kam von oben und rief: Akiwa, eines solchen Geschöpfes wegen legst du dir ein Fasten auf? Akiwa erwiderte: Herr der Welt! Habe ich mich doch vor dir für dieses Kind verbürgt.
Alsbald öffnete Gott das Herz des Knaben, und er lernte das ›Höre Israel‹ und die achtzehn Segenssprüche hersagen. Danach führte ihn Akiwa ins Bethaus, und der Knabe rief: Lobet den Herrn, den Allgelobten! Die ganze Gemeinde erwiderte: Amen! Sogleich wurde der Tote von der Strafe befreit, die bislang auf ihm gelastet hatte. In der Nacht darauf erschien er R. Akiwa im Traume und sagte: Dein Sinn werde ruhig, denn du hast mir Ruhe verschafft. Da hob Akiwa an und sprach: Gelobt sei der Ewige, der den Willen seiner Frommen tut!

69. ZEHN SÖHNE EINER MUTTER

Zur Zeit des Lehrers R. Akiwa lebte in einer Stadt eine reiche Frau, die zehn Söhne hatte; die Söhne waren alle der Schrift kundig, und das Forschen in der Lehre war ihr tägliches Tun.
Eines Tages war der Frau das Brot ausgegangen, und ihre Magd war fort, um Wasser zu schöpfen. So rief sie eine Nachbarin und sprach zu ihr: Komm zu mir und backe mir Brot, denn meine Kinder werden hungrig aus dem Lehrhause heimkehren. Die Nachbarin trat in das Haus der reichen Frau und rührte den Brotteig an. Sie hatte aber vorher in den Zipfel ihres Schultertuches zwei Golddinare gebunden. Während sie nun arbeitete, löste sich der Knoten des Tuches, und das Geld fiel in den Teig; das Weib hatte

aber davon nichts gemerkt. Als sie nach Hause kam, suchte sie nach dem Gelde und fand es nicht. Da lief sie zurück zu der Mutter der Söhne und rief: Das soll wohl mein Lohn sein dafür, daß ich dir dienstbeflissen war; zwei Golddinare sind mir in deinem Hause abhanden gekommen. Darauf antwortete die reiche Frau: Bewahre und behüte, daß in meinem Hause solches vorgekommen sein sollte. Und sie suchten beide nach dem Gelde, konnten es aber nicht finden. Die Mutter der Söhne sagte: Dir ist das Geld womöglich draußen entfallen. Die Nachbarin erwiderte: Daß ich nicht wüßte! In deinem Hause ist es mir verloren gegangen. Da sprach die Mutter der Kinder: Wenn das Geld sich in meinem Hause befindet, so möge mir eine böse Kunde von meinem ältesten Sohne kommen. Sie hatte kaum ausgeredet, als die Nachricht eintraf, daß ihr ältester Sohn gestorben sei. Darauf sagte die Nachbarin: Nun sieh, daß du gelogen und unredlich gehandelt hast. Der Herr hat mir recht gegeben, indem er dich diese Strafe hat erfahren lassen. Die reiche Frau sprach dennoch: Wenn das, was du sagst, wahr ist, so ereile alle meine Söhne der Tod. Das geschah auch. An diesem Tage starben alle Söhne der Frau.

Man brachte die Jünglinge nach ihren Grabstätten, und der Tag war ein Tag der Trauer und des Jammers für alle Weisen Israels, denn zehn Säulen der Lehre waren auf einmal gefallen. Danach wurde das Weib in ihr Haus geleitet, und man trug das Brot auf, das jene Nachbarin gebacken hatte, um das Trostmahl zu begehen. R. Akiwa nahm als erster das Wort und sprach: Gelobt sei der Richter, der Recht spricht und gerecht urteilt! Danach sprach er den Segen über das Brot und brach es. Und siehe da, die zwei Golddinare fielen daraus. Da fragte der Meister: Was soll das bedeuten? Gebrochenen Herzens erwiderte die Mutter der Söhne: Herr, dieses Geld trägt die Schuld an dem Tode meiner Kinder. Und sie erzählte die ganze Begebenheit. R. Akiwa rief aus: O des Tages des Gerichts, der unser aller harret!

70. EIN SELTSAMER MANN

In den Tagen Akiwas lebte ein reicher Mann, der sich als einen Armen ausgab, zerschlissene Kleider trug, geduckt einherging und im Bethaus seinen Platz unter den Bettlern zu nehmen pflegte. Eines Tages ging Akiwa auf den Markt, um eine Perle zu veräußern. Da kam jener Mann auf ihn zu, wollte die Perle kaufen und bat Akiwa, mit ihm in sein Haus zu gehen; dort wollte er ihm den Betrag für die Perle geben. Akiwa dachte, der Mann spotte seiner; dennoch ging er mit ihm.

Als die beiden sich dem Ziele näherten, kamen dem Manne seine Diener entgegen, hießen ihn willkommen und setzten ihn auf einen goldenen Stuhl; danach brachten sie Wasser und wuschen ihm die Füße. Der Mann befahl, das Geld herzubringen und Akiwa den Preis für die Perle auszuzahlen; alsdann sollte man die Perle mit sechs anderen im Mörser stoßen und daraus eine Arznei bereiten. R. Akiwa sah das alles und wunderte sich über die Maßen. Danach gab der Mann Befehl, daß man einen Tisch hereinbringe, und Akiwa setzte sich davor und aß mit dem Manne. Auch die Jünger Akiwas waren zu dem Mahle geladen worden.

Nachdem sie gespeist hatten, fragte Akiwa den Wirt: Wo dich Gott mit solchen Gütern gesegnet hat, erniedrigst du dich und sitzest zusammen mit den Armen und Elenden? Der Gastgeber erwiderte: Herr, sagt denn nicht die Schrift: ›Ein eitles Trugbild ist der Mensch; sein Leben fährt dahin wie ein Schatten.‹ Der Reichtum aber ist gewiß kein Ding von Bestand; darum mische ich mich unter die Armen, damit sich meine Seele nicht des Goldes überhebe, mit dem mich Gott bedacht hat. Und noch das ist der Grund, weshalb ich unter ihnen gerne weile, damit ich, wenn ich selber verarme, den Platz nicht zu wechseln brauche. Überdies gedenke ich dessen, daß wir Menschen alle gleiche Geschöpfe sind, wie es heißt: ›Ein Gott hat uns alle erschaffen, und einen Vater haben wir alle.‹ Ist der Mensch hochmütig, so begeht er damit die größte Sünde, und sein Erbteil ist die Hölle, denn der Herr haßt die Stolzen und die Hoffärtigen.

Als Akiwa diese Worte des Mannes vernahm und den Sinn seiner demutsvollen Lebensweise begriff, segnete er ihn und pries ihn hoch, denn was er gesehen hatte, hatte sein höchstes Wohlgefallen erweckt.

71. DER MANN MIT DEM GLORIENSCHEIN

Es lebte einst ein sehr reicher Mann unter den Juden, namens Nathan, den nannte man späterhin Nathan mit dem Glorienschein; dieser liebte eine Frau, die eines andern Mannes Weib war. Sie hieß Hanna und war überaus schön von Gestalt und Gesicht. Ihr Mann aber war sehr arm.

Und es ward Nathan wehe, als wollte er krank werden vor Liebe zu Hanna. Es kamen zu ihm Ärzte, und diese sprachen: Dir ist kein Heil, es sei denn, daß du bei dem Weibe ruhest. Aber die Gesetzeslehrer der Juden sagten: Eher soll er des Todes sein, als daß er ein Gebot übertrete. Da sprachen die Ärzte: So mag sie zumindest herkommen, daß sie mit ihm rede. Aber die Lehrer meinten: Auch das ist nicht gestattet. Also zog sich seine Krankheit immer mehr hin.

Der Mann Hannas hatte viele Schulden, und so warfen ihn seine Gläubiger ins Gefängnis, denn er hatte nichts, was er ihnen hätte geben können. Und Hanna, sein Weib, spann Tag und Nacht, kaufte Brot um das Geld, das sie mit Spinnen gewann, und trug es ihrem Mann ins Gefängnis. Als der aber lange Zeit im Kerker verblieb, ward er kleinmütig und verdrossen zum Sterben. So sprach er denn eines Tages zu seinem Weibe: Wer nur *eine* Seele vom Tode erlöst, dem wird es angerechnet, als hätte er viele am Leben erhalten; ich bin meines Lebens satt hier in dem Gefängnis; erbarme dich meiner, geh zu Nathan und bitte ihn, daß er dir das Geld leihe, so wirst du mich vom Tode erretten. Da antwortete Hanna: Du weißt doch und wirst es gehört haben, daß der Mann krank ist um meinetwillen und dem Sterben nahe; Tag für Tag kommen seine Boten zu mir mit vielem Geld, ich aber nehme von ihnen nichts an und sage ihnen: Nie wird euer Herr mein Angesicht schauen. Soll ich da zu ihm gehen und von ihm verlangen, daß er mir Geld gebe? Wärest du bei klarem Verstande, du hättest so zu mir nicht gesprochen, aber du bist hier in der Gefangenschaft einfältig geworden und hast jede Einsicht verloren. Und sie ergrimmte über ihn gar sehr; sie ging nach Hause voll Zorn und besuchte ihn drei Tage lang nicht.

Wie aber der vierte Tag kam, erfaßte sie das Mitleid, und sie sagte: Ich will nach ihm sehen, ehe denn er stirbt. Und sie begab sich ins Gefängnis und fand ihren Mann dem Sterben nahe. Als er sie sah, sprach er: Der Herr fordere von dir das Unrecht ein, das du an mir tust, und strafe dich darum. Doch ich weiß, dein Wille ist, daß ich hier sterbe, damit du danach Nathans Weib werdest. Hanna erwiderte: So schicke mich lieber fort oder gib mir einen Scheidebrief, damit ich dein Eheweib nicht mehr sei; dann will ich mich an ihn wenden. Darauf sagte ihr Mann: Nun siehst du wohl! Das ist es doch, wovon ich eben gesprochen habe; du willst sein Weib werden. Da schrie Hanna laut auf, fiel auf ihr Angesicht und rief: Wer hat denn solches je gehört, wer hat denn solches je gesehen! Dieser Mann hier spricht zu mir: Geh hin, brich die Ehe und hure, nur daß du mich

aus dem Gefängnis rettest. Ihr Mann antwortete: Zieh von dannen und verlasse mich, der Herr wird sich meiner erbarmen.
Da kehrte Hanna nach Hause zurück und dachte über ihre Not und über die Not ihres Mannes nach; und abermals überkam sie das Mitleid mit ihm. Sie läuterte ihr Herz, betete und sprach: Ich flehe dich an, du Gott, rette mich und hilf mir, daß ich der Sünde nicht anheimfalle.
Und das Weib machte sich auf den Weg zu Nathan. Als die Kämmerer sie erblickten, beeilten sie sich, meldeten es ihrem Herrn und sagten: Hanna steht vor den Toren. Da rief Nathan: Ist es wahr, was ihr sagt? Ich schenk euch die Freiheit! Indes betrat Hanna den Hof, und eine Dienstmagd kam vor Nathan und sprach: Hanna ist auf dem Hofe. Da sagte er zur Magd: Auch dich mache ich frei!
Und da trat auch Hanna selbst vor Nathan, und er erhub seine Augen und sprach: Was bittest du, Herrin, daß ich dirs gebe, was forderst du, daß ich es tue? Hanna sagte: Meine Bitte und mein Begehren sind, daß du Geld leihest meinem Manne, der im Gefängnis schmachtet. Dir wird diese Tat als ein Werk der Gerechtigkeit angeschrieben werden. Da befahl Nathan seinen Knechten, das Geld herzuholen, und gab Hanna die ganze Summe. Alsdann sprach er zu ihr: Sieh, ich habe getan, worum du mich gebeten hast; du aber weißt, wie ich mich vor Liebe zu dir verzehre, so tu nun auch meinen Willen und laß mich wieder aufleben. Da antwortete Hanna: Ich bin in deiner Hand und unter deinem Dach, und hier habe ich dir nicht zu widerreden; aber eins will ich dir sagen: Dies ist die Stunde, in der du ewiges Leben erlangen könntest, hüte dich also, daß du deinen Lohn und das Gut der Welt um ein weniges nicht verscherzest. Vergreifst du dich an mir, so darf mich mein Mann nimmer aufnehmen. Denke, du hast deine Lust gestillt, verlierst du darum nicht viel Gutes? Und was dir

von allem übrigbleibt, ist die Reue. Denke an das Leiden, das du dem Herrn zufügst, und tu nicht, worum du hernach seufzen müßtest. Sieh, du hast eine knappe Stunde vor dir, in der du langes Leben und großen Lohn hienieden und drüben gewinnen könntest. Sieh, nur durch große Mühe und viele Anstrengung kann es dem Menschen gelingen, daß er dem Schöpfer gefällig sei, du aber könntest es in einer Stunde erreichen, wenn du meinem Rat folgtest und den bösen Trieb in dir zwängest.

Als nun Nathan diese Worte Hannas vernommen hatte, schrie er den Satan in sich an; er erhob sich von seinem Lager, fiel mit dem Angesicht zur Erde, wand sich vor dem Herrn und bat, daß er die Begierde in ihm bändige und seine Leidenschaft breche, ihn den gerechten und guten Weg führe, seine Sünde vergebe und ihn in die Bahn der Buße lenke. Und Gott erhörte ihn und ließ sich erbitten. Da sprach Nathan zu Hanna: Gesegnet seist du dem Herrn und gesegnet sei deine Rede, die mir gewehrt hat, mich mit einer Sünde zu beflecken. Du hast mir geholfen, zieh nun in Frieden in dein Haus.

Also ging Hanna hin, befreite ihren Mann und erlöste ihn aus dem Kerker. Sie erzählte ihm alles, was sie getan hatte. Er aber glaubte ihr nicht, sondern verdächtigte sie darum, daß Nathan mit ihr gebuhlt hätte und sie es vor ihm verhehle.

Nach Ablauf vieler Tage, da schaute einmal der Meister R. Akiwa zum Fenster hinaus und sah einen Mann hoch zu Roß sitzen, dessen Haupt von einem Schein umgeben war, der gleich der Sonne strahlte und leuchtete. Er rief einen seiner Schüler herbei und fragte ihn: Wer ist wohl der Mann, der hier zu Pferde sitzt? Der Schüler antwortete: Das ist Nathan, der den Huren nachjagt. Der Lehrer fragte weiter: Seht ihr etwas um sein Haupt? Die Schüler erwiderten: Wir sehen nichts. Da sprach R. Akiwa: Beeilt euch und führt den Mann hierher zu mir. Also kam Nathan zu R. Akiwa. Und der Lehrer sprach: Mein Sohn, eine Glorie umgibt dein Haupt, wenn du gehst, also weiß ich, daß du von denen einer bist, die des zukünftigen Lebens teilhaftig sind. Sage mir nun, was ist es, was du vollbracht hast? Nathan erzählte alles, was sich zwischen ihm und Hanna zugetragen hatte. Da wunderte sich R. Akiwa über diese Tat Nathans und darüber, daß er den Trieb in sich niedergezwungen und mit ganzem Herzen Buße getan hatte, und er sprach: Fürwahr, du hast eine große Tat vollführt, und darum ließ der Herr ein Licht um dein Haupt erstrahlen; nun es schon hier auf Erden so leuchtet, um wieviel stärker denn in der zukünftigen Welt! Jetzt aber, mein Sohn, höre auf mich, setz dich nieder vor mir, ich will dich in der Schrift unterweisen. Da tat Nathan so und setzte sich vor den Meister, und der, der alles auftut und nichts verschließt, öffnete ihm die Tore der Weisheit. Und wie eine kurze Zeit verstrich, erreichte Nathan eine hohe Wissensstufe, daß er mit Akiwa in einer Reihe saß.

Da geschah es an einem Tage, daß der Mann Hannas an dem Lehrhaus vorbeiging und Nathan sah, wie er R. Akiwa zur Rechten saß. Er fragte einen der Schüler: Wieso nur kam Nathan zu dieser Würde? Da erzählte ihm der Schüler alles über Nathan. Nunmehr schenkte der Mann den Worten seines Weibes Glauben, und es legte sich sein Eifergeist, der es ihm bislang verwehrt hatte, sie anzurühren. Er kam in sein Haus, küßte das Haupt seines Weibes und sprach: Vergib mir, daß ich über dich Böses gedacht habe. Ich sah heute Nathan dem R. Akiwa zur Seite sitzen. Ich fragte, wie das gekommen sei, und da erzählte man mir, was zwischen dir und ihm vorgefallen ist. Gott möge deinen Lohn mehren und ihn vervielfachen, denn ich habe großen Kummer im Herzen getragen, bis der Herr in seiner Gnade mir geholfen und mir die Wahrheit offenbart hat.

72. EINE BEKEHRUNG

Als der Meister R. Akiwa im Gefängnis saß, in das er geworfen worden war, weil er die Lehre verbreitet hatte, kam zu ihm täglich ein Heide, der in seiner Nachbarschaft wohnte, und suchte ihn seinem Glauben abwendig zu machen. R. Akiwa aber blieb fest.

Eines Tages erschien der Heide wieder und bedrängte Akiwa sehr. Dieser aber wollte von nichts hören. Da ging der Heide erzürnt davon.

Als er nach Hause kam, bereitete ihm seine Frau das Essen, er aber mochte nichts anrühren. Sie machte ihm das Bett zurecht, und er wollte nicht ruhen. Da fragte das Weib: Was ist dir geschehen, daß du so grimmig bist? Der Mann antwortete: Der Judäer ist daran schuld; ich sage ihm: Werde unseres Glaubens; er aber ist halsstarrig, und mein Leben ist nichts wert, wenn er mir nicht folgt. Darauf sagte das Weib: Iß und trink und sei guter Dinge; ich nehme es auf mich, den Ebräer aus seinem Glauben zu führen. Da nahm der Mann das Mahl ein und legte sich schlafen.

Als es Morgen wurde, schmückte sich die Frau fein – sie war ein überaus schönes Weib –, begab sich zu R. Akiwa ins Gefängnis und setzte sich ihm gegenüber. Akiwa aber wandte sich, als er sie gewahrte, ab und begann nach rechts und nach links zu spucken. Da sprach sie: Törichter Mann, warum speist du? Bin ich denn aussätzig, oder habe ich sonst einen Fehl, daß du dich vor mir ekelst? Er antwortete: Herrin, ich habe keinen Abscheu vor dir, aber ich wundere mich, wie du, die du von außen so schön bist, von innen so unflätig sein kannst. Und dann sagte ich mir: Wie, wenn das Feuer der Hölle diese Schönheit frißt und der Leib darin verräuchert?

Alsbald wurde das Herz der Heidin wie Wasser zag, und sie sprach: Laß mich dein Gesetz annehmen und rette mich vor der Hölle. Akiwa antwortete: Herrin, du spottest mei-

ner, ich bin ein Gefangener. Sie aber sprach: Es ist keine Lüge in dem, was ich sage. Darauf erwiderte er: Wie kann ich deinen Wunsch erfüllen, wo ich Fesseln trage; geh in das Lehrhaus der Weisen und werde Jüdin.
Da ging das Weib ins Lehrhaus und nahm den jüdischen Glauben an. Als sie lange ausblieb und ihr Mann sie nicht kommen sah, ging er sie suchen. Da sagte man ihm, sie sei in das Lehrhaus der Weisen gegangen. Er ging dorthin und fand sie bekehrt. Da ließ auch er sich bekehren.

73. DIE TOCHTER AKIWAS

Der Lehrer Akiwa, Friede sei mit ihm, hatte ein ehrsames Weib, das jedem Vorbeiziehenden Brot zu essen gab. Nach vielen Tagen wurde ihnen eine Tochter geboren, und als diese groß wurde, lehrte die Mutter sie ihren frommen Wandel. Bis in ihr Alter hinein pflegte sie zu ihr zu sprechen: Tochter, tu, wie ich tue, auf daß deine Tage lang werden und Gott dir Glück gebe bis an dein Ende. Und das Mädchen sagte zu allem: Ich will dir gehorchen. Aber da verschied die Gerechte und ging ein in das Haus der Ewigkeit. Die Tochter folgte in allem dem Beispiel ihrer Mutter; sie nahm von jedem Mahl ein Brot weg und gab es denen, die kamen und hungrig waren.
Da begab es sich nach Tagen, daß Akiwa zu seinem Kinde sprach: Tochter, mich hat die Kälte des Alleinseins erfaßt, ich muß ein Weib freien. Das Mädchen antwortete: Vater, tu nach deinem Willen. Also nahm Akiwa eine andere Frau, die war sehr böse, und auf sie fand wohl der Spruch Anwendung, den der König Salomo getan hat: ›Bitterer denn der Tod ist ein solches Weib.‹ Sie pflegte die Tochter ihres Mannes zu peinigen und sann immer darüber nach, was sie tun könnte, um das Mädchen aus der Welt zu bringen, aber diese achtete nicht darauf.

Als einst, am fünften Tage der Woche, der Wäscher in das Haus Akiwas kam, um die Sabbatkleider zum Reinigen zu holen, sprach das hämische Weib zu ihm: Willst du erfüllen, was ich dich heißen werde, so gebe ich dir dafür ein Stück Silber. Der Wäscher entgegnete: Ich will es tun. Darauf sprach das Weib: Schwöre mir zuvor, daß du mich nicht verraten wirst, so will ich dir sagen, was mein Wunsch ist. Da schwur der Mann, daß er ihr Geheimnis niemand preisgeben würde. Nun sprach das Weib: Geh mit der Tochter des Hauses die Kleider waschen, führe sie nach einem fernen Orte und töte sie. Der Wäscher antwortete: Es wird geschehen.

Also gingen die beiden, der Wäscher und die Tochter Akiwas, und als sie weitab vom Hause waren, verlangte der Mann von dem Mädchen, daß es ihm zu Willen sei. Sie versetzte: Lieber will ich in Stücke gerissen werden, als dir Gehör schenken. Darauf sagte der Wäscher: Wisse, ich bin mit dir bis an diesen Ort gekommen, um dich umzubringen. Das Mägdlein sprach: Es mag geschehen. Da überkam den Mann das Mitleid, und er brachte es nicht übers Herz, sie zu töten; so hieb er ihr nur eine Hand und einen Fuß ab und ging davon. Das Mädchen schrie laut und bitter und saß da bis zum Morgen.

Der Tag darauf war der Tag vor dem Sabbat. Die Tochter Akiwas schleppte sich mühsam vorwärts, bis ihr der Herr einen Ort zuwies, wo sie ruhen konnte; sie setzte sich hin und weinte um den heiligen Tag. Als es nachmittags spät wurde, kam an diesen Ort ein Judäer, den der Sabbat auf dem Wege ereilt hatte, so daß er nicht weiterreisen konnte. Er stieg vom Esel ab, breitete seine Matte aus, deckte einen Tisch und fing an, das Sabbatgebet zu rezitieren. Danach sprach er den Segen über die Ankunft des Sabbattages, und als er mit dem letzten Satze zu Ende war, rief eine Stimme: Amen! Da erschrak der Wanderer und wußte nicht, wer das sein mochte, der das gesagt hatte, denn bisher war er auf diesem Wege keinem Ebräer begegnet. Er suchte umher und fand die Tochter Akiwas; ihr Angesicht leuchtete, denn sie war von feiner Abkunft. Er fragte sie: Bist du eine Menschentochter oder ein Geisterkind? Das Mädchen erwiderte: Ich bin ein Menschenkind. Er fragte weiter: Wie kommst du hierher? Sie antwortete: Forsche nicht nach den Fügungen Gottes. Da weinte der Mann laut und sprach: Steh auf, Schwester, wir wollen uns zusammensetzen, der Herr wird sich unser annehmen. Das Mädchen richtete sich auf, er führte es an seinen Platz und setzte sich selbst auf die Erde. Nachdem der Sabbat vorüber war, ließ er sie seinen Esel besteigen, und die beiden zogen zusammen weiter. In seinem Hause angelangt, heilte der Mann die Wunden des Mädchens und machte ihr eine Hand aus Gold und einen Fuß aus Silber. Danach bereitete er ihr ein Lager und wies ihr Diener zu, die um sie sein sollten. Nach Tagen fragte er sie: Willst du nicht mein werden? Das Mädchen erwiderte: So verlangt es nicht das Kalb nach seiner Mutter. Da nahm der Edle sie zum Weibe und setzte sie über alles, was sein war.

Nach einiger Zeit ward das junge Weib schwanger, und ihr Gemahl freute sich dessen sehr. Eines Tages sprach er: Ich will zum Meister Akiwa gehen, um mich in der Lehre zu vervollkommnen. Die Frau entgegnete: So geh hin, und der Herr stehe dir bei. Da gab der Hausherr seinem Gesinde Befehl, daß sie seine Gattin nicht minder in Ehren halten sollten, wie er es tat, und machte sich auf den Weg. Als er zu Akiwas Füßen saß, rühmte er vor ihm sein Weib und erzählte alles, was mit ihr geschehen war. Akiwa weinte bitter, als er von den Leiden seiner Tochter erfuhr, aber dann freute er sich, daß Gott sie zu einem ehrenwerten Manne hatte kommen lassen.

Aber auch Akiwas zweites Weib hörte das Gute aus dem

Munde des Fremden; sie weinte, daß ihre Untat ihrem Manne offenbart worden war, und fürchtete sich, daß er sie vertreiben würde. Was tat die Verruchte? Sie machte sich auf und schrieb einen falschen Brief im Namen des jungen Mannes, darin stand: Wenn dieses Schreiben an euch gelangt, so ersuche ich euch, die Hand und den Fuß, die ich meiner Frau gefertigt habe, ihr wegzunehmen, den Knaben, den sie geboren hat, ihr auf die Schulter zu setzen und sie fortzuschicken, denn ich habe ihr Geschlecht als unwert befunden.

Wie nun der Brief ankam und gelesen wurde, nahmen die Diener die künstlichen Glieder ihrer Herrin an sich, legten ihr das Kind auf die Schulter und ließen sie aus dem Hause gehen.

Aber eines Weisen Tochter wiegt einen halben Weisen auf. Die Frau merkte es den Worten des Briefes an, daß sie von unlauterer Hand geschrieben worden waren. Sie schrie vor Gott: Herr der Welt! Ich kann wider niemand Klage führen als wider dich allein. Und sie ging weiter. Als es Mittag wurde, fing der Knabe zu schreien an und sprach zu seiner Mutter: Mich hungert und dürstet. Er weinte, und die Mutter weinte mit ihrem Kinde. In dieser Stunde erschien ihnen der Prophet Elia und sprach zu dem Weibe: Tochter, fürchte dich nicht, ich komme zu dir, um dich zu heilen. Und er schuf durch des Ewigen Willen an dieser Stelle einen großen Fluß und sprach zu der Frau: Tochter, tauche deinen Arm ins Wasser. Sie tauchte ihren Arm in den Fluß, und er wurde heil. Alsbald steckte sie ihr Bein ins Wasser, und auch dieses wurde ganz. Dann labte sie sich und gab ihrem Kinde zu trinken und sprach den Segen: Gelobt sei, der die Toten zum Leben erweckt!

Hierauf sprach Elia zu dem Weibe: Tochter, geh, bis du an den Ursprung des Flusses gelangst; du wirst in ein großes Reich kommen. Dort wirst du zwei Männer finden; der eine will einen Hof verkaufen, der andere will ihn um zehntausend Silberlinge erstehen; du aber sieh zu, von dem Hofe Besitz zu nehmen. Da sprach das Weib: Ich bin doch aber arm und habe nichts. Elia erwiderte: Ich werde dich vor dem Herrn des Hofes Gnade finden lassen, und du wirst aus seiner Hand die Schlüssel erhalten. Auf dem Wege dorthin wird sich vor dir ein Schatz auftun, und du wirst sieben Behälter voller Gold erblicken. Davon bezahle dem Besitzer den Preis des Hofes. Alsdann baue ein Gotteshaus, lege es mit schönen Decken aus, und jeder Wanderer soll bei dir einkehren. Gott möge deinen Lohn verdoppeln. Und mit diesen Worten verschwand der Seher.

Da ging das Weib, bis sie den Anfang des Flusses erreicht hatte, und fand alles, wie es Elia gesagt hatte. Sie empfing von dem Manne, der den Hof veräußern wollte, die Schlüssel und begab sich in das Haus. Unterwegs entdeckte sie den Schatz und bezahlte den Preis für das Anwesen. Sie blieb dort wohnen und lebte mit ihrem Sohne behaglich. Danach baute sie ein Gotteshaus, wie ihr Elia gesagt hatte, tat feine und herrliche Geräte hinein und ließ zehn alte Männer darin wohnen, damit sie in der Schrift forschen und ihren Sproß in der Lehre unterweisen sollten.

Nach einer Abwesenheit von sechs Jahren kehrte der Mann des vertriebenen Weibes in sein Haus zurück. Sonst pflegte seine Gemahlin ihm entgegenzugehen und ihn zu begrüßen. Diesmal aber kam sie nicht heraus. Da fragte er: Was ist meiner Frau zugestoßen? Ist sie tot? Darauf gaben ihm die Diener zur Antwort: Lies dieses Blatt. Als ihr Herr den Brief der Stiefmutter durchgelesen hatte, zerriß er seine Kleider und gelobte, sein Haus nicht zu betreten und sich nur notdürftig zu ernähren, bis er erfahren haben würde, was mit seinem Weibe geschehen sei. Er ging von Stadt zu Stadt, von Land zu Land, von Dorf zu Dorf, bis er in das Reich kam, wo seine Frau mit dem Sohne wohnte. Er fragte:

Wo ist hier eine Herberge? Man antwortete ihm: Herr, du brauchst keine Herberge aufzusuchen; hier in unserm Orte wohnt eine mildtätige Frau, die jeden Wanderer bei sich aufnimmt und ernährt. Da sprach er: Zeigt mir das Haus. Die Leute führten ihn und brachten ihn zuerst in den Betraum. Hierselbst sah er zehn alte Männer über der Schrift sitzen. Als die den Eintretenden erblickten, standen sie vor ihm auf und sprachen: Gesegnet sei deine Ankunft, ›deine Quelle sei gepriesen‹.

Danach ließen die Greise der frommen Frau ansagen: Ein gar bedeutsamer Mann ist nach unserm Bethause gekommen. Da lief der Knabe behend, um den Gast zu sehen. Wie dieser herauskam, rief das Kind: Gesegnet seist du, Herr. Und das Angesicht des Jungen leuchtete vor vieler Weisheit, er war aber nur sieben Jahre alt.

Als der Mann den Knaben erblickte, rannen ihm die Tränen aus den Augen. Das Kind aber kehrte in das Haus seiner Mutter zurück und weinte laut. Sie fragte: Mein Sohn, warum weinst du? Der Knabe erwiderte: Mir ist bange vor dem Gast; sein Gesicht ist der Sonne gleich. Da sagte die Mutter: Mein Sohn, wir müssen den Fremden bewirten; der Himmel wird sich unser erbarmen. Und sie schickte für den Angekommenen Speise und Trank, dieser mochte aber nichts genießen. Darauf sagte die Mutter zu ihrem Sohne: Geh zu den Weisen und sage ihnen: Ich bitte euch, meine Lehrer, ein jeder erzähle, was ihm im Leben Schweres begegnet ist. Der Knabe richtete aus, was seine Mutter ihm aufgegeben hatte. Da begannen die alten Leute einer nach dem andern ihre Lebensgeschichten vorzutragen, und auch der Gast erzählte, was ihm widerfahren war. Dies alles hörte die fromme Tochter Akiwas und erfuhr so, daß der Eingekehrte ihr Gatte war. Sie trat ins Bethaus, fiel dem Manne zu Füßen, weinte laut und rief vor den Lehrern: Wißt, ihr Ehrwürdigen, dieser hier ist mein Ehge=

mahl. Als nun der Knabe erfuhr, daß der Gast sein Vater war, weinte er gleichfalls laut und ward voll großer Freude. Auch die alten Männer weinten vor Freude mit.
Danach führte man den Heimgekehrten in das Haus; man machte ein großes Mahl, und alle im Lande wurden gespeist. Und die Einwohner setzten ihn zum Fürsten über sich. Alsbald ließ Akiwas Eidam seinen Vater und seine Mutter wie sein ganzes Hausgesinde zu sich kommen, und sie lebten alle zusammen lange und glücklich.
Das fromme Weib aber hieß mit ihrem Namen Mirjam.

74. DIE LEIDENSGESCHICHTE NAHUMS

Es gab unter den Gerechten einen, Nahum isch Gamsu genannt, der siechen Leibes war. Übergroß war seine Weisheit und Gelehrtheit, und dennoch wurde er von schweren Krankheiten und Gebrechen heimgesucht. Dieses Teil hatte er sich aber selber erfleht; er hatte den Herrn gebeten, daß der jedwedes Leid über ihn kommen lasse, einer Sünde wegen, die er einst begangen hatte. Er wollte im Diesseits alle Strafe für sein Vergehen abtragen, damit an ihm keinerlei Schuld und Makel hängenbleibe und er rein und geläutert ins Jenseits hinübersteige.
Von diesem Gerechten wurde berichtet, daß er auf beiden Augen blind gewesen sei. Er war lahm an den Füßen, und seine Hände waren verkümmert; sein ganzer Leib war über und über mit Schwären bedeckt. Die Füße der Bettstatt, auf der der Bresthafte lag, steckten in Gefäßen voll Wasser, damit er in seinem Schmerz einige Kühlung erfahre.
Als eines Tages der Fromme in seiner Hütte lag, neigten sich die Wände des Häuschens und waren nahe daran einzustürzen. Da wollten die Schüler zuallererst ihren Meister hinaustragen, aus Furcht, daß die Wände über ihm zusammenbrechen würden. Nahum aber sprach zu ihnen:

Schafft zuvor alle Geräte aus dem Hause vom kleinsten bis zum größten, laßt kein einziges zurück; erst danach bringt mein Lager von hier fort. Solange ich in der Hütte verbleibe, fällt sie nicht ein und geht nicht in Trümmer. Die Schüler taten nach den Worten ihres Lehrers und nahmen sich erst des Hausrats an. Als davon in der Hütte nichts mehr geblieben war, trugen sie die Bettstatt mit dem Heiligen hinaus. Alsbald stürzte das Haus ein. Da schauten die Jünger einander verwundert an.
Hierauf sprachen sie: Herr, wo doch dein Wandel Gott so gefällig ist, du der Gerechtigkeit und der Frömmigkeit so voll bist und an Weisheit und Erforschen des Gesetzes solch hohe Stufe erstiegen hast, wie kommt es, daß ein derart schweres und absonderliches Leiden dich befallen hat? Nahum erwiderte: Ihr meine Kinder, diese Schmerzen habe ich mir selber erbeten, und sie sind mir auf meinen Wunsch zuteil worden. Und er sprach weiter: Ich war eines Tages nach einem Lehrhause der Weisen gezogen und führte drei Esel mit mir, die trugen Brot und allerlei Speise, Früchte und Erfrischungen. Da begegnete mir unterwegs ein Mann und bat: Mein Herr, gib mir zu essen, mich hungert. Ich antwortete ihm: Warte, bis ich von den Eseln etwas heruntergeholt habe. Und ich machte mir an den Tieren zu schaffen. Als ich mich aber dem Armen zuwandte, fand ich ihn tot auf der Erde liegen. Darob entsetzte ich mich über die Maßen, und groß wurden mein Schmerz und meine Trauer, meine Pein und mein Leid. Ich fiel mit meinem Angesicht auf das Angesicht des Toten, preßte meine Augen auf seine Augen, faßte mit meinen Händen seine Hände, berührte mit meinen Füßen seine Füße und rief aus: Die Augen, die sich deiner nicht erbarmt haben, mögen geblendet werden; die Hände, die nicht behend waren, dich zu laben, mögen abgehauen werden; desgleichen mögen die Füße erlahmen, die nicht bald zur Stelle waren. Und zuletzt sprach ich: An

meinem Leib möge der Aussatz nagen. Als mich, dergestalt verändert, R. Akiwa einst sah, sprach er: Ach und weh mir, daß ich dich so elend sehen muß! Ich aber erwiderte ihm: Wohl dir, daß du mich so sehen durftest: das ist mein großer Lohn, wodurch ich mir das zukünftige Leben erkauft habe!

So war auch R. Schemaja ein schwer Geplagter. Er bat den Herrn, ihn Schmerzen erfahren zu lassen, und böse Krankheiten ohne Zahl befielen den Frommen. Ich könnte lange spinnen, wollte ich alles, was ihm widerfuhr und was er ausgestanden hat, aufzählen. Darum fasse ich mich kurz. Des Nachts betete er, daß sein Leiden von ihm weiche, und es wich; des Morgens flehte er, daß die Schmerzen wiederkämen, und sie kamen wieder.

Nach einem andern Buche hat sich dieses mit Eleasar, dem Sohne Simeons ben Jochai, zugetragen. Jeden Morgen rief er die Schmerzen wieder herbei und sprach: Kommt, meine Brüder, kommt, meine Freunde!

75. DER HERR IST MIT SEINEM BOTEN

Der Grund, weswegen Nahum den Beinamen isch Gamsu erhalten hat, war, daß er zu jeder Plage, die über ihn kam, die Worte sagte: Gam su letowa, auch das führt zum Guten! Er war stets bemüht, Gottes Strafe gut zu deuten, und kannte keinen Zorn und kein heftiges Aufbrausen.

Es begab sich nun einmal, daß die Juden dem römischen Kaiser ein Geschenk überreichen wollten. Sie sprachen: Keiner eignet sich als Sendbote besser denn Nahum isch Gamsu; durch seine Hand wird uns Gott Wunder sehen lassen. Und sie schickten durch ihn einen Kasten voll Silber, Gold und Edelsteine. Unterwegs stieg Nahum in einem Dorfe in einer Herberge ab, um zu übernachten. Er aß und trank und legte sich schlafen, das Kästchen als Kopfstütze benutzend. Als er aber eingeschlafen war, schlichen sich in der Nacht die Dorfleute an ihn heran; sie nahmen das Kästchen, leerten es, füllten es danach mit Erde und schoben es dem Nahum unter das Haupt; dieser wurde nichts gewahr. Des Morgens nahm er die Kiste, tat sie auf den Esel und zog des Weges weiter, bis er vor den Kaiser kam. Er sprach zu ihm: Hier ist eine Gabe für meinen Herrn und König, ihm gesandt von seinen Knechten, den Israeliten. Da befahl der König, den Kasten zu öffnen, und siehe da, er war voll Erde. Die Hofleute sprachen zu dem Könige: Schau, die Juden spotten deiner, verhöhnen dich und achten dich gering. Dies erzürnte den König, und seine Wut entbrannte in ihm. Er befahl, die Juden alle zu töten, und Schreiber wurden gerufen, Erlasse auszufertigen, daß die Judäer hingemordet werden sollten, die einem Fürsten ein solches Geschenk zu schicken gewagt hatten.

Als Nahum auf den Richtplatz hinausgeführt wurde, sagte er: Auch das führt zum Guten! Da kam Elia, seinem Andenken Preis, und erschien dem König als einer seiner Hofleute; er sprach zu ihm: Mein Herr und König! Vielleicht ist der Staub in dem Kistchen von dem Staube, den Abraham auf seine Feinde schleuderte, aus dem Pfeile, Lanzen und Speere wurden, durch welche Festungen sich öffneten und hohe Mauern umfielen. Zu der Zeit wurde von den Römern eine Stadt lange belagert, und sie konnten sie nicht stürmen. Alsbald nahm man etwas Erde aus dem Kästchen, schüttete sie auf die Verteidiger der Festung, und die Erde wurde zu Pfeilen und zu andern tödlichen Waffen; die Feinde wurden davon getroffen und übergaben die Stadt. Da ward der König des Geschenkes froh, das er bekommen hatte; er befahl, den Kasten mit Gold, Silber und Perlen zu füllen und ihn Nahum zu geben. Das taten die Hofleute; sie kleideten den Nahum in königliche Gewänder, und er zog seines Weges zurück.

Als er das Dorf erreichte, in dem er auf dem Hinwege übernachtet hatte, sahen ihn die Leute mit großen Ehren ankommen und sprachen: Wofür hat dir der König alle diese Ehrungen erwiesen? Nahum antwortete: Um des Kästchens willen, das ich mit mir geführt habe. Und er erzählte ihnen alles, was sich mit ihm ereignet hatte. Alsbald machten sich die Dorfleute auf, füllten ihre Säcke mit Erde, kamen vor den König und sprachen: Unser Herr und König! Hier ist Erde, wie sie dir die Juden unlängst gesandt haben. Da befahl der König, den Sand zu untersuchen, aber er übte keine Wirkung aus. Hierauf ordnete der König an, daß man die Boten töte, und das wurde vollzogen. Nahum aber war in Frieden heimgekehrt.

76. ELEASAR UND ABBA JUDAN

Eleasar, der Kubäer, pflegte viel Almosen auszuteilen. Wann immer er den Einsammlern begegnete, gab er ihnen, was er in Händen hatte. So kam es, daß die nach Gaben Umherziehenden vor ihm flohen, wenn sie ihn von ferne sahen, damit er nicht sein Letztes hergebe.

Eines Tages ging der Fromme auf den Markt, um für seine Tochter, die heiraten sollte, das zur Hochzeit Nötige einzukaufen, als er die Almosensammler gewahrte. Er näherte sich ihnen, ehe sie ihn bemerkt hatten, und sprach zu ihnen: Ich beschwöre euch bei Gott, dem Allgepriesenen und dem Allgebenedeiten, sagt mir, für wen sammelt ihr heute? Die Männer antworteten: Wir haben einen Waisenknaben mit einem Waisenmädchen zusammengeführt und wollen nun die Brautausstattung besorgen. Da gab ihnen Eleasar alles, was er bei sich führte, und sprach: Ein Waisenkind geht meiner Tochter vor. Nur eine Münze blieb ihm übrig, die in dem Zipfel seines Mantels eingebunden war. Für dieses Geld kaufte er etwas Mehl, trug es nach Hause und legte

es dorthin, wo man das Mehl aufzubewahren pflegte. Danach ging er wieder auf die Straße.
Inzwischen fragte zu Hause die Mutter ihre Tochter: Was hat dein Vater vom Markte gebracht? Die Tochter sagte, was der Mann gekauft hatte. Da ging die Mutter, das Mehl zu sehen, und siehe, der Herr hatte das Haus mit Überfluß gesegnet und aus der kleinen Menge viel werden lassen. Es begegne keiner diesem Wunder mit Unglauben. Bei Gott ist kein Ding unmöglich; hat er doch die Witwe von Zarpath gleichfalls gesegnet, daß sie von der Handvoll Mehl, die sie im Hause hatte, sich, ihren Sohn und Elia speisen konnte, bis daß der Regen herniederströmte.
Als es Abend wurde, sprach die Frau Eleasars zu ihrem Manne: Sieh, was uns Gott Gutes beschert hat. Eleasar antwortete ihr: Als eine Gabe Gottes hast du dieses Mehl anzusehen, und so nimm deinen Teil davon wie der Armen Israels einer. Und sie zehrten von dem Mehl gemeinsam mit den andern Armen.

Ähnlich war auch Abba Judan einer, der das Wohltun übte. Sah er nur die Einsammler, so lief er ihnen nach und gab ihnen alles hin. So wurde er aus einem reichen Mann ein Armer, der nur ein Stück Feld und eine Kuh übrigbehielt und sich davon ernährte. Eines Tages gingen die Weisen R. Elieser, R. Josua und R. Akiwa Armenspenden sammeln. Als Abba Judan diese umherziehen sah, kam er in sein Haus mit verändertem Gesicht, weinte und sprach vor seiner Frau: Was soll ich tun? Solch ruhmreiche Männer sammeln Geld für die Armen, und ich habe nichts, um es ihnen zu geben. Darauf sprach sein Weib: Verkaufe die Hälfte deines Ackers und gib ihnen den Ertrag. Das tat Abba Judan.
Einige Zeit darauf pflügte Abba Judan das Feld mit seiner Kuh, als sie plötzlich hinfiel und vor einem Graben ein Bein

brach. In der Höhle aber war ein großer Schatz verborgen. Da sprach der Fromme: Der Schaden wollte mir zum Guten ausschlagen. Und er wurde wieder sehr reich.
Sieh, welch großen Lohn Gott den Gerechten zukommen läßt!

77. VON DEM LEHRER RABBI TARPHON

Ein Winzer hatte einen Weinberg, und dieser wurde oft von Dieben heimgesucht. Der Besitzer des Gartens sah, daß der Früchte immer weniger wurden, und begriff, daß Diebe sich den Garten als ihr Ziel ausersehen hatten. Darüber grämte sich der Mann die ganze Weinernte hindurch; er sammelte das Spärliche ein, das noch übriggeblieben war, und ließ die Beeren dörren. Hat man aber Früchte zum Trocknen bestimmt, so kümmert man sich nicht viel um die Nachlese, denn die ist zu gering.
Eines Tages kam R. Tarphon in den Garten, sah Trauben herumliegen und aß einige davon. Da erschien der Wirt, überraschte den Lehrer und sprach bei sich: Das ist wohl der Dieb, der die ganze Zeit über die Trauben stahl. Er kannte R. Tarphon nicht von Angesicht, hatte aber seinen Namen gehört. Voll Zorn nahm er den Meister, steckte ihn in einen Sack, warf sich ihn über die Schulter und lief an den Fluß, um ihn zu ertränken. R. Tarphon gab keinen Laut von sich, während alles vor sich ging. Als der Winzer ihn aber in den Fluß werfen wollte, schrie der Weise und rief: Wehe R. Tarphon, daß dieser sein Mörder ist! Als der Besitzer des Weinberges den Namen Tarphon hörte, schämte er sich und ließ von ihm ab.
Man erzählt: Sein Lebtag hat es R. Tarphon gereut, daß er damals seinen Namen genannt hat. Er sprach: Wehe mir, daß ich die Glorie der Schrift mißbraucht habe, um meinen Leib zu erhalten; wer sich der Krone der Lehre bedient, wird aus der Welt ausgerottet. R. Tarphon hätte sich

durch Geld vom Tode loskaufen können, denn er war reich, er hätte aber nimmer den erhabenen Schein der Lehre preisgeben sollen.

78. ONKELOS, DER SCHWESTERSOHN TITUS'

Der Gelehrte Onkelos, der durch die Übertragung der Schrift in die aramäische Sprache berühmt geworden ist, war ein bekehrter Fremdling. Als der Kaiser von seinem Übertritt zum Judentum erfuhr, schickte er Boten zu ihm und ließ ihn rufen. Wie Onkelos aber die Abgesandten sah, fing er vor ihnen an, das Gesetz auszulegen und von dem Lohn zu erzählen, der der Treuen harrt. Da wurden die Boten gleichfalls bekehrt.

Alsdann schickte der Kaiser andre Boten zu Onkelos und sagte ihnen an, daß sie keine Dispute mit ihm anfangen sollten, damit es ihnen nicht wie den ersten ergehe. Onkelos sprach zu den bei ihm Eingetroffenen: Hört, was ich euch sage. Die Boten fragten: Was willst du uns erzählen? Onkelos sprach: In der Welt ist es gang und gäbe, daß in der Dunkelheit der Diener seinem Herrn vorangeht und die Fackel trägt, um ihm den Weg zu beleuchten. Ists nicht so? Die Boten antworteten: Ja, so ist es in Wahrheit. Onkelos sprach weiter: Wie verfährt aber der Herr mit Israel? Von ihm heißt es in der Schrift: ›Er zog vor ihnen her des Tages in einer Wolkensäule, daß er sie den rechten Weg führte, und des Nachts in einer Feuersäule, daß er ihnen leuchtete.‹ Und Onkelos redete in dieser Weise immer weiter, bis auch diese Boten sich bekehrten.

Da schickte der König zum dritten Male Boten und befahl ihnen, kein Wort mit Onkelos zu sprechen und kein Wort aus seinem Munde zu hören. Als die Männer kamen, richtete Onkelos seine Augen auf den Türpfosten, an dem der heilige Name angebracht war, und legte seine Hand dar=

auf. Die Abgesandten sprachen: Was soll das bedeuten? Onkelos erwiderte: Eines Königs Art und Weise ist, sich in den innersten Gemächern aufzuhalten und die Diener und Knechte draußen die Tore bewachen zu lassen. Anders der Heilige, gelobt sei er! Er läßt seine Knechte drinnen sitzen und hält selber Wache vor dem Eingang zum Hause, wie es heißt: ›Der Herr behüte deinen Ausgang und deinen Eingang.‹ Da die Boten des Königs dieses vernahmen, bekehrten auch sie sich zum Glauben Israels. Als der Kaiser das geschehen sah, ließ er davon ab, noch weiterhin Boten zu Onkelos zu senden.

Staune der Größe dieses Frommen, wie sie in seinen Taten zutage tritt! Und das war ein Fremder, der so die Weisheit und die Lehre liebte.

79. DER HEIDE UND DIE FROMME KUH

Es war einmal ein frommer Mann, der hatte eine Kuh, und mit dieser pflegte er alle Tage der Woche seinen Acker zu bestellen. Als aber der Sabbat kam, ließ er sie ruhen. Da begab es sich nach Jahr und Tag, daß der Fromme verarmte und ihm von seiner Habe nichts übrigblieb. So verkaufte er die Kuh einem Heiden. Dieser ließ die Kuh sechs Tage den Pflug ziehen. Am Sabbat führte er sie gleichfalls hinaus, um mit ihr das Feld zu bauen, allein die Kuh legte sich nieder und wollte keine Arbeit an diesem Tage tun. Der Heide schlug das Tier hart, es wollte sich aber nicht von der Stelle rühren.

Da er nun das alles sah, ging er zu jenem Frommen und sagte zu ihm: Komm und hole dir deine Kuh; sechs Tage habe ich mit ihr gearbeitet; als ich sie aber am siebenten Tage in das Joch spannte, warf sie sich hin und wollte nicht pflügen; ich peitschte sie, es half aber nichts. Als der Fromme das erzählen hörte, verstand er, warum die Kuh nicht ar=

beiten wollte; war sie doch gewohnt, am Sabbat zu ruhen. Er sprach zu dem Heiden: Laß mich mit dir gehen; ich will sie aufmuntern, und sie wird dein Feld brachen. Wie der Fromme sich der Kuh näherte, flüsterte er ihr ins Ohr: Mein Tier, du weißt, daß du, als du mein warst, den Sabbat halten durftest; nun ist es durch meine Sünden gekommen, daß ich dich verkaufen mußte, und du gehörst nicht mehr mir. Ich bitte dich nun, steh auf und ackere und tu den Willen deines Herrn. Da der Fromme diese Worte gesprochen hatte, stand die Kuh auf und zog den Pflug.

Hierauf sagte der Heide zum Judäer: Bekenne, du hast das Tier verzaubert. Ich lasse nicht von dir, bis du mir gesagt hast, was du mit der Kuh angestellt hast. Der Gerechte antwortete: Das und das habe ich ihr ins Ohr geraunt, und daraufhin ist sie aufgestanden. Als der Heide das vernahm, erschrak er und erbebte, und er sprach bei sich: Wenn nun eine Kuh, die keinen Verstand und keine Einsicht hat, ihren Schöpfer erkannt hat, sollte ich, der ich nach dem Bilde und dem Gleichnisse Gottes geschaffen worden bin, und dem Verstand und Einsicht verliehen worden sind, nicht Gott erkennen?

Alsbald machte er sich auf und nahm den jüdischen Glauben an; es ward ihm vergönnt, vieles von der Schrift zu erforschen, und er erhielt den Namen Chanina ben Toretha, das bedeutet: Sohn des Rindes. Sein Platz ist im Eden unter den andern Gerechten, und bis heute werden Gesetze gelehrt, die seinen Namen tragen.

80. JOSSE DER GALILÄER

R. Josse der Galiläer pflegte nach seinem Tode an jedem Vorabend zum Sabbattage in sein Haus zu kommen und da in der Schrift zu lesen. Einmal gingen an einem solchen Abend zwei Jünger an dem Hause des Lehrers vorüber und hörten, daß ein Mann sich bei der Witwe aufhielt. Da verdächtigten sie das Weib, daß sie Hurerei triebe. Sie kamen vor das Gericht und klagten sie an. Die Richter ließen das Weib kommen und wollten sie mit Schlägen bestrafen. Darauf sagte die Frau des Weisen, der Gast sei ihr verstorbener Mann R. Josse gewesen. Das wollten ihr die Richter nicht glauben. Am nächsten Sabbat erschien R. Josse, wie gewöhnlich, und fand sein Weib weinend und in Gram darüber, daß man sie einer Sünde geziehen hatte. Da offenbarte sich R. Josse, als es Morgen wurde, der Gemeinde im Bethaus, und er bestrafte viele von ihnen. Von nun an aber kam er nicht mehr in sein Haus.

81. DIE BESTRAFUNG DES GEWALTHABERS

Ein Talmudlehrer, R. Josse ben Kisma, nahm sich einst gefangener Kinder an, die von einem fremden Machthaber von Jerusalem fortgeschleppt worden waren. Er ging zu dem Fürsten und sprach zu ihm: Nimm hundert Minen und gib mir die Kinder heraus. Der Fürst erwiderte: Das tu ich nicht. Da richtete der Fromme seine Augen gen Himmel. Alsbald fuhr der Engel Michael hernieder und fing den Fürsten zu plagen an. Da sprachen seine Freunde, die um ihn waren: Hast du den frommen Mann gekränkt? Der Fürst antwortete: Das habe ich getan. Darauf sagten die Freunde: Er möge herkommen. Da wurde R. Josse gerufen, und wie er erschien, ließen die Schmerzen des Fürsten nach. Er sprach zu dem Frommen: Gib die hundert Minen und führe die Knaben heim. R. Josse aber sagte: Bei deiner Seele! Nimm achtzig Minen. Darüber geriet der Fürst in Zorn und sagte: Führt ihn heraus! Wie aber der Fromme den Raum verließ, wurde der Machthaber abermals von seinen Schmerzen befallen. Also sagte er: Ruft den Mann wieder herein. Und er sprach zu ihm: Zahle die achtzig Minen und zieh mit den Jünglingen ab. Allein R. Josse sagte: Bei deiner Seele! Nimm fünfzig Minen an. Der Fürst wurde böse und sagte: Gib sechzig. Und so ließ er vom Preis immer herunter, bis er zuletzt sagte: Du sollst die Gefangenen umsonst ohne Lösegeld haben! Da sprach aber R. Josse: Beim heiligen Dienst! Ich rühre mich nicht von hinnen, als bis du den Lohn für die Fronarbeit entrichtet hast, die dir die Knaben vom Tage ihrer Gefangennahme an geleistet haben. Da wurde darüber eine Rechnung aufgestellt, und die ergab, daß der Fürst achtzig Minen zu zahlen hatte. Er wog das Gold ab, gab es den Jünglingen, und die durften abziehen.

82. MATHIA BEN CHERESCH

Es wird von Mathia ben Cheresch, dem Sohne des Zimmermannes, erzählt, daß er fromm und gottesfürchtig gewesen sei und alle seine Tage im Gotteshause über der Schrift gesessen habe. Es ging ein Leuchten von seinem Angesicht aus, daß es der Sonne glich, und nie noch hatte er sein Auge zu einem Weibe erhoben.

Eines Tages, als er so in die Lehre versenkt war, ging der Satan vorbei, erblickte den Frommen und ward voll Neid über ihn. Er sprach bei sich: Ist wohl ein Mensch auf Erden, der der Sünde nicht anheimfiele? Und er stieg in den Himmel, trat vor den Herrn und sprach: Herr der Welt! Mathia, der Sohn Chereschs, was ist der vor dir? Der Herr erwiderte: Er ist ein Gerechter ohne Fehl. Darauf sprach der Satan: Gib mir die Freiheit, daß ich ihn verderbe. Der Herr antwortete: Du vermagst nichts gegen ihn. Aber der Satan sprach: Dennoch, Herr, will ich es versuchen. Da sprach Gott: So magst du hingehen.

Also begab sich der Satan zu Mathia ben Cheresch und fand ihn abermals vor der Schrift sitzend. Was tat er? Er nahm die Gestalt eines Weibes an, das war so schön, daß es ihresgleichen nicht auf Erden gab seit den Tagen Naamas, der Schwester Tubal-Kains, der selbst die himmlischen Heerscharen gefolgt sind. Und das Weib kam und stellte sich hin gerade vor Mathia. Da der sie aber erblickte, wandte er sein Angesicht von ihr ab und drehte den Kopf nach rückwärts, da erschien sie ihm sogleich von der andern Seite; er drehte seinen Kopf nach rechts, und der Satan war bald an der rechten Seite; er drehte den Kopf nach links, und das Weib stand wieder vor ihm. Da sprach Mathia: Wehe, daß der Satan nicht über mich siege und mich zur Sünde bringe. Was tat der Heilige? Er rief einen Jünger, der ihm alles darreichte, und sprach zu ihm: Geh hin, hole mir Feuer und Nägel. Der brachte das Gewünschte. Da nahm Mathia zwei Nägel, legte sie ins Feuer, und als sie zu glühen anfingen, stach er sich beide Augen aus. Da nun der Satan dies sah, erschauerte er und fiel rücklings nieder. Alsdann erhob er sich, kehrte in den Himmel zurück, stellte sich wieder vor den Herrn und sprach: Herr der Welt! So und so erging es mir mit Mathia. Da sprach der Herr: Sagte ichs dir nicht, daß du gegen ihn nichts ausrichten würdest?

In dieser Stunde rief der Allmächtige den Engel Raphael und sprach zu ihm: Geh hin und heile die Augen des Mathia. Und der Engel kam alsobald vor den Erblindeten. Da fragte ben Cheresch: Wer bist du, der da herkommt? Der Sendbote sprach: Ich bin Raphael der Engel, den der Herr entsandt hat, daß er dir dein Augenlicht wiedergebe. Mathia ben Cheresch antwortete: Laß ab von mir; was nun geschehen ist, ist geschehen.

Da kehrte Raphael zurück, trat vor den Herrn und berichtete: Das und das gab mir Mathia zur Antwort. Da sprach der Herr: Geh hin und sage ihm: Ich bürge ihm dafür, nie wird der Satan über ihn Herrschaft haben. Alsbald ging Raphael und heilte den Mathia.

83. DIE BEIDEN RÖMER

In den Tagen der drei großen Meister, des R. Elieser, des R. Josua und des R. Gamliel, erließ der kaiserliche Rat zu Rom folgende Bestimmung: Von heute in dreißig Tagen darf es keinen Judäer in der Welt geben. Ein Konsul aber aus dem Rate war ein gottesfürchtiger Mann, und dieser kam vor R. Gamliel und offenbarte ihm den Beschluß. Da war das Herzeleid unserer Lehrer groß. Der fromme Römer aber sprach: Grämt euch nicht, der Gott der Juden wird binnen dreißig Tagen euch beistehen. Nach fünfundzwanzig Tagen verriet der Konsul auch seiner Frau das Vorhaben des Rates. Darauf sprach das Weib: Es sind doch aber schon fünfundzwanzig Tage vorüber. Der Konsul antwortete: Es sind noch fünf Tage Frist. Sein Weib aber war noch gerechter als er, und sie sprach: Du hast doch einen Ring, der Gift enthält; sauge ihn aus und stirb, und so wird der Beschluß des Rates nichtig werden; ehe die dreißig Tage um sind, wird das Gesetz aufgehoben. Der Konsul befolgte den Rat seines Weibes; er trank das Gift aus dem Ringe und starb.

Das erfuhren die Lehrer und kamen zu der Frau des Konsuls, um ihr Dank zu sagen. Sie sprachen zu ihr: Schade um das Schiff, das dahingefahren ist, ohne den Zins erlegt zu haben. Sie wollten darauf hindeuten, daß jener Gerechte unbeschnitten von der Welt verschieden war. Das Weib erwiderte darauf den Lehrern: Ich weiß wohl, was ihr sagen wollt; allein bei eurem Leben, das Schiff ist nicht abgegangen, ohne die Steuer entrichtet zu haben. Und sie begab sich in das innere Gemach und holte ein Kästchen, das die Beweise der vollzogenen Beschneidung ihres Gemahls enthielt. Da riefen die Lehrer über sie aus: ›Der Völker Fromme werden zu dem Gotte Abrahams versammelt!‹

In den Tagen Tinnius Rufus', des Gottlosen, wurde ein Fürst entsandt, um den Lehrer Simeon, den Sohn Gamliels, zu beseitigen. Das erfuhr Simeon und hielt sich verborgen. Der Fürst aber suchte ihn in seinem Versteck auf und sprach zu ihm: Wenn ich dich rette, willst du mir da das ewige Leben versprechen? Darauf weinte der Fromme und erwiderte: Gar mancher gewinnt das ewige Leben in einer Stunde, mancher aber erkauft es erst durch viele Jahre. Der Fürst fragte: Aber ist es dein Wille, daß ich des zukünftigen Lebens teilhaftig werde? R. Simeon entgegnete: Mir ist es recht. Der Fürst sprach: So schwöre es mir. Und der Lehrer schwur es ihm.
Hierauf stieg der Fürst auf das oberste Stockwerk eines Hauses, stürzte sich von da hinunter und war tot. Es galt aber bei den Römern als Regel, daß, wenn nach dem Erlassen eines Gesetzes einer ihrer Großen gestorben war, das verhängte Gesetz dadurch nichtig wurde. Alsbald erscholl eine Stimme vom Himmel und rief: Dieser Heidenfürst soll sich des zukünftigen Lebens erfreuen!

84. DIE GEBURT JUDA BEN BETERAS

Die drei Lehrer R. Gamliel, R. Elieser und R. Josua waren einst unterwegs, als sie einen Judäer in seiner Sprache rufen hörten. Sie gingen der Stimme nach und kehrten in das Haus jenes Mannes ein. Der empfing sie wohl und ließ ihnen viel Ehre zuteil werden; er bereitete den Gästen ein großes Mahl, ging aber mit jedem Gericht, das er auftrug, erst in ein anderes Zimmer. Das bemerkten die Lehrer das eine, das zweite und das dritte Mal und sprachen zu dem Gastgeber: Verhext du nicht gar unser Essen? Und sie fragten ihn: Warum verfährst du so mit den Speisen? Der Wirt erwiderte: Ich habe einen alten Vater bei mir wohnen, und der hat gelobt, daß er die Straße nicht eher betreten werde, bis er Weise bei sich gesehen habe; diesen lasse ich sein Teil von den Speisen zuerst nehmen. Da sprachen die Lehrer: Möge er zu uns herauskommen, denn wir werden Weise in Israel geheißen. Der alte Mann erschien, und die drei Meister fragten ihn: Weswegen hast du ein solches Gelübde getan? Der Greis antwortete: Ihr Weisen, es sind jetzt zwölf Jahre her, daß dieser mein Sohn ein Weib gefreit hat; nun wurde er verhext, daß er seinem Weibe die Eheschuld nicht zollen kann; daher legte ich mir auf, nicht auszugehen, in der Erwartung, daß der Herr einst einen schicken wird, der sich meines Sohnes erbarme und für ihn bete. Darauf sprach R. Gamliel zu R. Josua: Was gedenkst du nun zu tun? R. Josua entgegnete: Schafft mir Leinsamen. Als der Samen gebracht wurde, streute der Lehrer davon etwas auf ein Tafelbrett, und die Zuschauenden sahen Lein aufgehen. Der Fromme zupfte an den Blüten, und siehe da, ein Weib stieg empor, und R. Josua hielt sie an ihren Haaren fest. Der Lehrer sprach zu ihr: Mache wieder gut, was du angestiftet hast. Das Weib erwiderte: Das kann ich nicht mehr. Da sprach der Meister: Wenn du den Zauberbann nicht lösest, so decke ich auf, wer du bist. Das Weib versetzte: Ich kann nichts tun; ich habe die Zaubermittel ins Meer geworfen. Hierauf befahl R. Josua dem Fürsten des Meeres, das Verschlungene wieder auszuspeien.

Nun ging der Sohn des alten Mannes zu seinem Weibe ein, und ihnen entsproß R. Juda ben Betera.

85. ELISA BEN AWUJA, DER ABTRÜNNIGE

Mit einem der Weisen Israels geschah es einst, daß seine Gedanken verwirrt wurden, daß er vom Wege der Wahrheit abwich und an Gottes Walten zu zweifeln anfing. Der Name dieses Lehrers war Elisa ben Awuja, und der hatte

als Weiser und Schriftgelehrter vorher eine hohe Stufe errungen.
Eines Tages hörte Elisa einen Mann zu seinem Sohne sprechen: Mein Sohn, steig hinauf zum Taubenschlag und hole mir da einige von den jungen Vögeln, die ich gern essen möchte; die Taubenmutter aber laß vorerst aus dem Neste fliegen, wie uns der Herr durch Mose geboten hat. Da sprach Elisa bei sich: Dem, der seine Eltern ehrt und ihren Willen tut, hat der Herr großen Lohn und langes Leben versprochen;* ebenso will er dem ein langes Erdendasein geben, der ein Vogelnest findet und die Vogelmutter fliegen läßt.** Dieser Knabe hier wird sich gewißlich des Lohnes für beide Gebote zu erfreuen haben.
Und der Knabe säumte nicht mit der Ausführung des Befehles seines Vaters. Er stieg zum Taubenschlag hinauf, nahm die Küken heraus und gab die Mutter frei. Als er aber hinuntersteigen sollte, brach die Leiter, und der Knabe fiel tot zur Erde nieder. Da sprach Elisa: Wo ist das lange Leben dieses Kindes hin? Was hat ihm seine Willfährigkeit eingetragen? Und der Lehrer ward schwach und fühlte sich niedergeschmettert; er leugnete fortan die Auferstehung nach dem Tode. Er sprach: Es gibt keinen Lohn und kein Anrechnen des Guten, und der Mensch erzielt nichts durch fromme Werke. Und Elisa ben Awuja trat aus der Gemeinde Israel aus, denn er konnte nicht hinter den wahren Sinn jener Verheißungen kommen; er verstand nicht, daß sie sich auf die zukünftige Welt beziehen, in der es ein Leben ohne Ende gibt.
So mußte er denn sein Vergehen tragen. Alle Verordnungen, die von Elisa ben Awuja verfaßt worden waren, wurden verbrannt, und eine Stimme ward laut: Kehrt um, ihr ungestümen Söhne. Die Buße aber ben Awujas ist mir nicht genehm!

* 2. Buch Mose 20, 12 ** 5. Buch Mose 22, 7

Elisa war der Lehrer R. Meïrs, und dieser verblieb auch weiterhin sein Schüler. Darüber hielten sich die Talmudlehrer auf und sprachen: Wie kann man sich von einem Ketzer unterweisen lassen? Bald jedoch fanden sie selbst die Antwort auf die Frage, und sie verglichen das Tun Meïrs mit dem Tun eines Menschen, der das Innere eines Granatapfels ißt und die Schale wegwirft.

Einst unterhielten sich R. Meïr und Elisa ben Awuja miteinander über den Fall eines Mannes, der sich an dem Weibe seines Nächsten vergeht, und ob er durch Buße Heil erlangen könne oder nicht. Elisa sprach: Mein Sohn, eines Tages, als ich mit ben Asai diesen Abschnitt in der Lehre durchnahm und wir zu dem Verse kamen: ›Wer zu dem Weibe seines Nächsten eingeht, bleibt nicht ungestraft‹* – sprach mein Genosse: Ein solcher nehme einen Waisenknaben in sein Haus, ziehe ihn auf und lasse ihn in der Schrift unterweisen, er beachte alle Gebote, und seine Schuld wird ihm im Jenseits nicht angerechnet werden, wenn er die Sünde nicht wiederholt und Buße tut.
Darauf sprach R. Meïr zu Elisa: Meister, hören denn deine Ohren nicht, was du sprichst? Wenn der Herr die Buße solcher Sünder entgegennimmt, um wieviel eher wird er deine Buße empfangen, der du die ganze Lehre in dir trägst; warum kehrst du nicht um? Elisa antwortete: Ich war eines Tages ins Bethaus gekommen und hörte, wie einem Knaben, der vor seinem Lehrer saß, der Vers vorgelesen wurde: ›Zu dem Missetäter spricht Gott: Was verkündigst du meine Rechte und führst meinen Bund in deinem Munde?‹** Als der Knabe den Satz wiederholen sollte, versprach er sich und sagte: Zu Elisa*** spricht Gott: Was verkündigst du meine Rechte? – Da ich das vernahm, sagte ich mir:

* Sprüche 6, 29 ** Psalmen 50, 16 *** Das Wort rascha (Missetäter) klingt an den Namen Elisa (hebräisch: Elischa) an

Elisa ist da oben endgültig verurteilt. R. Meïr aber sprach zu Elisa: Tu Buße, wo du noch hienieden weilst; am Tage des Gerichtes, wenn die Strafe über dich kommt, will ich dir beistehen. Allein Elisa verharrte in seinem Trotz.
Als er verschieden war, kamen Schüler und sagten R. Meïr: Komm und schaue: ein Feuer verzehrt das Grab deines Lehrers. In dieser Stunde breitete R. Meïr sein Gewand über die Gruft Elisas, beschwor das Feuer und rief: ›Schlafe die Nacht über; erlöst er dich morgen, so ist es wohlgetan, wo nicht, so will ich dich erlösen, so wahr Gott lebt; schlaf bis zum Morgen!‹ Ruhe die Nacht über im Diesseits, das eitel Finsternis ist, und gelange des Morgens ins Jenseits, das eitel Licht ist. Wird dich Gott erlösen, so ist es gut; wenn nicht, so erlöse ich dich, so wahr Gott lebt! Wie R. Meïr den Namen des Heiligen, gelobt sei er, über dem Grab ausrief, erlosch das Feuer.
Darum sprachen die Weisen: Selig, wer Jünger herangezogen hat, denn die flehen Erbarmen auf ihn herab!

86. BERURIA DIE HELDENMÜTIGE

An einem Sabbat nachmittags saß der Fromme R. Meïr im Lehrhaus, und währenddessen starben seine zwei Söhne. Was tat ihre Mutter Beruria? Sie legte die Kinder aufs Bett und breitete ein Leintuch über sie.
Am Sabbatausgange kam R. Meïr in sein Haus zurück und fragte: Wo sind meine Kinder? Beruria antwortete: Sie sind ins Lehrhaus gegangen. R. Meïr sprach: Ich habe mich im Lehrhaus umgeschaut und habe sie nicht gesehen. Da reichte man ihm den Kelch mit Wein, damit er den Segen über die Wochenwende spreche, und er sprach den Segen. Alsdann fragte er wieder: Wo sind meine beiden Söhne? Das Weib erwiderte: Sie sind ausgegangen und kommen bald wieder. Und sie setzte ihrem Mann Speise vor, und

er aß und lobte den Schöpfer. Nachdem er den Segen verrichtet hatte, sprach Beruria: Mein Herr, ich will dir eine Frage stellen. R. Meïr erwiderte: Frage nur. Sie sprach: Mein Herr, vor einem Tage kam ein Mann und gab mir ein Pfand zum Verwahren, und nun kommt er wieder, um es zu holen. Sollen wir es ihm wiedergeben oder nicht? R. Meïr antwortete: Tochter, wer ein Pfand genommen hat, muß es seinem Eigentümer zurückgeben. Beruria sprach: Herr, wäre es nicht dein Wille, ich gäbe es nicht wieder.
Was tat sie darauf? Sie nahm ihren Mann bei der Hand, führte ihn in die Kammer, wo die Kinder lagen, bis an ihr Bett und zog das Tuch zur Seite. Da sah der Fromme seine Söhne tot ausgestreckt daliegen. Er fing an zu weinen und zu rufen: Ihr meine Sprossen, ihr meine Lehrmeister! Ihr wart mir Kinder nach eurer Geburt und wart mir Lehrer durch eure Weisheit. In dieser Stunde sprach Beruria zu Meïr: Mein Herr, hast du nicht eben gesprochen: Man muß dem Eigentümer sein Gut zurückgeben? Da sprach der Fromme wie einst Hiob: ›Der Herr hat es gegeben, der Herr hat es genommen, der Name des Herrn sei gesegnet!‹

87. DIE BEFREIUNG DER JUNGFRAU

Nachdem der Meister Chanania, der Sohn Teradions, getötet worden war, befahl der König, die Tochter dieses Heiligen in ein Hurenhaus zu setzen. Die Schwester des Mädchens, Beruria, das Weib R. Meïrs, bat ihren Mann und sprach: Mein Herr, flehe das Angesicht deines Gottes an, daß er meine Schwester aus diesem Orte der Schande führe.
Hierauf nahm R. Meïr vierhundert Goldstücke und begab sich nach der Stadt, wo das Mädchen gehalten wurde. Daselbst angelangt, betete er und sprach: Erhöre mich, o Gott! Ist die Jungfrau noch rein und frei von Sünde, so tu ein Wunder an mir und laß mich sie erretten. Danach verklei-

dete er sich, kam zu dem Mädchen und sprach: Nimm dieses Gold hier und laß mich bei dir schlafen. Die Jungfrau erwiderte: Mein Herr, dieses ist jetzt nicht ziemlich; es sind die Tage meiner Reinigung. R. Meïr fuhr fort, auf sie einzureden, allein er vermochte nicht, ihren Sinn zu ändern. Da wurde ihm offenbar, daß die Jungfrau ihre Keuschheit bewahrt hatte und keines Mannes schuldig geworden war.

Er ging zum Amtmann des Freudenhauses und sprach zu ihm: Laß mich dieses Mädchen wegbringen. Hier sind vierhundert Goldstücke; fordert dein König das Mädchen von dir, so gib ihm die Hälfte davon und behalte dir das übrige. Befiehlt aber der König, dich zu töten, und du siehst dich in Not, so rufe: Der Gott R. Meïrs möge mir helfen! und dich wird kein Leid treffen. Der Amtmann sprach: Welches ist das Wahrzeichen, daß dein Gott mich retten kann, wie du es vorgibst? R. Meïr antwortete: Sieh, große bissige Hunde bewachen das Schloß des Königs, und die fallen über jeden her; bringe mich in ihre Nähe, und du wirst sehen, was sich ereignen wird.

Da führte der Amtmann den Frommen bis an den Ort, wo die Hunde waren, und diese stürzten sich alsbald auf R. Meïr, als wollten sie ihn verschlingen. Aber er rief: Mein Gott, errette mich! und die Hunde ließen von ihm ab. Als der Amtmann dieses geschehen sah, nahm er das Gold und übergab das Mädchen R. Meïr. Die beiden zogen von dannen.

Das alles wurde aber dem Könige hinterbracht, und dieser befahl, den Aufseher des Dirnenhauses hinzurichten. Die Kämmerer kamen, um ihn zu greifen; da rief er aus: Du Gott R. Meïrs, errette mich! Und die Diener konnten ihm nicht nahen. Sie sprachen zu ihm: Was ist geschehen, daß man dir nicht beikommen kann? Da erzählte er ihnen alles. Darauf sagten die Kämmerer: Fertige uns ein Bild von die=

sem Manne an, das soll an das Tor der Stadt gehängt werden. Der Amtmann tat also.
Danach erließ der König einen Befehl, woraufhin jeder, der einen dem Bilde ähnlichen Mann sähe, ihn zu fassen und vor den König zu führen hätte. Da begab es sich eines Tages, daß die Torwächter R. Meïr erblickten. Sie liefen ihm nach, er aber entwich ihnen und kam in die Hurengasse. Da sprachen die Wächter: Ein solcher wird nicht in ein Hurenhaus gehen – und verfolgten ihn nicht weiter.
Nach dieser Begebenheit nahm R. Meïr sein Weib und ihre Schwester und übersiedelte mit ihnen nach Babel. Halte dir das Tun dieser gerechten Jungfrau vor Augen. Weil sie der Sünde standgehalten hat, hat Gott sie aus der Hand der Missetäter erlöst.

88. EINE TAT RABBI MEÏRS

Einst, es war die Nacht zum Sabbat, predigte der Meister R. Meïr in einem Tempel. Da kam eine Frau, den Vortrag zu hören, und wurde von der Stimme des Predigers so gebannt, daß sie sitzen blieb und nicht fortging. Unterdessen kehrte ihr Mann aus dem Bethause zurück und fand seine Frau nicht daheim. Die Sabbatlichter waren schon erloschen, als das Weib aus dem Tempel kam. Ihr Mann fragte sie: Wo bist du so lange gewesen? Sie erwiderte: Ich hörte die Stimme des Vortragenden, und die gefiel mir so wohl, daß ich die ganze Zeit über dageblieben bin. Darauf schwur der Mann, daß er seine Frau für so lange aus dem Hause weise, bis sie jenem Prediger ins Gesicht gespuckt habe; R. Meïr aber war einer der angesehensten Lehrer. Und der Ehemann brachte seine Frau in das Haus ihres Vaters zurück.
Dieser Fall wurde vom Volke vielfach erörtert, und so drang die Kunde davon zu R. Meïr. Was tat der Fromme?

Er sprach zu einer Frau: Geh und erkundige dich nach dem Weibe, deren Mann jenen Schwur getan hat. Die Frau ging hin und fand die Verstoßene am Sabbattage mit andern Frauen sitzen, welche alle ihr Schicksal beklagten. Die Abgesandte kehrte zu R. Meïr zurück und berichtete ihm davon. Da begab sich der Meister zu den Frauen, setzte sich vor die Tür des Hauses und sprach: Ich bin Meïr; ist vielleicht unter euch eine da, die ein Auge besprechen kann? Mein Auge ist nämlich schlimm geworden. Da sagten die Weiber zu der, die von ihrem Manne vertrieben worden war: Besprich du das Auge und spuck ihm ins Gesicht, damit du den Eid deines Mannes loswerdest. Und sie sprachen zu R. Meïr: Herr, wir können kein Auge besprechen, aber diese Frau hier kann das tun. Und sie gingen fort und ließen die Frau mit R. Meïr allein. Auch sie wollte den Raum verlassen, aber R. Meïr faßte sie bei der Hand und sagte: Besprich mein Auge, auf daß es durch dich geheilt werde. Das Weib erwiderte: Bei deinem Haupte, Herr, ich vermag es nicht zu besprechen. Da sagte R. Meïr: So spucke mir siebenmal ins Gesicht, und der Herr wird mein Auge heilen. Das Weib wiederholte: Das darf ich nicht tun. Der Fromme ließ aber von ihr nicht ab, bis sie ihm siebenmal ins Gesicht gespien hatte. Danach nahm er das Weib bei der Hand, brachte sie bis vor das Haus ihres Mannes und sprach zu ihr: Sage deinem Eheherrn: Du hast geschworen, daß ich R. Meïr einmal ins Gesicht spucken solle, ich habe es siebenmal getan. Und der Fromme kehrte in den Tempel zurück.
Allgemach wurde der Vorfall bekannt, und die Schüler R. Meïrs sprachen zu ihrem Meister: Herr, so hast du dermaßen die Lehre und die sich ihrer befleißigen erniedrigt? R. Meïr erwiderte ihnen: Sollte Meïr nicht das tun, was zu tun auch der Herr für sich nicht als unziemlich hält? Der Name Gottes darf verwischt werden, wo es gilt, Frieden

zu stiften zwischen einem Mann und seiner Frau,* um wieviel mehr denn kann die Ehre eines Meïr preisgegeben werden!

89. RABBI MEÏR UND DIE EHEBRECHERIN

R. Meïr pilgerte alljährlich zu den hohen Festtagen nach Jerusalem und stieg daselbst immer bei einem Manne ab, der Juda ha-Tabach hieß. Dieser Mann hatte eine fromme und schöne Frau, und die war immer darum beflissen, ihrem Gast jegliche Ehre zu erweisen. Aber nach einiger Zeit verschied diese Frau in das Land der Ewigkeit, und R. Juda heiratete ein andres Weib. Dieser sagte er an: Wenn hierher ein gelehrter Mann mit Namen R. Meïr kommt, so bezeuge ihm in allem Ehrfurcht, bewirte ihn wohl und mache ihm das Bett, denn so pflegte mein erstes Weib mit ihm zu verfahren.

Als nun die Zeit des Festes herannahte, kam Meïr nach Jerusalem und blieb vor den Toren seiner Herberge stehen. Da stieg das Weib R. Judas zu ihm herunter; er aber wußte nicht, wer sie war; er sprach zu ihr: Willst du mir nicht das Weib meines Freundes R. Juda herausrufen? Sie erwiderte: Mein Herr, ich bin die Gemahlin R. Judas, seine erste Frau ist verstorben, und er hat mich zum Weibe genommen. Da fing R. Meïr zu weinen an und wollte umkehren. Das Weib aber faßte ihn beim Kleide und sprach: Kehre ein, mein Herr, denn so hat mein Mann befohlen; er hat mir gesagt: Wenn hierher R. Meïr kommt, so sei um ihn bemüht, erweise ihm die geziemende Hochschätzung, setze ihm Essen und Trinken vor und bereite ihm ein reines Lager. So will ich denn den Befehl meines Mannes ausführen und will dich ehren noch mehr als seine erste Frau. R. Meïr erwiderte: Mir steht es nicht zu, dieses Haus zu be=

* Anspielung auf das Gesetz im 4. Buch Mose 5, 23

treten, solange sein Herr nicht da ist und es mir nicht aufgetan hat. Und der Weise ging zurück auf die Straße.
Da begegnete ihm R. Juda, und dieser sprach: Mein Herr, mein erstes Weib ist tot, und die du gesehen hast, ist mein zweites Weib. Ich habe ihr befohlen, dir mit Ehrfurcht zu begegnen. Darauf ging R. Meïr in das Haus R. Judas, und das Weib setzte ihnen Essen und Trinken vor und bediente den Gast, wie es sich gehörte. Danach ging R. Juda auf den Markt, wie er es gewohnt war.
R. Meïr aber war ein stattlicher Mann von schönem Aussehen. Und das Weib erhob ihre Augen zu ihm und trug nach ihm Verlangen. Als es Nacht wurde, gab sie ihm so viel Wein zu trinken, daß er seine rechte Hand von der linken nicht unterscheiden konnte. Wie sie sah, daß er betrunken war, zog sie ihm die Kleider aus, legte sich zu ihm und schlief bei ihm bis zum Morgen, und er ward es nicht gewahr, weder als sie sich hinlegte, noch als sie aufstand.
Des Morgens ging R. Meïr ins Bethaus. Als er zurückkam, trug die Frau Essen und Trinken auf und fing an, mit dem Frommen zu sprechen und zu scherzen, daß er sich über ihre Dreistigkeit wunderte. Er senkte seine Augen zu Boden, weil er sie nicht ansehen wollte. Da sprach das Weib: Warum siehst du mich gar nicht an? Der Fromme erwiderte: Weil du eines Mannes Eheweib bist und ich mich an meinem Freunde R. Juda nicht versündigen will. Da sprach sie: Du hast doch aber diese Nacht bei mir geschlafen. Darauf versetzte R. Meïr: Bewahre! Dieses ist nicht möglich, ich habe dich nicht gesehen und habe mein Lebtag weder bei dir noch bei einer andern geschlafen. Da sprach sie: Die ganze Nacht hast du bei mir gelegen, und nun stellst du dich keusch vor mir. Er rief: Bei deinem Leben, es ist Lüge, was du sprichst. Da sagte das Weib: Du glaubst es nicht. Ich weiß aber, daß du auf deiner rechten Schulter ein rotes Mal hast.

Nun wußte R. Meïr, daß er in Wahrheit gesündigt hatte. Es ward ihm düster zumut, er schrie, weinte und rief: Wehe mir! Ich habe meine Welt verloren! Das ist der Lohn dafür, daß ich allezeit in der Schrift geforscht habe; doch nun, was soll ich tun? Er hielt Rat mit sich und beschloß, nach dem Lehrhaus zu Babel zu gehen und jedwede Strafe, die über ihn verhängt würde, auf sich zu nehmen.

Er trat den Heimweg an in zerrissenen Kleidern, das Haupt mit Asche bedeckt. Ein Heide aus seiner Nachbarschaft begegnete ihm und fragte: R. Meïr, was ist dir widerfahren? Er erwiderte: Ich bitte dich, geh nach meiner Stadt und sage meinen Anverwandten, daß Räuber mich überfallen und mir alles, was ich hatte, abgenommen haben. Der Nachbar tat nach den Worten des Frommen und überbrachte die Kunde seinen Angehörigen. Da eilten sie R. Meïr entgegen, und dieser erzählte ihnen alles, was mit ihm in Wahrheit geschehen war. Die Anverwandten sprachen: Was gedenkst du zu tun? Er erwiderte: Ich will zu dem Vorsteher des Lehrhauses zu Babel gehen, und was der mir auferlegt, will ich tragen. Die Anverwandten sagten: Du warst nicht bei klarem Verstande, als du sündigtest; Gott wird dir dein Tun vergeben. Laß aber dein Vergehen nicht laut werden und bringe keine Schande über deine Freundschaft. Darauf sprach R. Meïr: Wenn ich auf eure Stimme höre, wird mir Gott nicht gnädig sein.

Und R. Meïr machte sich auf den Weg nach Babel zu dem Vorsteher des Lehrhauses. Dort angelangt, erzählte er ihm von seiner Sünde und sagte: Ich nehme mit Freuden alles hin, was du über mich verhängst; das hat mich zu dir geführt. Da sprach der Vorsteher des Lehrhauses: Wir wollen deinen Fall untersuchen, und morgen will ich dir sagen, was du zu tun hast. Des andern Tages kam R. Meïr vor den Lehrer, und dieser sprach: Ich habe in der Schrift nachgesehen; das Gesetz bestimmt, daß du von einem Löwen

gefressen werden mußt. R. Meïr erwiderte: Ich füge mich dem Urteil des Himmels. Da befahl der Lehrer, die Strafe an dem Sünder zu vollstrecken. Er ließ zwei kräftige Männer kommen und gebot ihnen: Führt diesen Büßer in den Wald, wo die Löwen hausen, bindet seine Hände und Füße zusammen und laßt ihn dort liegen. Ihr selber versteckt euch hinter einem Baume und seht, was die Löwen ihm tun werden; wenn sie ihn gefressen haben, so bringt seine Gebeine hierher, ich will eine Trauerfeier über ihn halten, weil er seine Strafe willig empfangen hat.
Alsbald führten die Männer R. Meïr in den Wald und taten mit ihm, wie der Lehrer befohlen hatte. Um Mitternacht kam ein Löwe, roch an dem Körper R. Meïrs, ließ aber von ihm und ging davon, ohne ihm etwas getan zu haben. Am Morgen wurde dem Lehrer davon erzählt, und er sprach: Wir wollen ihn auch diese Nacht der Strafe aussetzen. Da kam um Mitternacht wieder ein Löwe, befühlte den Körper R. Meïrs, wendete ihn mit dem Gesicht nach oben und ging ebenfalls davon. Das wurde dem Lehrer angesagt, und er sprach: Machen wir es so noch die dritte Nacht; wenn der Löwe den Mann auch dann nicht versehrt, so wissen wir, daß er ein Gerechter ohne Fehl ist; bringt ihn hierher vor mich, denn ihm ist keine Strafe vom Himmel bestimmt. In der dritten Nacht kam ein Löwe, der laut schnob und brüllte, und schlug R. Meïr mit den Zähnen, alsdann riß er ihm eine Rippe aus und fraß davon ein Stück, so groß wie die Frucht eines Ölbaumes*. Des andern Tages wurde dieses dem Lehrer berichtet, und der sprach: Geht und holt den Frommen; hat der Löwe auch nur ein Stück von ihm gefressen, ihm wird es angerechnet, als hätte er die Strafe ganz erfahren. Alsbald wurde R. Meïr vor den Lehrer gebracht, und dieser befahl, Ärzte zu ru=

* Die Größe einer Olive – ein Mindestmaß im jüdischen Religionsgesetz und Brauch

fen, die ihn heilen sollten. Dann bat er ihn um Vergebung und sprach zu ihm: Selig bist du, R. Meïr, denn du bist ein Gerechter vollauf. Als danach der Fromme nach Hause zurückging, rief eine Stimme vom Himmel: R. Meïr ist des zukünftigen Lebens teilhaftig!

Entnimm nun die Lehre aus dieser Geschichte. War doch R. Meïr weise und gerecht und hat ohne Wissen Sünde getan. Und dennoch, hätte er die Strafe nicht willig auf sich genommen, er wäre des ewigen Lebens verlustig geworden; um wieviel mehr denn einer, der mit Vorbedacht Sünde tut. Der Herr schütze uns vor dem Feind in unserm Innern. Selig, wer sein Auge nicht zum Weibe seines Nächsten erhebt!

90. DAS AUFGEHOBENE TODESGERICHT

Der Meister R. Meïr hatte zur Gewohnheit, das Bethaus erst zu verlassen, wenn der Tag schon vier Stunden gewährt hatte. Eines Tages verrichtete er das Morgengebet und ging eher als sonst hinaus. Als er schon draußen war, wunderte er sich über sich selbst und sprach: Was mag das wohl bedeuten, daß ich heute so eilig war? Sollte der Herr durch mich ein Wunder vollbringen wollen? Wie er eine Weile gestanden hatte, sah er zwei Schlangen und hörte, wie die eine zu der andern sprach: Wo willst du hin? Jene antwortete: Gott hat mich zu Juda, dem Anathothäer geschickt; ich soll ihn, seine Söhne, seine Töchter und alle seine Hausgenossen töten. Da sprach die erste: Warum soll er denn sterben? Die andre antwortete: Weil er sein Lebtag kein gutes Werk getan hat.

Als R. Meïr dieses vernahm, sprach er bei sich: Ich will zu dem Manne gehen, vielleicht kann ich ihn und die Seinen vom Tode retten. Und er machte sich auf den Weg zu Juda. Er kam bis an einen Fluß und erblickte die Schlange, die

gleichfalls auf dem Wege zu Juda war. Da gebot er ihr, dazubleiben und ohne seinen Willen den Fluß nicht zu überschreiten. Er selbst aber ging weiter zu dem Verurteilten und verdeckte sein Gesicht, damit man ihn nicht erkenne. Als Juda und seine Kinder ihn sahen, dachten sie, er sei ein Dieb, der ihr Geld stehlen wolle. Da R. Meïr dies merkte, versteckte er sich im Kamelstall, und erst als Juda mit seinen Hausgenossen sich zu Tische gesetzt hatte, kam er in das Haus und setzte sich zu ihnen. Da fingen die Kinder Judas mit dem Lehrer zu zanken an und wollten ihn vertreiben. Er aber sprach: Ich rühre mich nicht von hinnen, bevor ich gespeist habe, denn ich bin hungrig. Da gaben sie ihm zu essen und zu trinken. Alsdann nahm er noch ein Weizenbrot vom Tisch und sprach zu dem Hausherrn: Nimm dieses Brot, gib es mir in die Hand und sage: Das hier sei für Arme. Darauf entgegnete Juda: Ist es nicht genug, daß du dich hier satt gegessen hast, so willst du noch mehr haben? Da löschte R. Meïr das Licht aus und deckte sein Antlitz auf; alsogleich ward das ganze Haus von seinem Angesicht erhellt, und die um den Tisch saßen, erkannten, daß sie R. Meïr vor sich hatten. Nun standen sie alle auf und baten ihn um Vergebung.
Juda nahm alsobald das Brot, gab es R. Meïr und sagte: Dies hier sei meine Gabe. Dann sprach R. Meïr zu ihm: Schicke deine Frau von hier fort, die Söhne schaff in ein andres Haus, und die Töchter laß gleichfalls anderswohin gehen. Juda tat, wie R. Meïr ihn geheißen hatte, und so blieben nur die beiden zu Hause.
Nachdem zwei Stunden über Mitternacht vergangen waren, gab R. Meïr die Schlange frei. Sie überschritt den Fluß und kam in das Haus Judas. R. Meïr war für eine Weile hinausgegangen, und so wollte die Schlange Juda erwürgen. Doch schon kam R. Meïr zurück, sah die Schlange und fragte: Was willst du hier? Sie erwiderte: Gott, der Herr,

hat mich gesandt, den Anathothäer und seine Hausgenossen umzubringen. R. Meïr fragte: Weswegen denn? Die Schlange antwortete: Weil er noch niemals Gutes getan hat. Da sagte R. Meïr: Gestern erst hat er mich von seinem Brote gespeist und von seinem Weine getränkt und hat mir noch Zehrung auf den Weg gegeben. Zieh ab, du hast kein Recht, ihnen ein Leid zuzufügen. Und er trieb die Schlange mit Gewalt hinaus und schloß die Tür hinter ihr zu. Dann sprach er zu Juda: Hüte dich, die Tür vor morgen früh aufzumachen.
Nach einer Stunde kam die Schlange und rief listig, die Stimme von Judas Frau nachahmend: Mein Herr, öffne mir die Tür, draußen ist die Kälte groß. R. Meïr aber sprach zu Juda: Mache nicht auf, es ist nicht deine Frau, die draußen steht. Nach einer Weile rief die Schlange mit der Stimme des ältesten Sohnes Judas: Vater, mache mir auf, ich fürchte mich vor den Raubtieren. R. Meïr sprach wieder: Achte nicht darauf; es ist nicht dein Sohn, der ruft; lege dich ruhig wieder hin und öffne nicht. Die Schlange kam zum dritten Mal und bat um Einlaß und redete mit der Stimme der übrigen Kinder Judas. Aber auch diesmal hielt R. Meïr den Anathothäer zurück und sprach: Höre nicht auf die Stimme der Schlange und schließe ihr nicht auf. Da nun die Schlange sah, daß sie Juda nicht zu töten vermochte, ward sie von Entsetzen gepackt; sie wälzte sich auf der Erde und rief: Wehe, wenn die Oberen ein Urteil verhängen und die Unteren es zunichte machen! Und sie schnellte empor, fiel dann zurück und war tot.
Nach zwei Stunden kamen die Frau Judas sowie seine Söhne und Töchter zurück. Da sagte R. Meïr zu Juda: Frage die Deinigen, ob sie in der Nacht hier gewesen sind und dich gerufen haben. Juda fragte seine Hausgenossen darum, und sie antworteten: Wir sind die Nacht über nicht zur Tür des Hauses hinausgegangen, in das wir gekom-

men waren. Nun sprach R. Meïr zu Juda: Komm mit mir, ich will dir zeigen, wer dich in der Nacht gerufen hat. Sie gingen beide hinaus und fanden die Schlange tot vor der Schwelle des Hauses liegen. Da fingen sie beide an, Gott zu preisen und ihm zu danken, und Juda rief: Gelobt sei, der an mir Wunder getan hat! Dann dankte er R. Meïr und schwur ihm, daß hinfort kein Armer, der in sein Haus käme, leer ausgehen werde.

Das habe ich dir erzählt, damit du lernest, Gott zu fürchten alle Tage deines Lebens.

91. KIDOR

Einst wanderten zu dreien die Talmudlehrer R. Juda, R. Josse und R. Meïr. Am Rüsttage zum Sabbat kamen sie in einer Stadt an und kehrten bei einem Manne ein. Sie fragten ihn nach seinem Namen, und er antwortete, daß er Kidor heiße. Darauf gaben R. Juda und R. Josse ihre Geldbörsen dem Wirt zum Aufbewahren. Nur R. Meïr trug sein Geld nach dem Friedhof und vergrub es daselbst.

Die drei Lehrer verbrachten den Sabbat mit ihrem Wirt. Am ersten Wochentage standen sie früh auf und wollten ihre Reise fortsetzen. R. Meïr holte sein Geld vom Friedhof, wogegen sich die zwei andern Lehrer an Kidor wandten und zu ihm sprachen: Gib uns unsere Geldbeutel wieder. Da erwiderte dieser: Ihr habt mir nichts zum Aufbewahren gegeben. Die zwei Meister flehten ihren Gastgeber um ihr Gut und baten ihn, einen Teil davon für sich zu behalten und nur das übrige ihnen zurückzugeben, sie richteten aber durch ihr Bitten nichts aus. Da wurden sie unmutig und betrübt und fragten R. Meïr: Was hat dich davon abgehalten, dein Geld bei dem Wirt zu lassen? R. Meïr entgegnete: Als er uns seinen Namen Kidor nannte, wurde ich an den Vers in der Schrift erinnert: ›Denn es ist ein aufrührerisches Geschlecht, eine Brut, an die ich keinen Glauben habe‹*, und ich fürchtete mich, ihm mein Geld anzuvertrauen. Da sagten R. Juda und R. Josse: Warum hast du uns davon nichts gesagt? R. Meïr antwortete: Mir war der Gedanke nicht deutlich genug, um ihn laut auszusprechen; nur ein Zweifel hatte mich beschlichen.

Hierauf gingen die drei Lehrer von dannen und mieteten sich in derselben Stadt in einem andern Hause ein. Sie baten den Kidor, bei ihnen zu nachten, denn sie gedachten, ihn zur Rückgabe ihres Teiles noch zu überreden. Also kam Kidor in der Nacht zu ihnen; er hatte aber vorher ein Linsengericht gegessen und sich die Hände danach nicht gewaschen. So bemerkten die Frommen an seinen Händen Spuren der genossenen Speise. Da machte sich einer von ihnen auf, ging in das Haus Kidors und sprach zu seiner Frau: Dein Mann hat befohlen, daß du mir die Geldbörsen aushändigest, die er dir am Freitag gegeben hat. Als Beweis dafür, daß meine Worte wahr seien, gebe ich dir an, daß ihr heute zu Abend Linsen gegessen habt. Die Frau wurde durch das Zeichen überzeugt und gab dem Frommen das Geld. Dieser kehrte froh zu seinen Genossen zurück und ließ sie den Erfolg wissen.

Kidor aber ahnte von alledem nichts; als er des Morgens in sein Haus kam, erzählte ihm seine Frau: Es war hier einer, der wies sich durch das und das Zeichen aus, und so gab ich ihm die zwei Geldbörsen. Da ergrimmte Kidor über sein Weib, zog das Schwert hervor und schlug sie tot.

92. DER DÄMON UND DIE KÖNIGSTOCHTER

Drei harte Verbote verhängte einst die gottlose Obrigkeit über die Juden zur Zeit Simeons, des Sohnes Jochais. Sie durften ihre Söhne nicht mehr beschneiden, sie durften den

* 5. Buch Mose 32, 20; der Vers beginnt mit den Worten: ki dor

Sabbat nicht halten, und ihren Frauen wurden die gesetzlichen Waschungen untersagt. Es lebte aber damals unter ihnen ein alter Mann, namens Ruben, der Sohn Aristobulus', und dieser hatte das Recht, ungefragt bei dem Könige aus und ein zu gehen. So begab er sich denn zum Herrscher und fand ihn allein. Er stellte ihm die Frage: Mein Herr und König, wenn einer Feinde hat, möchte er, daß sie stark oder schwach seien? Der König antwortete: Man wünscht von seinen Feinden füglich, daß sie schwach seien. Da sprach Ruben: Die Juden sind ein schwaches Volk; solange sie die Beschneidung ausüben; wird einem von ihnen ein Sohn geboren, so wird nach acht Tagen sein Fleisch wund gemacht, und die Kraft des Knaben ist dahin. Wenn du ihnen nun die Beschneidung verbietest, werden sie stark, wie ihr seid, und schickst du auch Söldner über sie, sie empören sich dennoch wider dich. Darauf sagte der König: Du hast wohl gesprochen; dieses Gesetz möge aufgehoben werden. Da sprach Ruben weiter: Wenn einer Feinde hat, will er sie reich oder arm wissen? Der König erwiderte: Seine Feinde will man immer arm wissen. Ruben sprach darauf: Die Juden da sind nur deshalb arm, weil sie den Sabbat halten; manch einer von ihnen, der die ganze Woche arbeitet, gibt den gesamten Verdienst für den Sabbat hin; ein andrer erwirbt noch nicht so viel, wie er für die Werktage braucht, und borgt Geld, um ja den Sabbat zu feiern. Läßt du sie aber den Sabbat nicht begehen, so machst du sie reich, wie ihr reich seid. Da sagte der König: Möge auch dieses Gesetz aufgehoben werden. Ruben sprach weiter: Wer Feinde hat, will der, daß ihrer viel oder wenig seien? Der König antwortete: Die Feinde dürfen nicht groß an Zahl sein. Darauf sagte der Weise: Die Juden da vermehren sich nicht so stark, weil ihre Frauen das Gebot der Reinigung hüten; das verbietet ihnen den Beischlaf vierzehn Tage im Monat und nach der Geburt eines Kindes achtund=

vierzig Tage lang. Wenn du sie dieses Gebot nicht befolgen läßt, üben sie den Beischlaf ungehemmt aus und vermehren sich und werden groß an Zahl, daß deine Söldner gegen sie nichts ausrichten. Da sprach der König: Du hast recht gesprochen; das Gesetz möge aufgehoben werden. Ruben sagte darauf: So laß dieses brieflich niederschreiben und sende die Schriftstücke nach dem Lande Israel. Alsbald ließ der König solche Urkunden ausfertigen.

Hierauf verließ Ruben, der Sohn Aristobulus', den Palast, und die Vornehmen Roms kamen zu dem Könige. Da erfuhren sie, daß die früheren Erlasse als nichtig erklärt worden waren. Sie sagten: Eines Juden Hand hat das bewirkt. Und sie sprachen zum Könige: Nimm deine letzten Worte zurück. Der König antwortete: Ein Herrscher nimmt nie zurück, was er gesprochen hat. Da sagten die Vornehmen: So bestimme denn, daß getötet werden soll, wer die Briefe nach dem Lande Israel bringt. Der König gab nunmehr eine solche Verordnung. Das erfuhr Ruben, und er ließ seinen Stammesgenossen im Lande Israel folgende Nachricht zugehen: Das und das hat sich hier zugetragen. Ist nun unter euch einer, der Wunder zu wirken vermag, so möge er kommen und die Urkunden holen. Da schauten die Weisen Judäas alle auf Simeon, den Sohn Jochais. Dieser machte sich mit seinen Gefährten auf den Weg.

Als sie sich auf dem Meere befanden, blickte R. Simeon zum Mastbaum hinauf und sah eine Geisterfrau darauf sitzen. Er sprach zu ihr: Wie kommst du her? Die Teufelin entgegnete: Ich bin gekommen, um dir zu einem Wunder zu verhelfen. Da rief R. Simeon aus: Herr der Welt! Der Ägypterin Hagar schicktest du fünf Engel, und mir läßt du eine Teufelin zu Hilfe kommen. Darauf sprach das Geisterweib: Was verschlägts? Wenn nur das Wunder geschieht. R. Simeon sprach: Was willst du vollbringen? Die Teufelin erwiderte: Ich will hingehen und will in den Leib der Königstochter schlüpfen. Sie wird stöhnen und rufen: Holt mir Simeon, den Sohn Jochais, herbei. Kommst du dann und raunst ihr etwas ins Ohr, so verlasse ich ihren Leib. R. Simeon sprach: Woran merke ichs aber, daß du in ihr nicht mehr weilst? Die Geisterfrau gab zur Antwort: In demselben Augenblicke wird alles Glasgerät im Schlosse des Königs zerbrechen. Da sagte R. Simeon: Geh hin und tu in allem, wie du gesprochen hast.

Nun begab sich die Teufelin zur Königstochter und drang in ihren Körper; die Jungfrau stöhnte und rief: Bringt mir Simeon, den Sohn Jochais. Da schickte man Boten nach dem Lande Israel, um Simeon zu holen, und diesen wurde geantwortet: Er befindet sich auf einem Schiffe und ist auf dem Wege zu euch. Also wurde R. Simeon vor den König gebracht. Der Herrscher sprach: Bist du Simeon, der Sohn Jochais? Simeon erwiderte: Der bin ich. Der König sprach weiter: Kannst du meine Tochter heilen? Simeon antwortete: Das bin ich wohl imstande. Der König fragte: Was stellst du mit ihr an? Simeon entgegnete: Ich flüstere ihr etwas ins Ohr, und sie wird gesund. Und er fügte hinzu: In demselben Augenblicke wird alles Glasgeschirr in dem Hause des Königs zu Scherben werden.

Und Simeon sagte der Königstochter einige Worte ins Ohr, und sie wurde geheilt. Die Teufelin verließ ihren Körper und zerschlug alles Glas im Palaste des Königs. Der König sprach zu Simeon: Was wünschst du, daß ich dir gebe? Simeon erwiderte: Ich verlange nicht, daß du mir etwas gibst, sondern nur, daß du deine Verordnung betreffs der Absendung der Briefe, die die bedrückenden Gesetze gegen Israel aufheben, zurückziehst.

Hierauf machte der König seine letzte Verfügung rückgängig, und die Freiheit verheißenden Urkunden wurden nach dem Lande Israel abgesandt.

93. DIE LEBENSMÜDE

Ein Weib war sich selber zur Last sehr alt geworden. Sie kam vor den Meister R. Josse, den Sohn Chalaftas, und sprach vor ihm: Herr, ich lebe viel zu lange, und mein Dasein ist schal; ich mag keine Speise und keinen Trank zu mir nehmen, und ich wünsche nichts, als von dieser Welt zu scheiden. Der Lehrer fragte das Weib: Was für eine Tugend hast du geübt, daß du solch ein hohes Alter erreicht hast? Die Frau erwiderte: Es war zeitlebens meine Gewohnheit, früh aufzustehen und ins Bethaus zu eilen; selbst das Teuerste konnte ich dieser Pflicht wegen lassen. Da sprach der Meister: Versage es dir, drei Tage lang nach dem Bethause zu gehen. Das Weib zog ab und tat nach dem Befehl des Weisen. Am dritten Tage erkrankte sie und starb.

Daher heißt es in den Sprüchen Salomos: ›Wohl dem Menschen, der mir gehorcht, daß er täglich an meiner Tür wache, daß er an den Pfosten meiner Tür warte. Der mich findet, findet das Leben.‹

94. DER BLINDGEBORENE

Folgende Frage stellte einst der römische Kaiser an den Meister Josua ben Korcha: Von eurem Gotte heißt es, daß alle seine Wege gerecht seien. Kann man das aber gerecht nennen, daß es so viele Taube, Stumme, Blinde und Lahme gibt, die mit diesem Fehl behaftet aus dem Leibe ihrer Mutter gekommen sind, als man noch nicht wissen konnte, ob ihr Wandel gut oder böse sein würde? Das sollte die Gerechtigkeit eures Gottes sein? Darauf erwiderte R. Josua: Dem Herrn sind die Taten des Menschen offenbar, noch ehe der Gedanke, ihn zu erschaffen, in ihm aufgestiegen ist, wie schon Daniel gesagt hat: ›Er deckt auf, was tief und verborgen ist; er weiß, was in der Finsternis liegt.‹ Da sprach der Kaiser: Steht denn dem Missetäter nicht zu, Buße zu tun? Möge er umkehren und möge ihm sein Augenlicht wiedergegeben werden. Der Weise antwortete: Ist es dir angenehm, so will ich dir an einem Beispiel zeigen, wie es in dem Innern eines Blindgeborenen aussieht; gib mir tausend Dinare und laß mich von zwei getreuen Zeugen aus deiner Umgebung begleiten. Der Kaiser überreichte Josua die tausend Dinare und ließ zwei verläßliche Männer mit ihm gehen.

Hierauf begab sich der Weise zu einem, der von Geburt aus blind war, und sprach zu ihm: Der König hat über mich den Tod verhängt; so lasse ich bei dir diese tausend Dinare zurück. Werde ich getötet, so ist es um mich geschehen, wo aber nicht, so rechne ich mit diesen tausend Dinaren, die bei dir zurückbleiben. Der Blinde entgegnete: Es mag so sein. Josua ließ darauf drei Monate verstreichen. Nach Ablauf dieser Frist kam er zu dem Blinden und sprach zu ihm: Gib mir meine tausend Dinare wieder. Der Blinde fragte: Wovon sprichst du? Josua antwortete: Ich meine die tausend Dinare, die ich dir zum Verwahren gegeben habe. Darauf sagte der Blinde: Nie und nimmer ist solches geschehen.

Da lud Josua den Ungetreuen vor den Kaiser, und die zwei Zeugen sagten aus, daß er das Geld empfangen hätte; der Blinde aber beteuerte, daß der Fall sich gar nicht zugetragen habe. Während aber die Verhandlungen noch vor sich gingen, kam einer und rief: Wehe diesem hier! Ich sah eben sein Weib mit einem andern Manne scherzen und hörte sie sprechen: Nun wird der Starräugige getötet, und wir beide wollen dann die tausend Dinare verzehren. Alsbald holte der Blinde das Geld und legte es vor dem Kaiser nieder. Da rief Josua: Du Missetäter! Hätte ich dir dieses nicht ansagen lassen, du stählest das dir anvertraute Geld;

gerecht ist, wer dich von Mutterleibe an blind hat werden lassen! Und zu dem Kaiser gewandt, sagte er: Du wolltest den Herrn eines Unrechts zeihen? Wahr ist, was die Schrift von ihm sagt, daß alle seine Wege gerecht sind.
Darauf legte der Kaiser dem Josua eine Perlenkette um den Hals und sprach zu ihm: Selig euer Gott und selig sein Volk; selig, wer den Staub eurer Füße aufnehmen darf!

95. ZWEI FÜRSTENSÖHNE

Die römischen Herrscher erließen einst eine schwere Verordnung gegen die Juden; sie verboten ihnen, ihre neugeborenen Knaben zu beschneiden. In der Zeit wurde Juda Hanassi, der nachmals berühmt gewordene heilige Fürst, geboren. Da sprach sein Vater R. Simeon, der Sohn Gamliels: Der Herr hat uns geboten, unsere Söhne zu beschneiden, und diese Gottlosen wollen es uns verwehren? Sollen wir nun das Wort unseres Herrn mißachten und den Befehl der Heiden befolgen? Und R. Simeon machte sich auf und beschnitt seinen Sohn. Als dieses Ereignis dem Statthalter des Ortes bekannt wurde, ließ er R. Simeon vor sich kommen und sprach zu ihm: Wie konntest du dem Gesetze des Königs zuwiderhandeln und deinen Sohn beschneiden? Simeon erwiderte: So hat uns unser Gott zu tun geheißen. Darauf sprach der Statthalter: Ich schulde dir Achtung, denn du bist deines Volkes Oberhaupt, allein eines Königs Erlaß steht höher, und so darf ich dich nicht freigeben. R. Simeon fragte: Was verlangst du von mir? Der Statthalter antwortete: Ich verlange, daß du deinen Sohn noch heute zum Könige schickst, und was dieser mit ihm zu tun gewillt ist, das soll er tun. Darauf sprach R. Simeon: Es geschehe, wie du sagst. Und er ließ alsbald seine Frau mit seinem Sohne zu dem Könige gehen.
Das Weib R. Simeons war mit ihrem Sohne den ganzen

Tag unterwegs und gelangte des Abends in ein Haus, in welchem der Vater Antoninus', des späterhin unter dem Namen Markus Aurelius bekannten römischen Kaisers, wohnte. Hierselbst nahm die Mutter unseres heiligen Fürsten Herberge. An diesem Tage aber wurde in dem Hause Antoninus geboren. Als das Weib R. Simeons vor der Mutter Antoninus' erschien, fragte diese: Wo willst du hin? Die Mutter Judas erwiderte: Uns wurde untersagt, unsere Kinder zu beschneiden, ich aber habe meinen Sohn beschneiden lassen, und deshalb werden wir beide vor den König geführt. Als die hohe Frau diese Antwort vernahm, sprach sie zu der Frau R. Simeons: Gefällt es dir, so nimm meinen Sohn, der nicht beschnitten ist, und laß deinen Sohn bei mir, auf daß du deine und deines Kindes Seele errettest.

Das tat das Weib R. Simeons und begab sich mit dem fremden Kinde zu dem Könige. Als sie vor ihm erschien, sprach jener Statthalter zu dem Fürsten: Mein Herr und König, diese hier hat dein Verbot übertreten und hat ihren Sohn beschnitten, und nun habe ich sie hierhergebracht, damit du mit ihr verfahrest, wie es dir beliebt. Da sprach der König: Seht euch den Knaben an, ob er beschnitten ist. Man untersuchte das mitgebrachte Kind, und siehe, es war unbeschnitten. Da ergrimmte der König über den Statthalter und sprach zu ihm: Ich habe die Beschneidung untersagt, und du bringst mir als einen Beweis für den Übertritt meines Gebotes ein Kind, das nicht beschnitten ist. In dieser Stunde sprachen die Vornehmen, die um den Kaiser waren, zu ihm: Unser Herr und König, wir bezeugen, daß der Sohn dieser Frau beschnitten worden ist; allein dieses Volkes Gott ist ihnen zugetan, und wann sie zu ihm rufen, erhört er sie, wie es in ihrem Gesetzbuche heißt: ›Wo ist noch ein Volk so herrlich, daß ihm die Götter so nahe wären wie der Herr, unser Gott, sooft wir ihn anrufen.‹

Alsbald befahl der König, den Statthalter zu töten, und hob das Gesetz auf. Danach ließ er die Mutter des heiligen Fürsten mit dem Kinde heimziehen. Als die Frau auf dem Rückwege abermals in das Haus Antoninus' einkehrte, sprach zu ihr die Römerin: Da dir Gott durch meinen Sohn ein Wunder hat widerfahren lassen, so mögen die beiden Knaben ihr lebelang miteinander befreundet sein.
Wohl darin, daß Antoninus von den Brüsten der Mutter unsers heiligen Fürsten gesogen hat, ist der Grund dafür zu suchen, daß es ihm vergönnt war, der Lehre teilhaftig zu werden und ein Freund Juda Hanassis zu sein. Er ward König in seinem Volke und hat sich das Diesseits wie das Jenseits erworben.

96. JUDA HANASSI UND ANTONINUS

Antoninus hielt Juda Hanassi hoch in Ehren und wandte sich von seinem Rat weder zur Rechten noch zur Linken. Er pflegte ihn stets im geheimen zu besuchen; zwei Kämmerer begleiteten den Kaiser jedesmal auf diesem Gang; den einen tötete er bei der Ankunft, den andern beim Weggehen, damit sie sein Geheimnis nicht verrieten. Juda selbst befahl er, daß niemand zugegen sein solle, wenn er zu ihm komme.
Eines Tages fand Antoninus den Jünger Chanina ben Chama vor, als er zu Juda kam. Da sprach er zu Juda: Sagte ich dir nicht, daß ich bei dir keinen Menschen antreffen mag? Der heilige Fürst erwiderte darauf: Fürchte dich nicht, dieser ist nicht wie einer der andern. Da sprach der König zu Chanina: Auf und hole mir den Kämmerer, der an der Tür zurückgeblieben ist. Chanina ging und fand den Diener in einer Blutlache liegen. Da sprach er bei sich: Soll ich dem Könige sagen, daß dieser hier tot ist? Ich verstieße dadurch gegen das Gebot, kein Überbringer böser Nach=

richten zu sein; gehe ich aber meines Weges weiter, so verletze ich die Achtung vor dem Befehl des Königs. Was tat der Fromme? Er stimmte sein Herz zur Andacht und flehte den Herrn an, daß er den Toten erwecke. Da ließ der Herr den Odem des Lebens in den Leichnam kommen, und der Kämmerer richtete sich auf. Also führte ihn Chanina vor den Kaiser. Darauf sprach Antoninus zu Juda: Ich sehe wohl, es sind unter euch welche, die auch Tote lebendig machen können. Dennoch hüte dich, daß ich hinfort keinen mehr bei dir sehe, wenn ich mit dir sprechen will.

97. JUDA HANASSI UND JONATHAN BEN AMRAM

Als einst im Heiligen Lande eine Teuerung ausbrach, öffnete Juda Hanassi seine Kornspeicher und sprach: Wer der Lehre mächtig ist, der komme und hole sich Brot; das unwissende Volk aber hat keinen Zutritt! Wer nunmehr kam, wurde gefragt, ob er sich in der Lehre auskenne. War es ein Schriftkundiger, so wurde er gespeist; war es ein gemeiner Mann, so wurde er fortgeschickt. Eines Tages erschien vor den Brotkammern der Jünger Jonathan, der Sohn Amrams, und blieb vor Juda Hanassi stehen. Er sprach: Herr, stille meinen Hunger. Der Fürst fragte: Hast du in den heiligen Büchern gelesen? Jonathan erwiderte: Das habe ich nicht getan. Der Fürst fragte weiter: Weißt du in der mündlichen Lehre Bescheid? Der Jüngling erwiderte: Auch diese ist mir unbekannt. Da sprach Juda Hanassi: Weswegen soll ich dir da Nahrung verabfolgen? Jonathan entgegnete: Speise mich, wie der Hund und der Rabe gespeist werden, welche Tiere unrein sind und von dem Herrn dennoch am Leben erhalten werden; sollte der ungelernte Mann geringer sein als diese Geschöpfe? Da gab der Fürst dem Bittenden Brot zu essen. Als er aber fort war, reute es Juda Hanassi, und er sprach: Weh mir, ein

Unwissender hat von meinen Vorräten gezehrt, und ich ließ mich durch seine Worte überreden. Darauf sagten die Schüler zu Juda Hanassi: Herr, vielleicht war es gar dein Jünger Jonathan, der Sohn Amrams, der das Ansehen der Lehre nicht herabsetzen wollte, und der es vorzog, eine List anzuwenden. Man ging der Sache nach und fand, daß der Bettler kein andrer als Jonathan, der Sohn Amrams, gewesen war.

98. DAS VERGEHEN JUDA HANASSIS

Der heilige Fürst Juda Hanassi hatte ein Zahnleiden, das sechs Jahre währte; erst im siebenten Jahre, als er sich des Wassertrinkens enthielt, wurde er geheilt. Der Grund aber, daß die Krankheit über ihn gekommen war, war folgender. Er ging eines Tages durch den Markt und sah einen Fleischhauer, der im Begriff war, ein Kalb zu schlachten. Das Tier entwand sich ihm aber, lief auf Juda Hanassi zu und blieb an ihm hängen, denn es dachte, dieser werde es vom Schlachten retten. Allein der Fürst nahm sich des Kalbes nicht an, sondern hielt es fest und führte es dem Metzger wieder zu. Er sprach: Schlachte das Tier, dazu ist es erschaffen worden! Man erzählt nunmehr, daß Juda zur Strafe dafür, daß er sich des Geschöpfes nicht erbarmt hatte, von dem Zahnleiden betroffen wurde.

Nachdem er viele Jahre von diesen Schmerzen geplagt worden war, fegte einst seine Magd die Wohnung. Da kam aus einem Loch ein Maulwurf, und die Magd holte mit dem Besen aus, um ihn zu töten. Aber der Fürst sprach zu der Magd: Laß das Tier leben, denn so hat David, Friede sei mit ihm, gesprochen: ›Seine Barmherzigkeit gilt allen Geschöpfen.‹ Wie nun Juda mit dem Tiere Mitleid empfand, so erbarmte sich auch der Herr seiner und befreite ihn von seinen Schmerzen.

99. DER TOD JUDA HANASSIS

Von Juda Hanassi wird erzählt, daß er vor seinem Tode wie folgt sprach: Vor dem, der da gesagt hat – es werde eine Welt – liegt es offen und klar, daß ich mit meinen zehn Fingern gearbeitet und nur eines Fingers Mühe für den Genuß verwendet habe, daß ich niemand weh getan und von mir nie gesprochen habe: Ich will essen und trinken und es mir wohl sein lassen. Nun gehe ich von hinnen. Ich habe nicht mehr zu erwerben gesucht, als ich für meinen Unterhalt brauchte, und meine Mühe galt zeit meines Lebens der Schrift. Nun laßt mich Ruhe finden im ewigen Hause. Was wurde ihm geantwortet? ›Die züchtig vor ihm gewandelt sind, kommen zum Frieden und ruhen auf ihrem Lager.‹

100. BEN CHALAFTA

Simeon ben Chalafta war einst zu einem Beschneidungsfeste geladen, und es wurde ihm und den andern Gästen alter, siebenjähriger Wein vorgesetzt. Der Wirt sprach zu den bei ihm Versammelten: Von diesem Wein will ich einen Teil noch für den Freudentag meines Sohnes zurücklassen. Und die Gäste aßen und tranken bis Mitternacht. R. Simeon vertraute auf seine Kraft und begab sich zu dieser Stunde auf den Heimweg. Da begegnete er dem Todesengel, und der trug ein seltsames Wesen zur Schau. Der Weise fragte den Daherkommenden: Wer bist du? Der Engel erwiderte: Ich bin der Sendbote des Herrn. Ben Chalafta fragte: Warum ist dein Angesicht so verstört? Der Todesengel antwortete: Das bewirken die Gespräche, die die Menschen miteinander führen; sie reden immer davon, was sie für die Zukunft vorhaben, und denken nicht daran, daß sie jederzeit abberufen werden können. Der Mann, bei dem du eben zu Gast warst, sprach, er wolle von dem Wein einen Teil für die Hochzeit seines Sohnes aufheben, und nach dreißig Tagen soll dieser Mann sterben. Da sagte R. Simeon: Laß mich auch meine Zeit wissen. Der Todesengel entgegnete: Du und die, die dir gleich sind, unterliegen nicht meiner Gewalt. An eurem Tun kann Gott Gefallen finden und euch noch hinterher Jahre des Lebens zugeben, wie es heißt: ›Die Furcht Gottes macht das Leben lang.‹

101. DER WAHRE SOHN

Es war einmal eine Frau, die sah ihre Tochter huren und sagte zu ihr: Tochter, wenn du buhlst, so tu es im geheimen, damit dein Mann davon nichts erfahre. So pflegte auch ich es zu machen; zehn Söhne habe ich geboren, aber nur einer ist von deinem Vater erzeugt. Diese Zwiesprache hatte aber der Mann der Frau belauscht, und er behielt die Worte in seinem Herzen. Als er auf dem Sterbebette lag, bestimmte er, daß von seinen Söhnen nur einer ihn beerben sollte; er nannte aber nicht dessen Namen, denn er wußte nicht, welcher sein eigener Sohn war.

Nach dem Tode des Mannes zankten die zehn Söhne miteinander. Der eine sprach: Mein ist das Erbe; der andre sprach: Das Erbe ist mein. Also kamen sie vor einen Richter mit Namen R. Benaa. Dieser sagte: Die Angelegenheit ist dunkel, und kein Mensch vermag hierin zu entscheiden. Geht an das Grab eures Vaters und werft so lange Steine darauf, bis er euch Antwort gibt, welchem von euch er das Erbteil zu hinterlassen gedachte. Als die Söhne das vernahmen, zogen neun von ihnen nach dem Grabe des Verstorbenen, und sie schlugen mit Stöcken und Steinen darauf. Nur einer von ihnen, der der wahre Sohn war, sprach: Bewahre und behüte, daß ich auf meinen Vater einschlüge. Lieber will ich das Erbe verlieren, als meinen Vater schmähen. Da das der Richter sah, sprach er diesem Sohne die Erbschaft zu.

Komm her und sieh, wie sich der Spruch bewahrheitet: ›Das Auge des Ehebrechers schaut auf den Abend aus und spricht: Mich sieht kein Blick.‹ Aber der, der im Verborgenen weilt, bringt das Heimlichste an den Tag. So mögen denn deine Kinder in Reinheit gezeugt und empfangen werden!

102. DIE WANDERUNG ELIAS MIT BEN LEVI

Der Meister R. Josua, der Sohn Levis, fastete viele Tage und betete zu seinem Schöpfer, er möge ihn Elia, seinem Andenken Heil, sehen lassen. Da trat Elia ihm entgegen und ward ihm sichtbar. Er sprach zu Josua: Wünschst du etwas von mir? Ich will dein Begehren erfüllen. Josua erwiderte: Mich verlangt danach, mit dir zusammen zu wandern und dein Wirken auf Erden zu schauen, damit ich für mich Nutzen erfahre und durch dich großer Weisheit teilhaftig werde. Darauf sprach Elia: Du wirst das, was ich tue, nicht fassen können, und du wirst mich darum bedrängen, dir die Gründe für mein Handeln jeweils aufzudeken. Josua aber sagte: Mein Herr, ich will dich um nichts fragen und dich nicht in Versuchung bringen, auch will ich dir keinerlei Beschwerde verursachen; ich will allein deinem Tun und Treiben zusehen und sonst nichts mehr. Also machte Elia mit Josua aus, daß er ihn nicht weiter begleiten dürfe, falls er ihn auf ihrer Wanderung nach den Beweggründen seines Tuns ausfragen würde.

Hierauf machte sich Elia gemeinschaftlich mit dem Sohne Levis auf den Weg. Sie kamen in das Haus eines armen und bedürftigen Mannes, der nichts besaß als eine Kuh; diese stand auf dem Hofe. Der Mann saß mit seinem Weibe vor dem Tor, als sie die Wanderer kommen sahen. Sie gingen ihnen entgegen, boten ihnen den Friedensgruß, freuten sich ihrer Ankunft und wiesen ihnen den besten Platz als Herberge zu. Danach trugen sie auf, was an Speise und Trank im Hause war. Elia und Josua aßen und tranken und blieben über Nacht. Als es Morgen wurde und die beiden aufbrechen sollten, sprach Elia ein Gebet, wonach die Kuh ihrer Gastgeber tot hinfiel. Das sah R. Josua, und er ward voll Verwunderung darüber; die Sinne vergingen ihm schier, und er sprach bei sich: Das also sollte der Lohn dieses armen Mannes sein für die Ehre, die er uns erwiesen hat, daß ihm seine Kuh, sein einziges Besitztum, genommen wurde? Und er sprach zu Elia: Mein Herr, warum hast du das Tier dieses Mannes getötet, der uns doch mit Ehrfurcht empfangen hat? Elia erwiderte: Gedenke der Übereinkunft, die zwischen mir und dir stattgefunden hat, und daß du auf dich genommen hast, zu schweigen, stillezuhalten und keine Einwände zu machen, es müßte denn sein, daß du von mir scheiden wolltest; dann bin ich bereit, dir alles zu sagen. Da ließ Josua vom Fragen ab und redete nicht mehr.

Sie zogen weiter den ganzen Tag und kamen, als es Abend wurde, in das Haus eines reichen Mannes; dieser wandte sich ihnen nicht zu und tat nichts, um sie würdig zu empfangen. Also saßen die Gäste da ohne Speise und ohne Trank. Das Haus dieses reichen Mannes hatte eine Mauer, die baufällig war, und der Wirt war damit beschäftigt, sie instand zu setzen. Als es Morgen war, betete Elia, und die Mauer wurde aufgebaut. Danach machte sich Elia mit seinem Begleiter auf. Da wuchs die Trauer und die Bestürzung im Herzen Josuas über das, was er Elia hatte tun sehen. Er bezwang in sich jedoch die Begierde, den Seher nach der Ursache seiner Handlungen zu fragen.

Also wanderten sie weiter zusammen. Als der Abend heranrückte, kamen sie in ein großes Bethaus. Die Bänke darin waren aus Gold und Silber, und jeder der Teilnehmer saß auf dem Platze, der ihm seinem Ansehen und seiner Würde nach zukam. Als sie die Wanderer hereintreten sahen, sprach einer von ihnen: Wer will diese Nacht die zwei Bettler speisen? Ein andrer sagte darauf: Es genügt für sie das Brot und das Wasser, das hierhergebracht wird. Elia und Josua warteten, aber niemand achtete ihrer, wie es sich wohl gehört hätte. Also blieben sie bis zum Morgen im Bethaus sitzen und übernachteten daselbst. Als der nächste Tag anbrach, standen sie auf und wollten ihre Reise fortsetzen. Da sprach Elia zu den Männern: Der Herr lasse euch alle Stadtälteste werden! Danach zog er mit seinem Gefährten weiter. Zu Josuas Betrübnis kam nun eine neue Betrübnis hinzu, er sprach aber nicht darüber.

Als die Sonne sich dem Untergang neigte, kamen die Wanderer nach einer andern Stadt. Hier eilten alle Bürger mit großer Freude ihnen entgegen, wie sie sie nur kommen sahen; sie empfingen sie mit wohlwollendem Gesicht und ließen sie in dem schönsten Hause der Stadt Herberge nehmen. Also aßen die beiden Gefährten und tranken und übernachteten in Ehren. Des Morgens darauf betete Elia und sprach zu den Leuten: Der Herr lasse unter euch nur einen zum Haupte werden.

Als Josua diese letzten Worte vernahm, konnte er sich nicht mehr halten, denn er vermochte nicht allem, was Elia tat, ohne Widerrede zuzusehen, und er sprach zu Elia: Nun mußt du mir das Geheimnis aufdecken. Elia erwiderte: Wenn du gewillt bist, dich von mir zu trennen, so will ich dir alles erklären und dir die Gründe meiner Taten darlegen. So wisse denn: dem Manne, dessen Kuh ich tot niedersinken ließ, sollte an diesem Tage die Frau sterben. Deshalb betete ich, daß die Kuh anstatt der Frau als Sühneopfer hingenommen werde; durch diese Frau sollte dem Manne noch Gutes beschieden werden und viel Nutzen erwachsen. Jener Reiche wiederum, dessen Mauer ich aufgerichtet habe, hätte, wenn er sie selbst von Grund aus be=

festigt hätte, darunter einen großen Schatz von Gold und Silber gefunden; um das zu verhindern, habe ich ihm diese Arbeit abgenommen. Aber auch meine Mauer wird in Bälde einstürzen und wird dann nicht mehr aufgebaut werden. Den hartherzigen Männern im Bethaus wünschte ich, daß sie viele Häupter und Fürsten über sich haben sollten, denn das ist ein Unglück und führt zu Uneinigkeit, wo es gilt, zu ratschlagen und Vorsätze zu fassen; jeder Ort, der viele Herren hat, wird zerstört, verderbt und verwüstet. Den Gerechten aber, denen ich nur ein Haupt wünschte, wird mein Gebet zum Guten ausschlagen; ihr Gemeinwesen wird gestärkt werden, denn alle Meinungen werden bei ihnen zu einer Meinung verschmelzen; der Geist der Zwietracht wird unter ihnen nicht aufkommen, und ihre Beschlüsse und ihr Vornehmen werden nicht umgewandelt werden. So heißt es auch in den Gleichnissprüchen: Wo viele Steuermänner sind, sinken die Schiffe auf den Grund. Wiederum aber heißt es: Unter *eines* Herrn Schutz bevölkert sich eine Stadt.
Und zuletzt ermahnte Elia den Josua und sprach zu ihm: Nun scheide ich von dir, und so will ich dich lehren, was zu wissen dir frommen wird. Siehst du einen Gottlosen, dem die Stunde hold ist, so laß dich von deinem Trieb nicht verleiten und werde dadurch nicht unsicher, denn das Glück bringt ihm doch nur Unglück. Siehst du hinwieder einen Gerechten, der sich plagt und in Kummer dahinlebt, der sich schwer müht, hungrig, durstig und nackend umhergeht, der große Not leidet und von Schmerzen heimgesucht wird, so gerate nicht in Zorn darüber; dein Inneres walle nicht auf, und dein Herz verführe dich nicht dazu, deines Schöpfers Walten in Zweifel zu ziehen, sondern heiße ihn gerecht, wenn du urteilst und nachdenkst; denn Gott ist gerecht, sein Gericht ist wahr, und seine Augen wachen über dem Tun des Menschen. Wer kann ihm sagen, was er zu tun habe?

Alsdann bot Elia Josua den Friedensgruß und ging seines Weges.

103. JOSUA BEN LEVI UND DER BOTE DES TODES

Diese Geschichte hat sich mit Josua, dem Sohne Levis, zugetragen.

Er saß einst und forschte in der Schrift. Da kam der Todesengel, blieb an seiner Tür stehen und sprach: Friede mit dir, Meister! R. Josua erwiderte nicht den Gruß. Erst als er zu Ende gelesen hatte, sprach er zu dem Boten: Mit dir sei Friede! Da fragte der Bote: Warum bist du so hochmütig und antwortest nicht, wenn man dir den Friedensgruß bietet? Der Meister erwiderte: Das sei ferne von mir; ich tat es nur, weil ich den Abschnitt vollenden wollte. Der Bote sprach weiter: Kennst du mich nicht? Der Meister antwortete: Du bist mir nicht bekannt. Der Bote sprach: Ich bin der Todesengel; der Herr hat mich geschickt, deine Seele von dir zu nehmen. Der Meister entgegnete: Bei meinem Leben! Und stehst du auch tausend Jahre hier, ich geb dir meine Seele nicht.

Da stieg der Engel in den Himmel, kam vor den Herrn und sagte: Herr der Welt! Josua ließ mich nicht an ihn herantreten. Der Herr sprach darauf: Geh und schmücke dich mit allen Merkmalen des Todes. Da schmückte sich der Todesengel und kam abermals vor die Tür Josuas. Er sprach zu ihm: Der Herr hat mich gesandt, daß ich deine Seele von dir nehme. Josua erwiderte: Bewahre, ich gebe meine Seele nicht in deine Hand; wenn du sie aber dennoch haben willst, so führe mich in den Garten Eden und zeige mir den Platz, wo ich dereinst ruhen werde. Also fuhr der Engel wieder in den Himmel und berichtete: Herr der Welt! Josua ließ mich nicht seine Seele nehmen und sprach zu mir so und so. Der Herr antwortete: So geh

denn und bringe ihn in den Garten Eden; laß Hiram, den König von Zur, aus dem Paradiese gehen und führe Josua statt seiner hinein. Da nahm der Engel den Josua auf seine Flügel und brachte ihn vor das Paradies. Josua sprach: Hebe mich noch einmal hoch, daß ich den ganzen Garten übersehe; danach laß mich hinuntersteigen, damit ich meinen Platz darin wahrnehme. Der Engel tat so, zeigte dem Lehrer seinen Platz und sagte: Das ist der Ort, wo du weilen wirst. Josua sprach weiter zu dem Boten: Zeige mir das Schwert, womit du die Seelen tötest. Der Engel reichte ihm das Messer. R. Josua fragte: So ist dies das Schwert, mit dem du die Seelen würgst? Der Bote erwiderte: Ja, das ist es. Während aber Josua das Schwert von allen Seiten besah, ließ er sich auf seinen Platz nieder. Da rief der Todesengel: Deine Seele hast du mir verweigert, so gib mir doch mein Schwert wieder. Josua aber antwortete: So wahr ich lebe, ich gebe es dir nicht.
Nun fuhr der Engel wieder zu dem Herrn empor und sprach: Herr der Welt! Josua nahm mir mein Schwert ab und stieg selbst in das Paradies. Da erwiderte der Herr: Geh überallhin, wo R. Josua gewandert ist; hat er in meinem Namen einen Schwur getan, so ficht diesen an, führe Josua aus dem Garten Eden und nimm seine Seele, wo aber nicht, so hole nur dein Schwert zurück, ihn aber laß bleiben, wo er ist.

104. VOM GOLDENEN TISCH

In den Tagen des Talmuds lebte ein kinderloser Mann namens Abba. Dieser stand in Ansehen bei dem König, zählte zu dessen Ratgebern und ging in seinen Toren aus und ein. Unter den Schätzen dieses Königs befand sich ein goldener Tisch; darauf stand ein goldener Baum, und daran hing ein Edelstein, der die ganze Welt erhellen konnte. Der König rühmte sich dieses Schaustückes vor allen andern Herrschern.

Nun begab es sich nachmals, daß der König Witwer wurde. Seine Getreuen rieten ihm, sich wieder zu vermählen, aber er fand an keiner Jungfrau Gefallen. Da wiesen sie ihn hin auf eine Königstochter, die von einem alten Geschlecht abstammte und von großer Schönheit war. Diese jedoch wollte den König nicht eher heiraten, als bis er ihr alle seine Schätze gezeigt haben würde; fände sie alsdann bei ihm eine kostbare Sache, wie sie in ihres Vaters Hause nicht vorhanden wäre, und gäbe ihr der König diese zum Geschenk, so wollte sie sein Weib werden. Als das der König hörte, ließ er die Jungfrau durch seine Schatzkammern führen. Da sah die Königstochter den goldenen Tisch und verlangte, daß der König ihn ihr verehre; dann wollte sie sich ihm vermählen. Der König bat sich, des Tisches wegen, einige Bedenkzeit aus, und die Prinzessin willigte darin ein.
Nunmehr hielt der König Rat mit seinen Weisen. – Abba war zudann nicht unter ihnen. – Da rieten die Ältesten dem Könige, daß er den Ebräern seines Landes auferlegen sollte, einen zweiten ebensolchen Tisch ausfindig zu machen. Wo die es nicht täten, sollte der König sie samt Abba verderben und vertilgen. Der König hörte auf den Rat seiner Weisen und gab diesem Stamme auf, binnen dreißig Tagen einen solchen Tisch, wie der seinige war, herbeizuschaffen, widrigenfalls sie alle des Todes sein würden.
Da war große Trauer unter den Juden im Lande; sie schlossen ihre Läden zu, fasteten, weinten und klagten. Als danach Abba zurückkam, erzählten ihm seine Brüder, was über sie verhängt worden war. Da ging er eilends zum Könige und sprach: Was hast du getan, o König, daß du solch eine schwere Last meinem Volke aufgebürdet und ihnen zur Erfüllung der Aufgabe die Zeit so kurz bemessen hast? Der König erwiderte: Wie sollte ich es denn machen? Da sprach Abba zum Könige: Mein Rat ist, daß du

vor allem das, was du deinen Schutzbefohlenen auferlegt hast, ihnen erlassest; ich will es alsdann auf mich nehmen, für dich einen zweiten Tisch zu erstehen. Gib mir Briefe mit für die Fürsten umher, daß sie mir ihre Schätze zeigen, und gewähre mir eine Frist von mehr als einem Jahr. Außerdem laß mich Gold mitnehmen für die Reise und für den Ankauf des Gerätes.

Da stellte der König Abba ein Schriftstück aus, und Abba unterschrieb es gleichfalls. Alsdann hob Abba seine Füße auf und trat den Weg an. Als er aber auszog, kam eine Stimme vom Himmel, die rief: Ein Sohn wird dir geboren werden, der wird der halben Welt Licht spenden, einem Edelsteine gleich!

Abba war schon lange Zeit unterwegs, hatte aber nirgends einen Tisch mit einem Edelstein gefunden, wie ihn sein König haben wollte. Darüber war er sehr betrübt und fragte die Fürsten, bei denen er einkehrte, um Rat. Diese sagten ihm, daß im Abendlande eine Königin wohne, die selber auf dem Throne sitze; bei dieser würde er ein solches Gerät finden. Abba befolgte den Rat, begab sich nach dem fernen Lande, und die Königin jenes Reiches ließ ihn ihre Schätze sehen. Da gewahrte er unter ihren Kostbarkeiten einen goldenen Tisch mit Baum und Edelstein, der an Größe und Aussehen genau dem Tische seines Königs glich. Und Abba sprach zu der Königin: Möchtest du mir nicht diesen Tisch verkaufen, ich will dir dafür, was du nur begehrst, geben. Die Königin erwiderte: Auch nicht um alles Gut der Welt gebe ich diesen Tisch her.

Diese Königin aber war eine Sternseherin und verstand die himmlischen Zeichen zu deuten. So ward ihr das Wissen zuteil, daß es Abba bestimmt war, einen Sohn zu zeugen, der der halben Welt leuchten würde. Sie suchte ihn daher zu überreden, ihr beizuwohnen, und sprach zu ihm: Wenn du meinen Willen tust, so will ich dir den Tisch mit dem Edelstein geben. Abba war nunmehr in großen Nöten, dennoch beschloß er in seinem Herzen, der Königin zu willfahren, denn er sagte sich: Es ist besser, Sünde zu tun eines guten Zweckes wegen, als ein Gebot zu befolgen ohne jede Andacht.

Da entstand eine große Unruhe in den oberen Welten darüber, daß solch ein Sohn aus dem Schoße einer Heidin geboren werden sollte. Es kam in dieser Nacht eine Wolkensäule und brachte Abba in sein eigenes Haus. Das war aber gerade die Nacht, in der seine Frau im Quellenbad die gesetzliche Waschung vollbracht hatte. Abba erkannte sein Weib, und sie empfing von ihm einen Sohn, der späterhin Samuel der Kalenderkundige hieß. Der Morgen brach an, und die Wolkensäule trug Abba wieder in das Haus der Königin, daß niemand davon etwas gemerkt hatte. Die Königin aber wußte, daß bereits Abbas eigenes Weib mit diesem Sohne gesegnet worden war, und sprach: Es ist nicht anders, als daß der Fremde ein Gottesmann sein muß, wenn er in einer Nacht einen Weg von solcher Weite hin und zurück gemacht hat. Und sie entsagte dem Beischlaf mit ihm, gab aber Abba den Tisch mit dem Edelstein. Abba pries die Königin und schied von ihr in Frieden.

Indessen vergingen drei Monate, und es wurde in der Stadt Abbas laut, daß sein Weib schwanger sei. Da sprachen die Einwohner: Diese hat Hurerei getrieben, denn es ist ein Jahr her, daß ihr Mann das Haus verlassen hat. Man brachte die Frau vor das Gericht, und dieses verurteilte sie zu neununddreißig schweren Schlägen. Während man ihr aber die Schläge gab, verbarg das Kindlein in ihrem Schoß seinen Kopf, damit es nicht daran getroffen würde. Als die Stunde der Geburt kam und der Engel erschien, um den Knaben an die Nase* zu schnellen, damit er alles, was seine Seele von der Lehre Gottes erfahren hatte, vergesse, war

* Nach den talmudischen Vorstellungen an die Oberlippe

das Gesicht noch immer versteckt, und der Engel konnte ihm nichts tun. So war Samuel, der Sohn Abbas, der erste unter den Menschenkindern, der alles behalten hatte, was er im Mutterleibe vernommen.

105. DIE BÜSSER

Der Mensch weigere sich nie, von ganzem Herzen zum Herrn zurückzukehren, selbst wenn er viele Sünden begangen hat, und verzage nie an der Barmherzigkeit des Himmels; denn durch die Buße gelangt er dazu, daß ihm verziehen und vergeben wird.
Das lehrt uns das Beispiel Eleasars, des Sohnes Tardais, der zeit seines Lebens fremden Göttern diente, und der keine Hure vorbeigehen ließ, ohne zu ihr einzugehen; es gibt keine Sünde, die er nicht getan hätte, und das Werk seiner Tage bestand aus Missetat, Frevel und schweren Vergehen. Aber eines Tages überkam ihn die Reue; er bedauerte sein Tun und trat den Weg der Umkehr an; er klemmte sein Haupt zwischen die Knie und weinte laut, bis seine Seele dem Körper entstieg. Da erscholl eine himmlische Stimme und rief: Eleasars, des Sohnes Tardais, Buße ist angenommen worden, und ihm ist ewiges Leben beschieden!
Daher heißt es: Manch einer erringt das zukünftige Leben in einer Stunde, manch einer erwirbt es in siebenzig Jahren, aber beide gelangen dazu nur durch Buße. Nicht nur wird die Buße des Sünders entgegengenommen, sondern es wird ihm die Ehrenbenennung Rabbi beigelegt.

Ben Asai sprach: Kommt und erkennt die Macht der Buße an dem Beispiele Simeons, des Sohnes Lakischs. Er und seine zwei Freunde raubten und plünderten jeden aus, den sie auf der Heerstraße abfingen. Und was tat er zuletzt? Er ließ von seinen beiden Freunden, die in den Bergen ihr

Räuberwesen weitertrieben, und kehrte von ganzem Herzen zu dem Gotte seines Vaters zurück. Er fastete und betete; vom frühen Morgen bis zum späten Abend diente er dem Heiligen, gelobt sei er, und forschte in der Lehre. Er tat Gutes an Armen und wich nicht mehr ab von der Bahn seines neuen Wandels. Also wurde seine Buße gnädiglich aufgenommen.

Nachdem Simeon und seine zwei Gefährten von ehemals gestorben waren, wurde ihm Anteil gewährt am ewigen Leben, seine Freunde aber wurden in die Unterwelt geworfen. Da sprachen die zwei Genossen vor Gott: Herr der Welt! So bist du wohl einer, der die Person ansieht; dieser war wie wir ein Räuber in den Bergen, und nun weilt er in den Hallen des Lebens, wir aber müssen in der Hölle schmachten. Da erwiderte der Herr: Dieser hat Buße getan, ihr aber habt eure Untaten nicht bereut. Die Räuber sprachen zum Herrn: Laß uns, und wir wollen jetzt Buße tun. Der Herr aber entgegnete: Nur die Buße derer gilt, die noch am Leben sind.

Dazu ein Gleichnis. Ähnlich verführe einer, der eine weite Meeresreise vor sich hätte und sich auf dem Festlande nicht mit Brot versehen würde – auf dem Wasser wird er keins finden; oder einer, der sich in die Wüste begäbe und kein Brot und Wasser mitnähme – in der Wüste wird sich ihm weder Speise noch Trank bieten. So hat auch ein Mensch nur zu Lebzeiten Buße zu tun; nach dem Tode ist keine Umkehr möglich.

106. DER AUFERSTANDENE

Ein Talmudlehrer, namens R. Nachman, der Sohn Isaaks, hatte einen Acker erworben, und auf diesem war in einer Ecke ein Schutthaufen. Da stellte er Arbeiter an, um diesen Haufen abzutragen. Als die Leute aber zu schaufeln an=

fingen, sprang ein Mensch aus dem Schutt hervor und rief, an allen Gliedern schlotternd: Die Zeit der Auferstehung ist wohl gekommen? Da liefen die Arbeiter zu R. Nachman und erzählten ihm, was ihnen widerfahren war. Der Lehrer ging auf das Feld hinaus und sah den fremden Mann auf dem Schutthaufen sitzen. Er fragte ihn: Wer bist du? Der Fremde erwiderte: Ich bin tot für die Welt, in der du lebst. Warum hast du mich aufgestört und hast die Erde, die über mir lag, wegschaufeln lassen? R. Nachman antwortete: Wußte ich doch nicht, daß du darunter schliefst. Und er sprach weiter: Wie meintest du es, als du sagtest, die Zeit der Auferstehung sei gekommen? Ist diese Zeit in Wahrheit erfüllt? Der Tote entgegnete: Die Stunde hat bisher nicht geschlagen; weil du mich aber aufgeschreckt hast und mich vor der Zeit hast aufstehen lassen, sagte ich das, damit du begreifest, was du an mir getan hast. R. Nachman sprach: Mein Herr, du sagtest, du seist tot; fallen denn die Toten nicht der Verwesung anheim? Der Tote versetzte: Hast du das Buch der Sprüche nicht gelesen, und weißt du nicht, was Salomo in seiner Weisheit gesagt hat: ›Ein gelassener Sinn ist des Leibes Leben, Neid aber ist Wurmfraß den Beinen.‹* Von mir darf gesagt werden, daß ich mein Lebtag auf dem Meinigen nicht beharrte, und daß mein Herz niemals Neid gegen meinen Nächsten hegte. Auch habe ich im Bethaus sowohl wie im Lehrhaus keinerlei unnütze Rede geführt, und ich ließ mein Herz und meine Ohren den Worten der Lehre in Andacht lauschen. So ist an mir in Erfüllung gegangen, was da geschrieben steht: ›Wer auf mich horcht, wird Ruhe haben.‹
Da sprach R. Nachman zu dem Toten: Willst du, daß ich dir eine Gruft errichten lasse, in der du weiterschlummern kannst? Der Tote antwortete: Nimm mich nicht hinweg von hinnen, denn ich habe ein Anrecht auf diese Grabstätte.

* Sprüche 14, 30

Lege mich zurück an meinen Platz und laß die Erde wieder aufschütten; so will ich ruhen, bis der Herr die Worte wahr macht, die er gesprochen hat: ›Daran sollt ihr erkennen, daß ich ein Gott bin, wenn ich eure Gräber aufgemacht und euch, mein Volk, aus ihnen emporgezogen habe.‹
Alsbald tat R. Nachman, wie es der Tote befohlen hatte, und bettete ihn in die Erde. Der Meister grämte sich dennoch diesen ganzen Tag und sprach: Wehe mir, ich habe eines Gerechten Ruhe gestört. In der Nacht darauf sah er aber den Toten in einem neuen Sarge liegen; sein Angesicht leuchtete wie der Himmel in seiner Klarheit, und er sagte den Spruch her: ›Selig, wer mir gehorcht, daß er täglich an meiner Tür wache und an meinem Pfosten warte.‹ Da ließ R. Nachman Preis und Dank dem Herrn zukommen, der seinen Frommen ihren Lohn austeilt.

107. EXEMPEL UND ANEKDOTEN

R. Jochanan sprach: Die ganze Lehre hatte ich erforscht und erfuhr zwei Dinge erst hinterher. Eine Greisin belehrte mich über den Lohn der zukünftigen Welt; an einer Jungfrau sah ich, was Furcht vor der Sünde ist. Wie war es mit der Greisin? Einst fand ich im Bethaus ein altes Weib, das aus einem andern Orte gekommen war, um in unserer Stadt zu beten. Ich fragte sie: Tochter, gab es denn kein Bethaus in deinem Orte? Sie erwiderte: Herr, ich habe den Weg gemacht, um meinen zukünftigen Lohn zu vermehren, und du sprichst zu mir in dieser Weise? Also ward ich durch die Greisin darüber belehrt, wie der jenseitige Lohn zu erringen ist.
Wie war es mit der Jungfrau? Ich kam eines Tages ins Bethaus und traf eine Jungfrau, die stand da und betete. Sie sprach: Du Hölle, ich bin stärker als du. Wollte ich, so kämen zu mir zehn Männer, äßen und tränken und trie=

ben Unflätiges mit mir; dann würde ich in deine Tiefen fahren. Ich aber zwinge in mir den Trieb und entrinne dir. Daher bin ich stärker als du. Also hat mir die Jungfrau gezeigt, was Scheu vor der Sünde ist.

Einst gingen die Weisen Joseph und Usiel ihres Weges und sahen zwei Jünglinge, die Holz auf ihren Köpfen trugen, einen Berg herunterkommen. Da sprach Joseph zu Usiel: Ich sehe einen Knaben Holz tragen, und in dem Holz ist ein Skorpion, der den Knaben aber nicht beißen darf. Er rief den Jüngling herbei und fragte ihn: Hast du jetzt unterwegs etwas Gutes vollbracht? Der Angeredete erwiderte: Ein Knabe ist mit mir vorhin nach dem Bethause gegangen; er war ein Waisenkind und hatte nichts zu essen; also gab ich ihm von meinem Brot, und er aß mit mir. Da riefen die beiden Lehrer aus: Wohl dir, du bist vom Tode errettet worden. Wie hat doch ben Sirach recht gesprochen: ›Halte deine Hand nicht zurück, wo es gilt, Gutes zu tun.‹

R. Huna, der Sohn R. Josuas, war in einen todesähnlichen Schlaf gesunken, und seine Seele befand sich viele Tage und viele Nächte in den obersten Regionen. Als er ins Leben zurückkehrte, fragten ihn seine Schüler: Herr, wodurch bist du dem Sterben entgangen? Der Lehrer gab ihnen zur Antwort: Kinder, wohl dem, der nicht jähzornig ist, der sich am Wein nicht berauscht, und der an seiner Meinung nicht festhält. Beim Dienste des Herrn! Es kamen Scharen von Engeln und baten um Gnade und Nachsicht für mich, aber ihre Worte blieben unbeachtet; da kam einer und sprach: Dieser hat sein Lebtag auf seinem Recht nicht bestanden. Alsbald wurde ich vom Tode befreit, und mir wurden noch fünfzehn Jahre Leben zugelegt.

R. Safra war einer von denen, die mit dem Spruche gemeint sind: ›Der die Wahrheit von Herzen redet.‹* Dieser R. Safra ging einst mit seinen Schülern außerhalb der Stadt spazieren. Da kam ein frommer Mann des Weges, und als er den Meister mit seinen Jüngern sah, sprach er: Warum hat sich der Herr meinetwegen bemüht? Er meinte, R. Safra wäre ihm entgegengegangen, um ihn mit Ehren zu empfangen. Der Lehrer antwortete aber: Wir wollten nur spazieren gehen. Da ward der fromme Mann beschämt. Nachher sprachen die Schüler R. Safras zu ihrem Lehrer: Warum hast du dem Manne, der uns begegnet ist, diese Antwort gegeben? Der Meister erwiderte: Hätte ich denn lügen sollen? Die Schüler sprachen: Du hättest lieber nicht antworten sollen. R. Safra entgegnete: Hätte ich geschwiegen, so hätte ich mich gegen den Spruch vergangen: ›Der die Wahrheit von Herzen redet‹ – außerdem hätte ich mir die Gunst des Fremden zu Unrecht erkauft.

Als R. Chanina der Große aus Babel nach dem Lande Israel zog, wollte er wissen, ob er das Heilige Land schon erreicht hätte. Er wog die Steine unterwegs in der Hand, und solange sie sich leicht anfühlten, sprach er: Ich bin noch nicht im Lande Israel. Als er aber danach Steine fand, die schwer waren, rief er aus: Des Heiligen Landes Steine sind diese. Und er küßte sie und las über sie den Spruch: ›Deine Knechte haben ihr Wohlgefallen an den Steinen des Landes.‹**

* Psalmen 15, 2 ** Psalmen 102, 15

VIERTES BUCH:
LEGENDEN

108. DAS BUCH DER SCHÖPFUNG ODER: DER KNABE UND DER KÖNIG

Ein frommer Mann war bereits siebzig Jahre alt geworden und hatte keinen Sohn. Dieser Mann war sehr reich und pflegte jeden Tag nach dem Bethause zu gehen. Sah er beim Verlassen des Gotteshauses Knaben, die aus dem Hause ihres Lehrers kamen, so umarmte und küßte er sie und sprach zu ihnen: Sagt mir, was habt ihr heute gelernt? Die Kinder trugen ihm die Sätze aus der Schrift vor, die ihnen an diesem Tage verständlich gemacht worden waren, und der Mann weinte und sprach: Wohl euch, ihr Väter, daß es euch vergönnt war, Kinder zu haben, die der Lehre beflissen sind! Und weiter sprach er: Wehe mir, daß all meine Habe eines Fremden Erbteil werden soll. Und der Fromme machte sich auf und verteilte sein ganzes Vermögen unter die Schriftgelehrten. Er sprach: Vielleicht, daß auch ich mit ihnen im Eden einen Platz haben werde. Hierauf überkam den Ewigen, gelobt sei er, das Mitleid, und er schenkte dem Manne mit siebzig Jahren einen Sohn.

Als der Knabe fünf Jahre alt wurde, nahm ihn sein Vater auf die Schulter und trug ihn nach dem Lehrhause. Er fragte den Lehrer: Mit welchem Buche soll mein Sohn anfangen? Der Lehrer antwortete: Wir nehmen als erstes die Priesterlehren durch. Der Vater aber sagte: Nein, mein Sohn soll zuallererst in das Buch der Schöpfung eingeführt werden, denn dieses enthält eine Lobpreisung des Herrn. Und so fing der Knabe mit dem ersten Buche Moses an. Eines Tages sprach der Sohn zu seinem Vater: Wie lange willst du mich noch auf deiner Achsel ins Lehrhaus tragen? Laß mich selber gehen, ich kenne den Weg und finde allein dorthin. Da sprach der Vater: So geh allein.

Als aber der Knabe draußen war, begegnete ihm ein Bote des Königs, und wie dieser sah, daß der Knabe schön war, hob er ihn auf und trug ihn fort.

Da nun die Zeit des Mittagmahles herannahte und der Vater seinen Sohn nicht kommen sah, ging er zu dem Lehrer und fragte: Wo ist mein Sohn, den ich zu dir geschickt habe? Der Lehrer antwortete: Das weiß ich nicht, er ist heute zum Unterricht nicht erschienen. Wie das der Vater vernahm, fing er zu weinen und zu schreien an; er begab sich auf den Platz, von wo aus die Straßen auseinandergingen, und fragte überall: Habt ihr meinen Sohn gesehen? Das und das sind seine Merkmale. Allein man antwortete ihm: Wir sind einem solchen Knaben nicht begegnet. Da jammerten der Vater des Kindes und seine Mutter; sie klagten und wälzten sich im Staube umher, bis ihr Geschrei vor den Himmel kam.

In dieser Stunde übermannte den Herrn das Erbarmen, und er ließ über den König des Landes, wo jener Knabe gefangengehalten wurde, eine Krankheit kommen, daß er zu seinen Knechten sprach: Holt mir das Buch der Heilmittelkunde. Das befolgten die Diener. Allein Gott spielte ihnen statt des Heilbuches das Buch der Schöpfung in die Hände. Sie öffneten das Buch, seine Schrift war ihnen jedoch unverständlich. Da sprachen sie zu dem Könige: Wie uns scheint, ist das ein judäisches Buch. Und sie suchten nach einem Judäer, konnten aber keinen finden. Da sprach der Botengänger des Königs: Als ich einst durch ein Dorf zog, stahl ich dort einen ebräischen Knaben, vielleicht kann dieser das Buch lesen. Der König sprach: Bring mir diesen Knaben. Also führte der Diener den Knaben vor den König. Der Fürst sprach zu dem Jüngling: Mein Sohn, ver=

magst du vielleicht aus diesem Buche zu lesen? Du würdest
dich und uns dadurch glücklich machen. Als aber der Knabe
das Buch erblickte, begann er zu schreien und zu weinen
und fiel auf die Erde. Der König sprach: Mir ists, als hät=
test du vor mir Angst. Der Knabe entgegnete: Mir ist nicht
angst, allein ich bin der einzige Sohn meines Vaters und
meiner Mutter, und der Herr hat mich ihnen geschenkt,
als mein Vater schon siebzig Jahre alt war; mein Vater war
es auch, der mich in diesem Buche hat unterweisen lassen.
Und der Knabe sprach weiter: Ich verstehe wohl darin zu
lesen. Er fing mit den ersten Worten der Schrift an und
kam bis zu der Stelle, wo Himmel und Erde und all ihr
Heer vollendet waren. Darauf fragte der König: Bist du
auch imstande, das alles zu deuten? Alsbald gab der Hei=
lige, gelobt sei er, Weisheit, Vernunft und Verstandes=
schärfe dem Knaben ein, und er vermochte alles, was er ge=
lesen hatte, klar auseinanderzusetzen. Wie nun der König
von der Allmacht Gottes Kunde empfing, stand er von sei=
nem Throne auf und ließ den Knaben darauf sitzen. Und
des Knaben Rede floß immer weiter. Da sprach der König:
Mir ist durch dich Heil beschieden worden; fordere von
mir, was du begehrst. Der Knabe gab zur Antwort: Ich
verlange von dir nichts mehr, als daß du mich meinem Va=
ter und meiner Mutter zurückgebest. Alsbald verordnete
der König, daß man den Knaben nach seiner Schatzkam=
mer führe, ihm Gold, Silber und Edelsteine gebe und ihn
in sein Vaterhaus bringe.

Als die Eltern des Knaben ihren Sohn wiederkommen sa=
hen, ließen sie Lob und Dank vor dem Herrn erschallen
und wurden voll übergroßer Freude.

Daher lehrten unsere Weisen: Wenn dieser hier, der sei=
nem Sohne nur den Anfang der Schrift beibrachte, solchen
Lohn erntete, um wieviel mehr wird einer gesegnet, der
seinen Sohn die ganze Schrift und ihre Auslegungen lehrt.

Wenn dieser Knabe, der nur eine Stunde seinem Vater Ehre zukommen ließ, so hoch gehalten wurde, um wieviel höher steigt einer, der Tag und Nacht Vater und Mutter ehrt. Der Preis des Diesseits und des Jenseits wird ihm zuteil.

109. SALIK

(Eine Parabel)

Dem Frommen R. Kahana wurde von Gott ein Sohn geschenkt, und diesen nannte er Salik. Als der Knabe fünf Jahre alt wurde, nahm ihn der Vater bei der Hand und wollte ihn aus dem Hause bringen, damit er in die Schrift eingeführt werde. Die Mutter des Kindes fragte ihren Mann: Wo willst du mit meinem Sohne hin? R. Kahana antwortete: Ich will ihn einem Lehrer übergeben, daß er ihn unterrichte. Das Weib sagte darauf: Lieber sterben, als sich von seinem Kinde trennen; unser Sohn verlasse nicht das Haus, besuche keine Lehrstätte und übe kein Handwerk. Da sprach R. Kahana: Beeile dich und hole deine Eheurkunde, daß ich sie zerreiße und dir, was ich dir schulde, auszahle. Das Weib sprach: Was für einen Fehl hast du an mir bemerkt, daß du mich von dir willst gehen lassen? Heißt es doch: ›Er gebe ihr einen Scheidebrief, wenn er einen Makel an ihr gefunden hat.‹ R. Kahana erwiderte: Es gibt keinen größern Fehl als diesen, seinem Sohne das Wasser des Lebens entziehen zu wollen; das lebendige Wasser, das ist die Lehre. Wie sagt doch der Prophet: ›Alle, die ihr durstig seid, kommt her zum Wasser‹; und der König Salomo meinte von den Worten der Schrift: ›Sie sind das Wasser denen, die sie finden.‹ Darauf sprach das Weib: Wir wollen gegeneinander nicht unerbittlich sein. R. Kahana fragte: Wie hast du dich entschieden? Die Frau gab zur Antwort: Geh auf den Markt und suche einen wohlerfahrenen Lehrer; miete ihn gleich für Jahre und Monate,

damit unser Sohn daheim bleibe; ich will dem Lehrmeister in allem aufwarten, will seine Kleider rein halten und die Wände seiner Stube putzen.
R. Kahana willigte darein. Er ging auf den Markt und fand dort einen gelehrten Mann, dessen Schaufäden siebenfach gedreht waren. Er sprach zu ihm: Friede mit dir, mein Herr. Der Fremde erwiderte: Mit dir sei Friede. R. Kahana fragte: Wie ist dein Name? Der Gottesmann antwortete: Ich heiße Elieser Seïri. R. Kahana fragte weiter: Hast du Frau und Kinder? Elieser entgegnete: Jawohl, die begleiten mich immer. Da begriff R. Kahana die Antwort und sprach: Meines Herrn Weib ist die Lehre, meines Herrn Kinder sind die Schüler, die er herangezogen hat.
Das Weib R. Kahanas sprach zu dem Lehrer: Du und mein Sohn, ihr dürft nicht aus der Tür meines Hauses. Elieser antwortete: Ich gehe darauf ein. R. Kahana schrieb danach einen Vertrag und gab ihn Elieser, und dieser stellte gleichfalls eine Urkunde aus und gab sie R. Kahana. Von nun an ward Elieser der Lehrer Saliks, des Sohnes R. Kahanas, und er unterrichtete ihn fünfundzwanzig Jahre lang. So kam es, daß Salik von dem Augenblick, da er den Mutterleib verlassen hatte, bis zu dem Tage, an dem er fünfundzwanzig Jahre Schüler des Elieser gewesen, nicht über die Schwelle seines Hauses getreten war. R. Kahana aber hatte dem Elieser tausend Goldstücke zu zahlen.
Nachdem sich sein Lehrer verabschiedet hatte, zog Salik wohlausgestattet aus, und er sah sich auf den Märkten um. Bald wurde er jedoch hungrig und durstig. Da hörte er einen Wasserhändler laut ausrufen: Wasser frisch und klar, Müden und Matten ein Labsal, einen Batzen der Schluck! Dieser Wasserträger war ein Verwandter Saliks. Der Sohn R. Kahanas winkte dem Händler; der eilte herbei, und Salik sprach: Erquicke mich durch einen Trunk. Der Händler antwortete: Zahle einen Batzen, ich will dir zu trinken geben.

Darauf sprach Salik: Ich bin ein der Schrift kundiger Jüngling, und du versagst mir einen Schluck Wasser? Der Händler entgegnete: ›Hast du Wissen erworben, so hast du es deinetwegen getan.‹ Salik sprach: Ich habe mich dreißig Jahre lang mit der Schrift beschäftigt, und du weigerst dich, meinen Durst zu stillen? Der Händler erwiderte: ›Hast du in der Schrift geforscht, so tu dir darauf nichts zugut, denn derenthalben bist du erschaffen worden.‹ Dich hat Gott dazu bestimmt, daß du das Gesetz erkennst, mir hat er aufgegeben, Wasser zu schöpfen, es auf meinen Schultern zu tragen, es zu verkaufen und so die Meinigen zu ernähren. Hierauf machte sich Salik auf und kehrte betrübt zu seinen Eltern zurück. Er zerriß seine Kleider im Angesicht seines Vaters und seiner Mutter und sagte: Alles Wissen, das ich mir angeeignet habe, wiegt nicht einen Batzen auf, für den man sich einen Schluck Wasser kaufen kann. Erlaube mir, einen andern Pfad zu betreten.
›Ein Geduldiger ist einem Helden vorzuziehen.‹ R. Kahana schalt nicht und schrie nicht über seinen Sohn, denn er sagte sich: ›Suche deinen Nächsten nicht umzustimmen, wenn sein Zorn noch anhält.‹ Zu Salik aber sprach er: Mein Sohn, du willst dir eine andre Bahn wählen? Der Jüngling erwiderte: Das ist mein Wunsch. R. Kahana sagte: Hole mir mein Schatzkästchen, öffne es und nimm das kleine Silbergerät daraus, das darin liegt. Das tat Salik. Sein Vater machte den kleinen Behälter auf und ließ ihn eine köstliche rotschimmernde Perle sehen. Er sprach zu ihm: Mein Sohn, nimm dieses Kleinod und geh damit auf den Markt, wo man die unechten Steine, die aus Blei und Glas hergestellt werden, feilbietet. Horche, wie hoch deine Perle dort gewertet wird, verkaufe sie aber den Leuten nicht. Danach geh die Reihen durch, wo die echten Steine verkauft werden; hier gib deine Perle ab. Von dem Erlös soll die Hälfte mir für meine alten Tage dienen; die andre Hälfte soll dir

gehören. Deine eignen Verwandten hatten für dich nicht so viel übrig, um dir einen Schluck Wasser umsonst zu geben; also werden andre Menschen vor deiner Würde erst recht keine Achtung haben. Behalte deinen Teil, wenn du die Perle verkauft hast, und du wirst überall Zutritt haben, denn: ›Das Geld läßt alle Fragen verstummen.‹

Nun ging Salik zuerst dahin, wo mit unechten Steinen gehandelt wurde. Man bot ihm für seine Perle ein Silberstück. Da wickelte er sie ein und verkaufte sie nicht. Darauf ging er auf den andern Markt, wo die echten Steine ausgestellt waren. Hier bot ihm ein Händler tausend Silberstücke, Salik mochte aber auch diesem die Perle nicht verkaufen. Der zweite Händler bot ihm mehr, der dritte noch mehr, und erst der zehnte erstand die Perle; er hatte aber einen Preis von zweitausendfünfhundert Goldstücken für sie bezahlt. Salik nahm das Geld in Empfang, ging damit nach Hause und rief seinem Vater: Wohlan, wir wollen die Summe miteinander teilen. R. Kahana antwortete darauf: Mein Sohn, ich habe dir die Perle nicht bloß zum Verkaufen gegeben, sondern damit dir der Fall zu deiner Belehrung gereiche.

110. DIE LEHRE SPEIST IHRE GETREUEN

Der Lehrer R. Chanina hatte eine Frau geheiratet, die ihm ein großes Vermögen mitgebracht hatte, und so lebte er in Wohlstand. Wenn er aber gegessen und getrunken hatte, pflegte er zu seiner Frau zu sagen: Glaube nicht, daß ich von deinem Gute zehre; der Herr ist es, der mich ernährt zum Lohne dafür, daß ich mit meinen Schülern in seiner Lehre forsche. Diese Worte verdrossen das Weib sehr, sie ließ es aber Chanina nicht merken.

Der Frauen Kleider sind lang, ihr Verstand aber ist kurz. Eines Tages sprach Chaninas Weib zu ihrem Knecht und zu ihrer Magd: Was soll ich mit meinem Manne anfangen? Setze ich ihm auch das köstlichste Gericht vor, so hilft es mir nichts, und er weiß mir nicht Dank, sondern spricht immer, der Herr lohne ihm seinen Eifer; nun will ich sehen, ob die Lehre ihn einmal sättigen wird. Und sie nahm alle Speise, die vorrätig war, und trug sie mit ihren Mägden aus dem Hause.

Inzwischen saß Chanina im Lehrhaus bei der Schrift. Zu derselben Zeit fuhr ein Schiff auf dem Meere und war nahe daran zu versinken. Da schrie das Volk darauf: Errette uns, dessen Name gesegnet ist, du Gott, an den Chanina glaubt; wenn wir glücklich ans Land gekommen sind, so wollen wir Chanina den Zehnten geben von allem, was wir auf dem Schiffe haben. Dieses Rufen drang zu Chanina; er ging in den heiligen Tempel und betete für die Bedrängten. Beim Verlassen des Tempels kamen ihm die Kauffahrer des Schiffes entgegen, fielen ihm zu Füßen und sprachen zu ihm: Geliebter Herr, komm mit uns an das Schiff und nimm, was dein ist. Also ging Chanina mit, und die Leute gaben ihm den Zehnten von allem, was auf dem Schiffe war, von dem Golde, von dem Silber und von den Edelsteinen. Chanina befahl, das in seine Wohnung zu tragen.

Als der Fromme in sein Haus kam, traf er niemand an. Da begriff er, daß alle weggegangen waren, weil er gegen seine Frau geredet hatte, indem er Speise und Trank als von Gott und nicht von ihr gegeben ansah. Er sprach zu seinen Jüngern: Geht hin und dingt uns Knechte und Mägde, daß sie uns ein großes Mahl bereiten. Die Jünger beeilten sich, das zu tun, und Chanina befahl, die vornehmsten Schriftgelehrten zu rufen. Sie kamen und aßen und freuten sich mit ihm.

Als Chaninas Weib das alles erfahren hatte, kehrte sie ins Haus zurück, fiel ihrem Manne zu Füßen und bat ihn um Vergebung dafür, daß sie weggegangen war. Alsdann sprach sie: Selig der Herr, der Euch erwählt hat, daß Ihr Euch seiner Lehre weihet, und daß an Euch in Erfüllung geht, was da geschrieben steht: ›Das Brot bringt sie ihnen von ferne.‹*

111. DER KNABE AUF DEM SCHIFFE

Einst wollte ein ebräischer Knabe über die See fahren und bestieg ein Schiff. Auf dem Schiff aber waren Reisende von allen siebenzig Völkern, und ein jeder trug an seinem Halse das Abbild seines Gottes. Da erhob sich ein Sturm auf dem Meere, und jedermann nahm seinen Götzen in die Hand, drückte ihn an sich, küßte ihn und rief mit lauter Stimme: Komm und errette mich aus dieser Not. Der Wind stand aber nicht still, und die Männer rauften sich die Haare und Bärte, fielen vor ihren Göttern nieder und wanden sich vor ihnen. Da sie aber sahen, daß alles nicht half, sprachen sie zueinander: Es ist nichts Echtes an diesen unsern Göttern; hier auf dem Schiffe soll sich ein Knabe befinden, der Ebräer von Glauben ist. Dieser Knabe aber war, als der Sturm zu wüten anfing, in den innern Raum des Schiffes gegangen und war dort eingeschlafen. Nun kamen die Schiffsleute an ihn heran und sprachen zu ihm: Wir sind in großer Bedrängnis, und du liegst da und schläfst? Steh auf und bete zu deinem Gott, vielleicht daß er unser gedenken will und uns vor dem Untergang bewahrt. In dieser Stunde richtete sich der Knabe auf, betete zu Gott und rief: Herr der Welt! Laß deine Allmacht und deines Namens Größe heute kund werden; gedenke der Väter, Abrahams, Isaaks und Jakobs, und was du ihnen verheißen hast; es mögen alle Völker jetzt erkennen, daß du der wahre Gott bist, und daß du ein barmherziger und milder Gott bist. Alsbald winkte der Heilige, gelobt sei er,

* Sprüche 31, 14

dem Meere, und die Wogen legten sich. Das Schiff glitt ruhig weiter.
Als das Ufer erreicht war und die Kauffahrer das Land bestiegen, kaufte ein jeder Nahrung für sich, und sie sprachen zu dem Knaben: Versieh dich gleichfalls mit Speise. Der Jüngling antwortete: Was wollt ihr von einem armen Knaben, wie ich einer bin? Ich habe kein Geld, um mir etwas zu kaufen. Da sagten die Heiden: Du bist nicht arm zu nennen, sondern reich; arm sind, die ihre Götter anrufen und denen keine Antwort wird. Du aber, wo immer du dich aufhältst, dein Gott erhört dich. Darauf sprach der Knabe: Ihr Einfältigen, eure Götter hängen an euren Hälsen und sind dennoch ferne; mein Gott aber scheint ferne zu sein und ist dennoch nahe, wie es heißt: ›Nahe ist der Herr denen, die ihn rufen‹, und: ›Wo ist noch ein Volk, dem Gott so nahe wäre, wie unser Gott denen, die ihn rufen, nahe ist.‹ Alsbald taten die Heiden ihren Mund auf und sagten: Deine Lippen sprechen die Wahrheit!
Also hat auch der Herr Israel ermahnt: Meine Kinder, liebt mich und ruft mich als den einigen Gott morgens, mittags und abends an, und ich will euch tags und nachts beschützen, wie es heißt: ›Es schläft und schlummert nicht der Hüter Israels.‹

112. DER WEISEN HANDEL

Einst fuhren Handelsleute auf einem Schiff, und mit ihnen zusammen war ein schriftkundiger Mann. Diesen fragten die Reisenden: Wo hast du deine Ware? Der Weise erwiderte: Sie ist in einem Kasten wohlverwahrt. Da suchten die Kaufleute das ganze Schiff ab und fanden nichts, was dem Manne gehörte. Also fingen sie über ihn zu spotten an. Als aber das Schiff im Hafen anlangte, kamen Zinspächter, nahmen alles, was auf dem Schiffe war, weg und

ließen den Leuten nichts übrig. Allein der Fromme ging in das Lehrhaus des Ortes und las dort aus der Schrift. Die Einwohner der Stadt erwiesen ihm alle Ehren und baten ihn, mit ihnen zu essen und zu trinken. Da kamen die Reisegefährten des Mannes zu ihm und sprachen: Wir bitten dich, bei den Ansässigen dieses Ortes ein gutes Wort für uns einzulegen, daß sie sich unser annehmen und uns nicht Hungers sterben lassen. Das tat der Fromme, und auf seine Fürsprache hin wurden die Kauffahrer mit Achtung empfangen.
Daraus folgt die Lehre: ›Der Weisen Handel ist mehr wert denn Geldhandel.‹*

113. DIE TRAUERNDE

Es war einst ein frommer Mann, der suchte immer einen einsamen Ort auf und forschte daselbst in der Lehre von der Chagiga, jenem Abschnitt im Talmud, der von den darzubringenden Ganz- und Freudenopfern an den Wallfahrtsfesten in Jerusalem spricht. Er wendete darin die Blätter vielfach um und wiederholte die Verordnungen, bis er alles gut erfaßt hatte und das Buch seinem Munde geläufig war. Er kannte keinen andern Abschnitt der mündlichen Lehre und las allein in der Chagiga alle seine Tage.
Als der Fromme von der Welt verschied, war niemand um ihn, und so wußte keiner, daß er gestorben war. Da erschien eine weibliche Gestalt, stellte sich vor den Toten und begann laut zu weinen und zu klagen. Sie seufzte und schrie so lange, bis sich viel Volk versammelte. Das Weib sprach zu ihnen: Beweint diesen frommen Mann und bestattet ihn, ehrt seinen Sarg, und euch soll ewiges Leben beschieden sein. Dieser hielt mich in Ehren alle Tage seines Lebens, ich war nicht verlassen noch vergessen.

* Sprüche 3, 14

Alsbald kamen alle Weiber des Ortes zusammen, setzten sich zu ihr nieder und hielten eine große, bittere Klage; die Männer beschafften das Totenkleid und nahmen alle Sorge um das Begräbnis auf sich. Alsdann trugen sie den Mann mit großer Feierlichkeit zu Grabe, und das fremde Weib weinte immerzu. Da fragte man sie: Wie ist dein Name? Sie erwiderte: Mein Name ist Chagiga.

Als der fromme Mann begraben worden war, verschwand jenes Weib und ward nicht mehr gesehen. Da wußten die Leute, daß es die Chagiga gewesen, die in Gestalt eines Weibes gekommen war, um den Mann nach seinem Tode zu betrauern und zu beweinen und ihn zu Grabe zu geleiten dafür, daß er sich stets mit ihr befaßt hatte und sie zu kennen beflissen war.

114. IM GÖTZENTEMPEL

Ein Jude, der lahm war, hörte von einem Götzentempel erzählen, in dem jeder Gelähmte, der hinkam, wieder genas. Da sprach er: Ich will dorthin, vielleicht werde auch ich geheilt.

Also ging er hin und blieb eine Nacht an der Stätte zusammen mit andern Kranken. Da sah er mitternachts, als alle schliefen, einen Teufel aus der Wand kommen; der hielt in der Hand einen Krug mit Öl und bestrich damit alle Siechen; allein den Judäer ließ er außer acht. Da fragte dieser: Warum salbst du mich nicht? Der Sohn des Satans erwiderte: Bist du nicht ein Judäer? Warum kommst du hierher? Kommt denn ein Jude an einen Ort, wo Götzendienst getrieben wird? Weißt du denn nicht, daß darin kein lebendiger Sinn enthalten ist? Ich lasse sie nur gesund werden, damit sie in ihrem Irrtum bestärkt werden und an dem zukünftigen Leben nicht teilhaben. Du aber, warum riefst du fremde Götter um Hilfe an und hast dich

nicht vor den Heiligen, gelobt sei er, hingestellt, daß er dir helfe? So wisse denn, morgen sollte dein Leiden ein Ende nehmen, und du solltest geheilt werden; weil du aber solches getan hast, wirst du nimmer Heilung finden.
Darum vertraue der Mensch auf niemand als auf Gott, den Herrn und König, der allein ohne Entgelt Genesung finden läßt.

115. DER SCHEINHEILIGE

Du sollst den Namen deines Gottes nicht mißbrauchen. Stelle dich nicht fromm, wenn du kein Frommer bist.
Ein Judäer, der einen Beutel voll Geld bei sich trug, kam an einem Freitag nach einer Stadt, in der er keinen Menschen kannte. Da sah er im Bethaus einen Mann sitzen – das war ein bekehrter Heide –, der war in einen Betmantel gehüllt und hatte den Gebetriemen um den Kopf gebunden. Dieser schien dem Ankömmling ein bedeutsamer Mann zu sein, weil er die Gebote streng beachtete, und so gab er ihm seinen Geldbeutel zum Verwahren. Als der Sabbat um war, kam er zu dem Beter und verlangte sein Geld zurück. Da erwiderte jener: Das hat sich im Leben nicht zugetragen! Darüber wurde der Judäer sehr betrübt, und er rief aus: Herr der Welten! Dir ist es offenbar, daß ich diesem hier mein Geld nicht anvertraut hätte, hätte ich ihn nicht deine Gebote erfüllen sehen. In derselben Nacht erschien dem Betrogenen der Prophet Elia im Traume und sagte: Geh morgen zu der Frau des Mannes und sprich so zu ihr: Gib mir meinen Beutel wieder; wenn sie dich um ein Zeichen fragt, so sage ihr, das Zeichen sei, daß sie und ihr Mann in der Passahnacht gesäuertes Brot und in der Nacht zum Versöhnungsfeste das Fleisch eines Schweines gegessen haben.
Des Morgens ging der Judäer zu der Frau jenes Betrügers

und überbrachte ihr diese Zeichen. Da händigte sie ihm den Geldsack aus. Als der Räuber nach Hause zurückkam und seine Frau nach dem Beutel fragte, antwortete sie ihm: Der Inhaber des Geldes war hier und holte es sich, und das und das hat er als Ausweis angegeben. Darauf sprach der Missetäter: Da nun die Sache ruchbar geworden ist, so wollen wir unsern frühern bösen Wandel offen wieder aufnehmen.

Das ist die Strafe für alle, die solches begehen!

116. DIE PERLE

Unsere Weisen, ihr Andenken sei gesegnet, erzählten: Ein reicher Heide hatte zum Nachbarn einen Judäer mit Namen Joseph der Sabbatverehrer. Dieser wurde so genannt, weil er zu Ehren des Sabbats mehr auszugeben pflegte, als er konnte, und sich die Woche über karg ernährte, nur um den Sabbat würdig zu begehen. Er war nicht von denen, die Güter häufen, und besaß keinen heimlichen Schatz.

Da sprachen eines Tages die Weisen und Sternseher zu dem Heiden, der der Nachbar Josephs war: Wisse, daß all dein Reichtum und deine Habe das Erbe dieses Judäers sein werden, und er wird sich ihrer erfreuen. Darüber erschrak der Mann und ward voll Furcht; er nahm alles zusammen, was er besaß, sein Geld und seine Kostbarkeiten, und kaufte dafür eine einzige große Perle, diese nähte er in den Hut ein, den er immer auf dem Kopfe trug.

Da begab es sich auf einen Tag, daß der Heide am Ufer des Euphrats lustwandelte, als plötzlich ein starker Wind vom Meere kam, den Hut vom Kopfe des Mannes riß und ihn ins Wasser warf. Sogleich schickte Gott einen großen Fisch, und dieser verschlang den Hut mit der Perle. Nach einigen Tagen fing ein Fischer diesen Fisch und fragte seinen Ge=

nossen: Wer wird mir wohl diesen Fisch abkaufen? Jener antwortete: Du findest keinen bessern Käufer dafür als Joseph den Sabbatverehrer. Und er führte ihn zu dem frommen Manne. Der kaufte den Fisch um einen hohen Preis, und als er seinen Bauch aufschnitt, um ihn zu Ehren des Sabbats zu bereiten, fand er darin die Perle. Diese verkaufte er für viel Geld und wurde so seiner Dürftigkeit ledig. Sein Besitztum wuchs noch mehr, und er war ein reicher Mann sein Leben lang.

117. DER SCHNEIDER UND DER STATTHALTER

Es war einst ein frommer Mann, der die Sabbate und die Feiertage besonders heiligte. Einmal fiel der Versöhnungstag auf einen Sabbat, und der Fromme ging auf den Markt, um einen Fisch zu kaufen zu Ehren des doppelten Festtages. Es war aber nur ein großer Fisch da, und diesen wollte außer dem Ebräer auch ein Diener des Statthalters haben. Der eine bot für den Fisch mehr als der andre, und einer suchte den andern zu überbieten. Als das der Fromme sah, sprach er zu dem Fischer: Ich zahle dir für das Pfund einen Dinar. Der Fisch wog aber schwer, und der Ebräer mußte viel Geld für ihn geben.

Des Abends setzte sich der Statthalter zum Mahle und sprach zu seinem Küchenmeister: Konntest du denn keinen Fisch finden? Der Diener antwortete: Es war nur ein Fisch auf dem Markte vorhanden, und den erwarb ein Judäer, der für das Pfund einen Dinar zahlte. Da sagte der Statthalter: Was muß das für ein reicher Mann sein, der solch einen teuern Fisch kauft. Und er fragte den Koch: Kennst du ihn? Der Koch erwiderte: Ich kenne ihn wohl. Da sprach der Landpfleger: Laß ihn zu mir kommen. Der Diener ging und holte den frommen Mann. Der Statthalter fragte ihn, als er gekommen war: Was ist dein Be=

ruf? Der Ebräer erwiderte: Ich bin meines Handwerks ein Schneider. Da sprach der Statthalter: Ißt denn ein Mann deines Standes Fische, von denen das Pfund einen Dinar kostet? Es ist nicht anders, du mußt reich sein. Der Judäer antwortete: Herr, verstatte es mir, daß ich mit dir rede. Der Statthalter sagte: Rede nur. Da sprach der fromme Mann: Es gibt für uns im Jahre einen Tag, an dem uns alles, was wir das Jahr über gefehlt haben, vergeben wird. Diesen Tag müssen wir hoch ehren. Darauf sagte der Landpfleger: Da du für dein Handeln solch einen triftigen Grund angegeben hast, so soll dir kein Leid geschehen. Und er entließ ihn in Frieden.
Der Herr aber vergalt es dem Frommen und ließ ihn in dem Fisch eine Perle finden, von der er sein ganzes Leben lang den Unterhalt bestreiten konnte.

118. ZWEI SÖHNE

Ein Talmudlehrer sprach: Manch einer läßt seinen Vater Fasanen essen und wird dennoch des zukünftigen Lebens nicht teilhaftig; ein andrer läßt seinen Vater den Mühlstein bewegen, und ihm wird ewiges Leben beschieden.
Ein Judäer hatte einen Sohn, und dieser pflegte ihm jeden Tag ein Paar Tauben zu bringen, ihn wohl zu speisen und zu tränken. Da fragte einst der Vater den Sohn: Mein Sohn, wo hast du das alles her? Darauf entgegnete der Sohn: Iß, du scheeläugiger Hund, was man dir gibt; was hast du zu fragen, wo es herkommt?
Ein andrer Fall: Einst wurde ein Gesetz erlassen, daß jedem, der müßig dasitze und keine Arbeit tue, Hände und Füße abgehauen würden. Da war einer, der selber die Mühle trat und seinen Vater im Bette der Ruhe pflegen ließ. Eines Tages kamen die Knechte des Königs, um Umschau zu halten. Da sprach der Sohn zu seinem Vater:

Vater, tritt du jetzt die Mühle, ich will mich ins Bett legen. Die Diener kamen und fanden den Sohn im Bette liegen. Also brachten sie ihn vor den König, und ihm wurden Hände und Füße abgehauen. Weil er aber seinen Vater gerettet hatte, wurde er mit dem ewigen Leben belohnt.

119. DER SCHRIFTGELEHRTE UND SEIN GENOSSE IM PARADIES

Dem Meister R. Josua ben Ellem erschien Elia im Traume und sagte zu ihm: Freue dich, denn du wirst mit dem Schlächter Nannas aus dem Dorfe Kitor im Paradiese zusammen sitzen, und euer beider Teil wird gleich sein. Als R. Josua erwachte, sann er in seinem Herzen darüber nach und sprach: Wehe mir! Seit dem Tage, da ich geboren bin, lebte ich stets in Gottesfurcht und tat nichts andres, als in der Schrift forschen; ich machte keinen Schritt über vier Ellen ohne Schaufäden und Gebetriemen; achtzig Schüler sitzen zu meinen Füßen, und nun wiegen meine Taten und mein Wissen nicht mehr, als was ein Schlächter vollbracht hat. Ich schwöre, ich komme nicht eher ins Lehrhaus, als bis ich diesen Mann gesehen habe, der mein Genosse im Eden sein soll.

Hierauf begab sich der Fromme mit seinen Jüngern auf den Weg. Sie gingen von Stadt zu Stadt und von Land zu Land und fragten überall nach einem Schlächter mit Namen Nannas aus dem Dorfe Kitor, bis sie den Ort fanden. Dort angekommen, fragte R. Josua: Wo wohnt hier der Schlächter Nannas? Die Einwohner antworteten: Herr, warum fragst du nach diesem Manne? Du bist ein Gerechter und bist eine Krone Israels und kümmerst dich um solch einen Geringen? Josua aber sprach weiter: Sagt mir, welches sind die Taten dieses Mannes? Die Leute erwiderten: Herr, was soll dir dieser Metzger? Bleibe hier mit dei=

nen Schülern; erlabt euch, denn ihr seid müde vom Wege. Der Lehrer entgegnete: Beim Dienst! Weder ich noch meine Schüler werden etwas genießen, bevor ihr mir den Metzger nicht vorgeführt habt. Da ließen die Leute Nannas rufen und ihm sagen: Der Meister R. Josua bescheidet dich zu sich. Der Schlächter antwortete: Was bin ich, und was sind meine Väter, daß R. Josua, die Leuchte Israels, nach mir fragt? Die Boten sprachen: Mache dich auf und komm mit uns. Der Schlächter aber dachte, daß sie seiner spotteten, und sagte: Ich gehe nicht mit euch.

Da kamen die Beauftragten wieder zu R. Josua und berichteten: Du Licht unserer Augen, wir wollten den Mann herbringen, er aber mochte nicht kommen. Alsbald machte sich R. Josua selber auf und ging mit seinen Schülern zu dem Schlächter. Als dieser den Meister erblickte, fiel er vor ihm auf sein Angesicht und sagte: Mein Herr, was hast du an mir gefunden, und womit ist dieser Tag anders als alle Tage bisher, daß du mich aufsuchst? R. Josua erwiderte: Ich habe ein Anliegen an dich. Nannas sagte: Sprich, mein Herr. R. Josua fragte: Welch Gewerbe treibst du? Nannas antwortete: Herr, ich bin weiter nichts als ein Schlächter, und ich habe noch Vater und Mutter am Leben; die sind in hohem Alter und können nicht mehr stehen und nicht mehr sitzen; so ziehe ich sie täglich an, wasche sie und reiche ihnen die Speisen.

Da stand R. Josua auf, küßte das Haupt des Schlächters und sprach: Selig bist du, und herrlich ist dein Los; selig dein Vater, daß er dich gezeugt hat; wohl mir, daß ich für wert befunden worden bin, dein Genosse im Jenseits zu sein!

Darum halte Israel stets an dem Gebot, Vater und Mutter zu ehren; denn Vater und Mutter ehren heißt Gott ehren.

120. DIE KINDER DES TRINKERS

Es lebte einst ein alter Mann, der zwei Söhne hatte. Dieser Mann hing sehr am Wein und war dem Trunk ergeben. Was seine Söhne tagsüber verdienten, das vertrank ihr Vater am Abend darauf. Da sprach ein Bruder zu dem andern: Was sollen wir mit unserm Vater anfangen? Alles, was wir erwerben, gibt er für Wein aus, und wir können uns nicht einmal Schuhe anschaffen. Willst du auf mich hören, so wollen wir unsern Verdienst von zwei oder drei Tagen zurückhalten und unserm Vater dann so viel Wein geben, daß er vor Trunkenheit einschläft. Und sie taten so. Sie ließen ihren Vater auf einmal eine große Menge Wein trinken, bis er in einen tiefen Schlaf versank. Danach riefen sie ihre Nachbarn und sagten zu ihnen: Kommt unsern Vater begraben, er ist verschieden. Sie machten dem alten Manne Totenkleider und trugen ihn auf den Friedhof. Zu der Zeit pflegte man in die Felsen Höhlen zu hauen und dort die Schreine der Toten aufzustellen. Also wurde auch der Trinker in ein solches Gewölbe gebracht, und er rührte und regte sich nicht in seinem Schlafe. Seine Söhne aber kehrten nach Hause zurück.

Tags darauf zogen Ismaeliter mit Wein und Brot, mit gebratenem Fleisch und allerlei Eßwaren an dieser Stätte vorbei. Sie sollten das nach einem Orte bringen, der vom Feinde belagert wurde. Sie wurden aber bemerkt und verfolgt. Da versteckten sie ihre Last in den Grabeshöhlen und flohen davon auf ihren Kamelen. Am dritten Tage erwachte der alte Mann und staunte über sich selbst; er konnte nicht verstehen, wo er sich befand. Er tastete umher und rief laut, aber keine menschliche Stimme erklang als Antwort. Da streckte er seine Hand weiter aus und stieß auf die Krüge voll Wein, hernach auf das Brot, das Fleisch und den Käse. Er sprach: Meine Kinder haben mich hierher=

gebracht, aber gelobt sei mein Schöpfer, der mir beigestanden hat! Und der Zecher setzte sich hin, aß und trank, bis er in einen Rausch geriet und zu singen und spielen anfing.
Wie aber die drei Tage vergangen waren, wollten auch die Söhne des alten Mannes erfahren, ob ihr Vater tot oder wiedererwacht wäre; sie kamen bis an die Felsklüfte und hörten ihren Vater aus dem Grabe singen. Da sprachen sie: Er ist noch am Leben. Sie traten in die Höhle und fragten: Was ist mit dir geschehen, Vater? Er antwortete ihnen: Ihr Frevler, ihr hattet Übles mit mir im Sinne, Gott aber hat es zum Guten gewendet und mich am Leben erhalten. Hebt euch von dannen; der Herr wird mich auch weiterhin speisen. Da gewahrten die Söhne den Wein und die Fülle der andern Gaben. Sie sprachen zu ihrem Vater: Vater, kehre zurück in unser Haus; wir schwören dir, daß wir dich, solange wir leben, ernähren werden. Und sie luden die Speisen und die Getränke auf, trugen alles nach ihrer Wohnung und sorgten von nun an treulich für die Bedürfnisse ihres Vaters.

121. DER BRUDERMORD

Du sollst nicht töten, sagt die Schrift. Mache dich nicht eines Mordes schuldig und laß keines Menschen Blut nach dir schreien.
Ein Weiser sprach: Zwei Vorhallen befinden sich vor dem Eingange zur Unterwelt; die eine wird die äußere genannt, die andre nennt man die innere; in der äußern Vorhalle vollenden die ihr Leben, die eines gewaltsamen Todes gestorben sind. Daher sagt der Prophet: ›Ich sollte an der Neige meiner Tage in die Grube fahren und meine Jahre zu Ende leben.‹ Der Herr aber spricht: Wer einen Menschen umbringt, der raubt mein Gut und läßt mich grausam erscheinen.

Alle Sünden werden vergeben, außer der Sünde des Blut=vergießens, wie es heißt: ›Wer Menschenblut vergießt, des Blut soll von einem Menschen vergossen werden.‹* Hierge=gen sagte ein Weiser: Wie viele gibt es doch, die gemordet haben und dennoch auf ihrem Lager verschieden sind. Man antwortete ihm: Wenn dereinst das kommende Zeitalter an=bricht, wird auch jener Mörder Blut eingefordert werden.

Man erzählt: Es waren einst zwei Brüder; von diesen tö=tete einer den andern. Darauf nahm ihre Mutter einen Becher und füllte ihn mit dem Blute des Ermordeten; sie trug das Gefäß in einen Turm und kam jeden Tag, um nach dem Blute zu sehen. Das brodelte immerzu.

Aber eines Tages stieg die Frau in den Turm und sah das Blut in dem Becher stillestehen. In dieser Stunde wußte sie, daß ihr Sohn, der seinen Bruder umgebracht hatte, selber getötet worden war, und daß an ihm in Erfüllung gegan=gen war, was da geschrieben steht: Wer Menschenblut ver=gießt, des Blut soll von einem Menschen vergossen werden.

122. DIE ZEUGEN ODER WIESEL UND BRUNNEN

Ein Mädchen befand sich auf dem Rückwege nach ihres Va=ters Hause – sie war mit Gold und Silber behangen und war schön von Gestalt –, allein sie verirrte sich, verlor ihre Straße und sah keinen bewohnten Ort vor sich. Als es Mit=tag war, wurde sie durstig; da bemerkte sie einen Brun=nen, an dessen Strick ein Eimer hing; sie erfaßte das Seil, ließ sich daran hinunter und trank von dem Wasser. Nach=dem sie sich gelabt hatte, wollte sie wieder emporsteigen, aber sie konnte nicht mehr hinaus. Da fing sie zu weinen und zu schreien an.

Zu der Zeit kam desselben Weges ein Jüngling, und dieser

* 1. Buch Mose 9, 6

hörte die Stimme des Mädchens; er trat zum Brunnen, blickte hinein, aber er konnte nichts sehen. Da rief er: Wer bist du? Kommst du von Menschen her, oder bist du ein Geist? Das Mädchen erwiderte: Ich bin ein Menschenkind. Darauf sprach der Jüngling: Vielleicht bist du dennoch ein böser Geist und verstellst dich nur, damit ich dich nicht erkenne? Die Stimme antwortete: Nein, ich bin ein Mensch. Da sagte der Jüngling: Schwöre mir, daß du einer bist. Das Mädchen gab darüber einen Schwur ab. Hierauf fragte er sie: Wie bist du hierher geraten? Sie erzählte ihm den Hergang. Nun sprach er: Ich will dich retten, aber du wirst dann mein sein. Das Mädchen erwiderte: Es soll sein, wie du sprichst.

Also zog der Jüngling sie aus dem Brunnen empor; wie er aber das Mädchen erblickte, wollte er ihr bald beiwohnen. Da sprach sie: Welches Volkes bist du? Der Jüngling entgegnete: Ich bin ein Sohn Israels, wohne in der und der Stadt und bin priesterlicher Abkunft. Darauf sprach die Jungfrau: Auch ich bin einem Geschlechte entsprossen, das weit bekannt ist, und dessen Glieder Männer von Namen sind. Wo du aber solch hohen Stammes bist, den Gott vom ganzen Volke ausersehen und geheiligt hat, willst du mit mir wie ein Tier verfahren, ohne Ehegelöbnis und Hochzeitbrauch? Komm zu meinem Vater und zu meiner Mutter, und ich will mich dann dir antrauen. So schlossen die beiden ein Bündnis miteinander. Aber das Mädchen sprach: Wer soll Zeuge sein zwischen dir und mir? Da war ein Wiesel an ihnen vorbeigelaufen, und der Jüngling sprach: Beim Himmel, das Wiesel und der Brunnen mögen uns Zeugen sein, daß wir einander nicht belügen werden. Und die beiden gingen, ein jegliches seinen Weg.

Die Jungfrau hielt treu an ihrem Wort und wies jeden Mann ab, der sie freien wollte. Da man sie aber durchaus zu verloben gedachte, gebärdete sie sich wie eine, die von

Krämpfen befallen ist, zerriß ihre Kleider und die Kleider aller, die ihr nahten, so daß die Menschen sie fortan mieden. So treu achtete sie des Schwures, den sie jenem Wanderer gegeben hatte.

Nicht so aber der Mann. Wie er ihr Angesicht aus den Augen verloren hatte, ließ er sich von seinem Trieb führen und vergaß die Jungfrau; er ging nach seiner Stadt, wandte sich seiner Arbeit zu und nahm ein andres Mädchen zum Weibe. Diese ward schwanger und gebar einen Sohn. Als aber das Kind drei Monate alt war, wurde es von einem Wiesel erwürgt. Das Weib ward abermals schwanger und gebar einen zweiten Sohn; aber der fiel in einen Brunnen und ertrank. Da sprach das Weib zu ihrem Manne: Wären deine Kinder nach aller Menschen Weise gestorben, ich sagte dann: Gewißlich ist die Strafe gerecht, die uns trifft. Nun sie aber eines so seltsamen Todes gestorben sind, ist es nicht anders, als daß dahinter etwas verborgen sein muß. Gestehe mir, was hast du getan? Da offenbarte ihr der Mann, was sich mit ihm einst ereignet hatte. Das Weib sprach: Wende dich dem Teil zu, den Gott dir gewiesen hat.

Also begab sich der Mann nach der Stadt, wo jene Jungfrau wohnte, und fragte nach ihr. Da sagten ihm die Leute: Sie ist von Krämpfen heimgesucht, und so und so verfährt sie mit jedem, der sie freien will. Dennoch ging der Reumütige zu dem Vater der Jungfrau, und dieser erzählte ihm, wie es um seine Tochter stehe. Der Ankömmling aber sprach: Ich will sie zum Weibe nehmen, und wenn sie vom Wahnsinn besessen ist. Da rief der Vater Ehezeugen herbei. Der Verlobte wollte sich der Jungfrau nähern; da fing sie an, sich auch vor ihm irre zu stellen. Er aber sprach: Wiesel und Brunnen sind unsere Zeugen. Alsbald beruhigte sich der Sinn der Jungfrau, und sie sprach: Auch ich gedachte stets meines Bundes mit dir. Da kamen sie zueinander, waren fruchtbar und vermehrten sich, zeugten

Kinder und wurden reich. Von ihnen spricht die Schrift: ›Meine Augen sehen nach den Treuen im Lande, daß sie bei mir wohnen.‹

123. GOTTES GERICHT

Es lebten einst zwei Schwestern, die waren einander sehr ähnlich. Da brach die eine von ihnen die Ehe, und ihr Mann faßte den Beschluß, sie vor den Priester in Jerusalem zu führen und sie das bittere Wasser, das die Missetat rügt, trinken zu lassen.* Was tat das Weib? Sie begab sich zu ihrer Schwester und sprach zu ihr: Schwester, meinen Mann hat der Eifergeist gepackt, und ich weiß, daß er willens ist, mich im Tempel durch den bittern Trank zu prüfen. Wir beide aber ähneln einander in allem; du bist Bein von meinem Bein und Fleisch von meinem Fleisch; so handle nun an mir, wie es sich für eine liebende Schwester ziemt, und decke meine Schande und Unehre zu, denn auch du würdest die Schmach zu erdulden haben, die mich träfe. Mache dich nun bereit und geh mit meinem Manne zum Priester; trinke du das bittere Wasser, denn du bist rein, und es ist keine Sünde an dir. Die Schwester antwortete: Das will ich tun – und die beiden Frauen schliefen diese Nacht zusammen. Des Morgens machte sich die Unschuldige auf und ging mit dem Ehemanne ihrer Schwester zu dem Hohenpriester. Der Priester reichte ihr den mit Asche vermengten Trank, das Wasser hatte aber keinerlei böse Wirkung auf sie, denn sie war frei von Schuld. Als sie aus dem Tempel zurückkam, wurde sie von ihrer Schwester geküßt und geherzt, denn jene war voll übergroßer Freude und Liebe. Und das sündige Weib sprach: Nun kann ich meinem Buhlen weiter nachhängen.

Allein es war der Wille des Herrn, daß die schuldige Schwe=

* Siehe 4. Buch Mose 5

ster beim Küssen das Gift des unheilvollen Trankes in sich aufnehmen sollte. Plötzlich wurde ihr Angesicht grün; ihr Leib schwoll an, ihre Hüfte schwand, und das Weib fiel tot nieder. Also ließ Gott die Sünde laut werden, die die Frau im geheimen geübt hatte.

124. UMKEHR

Wer sich eines Gebotes insbesondere befleißigt, den rettet es nicht selten vor dem Verderben, und dem fügt es hohen Lohn zu in der zukünftigen Welt.
Unsere Lehrer erzählten:
Es gab einst einen reichen Jüngling, der hütete die Gebote, vor allem aber das Gebot der Schaufäden.* Er achtete stets darauf, daß die Schnürlein an den Zipfeln seines Gewandes nicht fehlten. Eines Tages wurde dem Jüngling von einer römischen Buhlerin erzählt, die fernab in einer Stadt am Meere wohnte, und die von jedem Gast vierhundert Silberstücke verlangte. Da machte er sich auf, ging nach jener Stadt, kam vor die Tür des Hauses, wo das Weib wohnte, und bat um Einlaß. Eine Bediente kam heraus, und der Jüngling gab ihr die vierhundert Silberstücke. Die Magd nahm das Geld und überbrachte es ihrer Herrin. Diese sprach: Sage dem Fremden, daß er jetzt weggehe und erst später wiederkomme. Die Magd richtete das aus. Der Jüngling entfernte sich und wartete, bis die angegebene Zeit gekommen war. Alsdann kehrte er zurück und stellte sich abermals vor die Tür jenes Hauses. Die Magd sagte das ihrer Herrin an, und diese befahl, den Gast einzulassen.
Also betrat der Jüngling das Haus und kam in ein Gemach; darin standen zwölf Lagerstätten, sechs in Silber und sechs in Gold, alle mit kostbaren Teppichen bedeckt, und auf einem der Betten saß das Hurenweib ganz nackend da. Als

* Siehe 4. Buch Mose 15, 37–41

nun der Jüngling seinen Mantel ablegen wollte, kamen die Zipfel des Gewandes zusammen, und die vier Quasten der Schaufäden erschienen ihm wie vier Zeugen. Da fiel er nieder, beschämt und gedemütigt, und verbarg sein Angesicht. Wie das Weib das sah, stieg sie von ihrem Lager herunter, beschwor den Jüngling und sprach: Ich lasse dich nicht von mir gehen, als bis du mir gesagt hast, was für einen Fehl oder Makel du an meinem Körper gesehen hast. Der Jüngling erwiderte: Ich habe mein Lebtag kein schöneres Weib gesehen als dich, und ich habe an dir keinen Fehl gefunden. Allein der Allgelobte hat uns das Gebot der Schaufäden gegeben, und zweimal heißt es in seinem Gesetz: ›Ich bin der Herr, euer Gott‹ – als wollte er das eine Mal sagen: Ich will jeden schuldig sprechen, der mein Gebot übertritt; und das andere: Ich will jeden, der es hütet, mit Gutem überschütten. Da ich nun jetzt die Büschel an meinem Gewande erblickte, kamen sie mir wie vier Zeugen vor, die über mich aussagen würden; ich fürchtete um mein Heil und betete vor dem Herrn, daß er mir vergebe.
Da beschwor das Weib den Jüngling abermals und sprach zu ihm: Ich lassse nicht eher von dir, als bis du mir deinen Namen gesagt und mir die Stadt genannt hast, da du herkommst; auch will ich den Namen des Meisters wissen, der dich unterweist, und den Ort, an dem sich sein Lehrhaus befindet. Das mußte ihr der Jüngling alles sagen, da ihn das Weib darum bedrängte. Danach ging er von ihr froh und guten Mutes, daß er den Trieb in sich bezähmt hatte, der Begierde Herr geworden und der Sünde entkommen war.
Nach dieser Geschichte machte sich das Weib auf und teilte ihr Vermögen in drei Teile; einen Teil gab sie dem König, den zweiten verschenkte sie unter die Armen, den dritten Teil behielt sie für sich. Alsdann ging sie nach dem Lehrhaus und kam vor den Meister, dessen Schüler jener Jüngling war. Sie äußerte vor ihm den Wunsch, zum jüdischen

Glauben überzutreten, und bat ihn, unter seiner Obhut das Tauchbad nehmen zu dürfen, wodurch man der Gemeinde Israels zugehörig wird. Der Meister sprach: Heb dich von dannen! Du hegst wohl ein Verlangen nach einem meiner Schüler und möchtest ihn zum Manne nehmen. Da zog das Weib ein Blatt hervor, darauf war alles verzeichnet, was sich zwischen ihr und dem Jüngling ereignet hatte, und gab es dem Meister. Der las es durch und erfuhr so von der ganzen Begebenheit. Nun sprach er zu dem Jünger: Gott hat dich davor behütet, ihr auf sündige Weise beizuwohnen, dafür, daß du um deine Seele gebangt und sein Gebot geübt hast. Danach befahl der Lehrer, das Weib in das Quellenbad zu führen. Der Jüngling ehelichte sie, ging zu ihr ein, und ihnen entsprossen viele Weise und Schriftkundige.

125. BRÄUTIGAM UND BRAUT

Ein Mensch rede nie von künftigen Dingen, ohne des Herrn dabei zu gedenken.

Ein Jüngling sprach am Tage vor seiner Hochzeit: Morgen steh ich mit meiner Braut unter dem Thronhimmel, und sie wird mein Weib. Da sprachen die Leute zu ihm: Sage, so Gott will! Der Jüngling aber erwiderte: Ob es Gott will, ob er es nicht will, wir halten morgen Hochzeit.

Am andern Tage kam er mit der Braut unter den Thronhimmel, und sie saßen beisammen den ganzen Tag. In der Nacht bestiegen sie beide das Lager, aber ehe der Jüngling sich der Jungfrau genähert hatte, starben sie beide, und man fand sie am andern Morgen tot beieinander.

Es war einmal ein Mann, der drei Töchter hatte; die eine der Töchter war diebisch, die andere war arbeitsscheu, die dritte war klatschsüchtig. Da kam zu dem Manne ein Freund, der drei Söhne hatte, und wollte die drei Jungfern für seine Söhne freien. Der Vater der Töchter aber sprach zu ihm: Meine Töchter verdienen es nicht, deinen Söhnen vermählt zu werden. Da fragte jener: Warum denn? Der Mann erwiderte: Weil die eine gerne stiehlt, die zweite nichts tut, die dritte üble Nachrede verbreitet. Der Vater der Söhne sagte dennoch: Und sei dem auch so, ich will deine Töchter meinen Söhnen antrauen. Und er nahm die drei Schwestern, brachte sie in sein Haus und ließ seine Söhne sie ehelichen.

Wie stellte es aber der Schwäher mit den jungen Frauen an? Die Diebin setzte er zur Herrin über alles, was ihm gehörte; die Faule machte er zur Aufseherin aller seiner Sklaven und Sklavinnen. Die Verleumderin aber besuchte er jeden Morgen und fragte sie nach ihrem Befinden.

Nach einiger Zeit kam der Vater der drei Schwestern, seine Töchter zu sehen. Die Diebin und die Faule priesen ihn hoch und sprachen: Vater, aller Segen möge auf deinem Haupte ruhen dafür, daß du uns in dieses Haus gebracht hast; wir haben hier viel Behagen gefunden. Die Verleumderin aber sagte: Aller Fluch möge über dich kommen. Jeder Mensch gibt seine Tochter einem Manne, du aber hast mich zweien vermählt, dem Vater und dem Sohne zugleich. Glaubst du es nicht, so verstecke dich unter meinem Bette und habe acht auf das, was kommen wird; sobald mein Gemahl hinausgegangen ist, sein Tagewerk zu verrichten, kommt sein Vater und bedrängt mich mit seinen Anträgen.

Da verbarg sich der Vater der jungen Frau unter ihrem Bette, und alsbald kam der Schwäher und begrüßte seine

Schnur in der gewohnten Weise; er beugte sich über sie und küßte ihr Haupt, wie er es täglich zu tun pflegte. Darauf sprach das Weib: Laß ab von mir, mein eigener Vater ist hier. Da glaubte der unter dem Bette Horchende, daß der Vater seines Eidams wirklich Sündiges im Sinne hätte; er kam aus dem Versteck hervor und schlug den alten Mann tot. Als die Söhne des Getöteten das vernahmen, machten sie sich auf und erwürgten ihren Schwäher. Die Verleumderin begab sich in das Frauenhaus, um ihren Vater zu beweinen, aber auch sie wurde getötet.

Ersieh daraus, daß eine böse Zunge drei Menschenkinder ums Leben bringen kann, den Sprecher und den Hörer sowohl als den Geschmähten; der aber die Verleumdung für wahr hält, wird von der Strafe noch eher betroffen als der, der sie ausstreut.

127. DER ARMEN GUT

Ein reicher Mann besaß ein Feld, das jährlich tausend Maß Getreide trug. Davon gab er jedes Jahr hundert Maß als den Zehnten ab, und er hielt dieses Gebot, solange er lebte. Als er sterbenskrank wurde, rief er seinen Sohn und sprach zu ihm: Mein Sohn, wisse, daß das Land, das ich dir vererbe, alljährlich tausend Maß einbringt; gib acht, daß du davon jeweils hundert Maß als Zehnten zurücklegst, wie ich zu tun pflegte.

Darauf verschied der Fromme, und der Sohn trat das Erbe an. Und wieder war der Ertrag des Ackers tausend Maß, und der Sohn nahm davon hundert Maß als Zehnten herunter. Im nächsten Jahr aber sah er, daß die Abgabe sehr groß war, und er beschloß, künftighin keinen Zehnten mehr zu zahlen. Alsbald verringerte sich der Ertrag, und der junge Mann erntete bloß hundert Maß. Darüber wurde er sehr betrübt. Als seine Verwandten davon erfuhren, ka=

men sie zu ihm in weißen Festgewändern und fröhlich gestimmt. Der Mißvergnügte sagte: Es will mir gar scheinen, als freute euch mein Unglück. Sie antworteten: Sollen wir uns dessen grämen, wo du an dem Elend selber schuld bist? Warum hast du den Zehnten nicht entrichtet, wie es sich gehört? Erwäge wohl deinen Fall; anfangs, als das Feld dein Eigentum wurde, warst du sein Herr, Gott aber war der Priester, dem der Zehnte zukam, daß er ihn unter die Armen verteile. Nun aber ist Gott selber Herr des Ackers geworden, und du bist der Priester, dem das Land nur seinen Teil trägt, das heißt hundert Maß.

128. DIE ROTE KUH

Es begab sich einst, daß die Juden einer roten Kuh für den Tempeldienst bedurften und nirgends eine finden konnten. Danach sahen sie unter der Herde eines Kanaaniters eine solche Kuh. Sie kamen zu dem Heiden und sprachen zu ihm: Verkaufe uns diese Kuh. Der Heide antwortete: Zahlt, was sie kostet, und nehmt euch das Tier. Die Israeliten fragten: Und welches ist ihr Preis? sind es drei oder vier Goldstücke? wir zahlen es gerne. Und sie gingen fort, um das Geld zu holen. Da begriff der Heide, wozu die Kuh nötig war. Als die Männer mit dem Gelde zurückkamen, sprach er zu ihnen: Ich mag die Kuh nicht mehr verkaufen. Die Israeliten fragten: Willst du vielleicht einen höhern Preis für sie haben? wir zahlen dir, was du verlangst. Der Bösewicht schraubte den Preis immer höher, je mehr er sah, daß den Käufern an der Kuh gelegen war. Die sprachen: Wir geben dir fünf Goldstücke für die Kuh, doch der Heide wollte sie nicht verkaufen. Die Israeliten sagten: Wir zahlen dir zehn, zwanzig Goldstücke – und waren bereit, hundert Goldstücke niederzulegen, der Heide aber weigerte sich noch immer, das Tier abzugeben. Es wird erzählt, daß

er erst, als die Käufer ihm tausend Goldstücke für die Kuh boten, mit ihnen einig wurde. Die Männer verabschiedeten sich und sollten des andern Morgens mit dem Betrage wiederkommen. Was tat der Bösewicht? Er sprach zu seinem Nachbarn: Komm her und schau, wie ich die Juden hier anführen werde. Sie wollen die Kuh haben und zahlen für sie jeden Preis, aber warum? weil sie noch nie ein Joch getragen hat; so will ich ihr ein Joch auflegen und die Juden zum besten haben, das Geld aber von ihnen einstecken.
Und der Heide tat so. Er nahm ein Joch und ließ es die Kuh die ganze Nacht tragen. Dieses aber ist das Merkmal einer Kuh, die von einem Joch noch nicht berührt worden ist: das Fell ihres Nackens weist an der Stelle, wo das Joch aufsitzt, zwei Haare auf, die, solange kein Gestell auf das Tier gekommen ist, aufrecht stehen; wird aber der Nacken von dem Joche beschwert, so legen sich die Haare um. Und auch daran ist eine solche Kuh zu erkennen, daß ihre Augen, bevor sie den Druck des Joches erfahren hat, gerade vor sich blicken; ist ihr aber ein Joch aufgelegt worden, so werden die Augen des Tieres unruhig und scheel, weil sie immerzu nach dem Joche schauen.
Als nun die Israeliten kamen, um die Kuh zu holen – sie hielten dem Kanaaniter die Hand voll Geld hin –, nahm der Heide das Joch von der Kuh ab und führte sie zu ihnen heraus. Da sahen sich die Käufer das Tier an, und siehe, die zwei Haare des Nackens waren umgebogen, und die Augen schauten trübe drein. Hierauf sprachen sie zu dem Heiden: Behalte dir die Kuh, wir brauchen sie nicht mehr; spotte deiner Mutter, aber nicht unser. Als nun der Heide sah, woran er war, und daß ihm von dem vielen Golde nichts zufallen sollte, da fing der Mund, der noch vor kurzem sprach: Ich will meinen Spaß an ihnen haben – zu sprechen an: Gelobt, der ein Volk wie dieses auserwählt hat. Und er begab sich in sein Haus, nahm einen Strick

und erhängte sich. ›Also mögen umkommen alle deine Feinde, o Herr!‹

129. DAS GÜTIGE WEIB

Es lebte einst ein Mann, der war arm, aber gottesfürchtig und fromm und hatte ein gerechtes, tugendhaftes Weib zur Frau. Sie übte Wohltätigkeit und spendete Almosen, denn ihr Herz erbarmte sich der Armen und Bedürftigen. Allein da ihr Mann selbst nicht reich war, konnte sie die Not andrer nicht lindern, wie sie es wollte. Ihr Mann kannte sich in der Sternkunde aus und wußte die Stellung der Himmelskörper zu deuten. Eines Tages schaute er am Himmel den Stern seiner Frau, und es wurde ihm deutlich, daß sie im Monat soundso, an einem Freitag, vom Dache ihres Hauses fallen würde. Dieser Fromme hatte seine Frau sehr lieb, und sein Herz ward sehr betrübt ob des Geschauten. Er sah mit Bangigkeit den Tag herannahen. Als dieser kam, sprach die Frau zu ihrem Manne: Heute ist Waschtag. Da wurde das Gemüt des Mannes beengt, und er sagte: Tadle mich nicht, ich habe heute kein Geld für die Waschmittel. Verschieb diese Arbeit für die kommende Woche. Und er verabschiedete sich von ihr und trat seinen Weg an. Er hatte seiner Frau einen Laib Brot und ein Stück Käse zurückgelassen. Die Frau hatte sich aber von dem Lohn, den sie für ihre Arbeit erhielt, etwas Geld erspart, und als ihr Mann fort war, nahm sie die Münzen heraus, kaufte alles zur Wäsche Nötige und begann die Kleider zu reinigen. Wie sie mit der Arbeit fertig war, tat sie die nassen Stücke in einen Korb und stieg auf das Dach, um sie da auszubreiten. Sie befand sich gerade auf einer mittleren Stufe der Leiter, da hörte sie ein Klopfen an der Tür. Sie fragte: Wer da? und erhielt die Antwort: Ein Armer, der um Almosen bittet. Die Frau sprach bei sich: Das Brot und den

Käse, die ich bei mir habe, kann ich nicht selbst verzehren. Also stieg sie hinab, teilte den Brotlaib und das Stück Käse in zwei Teile und gab dem Armen die Hälfte von beiden. Danach schloß sie die Tür ab und setzte ihren Fuß abermals auf die Leiter. Da klopfte es zum zweiten Mal an die Tür. Die Frau fragte: Wer will herein? Man antwortete ihr: Ein Armer, der seit gestern keine Speise genossen hat und dessen Geist dahin ist; vielleicht erbarmt sich jemand seiner und erquickt ihn mit Nahrung. So sprach der Arme, und als die Frau diese Rede hörte, flossen ihr die Tränen über die Wangen; ihr Herz fühlte mit dem Bittenden, und sie sagte zu sich selber: Ich habe keine Lust zu essen, solange ich mit meiner Arbeit beschäftigt bin; dieser Hungrige aber braucht das Brot dringender als ich. Und sie stieg hinunter und gab dem Armen das übriggebliebene Brot und den Käse. Danach kletterte sie auf das Dach, breitete da die Kleidungsstücke aus und kam durch Gottes Fürsorge wohlbehalten hinunter. Als die Wäsche trocken war, holte sie sie von oben und schickte sich an, sie zusammenzulegen. Da kam ihr Mann zurück, und als er sie bei dieser Beschäftigung sah, verwunderte er sich über die Macht Gottes und sagte zu seiner Frau: Woher nahmst du das Geld für die Wäsche? Sie antwortete: Ich sah, daß du verlegen warst, weil du mir das Geld nicht geben konntest, und so bestritt ich die Ausgabe aus dem Ertrag meiner Arbeit; möge Gott dir helfen. Da fragte der Mann: Und wer hat die Wäsche zum Trocknen ausgebreitet? Das Weib antwortete: Ich tat es. Der weise Mann staunte noch mehr. Er ging in seine Kammer, prüfte das Horoskop, und siehe da, das Unheil, das über seiner Frau geschwebt hatte, war aufgehoben. Da fragte er das Weib: Sage mir, was hast du heute Gutes vollbracht? Sie erzählte ihm von den beiden Armen und daß sie ihnen geholfen hatte. Nun wußte er, daß es die gute Tat gewesen, um derentwillen seiner Frau der Tod erlassen worden war.

130. WANDLUNG DES SCHICKSALS

Es gab einst einen Mann, der verließ täglich sein Haus, um dem Erwerb nachzugehen. Er blieb vom Morgen bis zum Mittag draußen und kehrte dann nach Hause zurück. Die Frau dieses Mannes bediente ihn nach seiner Rückkehr, half ihm aus den Überkleidern und reichte ihm das Wasser zum Waschen der Hände. Danach pflegte sie den Tisch herzurichten und setzte ihrem Mann jeden Tag ein Huhn, immer anders zubereitet, vor. Und der Mann aß und hielt danach seinen Schlaf und ließ es sich wohl sein. Eines Tages kehrte er wie täglich nach verrichtetem Geschäft zurück und setzte sich an den Tisch. Er wollte gerade sein Huhn verspeisen, als er ein Klopfen hörte. Er fragte: Wer klopft an meine Tür? Es wurde ihm geantwortet: Ein Bettler, der es wohl verdient, gelabt zu werden, und der von deiner Güte ein Almosen erwartet, denn dein Knecht, o Herr, hat Hunger. Laß mich nicht enttäuscht von hinnen gehen. Da sagte der Handelsmann: Gott tue Gnade an dir. Der Arme sprach: Mein Herr, seit gestern habe ich keine Speise zu mir genommen, meine Seele ist dahin; gib mir nur einen Bissen Brot, um meinen Geist zu erquicken. Da erzürnte der Hausherr heftig. Er stand vom Tische auf, ging voll Wut, Stolz und Überhebung zu dem Armen hinaus, schlug und schalt den draußen Stehenden und jagte ihn davon. Der arme Mann zog ab, gebrochen an Gemüt, und wischte sich im Gehen die Tränen ab. Dann nahm er aber die Unbill, die ihm zugestoßen war, hin und sprach: Vergeben sind meine Sünden. Wären meine Missetaten nicht so groß, mir wäre diese Schmach nicht widerfahren. Aber auch das führt zum Guten! Und er ging seines Weges weiter.

Der Mann aber, der den Armen abgewiesen hatte, kehrte, nachdem sich sein Zorn gelegt hatte, an seinen Tisch zurück, aß, was ihm vorgesetzt worden war, und verbrachte den übrigen Tag nach seiner Gewohnheit. Den andern Tag ging er auf den Markt und wandte sich seinen Geschäften zu. Es hatte aber alles nicht den üblichen Gang, und Gott ließ ihm nur wenig Verdienst zufallen. Den Tag darauf ging er wieder auf den Markt, kaufte und verkaufte Waren, aber anstatt Gewinn zu erlangen, wurde er einer Steuer unterzogen. Er kehrte betrübt nach Hause zurück. Und so ging es nun täglich mit ihm abwärts, bis er anfing, seine Hausgeräte zu verkaufen. Aber eines Tages hatte er nichts mehr, was er verkaufen oder verpfänden konnte. Da begann er Schulden zu machen und lebte so weitere vier Monate. Er hielt sich vor seinen Gläubigern versteckt und hatte nichts zu essen und zu trinken. Da sagte er eines Tages zu seiner Frau: Wähle eines von beiden: entweder du bleibst bei mir, und wir sterben beide Hungers, oder du entbindest mich von dem Heiratsvertrag und bist von mir geschieden. Und er ließ von ihr nicht ab, bis sie ihn frei gab. Sie verließ das Haus ihres Mannes und zog zu ihrem Vater. Ihr Vater aber war ein angesehener Mann. Sie blieb bei ihm drei Monate wohnen. Da warb um sie ein ehrenwerter Mann, der seiner Tugenden wegen bekannt war. Sie heiratete ihn, und er nahm sie in sein Haus. Und ihr Leben mit ihm war ganz so wie das mit dem ersten Ehemann. Er pflegte seiner Arbeit nachzugehen und kam zur Mittagszeit nach Hause. Die Frau bereitete ihm ein Huhn, und er verzehrte es nach getaner Arbeit. So verliefen die Jahre, bis eines Tages um die Mittagsstunde, als der Mann sich an den Tisch setzte, an die Tür geklopft wurde. Da fragte der Mann: Wer ist an der Tür? Der draußen stand, antwortete: Ein armer Mann bittet um Almosen. Der Wirt ließ den Armen das Wort nicht wiederholen, sondern legte das Huhn auf ein Stück Brot, gab es seiner Frau und sagte zu ihr: Steh auf und reiche es dem Armen. Die Frau erhob sich vom Stuhl und trug die Speise zu dem, der vor dem

Hause stand. Bald aber kehrte sie zurück, und Tränen rollten über ihre Wangen. Da fragte ihr Mann: Was hat dich zum Weinen gebracht? Gönnst du dem Armen nicht die Gabe? Das Weib antwortete: Dies sei ferne von mir! Allein nicht alles, was man weiß, sagt man aus. Da beschwor der Mann sie, ihm die Ursache ihres Weinens zu offenbaren, und sie fing an und sprach: Mein Herr, ich war vor dir mit einem Manne verheiratet, und sein Stand war wie der deinige. Ich bereitete ihm täglich ein Huhn, damit er es zu Mittag esse, und als er sich eines Tages an den Tisch setzte, klopfte ein bettelnder Mann an die Tür und bat einmal um das andre um eine Gabe. Da zürnte ihm mein Mann; er stand auf, schlug den Armen, schalt ihn und jagte ihn davon. Und von dem Tage ab wurde er immer ärmer, bis er auch nicht das geringste mehr hatte. Da entließ er mich; ich kehrte in das Haus meines Vaters zurück, und es ward mein Teil, daß ich deine Gattin wurde. Und heute, als du essen solltest, kam dieser Bettler und bat um ein Almosen. Du gabst mir dein Huhn und das Brot, daß ich es ihm reiche, und als ich zu dem Armen hinausging, sah ich, daß es mein Gemahl war, mit dem ich vor dir verheiratet war. Ich sprang vor Entsetzen in die Höhe, und Tränen stiegen mir in die Augen. Da sagte ihr Ehemann: So wahr Gott lebt, ich bin der Bettler, den dein Mann geschlagen und verjagt hat. Seit jenem Tage wurde er immer ärmer, bis ich seine Stufe erreicht habe. Und siehe die Wunder Gottes, der da erniedrigt und erhöht.

131. DER ARME UND DER REICHE

Es war einmal ein sehr reicher Mann, der sprach bei sich: Was bleibt mir von all meiner Mühe? Was hilft mir all der Reichtum in der Stunde des Todes? Da rieten ihm seine Mitmenschen, Wohltätigkeit zu üben, denn die guten Ta=

ten begleiteten den Menschen überall und seien ihm himmlische Zehrung auf dem Wege dahin; der Reichtum aber sei ein Ding, das nicht bestehen bleibe, und das rasch und leicht verloren gehe. Darauf tat der Mann ein Gelübde, nur denen behilflich zu sein, die aller Hoffnung in dieser Welt entsagt hätten. Eines Tages sah er einen Armen auf einem Misthaufen sitzen und sich mit Lumpen zudecken. Da sprach der Reiche: Dieser verzagt doch gewißlich an allem Guten in diesem Leben und schaut nur auf den Tod aus. Und er gab ihm hundert Goldstücke. Dessen verwunderte sich der Arme und sprach: Warum gibst du mir allein von allen Armen der Stadt so viel Geld? Der Reiche erwiderte: Ich habe gelobt, nur an denen Gutes zu tun, die allen Glauben an das Glück dieser Welt verloren haben. Darauf sagte der Arme: Nur der Narr und der Ungläubige verzagen am Dasein, ich aber vertraue auf Gott und auf die Gnade meines Schöpfers und harre auf seine Barmherzigkeit zu jeder Zeit und zu jeder Stunde. Du hast doch gelesen: ›Er erhebt den Armen aus dem Staube und zieht den Elenden aus dem Abgrund empor.‹ Und so ist kein Hindernis vorhanden, daß er auch mich aufrichten und mir aus meiner Not helfen kann. Laß also von deinem törichten Vorsatz und tu ihn von dir ab. Da sagte der Reiche: Das also ist mein Lohn dafür, daß ich mich deiner erbarmt habe, daß du mich schmähst und verhöhnst? Der Arme entgegnete: Du glaubst, daß du dich meiner angenommen hast? Dies ist nicht der Fall, du hast mich vielmehr töten wollen, denn nur die Toten hegen keine Hoffnung. Darauf sprach der Reiche in seinem Herzen: Da es sich nun so verhält, so will ich das Geld auf den Friedhof tragen und es bei den Toten vergraben, die allein keinen Glauben mehr haben. Und er tat so.

Danach vergingen viele Jahre; der reiche Mann wurde arm, und es blieb ihm nichts mehr übrig von dem, was er frü-

her besessen hatte. Als er sich nun in Not geraten sah, entsann er sich des Geldes, das er einst auf dem Totenacker versteckt hatte, und ging hin, um es wieder auszugraben. Da ergriffen ihn aber die Wächter des Friedhofes und brachten ihn vor den Stadtältesten. Der Stadtälteste aber war jener Arme, den der Reiche einst auf dem Misthaufen hatte sitzen sehen. Er war ehrbarer Leute Sohn, und als der frühere Älteste verstorben war, setzten die Bürger ihn zum Haupte über sich. Nun brachten die Wächter vor ihn den Verarmten und sagten: Herr, dieser Mensch wollte die Gräber öffnen und die Toten ihrer Gewänder berauben. Der Stadtälteste sah den Festgenommenen und erkannte ihn, er stellte sich aber fremd und redete mit ihm hart. Der Beschuldigte sprach: Mein Herr, bewahre, daß ich solch eine schmähliche Handlung zu begehen im Sinne gehabt hätte, aber so und so ist es mir ergangen. Und er erzählte dem Stadtoberhaupte, was sich mit ihm begeben, und wie er sein Geld auf dem Friedhof verwahrt hatte. Da sagte der Älteste: Ich bin jener Arme, der damals im Kote lag, und von dem du dachtest, daß er an allem Guten verzweifelte. Und er stand auf, umarmte und küßte den zu Unrecht Angeklagten. Alsdann befahl er, das Geld aus der Erde auszugraben und es dem Verarmten zu geben. Außerdem ließ er ihm von nun an Speise und sonstige Gaben täglich aus seinem Hause zukommen, sein ganzes Leben lang.
›Gelobt und gepriesen sei, der da arm und reich macht, der da erniedrigt und erhöht!‹

132. UNTERWEGS

Ein umherziehender Handelsmann war mit seiner Ware unterwegs, da gesellte sich ein andrer zu ihm und sprach: Mein Herr und Meister, laß es dir gefallen, daß ich mit dir zusammen gehe. Der Wanderer erwiderte: Komm mit in

Frieden. Also gingen die beiden zusammen. Da sahen sie einen Mann, der auf beiden Augen blind war, auf dem Wege sitzen; es war unweit einer Stadt. Sogleich holte der erste Wanderer einen Groschen hervor und gab ihn dem Blinden. Dann sprach er zu seinem Begleiter: Gib auch du ihm etwas, wie ich es getan habe. Jener aber antwortete: Ich gebe ihm nichts, weil ich ihn nicht kenne, wie du ihn kennst; du hast wohlgetan, daß du ihm eine Gabe gereicht hast, und willst du ihm noch mehr schenken, so steht es dir frei.

Danach verließen sie den Blinden und zogen weiter ihre Straße. Da kam ihnen der Todesengel entgegen. Er fragte sie: Wo geht ihr hin? Sie erwiderten: Handel zu treiben – und wußten nicht, daß der Fremde der Todesengel war. Aber er gab sich ihnen zu erkennen und sprach: Ich bin der Bote des Todes! Da fielen die zwei Männer auf ihr Angesicht. Darauf sprach der Engel zu dem, der dem Blinden das Almosen gegeben hatte: Du bist vom Tode erlöst – und rief über ihn den Spruch aus: ›Deine Gerechtigkeit geht vor dir her.‹ Du hast im vorhinein von deinem Gute gespendet, nun sollst du von jetzt ab noch fünfzig Jahre leben. Alsdann sagte er zu seinem Gefährten: Dein Ende ist in meiner Hand, der Tag deines Todes ist gekommen. Da sprach der Bedrohte: Ich und mein Genosse, wir gehen zusammen; nun soll der in sein Haus heimkehren, und ich soll hier den Tod erleiden? Der Todesengel antwortete: So ist es. Dein Gefährte hat zuvörderst Gerechtigkeit geübt und hat von seinem Eigentum einen Teil abgegeben. Da sprach der Begleiter des Frommen: Laß mich, so will auch ich noch etwas Gutes vollbringen. Der Todesengel versetzte: Du Tor, hast du einen Menschen ins Meer steigen sehen, der nicht zuvor auf festem Lande sein Schiff instand gesetzt hätte? Wer bei Lebzeiten nicht vorgesorgt hat, kann es im Angesicht des Todes nicht mehr tun. Was du getan hast, ist getan; nun hast du nichts weiter zu erwarten, dein

Ende ist gekommen. Darauf sagte der Verurteilte: So harre denn noch, bis ich verkündigt habe den Ruhm des Herrn, der solches an mir vollbracht hat. Da sprach der Engel: Nun du Gottes Größe verherrlichen willst, so sollen dir gleichfalls noch fünfzig Jahre des Lebens beschieden werden.
Wird einem, der einem Blinden ein Almosen gibt, das Leben verlängert, um wieviel mehr einem, der jeden Tag, jedwede Stunde Gerechtigkeit übt!

133. AUF DEM STERBEBETTE

Ein Mann, der alle seine Tage nichts als Böses getan hatte, war sterbenskrank. Seine Hausgenossen fragten ihn: Warum hast du heute nichts genossen? Er erwiderte: Wenn ihr mir ein gargekochtes Ei gebt, so will ich es essen. Da bereitete man ihm die Speise. Ehe er aber das Ei gegessen hatte, kam ein Armer vor seine Tür und sprach zu den Hausgenossen: Reicht mir ein Almosen. Da sagte der Kranke: Gebt diesem Manne das Ei, das ich haben sollte. Das taten die Angehörigen des Sterbenden. Der Missetäter hatte aber in seinem ganzen Leben keinem Armen etwas geschenkt, und dieses Ei war seine einzige Spende.
Nach drei Tagen starb der Kranke, und seine Söhne begruben ihn. Als danach viele Tage verstrichen waren, begegnete einer der Söhne seinem toten Vater. Da fragte der Sohn: Vater, wie verfährt man mit dir in der Welt, dahin du gegangen bist? Der Tote erwiderte: Mein Sohn, gewöhn es dir an, Gutes zu tun, und du wirst des zukünftigen Lebens teilhaftig werden. Mein Lebtag hatte ich kein Almosen gegeben außer dem Ei, das ich damals dem Armen schenkte. Als ich aber von der Welt verschied, überwog diese eine gute Tat alle meine Sünden, und ich durfte ins Eden kommen.
Daher heißt es: Gutes tun ist nimmer zu spät.

134. DIE ZWEI GERECHTEN

Es war einst ein frommer und gerechter Mann namens ben Sabbar. Der hieß so, weil er immer in der Schrift forschte.* Einmal hörte er von einem verwaisten Jüngling erzählen, der schon viele Jahre mit einem Mädchen verlobt war und dieses nicht heiraten konnte. Da nahm der Gerechte Geräte von Gold und Silber sowie allerhand Speise und Trank, belud damit fünf Esel und begab sich nach dem Lande, wo der Jüngling wohnte. Er kam zu ihm, stattete ihm sein Haus aus, bereitete ihm das Bett und richtete ihm die Hochzeit zu; darauf gab er ihm auch sonst alles, wessen er bedurfte.

Alsdann trat der Gerechte den Rückweg an. Er kam vor einen großen Fluß, der zwölf Meilen lang war; darin lebte ein Drache, ebenfalls zwölf Meilen lang; dieser biß jeden, der den Fluß überschreiten wollte, und versehrte ihn mit seinem Gift. Als aber der Drache ben Sabbars ansichtig wurde, legte er sich lang hin und machte aus sich eine Brücke, auf der der Fromme ohne Schaden hinüberging.

Andere erzählen:

Als ben Sabbar auf dem Heimweg sich befand, begegnete ihm ein Mann von überaus häßlichem Aussehen. Er grüßte ben Sabbar, und dieser erwiderte den Gruß. Da sprach der Häßliche: Kennst du mich nicht? Ben Sabbar erwiderte: Nein. Der Fremde sprach: Ich bin der Todesengel und bin gekommen, deine Seele zu holen, denn schon ist die Urkunde über deinen Tod im Himmel geschrieben. Da erhob der Gerechte seine Augen zum Himmel und sprach: Herr der Welt! Es heißt: ›Dem, der die Gebote hütet, begegnet nichts Böses‹; ich habe mich zu einem guten Werke aufgemacht, und nun soll ich unterwegs sterben und nicht einmal über Weib und Kinder die letzten Bestimmungen tref=

* Sabbar, von sawar: Lehrmeinungen hegen

fen. Alsbald erscholl eine Stimme, die sprach: Gib ihm Frist noch fünf und einen halben Tag, fünf Tage, damit er in sein Heim komme, und einen halben, damit er sein Haus bestelle!

Nun ging der Gerechte weinend daher. Da begegnete ihm wieder ein Mann und grüßte. Ben Sabbar bot ihm gleichfalls den Friedensgruß und fragte: Wohnt hier in der Nähe ein Schriftgelehrter? Der Freundliche erwiderte: Ein sehr weiser Mann, mit Namen Schephiphon*, der Sohn Lajischs, wohnt unweit von hier. Da sagte ben Sabbar: Bringe mich zu ihm; er wird wohl gelehrte Gespräche gerne führen, und wir werden uns miteinander freuen, denn es steht geschrieben: ›Die Gesetze des Herrn sind vollkommen und ergötzen die Seele.‹

Da geleitete ihn der Fremde zu dem Weisen. Das Antlitz ben Sabbars strahlte wie der Sonnenschein, als er zu Schephiphon eintrat, und so erkannte Schephiphon, daß ein Gerechter zu ihm gekommen war. Nachdem ben Sabbar aber eine Weile bei ihm gesessen hatte, begann sein Angesicht sich zu verändern. Da sprach Schephiphon, der Sohn Lajischs, zu ihm: Als du hereinkamst, leuchtete dein Angesicht, und nun ist es trübe geworden. Verlangt es dich vielleicht nach Speise oder Trank? Ben Sabbar antwortete: Nein, das ist es nicht. Und er erzählte Schephiphon, was ihm unterwegs widerfahren war. Da sagte Schephiphon: Fürchte dich nicht; ich bürge dir dafür, daß du nicht sterben wirst. Dawider sprach ben Sabbar: Die Schrift sagt doch: ›Selbst ein Bruder kann den Bruder nicht erlösen.‹ Schephiphon aber sagte: Dennoch bleib bei mir.

Hierauf machten sich Schephiphon und seine Jünger auf, und sie verhängten ein dreitägiges Fasten über das Volk. Alsbald verfinsterte sich das ganze Land. Da kamen die Schüler und sprachen zu Schephiphon: Meister und Licht

* Der Name bedeutet Drache, Sohn eines Löwen

unserer Augen, die Welt ist finster geworden. Schephiphon antwortete: Geht hinaus und seht! Ist in Wahrheit die Finsternis über die ganze Welt gekommen, so muß man sich in das Geschehene fügen; ist aber nur unser Land allein davon betroffen, so können wir auf Gott vertrauen, daß er unser Flehen erhören und unsern Willen erfüllen wird.
Da fuhr der Todesengel hinab, der in dieser Wolke versteckt gewesen war, und kauerte vor dem Hause Schephiphons nieder. Er sprach: Gib mir mein Pfand, das ich bei dir zurückgelassen habe. Schephiphon antwortete: Du hast bei mir nichts zurückgelassen. Der Todesengel sprach: Gib mir den ben Sabbar heraus, daß ich ihn töte. Darauf entgegnete Schephiphon: Ich beschwöre dich bei dem Namen Gottes, zu dem Herrn zurückzukehren und ihm zu sagen: Der Sohn Lajischs weigert sich, mir den ben Sabbar auszuliefern, daß ich ihn töte. Und Schephiphon sprach weiter: Sage so dem Herrn: Die Seele ben Sabbars ist ihm doch nicht lieber als meine Seele, und meine Seele ist ihm nicht lieber als die ben Sabbars.
Da trat der Todesengel vor Gott und sagte: Schephiphon, der Sohn Lajischs, sprach zu mir: Meine Seele ist doch dem Herrn nicht teurer als die Seele ben Sabbars, und dessen Seele ist ihm nicht teurer als die meinige. Will er uns töten, so möge er uns beide zusammen töten; will er uns leben lassen, so lasse er uns zusammen leben.
Da kam eine Stimme und rief: Was soll ich mit diesen beiden Gerechten tun? Was ich verhänge, heben sie durch ihr Gebet wieder auf. Alsdann wurde wieder eine Stimme hörbar, die sprach: Ich lege ihnen beiden noch je zweihundert Jahre zu!
Man erzählt, daß in diesen zweihundert Jahren, die ben Sabbar und ben Lajisch noch lebten, kein Weib ihre Leibesfrucht vor der Zeit habe fallen lassen, kein Schwert in der Welt herrschte, kein Raubtier den Menschen ängstigte, kein Sohn vor dem Vater gestorben, kein Mensch vor siebzig

Jahren aus der Welt geschieden wäre und niemand je den Hunger gekannt hätte. Von diesen Weisen spricht die Schrift: ›Den Willen derer, die ihn fürchten, tut er.‹

135. MATHANIA

Es war einmal ein Mann, der hatte viele Kinder gezeugt, aber sie starben alle. Da stellte er sich hin, betete vor Gott und sprach: Herr der Welt! Willst du es mich erleben lassen, einen Sohn zu sehen, der in der Schrift lesen kann, und den ich zur Trauung führe, so will ich zu seiner Hochzeit alle Talmudschüler und Armen und Waisen der Stadt einladen.

Da ließ der Heilige, gelobt sei er, sich erbitten, und das Flehen des Mannes kam vor ihn; dem Manne wurde ein Sohn geboren, und er nannte ihn Mathania, das bedeutet eine Gabe Gottes. Er ließ ihn in der Lehre unterweisen, und als die Zeit kam, daß er sich vermählen sollte, lud der Vater zur Hochzeit alle Schüler und Armen und Waisen der Stadt ein; der Gäste waren so viele, daß sie sechs Häuser füllten.

Aber Gott schickte den Todesengel, der kam als Bettler und sprach zu dem Bräutigam: Tu Gnade an mir, laß mich unter den Schülern sitzen. Da erwiderte der Bräutigam: Wen ich zu laden hatte, habe ich bereits geladen. Der Todesengel bat dreimal hintereinander, aber der Jüngling ließ ihn nicht unter die Gäste. Da drängte er sich vor und kam unter den Thronhimmel, und der Bräutigam sah, daß er fleckige Kleider anhatte. Da sprach er zu ihm: Nicht genug, daß du mit Gewalt hier eingedrungen bist, kommst du noch in unreinen Kleidern. Da zog der Bettler beschämt ab.

Alsdann ging der Bräutigam mit der Braut in die Kammer, und als sie sich miteinander freuten, stieß der Engel die Türe ein. Da ward der Bräutigam zornig und sprach:

Wie lange willst du noch dreist sein? Habe ich dich doch von dem Mahle vertrieben, und nun kommst du wieder her; heb dich hinweg! Da ging der Todesengel davon und erschien vor dem Brautbette als eine Feuersäule, die vom Boden bis zur Decke reichte. Der Jüngling fragte: Wer bist du? Die Erscheinung erwiderte: Ich bin hierhergekommen, deine Seele zu holen. Da sprach die Braut: Herr der Welt! Willst du deine Lehre Lüge nennen? Du hast gesprochen: ›Der Neuvermählte soll ein Jahr seinem Hause gehören‹,* und es ist noch nicht ein Monat her, daß wir vermählt sind, noch nicht eine Woche, noch nicht ein Tag, Herr der Welt! Laß mich doch von dem Geliebten schwanger werden, daß ich nicht wie eine Hure ausgehe.

Da erhörte Gott ihr Flehen und schrie den Todesengel an. Also hat das Weib ihren Mann dem Tode entrissen.

Warum ist ihr aber dieses zuteil worden? Ihre Mutter pflegte alle Tage Wasser zu schöpfen und die Kleinen, die in den Lehrhäusern saßen, zu tränken. Als sie alt wurde, gab ihr die Tochter einen Stab in die Hand, damit sie sich stütze, und half ihr beim Tragen des Wassers. Sie sprach zu ihr: Mutter, laß nicht von diesem Tun; wo es dir schwer werden sollte, will ich es für dich verrichten; das Werk soll aber deinen Namen tragen. Und das Mädchen übte das Gebot, solange die Mutter lebte. Durch diese fromme Sitte hat sie ihren Mann vom Tode errettet.

Daher heißt es: ›Wohl dem Manne, der ein braves Weib gefunden hat! Höher ist ihr Wert als der aller Perlen. Sie fürchtet für ihr Haus nicht vor dem Schnee, denn ihr ganzes Haus hat doppelte Kleider.‹ Der Schnee, das ist der Todesengel, der zur Hälfte Feuer und zur Hälfte Schnee ist.

* 5. Buch Mose 24, 5

Ruben, der Schreiber, der priesterlicher Abkunft gewesen sein soll, hatte sein Lebtag nicht Sünde getan. Aber einmal kam er des Morgens ins Bethaus und fand auf seiner gewohnten Stätte einen Armen sitzen. Den verwies er und sprach: ›Der Großen Platz darfst du nicht einnehmen.‹ Da stand der Mann auf, setzte sich an die Tür des Bethauses und weinte still für sich, und seine Träne kam vor den Thron Gottes.

Alsbald schickte der Herr den Todesengel, daß er die Seele von Rubens einzigem Sohne hole; aber dieser Sohn wurde ihm erst geboren, als er achtzig Jahre alt geworden war. Wie der Bote erschien, erkannte ihn Ruben und sprach: Weswegen bist du gekommen? Ist meine Zeit erfüllt, daß ich von der Welt scheiden muß? Der Engel erwiderte: Nein, nicht deinetwegen komme ich, sondern der Herr hat mir befohlen, die Seele deines Sohnes hinwegzunehmen. Ruben fragte: Weswegen? Der Bote antwortete: Weil du jenen Armen im Bethause gekränkt hast. Darauf sprach Ruben: Bin ich auch noch so schuldig, so gewähre mir dennoch dreißig Tage Frist, daß ich meinen Sohn mit seiner Braut zusammenführe und er sich ihrer freue; danach kannst du seine Seele holen. Da gab ihm der Todesengel die dreißig Tage Aufschub. Alsdann erhoben sich wider den Verkündiger die vier Mächte des Schreckens: der Zorn, die Wut, die Raserei und der Haß ohne Ende.

Was tat R. Ruben? Er machte sich auf und teilte sein Vermögen in drei Teile. Einen Teil gab er den Armen; den andern bestimmte er für die Hochzeit seines Sohnes; den dritten ließ er unberührt. Er dachte: Vielleicht, daß die Worte der Schrift in Erfüllung gehen: ›Vom Tode rettet die Barmherzigkeit.‹

Nachdem der Sohn Rubens sich neunundzwanzig Tage ge=

freut hatte, kam Elia, der Seher, und setzte sich vor seine Tür. Da erzitterte der Jüngling und sprach: Alter Mann, weshalb bist du gekommen? Elia erwiderte: Mein Sohn, ich bin Elia und bin gekommen, dir eine Kunde zu überbringen. Der Jüngling bückte sich vor ihm und fragte: Was für eine Kunde hast du für mich? Elia antwortete: Morgen wird der Todesengel deine Seele von dir nehmen, mein Sohn. Der Jüngling sprach: Alter Mann, vom Tage, da Gott die Welt erschaffen hat, bis auf heute ist es der Welt Ordnung, daß jeder sterben muß, dessen Tag gekommen ist, und so werde ich nun sein wie einer dieser aller. Elia versetzte: Mein Sohn, aber nicht wie aller Menschen Tod wird dein Tod sein. Der Jüngling fragte: Wie soll es denn kommen? Elia sprach: Vier Mächte des Schreckens haben sich wider den Boten des Todes erhoben; allein in diese gehüllt, kommt er zu dir. Da fragte der Jüngling: Herr, was soll ich tun, daß ich mich vom Tode errette? Elia sprach: Morgen, wenn dein Vater vor der Lade betet und du ihm zur Linken stehst, sieh dich um, und du wirst einen Mann gewahren, der zerlumpte, unreine Kleider anhat. Diesem erweise jegliche Ehre, denn das ist der Todesengel, vielleicht erbarmt er sich deiner.

Des andern Tages, als die Gebetstunde kam, sah sich der Jüngling um und erblickte den armen Mann. Da ging er auf ihn zu, bot ihm den Friedensgruß und sprach: Mein Herr, komm, setze dich obenan, wo die Großen sitzen. Der Fremde antwortete: Mein Sohn, gestern sprach dein Vater zu mir: Steig hinunter, dein Platz ist nicht unter den Großen, und du sprichst: Setze dich zu ihnen. Der Jüngling sagte darauf: Ich will dich ehren. Der Bote sprach: Wer aller Ehren Ursprung ist, möge sich deiner erbarmen.

Danach ging der Todesengel hinaus und nahm Platz vor dem Thronhimmel. Da kam der Jüngling und setzte sich ihm gegenüber. Wie sie so dasaßen, fing der Fremde an und sprach: Wo hast du, als du dieses Haus bautest, das nötige Stroh hergenommen? Der Jüngling erwiderte: Ich habe es vom Herrn der Tenne erworben. Da sagte der Fremde: Der Mann will das Stroh wiederhaben. Der Jüngling antwortete: So wollen wir anderswo Stroh holen und es ihm geben. Der Fremde aber sprach: Nein, er wird kein andres Stroh annehmen, er will nur sein eigenes zurückhaben. Darauf sagte der Jüngling: Also müssen wir die Hütte abbrechen, den Lehm zerbröckeln, das Stroh herausziehen und es dem Eigentümer wieder zustellen. Nunmehr sprach der Fremde: Der Tennenbesitzer ist kein anderer als der Herr selbst; das Stroh, das er haben will, ist deine Seele, und ich bin der Todesengel, der sie holen soll.

Er hatte noch nicht ausgeredet, als der Vater aus dem Bethaus kam; wie der den Todesengel erblickte, schlug er die Hände über dem Kopfe zusammen und begann zu weinen und zu schreien um seinen Sohn, den Sproß seiner Lenden. Er fiel vor dem Engel nieder und sprach: Höre mich an, nimm meine Seele statt der Seele meines Sohnes. Alsbald hüllte sich der Todesengel in die vier Mächte des Schreckens und bewaffnete sich mit ihnen wie ein Held, der in den Krieg hinauszieht. Er nahm sein Schwert aus der Scheide und setzte seinen Fuß auf den Nacken des Mannes, um ihn zu töten. Aber da erbebten die zweihundertachtundvierzig Glieder des Mannes, er richtete sich auf, floh vor dem Todesengel und rief: Wessen Seele zu holen du gesandt bist, die hole; ich erschauere vor den Mächten des Schreckens, in die du gehüllt bist.

Als das die Mutter des Jünglings sah, fiel sie vor dem Engel mit wirrem Haar nieder, wälzte sich im Staube und sprach: Nimm lieber meine Seele und nimm nicht meines Leibes Frucht. Und sie weinte und schrie. Da hüllte sich der Todesengel abermals in die vier Mächte des Schreckens, bewaffnete sich, setzte seinen Fuß dem Weibe auf den Nacken und holte mit dem Schwerte aus, um sie zu töten. Aber auch sie entwand sich ihm, schloß die Tür hinter sich und rief: Hole die Seele, die zu holen dir befohlen worden ist; es ist des Entsetzens zuviel für mich.

Wie nun die Braut des Jünglings all das Furchtbare vor sich geschehen sah, stieg sie vom Thronhimmel hinunter, warf sich vor dem Todesengel nieder und sprach: Ich flehe dich an, nimm meine Seele statt der Seele dieses Jünglings, laß ihn seiner Tage satt werden. Sie wollte die Worte des Gesetzes erfüllen, das da spricht: ›Leben für Leben.‹ Alsbald hüllte sich der Todesengel in die vier Mächte des Schreckens, zog sein Schwert hervor und setzte seinen Fuß der Jungfrau auf den Nacken. Da rief sie: Vollende die Arbeit des Königs über alle Könige, der dich geschickt hat. Der Engel drückte härter zum zweiten und zum dritten Mal, das Mädchen aber wich nicht zurück, sondern sprach: Vollziehe, was dir der König aller Könige aufgetragen hat.

Da überkam es den Todesengel, und eine Träne fiel aus seinem Auge. Darauf sprach Gott: Wenn dieser Grausame, der Seelen tötet, sich des Weibes erbarmt, soll ich, der ich der barmherzige und milde Gott genannt werde, mich ihrer nicht annehmen? Und er gab einem jeden von ihnen beiden, dem Bräutigam und der Braut, noch siebzig Jahre zu ihrem Leben zu. Und so ging an ihnen in Erfüllung, was da geschrieben steht: ›Alsdann werden die Jungfrauen fröhlich am Reigen sein, dazu die junge Mannschaft und die Alten miteinander.‹

137. GERECHTER UND ZÖLLNER

Einst lebten zwei fromme und weise Männer, die allezeit zusammen bei der Schrift saßen, gemeinsam ihre Gebete verrichteten, zu zweit ihre Mahlzeit hielten und sich nie voneinander trennten. Da starb einer von ihnen, und kein

Mensch kam, den Toten zu beweinen und zu bestatten und ihn nach Gebühr zu ehren. Der Grund dafür war, daß am selben Tage der Sohn des Stadtoberhauptes, ein überaus gewalttätiger Mensch, gleichfalls gestorben war. Die Krämer schlossen ihre Läden, die Märkte wurden abgesagt, und alle waren mit dem Leichenbegängnisse des Gottlosen beschäftigt, denn sein Vater war gefürchtet. So blieb das Totenbett des Frommen verlassen, und niemand kümmerte sich um ihn. Als das der Freund sah, empfand er es schwer; es verdroß ihn zu Tode, sein Verstand wurde umdüstert, und ein böser Geist wandelte ihn an. Er sprach bei sich: Es gibt keine Vergeltung für frommes Tun! Und er saß da, verstört und an der Lehre verzweifelnd.

Da erschien ihm im Traume ein Gesicht, das sprach: Zürne nicht über den Urteilsspruch Gottes und wundere dich nicht über das Maß, das er anwendet, denn was er tut, ist Recht und Gerechtigkeit. Wisse, daß dein Freund sich einst eines kleinen Vergehens schuldig gemacht hat, und dafür ließ ihn Gott die Strafe noch im Diesseits erleiden, damit er im Jenseits von jeder Schuld und Sünde rein sei. Der Sohn des Stadtverwalters wiederum hat einst eine gute Tat vollbracht, und diese belohnte ihm der Herr im Diesseits, indem er ihn mit Ehren zu Grabe tragen ließ; er sollte im Jenseits aller Verdienste bar und der Hölle bis in die Ewigkeit verfallen sein.

Da fragte der Fromme: Herr, sage mir, was war die Sünde, die mein Genosse begangen hat, und was war das Gute, das der Sohn des Hartherzigen getan hat? Die Stimme erwiderte: Es war keine Sünde, es war nur ein kleines Vergehen; beim Anlegen der Gebetriemen band dein Freund zuerst den um den Kopf und wickelte erst dann den um den Arm, und er hätte es umgekehrt machen sollen. Der Sohn eures Stadtoberhauptes hinwieder hat in seinem Leben nur ein Gebot erfüllt, und auch das geschah gleichsam durch Fügung des Zufalls. Der Herr aber wollte es nicht unvergolten lassen. Es trug sich nämlich einst zu, daß der Verstorbene den Hochgeborenen des Landes ein Mahl bereitet hatte und diese zu dem Feste nicht erschienen waren. Darauf sagte er: Da nun meine Gäste ausgeblieben sind, so mögen die Armen die Speisen verzehren, damit nichts umkomme. So wurden die Armen der Stadt geladen, und sie sättigten sich an dem Mahle. Dafür wurde dem Gottlosen die Ehre zuteil, die du gesehen hast.

Danach schlief der Fromme wieder ein und sah im Traume seinen verstorbenen Freund in einem Garten, der an einem Flusse gelegen war, unter Nardenbäumen lustwandeln. Auf der andern Seite aber gewahrte er den Sohn des Stadtverwalters, wie der mit verstellter Gebärde umherirrte, vor Durst verschmachtend, nach Wasser lechzend, und es nicht finden konnte.

Da erwachte der Fromme und ward frohen Mutes; der böse Geist wich von ihm, und ihn verließen die Trauer und das Seufzen.

138. DER FROMME AUS LAODICEA

Es lebte ein Mann in Laodicea, der mit Gewürm und allerlei Kriechendem handelte, von welchen Tieren es heißt: ›Von ihrem Fleisch sollt ihr euch nicht nähren, und ihr Aas sollt ihr nicht anrühren.‹* Und dennoch wurde im Himmel ausgerufen: Diesem ist sein Teil im Jenseits gewiß! Das vernahm ein Schriftgelehrter, namens R. Juda, und er sprach: Seit dreißig Jahren bin ich über die Tür meines Hauses nicht getreten und habe mich allezeit um die Schrift bemüht, und mir ist eine solche Verkündigung nicht zuteil geworden. Ich will nach dem Lande dieses Mannes gehen und will nach seinem Tun fragen.

* 3. Buch Mose 11, 8

So begab sich der Weise nach Laodicea. Als er unweit der Stadt war, kam ihm ein Weib entgegen; die war in ein rotes Gewand gekleidet. Sie sprach R. Juda an und fragte: Wo willst du hin? Er erwiderte: Ich will zu dem Manne, der mit Unreinem handelt. Das Weib sprach: Kennst du denn seinen Namen nicht? Ist doch vom Himmel aus sein Name verkündigt worden. R. Juda sagte: Ich hörte, daß er Elieser aus Laodicea genannt werde. Das Weib antwortete: Sprich zu ihm ›Rabbi‹, denn er ist weit größer als du. Der Weise sprach: Zeige mir sein Haus. Da wies ihm das Weib den Weg zu dem Manne und verschwand. Alsbald aber erschien sie wieder, diesmal in weiße Kleider gehüllt. Sie sprach zu R. Juda: Wonach suchst du hier? Er erwiderte: Ich suche das Haus des Mannes, der mit unreinen Tieren handelt. Sie sprach: Folge mir nach, ich will es dir zeigen. R. Juda ging hinter ihr her und kam bis an das Haus. Da sah er einen Mann auf einem Schemel sitzen, und um ihn standen Knechte, die Gewürm verkauften. R. Juda bückte sich vor ihm; da erhob sich Elieser aus Laodicea und fiel vor R. Juda nieder. Alsdann nahm er seine Kleider und ging mit dem Angekommenen ins Badehaus. Da sah dieser, daß der Fromme zweiundzwanzigmal seinen Leib wusch und siebenmal untertauchte. Darauf sagte R. Juda: Es wird doch nur eine Waschung und ein Untertauchen verlangt. Elieser antwortete: Ich tue es der unreinen Tiere wegen, damit an mir nichts haften bleibe. R. Juda fragte: Wieviel Waschungen nimmst du die Woche über vor? Elieser erwiderte: Es werden von Sabbat zu Sabbat sechzig Waschungen und fünfzig Untertauchen sein. Danach kamen die beiden nach dem Hause Eliesers, wuschen sich die Hände, und man trug den Tisch mit den Speisen herein. R. Juda aber sprach: Ich esse nicht eher, als bis du mir von deinem Tun erzählt hast. Elieser antwortete: Groß sind meine Taten; iß, ich will hernach dir davon berichten. Allein R. Juda sprach: Ich habe geschworen, daß ich nicht eher esse, als bis ich davon erfahren habe. Da sprach Elieser: Dieses war mein Tun. Einst wurde ein Mann um sechzig Goldstücke vom Könige gefangengenommen, und er hatte kein Geld, um sich loszukaufen. Der König gab ihm drei Tage Frist: wenn er bis dahin das Geld nicht herbeischaffte, sollte ihm der Kopf abgehauen werden. Da ging sein Weib überall hin, um sich das Geld zu borgen, keiner wollte es ihr aber geben. So kam sie auch zu mir, und sie war überaus schön. Ich warf meinen Blick auf sie und sprach: Ich will dir das Geld borgen um den Preis, daß du mir zu Willen seist. Das wollte das Weib nicht tun, kam aber wieder zum zweiten und zum dritten Male. Als es mit ihnen arg wurde, kam sie und sagte, sie wolle auf mich hören. Ich gab ihr das Geld und sollte ihr beiwohnen; ich hatte mich bereits zu ihr gelegt. Da erhob ich meine Augen und erblickte das Bild Jakobs, unseres Erzvaters. Ich erschauerte und erbebte; ich stand auf und ließ das Weib das Geld nehmen, ohne Sünde getan zu haben. Das war es, was sich mit mir begeben hat.

Da sprach R. Juda: Es genügt. Selig deine Erzeuger, daß ein solcher ihren Lenden entsprossen ist. Selig bist du im Diesseits, selig bist du in der zukünftigen Welt!

139. DER WAHRE BRÄUTIGAM

Nicht auf das Forschen in der Lehre kommt es an, sondern auf das Tun.

R. Simeon flehte Gott an, daß er ihm seinen Platz im Eden zeigen möge. Da wies der Herr ihm einen Ort neben einem Schlächter. R. Simeon wunderte sich darüber und sprach in seinem Herzen: Tag und Nacht habe ich über der Schrift gesessen, und nun soll ich dereinst einen Fleischer zum Nebenmann haben? Ich will hingehen und will ihn nach seinem Tun ausfragen und ausforschen.

Der Weise begab sich zu dem Metzger, und siehe, es war ein reicher Mann. Er blieb bei ihm zu Gast und wohnte bei ihm acht Tage, und der Schlächter erwies ihm alle Ehren. Da rief ihn R. Simeon aufs Feld und sprach zu ihm: Sage mir, bitte, was hast du dein Lebtag getan? Der Mann erwiderte: Sündig wie ich bin, habe ich mich mit der Schrift nicht viel befaßt. Ich war immer Schlächter; anfangs hatte ich wenig Geld, dann wurde ich reich; allwöchentlich teile ich unter den Armen des Ortes und der Umgegend Fleisch aus; außerdem gebe ich viel Almosen. Darauf sprach der Weise: Aber sage mir, ich bitt', hast du außer diesem nicht noch Größeres vollbracht?

Der Schlächter antwortete: Ich will dir noch von einer Begebenheit erzählen, die sich einst zugetragen hat. Ich war früher auch Zinspächter dieser Stadt und durfte von jedem Schiff, das hierherkam, irgend etwas verlangen, wozu ich Lust hatte. Einst landete ein Schiff bei uns, und ich nahm meinen Zins davon. Nachdem ich das Meinige bekommen hatte, kam der Steuermann und sprach zu mir: Willst du noch ein absonderliches Ding erstehen? Ich will es dir verkaufen. Ich entgegnete: Sage mir vorher, was es ist. Er aber sprach: Ich verrate nichts, bis du dafür Geld bezahlt hast; und kaufst du den Gegenstand nicht gleich, so verkaufe ich ihn nicht mehr. Da sprach ich: Sage den Preis, ich will ihn hören. Der Schiffer erwiderte: Zehntausend Goldstücke will ich dafür haben. Darauf sagte ich: Zeige mir die Sache, und ich will das Geld bezahlen. Nun aber sprach er: Ich gebe sie dir nicht, es sei denn, du gibst vierzigtausend Goldstücke dafür. Als ich sah, daß er den Preis erhöhte, dachte ich bei mir, daß es wohl ein kostbarer Gegenstand sein müsse, und ging auf den Preis ein. Darauf sagte er: Zahle den Betrag, ehe ich dir das Gewünschte zeige. Da erfüllte ich seine Forderung.

Alsdann führte der Mann aus dem untern Raume des

Schiffes zweihundert jüdische Gefangene und sprach zu mir: Hättest du sie nicht erworben, ich hätte sie heute alle ins Meer geworfen. Er lud die Menschen aus, und ich führte sie in mein Haus, gab ihnen zu essen und zu trinken, salbte und bekleidete sie. Danach brachte ich die ledigen Männer und Weiber zusammen und vermählte sie miteinander. Es war aber unter ihnen ein Mägdlein, das war sehr schön; sie dauerte mich, und ich gab sie meinem Sohn zum Weibe. Er sollte sie heiligen, und ich rief alle Einwohner des Ortes zum Hochzeitfest. Als die Gäste beisammen waren, sah ich einen Jüngling unter den Freigelassenen, der saß da und weinte. Ich fragte ihn, weswegen er traurig sei, er aber wollte es mir nicht sagen, bis ich ihn in eine besondere Kammer führte. Da gestand er mir, daß der Tag, an dem sie alle gefangen worden waren, der Tag seiner Hochzeit mit dem Mägdlein, der Braut meines Sohnes, hätte sein sollen. Ich sprach zu ihm: Willst du nicht von ihr lassen? ich will dir hundert Silberlinge geben. Er aber entgegnete: Mein Herr, sie ist mir lieber als alles Gold und Silber der Welt; doch was kann ich tun, dein Sohn soll sie ja heimführen.

Nun ging ich zu meinem Sohne und erzählte ihm das alles. Da ließ mein Sohn von der Jungfrau, und ich gab sie dem Jüngling. Das wird wohl die Tat gewesen sein, die im Himmel vermerkt worden ist.

Da sprach R. Simeon: Gelobt sei der Herr, daß mir zuteil ward, dein Genosse im Jenseits zu sein!

140. RABBI BEROKA UND ELIA

Unsere Lehrer, gebenedeit ihr Andenken, erzählten:

Einst ging R. Beroka auf dem Markte einher, und es begegnete ihm Elia. Der Seher gab sich ihm zu erkennen und sprach mit ihm. Da fragte R. Beroka: Ist unter denen, die hier auf dem Markte sind, einer, der des zukünftigen Lebens würdig wäre? Elia erwiderte: Auch nicht einer von diesen wird in das Eden gelangen. Als sie noch miteinander redeten, ging ein Mann an ihnen vorüber, der schwarzgefärbte Schuhe an den Füßen trug, und an dessen Mantelenden keine Schaufäden zu sehen waren. Elia sprach: Dieser hier wird sein Erbteil im Paradiese haben! Da rief R. Beroka den fremden Mann an, jener aber antwortete nicht und ging weiter. Nun nahm R. Beroka Abschied von Elia, lief dem Manne nach und ereilte ihn. Er fragte ihn nach seinem Tun aus, und der Fremde erwiderte: Ich bin Gefängniswächter, und ich sorge dafür, daß die Männer und die Frauen getrennt gehalten werden; in der Nacht schlage ich mein Lager zwischen den beiden Räumen auf und gebe acht auf die Frauen, daß sich die Männer an ihnen nicht vergehen. Kommt eine Judäerin ins Gefängnis, so bin ich besonders darauf bedacht, sie wohl zu behüten und sie vor Nachstellungen zu bewahren. Einmal warf man eine Ebräerin in den Kerker, und sie war eines Mannes angetrautes Weib. Ich merkte es den Gefangenen an, daß sie Unflätiges mit ihr vorhatten; da nahm ich ein Maß Hefe, gab es ihr und sprach zu ihr: Tochter, bestreiche damit deinen Körper und sage, du seist unrein. Das junge Weib tat, wie ich ihr geraten hatte; so entrann sie den Bösewichten, und keiner von den Gefangenen kam ihr nahe.

Darauf sprach R. Beroka zu dem Manne: Wie kommt es, daß du schwarze Schuhe trägst und daß an deinem Gewande die Schaufäden fehlen? Zu der Zeit galt es als unziemlich für einen Judäer, schwarzgefärbte Schuhe zu tragen. Der Befragte antwortete: Ich gehe beim Könige aus und ein, und man darf es mir nicht ansehen, daß ich ein Judäer bin; ich horche, ob nicht neue schlimme Erlasse gegen unser Volk ausgegeben werden. Erfolgt das, so gehe ich eilends und tue es den Weisen kund, damit sie fasten und vor dem Herrn beten, daß das Gesetz abgeändert und der böse Rat zunichte gemacht werde. R. Beroka fragte weiter: Warum gabst du mir keine Antwort, als ich dich vorhin rief? Der Aufseher entgegnete: Mir wurde gerade gesagt, daß im Hause des Königs seine Fürsten sich versammelt hätten, um ein neues drückendes Gesetz über die Juden zu verhängen, und ich eilte, es den Weisen zu übermitteln, daß sie vor den Herrn Zebaoth treten und ihn um Rettung flehen sollten für das Häuflein Israel, das noch übriggeblieben ist.

Als daraufhin R. Beroka wieder Elia begegnete, gingen zwei Männer an ihnen vorbei, und Elia sagte: Auch diese werden im Eden einen Platz einnehmen! Da lief R. Beroka auf die Männer zu und fragte sie: Was ist euer Treiben? Die zwei erwiderten: Wir haben es zur Gewohnheit und Sitte, die aufzusuchen, die dem Gram verfallen sind, die einen Kummer tragen und seufzen, die von Schmerzen geplagt sind und verstört umhergehen; diesen sprechen wir Trost zu; wir suchen sie zu erheitern und ihre Trauer und Sorge, ihr Angst und ihr Herzeleid zu vertreiben; wir wollen sie das Schwere, das sie bedrückt, und die Bedrängnis, die sie umklammert hat, vergessen machen; wir sind so lange um sie bemüht, bis sie aufgerichtet werden und ihr Herz gestärkt wird, bis ihre Seele die Festigkeit wiedergewonnen hat, daß sie neue Blüten treibt, jauchzen und frohlocken kann.

141. DIE SIEBEN GLÜCKSJAHRE

Es war einmal ein frommer Mann, der verarmte und mußte Tagelöhner werden. Dieser Mann hatte ein rechtschaffenes Weib. Als er einst beim Pflügen war, erschien ihm Elia, sein Andenken sei gepriesen, als Araber und sprach zu ihm: Dir sind sieben gute Jahre beschieden; sollen sie gleich anheben, oder willst du sie am Ende deiner Tage erleben? Der Fromme erwiderte: Du scheinst ein Zauberer zu sein, geh von dannen, ich habe dir nichts zu geben. Aber Elia kehrte wieder zum zweiten und zum dritten Male. Als er das dritte Mal kam, sagte der Mann: Ich will mein Weib um Rat fragen.

Er ging zu seinem Weibe und erzählte ihr: Während meiner Arbeit erschien mir einer und sprach zu mir: Du sollst sieben gute Jahre haben, wann willst du, daß sie anfangen: jetzt oder an der Neige deiner Tage? Und er wiederholte das Angebot dreimal. Da sprach das Weib: Sage dem Manne, er möge die gute Zeit gleich kommen lassen. Also ging der Fromme zu Elia und sagte: Beschere uns gleich die herrlichen Tage. Elia antwortete darauf: Kehre heim; noch ehe du die Tore deines Hauses erreicht hast, wirst du des Segens gewahr werden.

Und richtig. Die Kinder dieses Mannes hatten Erde geschaufelt und einen Schatz gefunden, von dem man sieben Jahre leben konnte. Sie kamen und sagten es ihrer Mutter, und ehe der Fromme vor das Tor seines Hauses trat, ging ihm die Frau entgegen und erzählte ihm freudig von dem Fund. Da dankte er Gott und freute sich der Eingebung seines wakkern Weibes. Die Frau aber sprach: Nun sind wir der Gnade des Herrn für sieben Jahre sicher; so wollen wir denn Milde üben an Armen diese Zeit über; vielleicht wird Gott auch weiterhin uns von seiner Güte bescheinen lassen. Und sie lebten fortan diesem Vorsatze getreu. Was sie aber den Armen gaben, ließ die Frau ihren kleinen Sohn aufschreiben.

Als die sieben Jahre um waren, kam Elia und meldete dem Frommen: Die Zeit ist da, wo ich wieder zurücknehmen muß, was ich dir gegeben habe. Da sprach der fromme Mann: Als ich von dir den Segen annahm, tat ich es mit Wissen meines Weibes; wo ich ihn nun zurückgeben muß, will ich es gleichfalls vorher meinem Weibe mitteilen. Und er ging zu seiner Frau und sagte: Schon ist jener alte Mann hier, und er will das Seinige wiederhaben. Darauf erwiderte das Weib: Geh und gib dem Wohltäter zur Antwort: Hast du Menschen gefunden, die treuer wären als wir, so wollen wir dir dein Pfand zurückgeben. Da hörte Gott die Rede des Weibes; er sah auf das Gute hin, das sie und ihr Mann getan hatten, und fuhr fort, die Redlichen mit seiner Gunst zu bedenken.

142. DAS DARLEHEN

Ein frommer Mann pflegte dreimal am Tage Gebete zu verrichten, und sein Flehen stieg jedesmal vor den Thron der Herrlichkeit Gottes, als brächte er ein Opfer vor dem Altar dar. Dieser Fromme hatte es auf sich genommen, keinerlei Gabe von Menschen zu empfangen, und stöberte den ganzen Tag im Schutthaufen herum, nach Lumpen suchend, um seine Blöße vorn und hinten zu bedecken. Das war seine Art zu leben.

Da sah Gott auf das Elend und die Not dieses Frommen hin, und er sprach zu Elia: Begib dich zu diesem meinem Knechte und schenke ihm vier Sus. Elia kam zu dem Armen und fand ihn betend, wie es seine Gewohnheit war. Er wartete, bis das Gebet vollendet war; alsdann sprach er: Friede mit dir, mein Herr! Der Fromme erwiderte den Gruß. Da wollte ihm Elia die vier Sus geben, wie es ihm Gott befohlen hatte, allein der Arme wollte sie nicht annehmen. Elia redete ihm indessen so lange zu, daß er das Geld sich geben ließ. Er ging damit auf den Markt und erstand für sich ein Kleidungsstück. Da kam ein andrer Mann, dem der Rock gefiel, und dieser sprach: Verkaufe mir den Anzug. Der arm Gewesene fragte: Um welchen Preis? Der Käufer erwiderte: Ich will dir vierundzwanzig Goldstücke dafür geben. Da sprach der Besitzer des Kleides: Du sollst es für dieses Geld haben. Von diesen vierundzwanzig Gold=stücken aber wurde der Arme reich. Er hielt sich Knechte und Mägde, erwarb Ländereien und hatte Schiffe, die auf dem Meere fuhren. Da er nun reich ward, ließ er vom Beten ab und vergaß seinen frühern Brauch. Hierauf sprach der Herr zu Elia: Sieh den Gerechten, dem ich so viel Reich=tum, Güter und Ehre habe zukommen lassen; nun versagt er mir sein Gebet; so geh denn zu ihm und nimm weg, was ich ihm gegeben habe.

Da ging Elia zu dem reichen Manne und fand ihn auf einem goldenen Stuhle im Bethaus sitzend. Elia sprach: Friede mit dir! Der Reiche erwiderte den Gruß. Elia sprach: Tu Gutes an mir und gib mir das Pfand wieder, das ich bei dir hinterlegt habe. Der Reiche fragte: Was hast du bei mir zurückgelassen? Elia antwortete: Es sind vier Sus, die ich dir einst gegeben habe. Darauf sprach der Reiche: Ich kenne dich nicht. Da sagte Elia: So und so ist mein Name, und ich habe dir das Geld gegeben, als du einst betetest. Der Reiche versetzte: Nun hast du mich an jene Begebenheit erinnert. Und er wollte Elia das Geld wiedergeben. Allein der Seher sprach: Gib mir nur dieselben Geldstücke wieder, keine andern. Der Reiche antwortete: Wer kann sie heraus=finden, und wer kann sie erkennen? Elia sagte darauf: Bringe deinen Beutel her, ich will sie herauslesen. Und Elia fand sofort die richtigen Münzen heraus und ging da=von. Von dem Augenblick an aber begann der Reichtum des Mannes zu schwinden. Seine Söhne und Töchter wur=den ihm durch den Tod entrissen, auch seine Diener starben nacheinander, und die Schiffe gingen alle im Meere unter. Da kehrte der Fromme zu seiner frühern Gewohnheit zu=rück und begann wieder im Schutt zu wühlen; auch betete er fortan dreimal am Tage. Alsbald überkam den Herrn das Mitleid mit ihm, und er sprach zu Elia: Dieser From=

me ist mir besonders lieb, und ich kann seine Not nicht sehen; geh hin und leih ihm abermals zehn Sus, beschwöre ihn aber in meinem Namen, daß er nimmer zu beten aufhören möge.
Also kam Elia wieder zu dem Frommen und fand ihn betend. Er wartete, bis der das Gebet vollendet hatte, bot ihm den Friedensgruß und sprach: Nimm, was ich dir hiermit gebe, aber bei Gott, laß nicht mehr vom Beten.

143. ELIA ALS BAUMEISTER

Es war einmal ein Mann, der war sehr arm und hatte eine Frau und viele Kinder. Eines Tages drückte ihn seine Not mehr denn je, denn er hatte nichts, womit er sich hätte ernähren und erhalten können. Da sprach seine Frau zu ihm: Mache dich auf und geh auf den Markt, vielleicht weist dir der Herr irgend etwas zu, daß wir nicht Hungers sterben. Der Mann erwiderte: Wo soll ich hin? Ich habe keinen Freund und keinen Anverwandten, der mir aus der Bedrängnis helfen könnte. Darauf schwieg die Frau. Die Kinder aber hatten Hunger, und sie weinten und schrien. Da sagte die Frau abermals: Geh auf die Straße! Willst du dem Sterben deiner Kinder zusehen? Ihr Mann versetzte: Wie soll ich ausgehen, ich bin nackend und bloß. Da nahm die Frau ihr zerlumptes Kleid und gab es ihrem Manne, daß er sich darein hülle.
Also ging der Arme auf die Straße und stellte sich in stummer Erwartung hin, denn er wußte nicht, wohin er sich wenden sollte; er weinte, erhob seine Augen zum Himmel und rief: Herr der Welten! Du weißt, daß ich keinen Menschen habe, dem ich meine Armut und mein Elend klagen könnte, daß er sich meiner erbarme; weder habe ich einen Bruder noch einen Freund, noch einen, der mir nahe stünde, und meine kleinen Kindlein schreien vor Hunger. Deine

Gnade sei über uns, o Herr, erbarme dich unser, oder nimm uns in deiner Barmherzigkeit hinweg, damit wir nicht mehr leiden. Da stieg das Flehen des Mannes vor Gott.

Elia, sein Andenken sei gesegnet, erschien ihm und sprach zu ihm: Was ist mit dir, und warum weinst du? Da erzählte ihm der Mann von seiner Not und seinem Unglück. Elia sprach: Auf, komm mit mir und weine nicht mehr. Und Elia fuhr fort und sprach: Laß es dich nicht kümmern, nimm mich und verkaufe mich auf dem Markte als Sklaven; von dem Erlös sollst du dich ernähren. Der Arme antwortete: Mein Herr, wie soll ich dich verkaufen? Die Leute wissen hier, daß ich keinen Knecht habe, und sie werden sagen, ich sei dein Sklave, und du seist mein Herr. Elia aber sprach: Fürchte dich nicht, tu nach meinem Rat; wenn du mich verkauft hast, so gib mir von dem Preis einen Sus.

Da tat der Arme, wie Elia gesprochen hatte; er führte Elia auf den Markt, und alle, die sie sahen, dachten, der arme Mann sei der Knecht und Elia der Herr, bis sie Elia fragten, und der gab zur Antwort: Dieser ist mein Herr, und ich bin sein Knecht. Da ging einer von den Hofleuten des Königs vorüber, sah Elia, und er gefiel ihm wohl, daß er ihn für den König erstehen wollte. Sein Preis wurde mit achtzig Dinaren ausgerufen. Elia sprach zu seinem Gebieter: Verkaufe mich dem Diener des Königs und verlange keinen höheren Preis. Da tat der arme Mann so, nahm von dem Käufer die achtzig Dinare und gab einen davon Elia. Dieser aber steckte ihm das Goldstück wieder zu und sagte: Nimm es zurück und ernähre dich nun mit den Deinigen; es mögen dich Mangel und Not nie mehr heimsuchen.

Also zog Elia mit dem Diener des Königs ab, und der arme Mann kehrte nach Hause zurück; er fand sein Weib und seine Kinder vor Hunger verschmachtend und stellte vor sie Brot und Wein hin. Da aßen sie und wurden satt und ließen noch übrig. Danach fragte das Weib ihren Mann

nach allem aus, und er erzählte ihr, was ihm begegnet war. Sie sprach: Du bist meinem Rat gefolgt, und nun ist es dir wohl ergangen; hättest du gesäumt, wir wären Hungers gestorben.
Von diesem Tage ab segnete Gott das Haus des Mannes, und er wurde sehr reich ohne Maß, so daß er keine Armut und keinen Mangel mehr kannte.
Elia aber kam mit dem Diener des Königs vor den Herrscher. Dieser hatte vor, ein großes Schloß außerhalb der Stadt zu errichten. Er kaufte viel Sklaven, die sollten Steine verladen, Bäume fällen und alles zum Bau vorbereiten. Er fragte Elia: Was kannst du fertigbringen? Elia erwiderte: Ich bin Zimmermann und verstehe mich auf die Baukunst. Da freute sich der König sehr und sprach: Ich wünsche, daß du mir den Palast bauest; so und so soll er aussehen, und das und das soll seine Größe sein. Elia antwortete: Ich will alles nach deinen Worten ausführen. Der König sprach weiter: Mein Wille ist, daß du den Bau in sechs Monaten fertigstellst, alsdann sollst du frei sein, und ich werde dir Gutes erweisen. Da sagte Elia: Befiehl deinen Knechten, daß sie alles, was zum Bau gehört, richtig zusammentragen. Das taten die Knechte des Königs.
In der Nacht stand Elia auf, betete vor dem Herrn und bat ihn, den Palast, wie ihn der König haben wollte, in einem Augenblick entstehen zu lassen. Das geschah, und die Arbeit wurde noch vor Sonnenaufgang vollbracht. Alsdann zog Elia seines Weges. Das ward dem Könige berichtet, und er kam, sich das Schloß anzusehen. Es gefiel ihm überaus gut, und er war voll großer Freude darüber. Er wunderte sich sehr, daß es in einer Nacht vollendet worden war; er suchte nach dem Baumeister, konnte ihn aber nicht finden, und er dachte bei sich, daß der Mann ein Engel Gottes gewesen sein müßte.
Elia aber war von dannen gezogen und begegnete dem

Manne, der ihn als Sklaven verkauft hatte. Dieser fragte Elia: Wie bist du von dem Fürsten losgekommen? Elia antwortete: Ich habe verrichtet, was er von mir verlangt hat, und habe seinen Worten nicht zuwidergehandelt; ich wollte nicht, daß er das Geld verliere, das er für mich bezahlt hatte, und so erbaute ich ihm einen Palast, der tausendmal mehr wert ist als der Preis, den er für mich erlegt hat. Da pries der Fromme den Seher und sprach: Du hast mich aufleben lassen. Elia aber erwiderte darauf: Preise den Schöpfer, der diese Gnade an dir getan hat!

144. ELIA UND DER GUTSHERR

Ein Mensch spreche nie sein Vorhaben aus, ohne des Willens Gottes dabei zu gedenken.

Ein reicher Mann hatte viele Äcker, es fehlten ihm aber Rinder, um die Äcker zu pflügen. Er tat Geld in seinen Beutel, es waren an hundert Dinare, und ging nach der nächsten Stadt, um Ochsen oder Kühe zu kaufen. Als er unterwegs war, begegnete ihm Elia, sein Andenken sei gesegnet, und fragte ihn: Wohin des Weges? Der Gutsherr erwiderte: Ich gehe nach der Stadt, Ochsen oder Kühe zu kaufen. Elia sprach: Füge hinzu: so es Gott gefällt. Darauf sagte der Reiche: Ob es Gott gefällt, ob es ihm nicht gefällt, ich habe Geld in meiner Hand und tue, was ich will. Elia antwortete: Aber ohne Glück.

Als der Übermütige eine Strecke Weges weitergegangen war, entfiel ihm sein Beutel. Er kam in die Stadt und suchte sich die Tiere aus; als er aber mit der Hand nach der Geldtasche griff, fand er sie nicht mehr. Da kehrte er verdrossen nach Hause um und holte sich abermals Geld. Diesmal zog er nach einem andern Orte, um nicht Elia zu begegnen. Als er aber ein Stück Weges gegangen war, erschien ihm der Seher in Gestalt eines Greises und fragte ihn: Wo

willst du hin? Der Gutsherr erwiderte: Ich will Ochsen kaufen. Elia sprach: Sage, so es Gott gefällt. Der Reiche entgegnete: Ob es Gott gefällt oder nicht, ich habe mein Geld mit und fürchte nichts. Und er setzte seinen Gang fort.
Er war noch nicht weit gekommen, da ließ Elia eine Müdigkeit über ihn fallen, daß er sich hinlegte und einschlief. Währenddessen nahm ihm Elia den Geldsack weg. Als der Gutsherr erwachte, sah er nach und fand sein Geld nicht mehr. Da ging er betrübt wieder nach Hause, holte sich neues Geld und begab sich zum dritten Male auf den Weg, um Rinder zu kaufen.
Wieder begegnete ihm Elia und fragte: Wo ziehst du hin? Der Reiche erwiderte: Ich will Ochsen kaufen, so es Gott gefällt. Da sprach Elia: Geh in Frieden, und es möge dir glücken! Und er steckte ihm sein verlorenes Geld zu, ohne daß es der Mann gewahr wurde. Er kam in das Dorf und fand zwei schöne rote Kühe ganz ohne Fehl. Er fragte die Besitzer: Was kosten diese Kühe? Die Leute antworteten: Hundert Dinare kostet eine jede. Da sprach der Gutsherr: So viel habe ich nicht mit. Er griff aber in den Beutel und fand darin dreihundert Dinare. Da kaufte er die zwei Kühe und kaufte noch einen Ochsen dazu. Und bald darauf verkaufte er die Kühe dem Könige um tausend Golddinare.
Jeder Mensch, der sich etwas zu tun anschickt, muß immer hinzudenken: so es Gott gefällt; denn er weiß nicht, was ihm vom Morgen bis zum Abend begegnen kann. Wie sagt doch der Sohn Sirachs: Zwischen Morgen und Abend kann die Welt zerstört werden.

145. ELIA ALS WASSERTRÄGER

Es war einst ein frommer Mann, der in der Schrift wohl Bescheid wußte. Er hatte Söhne und Töchter und war in seinem Tun rechtschaffen; sein Haus stand allezeit weit=

geöffnet, und er besaß alle Tugenden, wie sie die Weisen aufgezählt haben. Eines Tages aber wurde er hoffärtig und verfiel dem Wahn, daß aller Überfluß, dessen er sich erfreute, ihm für seine Frömmigkeit und Gerechtigkeit zugefallen sei, und er vergaß, daß alles Gute nur durch die Gnade des Herrn auf uns kommt.

Was geschah darauf vom Himmel aus? Als der Fromme einst sein Haus verlassen hatte, um spazieren zu gehen, fand er sich auf einmal in eine öde Gegend versetzt, die kein Mensch je betreten hat, und sah sich auf einem Steig, den kein Vogel überflogen hat. Der Herr ließ die Sonne aus ihrer Hülle herauskommen und eine Glut verbreiten, daß der in die Wüste Verschlagene nach Wasser lechzte und seine Seele dem Vergehen nahe war. Da kam Elia der Seher in der Gestalt eines arabischen Wasserträgers mit einem Schlauch voll Wasser in der Hand. Den schwang er und rief: Wen es nach Wasser dürstet, der komme und trinke! Da sprach der Durstige: Gib mir ein wenig Wasser, daß ich mich erlabe. Der Prophet sprach: Was schenkst du mir dafür? Der Gequälte antwortete: Ich will dich mit Geld entlohnen. Elia aber sprach: Und gibst du mir auch alles Geld der Welt, du bekommst von mir kein Wasser; wenn du aber trinken willst, so verschreibe mir die Hälfte des Lohnes, der deiner für deine guten Taten harrt. Der Fromme willigte darin ein, und Elia gab ihm zu trinken. Doch alsbald schwoll der Bauch des Mannes, und er war dem Sterben nahe. Er schrie und krümmte sich vor Schmerzen. Da erschien abermals Elia, als Arzt verkleidet, und rief: Ein Heiler, ein Heiler ist gekommen! Der Gequälte wandte sich an ihn und bat: Gib mir eine Arznei. Elia antwortete: Wenn du mir den ganzen Lohn für deine guten Werke überläßt, so will ich dich heilen. Da sagte ihm der Fromme die zweite Hälfte seines zukünftigen Lohnes zu, und Elia reichte ihm ein Kraut. Der Kranke aß davon, ward geheilt

und konnte wieder auf den Füßen stehen. Aber nun war er seines Teiles im Jenseits ledig und entblößt. Er schrie und weinte nach seiner Heimkehr; seine Kinder fragten ihn: Was ist dir widerfahren? Er antwortete: Was ich von klein auf Gutes getan habe, habe ich für einen Trunk Wasser hingegeben; soll ich nicht weinen?
Da nun sein Leid so groß war, wurde ihm vom Himmel offenbart, daß dies alles durch seinen Übermut über ihn gekommen sei. Nunmehr ging er in sich und erkannte, daß er, um dem Höchsten zu dienen, erschaffen worden war.

146. ELIA IN HIRTENKLEIDERN

Ein Jünger ließ einst vom Forschen in der Schrift, weil es ihm keine Ehre und keine Güter eintrug. Da erschien ihm Elia als alter Mann, verhieß ihm Reichtum und sprach: Wende dich der Lehre wieder zu; der Ruhm wird nicht ausbleiben. Da begann der Jüngling sich wieder mit dem Gesetz zu befassen und wurde weiser als alle andern. Aber noch immer dachte er bei sich: Was nützt mir das alles? Ich werde doch nicht richtig beachtet.
Eines Tages machten die Schriftgelehrten dieses Ortes ein Fest, weil sie mit dem Lesen der Thora fertig geworden waren, und luden auch unsern Jüngling ein. Sie wiesen ihm aber den letzten Platz unter den Gästen zu. Das verdroß den Jünger sehr, und er gedachte aufzustehen und für immer der Lehre zu entsagen. Da kam Elia zum Mahl als Hirte verkleidet, wandte sich an die weisen Teilnehmer und sprach: Ich möchte an euch eine Frage richten. Gestern war in meiner Herde ein trächtiges Schaf, und heute sah ich ein kleines Tier hinter ihm herlaufen, das eher einem Hunde glich; nun weiß ich nicht, ist das das Junge des Schafes oder ein Tier von andrer Art. Ist das ein Sproß des Schafes, so ist es ein reines Tier, weil es von einem reinen

Tier herkommt; möglich aber, daß das Schaf an einem verborgenen Orte geworfen hat, sein Junges eingegangen ist und dieses Tier sich ihm zugesellt hat; dann ist wohl das Tier als unrein anzusehen. Wie entscheidet hierin das Gesetz? Die Weisen erwiderten: Da du mit deinen Augen nicht gesehen hast, ob das Schaf dieses Tier geboren hat, so ist anzunehmen, daß es eines von unreiner Herkunft ist und sonst nicht gegessen werden darf. Als Elia diesen Bescheid erhielt, schickte er sich zum Fortgehen an.
Da rief ihm der Jünger, der am Ende des Tisches saß, nach und sagte: Mache den Versuch und stelle vor das Tier ein Gefäß mit Wasser; leckt es das Wasser mit der Zunge, so ist es ein Hund, wo nicht, so ist es ein reines Tier. Elia erwiderte: Das habe ich schon getan und weiß dennoch nicht Bescheid, denn bald macht es das Tier so, bald anders. Da sprach der Jünger: Gib acht, wenn das Tier seine Notdurft verrichtet; hebt es das Bein, so ist es ein Hund, kauert es sich nieder, so ist es ein Lamm. Der Hirt antwortete: Ich habe es schon beobachtet; bald macht es das Tier so, bald so. Darauf sprach der Jünger: Nimm das Tier und wirf es vom Dache hinunter; springt es von selber auf die Erde, so ist es ein reines Tier, klammert es sich mit den Pfoten an das Dach, so ist es ein Hund. Elia entgegnete: Auch dieses habe ich versucht, aber auch hierbei machte es das Tier bald so, bald so. Da sprach der Jünger: So schlachte das Tier und lege ein Stück davon auf Kohle; quillt es auf, so ist es Hundefleisch; schrumpft es zusammen, so ist es Fleisch eines reinen Tieres. Als das Elia hörte, fiel er auf sein Angesicht und sprach: Wohl dir, Israel, daß du einen von diesem Wissen in deiner Mitte hast! Was mich wundert, ist nur, daß ihr einen solchen hinter alle Geladenen und nicht obenan setzt, wo eure Augen doch sehen, daß seine Weisheit größer ist als die eurige. Da wurden die Gelehrten beschämt und wußten nicht, was sie antworten sollten. Nun=

mehr ward ihnen die Weisheit des Jünglings offenbar; sie machten ihn zu ihrem Oberhaupt und gaben ihm großen Reichtum.

Nachdem einige Zeit vergangen war, dachte der Jünger bei sich: Wie reich ist doch der Lohn der Weisheit; ist er schon in dieser Welt so groß, wie denn gar in der Welt, die eitel Güte, eitel Unendlichkeit ist. Und er sprach: Lieber soll mir der Entgelt für die Zeit nach dem Tode vorbehalten bleiben, als daß ich ihn bei Lebzeiten verbrauche. Und er entsagte allem Reichtum, allen Würden und allen nichtigen Freuden der Welt und forschte fortan nur dem Himmel zu Ehren mit ganzer Seele und willigen Herzens.

Darum sagen die Weisen: Der Mensch befleißige sich der Schrift und ihrer Gebote auch dann, wenn er es nicht uneigennützig meint. Tut er es anfänglich auch nur aus Eigennutz, das Ende ist, daß er es aus Hingabe tut.

147. HOCHMUT

Ein frommer Mann zog seines Weges, und es fügte sich, daß der Prophet Elia eine Strecke mit ihm zusammen ging. Da sahen sie einen Tierkadaver auf dem Felde liegen, und dieser verbreitete großen Gestank. Der fromme Mann hielt sich mit der Hand die Nase zu. Elia aber ging dicht an dem Aas vorbei und schien nichts zu merken.

Als die beiden wieder ein Stück gegangen waren, begegnete ihnen ein Mensch von hochmütigem Gebaren, der überheblich und hoffärtig tat. Da legte Elia, als er den Stolzen von ferne kommen sah, die Hand an die Nase. Darauf fragte der fromme Mann: Warum hielt mein Herr vor dem Aas die Nase nicht zu? Elia antwortete: Dieser hier stinkt schlimmer als das Aas; faßt ein Mensch einen toten Körper an, so ist er unrein bis zum Abend; wer aber diesen hier anrührt, wird mit einer schweren Unreinheit behaftet.

Elia sprach: Wer den Ruhm des Himmels zu erhöhen trachtet, seiner eignen Ehre aber nicht gedenkt, der erwirkt, daß des Himmels Lob sowohl wie sein eignes in die Höhe steigt. Wer aber den Ruhm des Himmels hintansetzt und seinen eignen zu erhöhen sucht, der erreicht, daß des Himmels Lob dasselbe bleibt, seine eigne Ehre aber zu Boden sinkt.

Hier die Geschichte eines Mannes, der mit seinem Sohne im Bethause stand. Alles Volk rief, als der Vorbeter die Gebete gesprochen hatte, Halleluja; allein der Sohn dieses Mannes redete unsinnige Worte dazwischen. Da sprachen die Andächtigen zu dem Vater des Knaben: Hörst du nicht, daß dein Sohn während des Gebetes unnütze Reden im Munde führt? Der Getadelte antwortete: Was soll ich mit ihm machen? Er ist noch ein Kind, und so mag er sich vergnügen.

Dasselbe ereignete sich am folgenden Tage. Alles Volk stimmte, nachdem der Vorsänger die Lieder gesungen hatte, den Ruf Amen, Halleluja an, und jener Knabe schwatzte albern dazwischen. Die Betenden sprachen zu seinem Vater: Höre, wie dein Sohn mit Unheiligem dazwischenfährt. Der Mann aber antwortete wie zuvor: Er ist ein Kind, und das möchte gern spielen. Alle acht Tage des Festes redete der Knabe, während die andern beteten, und sein Vater sagte ihm darauf kein Wort.

Es verging aber kein Jahr, kein zweites, kein drittes, als der Mann, seine Frau, sein Sohn und seines Sohnes Sohn starben und fünfzehn Seelen seines Hauses dahingingen. Nur ein Paar blieb aus diesem Geschlechte am Leben; von denen war der eine lahm und blind, der andre blöde und gottlos.

Eine andre Geschichte erzählt wiederum von einem Manne, dem es ewig leid tat, daß er sich um die Lehre nicht be=

müht hatte. Eines Tages stand er im Bethause; als der Vorbeter vor der Lade zu der Hochpreisung des heiligen Namens kam, erhob dieser Mann seine Stimme und rief überlaut: ›Heilig, heilig, heilig ist der Herr Zebaoth!‹ Die andern Beter sprachen zu ihm: Was hast du erblickt, daß du deine Stimme dermaßen erschallen ließest? Der Eiferer erwiderte: Mir war es nicht gegeben, mich mit der schriftlichen oder mit der mündlichen Lehre zu befassen; nun es mir erlaubt ist, mitzusprechen, soll ich da meine Kehle nicht hochstimmen und meiner Seele nicht die Erquickung gönnen?

Es verging kein Jahr, kein zweites, kein drittes, und dieser Mann durfte aus Babel nach dem Heiligen Lande ziehen; er ward Feldherr des Kaisers und wurde mit der Aufsicht über die Burgen in Israel betraut. Ihm wurde ein Stück Land gegeben, und er baute für sich eine eigne Stadt, in der er wohnen blieb. Er wurde zum Freiherrn ernannt, und diese Würde behielten er und seine Kinder, solange sein Geschlecht sich fortsetzte.

Es gab einst einen Priester, der in Bescheidenheit Gottesfurcht übte. Dieser Fromme hatte von einer Frau zehn Kinder, sechs Söhne und vier Töchter, und jeden Tag pflegte er zu beten, zu knien, zu flehen und den Herrn um Erbarmen zu bitten sowie mit der Zunge den Staub der Erde zu lecken, daß von seinen Kindern keines der Sünde anheimfiele und keines je Schändliches begehe. Er schloß tagtäglich seine Kinder in den hintern Raum seines Hauses ein und blieb selber in der Vorhalle stehen, um über sie zu wachen und währenddessen in gewohnter Weise vor dem Herrn Fürbitte zu halten, daß keines seiner Kinder Böses tue.

Es wird erzählt: Es verging kein Jahr, kein zweites, kein drittes, als Esra, der Gesetzesschreiber, erschien und Israel aus Babel nach dem Heiligen Lande führte. Dieser Priester aber war mit unter den Zurückgekehrten. Er sollte, ehe er verschied, Hohepriester und Priesterkinder aus seinem Stamme kommen sehen, sowie Kindeskinder, die fünfzig Jahre alt geworden waren. Alsdann fuhr er in das Haus der Ewigkeit.

FÜNFTES BUCH: MÄRCHEN

149. DIE SIEBEN FRONJAHRE

Im Lande Theman wohnte ein Mann, der wünschte sich einen Sohn von Gott. Er war gewohnt, täglich zu beten und zu sprechen: Herr der Welt! Gib mir einen Sohn, ich will ihn in der Schrift unterweisen. Da erhörte Gott sein Flehen und schenkte ihm einen Sohn. Der Mann hieß ihn Saul, denn er sprach: Von dem Herrn habe ich mir ihn erbeten.

Im Lande Zur wiederum lebte ein andrer Mann, der war sehr reich und mildtätig und hatte zehn Söhne. Dessen Frau begehrte sehnlich, eine Tochter zu gebären, und tat ein Gelübde, indem sie sprach: Wenn ich für wert befunden werde, eine Tochter zu haben, so will ich ihr mit Gottes Beistand einen Schriftgelehrten zum Manne geben, und sollte der arm sein, will ich ihm alles zukommen lassen, wessen er bedarf, damit er sich nur der Lehre weihe. Da erhörte Gott die Bitte des Weibes, und sie gebar eine Tochter. Diese nannte sie Hanna, denn sie war schön und lieblich.

Indessen wuchs der Knabe Saul im Hause seines Vaters auf, lernte bei ihm das Gesetz kennen und wurde sehr weise. Als er achtzehn Jahre alt ward, fiel sein Vater auf das Schmerzenslager und empfand, daß sein Ende nahe sei. Er rief seinen Sohn Saul und sprach zu ihm: Mein Sohn, wie ich sehe, werde ich es nicht mehr erleben, dich unter dem Thronhimmel zu sehen; so wisse denn, ich hinterlasse dir großen Reichtum, aber laß dich außer von deinen eigenen noch von zwei andern Augen leiten, von

der Wahrheit und der Barmherzigkeit, dann wirst du in allem Vornehmen Glück haben. Darauf schloß der alte Mann seine Lider und starb, und der Sohn weinte und trauerte über seinen Vater viele Tage.
Als die Klagezeit vorüber war, sprach die Mutter zu dem Jüngling: Mein herzlieber Sohn, wisse, daß es dir obliegt, die Geschäfte weiter zu betreiben, die dein Vater zurückgelassen, auf daß nicht zuschanden werde, was er erworben hat; auch ist die Zeit gekommen, da du ein Weib freien mußt. Nimm also das Geld deines Vaters, kaufe dafür Ware, und der Herr möge deine Wege segnen. Also nahm Saul einen Beutel voll Gold und zog auf den Handelsmarkt.
Hier schaute er sich unter den Menschen um und sah die einen nach Gewinn haschen, die andern fremdes Gut rauben, die dritten stehlen, die vierten falsch schwören. Da kehrte er heim, ohne etwas angefangen zu haben. Die Mutter fragte: Warum bringst du keine Ware mit? Saul erwiderte: Die Wege des Handels sind mir nicht recht; die Leute sprechen und meinen es anders; ihr Mund redet, was ihr Herz nicht denkt, und mir hat mein Vater vor dem Tode befohlen, daß ich die Wahrheit mir zur Leitschnur nehme.
Als aber Saul am folgenden Tage auf einen andern Markt hinausging, sah er eine Anzahl Menschen durch die Straßen gehen und Geld sammeln, um einen im Gefängnis Verstorbenen auszulösen, damit er begraben werden könnte. Dazu war aber eine große Summe erforderlich. Da sprach Saul in seinem Herzen: Ich will das Gebot meines Vaters erfüllen und will Gnade an diesem Toten tun. Er hatte nur wenig Geld bei sich, so lief er nach Hause und holte den Betrag, der zur Auslösung des Toten nötig war. Seine Mutter fragte ihn: Warum greifst du heute so hastig nach dem Gelde? Der Sohn antwortete darauf, daß ihm gute Ware angeboten worden sei und er fürchte, andere könnten ihm

zuvorkommen. Und Saul lief schnell zu den Einsammlern, ging mit ihnen zusammen zum Fürsten, der den Schuldner ins Gefängnis hatte werfen lassen, und legte das Lösegeld hin. So konnte der Leichnam noch am selben Tage mit Ehren geborgen werden. Als Saul des Abends nach Hause zurückgekehrt war, fragte ihn seine Mutter: Wo ist die Ware, die du gekauft hast? Er entgegnete: Ich habe sie in der Erde vergraben, damit sie nicht gestohlen werde, denn gar vieler Augen waren auf sie gerichtet.
Tags darauf schlenderte Saul im Felde einher und sah einen Menschen mit zwei Ochsen das Land pflügen und zugleich in einem Buche lesen. Da dachte der Jüngling: Das ist gewißlich ein aufrechter und wahrhafter Mann und wohl auch ein Weiser; ich will auf ihn zugehen und mich ihm anschließen. Der Ackersmann aber war der Prophet Elia. Saul eilte auf ihn zu und sprach: Friede sei mit dir, mein Herr! Elia erwiderte: Mit dir sei Friede! Saul fragte: Was ist das für eine Arbeit und für ein Handwerk, das du übst? Elia antwortete: Mein Sohn, ich baue das Feld, damit ich und meine Hausgenossen zu essen haben; auch die Armen und Bedürftigen, die Tiere des Feldes und die Vögel des Himmels erhalten so ihre Nahrung. Da sprach Saul: Auch ich möchte diese Arbeit verrichten, denn sie gefällt mir wohl, nur weiß ich nicht, an welchem Orte mir vom Herrn bestimmt ist, mich seßhaft zu machen. Mein Vater, seines Namens sei im guten gedacht, hat mich der Lehre und der Weisheit teilhaftig werden lassen; auch hat er mir Haus und Gut vermacht. Allein ein verständiges Weib kann einem nur von Gott geschenkt werden, und ich bin einer, der eine gottesfürchtige und liebliche Gefährtin sucht. Darauf sprach Elia: Mein Sohn, bei deinem Leben, du findest kein frömmeres und anmutigeres Weib als ein Mädchen, das Hanna heißt. Diese wohnt im Osten, im Lande Zur, und ist für dich vom Himmel bestimmt. Willst du, so

bringe ich dich zu ihr in kurzer Frist. Saul antwortete: Ich will vorerst nach Hause gehen und meine Mutter küssen. Elia sprach: Das kannst du tun. Da ging Saul zu seiner Mutter und sagte zu ihr: Wisse, Mutter, daß ich für einige Zeit fort muß, um die Ware zu verkaufen, die ich erworben habe, und Neues zu erstehen. Trage keine Sorge um mich. Die Mutter sprach: Gott segne dich. Danach kehrte er zu Elia zurück. Von da bis zu dem Orte, wo die Braut wohnte, war ein langer Weg; Elia aber nahm den Jüngling auf seine Flügel und brachte ihn in einer knappen Stunde dorthin. Er ließ ihn außerhalb der Stadt stehen und sprach zu ihm: Harre meiner hier, bis ich vorangegangen bin und mit dem Mädchen geredet habe.

In der Nacht vor diesem Tage aber sah Hanna einen alten Mann vor sich stehen, und dieser sprach zu ihr: Wisse, Tochter, ich bin dein Ahn, deiner Mutter Vater, und bin von der andern Welt zu dir gekommen, um dir kundzutun, daß morgen ein behaarter Mann mit ledernem Gürtel um die Lenden zu dir kommen wird; dieser wird dir den Ehegenossen zuweisen, der dir ziemt; tu nur in allem, wie er dich heißen wird. Des Morgens erzählte Hanna klopfenden Herzens den Traum ihrer Mutter, und diese wie ihr Mann waren darüber sehr verwundert.

Desselben Tages kam Elia in das Haus und sprach zu Hanna: Ich habe den, der dir zugedacht ist, gebracht. Willst du seine Gefährtin werden? Da antwortete das Mädchen: Wenn die Sache von Gott ausgegangen ist, so bin ich gewillt. Und auch ihr Vater und ihre Mutter sprachen dasselbe. Alsbald führte Elia den Saul vor, und er fand Gnade vor den Augen der Leute. Sie krönten ihn und verlobten ihn mit ihrer Tochter, und kurz darauf wurde auch die Hochzeit gefeiert. Sie freuten sich sehr, als sie sahen, daß der Jüngling der Schrift kundig und von edlen Sitten war.

Am siebenten Tage des Hochzeitfestes kam Elia wieder

und fand, daß der Bräutigam mit seiner Braut scherzte. Da rief er Saul heraus und sprach zu ihm: Wie konntest du all die sieben Tage das ewige Leben vergessen? Du hast die Lehre Gottes vernachlässigt und keinerlei Barmherzigkeit getan. Deswegen ist über dich verhängt worden, daß du für sieben Jahre als Knecht verkauft werden sollst, entsprechend den sieben Festtagen, die du in dieser Weise zugebracht hast. Und der Prophet ging davon und ließ den Jüngling allein.

Da verfiel Saul in Gram. Das junge Weib merkte, daß das Gesicht ihres Gemahls sich verfinstert hatte, und fragte: Warum schaust du so betrübt drein? Was ist der Schmerz, der dich drückt? Bin ich dir vielleicht nicht recht, oder mangelt es dir an etwas? Du sollst alles haben, ganz nach deinem Wunsch. Oder bist du um deine Freundschaft bekümmert und sehnst dich nach ihr? Sage ein Wort, und wir ziehen dorthin. Saul erwiderte Hanna: Mit dem, was du zuletzt gesprochen hast, hast du wohl geraten; ich habe daheim eine alte Mutter zurückgelassen, und die ist um mich sehr besorgt.

Alsbald wurden Esel gesattelt und Wagen bespannt, die die Habe der beiden führen sollten, auch Knechte und Mägde wurden mitgenommen, und die Vermählten reisten nach dem Lande des Mannes. In der Nacht verloren sie aber den Weg und gerieten in ein wüstes, ödes Gebiet. So fuhren sie drei Tage lang und wußten nicht, wo sie waren. Am vierten Tage gewahrten sie ein fettes Land, aber auch hier waren keine menschlichen Siedelungen, nur Wasser und fruchttragende Bäume. Sie rasteten daselbst, und Saul sprach zu Hanna: Ich bin müde vom Wege, auch bin ich vom Staube der Wüste bedeckt; ich will in diesem Strom baden und meine Seele erquicken. Und er entfernte sich vom Zelt, das sie aufgeschlagen hatten, und ging an das Ufer des Flusses. Als er sich aber niedersetzte und seine

Kleider ablegen wollte, kam Elia, nahm ihn auf seine Flügel, trug ihn nach einem fernen Orte und verkaufte ihn als Knecht für sieben Jahre.
Indessen wartete Hanna eine Stunde und noch eine weitere Stunde, und als sie sah, daß Saul nicht wiederkam, schickte sie ihre Knechte aus, damit sie ihn suchten, aber sie kamen ohne ihren Herrn zurück. Da begriff Hanna in ihrer Weisheit, daß hierunter sich etwas Wundersames berge, und daß Gottes Hand dies bewerkstelligt hatte. Sie sprach in Demut: ›Der Herr hat es gegeben, der Herr hat es genommen, der Name des Herrn sei gepriesen.‹
Einige Tage saß Hanna an demselben Ort unschlüssig da, denn sie wußte nicht, was sie nun tun sollte. Aber danach rüttelte sie sich auf und sprach zu den Knechten: Nehmt von dem Getreide, das wir auf unseren Wagen haben, und besät diese Äcker; laßt uns auch Bäume fällen, Häuser errichten und hier eine Stadt aufbauen; ich weiß, daß in Bälde im Lande ein Hunger ausbrechen wird; diesen Strom entlang werden dann Kauffahrer auf Schiffen kommen, um Plätze aufzusuchen, wo Getreide feil ist. Wenn sie nun erfahren, daß wir schönes Korn haben, werden sie bei uns kaufen, und wir werden reich werden. Da machten sich die Knechte an die Arbeit, hieben Bäume ab und bauten Häuser; andere streuten den Samen aufs Feld, pflanzten Weinberge und Gärten; sie hatten in allem Glück, denn das Land trug Frucht in reichem Maße.
Da wurde es allgemach bekannt, daß ein neuer Ort im Lande entstanden war, wo viel Getreide zu haben war, und Handelsleute kamen auf Schiffen den Strom heraufgefahren, um Brot und Früchte einzukaufen. Nach vier Jahren trat die Teuerung ein, und da eilten Leute aus noch ferneren Ländern herbei, um Getreide zu holen. Im fünften Jahre traf auch Saul mit seinem Herrn ein, und er trug auf seinem Rücken den Reisesack seines Gebieters. Wie die

beiden in das Haus Hannas kamen und diese die Stimme Sauls hörte, erkannte sie ihn alsbald. Und auch er erkannte sein Weib wieder. Er weinte im stillen, und sie fing gleichfalls zu weinen an. Jedoch sie überwand sich und ging in ein anderes Zimmer, damit ihr niemand etwas anmerke. In der Nacht ließ Hanna Saul vor sich kommen, und da erzählte er ihr von allem, was er durch die Hand des Sehers erlebt hatte, von Anfang her. Sie schluchzten beide, aber Hanna tröstete ihren Mann und sprach: Laß es dich nicht bekümmern; ich bin deine Magd, und du bist mein Herr; ich bin in meiner Liebe zu dir nicht anders geworden und werde dir in Ewigkeit nicht untreu werden. Und sie priesen den Herrn für die Wunder, die er an ihnen getan hatte. Hanna gab ihrem Manne Speise und Trank und bat ihn, nicht zu weinen, denn das Ende seiner Leiden sei gekommen. Allein Saul sagte: Wie kannst du von einem Ende sprechen? Bin ich doch für sieben Jahre verkauft worden, und nun sind erst fünf Jahre meines Dienstes vergangen; ich muß noch zwei Jahre lang Knecht sein. Hanna erwiderte: Ich will dich in einer Höhle verstecken, damit dein Herr denke, du seist geflohen. Wenn er fort ist, wollen wir miteinander fröhlich leben. Da sprach Saul: Solches kann ich nicht begehen; es wäre Betrug und unredlich, von meinem Dienstherrn zu fliehen, der mich für sieben Jahre gedingt hat; du kennst mein Herz und weißt, daß ich von dem Wege der Rechtschaffenheit und der Wahrheit nicht weichen kann. Darauf antwortete Hanna: Wenn so, so will ich dich von deinem Herrn auslösen und ihm für die übrigen zwei Jahre bezahlen, so viel er begehren wird.

Wie der Morgen kam, sprach Hanna zu dem Gebieter ihres Mannes: Laß mir den Jüngling, der bei dir in Dienst ist; mir fehlt gerade ein Knecht, ich will den Preis für ihn entrichten. Sauls Herr erwiderte: Und gibst du mir auch dein ganzes Vermögen, ich kann diesen Knaben nicht verkau=

fen; ich muß, wenn die Zeit um ist, ihn dem zurückgeben, der mir ihn gebracht hat. Da begriff Hanna, daß dieses so von dem Heiligen, gelobt sei er, bestimmt worden war. Sie kehrte mit Tränen auf ihren Wangen zu Saul zurück und sprach: Du Freude meiner Augen, zieh davon in Frieden und lebe wohl. Ich will ewig deiner harren; der dich von mir weggeführt hat, wird dich mir zurückgeben, wenn die Stunde gekommen ist. Also zog Saul mit seinem Herrn davon, und Hanna jammerte nicht und weinte nicht, sondern sie erhob ihre Augen gen Himmel und betete zu Gott, daß er ihr ihren Mann wiederbringe, wenn die Frist erfüllt sei.

Nachdem die zwei Jahre vergangen waren, kam Elia zu Saul, nahm ihn auf seine Fittiche und brachte ihn in das Haus seines Weibes. Er segnete ihn und sprach zu ihm: Geh von dannen gen Osten nach dem Lande Theman und nimm das Erbe deines Vaters in Besitz. Wenn du Gerechtigkeit und Barmherzigkeit üben wirst, so werden deine Tage und die Tage deines Weibes verlängert werden, und ihr werdet euer Leben in Freuden zubringen.

Es währte auch nicht lange, da nahm Saul sein Weib Hanna, seine Knechte und Mägde, reiste nach dem Lande Theman und kam in seinen Heimatort. Er fand seine alte Mutter noch am Leben und ließ sich auf seinem väterlichen Erbe nieder. Er übte Milde und Gerechtigkeit alle seine Tage und hütete sich vor Unrecht und Falschheit; allein die Wahrheit und die Barmherzigkeit waren das Licht, in dessen Scheine er wandelte. Von ihm gilt der Spruch: ›Wer findet einen Mann, der so redlich wäre‹, und von Hanna: ›Ein Weib, das Gott fürchtet, soll gepriesen werden.‹

150. DIE WIEDERVEREINIGUNG DER GETRENNTEN

Es war einmal ein frommer Mann, der hielt fest an dem Grundsatze, nie einen Eid zu schwören, auch wenn es sich um Wahrheit handelte. Als er sterben sollte, rief er seinen Sohn herbei und sprach zu ihm: Mein Sohn, sieh dich vor, daß du keinen Schwur abgibst; allen Reichtum, den ich dir hinterlasse, habe ich durch nichts erworben als allein dadurch, daß ich meinen Mund vor dem Schwören gehütet habe; selbst wahr schwören wollte ich nicht, deshalb ließ der Herr all mein Vornehmen und alles Werk meiner Hände glücken. Darauf erwiderte ihm der Sohn und sprach: Ich will dein Gebot erfüllen und mich des Schwörens immer enthalten.

Als der fromme Mann gestorben war, kamen unredliche Leute zu dem verwaisten Sohne und verlangten von ihm viel Geld, indem sie angaben, daß sein Vater es ihnen schuldig geblieben wäre. Wollte er aber einen Schwur leisten, so würden sie von ihm lassen. Da sprach der junge Mann in seinem Herzen: Schwöre ich, so entweihe ich Gottes Namen und übertrete das Gebot meines Vaters; so ist es wohl besser, ich bezahle ihnen alles, was sie von mir haben wollen, als daß ich einen Eid leiste. Und er gab den Betrügern allen Reichtum, den ihm sein Vater hinterlassen hatte, und blieb selber ein armer Mann, der nichts mehr übrigbehielt.

Es dauerte aber nicht lange, da kam wieder ein Wicht zu ihm und sprach: Du bist mir einen Dinar schuldig noch von früher her. Der Fromme erwiderte: Laß ab von mir, ich bitte dich, ich habe selber nichts mehr. Gott weiß es, hätte ich noch etwas da, ich hätte es dir gegeben. Der Hinterlistige sprach: So schwöre, daß du nichts mehr hast. Und er führte ihn zum Richter. Dieser sprach zu dem Sohne des Frommen: Zahle den Dinar, oder beschwöre es, daß du nichts mehr besitzest. Der Bedrängte antwortete: Ich gebe keinen Schwur ab. Da sprach der Richter zu dem Mahner: Er zahlt entweder den Dinar, oder du wirfst ihn ins Gefängnis. Da weinte der Arme und rief aus: Herr der Welt!

Du weißt, daß ich nichts mehr mein eigen nenne; des Goldes und des Silbers, wovon ich die Fülle besessen habe, bin ich nun bar und ledig; ich muß Not leiden und dürsten; dennoch, hätte man von mir nichts verlangt, ich hätte nicht geklagt, denn: ›nackend bin ich aus meiner Mutter Leib gekommen, und nackend will ich ins Grab steigen: der Name des Herrn sei gelobt jetzt und in alle Ewigkeit‹.

Also wurde der Redliche ins Gefängnis gesteckt. Was tat sein braves Weib? Sie empfand Scham davor, die Mildtätigkeit anderer in Anspruch zu nehmen, und begann, Leinenkleider fremder Leute zu waschen, um für den Lohn ihren Mann aus der Hand der Falschen zu befreien und ihn und ihre Kinder zu ernähren. Eines Tages stand sie mit den Kindern am Ufer des Stromes und sah ein Schiff herannahen. Sie wartete, bis es ganz nahe gekommen war. Der Schiffsherr erblickte das Weib und sah, daß es schön war; alsbald regte sich in ihm ein Verlangen nach ihr. Er dachte bei sich: Diese muß königlicher Herkunft sein. Zu ihr aber sprach er und fragte sie: Wie kommt es, daß du für andere waschen mußt? Da erzählte sie ihm alles, was ihr und ihrem Manne zugestoßen war. Darauf sagte der Schiffsherr: Ich will dir einen goldenen Dinar geben, wasche auch mein Kleid rein. Sie nahm den Anzug und das Goldstück aus der Hand des Seemannes und gab das Geld ihrem älteren Sohne zum Verwahren. Sie wollte damit ihren Ehegefährten aus der Hand der Bedrücker erlösen.

Indessen erledigte der Schiffsherr seinen Handel an diesem Ort und setzte den Mastbaum des Schiffes wieder instand. Als darauf das Weib kam und ihm sein Kleidungsstück gewaschen wieder brachte, ergriff er sie und steuerte mit ihr auf seinem Schiffe davon. Die Kinder sahen ihre Mutter verschwinden und weinten, jammerten und schrien: Wehe, unsere Mutter ist weg, was sollen wir tun? Sie gingen zu ihrem Vater, gaben ihm den Dinar und erzählten, wie ihre Mutter weggeführt worden war. Da zerriß der Unglückliche seine Kleider und trauerte um sein Weib. Er entrichtete den Dinar und verließ den Kerker. Er sprach bei sich: Was soll ich nun tun? Kehre ich nach Hause zurück, so sterbe ich Hungers, und es können wieder Unholde kommen und mit mir verfahren, wie die vorigen verfahren sind. Ich tue wohl besser, wenn ich nach einem andern Orte gehe. Und er weinte laut und sprach: Du, Herr, sieh herunter und wende unser Geschick. Ich bin mit meinen Kindern verwaist und ohne jede Hilfe. Und sie weinten alle zusammen, bis sie ganz erschöpft waren.

Danach erhoben sie sich und gingen weiter, überall um Almosen bittend. So kamen sie an einen großen Fluß, der ins Meer mündete. Es war aber keine Fähre da, die sie ans andre Ufer gebracht hätte. Da zog der Fromme seine Kleider aus, nahm als ersten den jüngern Sohn auf den Rücken und stieg mit ihm ins Wasser. Wie er aber in die Mitte des Stromes kam, erhoben sich die Fluten wider ihn und rissen den Sohn fort; doch Gott ließ den Knaben ein Brett finden, und das trug ihn zurück ans Land. Sein Vater aber schwamm weiter, bis er nackend in ein andres Reich kam. So waren die Kinder diesseits geblieben und weinten; das Wasser hatte sie von ihrem Vater getrennt. Es kam aber ein Schiff und nahm die beiden Knaben gefangen.

Als die Einwohner des fernen Eilandes den nackten Mann sahen, fragten sie ihn, woher er käme. Er erwiderte: Ich bin ein armer Mann, ein Judäer. Sie sprachen: Was ist dein Handwerk? Er antwortete: Ich kann andere lesen und schreiben lehren. Die Leute sprachen: Das brauchen wir nicht; willst du aber unser Vieh weiden, so kannst du bei uns bleiben, und wir wollen dir guten Lohn zahlen. Da sagte er: Ich will bei euch Hirte sein. Nun übergaben sie ihm ihre Herden, und er hütete sie treu und redlich. Die Leute sagten zu ihm: Gib acht, daß du nicht in die Nähe des Wassers kommst, denn es ist sehr tief; fällt dir eines unserer Tiere in den Strom, so kommst du von hier nicht mehr heraus. Er antwortete: Ich will es mir merken.

Eines Tages saß der Flüchtling am Ufer des Wassers und gedachte seines früheren Reichtums und der Habe, die ihm sein Vater hinterlassen hatte. Er weinte und sprach bei sich: Was soll mir das Leben? Mein Weib ist mir geraubt, meine Kinder sind vertrieben worden; nur ich bin allein geblieben. Lieber ist mir der Tod als ein solches Leben. Und er warf sich in die Fluten. An der Stelle, wohinein er gesprungen war, waren Schlangen und Skorpione. Da schrak er zurück, aber bald hörte er eine Stimme ihn bei seinem Namen rufen, die sprach: Bleib hier. Wie er sich umwandte, sah er die Gestalt eines Engels; dieser sagte: Komm, seit langem ist für dich hier ein Schatz aufbewahrt, heb ihn nun; du sollst endlich hochkommen dafür, daß du das Gebot deines Vaters gehütet und keinen Schwur getan hast. Darauf zeigte ihm der Engel den Schatz und sprach: Geh hin und kaufe diesen Fluß und das Land umher von dem Gebieter des Reiches und baue hernach hierselbst eine große Stadt.

Das befolgte der Fromme. Er ging zu dem Fürsten und sprach zu ihm: Herr, ist es dein Wille, so verkaufe mir diesen Strom, der sich von dem einen Orte bis zum andern zieht. Der Fürst sagte darauf: Du Tor! Was willst du daraus machen? Der Judäer aber sprach: Und dennoch, verkauf ihn mir. Da überließ ihm der Besitzer den Fluß um teures Geld. Er setzte eine Urkunde darüber auf und ließ es von Zeugen bestätigen, daß das Wasser fortan des judäischen Mannes ewiges Eigentum sein sollte.

Alsbald dang der neue Herr der Gegend Arbeiter und erbaute am Ufer des Stromes eine große Stadt mit vielen Palästen. Er wurde König dieser Stadt, und sein Ruf drang weit hinaus in die Ferne. Aus allen Ländern kamen Han=

delsleute, und er tat Gutes an jedem Vorbeiziehenden und Heimkehrenden. Da lief auch eines Tages das Schiff ein, das seine Söhne gefangengenommen hatte. Als der Fromme seine Kinder erblickte, ließ er sie in seinen Palast bringen; er gab sich ihnen nicht zu erkennen, aber er ließ ihnen mehr Gutes zukommen als seinen Knechten. Von nun an war es seine Gepflogenheit, wenn ein Schiff bei ihm landete, die Mitfahrenden zu einem Mahle einzuladen.

Eines Tages aber traf auch das Schiff ein, auf dem sein Weib, das geraubt worden war, gehalten wurde. Der König bat die Leute, mit ihm zu speisen. Darauf sagte der Schiffsherr: Mein Herr und König, ich kann das Schiff nicht verlassen, denn mein Weib ist darauf. Da sprach der König: Ich will dir zwei treue Knaben geben, die werden sie behüten. Die Knaben gingen hin, und der Schiffsherr kam zum Mahl. Die Jünglinge sprachen zueinander: Wehe uns, dieses Schiff gleicht dem, auf dem unsere Mutter gefangengenommen wurde. Und sie weinten die ganze Nacht. Da fragte die Frau: Warum weint ihr? Sie erwiderten: Wir entsinnen uns, daß auf einem ähnlichen Schiffe unsere Mutter uns entrissen wurde. Alsbald erkannte das Weib ihre Söhne und weinte gleichfalls die ganze Nacht, sie sagte ihnen aber nichts.

Am Morgen kam der Schiffsherr und fand die Frau sehr betrübt. Er fragte sie: Was ist dir? Sie antwortete: Konntest du mir zu meinem Schutze nicht andere schicken als diese Ungebärdigen? Sie haben an mir ihren Mutwillen getrieben. Alsbald ging der Seemann zu dem König und sagte: Herr, unser König! Wie konntest du solche ungeratenen Jünglinge entsenden? Sie haben die ganze Nacht mit der Zurückgebliebenen gebuhlt. Da rief der König die Jünglinge und sprach: Ist es wahr, daß ihr euch an der Frau des Schiffsherrn vergangen habt? Die Knaben entgegneten: Bewahre, daß wir solches getan hätten; mag das Weib sel=

ber herkommen und wider uns aussagen; wenn es wahr ist, so töte uns.
Darauf ließ man die Frau vor den König kommen, und er sprach zu ihr: Tochter, leugne nicht und fürchte dich nicht, mir alles zu sagen. Da fiel das Weib mit dem Angesicht zur Erde und sprach: Mein Herr und König, verstatte es mir, und ich will ein Wort vor dir sprechen. Der König sprach: Rede nur. Das Weib sagte: Ich bitte dich, mein Herr, frage die Knaben, wo sie her sind. Alsbald erzählten die Knaben, was sie alles erlitten hatten. Da stand das Weib auf, umarmte und küßte die Jünglinge und sprach: Bei deinem Leben, mein Herr und König, das sind meine Kinder. Und sie weinte und schrie und erzählte ihre Geschichte. Als der König diese Worte vernahm, ward es ihm zur Gewißheit, daß die, die vor ihm stand, sein Weib war.
Hierauf sprach der König zum Schiffsherrn: Sage mir die Wahrheit, wieso kam diese Frau in deine Hand? Gestehst du aber nicht alles ein, so haue ich dir den Kopf ab. Der Seemann erwiderte: Ich habe sie am Ufer eines Stromes gefangengenommen, als sie Kleider wusch; aber so wahr du lebst, mein Herr und König, ich habe sie nicht berührt und habe ihr nicht beigewohnt. Und nun tu an mir, was dir gefällt. Da sprach der König zu ihm: Zieh in Frieden in dein Land. Danach rief der König aus: Gelobt sei, der gerechten Lohn austeilt denen, die ihn fürchten, und das Verlorene seinem Herrn wiedergibt. Und er lebte fortan glücklich mit seiner Frau und den Kindern in großem Reichtum.
Unsere Weisen sprachen: Nun dieser hier, der nur ein Gebot befolgte, so belohnt wurde, um wieviel mehr denn einer, der alle Gebote hütet. Darum heißt es: ›Er tut Gnade an Tausenden, die seine Gebote befolgen‹, und auch: ›Du sollst den Namen deines Gottes nicht mißbrauchen.‹

151. DEM GALGENTOD ENTRONNEN

Es gab einst einen Mann, der durch seine Frömmigkeit berühmt war, und dessen Ruf durch alle Lande ging. Man kam zu ihm, daß er für die Kranken bete und die Unfruchtbaren segne. Auch wurde ihm im Traume Antwort auf jede Frage, die er an den Himmel richtete, und von seinen Worten fiel keins auf die Erde.

Dieser fromme Mann war kinderlos. Als er eines Tages aus dem Bethause kam, fiel seine Frau ihm zu Füßen, fing an zu weinen und flehte ihn um Erbarmen an. Er sprach zu ihr: Schwester, warum weinst du? Sage es mir, und deine Bitte wird dir gewährt werden. Da erwiderte das Weib und sprach: Mein Herz ist voll Bitternis darüber, daß wir alt und betagt sind und bis jetzt ohne Kindersegen geblieben sind. Ich weiß, daß du für andre betest, wenn sie in Not sind, und daß du erhört wirst. Ist es aber in deiner Macht, andern zu helfen, warum betest du nicht für uns, daß wir mit einem Sohne gesegnet werden? Darauf antwortete der Fromme: Tochter, ist es der Wille des Herrn, uns mit einem Sohne zu bedenken, so kann ihn ja niemand daran hindern. Er kennt unsre Herzen; er tue, was ihm wohlgefällt. Das Weib aber ließ nicht ab von Flehen und Bitten und bedrängte ihn so lange, bis er nachgab und ihre Weisung zu erfüllen versprach. Er fragte sie: Wann hast du diesmal das Tauchbad einzunehmen? Sie antwortete: An dem und dem Tage. Da legte sich der Fromme ein Fasten auf, nahm ein Tauchbad und richtete an den Himmel die Bitte, ihn durch einen Traum aufzuklären. Da ward ihm folgender Bescheid: Du willst einen Sohn haben? So wisse denn, daß ihm beschieden ist, im Alter von dreizehn Jahren am Galgen zu sterben. Weil aber der Herr euch liebhat, will er euch dieses Leid nicht schauen lassen auf eure alten Tage. Des Morgens erzählte der fromme Mann der Gefährtin den Traum. Sie aber sagte: Ich will der Gnade teilhaftig werden, einen Sohn zu haben, und sei es um diesen Preis. Vielleicht, daß der Herr das Verhängnis abwendet, wenn wir seine Gebote befolgen und Gutes tun. In der Nacht darauf wiederholte der Fromme seine Bitte, und da erschien ihm der Engel, der über die Träume befohlen ist. Der fromme Mann sprach zu ihm: Wir wollen einen Sohn haben und dann Gott um Erbarmen bitten. Der Engel erwiderte: In dieser Nacht wird dein Weib empfangen und einen Sohn gebären. Und so war es auch.

Als die Zeit um war, gebar die Frau einen Knaben, und da ward die Stube voll Licht. Man brachte eine Amme von den Ebräerinnen, daß sie den Knaben säugte. Die Mutter aber streckte ihre Hand den Armen aus und ihre Rechte den Bedürftigen, und sie tat mehr Gutes denn je vor übergroßer Freude.

Und der Knabe ward groß und ward entwöhnt, und sein Vater ließ ihn von einem Lehrer unterweisen. Er war klug und scharfsinnig und begriff alles in kurzer Zeit. Bald kannte er sich in der Schrift und in der mündlichen Lehre aus, und auch seine Sitten waren wohlgefällig und ehrsam. Seine Eltern ließen ihn in ihrer Mitte schlafen; der Vater lag zu seiner Rechten, die Mutter zu seiner Linken, und Tag und Nacht ruhten ihre Augen auf ihm. Jedoch der Fromme war nimmer recht froh und wurde immer trübseliger, je älter er seinen Sohn werden sah, denn er dachte an das Ende, das ihm bevorstand.

Und nun kam die Zeit, da der Knabe zwölf Jahre alt ward. Eines Nachts mied der Schlaf die Lider beider Eltern, sie glaubten aber, daß ihr Sohn schliefe. Da stöhnte der Vater und seufzte laut. Sein Weib fragte: Was fehlt dir, Mann, daß du also stöhnst? Er erwiderte: Wie soll ich denn nicht stöhnen, wo ich meinen Sohn sehe, der in allem wohlgeraten ist und nun bald dem Galgentode verfallen

soll? Da fing auch die Mutter zu weinen an und vergoß Ströme von Tränen. Danach aber sprachen sie einander Trost zu, stärkten einander und vertrauten auf Gott.
Der Knabe aber hörte alles, was sie miteinander gesprochen hatten; er richtete sich im Bette auf und sagte: Ich habe eure Rede vernommen und erfahren, daß ihr um meinetwillen betrübt seid. Und er bedrängte sie so lange mit seinen Bitten, bis sie gezwungen waren, ihm alles zu bekennen. Danach sprachen sie zu ihm: Nun haben wir dir alles offenbart. Du aber bist ein Jüngling von klarem Verstande; nimm ihn zu Hilfe und überlege, was zu tun sei. Da sagte der Knabe: Ich will den Ort verändern, denn Wechsel des Ortes ist Wechsel des Glückes. Dieses gefiel seinem Vater gar wohl, und er sprach: So magst du nun nach der Stadt reisen, in der dein Oheim wohnt; ich will dir Zehrung für den Weg geben, denn du mußt dreimal Rast machen. Außerdem gebe ich dir drei Äpfel mit, die du jeweils mit dem zu teilen hast, der mit dir auf der Herberge sein wird. Siehst du, daß dein Genosse dir das Gute von der Frucht gibt und selber das Kerngehäuse ißt, so entferne dich bald von ihm. Findest du aber einen, der für sich das Gute nimmt und dir das Herz des Apfels überläßt, so freunde dich mit ihm an und laß ihn deinen Gefährten sein, bis du die Stadt deines Oheims erreicht hast. Der Knabe erwiderte und sprach: Ich werde in allem tun, wie du mir befohlen hast. Und er küßte seinen Eltern die Hände, und sie umarmten und küßten ihn und sprachen: Unser Herr sei mit dir und segne deinen Ausgang und deinen Eingang.
Also machte sich der Jüngling auf und zog seine Straße. In der ersten Herberge, in der er Rast machte, begegnete er einem fremden Manne. Diesem gab er den ersten Apfel, und der schälte ihn und bot dem Jünglinge die zerteilte Frucht und aß selbst die Schale und das Herz. Alsbald nahm der Knabe von ihm Abschied und ging allein weiter.

Des Abends kehrte er wieder in einer Herberge ein und fand dort abermals einen Mann, der ihm Vertrauen einflößte. Der Knabe gab ihm den zweiten Apfel, und der Fremde verfuhr mit der Frucht ebenso wie der erste. Da zog der Knabe eilends davon und setzte seine Wanderung allein fort. Bei Sonnenuntergang ging er zum dritten Mal in eine Herberge, und auch hier traf er einen Mann, den er sogleich liebgewann. Er gab ihm den dritten Apfel, den er bei sich hatte, und siehe da, der Mann aß, was an der Frucht genießbar ist, und gab dem Knaben die Schalen und das Herz. Da freute sich der Jüngling seiner und sprach zu ihm: Hab ich Gnade vor deinen Augen gefunden, so komm mit mir und begleite mich nach der Stadt Soundso, in der mein Oheim wohnt; denn meine Seele hängt an deiner Seele. Der fremde Mann erwiderte darauf: Auch ich habe ein Gefühl der Liebe für dich gefaßt, und ich werde bei dir bleiben, bis ich dich an das Ziel deiner Reise gebracht habe. Aber nur eins merke dir: du hast von meinen Befehlen keinen zu übertreten. Als der Knabe diese Worte vernahm, die von Herzen zu kommen schienen, offenbarte er ihm sein Geheimnis. Da erwiderte der Mann und sprach: Fürchte dich nicht und entsetze dich nicht; Gott wird dir beistehen und wird alles Böse von dir abwenden. Ich aber werde dich nicht verlassen.

Also gingen die beiden zusammen und kamen in der Stadt an. Der Begleiter des Jünglings ging voran in das Haus des Oheims und meldete die Ankunft des Brudersohnes. Da ging der Oheim dem Jüngling entgegen, umarmte und küßte ihn und machte ein großes Mahl zu seinen Ehren. Danach wies er ihm ein besonderes Häuschen in seinem Garten zu und ließ es ihm an nichts mangeln.

Da begab es sich in der Nacht, in der der Knabe das dreizehnte Jahr vollendet hatte, daß er beim Liegen im Bette seine Augen erhob, und siehe da, ein Strick hing von der

Decke herab und ward immer länger und länger. Angst und Entsetzen ergriffen den Jüngling, und er begann laut zu schreien. Der Strick aber senkte sich immer tiefer herab, umschlang den Hals des Knaben und zog ihn in die Höhe. Der Knabe schrie und rief um Hilfe, aber keine Stimme antwortete und hallte ihm entgegen. Doch plötzlich erblickte er den Fremden vor sich, der ihn in die Stadt gebracht hatte, und dieser sprach: Fürchte dich nicht und sei ohne Angst. Und er reckte seine Hand aus und durchschnitt den Strick in der Mitte; danach aber fing er den Knaben mit beiden Händen auf und legte ihn wieder auf die Bettstatt. Der so wundersam Errettete war ohnmächtig geworden und lag wie leblos da. Da erweckte ihn der alte Mann und rief ihn wieder ins Leben zurück und sprach zu ihm: Wisse, daß dir der Tod um der Lehre willen erlassen worden ist. Die Strafe war über dich verhängt worden, noch bevor du aus dem Mutterleibe gekommen warst. Die Lehre aber, der du dich beflissen hast, stand vor dem Stuhle der Herrlichkeit Gottes schwarz verhüllt da und bat um Erbarmen für dich. Sie hat erwirkt, daß das über dich gefällte Urteil aufgehoben wurde, und ich wurde zu dir entsandt, dich zu retten, denn ich bin der Prophet Elia. Und noch will ich dich wissen lassen, daß die Tochter deines Oheims die dir zugedachte Braut ist und du sie ehelichen wirst.
Und so geschah es auch.

152. DAS WEISE MÄDCHEN MIT DEM TIERGESICHT

Es wohnte einst ein frommer Richter in einer Stadt, der hatte einen einzigen Sohn, und dieser war weise und ward ein Kleinod unter den Jünglingen. Eines Tages stieg dem Sohn ein Gedanke auf, und er sagte seinem Vater, daß er willens sei, nach fernen Landen zu ziehen, um sich im Wissen zu vervollkommnen und andre Sitten kennen zu ler=

nen. Er drang in seinen Vater so lange, bis dieser einwilligte und ihn nach einer großen Stadt, wo viele Weise und Schriftgelehrte waren, gehen ließ. Er gab ihm Zehrung auf den Weg mit und sprach zu ihm: Zieh in Frieden! Danach umarmte er seinen Sohn und segnete ihn, worauf der Jüngling aufs Meer ging, denn sein Weg führte über Wasser.

So kam er in der großen Stadt an und erkundigte sich alsbald nach dem Hause des Lehrmeisters. Er ging dorthin und fand den Lehrer von seinen Schülern und Zuhörern umgeben und sie unterweisend. Der Jüngling grüßte sie ihrer Würde gemäß nacheinander und setzte sich zu ihnen, um mit ihnen zusammen dem Vortrage zu folgen. Die andern merkten sogleich, daß die Weisheit Gottes in dem Neuangekommenen wohnte und er schon in vielem Bescheid wußte. Da traf es sich, daß die Jünger alle bei einer schwierigen Stelle in der Schrift stehen blieben und den Sinn nicht erfassen konnten. Darüber kam die Zeit des Mittagmahles, und die Lernenden gingen auseinander, ein jeglicher in seine Herberge. Allein unser Jüngling blieb im Lehrhaus und forschte weiter in dem Buche, um das Unverständliche zu ergründen. Während er so den Abschnitt wiederholte und den Gegenstand immer von neuem durchnahm, um auf seinen Grund zu kommen, fiel ihm von oben ein Zettel herunter; er blickte hin, und siehe, darauf stand die richtige Deutung des Rätsels. Da freute sich der Jüngling sehr, denn er wähnte, die Lösung wäre ihm von Gott gekommen. Als seine Genossen zurückgekehrt waren, sprach er zu ihnen: Dankt dem Ewigen, denn er ist gütig. Mir ist ein Besonderes zuteil geworden, von den Höhen fiel ein Blatt zu mir herunter und klärte mich über den Abschnitt auf. Da lachten seine Freunde, als sie das vernahmen, denn sie wußten wohl, was es mit dem Zettel auf sich hatte und woher er gekommen war. Der Jüngling, der der Meinung

war, daß man ihm vom Himmel geantwortet hätte, empfand es schmerzlich, daß sie ihm nicht glauben wollten; die Gesellen aber lachten in einem fort. Da sprach er zu ihnen: Bei eurem Leben, deckt mir das Geheimnis auf und sagt mir, warum ihr meinen Worten nicht traut. Er bedrängte sie so lange, bis sie ihm diese Antwort gaben: Wisse, daß in dem Dachstübchen, das über dem Lehrhaus liegt, eine Tochter unseres Meisters sich aufhält; die ist sehr weise und alles Wissens kundig, und das ist so ihre Art, daß sie allemal, wenn wir in der Lehre auf Schwierigkeiten stoßen, einen Zettel herabwirft und unsere Augen erhellt.
Als der Jüngling das vernahm, staunte er ob dieser Nachricht und sprach bei sich: Kann es wohl ein Weib geben, dem die Wege der Schrift so offen stünden? Und die Gedanken trieben ihn dazu, um das Mädchen zu werben. Alsbald bat er seine Mitschüler, daß sie mit dem Lehrer sprächen und ihn darum angingen, ihm seine Tochter zum Weibe zu geben. Die Schüler erwiderten ihm: Rede in dieser Sache nicht mehr, denn das ist eines der Dinge, die verwehrt sind. In des Jünglings Herz hatte sich aber mit dem Augenblick, da er von der Weisheit des Mädchens Kunde bekommen hatte, die Liebe zu ihr eingeschlichen, und er bat immerzu und flehte die Jünger an, seinen Wunsch dem Meister vorzubringen. Seine Freunde versetzten darauf: Streite nicht mit uns darüber, sie geziemt dir nicht, der Herr weise dir ein besseres Los zu. Da sprach der Jüngling weiter: Sagt es mir doch, hat das Mädchen irgendeinen Fehl? Sie antworteten: Das werden wir dir nicht offenbaren; wir wollen nichts Böses über die Tochter unseres Lehrers aussagen. Er sprach: Und sei dem auch so, ich bin gewillt und gesonnen, sie zu ehelichen, denn mein Herz begehrt sie um ihrer Weisheit willen. Und er bedrängte seine Genossen dermaßen mit seinen Worten, daß sie sich genötigt sahen, dem Vater des Mädchens die Sache zu unter=

breiten. Sie erzählten ihm die Geschichte von Anfang an und sagten ihm, daß des Jünglings Seele an seiner Tochter hinge; zwar hätten sie ihm zu verstehen gegeben, daß sie nicht zu freien sei, er wolle sie aber dennoch von ganzem Herzen zur Frau nehmen. Und der Vater? Wie es ihn auch schmerzte, seine Tochter einem Manne zu geben – denn nun mußte ihr Gebrechen an den Tag kommen –, überließ er, als er von der großen Liebe des Jünglings erfuhr, seine Sorge dem Herrn und stimmte den Worten der Schüler zu, wenn auch unter Zwang und nicht aus freiem Willen. Der Jüngling aber freute sich, als er vernahm, daß das weise Mädchen sein Weib werden sollte.

Die Tochter des Lehrmeisters aber hörte und wußte von allem, was vor sich ging. Sie bereitete sich in aller Stille vor und heiligte sich durch Waschungen. Wie die Frist gekommen war, wurde die Trauung vollführt, jedoch nur im Beisein weniger Leute, ohne Jubel und Freudengesang, denn des Vaters und der Mutter Herz waren voll Trauer und Seufzens. Die Braut erschien, und ihr Gesicht war mit einem dichten Schleier verhüllt, der auch ihre halbe Gestalt verdeckte. Der Bräutigam aber dachte, dies sei des Landes Sitte, und legte dem Mädchen den Ring an nach dem Gesetze Moses und Israels; dann wurde die Eheurkunde unterzeichnet und verlesen.

In der Nacht, bevor der Verlobte ihre Kammer betreten hatte, stand die Jungfrau da und betete mit vielen Tränen vor dem allmächtigen Gott, daß er auf ihr Elend herniedersehe und sie Gnade und Gunst finden lasse vor den Augen ihres Bräutigams, des geliebten; daß dieser ihr die Eheschuld zollen möge und sich von ihr nicht abwende, wenn er ihr Antlitz gewahre. – Als darauf der Schüler in das Stübchen kam, zog er den Schleier, der die Braut bedeckte, weg, und siehe, das Angesicht des Mädchens glich dem eines Tieres! Da entsetzte sich der Jüngling und schnellte zurück wie ein Pfeil, der dem Bogen entsprungen ist. Das Mädchen aber sprach zu ihm: Ich flehe dich an, lade keine Blutschuld auf dich. Von dem Herrn ist es so bestimmt worden, und der Herr hat dich zu mir gesandt. Auch ist alles mit deinem Willen geschehen, und du hast es auf dich genommen, dich mit mir zu vermählen, wie mich mein Schöpfer, der da oben wohnt, auch gemacht hat. Darum bitte ich dich, daß du dich meiner erbarmst und deine Pflicht erfüllst; willst du mich sodann verlassen und von mir fortziehen, so will ich dich nicht zurückhalten, und du magst nach deinem Willen tun. Aber dies eine Mal überwinde dich und sei bei mir. – Und sie weinte und bat den Jüngling so lange, bis ihn das Mitleid mit dem Mädchen ergriff; er näherte sich ihr und ging zu ihr ein.

Wie er aber von dem Weibe scheiden sollte, hielt sie ihn fest und sprach: Noch eine Bitte habe ich an dich, und die mußt du mir gewähren. Da du nun von mir gehen willst, so laß mir ein Zeichen und ein Andenken aus deiner Hand, das mir, wenn ich schwanger würde, als Beweis diene, daß ich von dir empfangen habe. Der Jüngling fragte: Was soll ich dir geben? Das Mädchen antwortete: Gib mir deinen Siegelring, deinen Betmantel und dein Gebetbuch. Da gab ihr der Gatte diese drei Sachen, und er machte sich auf und zog wieder in seine Heimat, denn er mochte sich nicht mehr in jenem Lande aufhalten. Er kam zu seinem Vater und zu seiner Mutter zurück, doch sagte er ihnen nichts von dem, was ihm widerfahren war.

Nachdem drei Monate seit der Trennung des Schülers von der weisen Tochter des Meisters verflossen waren, wurde das Weib gewahr, daß der Herr ihrer gedacht hatte und sie schwanger hatte werden lassen. Als die Zeit erfüllt war, gebar sie einen Sohn und sah, daß er schön war, reizend von Aussehen und lieblich. Sie umfing ihn und küßte ihn und hüllte ihn in ihr Kleid; alsdann stieg sie hinunter, ging bis vor die Tür der Wohnung ihrer Eltern und legte das Kind daselbst nieder. Es war ihr aber bitter dabei zumute; man nannte sie eine Verstoßene; immer saß sie einsam in ihrem Kämmerlein, und kein Mensch kam zu ihr, nicht einmal ihr Vater und ihre Mutter, die nicht das Herz hatten, ihren Anblick zu ertragen; auch wurde sie von einer fremden Frau ernährt. – Als jetzt die alten Leute das Weinen und Wimmern des Kindes vernahmen, eilten sie herbei und hoben es auf. Sie schauten ihm ins Antlitz, und siehe, es leuchtete; da wurden sie voll großer Freude und sprachen: Gewaltig ist der Herr, und er sei herrlich gepriesen, daß er uns die Gnade nicht vorenthalten hat und uns ohne Nachkommen nicht hat gehen lassen. Dieser wird ein Trost unseres Alters sein. Und sie nahmen ihm eine Amme, und die säugte ihn.

Der Herr war mit dem Knaben und segnete ihn, und er wurde groß; man dang ihm einen Lehrer, daß er ihn unterweise, und der Junge war leicht von Begriff und klug und lernte schnell. Als er dreizehn Jahre alt ward, wurde er für wert befunden, gemeinschaftlich mit den Jüngern des Meisters an dem Studium teilzunehmen. Und er tat sich alsbald durch seinen Scharfsinn hervor. Eines Tages geriet er in Streit mit einem andern Knaben, der über ihn Neid empfand, und da rief jener: Du Sohn ohne Vater und Mutter, rede nicht und erheb dich nicht über mich! Als der Knabe diese Worte vernahm, schwieg er und antwortete nicht auf den Schimpf, aber der Zorn wallte in ihm auf, und er eilte zu den Alten, die ihm bis dahin als Vater und Mutter gegolten hatten. Er sprach zu ihnen: Groß ist meine Schmach; mir wurde heute gesagt, daß ich keinen Vater und keine Mutter habe, und ich wuchs bislang in dem Glauben auf, daß ihr meine Eltern seid; ich will nun, daß ihr mir die Wahrheit offenbart. Die alten Leute erwiderten ihm: Achte nicht der Worte eines Knaben, der in kindlichem Unver=

stand redet und aus Neid gegen dich dreist wird. Wir sind es, die du Vater und Mutter zu nennen hast; halte dich nicht für elternlos. Allein der Knabe schenkte ihnen keinen Glauben mehr, denn er verstand, daß jener Bursche ohne Grund solches nicht vorgebracht haben würde. Und so fuhr er täglich fort, mit den Alten darüber zu sprechen, bis sie ihm alles sagen mußten und ihm offenbarten, daß seine Mutter in diesem Hause lebe. Der Knabe säumte nicht und lief geschwind in die Kammer der Mutter.
Da die Einsame sein Kommen nicht ahnte, so hatte sie ihren Schleier nicht angelegt, und der Sohn fand ihr Gesicht aufgedeckt. Es schmerzte sie sehr, daß er ihre Häßlichkeit sah, und sie beeilte sich, ihr Antlitz zu verhüllen. Der Knabe aber sprach: Mutter, warum schämst du dich vor mir und wirst so scheu? Was betrübst du dich und bist so bange? Ich bin dein Sohn, deines Schoßes Kind; ich will dein Angesicht schauen, und sei es, wie es sei; ich habe dich lieb und schulde dir Ehrfurcht. Und er nahte ihr, zog ihr den Schleier vom Gesichte weg, umarmte und küßte sie. Ströme von Tränen rannen aus ihren Augen; sie fiel ihrem Kinde um den Hals und herzte und liebkoste es. Alsdann ließ sie ihren Dank dem Herrn zukommen, daß es ihr vergönnt war, ihren Sohn zu schauen, denn seit seiner Geburt hatte sie ihn nicht gesehen. So ergötzte sich das Weib an ihrer Leibesfrucht.
Danach blickte sich der Knabe in dem Stübchen um und sah einen Tisch voller Bücher und Schriften. Er fragte seine Mutter: Wer kommt denn hierher, um aus diesen Büchern zu lernen? Sie antwortete: Mein Sohn, kein Mensch besucht mich hier, und ich weile im Verborgenen; mich sieht keine Seele, und ich sehe nicht die Welt; von dem Tage an, da mein Verstand die Reife erlangte und ich mir meines angeborenen Fehls bewußt wurde, weihte ich meinen Sinn ganz der Lehre Gottes. Und das war mein Trost, daß mir

der Herr von seiner Weisheit zuerteilt hat; das ist nun mein Tun Tag und Nacht; das hat mich all die Jahre meine Not ertragen lassen. Da freute sich der Knabe über alle Maßen und sprach zu seiner Mutter: Wenn es so ist, so will ich von nun an mit dir weiterlernen. Und so war es auch. Mutter und Sohn saßen fortan bei der Lehre, und der Knabe sah, daß seine Mutter sich in allen Schriften wohl auskannte, voller Verstand und reich an Wissen war. Er sprach: Da ist das Teil, das mir vom Allmächtigen zugedacht war; ich brauche keinen Meister mehr aufzusuchen, denn meine Mutter übertrifft die Größten an Weisheit.

Bei alldem ward das Herz des Knaben nicht ruhig; er wollte über seine Herkunft Klarheit haben und erfahren, wer sein Vater gewesen sei. Als einige Monate vergangen waren, sprach er zu seiner Mutter: Eine Frage will ich an dich richten, gib mir eine deutliche Antwort darauf; laß mich wissen, wer mein Vater ist, und welches der Ort ist, wo er sich aufhält. So lange weile ich schon bei dir, und es war mir nicht beschieden, sein Angesicht zu sehen. Da erwiderte die Mutter und sprach: Mein Sohn, frage mich nicht darum, denn so du mich daran erinnerst, verfinstert sich mein Auge vor Gram. Der Knabe aber sprach: Dennoch flehe ich dich an, daß du mir gnädig seist und meinen Wunsch erfüllest. Und er bat so inständig und war so voller Liebreiz dabei, daß das Weib seinen Willen tun mußte und ihm die Geschichte mit seinem Vater von Anfang bis zu Ende erzählte; auch zeigte sie ihm die Eheurkunde.

Da freute sich der Knabe, über seine Abstammung Auskunft erhalten zu haben, und er sprach zu der Mutter: Als dein Gatte von dir schied, ließ er in deinen Händen nichts zurück? Sie antwortete: Ich habe mir von ihm seinen Siegelring, seinen Betmantel und sein Gebetbuch geben lassen. Der Knabe sprach: Du hast weise darin gehandelt, und nun ist es an mir, nach meinem Vater zu forschen und ihn zu dir zu bringen. Da versetzte die Mutter: Sprich nicht ein Wort, das zu hören mir nicht möglich ist; er ist weit, weit weg von hier, wer kann ihn finden? Auch wird er dein Bitten gar nicht hören wollen. Der Knabe aber sprach: Und sei dem auch so, ich muß zu ihm hin und muß meinen Vater kennen lernen. Und er stand auf, ging zu den Eltern seiner Mutter und bat sie, ihm Zehrung zu geben, da er sich auf den Weg machen wolle, seinen Vater zu suchen. Da sprachen die Alten: Wo willst du hin bei deinem zarten Alter? Willst du in die Fremde ziehen und uns alte Leute alleine lassen? Geht dir denn etwas ab? Ersetzen wir dir nicht einen Vater? Der Knabe neigte aber sein Ohr nicht ihrer Rede und sagte, er müsse seinen Vater sehen und wolle dann zu ihnen zurückkehren. Also mußten ihm die alten Leute nachgeben und versahen ihn mit allem. Der Knabe nahm den Ring, den Mantel und das Buch seines Vaters mit sich und begab sich auf den weiten Weg.

Und der Herr ließ seine Reise glücken und führte ihn auf dem richtigen Pfade zu dem erwählten Ziele. Der Knabe erreichte das Land und die Stadt, wo sein Vater wohnte, und kam des Morgens, zur Zeit des Frühgebetes, dort an. Er fragte nach der Wohnung des Oberhauptes der Gemeinde und begab sich dorthin zuallererst, um sein Gebet zu verrichten. Er hüllte sich in den Betmantel seines Vaters, schlug das Buch auf und begann zu beten. Er kam aber dem frommen Gesetzesmanne gegenüber zu stehen. Da erhob dieser seine Augen und sah einen Jüngling von unbekanntem Aussehen, der mit großer Andacht beim Beten war. Er schaute auf dessen Gebetkleid, und siehe, der Name seines eigenen Sohnes war auf den vier Enden des Gewandes gezeichnet. Er wunderte sich darüber, und seine Gedanken wurden verwirrt, als er im Geiste der Sache nachgehen wollte. Er war aber neugierig und voll Verlangens, zu erfahren, wieso das Kleid seines Sohnes zu dem frem=

den Knaben gekommen war. Als das Gebet zu Ende war, rief er den Jüngling, ihm alle Achtung erweisend, zu sich und sprach zu ihm: Wo kommst du her, mein Sohn? Der erwiderte: Ich bin aus der großen, durch ihre Weisen berühmten Stadt Soundso. Der fromme Gesetzesmann sprach weiter: Bei deinem Leben, sage mir, wie heißt du mit deinem Namen? Der Jüngling antwortete: Salomo wird dein Knecht genannt. Der Gesetzesmann sprach: Der Name aber, der auf deinem Buche steht und auf deinem Betmantel verzeichnet ist, lautet anders. Darauf versetzte der Knabe: Das ist der Name meines Herrn Vaters. Der Fromme fragte: Wo ist denn dein Vater? Der Jüngling entgegnete: Das weiß ich selber nicht, und zu diesem Zwecke bin ich hierhergekommen; ich will dich um Rat fragen, wie ich ihn auffinden könnte. Darob wurde der Gesetzesmann noch größeren Staunens voll. Er redete noch mit dem Jüngling, als er auf dessen rechter Hand den Siegelring bemerkte. Da fragte er: Und dieser Ring hier, was hat der zu bedeuten? Der Knabe antwortete: Auch der ist von meinem Vater; er hat ihn meiner Mutter als Andenken gelassen. Da sprach der Fromme in milder Weise: Mein Sohn, bleib hier noch einige Zeit; ich will ausschicken, deinen Vater zu suchen, denn es will mir gar scheinen, daß ein Mann dieses Namens sich in unserer Stadt befindet. Ich will ihn hierherbringen, daß du ihn sehest und erkennest, ob das nicht dein Vater ist. Gib mir aber deinen Ring, das Buch und den Mantel. Der Knabe reichte dem alten Manne die drei Gegenstände; nachher führte ihn der Fromme in einen andern Raum und ließ ihn dort allein.

Inzwischen kehrte der Sohn des Richters zurück, und der Vater fragte ihn: Mein Sohn, wo ist denn dein Siegelring hingekommen? Der Sohn antwortete: Vater, du fragst mich um ein Geschehnis, das so viele Jahre zurückliegt; auch habe ich es dir schon einmal gesagt, daß mir der Ring da=

mals auf der Heimreise abhanden gekommen ist. Da fragte der Vater: Und wo befindet sich dein Betgewand und dein Gebetbuch, die du mithattest? Der Sohn entgegnete: Du hast wohl heute einen Traum gehabt, daß du mich auf einmal mit diesen Dingen bedrängst; ich bitte dich, laß ab von mir. Da sprach der Vater: Warum verhehlst du vor mir die Wahrheit? Wie, wenn ich dir die Sachen alle bringe, was willst du da sagen? Und mit diesen Worten zog der alte Mann aus dem Busen die drei Beweisstücke hervor und sprach: Hier dein Gebetkleid, dein Buch und dein Ring. Darauf fand der Sohn keine Antwort und fragte: Wie ist das alles in deine Hände gelangt? Der Vater antwortete: Dein Sohn ist hier, um nach dir zu forschen, und der hat die Sachen mitgebracht. In diesem Augenblick wurde das Angesicht des jungen Mannes schwarz wie der Boden eines gebrauchten Topfes, und er sprach zu seinem Vater: Verzeih mir in deiner Güte. Der Vater erwiderte: Ich will dir vergeben. Darauf ließ er den Knaben holen und sprach zu ihm: Das hier ist dein Vater, dein Erzeuger, und ich bin deines Vaters Vater.

Als der Knabe das Angesicht seines Vaters erblickte, fiel er ihm um den Hals, umarmte und küßte ihn und weinte laut. Auch dem Manne flossen die Tränen wie Wasser, als er seinen Sohn so schön von Gesicht und Gestalt vor sich stehen sah. Es erquickte seine Seele, zu erkennen, daß sein Sproß ihm ähnelte. Auch der Vater und die Mutter des jungen Mannes freuten sich des Nachkommen, besonders als sie seiner Weisheit und Verstandesschärfe gewahr wurden und aus seiner feinen Gesittung sahen, daß er wohl würdig war, das Erbe seiner Väter weiter zu pflegen.

Wie einige Tage vergangen waren, sprach der Jüngling zu seinem Vater lieblich und flehentlich: Vater, ich muß heimkehren und muß dich meiner Frau Mutter zuführen, auf daß ihr von nun an beieinander bleibt, denn es schmerzt meine Seele, zu sehen, wie ein Mann von dem Weibe seiner Jugend getrennt ist. Sein Vater erwiderte und sprach: Das kann ich nicht tun, mein allerliebster Sohn; dadurch würde mein Schmerz nur noch größer werden. Bleib lieber hier, du sollst mein Trost sein. Der Sohn aber sprach: Verzeih mir, Vater, das kann ich nicht ertragen, daß ihr beide voneinander geschieden seid, sondern ihr müßt beisammen sein. Der Vater aber wollte den Willen des Sohnes nicht erfüllen, wie der ihn auch bat, und wie auch die Eltern des jungen Mannes ihn darum ermahnten. So machte sich der Knabe auf und begab sich auf den Heimweg, auf den Herrn sein Vertrauen setzend, daß der seinem Vorhaben doch noch Gelingen geben werde.

Da er aber inmitten des Weges war, wurden seine Gedanken trübe, als er überlegte, wie schwierig sein Unterfangen sei, wo das Aussehen seiner Mutter doch so gar sehr befremdlich war. Über diesem Sinnen wurde sein Herzeleid noch größer, und er brach in Tränen aus. Er betete zu Gott, daß der ihm Hilfe senden möge und ihn auf die richtige Bahn führe. Von dem vielen Weinen sank er aber erschöpft nieder, und es überfiel ihn der Schlaf.

In derselben Stunde gedachte daheim die Mutter des Knaben gleichfalls ihres Sohnes, der in die Ferne ausgezogen war, um seinen Vater zu suchen und ihn zu ihr zu bringen. Und sie wußte selber, daß das Übel allzu groß und keine Abhilfe möglich war. Darum seufzte sie schwer und richtete ihr Flehen an den Allerhöchsten, ihn mit tränennassen Wangen noch einmal um Erbarmen bittend. Da kam dieser beiden, der Mutter und des Sohnes, Rufen zu gleicher Zeit vor den Herrn, und die Quelle der Milde wurde aufgetan.* Gott schickte den Propheten Elia, seinem Andenken Preis, und der erschien dem Knaben im Traumgesicht. Er fragte ihn: Was ist dir, mein Sohn, daß du so trübselig und allein

* Wörtlich: Maß der Milde

dahinwandelst? Der Knabe erwiderte und sprach: Ich trauere um meinen Vater und um meine Mutter, die fern voneinander sind, und ich weiß nicht, was tun, um sie einander nahezubringen. Der Herr hat meiner Mutter ein gar seltsames Angesicht gegeben, und das hat den Schaden mit sich gebracht, daß mein Vater sie verlassen hat. Mir aber ist schlimm zumut, wenn ich sehe, wie meiner Mutter Seele voller Pein ist. Da antwortete Elia dem Knaben: Euer Geschrei ist bis zu dem Himmel gestiegen; nimm dieses Fläschchen hier, das voll reinen Wassers ist; wenn du zu deiner Mutter kommst, so wasche ihr Angesicht damit, sie wird dadurch geheilt und schön von Aussehen werden. Es darf sie aber außer dir niemand schauen, bevor ihr Mann sie nicht gesehen hat. Der Knabe erwachte von seinem Schlaf, und siehe, ein Fläschchen voll Wasser war in seiner Hand, und es war Wahrheit, nicht mehr Traum. Da ward er voll großer Freude und rief aus: Danket Gott, denn er ist gut, und seine Gnade währt ewiglich!

Als Salomo in seiner Stadt ankam, ging er alsbald in das Stübchen seiner Mutter, fiel ihr um den Hals, umarmte und küßte sie. Auch die Mutter verging bald vor Freude, denn sie war voll Sehnsucht nach ihrem geliebten Sohne gewesen. Er sprach: Mutter, weine nicht und gräme dich nicht; der Herr hat deinen Jammer gesehen, und ich hege das Vertrauen zu ihm, daß du dich deines Ehgemahls noch erfreuen wirst. Ich habe ihn gesucht und habe ihn gefunden, und nun wollen wir zu ihm gehen. Darauf sprach das Weib: Wie soll ich ihm begegnen, wo er mir feind ist und von hier weit fort ist? Der Knabe aber sprach: Gehorche mir, und Gott wird uns beistehen. Und er holte alsbald das wundersame Wasser, und sie wusch sich damit vom Kopfe bis zum Nabel. Alsdann sprach er: Lege dich jetzt hin und ruhe ein wenig; der Herr wird dich heilen. Da ging das Weib und legte sich schlafen. Als sie von ihrem

Schlafe erwachte, siehe, da war sie wie neugeschaffen und schön von Angesicht, wie der Mond in seiner Fülle. Sie aber erkannte ihre Wandlung noch nicht; allzulange hatte über ihr der Kummer gelagert. Und ihr Sohn sprach zu ihr: Mutter, nimm einen Spiegel und schaue hinein. Sie erwiderte: Mein Sohn, mein Herzblut, ich habe niemals in den Spiegel sehen mögen, um mein Leid nicht noch größer zu machen. Er aber sprach: Ich flehe dich an, dies eine Mal tu meinen Willen. Und er brachte einen Spiegel und hielt ihn ihr vor. Da sah sie ein liebliches Antlitz darin, weiß und rosenfarben. Sie sprach zu ihrem Sohne: Was hast du mit mir gemacht, mein Sohn? Er antwortete: Sei stille, Mutter, der Herr hat in seiner Gerechtigkeit auf dein Weh herniedergeschaut und hat unser Bitten erhört. In dieser Stunde tat das Weib ihren Mund auf und pries Gott für die Wunder, die er an ihr getan hatte.

Alsdann machte sich der Knabe Salomo auf und fing an, seine Mutter und deren Eltern zu bewegen, nach der Stadt seines Vaters zu reisen. Nach vielem Bemühen gelang ihm auch das; sie zogen dorthin mit ihrer ganzen Habe und kamen wohlbehalten in jener Stadt an. Schwer fiel es dem Vater Salomos, dem Weibe zu nahen, aber der Sohn führte ihn zu ihr. Der Ehemann erhob seine Augen, und siehe, ein ganz anderes Wesen stand vor ihm da, ein Weib, schön von Aussehen. Da staunte er und sprach: Ist das die Frau, die ich verschmäht habe? Sein Sohn antwortete darauf: Das ist dein Weib; sie ist meine Mutter, und du bist mein Vater, und hier ist die Urkunde über eure Ehe. Und Salomo erzählte seinem Vater die ganze Geschichte; er erzählte, wie das Leiden der Mutter von dem Herrn gesehen worden war, wie Gott ihr Gebet erhört und den Propheten Elia zu ihr gesandt hatte, daß er sie heile. Da ward der Vater Salomos voll großer Freude; er fiel seiner Gemahlin um den Hals, umarmte und küßte sie; sein Herz ward ganz

umgewandelt, und Liebe zu ihr entbrannte in seinem Busen.
Danach kamen die Eltern des jungen Mannes, um ihre Schnur zu schauen, und auch sie frohlockten, als sie ein Weib sahen, das weise und lieblich und voller Tugend war. Wie sie nun vollends von dem Wundersamen hörten, das der Herr an dem Weibe vollbracht hatte, ließen sie freudig ihr Lob erschallen vor dem, der allein große Wunder tut, und der in seiner Gnade Israel nicht verläßt.
Bald wurde von neuem Hochzeit gefeiert mit Jauchzen und Gesang, und die Neuvermählten blieben mit den Eltern des jungen Weibes in der Stadt des junges Mannes wohnen; sie lebten daselbst in Ruhe und in Frieden.
Also möge der Herr auch uns seine Zeichen sehen lassen und möge die Zerstreuten nach Jerusalem bringen.

153. DIHON UND DIE TOCHTER DES ASMODÄUS

Es war einmal ein Handelsmann, der hieß Salmon; der hatte einen einzigen Sohn, namens Dihon, und diesen ließ er in der Heiligen Schrift und in den Büchern des Talmuds unterweisen. Auch gab er ihm ein Weib, und Dihon zeugte noch bei Lebzeiten seines Vaters Kinder. Als aber der Todestag des alten Handelsherrn kam, rief er die Ältesten seiner Stadt zusammen und sprach: Wißt, daß ich große Güter besitze; meiner Frau schulde ich laut Heiratsurkunde vierhundert Dinare Silber, das übrige soll meines Sohnes sein, wenn er das Gebot befolgt, das ich ihm in eurem Beisein eröffnen will. Wo er aber meine Worte nicht befolgt, so weihe ich allen meinen Besitz dem Himmel, und mein Erbe erhält davon nichts. Alsbald rief der Vater seinen Sohn zu sich und tat ihm seinen Befehl vor den Augen der Ältesten kund. Er sprach zu ihm: Mein Sohn, du weißt, daß ich all mein Vermögen auf Seereisen erworben habe; viel Gefah=

ren und unglückliche Zufälle haben mir oft dabei gedroht; also bitte ich dich, dich der Unbill des Meeres des Erwerbes wegen nicht auszusetzen, denn ich hinterlasse dir großen Reichtum, an dem du, wenn du auch nichts hinzuverdienst, mit deinen Kindern dein Lebelang genug haben wirst. Da schwur Dihon, seinem Vater zu gehorchen. Nach einiger Zeit verschied der alte Kaufherr und kam nach der ewigen Wohnstätte. Der Sohn blieb im Hause und befolgte den Willen seines Vaters.

Wie aber ein Jahr vergangen war, kam in dem Hafen jener Stadt ein Schiff an, das mit Gold, Silber und Perlen beladen war. Als die Seemänner das Land betraten, fragten sie nach dem reichen Kaufmann und ob er noch am Leben wäre. Die Leute in der Stadt antworteten: Er ist bereits tot, er hat aber einen Sohn hinterlassen, der gleichfalls reich und sehr gelehrt ist. Da sprachen die Schiffer: Bringt ihn zu uns her, oder sagt uns, wo er wohnt. Die Ortsansässigen zeigten den Fremden das Haus Dihons. Bei dem jungen Manne angelangt, boten die Schiffsleute ihm den Friedensgruß und fragten: Bist du der Sohn jenes großen Kaufherrn, der über das Meer zu ziehen pflegte und dessen Waren bis bald an der Welten Ende gelangten? Dihon antwortete: Ich bin es wohl. Da sprachen die Männer: Wenn dem so ist, so sage an, was hat dein Vater, der jenseits des Meeres Schätze und Güter besessen hat, darüber vor seinem Tode verfügt? Dihon entgegnete: Er hat in seinen letzten Bestimmungen nichts von diesem Vermögen erwähnt und hat mich nur beschworen, nie zu Schiffe zu gehen. Darauf meinten die Schiffer: Wenn das zutrifft, daß dein Vater dir von dem, was ihm ferne von hier an Habe gehört, nichts offenbart hat, so war er nicht bei klarem Verstande, denn wisse, das ganze Schiff, auf dem wir gekommen sind, ist voller Gold, Silber und Perlen und ist Eigentum deines Vaters, das er bei uns niedergelegt hat. Wenn nun auch dein Vater tot ist, so wollen wir sein Gut dennoch nicht veruntreuen, wiewohl er darüber nichts bestimmt hat; denn wir sind ehrliche Leute und fürchten Gott. Komm nun mit deinen Dienern und nimm alles, was auf dem Schiffe ist, denn es ist dein. Als das Dihon vernahm, freute er sich, ging mit den Seemännern, holte den Reichtum und nahm die Schiffer in seinem Hause auf; diese verlebten bei ihm mehrere Tage in Freude und Genuß.

Eines Tages sprachen die Seemänner zu Dihon: Wir kannten deinen Vater als einen weisen und verständigen Mann; darum will es uns scheinen, als ob er nicht mehr bei vollem Bewußtsein gewesen ist, als er dir jenen Eid abnahm. So höre denn auf unsern Rat: laß dir die Genehmigung der Ältesten deiner Stadt geben und reise mit uns; wir kaufen hier Waren ein, die in unserm Lande benötigt werden, und du wirst daran viel Geld verdienen. Dihon entgegnete: Ich habe meinem Vater geschworen, nie ein Schiff zu besteigen, und will den Schwur nicht brechen. Die Schiffsleute sprachen darauf: Sollte er dich mehr geliebt haben als seinen eigenen Leib, den er doch so vielmal Gefahren ausgesetzt hat? Was du sagst, kann nicht stimmen; er war damals sicher nicht bei Verstande, deshalb ist sein Verbot nichtig, und du tust gut, dich von dem Eide zu entbinden auf Grund dieses Einwandes.

Kurz, die Seemänner bedrängten den Sohn Salmons so lange mit ihren Worten, bis sie ihn von seiner Meinung abbrachten und er darauf einging, mit ihnen zu fahren. Er bestieg mit den Fremden das Schiff, und sie stießen ab. Als sie aber auf offener See waren, ließ der Herr dafür, daß Dihon das Gebot seines Vaters verletzt hatte, einen heftigen Sturm kommen, das Schiff wurde zertrümmert, und die Insassen ertranken.

Allein der Fürst des Meeres, der Geist, der das Wasser beherrscht, warf, auf Gottes Geheiß, den Dihon nackend und bloß an eine ferne Insel, an einen Ort, wo keine menschliche Behausung war, auf daß er bei Lebzeiten die Strafe für seine Sünden verbüße. Als Dihon sich unbekleidet auf dem Festlande sah, begriff er, daß der Herr ihm grollte, und daß der Tag seines Unglücks gekommen war. Er erhob seine Augen gen Himmel und nahm das Urteil schuldbewußt hin. Danach ging er das Ufer des Meeres entlang, in der Hoffnung, einen bewohnten Ort oder Nahrung und Kleidung zu finden. Wie er so einen ganzen Tag gewandelt war, sah er einen Baum, dessen Zweige über das Meeresufer hinaushingen. Er dachte bei sich: Diesen Baum können womöglich Menschen gepflanzt haben. Und er wollte seine Wurzeln auffinden. Darüber wurde es aber dunkel, und er konnte nichts sehen. Da er nun nichts zu essen gefunden hatte, bedeckte er sich mit den Blättern des Baumes, um vor der Kälte der Nacht geschützt zu sein. Als es Mitternacht wurde, hörte Dihon einen Löwen brüllen und sah, daß der sich ihm näherte, um ihn zu fressen. Da empfand er große Angst um sein Leben und fing an vor Gott zu beten, daß der ihn rette, mit ihm Langmut übe und ihn nicht eines grausigen Todes sterben lasse. Und er ergriff die Zweige des Baumes und kletterte an dessen Ästen hinauf. Der Löwe kam und fand den Menschen nicht; so kehrte er um. Dihon aber sandte seinen Dank zum Herrn empor, daß er ihn dem bösen Tier hatte entkommen lassen.

Danach suchte er auf dem Baume, ob er darauf nicht etwas zu essen fände, denn er war sehr hungrig. Da gewahrte er auf einmal einen großen Uhu; als dieser aber den Menschen erblickte, sperrte er seinen Schnabel auf, um ihn zu verzehren. Im ersten Augenblick wollte Dihon fliehen, der Herr gab ihm aber einen weisen Einfall ein; er schwang sich auf den Rücken des Vogels und saß nunmehr rittlings auf ihm. Da fiel die Furcht vor dem Reiter auf den Vogel, und er rührte sich nicht von der Stelle die ganze Nacht.

Dihon war gleichfalls voller Furcht und hielt sich an den Federn des Vogels fest. Als der Morgenstern aufging, blickte sich der Uhu nach seinem Reiter um, und seine Scheu wurde noch größer. Voll Zorn flog er mit ihm davon, überflog das Meer und brachte ihn in ein Land, das an die Grenzen der Welt streifte.

Als es Abend wurde, schwebte der Vogel über einer Gegend nahe der Erdoberfläche, und Dihon hörte auf einmal Knabenstimmen aus der Schrift die Stelle lesen: ›So du einen ebräischen Knecht kaufst.‹* Da dachte er: Gewißlich wohnen in diesem Reiche Judäer; ich will mich hier hinunterstürzen; wo sie sich meiner aber nicht erbarmen, so will ich mich ihnen als ebräischer Knecht verdingen. Und er sprang hinab und fiel vor den Toren des Bethauses jener Stadt nieder. Erst konnte er sich nicht aufrichten, denn er war wie benommen vom Fall und schwach vor Hunger; danach erhob er sich, kam bis an die Tür des Hauses, fand diese aber verschlossen. Da rief er laut: ›Öffnet mir die Pforten der Gerechtigkeit!‹ Darauf kam ein Knabe heraus und sprach: Wer bist du? Dihon antwortete: Ich bin ein Ebräer und fürchte den wahren Gott. Der Knabe sagte das seinem Lehrer, und dieser befahl, den Fremden einzulassen. So zeigte sich Dihon nackend, wie er war, dem Meister und erzählte ihm, was ihm widerfahren war, von Anfang bis zu Ende, sowie alles Leid, das er ausgestanden hatte. Darauf antwortete der Lehrer: Was du erlitten hast, ist nichts im Vergleich mit dem, was du noch hier erleiden wirst. Da sagte Dihon: Warum spricht der Herr so zu mir? Der Lehrer versetzte: Weil diese Stadt nicht von Menschen bewohnt wird, sondern Teufel und Teufelinnen zu ihren Bürgern hat. Als das Dihon vernahm, erschrak er überaus, fiel dem Lehrmeister zu Füßen, weinte und bat, ihm einen Rat zu geben, daß ihn die bösen Geister nicht töteten. Da

* 2. Buch Mose 21, 2

übermannte den Lehrer das Mitleid, und er brachte den Mann in sein Haus, gab ihm zu essen und zu trinken und ließ ihn bei sich schlafen; so kamen die Dämonen in dieser Nacht an ihn nicht heran.
In der Frühe sprach der Lehrer zu seinem Gast: Komm mit mir ins Bethaus und bleib unter meiner Hut; rede nicht, bis ich in deiner Sache das Wort ergriffen habe. Und sie gingen hin. Dihon nahm Donner und Blitze wie ein gewaltiges Beben wahr, und die Geister kamen gleich Feuerfackeln hergefahren; er stand da und zitterte, und vor Schreck und Furcht vergingen ihm schier die Sinne. Danach begannen die Dämonen das Morgengebet herzusagen. Und ein Geist, der neben dem Lehrer stand, flüsterte seinem Nachbarn zu: Ich spüre hier Menschengeruch. Alsbald sprach es sich im ganzen Bethause herum: Ein Mensch steht dem Meister zur Seite. Die Teufel zollten aber ihrem Oberhaupt Ehrfurcht und kamen dem Fremdling nicht nahe, weil er von diesem beschützt wurde. Als der Lehrer sah, daß die Geister die Anwesenheit des Mannes bemerkt hatten, wartete er den ersten Gesang ab und sprach zum Vorbeter: Halt ein, bis ich meine Worte geredet habe. Die Dämonen antworteten: Sprich zu deinen Knechten, wir wollen es hören. Da sagte der Meister: Ich fordere von euch, daß ihr dem Menschen hier keinen Schaden tut, denn er hat sich in meinen Schutz begeben. Die Geister sagten: Was soll aber ein vom Weibe Geborener unter uns? Wer hat ihn hierhergebracht? Darauf erzählte ihnen der Lehrer alles, was mit dem Ankömmling geschehen war. Da sprachen die Teufel: Wie soll aber einer am Leben bleiben, der das Gebot seines Vaters übertreten und einen Eid geringgeachtet hat? Nicht anders, er ist des Todes! Der Lehrer antwortete: Der hat seine Strafe bereits gebüßt durch das viele Unglück, das er erfahren hat. Auch ist er in der Schrift wohlbewandert, und so ist es billig, daß er deswegen ver=

schont bleibe. Hätte er den Tod verdient, der Herr hätte ihn nicht vom Wasser, vom Löwen und vom Raubvogel gerettet. Und der Lehrer sprach weiter: Es ist nicht schicklich, daß ihr ihn anders tötet als nach einem Gericht. So hört denn auf meinen Rat: der Vorsänger rufe aus, daß keiner vor Vollendung des Gebetes diesem Manne ein Leid zufüge; danach wollen wir ihn vor den König Asmodäus führen, und der König entscheide, ob der Fremde leben oder sterben soll. Da erwiderten die Geister: Du hast wohl gesprochen. Und sie taten dem Vorbeter den Beschluß kund.

Nachdem das Gebet vollendet worden war, führten sie Dihon vor Asmodäus, den Dämonenkönig, und sprachen zu ihm: Unser Herr und König, dieser Mann ist in unsere Mitte geraten, und das und das ist seine Geschichte. Wir wollen ihn nicht töten, als bis du ihn gerichtet hast. Da fragte Asmodäus den Menschensohn, ob er sich in der Schrift Moses auskenne. Er prüfte den Dihon wohl und fand ihn allseitig gelehrt. Darauf sagte der König: Ich sehe, daß du weise bist, auch hast du Gnade vor meinen Augen gefunden; versprich mir, daß du meinen Sohn in dem, was du weißt, unterweisen wirst, und ich will dich befreien. Das versprach Dihon zu tun. Da lehrte ihn Asmodäus, wie er sich zu verteidigen habe, und als Dihon diese Rechtfertigung vor den Richtern vorbrachte, sprachen sie ihn frei. Alsdann führte ihn Asmodäus in sein Haus und wies ihm seinen Sohn zu, daß er ihn lehre. Wie drei Jahre vergangen waren, hatte Dihon dem Sohne Asmodäus' sein ganzes Wissen beigebracht.

Da begab es sich, daß ein Reich sich wider Asmodäus auflehnte und er seine Heere sammeln mußte, um jenes Land zu bezwingen. So setzte er Dihon über sein Haus, gab ihm alle Schlüssel von seinen Schätzen und schärfte seinen Leuten ein, nichts zu tun, was der Mann ihnen nicht befohlen haben würde. Danach zeigte Asmodäus Dihon alle seine

Schatzkammern, und so kamen sie auch bis vor die Tür eines Hauses, zu der es keinen Schlüssel gab. Asmodäus sprach: Du hast überall Zutritt, nur nicht hier hinein. Und er zog gegen die Aufrührerischen aus.
Eines Tages ging Dihon an der Tür jenes Hauses vorbei und sprach bei sich: Was mögen wohl diese Gemächer bergen, daß ich sie allein nicht betreten darf? Und er kam nahe heran, horchte auf, und alsbald ging eine Tür auf, und er sah die Tochter des Asmodäus auf einem goldenen Stuhle sitzen; viele Jungfrauen tanzten und spielten vor ihr. Sie war überaus schön von Gesicht und Gestalt. Als die Prinzessin den Menschen erblickte, sprach sie zu ihm: Komm herein. Dihon ging hinein und blieb vor dem Throne stehen. Da sprach die Königstochter: Törichter Mann, wieso mißachtest du das Verbot des Königs Asmodäus? Wisse, daß du heute des Todes bist. Mein Vater weiß bereits, daß du hier eingedrungen bist, und er kommt mit gezücktem Schwerte, um dich zu töten. Als das Dihon vernahm, fiel er der Jungfrau zu Füßen und bat sie, ihn zu retten, weil er nichts Böses im Sinne gehabt hatte. Da sprach sie: Deine Demut soll dich retten; wenn der König kommt und dich fragt, weswegen du diesen Raum betreten habest, so antworte ihm: Mein Herr, ich habe das nur deshalb zu tun gewagt, weil ich deine Tochter liebe und dich bitten will, sie mir zum Weibe zu geben. Ich weiß aber, daß er deiner Bitte Gehör schenken wird, denn von dem Tage, da du zu uns gekommen bist, hat er sein Auge auf dich gerichtet und will mich dir vermählen, weil du der Schrift kundig bist; es ist aber für einen König nicht schicklich, daß er zuerst einem etwas antrage.
Wie Dihon dies hörte, freute er sich in seinem Herzen. Er wollte gerade das Haus verlassen, als Asmodäus mit entblößtem Schwerte erschien und rief: Warum hast du meinem Verbote zuwidergehandelt? Nun ist der Tag der Ver=

geltung gekommen. Darauf sagte Dihon: Mein Herr und König, allein aus übergroßer Liebe zu deiner Tochter habe ich das getan; ich bitte dich, gib sie mir zum Weibe, denn sie gefällt meinen Augen gar sehr. Asmodäus sprach: Ich will sie dir gerne geben, warte aber, bis ich den Krieg beendet habe. Und er kehrte zurück, nahm das Land ein und zerstörte es. Danach sprach er zu seinem Heere: Kommt mit mir zur Hochzeit meiner Tochter, ich gebe sie einem verständigen und gelehrten Manne. Die Krieger trieben alles Vieh und Geflügel, das auf dem Felde war, zusammen und brachten es mit auf das Fest. Asmodäus gab dem Gefährten seiner Tochter unermeßlich viel Gold; man schrieb die Eheurkunde nieder, der Bräutigam setzte darunter sein Siegel, und die Großen des Landes unterschrieben sie gleichfalls. Danach bereitete Asmodäus ein Mahl, wie es eines Königs würdig war.

Als es Nacht wurde, übergab der König seine Tochter ihrem Gemahl, wie es in aller Welt Brauch ist, und sie betraten beide das Gemach. Da sprach die Tochter Asmodäus' zu dem Menschen Dihon: Denke nicht von mir, ich sei bloß Geist, denn ich bin in allem wie ein Weib beschaffen. Hüte dich aber zu mir einzugehen, wenn du keinen Gefallen an mir findest. Dihon erwiderte: Ich liebe dich wie meinen Augapfel und werde dich nie verlassen. Darauf sprach die Königstochter: Schwöre es mir. Da leistete Dihon dem Geisterweibe den Schwur. Danach ging er zu ihr ein, und sie gebar von ihm einen Sohn. Dihon beschnitt ihn nach acht Tagen, wie das Gesetz befiehlt, und nannte ihn Salomo, dem König Salomo zu Ehren.

So vergingen zwei Jahre. Eines Tages saß Dihon da und scherzte mit seinem Sohne, und seine Frau, die Tochter des Asmodäus, war dabei. Da stieß Dihon auf einmal einen Seufzer aus. Darauf fragte ihn das Weib: Warum seufzest du? Er antwortete: Ich gedenke meiner Kinder, die ich zurückgelassen habe, und ihrer Mutter, die daheim geblieben ist. Die Königstochter sprach: Bin ich dir denn nicht recht, oder geht dir etwas ab? Dihon gab zur Antwort: Mir fehlt nichts, allein, wenn ich meinen Sohn Salomo sehe, gedenke ich meiner andern Kinder. Die Geisterfrau sprach: Habe ich dir damals, in der Brautnacht, nicht gesagt, daß, wenn die Liebe zu mir dein Herz nicht ausfüllt, du mich nicht ehelichen sollest? Und nun sehnst du dich zurück nach deiner früheren Frau; rede nicht mehr in dieser Weise. Er entgegnete: Ich will mich dessen enthalten. Nach einigen Tagen jedoch fing Dihon wieder zu seufzen an. Da sprach die Königstochter: Wie lange willst du noch um deine Frau und Kinder bangen? Weil es aber so um dich bestellt ist, will ich dich zu ihnen gehen lassen. Sage nur, wann du es tun willst, und wann du zurückzukehren gedenkst. Darauf erwiderte er: Bestimme du selber die Zeit. Da sprach die Dämonin: Ich gebe dir ein Jahr Frist, fahre hin und komm wieder zurück. Dihon stimmte dem bei und schwur ihr, zurückzukommen.

Darauf lud die Tochter des Asmodäus ihre Diener ein und bereitete ihnen ein großes Gelage. Nachdem sie gegessen und getrunken hatten, sprach sie zu ihnen: Meine Getreuen! Mein Gemahl will seine erste Frau und seine Kinder wiedersehen, die in dem und dem Orte wohnen. Wer von euch fühlt in sich die Kraft, ihn dorthin zu bringen? Da antwortete einer: Ich schaffe es in zwanzig Jahren. Ein anderer sagte: Ich vollbringe es in zehn Jahren. Ein dritter rief: Ich in einem Jahre. Am untern Ende des Tisches saß ein Diener, der auf einem Auge blind war und einen Höker hatte, und dieser sprach: Ich will ihn im Laufe eines einzigen Tages in seine Heimat bringen. Da sprach die Königstochter: Dich will ich erwählen; hüte dich aber, daß du meinem Gemahl kein Leid zufügst, und trage ihn sanft. Der Diener antwortete: Ich will nach deinen Worten tun.

Ihrem Manne aber flüsterte die Dämonin heimlich zu: Sieh dich vor und kränke deinen Begleiter nicht, denn er ist zornwütig. Dihon versprach ihr, den Diener nicht zu erzürnen. Darauf sagte das Weib: Zieh in Frieden, gedenke aber deines Schwures.

Da nahm der Einäugige Dihon auf die Schulter, brachte ihn am selben Tage bis vor seine Stadt und setzte ihn an einer Brücke unversehrt ab. Als der Morgen zu dämmern anfing, nahm der Dämon menschliche Gestalt an, und beide begaben sich in die Stadt. Da begegneten sie einem Heiden, der ein Bekannter Dihons war, und dieser sprach: Bist du nicht der und der Mann, der eine weite Reise unternommen hat und dessen Schiff untergegangen ist? Dihon antwortete: Ich bin derselbige. Da sprach jener: Ich will schnell vorangehen und deiner Frau die Nachricht überbringen; sie sitzt da wie eine Witwe schon seit langer Zeit. Und er lief voran und sagte in der Stadt die freudige Botschaft an. Da eilten die Verwandten und Freunde Dihons ihm mit großer Freude entgegen und fragten ihn nach allem, was ihm seit seiner Abreise begegnet war. Er gab darauf getreulich Antwort. Alsdann kam er mit seinem Begleiter in das Haus und küßte vor ihm seine Frau und die Kinder. Bald darauf gab Dihon ein Fest allen denen, die er lieb hatte, und die ihm nahe waren. Nachdem die Gäste gegessen und getrunken hatten, fragte Dihon den Geist, der mit ihm gekommen war: Warum bist du auf einem Auge blind? Der Knecht erwiderte: Warum läßt du das Angesicht deines Nächsten in andrer Gegenwart erbleichen? Dihon aber fuhr fort ihn zu ärgern und fragte: Wie kommt es, daß du bucklig bist? Der Dämon antwortete: ›Wie der Hund zu seinem Mist, so kehrt der Narr zu seiner Narrheit wieder.‹ — Darauf sprach Dihon zu seinen Hausgenossen: Gebt dem Manne hier zu trinken. Der Geist aber versetzte: Ich nehme nichts zu mir von dem, was dein ist. Heiße den

Tischsegen sprechen, und ich will nach unsern Wohnstätten zurückkehren.
Nachdem das Tischgebet zu Ende war, sprach der Dämon zu Dihon: Was befiehlst du, daß ich deiner Gemahlin bestelle? Dihon antwortete: Richte ihr aus, daß ich nie zu ihr zurückkehren werde; sie ist nicht mein Weib, und ich bin nicht ihr Mann. Darauf sagte der Geist: Sprich nicht so und fehle nicht gegen den Eid, den du geschworen hast. Dihon erwiderte: Ich kümmere mich nicht um diesen Schwur. Und er rief seine erste Frau herbei, umarmte und küßte sie abermals in Gegenwart des Dämons und sprach: Diese hier ist mein Weib, denn sie ist ein menschliches Wesen, und ich, ihr Mann, bin gleichfalls ein Menschenkind. Deine Herrin aber ist ein Geist. Als das der Dämon sah, zog er von dannen und kam zu der Tochter des Asmodäus voller Wut zurück. Wie ihn diese erblickte, fragte sie: Was sagt mein Herr und Gemahl? Der Bote antwortete: Du fragst nach einem, der dich nicht lieb hat und dich verwirft. Er erklärte, er wolle nie wiederkommen. Und der Geist erzählte der Prinzessin von allem, was er in der Menschenstadt gesehen und gehört hatte. Die Königstochter beschloß dennoch, die Zeit, für die sie Dihon freigegeben hatte, abzuwarten. Als das Jahr um war, rief sie denselben Knecht und sprach zu ihm: Geh und hole mir meinen Herrn und Gemahl. Der Knecht antwortete: Ich sagte es dir schon, daß er zu dir niemals zurückkehren will. Die Prinzessin aber sagte: Als mein Herr jene Worte sprach, war die Frist noch nicht abgelaufen, die er fernbleiben durfte; nun geh aber und sage ihm, er möge zurückkehren. Also ging der Geist in ihrem Auftrage und erschien alsbald vor Dihon. Er sprach zu ihm: Die Tochter des Asmodäus entbietet dir den Friedensgruß und bittet dich heimzukehren. Dihon antwortete dem Boten: Sage deiner Herrin, daß ich ihren Gruß verschmähe und nicht zu ihr zurückkommen werde.

Als der Einäugige das vernahm, kehrte er zu seiner Gebieterin zurück und gab ihr die Worte Dihons wieder. – Da schickte die Königstochter andere, angesehenere Boten, als der erste war, denn sie dachte, der vorige wäre Dihon zu gering gewesen. Die Boten kamen vor Dihon und warnten ihn davor, noch künftighin halsstarrig zu sein. Er aber gab ihnen zur Antwort: Redet nicht unnötig, ich kehre in Ewigkeit zu der Tochter eures Königs nicht zurück. Also machten auch diese Boten Kehrt und sagten ihrer Herrin, daß sie ferner niemand mehr hinschicken sollte, denn ihr Gemahl, Dihon, hege keine Liebe mehr für sie und sei ihrer überdrüssig.
Da die Königstochter das hörte, ging sie zu ihrem Vater Asmodäus, erzählte ihm von allem, was ihr mit Dihon widerfahren war, und fragte ihn um Rat. Asmodäus entgegnete seiner Tochter: Ich will meine Heere sammeln und gegen diesen Mann ausziehen; kommt er mit, so ist es gut, wo nicht, so will ich ihn und alle Einwohner seiner Stadt erschlagen. Darauf sprach die Tochter: Das sei ferne von dir, mein Herr, daß du wider deinen Eidam zögest. Wähle lieber einige von deinen Dienern, die dir zusagen, und laß sie mit mir gehen. Ich will mich zu meinem Manne begeben; vielleicht bringt er mir Achtung entgegen und kehrt mit mir heim.
Nunmehr gab Asmodäus der Tochter seine Streiter mit, und diese begleiteten sie in das Land, wo Dihon, der Menschensohn, wohnte. Auch der Knabe Salomo wurde mitgeführt. Als die Schar vor den Toren der Stadt eintraf, war es Nacht. Die Krieger wollten gleich in die Siedlung eindringen, um die Menschen darin zu töten. Die Königstochter hielt sie aber zurück und sprach zu ihnen: Jetzt ists Nacht, und die Menschen ruhen alle. Ihr wißt doch, daß sie, bevor sie schlafen gehen, ihre Seelen dem Herrn empfehlen, und so können wir ihnen kein Leid tun, denn sie sind in Gottes Hand. Wir wollen bis zum Morgen warten;

in der Frühe kommen wir in die Stadt. Finden wir die Einwohnerschaft nachgiebig, so ist es gut; wenn nicht, so wissen wir, was wir zu tun haben. Da erwiderten die Geister: Herrin, tu was du für gut erachtest.

Alsdann sprach die Tochter des Asmodäus zu ihrem Sohne: Mein Sohn, geh zu deinem Vater und sage ihm, daß ich seinetwegen hierhergereist sei; er möge seinen Schwur nicht brechen und zu mir zurückkehren. Da ging der Knabe und fand seinen Vater im Bette schlafend. Er weckte ihn, und Dihon stand zitternd auf und sprach: Wer bist du, daß du mich aus dem Schlafe zerrst? Der Knabe antwortete: Ich bin dein Sohn Salomo, der dir von der Tochter des Königs Asmodäus geboren worden ist. Als Dihon das hörte, richtete er sich auf, umarmte und küßte seinen Sohn und sprach: Weswegen bist du hierhergekommen? Der Knabe erwiderte: Meine Mutter, deine Gemahlin, ist hier eingetroffen, damit du mit ihr zu uns zurückkehrest; sie hat mich vorausgeschickt, ich solle es dir ansagen. Darauf sagte Dihon zum Knaben: Ich gehe mit deiner Mutter nicht mit; sie ist nicht mein Weib, und ich bin nicht ihr Mann, denn ich bin ein Mensch, sie aber ist ein Geist, und Wesen von zweierlei Art gehören nicht zusammen. Salomo antwortete: Deiner Ehre soll nicht Abbruch geschehen, du sprichst aber nicht, wie du solltest, denn all die Zeit, wo du bei uns warst, ist dir nichts Böses getan worden; meine Mutter hat dich in Ehren gehalten, und ihr Vater, der König, setzte dich über alle Geister und befahl ihnen, dir zu gehorchen. Wie kannst du nun deine Ehegefährtin verschmähen? Dihon sagte: Sprich nicht mehr darüber, ich höre nicht auf dich; all die Eide, die ich geleistet, schwur ich allein aus Furcht, daß man mich töte; sie sind aus Not gegeben worden und darum nichtig. Der Knabe sprach darauf: Ich will darüber nicht mehr reden, weil du es so befiehlst; wisse aber, daß du dich so selber ins Verderben stürzest.

Und Salomo kehrte zu seiner Mutter zurück und überbrachte ihr die Antwort des Vaters. Da entbrannte in ihr der Zorn. Sie sprach dennoch: Ich will mich noch halten, will mit ihm vor den Augen seiner Gemeinde reden und hören, wie die Menge darin urteilt. Und sie wartete bis zum Morgen. Als sie die Einwohner im Bethaus versammelt wußte, begab sie sich mit ihrem ganzen Gefolge dorthin. Ihre Getreuen ließ sie draußen stehen und ging nur selbst hinein. Nachdem die ersten Gesänge verklungen waren, sprach die Geisterprinzessin zum Vorbeter: Halt inne und bete nicht weiter, bis ich vor euch meine Sache vorgebracht habe. Der Vorbeter antwortete: Sprich zu uns. Da fing sie folgendermaßen an: Hört mich an, ihr alle, die ihr hier zugegen seid, und schafft mir Recht gegen den Mann – Dihon, der Sohn Salmons, heißt er mit seinem Namen –, den ich des Treubruchs zeihe. Dieser Mann ist seiner Sünden wegen in unser Reich geraten, und mein Vater, der König Asmodäus, hat an ihm Gnade getan und ihn von der Hand derer, die ihn bedrängten, gerettet. Dieser euer Mitbürger hat mich zum Weibe genommen nach dem Gesetze Moses und Israels, hat mit mir einen Ehevertrag geschlossen und versprochen, mich sein Lebtag nicht zu verlassen. Und nun will er mir das Gute mit Bösem vergelten und weigert sich, zu mir zurückzukehren. So fordere ich euch denn auf, ihn zu fragen, weswegen er mit mir so verfährt, und ein gerechtes Urteil zu sprechen. Da fragten die Obersten der Gemeinde den Mann Dihon: Warum kehrst du zu dem Weibe nicht zurück? Dihon antwortete: Was ich dieser hier versprochen habe, geschah nur aus Angst. Ich will mit ihr nicht zusammen sein, weil sich das für einen Menschen nicht gehört, eine Dämonin zur Frau zu haben und Dämonen zu zeugen. Sie mag zurückkehren und einen Geist, der ihresgleichen ist, zum Manne nehmen; ich aber will bei dem Weibe meiner Jugend bleiben.

Darauf sprach die Tochter des Asmodäus zu den Ältesten der Gemeinde: Ihr erkennt es doch als billig an, daß, wenn ein Mann seine Frau von sich will gehen lassen, er ihr einen Scheidebrief geben muß und ihr, was in der Eheurkunde steht, zu erstatten hat. Die Ältesten erwiderten: Das ist wahr und stimmt mit dem Recht und Gesetz überein.
Alsdann sprach die Königstochter: Ich sehe, daß ihr mir Recht widerfahren laßt und den Sohn Salmons schuldig sprecht. Ich wünsche es nun nicht mehr, daß er gezwungenerweise zurückkehrt, aber nur noch um eins will ich euch bitten: sagt ihm, daß er mich zuletzt noch einmal küsse, und ich ziehe nachher von dannen. Die Ältesten sprachen zu Dihon: Tu den Willen des Weibes. Nun ging Dihon auf die Tochter des Asmodäus zu und küßte sie. Da aber erwürgte die Dämonin den Menschensohn, und Dihon fiel tot nieder.* Sie sprach: Das ist der Lohn dafür, daß du meineidig warst und meiner gespottest hast; du wolltest mich bei deinen Lebzeiten zur Witwe machen, möge nun deine Frau verwitwet und verlassen sein. Danach wandte sie sich an die Gemeinde und sprach: Wenn ihr gleichfalls nicht getötet werden wollt, so nehmt meinen Sohn Salomo, gebt ihm die Tochter eures Vornehmsten zum Weibe und macht ihn zum Fürsten und zum Herrn über euch, denn er ist eures Stammes und soll bei euch bleiben. Nachdem ich den Vater getötet habe, will ich den Sohn nicht behalten, auf daß er mich an Gewesenes nicht erinnere und meinen Gram nicht vergrößere. Das befolgte die Gemeinde. Sie machten den Knaben Salomo zum Herrscher über sich, und die Tochter des Asmodäus kehrte in das Reich ihres Vaters zurück.

* In einer Variante ist das Motiv vom Todeskuß so abgewandelt, daß die Dämonin dem Sterblichen mit den Lippen die Seele aus dem Leibe saugt.

154. VON EINEM FREMDLING UND SEINER GEFÄHRTIN

Es lebte einst ein reicher Mann; der war sehr weise, und seine Frau war wohltätig, und die beiden standen jedem in der Not bei. Jeder Hungernde, der in ihr Haus kam, ging gesättigt von dannen; sie bekleideten Nackte und versorgten Waisen. Aber selber hatten sie keine Kinder.

Da war eines Tages in das Haus eine arme bescheidene Witwe gekommen, die führte eine kleine Tochter mit sich. Sie fiel der Frau des Hauses zu Füßen und bat, daß sie sich ihrer und ihres Kindes erbarme. Sie wolle ihr dienen und jede Arbeit tun und wolle keinen andern Lohn dafür, als nur in ihrem Hause bleiben zu dürfen, denn sie sei guter Abkunft und könne nicht mehr unstet und flüchtig sein.

Die Herrin des Hauses nahm sich des armen Weibes an und sprach: Komm und sei mir gesegnet, Tochter, bleib mit deinem Kinde in meinem Hause; ihr sollt bei uns essen und trinken, und du sollst auch deinen Lohn haben. Da antwortete die Witwe und sprach: So habe ich nun Gnade vor deinen Augen gefunden, und du hast mich getröstet; ich sei nur wie eine deiner Mägde.

Die Witwe verrichtete alle Arbeit und wurde mit ihrer Tochter wie Hausgenossen gehalten. Es waren aber nicht viele Tage vergangen, da starb die Mutter, und die kleine Waise blieb allein bei den Leuten. Diese hatten sie lieb und behüteten sie wie ihren Augapfel; sie kleideten sie, als wäre es ihre eigene Tochter, und brachten ihr alle Tugenden bei, die von einem Weibe verlangt werden. So wurde das Mägdlein dreizehn Jahre alt.

Eines Tages kam in das Haus ein Jüngling von stattlichem Wuchs und schöner Gestalt, bückte sich vor dem Hausherrn, küßte ihm die Hände und bat: Ich flehe dich an, mein Herr, nimm mich als Diener in deinem Hause auf; ich will weiter nichts haben, als nur Brot zu essen und ein

Kleid anzuziehen; ich bin Waise, habe weder Vater noch Mutter, und ich will bei niemand dienen als nur bei dir. Da sprach der reiche Mann: Komm, du von Gott Gesegneter; ist es wahr, daß du treu sein und mit Umsicht deine Arbeit tun willst, so sollst du auch deinen Lohn haben. Der Jüngling erwiderte: Dein Herz sei ohne Sorge; ich werde deinem Worte gehorchen.

Also blieb auch der Jüngling in dem Hause und diente seinem Wohltäter mit solcher Hingabe, daß er ihm tausend Knechte bald ersetzte. Sein Herr ließ kaum einen Wunsch verlauten, da war er schon erfüllt. Und war auch der Auftrag schwer und galt es, eine Sache zu holen, die sich an einem fernen Orte befand, der Jüngling schaffte sie im Nu herbei und entledigte sich auch sonst aller Aufgaben rasch und zuverlässig. Der Reiche hatte große Freude an dem Wirken des Jünglings und gewann ihn sehr lieb.

Wie so zwei Jahre vergangen waren, knüpften sich Bande der Liebe zwischen dem Jüngling und der Waise. Er sprach zu ihr: Ich habe dich lieb; sage mir die Wahrheit, ob auch du mir zugetan bist, und ob es dein Wille ist, mich zum Manne zu nehmen? Da erwiderte das Mädchen: Fürwahr, auch ich bin dir wohlgesinnt, aber ich kann dir noch kein Wort sagen, bis ich nicht die Erlaubnis meiner Pflegeeltern habe, die mir wie Vater und Mutter sind; ist es ihnen recht, so ist es auch mir recht. Der Jüngling sprach: Gut, daß du mir deinen Sinn offenbart hast, und ich weiß, daß du mein sein willst. So bleibt nur noch übrig, unsere Beschützer zu befragen; ich weiß aber, daß sie dich mir nicht versagen werden, weil sie mir geneigt sind und nun noch von deinem Munde hören werden, daß du dich mir vermählen willst.

Des andern Tages kam der Jüngling vor seinen Herrn und sprach: Mein Herr, ich will dir eine Bitte unterbreiten, und du mögest sie mir erfüllen. Der Edle erwiderte: Sage mir,

mein Sohn, worin deine Bitte besteht; ist es mir möglich, so will ich sie dir gewähren und will dir gewiß nichts vorenthalten. Der Jüngling sprach: Habe ich Gnade vor deinen Augen gefunden, so gib mir das Mägdlein, das in deinem Hause aufgewachsen ist, zum Weibe. Der Hausherr antwortete: Mein Sohn, von meiner Seite sollst du kein Hindernis erfahren; mein Wille ist, deinem Begehren zu entsprechen; wenn nur das Mädchen an dir Gefallen hat; sie ist ein Waisenkind, ist im mannbaren Alter und hat über sich selbst zu bestimmen. Und er sprach weiter: So wollen wir sie rufen und sie selber befragen.
Man beschied das Mädchen, und der Pflegevater fragte sie: Willst du dich mit diesem Jüngling verehelichen? Das Mädchen entgegnete: Mein Herr, wenn er nur Euch genehm ist! Der Hausherr sagte darauf: So möge es denn sein. Es sei der Wille des Herrn, daß eure Ehe glücklich werde; ich komme für eure Notdurft auf und sorge für alles, wessen ihr bedürfet. Und so war es auch. Der reiche Mann rief alsbald Schneider und Meister in sein Haus, daß sie der Braut die Ausstattung machten; auch ließ er ihr das Brautgut zukommen, wie es seinem Stande angemessen war. Für den Bräutigam wurde gleichfalls das Nötige vorbereitet. Nach dreißig Tagen war alles bereit, und der Beschützer der beiden vermählte sie miteinander in großer Freude, als wären sie seine leiblichen Kinder; danach wies er ihnen ein eigenes Schlafgemach zu. Tagsüber verrichtete der Jüngling sein Werk, und auch die junge Frau tat ihre Arbeit weiter, und abends gingen sie zusammen schlafen.

Doch nun muß gesagt werden, daß dieser Jüngling der Sohn des Königs der Geister war. Als sein Vater verschieden war, wollte man den Sohn nicht zum König machen an Stelle des Vaters und wählte einen andern. Darüber erzürnte der Jüngling, schloß alle Schätze ein, stieg zur Ober=

welt hinauf und nahm menschliche Gestalt an. So kam er in das erwähnte Haus als Diener.

Da geschah es aber, daß auch der Nachfolger seines Vaters auf dem Thron verschied. Die Geister hielten Rat miteinander, wen sie zum Könige ernennen sollten, und kamen dahin überein, nunmehr den Jüngling zu wählen, der doch königlichen Samens sei und berechtigt, den Thron seiner Väter einzunehmen. Sie suchten ihn überall, fanden ihn aber nirgends. Da wurde ihnen gemeldet, daß er auf die Erde zu den Menschen gestiegen wäre und sich in dem und dem Hause befände. Alsbald wurden vier angesehene Dämonen hinaufgesandt, ihm zu übermitteln, daß man ihm den Thron seines Vaters geben wolle. Diese erschienen vor dem Königssohne und sprachen zu ihm folgende Worte: Komm mit uns zurück, und du sollst über uns nach Herzenslust regieren. Der Jüngling antwortete: Ich kann jetzt mit euch nicht gehen, denn ich habe hier ein Weib von den Menschenkindern genommen und muß erst mit ihr in Güte reden. Wenn sie mit mir mitgehen will, so wäre es gut; wo nicht, so muß ich ihr einen Scheidebrief geben nach dem Gesetze Moses und Israels, denn es ist nicht billig, daß ich so davongehe und sie verlasse. Die Gesandten erwiderten: Du hast recht gesprochen. Wir wollen dir Zeit geben, daß du die Sache mit deinem Weibe klärest; alsdann wollen wir wiederkommen.

Hierauf begab sich der Jüngling zu seinem Herrn, erzählte ihm alles von sich und sagte: Mein Herr, ich muß dir die Wahrheit bekennen; ich bin kein Geschöpf der Oberwelt, sondern ein Geist aus der Unterwelt, ein Sohn des Königs Asmodäus. Nachdem mein Vater verblichen war, wurde ich nicht für wert befunden, an seiner Statt zu herrschen, und man erkor einen Fremden zum König; darüber ergrimmte ich, entfernte mich von den Meinigen, stieg zu euch herauf und entschied mich, in deinem Schatten zu weilen und in deinem Hause zu wohnen. Nun aber, wo ihr zweiter König auch tot ist, berieten meine einstigen Gegner untereinander und beschlossen, mir die Krone zu geben; sie sandten Boten, um mir das kundzutun und mich zu rufen. Ich aber wollte nicht eher gehen, als bis ich von dir die Erlaubnis dazu erbeten hätte und wir beide mit meinem Weibe gesprochen und ihr alles dargelegt hätten. Will sie mit mir gehen, so soll sie Königin werden und alle Würden haben, und es soll ihr an nichts fehlen; wo sie aber nicht mitkommen mag, so will ich ihr einen Scheide=brief aushändigen laut Recht und Gesetz und ihr, was ihr nach der Eheurkunde zukommt, auszahlen.

Da rief der Hausherr das junge Weib, erzählte ihr alles, was ihm der Gefährte offenbart hatte, und sprach zu ihr: Willst du mit deinem Manne zu den Geistern gehen und Königin und Herrscherin werden, oder willst du, daß er durch einen Brief sich von dir scheide? Das Weib erwi=derte: Ich will meinem Ehegemahl folgen; doch eines stelle ich zur Bedingung: ich will nichts von dem genießen, was der Unterwelt entstammt, sondern man muß mir die Nah=rung von der Erde bringen; wir essen nur, was ich mit meinen Händen selbst bereitet habe. Darauf sprach der Geist: Ist das dein einziges Begehren, so soll es erfüllt werden. Da sprach das Weib: Nun, so folge ich dir. Und sie küßten beide die Hände des Hausherrn und seiner Frau. Danach nahm der Sohn des Asmodäus sein Weib aus dem Reiche der Menschenkinder, und sie stiegen in die Unter=welt hinab. — — —

155. VON DEM FROSCH, DER EIN SOHN ADAMS WAR

Es war einmal ein frommer Mann, hochbetagt und sehr reich. Dieser hatte einen einzigen Sohn mit Namen Jocha=nan, der mit einem schönen, tugendsamen Weibe vermählt war. Nach Tagen begab es sich, daß der Alte sterbenskrank wurde; er rief seinen Sohn und ermahnte ihn, die Gebote des Schöpfers zu befolgen und Gutes zu tun; und er gab ihm alles, was er besaß. Alsdann sprach er zu ihm: Mein Sohn, wenn die Tage der Trauer beendet sind, so geh auf den Markt und bleibe da, bis sich die Höker versammeln. Dem ersten Händler aber, den du siehst, kaufe ab, was er feilbietet. Und was du so erstanden hast, bring nach Hause und hüte es wohl.

Danach starb der Greis und wurde nach der ewigen Wohnstatt gebracht. Da beweinte ihn sein Sohn dreißig Tage lang, und als die Trauerzeit um war, gedachte er dessen, was ihm sein Vater befohlen hatte. Er ging auf den Markt, stellte sich dort hin und gewahrte alsbald einen Mann, der ein überaus schönes Kästchen in der Hand trug. Jochanan sprach zu ihm: Willst du mir dieses Kästchen verkaufen? Der Mann erwiderte: Ich habe es gebracht, um es zu veräußern. Um welchen Preis? fragte Jochanan. Der Mann antwortete: Für hundert Goldstücke gebe ich es dir. Jochanan aber sprach: Laß es mir für sechzig. Das wollte der Mann nicht tun und ging weiter. Da dachte Jochanan bei sich: Was wird aus der Weisung meines Vaters, wenn ich das Ding nicht kaufe? Und er rief dem Manne nach und sprach: Hier hast du die hundert Dinare. Der Mann aber erwiderte: Willst du mir zweihundert geben, so sollst du das Kästchen haben; wo nicht, so laß mich meines Weges ziehn. Und der Händler ging weiter. Doch abermals sprach Jochanan bei sich: Ich muß das Ding erstehen, und wenn ich noch so viel dafür opfere; denn mein Vater hat mir so geboten. Also rief er den Mann zurück und sprach: Nimm die zweihundert Dinare, die du haben wolltest. Der Mann aber versetzte: Willst du mir tausend Goldstücke geben, so will ich dir das Kästchen verkaufen, wo nicht, so laß ab von mir. Da nun Jochanan sah, daß er, wenn er noch länger zögerte, noch mehr werde zahlen müssen, gab er nach. Er führte den Mann zu sich ins Haus und zahlte ihm den hohen Preis. Er hob das Kästchen wohl auf; einigemal versuchte er, es aufzumachen, das wollte ihm aber nie gelingen.

Da kam das Passahfest heran. Als sich Jochanan und seine Frau zum Mahle hinsetzten, sprach er zu ihr: Hole das Kästchen, das ich einst auf Geheiß meines Vaters gekauft habe; ich will es auf den Tisch stellen zu Ehren des Festtages. Das fromme Weib stand auf und holte das Verlangte. Da versuchte Jochanan wieder, die kleine Lade zu öffnen, und dieses Mal gelang es ihm. Und siehe da, in dem Kasten lag noch ein kleines Kästchen. Dies machte Jochanan gleichfalls auf und fand darin einen winzigen Frosch. Da wunderten sich die beiden überaus. Jochanan nahm das Tier und fütterte es; der Frosch aß, umschlang danach den Hals Jochanans und küßte ihn. Als das Tierchen satt war, kroch es wieder in das kleine Kästchen; dies machte Jochanan zu, tat es in seine Lade und verschloß sie. Danach sprach er zu seiner Frau: Wohl nicht umsonst hat mich mein Vater das zu tun geheißen; wir wollen das Tier großziehen und wollen sehen, was aus ihm wird.

Und sie gaben dem Frosch zu essen, und er wurde groß, bis er in dem kleinen Kästchen nicht mehr Platz hatte und in das große kam. Aber auch dieses ward ihm bald zu eng, und Jochanan mußte ihm eine Hütte bauen. Doch allgemach verarmten die Frommen, weil das Tier alles verzehrte, was sie besaßen. Es wurde so groß, daß es in keinem Hause Raum hatte und in einem Hofe gehalten werden mußte. Dort wuchs es, bis es einem hohen Berge glich. Und Jochanan hatte nichts mehr, das er ihm zu fressen geben konnte; er weinte darüber und sprach zu seiner Frau: Was bieten wir bloß dem Frosch zum Fraß? Er hat alles vertilgt, was da war. Da sprach die Gerechte: Verkaufe heute deinen Mantel und kauf ihm Futter dafür; morgen will ich mein Tuch veräußern und ihm Essen beschaffen. Also fuhren sie fort, das Tier zu ernähren, bis alle ihre Habe dahin war.

Da trat Jochanan vor den Frosch, fiel vor ihm nieder und weinte. Er betete zu Gott und sprach: Herr der Welt! Es ist dir bekannt und offenbar, daß ich alles hingegeben habe, um das Geheiß meines Vaters zu erfüllen. Mir ist nichts mehr übriggeblieben, und ich weiß nicht, was ich anfangen soll; ich, mein Weib und meine Kinder sind nackt und bloß, hungrig und durstig; ernähre uns, o Herr, denn du bist barmherzig und gütig gegen alle deine Geschöpfe. Desgleichen tu mir kund, du Herr meiner Hilfe, was es für eine Bewandtnis mit diesem Tiere hat, das ich großgezogen und mächtig habe werden lassen. Was wird sein Ende sein? Da tat der Frosch seinen Mund auf und sprach: Gott hat dein Gebet erhört und mir die Macht gegeben, mit dir zu reden. Ich weiß, daß du alles getan hast, was du nur konntest, und daß du mir nichts versagt hast. So bitte dir denn von mir aus, was du haben möchtest, und ich will es dir geben. Darauf erwiderte Jochanan: Lehre mich alle Sprachen der Welt. Das tat der Frosch, außerdem aber lehrte er ihn noch die Sprache der Tiere, der Vögel und des Wildes. Danach sagte das wunderbare Tier: Auch dein frommes Weib, das immer um mich bemüht und stets darauf bedacht war, mich zu pflegen, möge sich von mir irgend etwas ausbitten, und ich will es ihr gewähren.

Da kam das Weib und sprach zu dem Frosch: Herr, gib mir Reichtum, damit ich meinen Mann und meine Hausgenossen in Ehren ernähren kann. Der Frosch sprach: Kommt mit mir und bringt Wagen, Pferde und Esel, sowie was ihr an Vieh auftreiben könnt; ich will alles mit Gold und Silber, Edelsteinen und Perlen beladen. Die Leute taten so und folgten dem Frosch. Er führte sie bis an einen dichten, unendlichen Wald, der der Hain debe Illaï hieß.

Sie traten ins Dickicht, und der Frosch fing an zu zischen. Da kam allerlei Getier zusammen, Schlangen, Kröten und sonstiges Gewürm, und ein jedes von ihnen brachte ein Geschenk dar: Silber und Gold, Perlen und Edelsteine. Sie legten alles vor den Frosch, wie man vor einem König seine Gaben niederlegt. Dieser aber sprach zu Jochanan und zu dessen Weibe: Nehmt, füllt eure Säcke und Wagen und alles, was ihr mithabt.

Danach sprach Jochanan zu dem Tiere, das er ernährt hatte: Es möge dich nicht erzürnen, mein Herr, wenn ich dich um etwas befrage: Wer bist du, und wo kommst du her? Da erwiderte der Frosch: Ich bin ein Sohn Adams, des ersten Menschen. Adam hatte, ehe Heva geschaffen ward, allen Tieren und allen Vögeln beigewohnt; als er zu meiner Mutter einging, zeugte er mich. Meine Art ist es, nach tausend Jahren des Wachstums wieder einzuschrumpfen, bis ich ganz klein geworden bin; danach aber fange ich wieder an, groß zu werden, bis das nächste Tausend Jahre voll ist.

Also kehrte der Fromme nach Hause zurück und war von Stund an ein reicher Mann.

156. DIE ÄRZTIN

Ein Mann aus Jerusalem zog einst aus, um Handel zu treiben, und ließ seine Frau unter dem Schutze seines Bruders zurück. Er sprach zu diesem: Bruder, hab acht auf mein Weib, diene ihr und behüte sie wohl, bis ich in Frieden heimgekehrt bin. Der Bruder antwortete: Ich werde erfüllen, was du befohlen hast. Da begab sich der Handelsmann auf den weiten Weg, und die Frau blieb allein unter der Obhut seines Bruders.

Dieser aber kam Tag für Tag zu dem Weibe und sprach zu ihr: Höre auf mich und laß mich bei dir ruhen, du sollst alles haben, was du nur begehrst. Das Weib aber antwor=

tete: Bewahre, daß ich solches täte! Welches Weib ihrem Manne die Treue bricht, bricht sie ihrem Schöpfer, und ihre Seele verfällt der Verdammnis; zudem ist mein Gatte noch dein Bruder und hat mich dir anvertraut, daß du mich beschützest; so willst du nun meine und deine Seele verderben und deine Hand an ein Gut legen, das deinem Bruder gehört? Denn als ein Gut zum Verwahren hat er mich dir gegeben, im Glauben, daß du den Kreis nicht betreten werdest, der nicht dein ist. Bedenke, daß ich deines Bruders Eheweib bin und dir verwehrt bin bei seinem Leben; wer eines Nächsten Weib begehrt, kommt um seinen Besitz und verfällt am Ende dem Aussatz; er fährt in die Hölle und steigt nicht wieder heraus.

Was tat der Ungetreue? Eines Tages kam er zu dem Weibe ins Haus und sagte zu dem Knecht, er möge einen Eimer nehmen und Wasser schöpfen. Als dieser fort war, sprang er auf das Weib und wollte sie schwächen. Die Frau schrie laut und bitter auf, und es war niemand da, der ihr hätte helfen können. Da ließ er von ihr ab. Alsdann ging er auf den Markt, dang falsche Zeugen und sagte ihnen: Kommt und bezeugt es, daß ihr zugegen wart, wie ich das Weib meines Bruders mit dem Hausknecht ertappt habe. Und die Gottlosen führten das Weib vor das Hohe Gericht und legten folgendes Zeugnis von ihr ab: Wir haben gesehen, wie dieses Weib mit ihrem Knechte gebuhlt hat. Da bestimmte der Hohe Rat, daß die Frau gesteinigt werden solle.

Alsbald nahm man sie, warf ihr um den Hals den Sträflingsstrick und führte sie auf den Richtplatz außerhalb Jerusalems. Daselbst wurde sie mit Steinen beworfen, bis sich ein Berg von Steinen über sie gehäuft hatte, nach dem Wortlaute des Gesetzes.

Am dritten Tage nach diesem Geschehnis zog ein Wanderer an der Richtstätte vorbei; er führte seinen Sohn mit, der in Jerusalem verbleiben und in der Lehre Gottes unter=

wiesen werden sollte; der Tag ging aber schon zur Neige, und es war zu spät, um nach der Heiligen Stadt zu kommen. So wollten sie vor dem Steinhaufen übernachten; sie legten sich hin und stützten den Kopf an den Rand des Hügels. Da hörten sie eine menschliche Stimme stöhnen und klagen: Wehe mir, durch böser Zungen Verleumdung bin ich gesteinigt worden. Als der Wanderer das vernahm, fing er an, die Steine nach einer Seite wegzuschaffen, und fand das Weib darunter. Er fragte sie: Wer bist du, Tochter? Sie erwiderte: Ich war die Frau eines Bürgers in Jerusalem. Der Mann fragte weiter: Wie kommst du hierher? Da erzählte das Weib: So und so ist es mir ergangen, und ich bin ohne Schuld und Sünde gesteinigt worden. Darauf sprach sie weiter: Mein Herr, und wohin führt dich dein Weg? Der Wanderer antwortete: Ich will nach Jerusalem, mein Sohn soll daselbst der Schrift kundig werden. Da sprach das Weib: Wenn du mich nach deinem Lande bringen willst, so will ich deinen Sohn unterweisen und ihn in die Bücher der Schrift einweihen. Der Mann fragte: Kannst du denn andere lehren? Sie erwiderte: Ich kann es wohl. Da nahm der Wanderer das Weib mit in seine Heimat, und sie unterrichtete seinen Sohn in der Heiligen Schrift.

Eines Tages erhob der Knecht des Hauses seine Augen zu dem fremden Weibe und sprach zu ihr: Gehorche mir, sei mir zu Willen, ich will dir geben, was du nur wünschest. Die Frau weigerte sich, bei ihm zu schlafen. Da nahm der Knecht ein Messer und wollte sie erstechen, traf aber den Knaben, tötete ihn und floh davon. Als der Vater des Kindes vernahm, daß sein Sohn getötet worden war, sprach er zu dem Weibe: Da nun solches geschehen ist, so ist es mein Wunsch, daß du aus meinem Hause gehest und deinen Weg ziehest; solange ich dich vor Augen habe, stürmt es in meinem Herzen meines Sohnes wegen. Was konnte das Weib tun? Sie erhob sich und ging davon.

Sie wanderte und kam bis an das Ufer des Meeres, woselbst gerade ein Piratenschiff gelandet war. Dessen Insassen nahmen das Weib gefangen. Da erregte der Herr einen Sturm auf dem Meere, es erhob sich ein Ungewitter, daß man meinte, das Schiff würde zerschellen. Die Schiffsleute erschraken, und einer rief dem andern zu: Wir wollen losen und sehen, durch wen dieses Unglück über uns gekommen ist. Da fiel das Los auf die Frau, die sie gefangengenommen hatten, und die Schiffer fragten sie: Sage uns, was ist dein Gewerbe? Das Weib antwortete: Ich bin eine Judäerin und fürchte den Gott des Himmels, der das Meer und das Trockene erschaffen hat. Und sie erzählte den Seemännern, was sich mit ihr begeben hatte. Da wurden die Freibeuter voll Mitleidens mit dem Weibe, und Gott vollbrachte ein Wunder, daß sie sie nicht berührten und auf das feste Land brachten; dort machten sie ihr eine Hütte zurecht. Bald danach stand das Meer still, und das Schiff fuhr weiter.
Also blieb das Weib in jener Gegend wohnen. Gott ließ sie Kräuter finden und deren Heilkraft erkennen, und sie wurde eine gute Heilkünstlerin. Sie half den Aussätzigen und denen, die an Fluß litten, und sonst allen Kranken. Da kam sie hoch zu Ehren und Ansehen und gewann großen Reichtum; ihr Ruf verbreitete sich über alle Lande.
Nach vielen Tagen kehrte der Ehemann von seiner Reise nach Jerusalem zurück und erfuhr, daß sein Weib gesteinigt worden war. Allein Gott brachte einen schweren Aussatz über die Männer, die damals das falsche Zeugnis vor dem Rate abgelegt hatten. Auch der Bruder des Handelsmannes wurde mit Aussatz geschlagen. Da hörten sie, daß eine hohe Frau in fernem Lande Aussätzige gesund mache, und sie sprachen zueinander: Wir wollen zu der Ärztin fahren. Der ungetreue Bruder sprach zu dem Heimgekehrten: Auch du komm mit. Und die vier machten sich auf und traten die Reise an.

Sie gelangten an den Ort, wo die Heilfrau wohnte, und standen bald vor ihrem Hause. Sie wurden von der Frau sogleich erkannt; die Männer aber erkannten sie nicht. Sie traten vor die Ärztin und sprachen: Herrin, von weither kommen wir zu dir, denn wir haben deinen Namen gehört. Du sollst eine treffliche Heilkünstlerin sein; so heile uns von unserm Aussatz und nimm dafür Gold und Silber die Fülle. Das Weib antwortete: Ich kann keinen Menschen heilen, bevor er mir seine Sünden nicht gebeichtet hat. Darauf sagten die Jerusalemiter: Das und das haben wir getan. Sie aber sprach: Ich sehe es euch an, daß ihr große Sünder seid, ihr habt eure Untat nicht ganz gestanden; solange ihr die nicht offenbart, kann euch keine Arznei helfen. Da bekannten die Aussätzigen vor dem Manne des Weibes, was sie einst begangen hatten. Darauf sprach die Ärztin: Ihr habt Schlimmes getan, euer Mund sagt es laut. Fürwahr, ich kann euch nicht heilen, und kein Heilmittel kann euch helfen; ›Gott ist nicht ein Mensch, daß er lüge‹;* was er durch Mose, seinen auserwählten Knecht, und die Propheten gesagt hat, bleibt bestehen immerdar. Es heißt: ›Du sollst kein Verleumder sein unter deinem Volke, und du sollst nicht stehen wider deines Nächsten Blut.‹** Ihr Missetäter! Ich, das Weib, das vor euch steht, bin es, der ihr all das Böse zugefügt, und die ihr durch eure falsche Zunge zum Steinigen hinausgeführt habt; aber der Herr hat mich gerettet durch seine Barmherzigkeit und große Gnade, und das ist mein Eheherr, den ihr zu mir gebracht habt. Gott kennt alle Geheimnisse und bringt alles Verborgene an den Tag.

Nun ward dem Manne des Weibes das Geschehnis klar, und er erkannte in der Ärztin seine Ehegattin. Sie freuten sich miteinander und priesen den Schöpfer für alle Wun=

* 4. Buch Mose 23, 19

** 3. Buch Mose 19, 16

der. Die drei Männer aber blieben aussätzig und starben daran.

157. DAS FROMME WEIB UND DER ZAUBERER

Es war einst ein frommes Weib, wie es füglich mit dem Spruche gemeint ist: ›Wer ein tugendsames Weib gefunden.‹* Eines Tages ging ihr Mann auf den Markt und sah herrliches Kleiderzeug ausliegen. Da sprach er: Daraus ein Kleid möchte meiner Frau wohl stehen. Und er kaufte das Zeug und trug es zu einem Schneider, daß der ein Kleid daraus mache.

Da ging ein Heide an dem Schneider vorüber, sah das Gewebe und sprach: Wie schön ist wohl das Weib, das dieses Kleid anziehen soll. Und er empfand alsbald ein Verlangen nach der Unbekannten. Er bestach den Schneider, daß er ein Zaubermittel in das Kleid einnähe, wodurch das Weib, wenn es das Kleid anzöge, von selbst gezwungen wäre, zu ihm zu kommen. Der Schneider tat nach dem Willen des Heiden.

Am Abend vor dem Versöhnungstage, nachdem das letzte Mahl vor dem großen Fasten eingenommen worden war, zog die Frau das neue Kleid an. Aber wie sie sich darein gehüllt hatte, fuhr ein unreiner Geist in sie, und es gelüstete sie danach, Sünde zu tun. Ihr Mann sprach zu ihr: Komm, wir wollen ins Gotteshaus gehen. Da erwiderte die Frau: Geh allein hin, ich komme gleich nach, und wir wollen dann beten.

Sobald nun der Mann fortgegangen war, begab sich das Weib in das Haus jenes Bösewichtes, als wäre jemand erschienen und hätte sie dorthin getragen. Als sie das Haus betreten hatte, umarmte und küßte der Heide sie und bereitete ihr ein Mahl von köstlichen Speisen. Nachdem die

* Sprüche 31, 10

beiden gegessen und getrunken hatten, sollten sie einander beiwohnen. Das Weib zog das Kleid aus, und der Zauberer bestieg das Lager. Aber wie die Frau das verhexte Gewand abgelegt hatte, kehrte ihr frommer Sinn zurück, und sie sah, was sie begangen hatte. Sie schlich sich in den Hof hinaus; der Heide aber vertraute darauf, daß sie zurückkehren würde, weil die Hoftür verschlossen war.

Also stand das Weib draußen in bitterer Bedrängnis, weinend und betend. Sie rief: Herr der Welt! Gedenke dessen, daß ich bisher vor dir reines Herzens gewandelt bin, daß ich stets Gutes getan und mich der Gerechtigkeit beflissen habe, und laß mich nicht in den Händen dieses Frevlers in dieser Nacht. In dieser Nacht wird Israel sein Wille getan, in dieser Nacht ist Vergebung aller Sünden.

Da erhörte Gott des Weibes Rufen; es erhob sich ein Sturm, und der trug die Frau davon und brachte sie in ihr eigenes Haus; sie legte sich ins Bett, denn sie war trunken. Danach kehrte ihr Mann zurück und fragte sie: Warst du im Bethaus? Die Frau erwiderte: Ich bin nicht hingegangen, denn ich bin krank geworden. Sie sagte aber nichts von dem, was mit ihr geschehen war.

Nach vielen Tagen nahm der Heide das Kleid jenes Weibes und trug es zum Verkauf auf den Markt. Gott wollte es haben, daß die Geschichte offenbar würde und der Missetäter darum umkäme. Da sah der Gatte der Frau das Kleid und wunderte sich sehr darüber. Er sprach zum Verkäufer: Laß mich dieses Kleid meiner Frau zeigen. Und er nahm es mit.

Als er nach Hause kam, sprach er zu seinem Weibe: Wo ist das Kleid, das ich dir geschenkt habe? Ich habe es heute in den Händen eines Unbeschnittenen gesehen. Da sprach das Weib: Nun muß ich dir die Wahrheit bekennen. Aber dem Herrn sei Dank, ich habe nicht Sünde getan.

Alsbald ließ der Mann die Weisen der Stadt zu sich kom=

men und zerriß vor ihnen das Kleid. Da sahen alle, daß die Worte des Weibes wahr gewesen waren, und sie durfte bei ihrem Manne bleiben. Danach wurde der Fall dem Amtmann der Stadt erzählt. Er ließ den Schneider peinigen und strafen, der Zauberer aber wurde gehängt.

158. DAS HEUCHLERISCHE HEXENWEIB

Es lebte einst eine Hexe mit Namen Johanna, die Tochter Retiwis. War ein Weib nahe daran zu gebären, so verschloß sie ihr durch Zaubermittel den Leib, und erst nachdem die Gebärende viel Pein ausgestanden hatte, ging sie zu ihr und sprach: Ich will für dich um Erbarmen bitten, vielleicht wird mein Gebet erhört. Darauf pflegte sie das von ihr bereitete Gemenge selber unschädlich zu machen, und das Kind verließ den Mutterleib.
Einmal hatte sie einen Tagelöhner bei sich wohnen, und dieser hörte, als die Witwe zu einer gebärenden Frau weggegangen war, Dämpfe in einem Kessel wallen; es hörte sich an, als stieße sich ein Kind im Leibe seiner Mutter. Der Jüngling hob den Deckel ab, und der Teufelswrasen entwich. Da wurde das Kind geboren, und alle erfuhren, daß die Witwe eine Hexe war.

159. DER JUDE UND DER HEIDE

Es fügte sich einst, daß ein Judäer und ein Heide eines und desselben Weges zogen. Da sprach der Heide: Mein Glaube ist besser als der deinige. Der Judäer antwortete: Nein, sondern mein Glaube steht über dem deinigen; heißt es doch: ›Wo ist noch so ein großes Volk, das solche gerechten Gesetze und Gebote hätte wie diese Lehre, die ich euch heute gebe?‹ Der Heide sprach darauf: Wir wollen andre Leute darum befragen: Sagen sie von meinem Glauben, daß er besser sei als der deinige, so will ich dein Geld haben; halten sie aber deinen Glauben für richtiger, so sollst du mein Geld haben. Der Judäer erwiderte: Wohlan, wir wollen es so machen.

Also gingen die beiden weiter, und da kam ihnen der Satan in Gestalt eines alten Mannes entgegen. Sie fragten ihn, wessen Bekenntnis das wahre sei, und er erwiderte: Des Heiden Glaube ist allein wahr. Da gingen sie eine kleine Strecke weiter, und abermals kam ihnen der Satan entgegen, diesmal als Jüngling verkleidet. Sie stellten ihm dieselbe Frage, und er antwortete wieder: Die Wahrheit ist bei dem Heiden. Nun gingen sie weiter, und zum dritten Male vertrat ihnen der Satan den Weg, wieder als Greis vor ihnen erscheinend. Sie fragten ihn, wessen Glaube vorzuziehen sei, und er antwortete: Der Heide behält recht. Also fiel dem Heiden das ganze Geld seines Gefährten zu; der Judäer ging betrübten Herzens davon und legte sich an einer Trümmerstätte schlafen.

Als ein Dritteil der Nacht vergangen war, hörte er Geister miteinander sprechen und einander erzählen. Zwei Teufel fragten einen dritten: Wo bist du heute den Tag über gewesen? Der entgegnete: Ich fand einen Juden und einen Aramäer miteinander über ihren Glauben streiten; da machte ich mir einen Spaß daraus und stellte mich auf die Seite des Heiden. Darauf fragten die zwei Teufel einen andern: Wo hast du heute geweilt? Er erwiderte: Ich machte einer Königstochter das Gebären schwer, und sie wird sieben Tage in Schmerzen liegen und schreien; nähmen aber die Leute Laub von dem Baume, der hinter dem Schlosse wächst, und preßten sie den Saft aus den Blättern über der Nase der Gebärenden aus, sie würde alsbald niederkommen. Danach wurde wieder ein Teufel ausgefragt: Wo kommst du her? Der antwortete: Ich habe die einzige Quelle eines Landes verstopft; fiele es aber den Leuten ein, einen schwarzen Stier vor dem Brunnen zu schlachten, das Wasser bräche sofort wieder hervor.

Da merkte sich der Judäer diese Worte der Geister; er machte sich morgens früh auf und begab sich in das Reich jenes Königs, von dem der eine Teufel erzählt hatte. Hier fand er die Tochter des Königs in schweren Geburtswehen daniederliegen. Da sagte er: Nehmt von den Blättern des Baumes, der hinter ihrem Hause wächst, und drückt den Saft über ihrer Nase aus. Die Hofleute befolgten den Rat, und die Königstochter gebar alsbald. Da gab der König dem Manne viel Geld, denn die Tochter war sein einziges Kind.

Danach ging der Judäer in das Land, wo der Brunnen zugeschüttet war, und sprach zu den Einwohnern: Schlachtet einen schwarzen Stier vor dem Brunnen, und das Wasser wird wieder quellen. Die Leute gehorchten dem Fremden und taten, wie er gesagt hatte, und siehe, das Wasser lief wie vorher. Da gaben ihm die Einwohner dieses Landes gleichfalls viel Geld.

Am andern Tage begegnete der Judäer dem Heiden, der ihm sein Geld abgenommen hatte, und dieser wunderte sich sehr über seinen einstigen Gefährten. Er sprach: Erst vor kurzem ist dein Geld in meinen Besitz gekommen; wie bist du nun zu diesem Reichtum gelangt? Da erzählte ihm der Judäer alles, was sich mit ihm zugetragen hatte. Darauf sagte der Heide: Nun, so will auch ich nach jener Trümmerstätte gehen und will mir Rat holen.

Und er suchte die Ruine auf und legte sich dort schlafen. Da kamen aber die Teufel, erblickten den Menschen und schlugen ihn tot.

Daher heißt es: ›Der Gerechte wird aus der Not erlöst, der Gottlose aber an seiner Statt in das Unglück verstrickt.‹

160. DER MANN MIT DEN DREI SCHÄTZEN

Es war einmal ein frommer Mann, der tat viel Gutes und teilte an Schriftgelehrte wie an einfaches Volk Gaben aus. Seine Frau aber war engherzig. Der Mann hatte dreierlei Schätze in seinem Hause: der eine bestand aus lauter Goldstücken, der zweite aus lauter Silberstücken, der dritte aus kleinen Münzen. Kamen zu ihm seine Schüler, so gab er ihnen aus dem Goldschatz; Witwen und Waisen gab er aus dem Silberschatz, und arme Kinder, die nichts lernten, beschenkte er mit Kupfermünzen. Und wie teilte er die Spenden aus? Hatte einer fünf Seelen in seinem Hause, so gab er ihm fünf Golddinare, so daß ein jeder bedacht wurde. Solcherart war sein Tun Tag für Tag.

Eines Tages war der Wohltätige ausgegangen, und es kamen Witwen und Waisen wie auch gelehrte Männer nach Gaben und trafen ihn nicht an. Da ging die Frau in die Kammer, wo das Gold war, um davon den Weisen zu geben, und fand statt des Goldes lauter Skorpione. Alsdann schloß sie die Silberkammer auf und fand statt des Silbers Ameisen. Zuletzt betrat sie die Kammer, in der die Münzen lagen, und siehe, es waren daraus lauter Flöhe geworden. Als sie das sah, schämte sie sich, zu den Bittenden hinauszugehen, und diese standen da und warteten.

Indessen kam der Fromme zurück und fand die Leute draußen stehen. Er fragte: Freunde, warum steht ihr da, warum seid ihr nicht hineingegangen? Sie erwiderten: Ist denn das Brauch und Sitte, sich in einem Hause aufzuhalten, wenn der Herr nicht drinnen ist?

Also betrat der Fromme seine Wohnung und fand seine Frau weinend. Sie sagte: Warum hast du mich ohne Geld gelassen? Er erwiderte: Sind doch alle meine Schätze in deiner Hand geblieben. Die Frau sprach: Du hast nichts zurückgelassen als Kammern voll Skorpione, Ameisen und

Flöhe. Da ging der Mildtätige in die Goldkammer, nahm die Hände voll Gold und gab davon den gelehrten Männern; dann holte er Silber und gab es den Waisen und Witwen; zuletzt verteilte er die Kupfermünzen.
Daher heißt es: ›Iß nicht Brot bei einem Böswilligen.‹ Und Gott sprach: Wer gütigen Auges ist, wird gesegnet, denn er gibt von seinem Brote den Armen.

161. DIE PARADIESÄPFEL

Es gab einst einen frommen Mann, der zählte zu den Reichsten seines Geschlechtes und hatte zwei Söhne. Nachdem er gestorben war, traten die Söhne ihr Erbe an. Von diesen war der eine wohlwollend und mildtätig; er hatte einen weiten Sinn und eine offene Hand; der andre wiederum war mißgünstig. Der Gute ließ nicht ab, Gaben auszuteilen und Arme zu beschenken; auch war er stets dabei, wo es galt, Gefangene auszulösen und sonst Hilfe zu leisten. So zerrann sein ganzes bares Vermögen. Da wandte er sich seinen unbeweglichen Gütern zu, verkaufte sie und teilte auch dieses Geld aus, bis ihm nichts übrigblieb. Sein Bruder aber kaufte alles wieder, was er verkauft hatte, so daß nach und nach der ganze Besitz des einen in die Hand des andern überging.
Da begab es sich eines Tages – es war das Palmfest, das den Ausgang des Laubhüttenfestes bildet –, daß die Frau des Verarmten ihrem Manne zehn Kupfermünzen in die Hand steckte und zu ihm sprach: Geh hinaus und kaufe für deine Kinder etwas zu essen. Als der Arme draußen war, begegnete er umherziehenden Almosensammlern; diese wollten für die Hochzeit zweier Waisenkinder gutwillige Spenden zusammenbringen. Sie sprachen zueinander: Seht, da kommt ja der Wohltäter. Der Fromme gab alsbald seine Münzen her und sagte zu den Männern: Ich besitze außer

diesem nichts mehr. Er empfand aber danach Scham, mit nichts nach Hause zurückzukehren, und so ging er nach dem Bethaus. Hier spielten Kinder mit den Palmenzweigen und Paradiesäpfeln, die nach beendetem Gottesdienst von den Betern zurückgelassen worden waren. Da füllte der Ratlose einen Sack mit den Früchten, verließ die Stadt und bestieg ein Schiff. So kam er nach einem fernen Lande. Der König dieses Landes litt zudann große Magenschmerzen, und es gab keine Arznei, die er nicht eingenommen hätte, allein es half nichts. Da wurde ihm im Traume gesagt: Dir kann nur ein Paradiesapfel vom Palmfeste der Juden Heilung bringen. Man suchte überall nach einer solchen Frucht, konnte sie aber nirgends finden. Da sahen eines Tages die Knechte des Königs jenen Frommen auf seinem Sacke schlafen. Sie fragten ihn: Was führst du da zum Verkauf? Der Ankömmling erwiderte: Ich bin ein armer Mann und habe weiter nichts als Paradiesäpfel, die vom Palmfeste herrühren. Da sagten die Diener: Das ist ja, was wir suchen. Und sie nahmen den Sack und führten den fremden Mann zum Könige. Wie nun der Fürst einen Paradiesapfel gekostet hatte, genas er alsbald. Da sprach er zu seinen Knechten: Macht den Sack dieses Mannes leer und füllt ihn mit Golddinaren. Das taten die Diener. Danach sprach der König zu dem Judäer: Erbitte dir von mir, was du noch sonst haben willst. Der Fromme erwiderte: Ich verlange von dir nichts mehr, als daß du mich nach meinem Lande zurückbringest und einen Befehl gebest, daß in meiner Heimat jedermann zu meiner Begrüßung herauskomme, er sei Mann oder Weib, jung oder alt. Das gewährte ihm der König, und so ging dem Verschollenen bei der Rückkehr in seine Stadt alles Volk entgegen. Auch der Bruder eilte mit seinen Kindern zu seinem Empfang und benutzte eine Fähre. Da schwoll aber der Fluß an, und der Bösewicht ertrank mit seinen Kindern.

Also ward der fromme Mann reich und erbte noch den Reichtum seines Bruders. Der Herr gab ihm Überfluß, und so ging an ihm in Erfüllung, was da geschrieben steht: ›Nach den Taten des Menschen wird ihm vergolten.‹

162. DER VATER DER LIEBENDEN

Es lebten einst zwei Brüder, der eine war reich, der andere arm; der Arme hatte viele Söhne und Töchter, der Reiche hatte nur eine einzige Tochter. Der Reiche war engherzig gegen seinen Bruder und wollte ihm nichts Gutes erweisen. Einer der Söhne des Armen hieß Isaak, und dieser war ein sanfter Jüngling, schön von Aussehen und fleißig im Lernen. Diesen Isaak liebte der reiche Bruder des Mannes und zog ihn seinen andern Geschwistern vor.

Eines Tages, es war der Tag vor dem Passahfeste, da hatte der Arme nichts, um Weizen zu kaufen, daraus er ungesäuertes Brot für sich und die Seinigen bereiten könnte. Er ging zu seinem reichen Bruder und sprach zu ihm: Mein Herr, aus Liebe zu Gott, unserm Herrn, tu in deiner Güte die Gnade an mir und leih mir ein Maß Weizen, auf daß ich mich und die Meinigen ernähren kann an diesem Feste. Der Reiche erwiderte: Wenn du mir ein Pfand gibst, so will ich dir den Weizen leihen. Der Arme sprach: Was für ein Pfand soll ich dir lassen, wo ich doch nichts besitze? Der Reiche versetzte: Bringe mir deinen Sohn Isaak, den du mehr als deine andern Kinder liebhast, und er soll in meiner Hut verbleiben, bis du mir zurückgegeben hast, was ich dir geborgt habe. Da ging der arme Bruder und brachte seinen Sohn dem reichen Bruder, und dieser gab ihm darauf ein Maß Weizen.

Isaak pflegte täglich ins Lehrhaus zu gehen und dort bei seinem Lehrer bis in die Nacht hinein dem Studium der Schrift obzuliegen. Jede Nacht erwartete ihn die Tochter

des reichen Oheims und sah seiner Ankunft entgegen. Eines Tages rief der Lehrmeister Isaaks ihn zur Seite und sprach zu ihm: Mein Sohn, höre auf mich und auf das, was ich dir rate, und Gott wird mit dir sein. Wenn du heute in das Haus deines Oheims zurückkommst und deine Base dich erwartet, so nähere dich ihr. Isaak fürchtete sich, eine Sünde zu begehen, sein Lehrer aber wiederholte die Worte.
Als der Jüngling nach Hause kam, fand er die Tochter des Oheims seiner harrend. Sie öffnete ihm die Tür, und die beiden setzten sich um das Feuer. Das Mädchen stellte ihm das Abendessen wie immer bereit. Isaak aber sprach: Ich mag nichts essen und nichts trinken. Und er saß da und weinte. Da sprach sie: Liebster Freund, was ist dir? Bedarfst du irgend etwas? Was ist dein Wunsch und dein Verlangen? Und warum weinst du? Der Jüngling wollte ihr nichts zur Antwort geben, weil er sich vor ihr schämte. Als sie aber in ihn drang, sagte er ihr alles, was sein Lehrer ihm befohlen hatte. Da sprach das Mädchen: Du Liebster, du Mann meines Herzens, weine nicht deswegen. Und sie stand auf, umarmte ihn, küßte ihn auf den Mund vielmal und sprach: Schäme dich nicht, mein Freund, denn ich habe dich gar sehr lieb, du bist mein Bruder und bist meines Fleisches, und auch mein Vater liebt dich wie seinen Augapfel. Sie beruhigte ihn durch ihre Rede, und nötigte ihn, daß er aß und trank. Danach stand der Jüngling auf und legte sich in ihr Bett, aber er tat ein Schwert zwischen sich und sie, und so schliefen sie beide bis zum Morgen.
Der Oheim war in dieser Nacht aufgestanden und ging nach dem Hof durch das Zimmer der beiden. Er sah sie beieinander liegen, durch ein Schwert voneinander getrennt. Da nahm er einen Mantel von sich und breitete ihn über sie aus. Er sprach: Es sei der Wille des Gottes Israels, daß euer Lager ganz bleibe und ihr keinen Unwürdigen zeugt!

163. DIE DREI BRÜDER

Ein frommer Mann fühlte den Tod herannahen; er rief seine drei Söhne und befahl ihnen, miteinander nicht zu streiten, damit sie nicht gezwungen würden, zu schwören; er selbst hatte sein Lebtag keinen Schwur über die Lippen gebracht.

Als der alte Mann gestorben war, hinterließ er einen Gewürzgarten, den sollten die Söhne vor Dieben bewahren. In der ersten Nacht schlief der älteste Sohn im Garten. Da kam Elia, der Seher, zu ihm und fragte: Woran hast du Gefallen, mein Sohn? Willst du in der Schrift wohl Bescheid wissen, oder willst du viel Geld haben, oder willst du ein schönes Weib freien? Der Sohn erwiderte: Ich will Reichtum haben. Da gab ihm Elia eine Münze, und dadurch kam der Jüngling zu großem Vermögen.

In der zweiten Nacht schlief der zweite Sohn im Garten, und da stellte ihm Elia gleichfalls die drei Fragen. Der Knabe erwiderte: Ich will die Lehre erforschen. Da gab ihm Elia ein Buch, und durch dieses lernte er die ganze Schrift kennen.

In der dritten Nacht schlief der jüngste Sohn im Garten, und Elia fragte ihn, was sein Herz begehre. Er erwiderte: Ich will ein schönes Weib besitzen. Da sprach Elia: Wenn so, so mußt du mit mir weiterreisen. Und sie machten sich beide auf den Weg. Zur Nacht kehrten sie bei einem Wirt ein, der ein Bösewicht war. Elia hörte daselbst die Hühner und Gänse miteinander reden: Was mag wohl der Knabe verschuldet haben, daß er die Tochter unseres Wirtes zum Weibe bekommen soll? Als das Elia hörte, begriff er den Sinn der Worte und fuhr mit dem Knaben weiter.

In der folgenden Nacht kehrten sie in einem andern Hause ein, und abermals hörte Elia die Hühner und Gänse miteinander sprechen: Was mag der Jüngling gesündigt ha=

ben, daß er unseres Wirtes Tochter nehmen muß? Sind sie doch alle gottlos. Da stand Elia mit dem Knaben früh auf, und sie zogen davon.
In der dritten Nacht kamen sie in ein Haus, dessen Wirt eine schöne Tochter hatte. Auch hier hörte Elia die Hühner und Gänse gackern. Sie sprachen aber: Wohl muß es der Jüngling verdient haben, daß ihm solch ein schönes und gottesfürchtiges Weib beschieden wird. Des Morgens stand Elia früh auf, führte die beiden einander zu und feierte die Hochzeit. Danach kehrte das Paar in Frieden heim.
Das alles ließ Gott dem Jüngling zuteil werden, weil er das Gebot seines Vaters hielt.

SECHSTES BUCH:
WEISHEIT UND TORHEIT

164. VON DEN DREI FREUNDEN

Ein hochmögender Mann hatte drei Freunde. Den einen hielt er in treuer Hut und hing an ihm mit seinem ganzen Herzen; seine Gedanken waren stets bei ihm, und er hätte für ihn seine Seele hingeben können. Ihm galt all seine Mühe und Plage, er war seine Freude und sein höchstes Ergötzen, für ihn war er bereit, Wüsten und Meere zu durchqueren, denn seine Liebe zu ihm war überaus groß. Der zweite Freund stand bei ihm unter dem ersten; dennoch liebte er ihn gleichfalls, hatte Mitleid mit ihm und war ihm zugetan; er diente ihm und war um ihn besorgt und ließ es ihm gegenüber an Achtung nicht fehlen. Den dritten Freund ließ der Mann des öftern außer acht, und auch sonst kümmerte er sich um ihn nicht viel, denn er versprach sich von ihm wenig Nutzen.
Aber da änderten sich die Zeiten für unsern Mann, und der Zufall fügte es, daß er sein Vermögen verlor und sein Ansehen geringer wurde. Er wurde als vor seinem König schuldig erklärt, und ihm war keine Macht übriggeblieben, um der drohenden Strafe zu entgehen oder sie zu mildern. Also sah er sich genötigt, seine Freunde aufzusuchen, vor ihnen seinen Schmerz und sein Leid zu klagen und sie um Rat und Hilfe in der Not anzuflehen. Er fing bei dem Liebsten an und sprach zu ihm: Mein treuer Genosse und gütiger Freund! Du weißt, daß du mir teurer warst denn mein eignes Haupt; du kennst meine Liebe zu dir und die Anhänglichkeit meiner Seele. Nun ist der Tag gekommen, da

ich deines Mitleidens und deiner Stütze bedarf. Wohl mir, daß ich einen Freund wie dich gefunden habe, der des Erbarmens voll ist und der Gutes mit Gutem vergilt. Wie sagen die Weisen: Von den Geräten das beste, das Schutz gibt in der Not, von Brüdern der beste, der deiner Stimme gehorcht, von Freunden der beste, der mit seiner Hilfe zuvorkommt. Und noch sprachen die Weisen: Einen wahren Schatz kann kein Feuer fressen. Da erwiderte der Freund dem Manne und sprach: Wisse, daß deine Liebe mich jetzt nicht mehr erfreut und dein Umgang mir kein Vergnügen bereitet. Ich habe außer dir der Anhänger noch viele, sie dünken mich aber mehr wert als du; ich will dir daher keinen Rat erteilen und dir mit dem, was ich habe, nicht beistehen, damit ich später selber andrer Hilfe nicht bedarf. Ich habe auch in Wahrheit nichts, womit ich dir helfen könnte, außer diesen zwei Kleidungsstücken, mit denen du deine Blöße bedecken magst. Nimm sie an dich, geh deines Weges und zieh deine Straße.

Also begab sich der Mann zu seinem zweiten Freund und sprach zu ihm: Du meiner Augen Weide, du Freund, der du in der Not Hilfe leistest. Du weißt, wieviel reine Liebe und Treue ich an dich verschwendet habe; ich diente dir mit hingebender Seele und war dein von ganzem Herzen. Nun benötige ich, daß du dich erkenntlich zeigst und mir das an dir Getane vergiltst. Siehe, das und das widerfuhr mir mit dem Könige. Schon die Weisen rühmen die Treue der Brüder; sie sind Zeugen unsres Wohlergehens, sie sind uns ein Schild in unsrer Bedrängnis. Da erwiderte der Freund und sagte darauf: Ich habe an meinen eignen Leiden genug zu tragen, und so laß davon ab, mich mit deinen Schmerzen zu belasten. Steh auf, kehre um; deine Wege sind nicht meine Wege. Ich kann gegen dich nicht freigebig sein, sonst geschieht es noch, daß ich selbst auf die Freigebigkeit andrer angewiesen bin. Und wie sagt der Weise:

Ich weiß nicht, was besser ist: des Reichen Tod oder des Armen Leben? Dennoch, wenn du willst, so gehe ich mit dir und begleite dich bis vor das Tor des Königsschlosses; danach kehre ich zurück und wende mich meinen Obliegenheiten zu.
Nunmehr wandte sich der bedrängte Mann an den dritten Freund. Er sprach zu ihm: Mein Herr, voll Scham trete ich vor dein Angesicht; statt mein Haupt zu erheben, senke ich es zu Boden. Allein die Not und die bittere Stunde bringen mich zu dir; mögest du in deiner Güte mich aufrichten und mir beistehen. Wie sagen die Weisen: Nicht der ist hochherzig, der Gutes mit Gutem vergilt, sondern der, der dem Versinkenden Hilfe bietet. Und noch lautet ihr Spruch: Milde Gaben sind Pfänder, und der Wohltätige darf gleichsam an zwei Tischen speisen, denn sein Lob erschallt laut schon in dieser Welt, und hoher Lohn harrt seiner in der zukünftigen Welt. Da entgegnete der dritte Freund und sprach zu dem Manne: Mein Bruder, wisse, daß du bei mir ein Guthaben hast, und daß all mein Bestreben ist, dir zu helfen, soweit meine Hand und meine Kraft dazu reichen. Die Weisen sagen nicht vergeblich: Jeder Ort führt seine Sprache, jede Zeit hat ihre Männer, jedes Geschlecht hat seine Grenzen, jede Tat hat ihren Lohn. Ich habe dich lieb und werde dich nicht verraten. Dein Herz gräme sich nicht, daß du dich um mich nicht viel bekümmert hast; ich habe das wenige wohl aufgehoben und behütet und es mit so viel Liebe umgeben, bis aus wenigem viel geworden ist. Ich hoffe, daß dir Ruhe und Erlösung beschieden sein werden und du deinem Herrn gefällig sein wirst.
Da ward der Mann voll großer Freude und sprach: Ich weiß nicht, was ich mehr bereuen soll: daß ich einen treuen Freund so vernachlässigt oder daß ich zwei ungetreue so umworben habe?
Und du, Königssohn, der du der Fabel zugehört hast, wisse,

daß unter dem ersten Freund der Reichtum und die irdischen Güter zu verstehen sind. Sie geben einem auf den Weg nur das Totenhemd und das Kopftuch mit. Der zweite Freund, das sind die Hausgenossen, die Verwandten und die Nachbarn, die nach eines Menschen Tode seufzen und ihn bis zum Grab geleiten. Der dritte Freund, das sind die guten Werke, die den, der sich ihrer befleißigt, aus der Enge ins Freie führen, die Trauer in Freude, Qual in Ruhe verwandeln.

165. DER JAHRESKÖNIG

Ich hörte einst von einem Lande erzählen, das von einem kleindenkenden Volke bewohnt war. Kam in das Land ein Fremdling, der nicht viel Verdienste hatte, so wurde er von den Einwohnern für ein ganzes Jahr zu ihrem König ernannt. Und der plötzlich Gekrönte glaubte in seiner Dummheit, daß seine Herrschaft ewig währen werde, und lebte in Freuden. Wie aber das Jahr um war, wurde er jählings aus der Stadt gewiesen, seiner Kleider und Schuhe beraubt und schwer mißhandelt. Nicht einmal für eine Stunde ward ihm Speise übriggelassen. Da erst wurde der Arme des Elends gewahr, in das er geraten war und an das rechtzeitig zu denken er versäumt hatte. Er weinte und klagte bittern Herzens um den Glanz, der ihm nur für solch kurze Zeit gegeben worden, der über Nacht gekommen und über Nacht hinweggeschwunden war.

Nun geschah es aber einmal, daß die Einwohner des Landes auf einen klugen Fremdling stießen, den nur zeitweiliges Elend verwirrt hatte. Ihm waren üble Zufälle widerfahren, und er hatte viel schlimme Not über sich ergehen lassen. Dadurch ward er verstört und ging seufzend einher. Wie ihn die Ältesten des Landes so unmutig die Straße wandeln sahen, hielten sie ihn für einen armen Tropf und ahnten nichts von der Weisheit und dem überlegenen Geist, der dem Manne innewohnte. Er schien ihnen wohl geeignet, ein Jahr lang ihr Fürst zu sein, und so machten sie ihn schnell zu ihrem Herrscher und riefen vor ihm laut: Es lebe der König!

Wie sich der Fremdling von der plötzlichen Veränderung erholt hatte, beschlich ihn die Sorge um sein weiteres Schicksal, denn er traute nicht recht denen, die sich jetzt seine Untertanen nannten. Es war aber ein Mann unter denen, die ihn umgaben, und dieser erschien dem Könige wert, von ihm ausgezeichnet zu werden. Er machte ihn zu seinem Freund und Vertrauten, verehrte ihm viele Geschenke und gewann nach und nach sein Herz, so daß der ihm unversehens die Einrichtungen des Staates offenbarte. Darauf sagte dieser: Bruder, wer kein Geheimnis zu wahren versteht, wird von den Weisen verachtet; sie rühmen die, die Verborgenes in sich tragen, von solchen wissen sie Fabeln und Sprüche zu dichten. Und nun, lieber Genosse, willst du mir ein treues Gelöbnis ablegen, daß du mein Geheimnis nicht verraten und Gleiches mit Gleichem vergelten wirst, so will ich dir großen Reichtum schenken und dir hohe Ehren zuteil werden lassen. Der Ratmann willigte darein und gelobte seinem Herrn Treue und Schweigen. Da sprach der König: Ich weiß es wohl, lieber Freund, daß die Schätze dieses Landes mein sind zur Zeit. Doch was nützt uns ein Reichtum, der nicht lange währt? Was nützen uns Ehren, die uns bald genommen werden, und eine Herrlichkeit, die nur kurze Zeit besteht? Die Pracht, die mich umgibt, bereitet mir keine Freude. So will ich mir denn Rats holen, ehe mich die ausgelacht haben, denen es bald gefallen wird, mich von meiner Höhe zu stürzen und mich der Verachtung preiszugeben. Somit hab ich dir offenbart, was mein Verstand mich gelehrt hat. Allein es ist des Verständigen Art, auch in dem, was er beschlossen hat,

seine Getreuen zu befragen. Also wende ich mich an dich, daß du mich lehrst, was zu tun ist. Sagen doch die Weisen: Was dir frommt, weiß zum Teil auch dein Bruder, deshalb frage ihn um Rat. Wer viel fragt, vergißt nimmer zwei Dinge: das Schicksal zu preisen in den Tagen des Wohlseins und nach Rettung zu suchen in den Tagen der Trübsal. Da erwiderte der Genosse und sprach: Mein Herr und König, was du sprichst, ist recht; ich stehe dir zu Befehl, schicke mich, wohin du willst.
Hierauf begaben sich die beiden nach den Schatzkammern, wo das Gold, das Silber und die Edelsteine aufbewahrt lagen, und nahmen von da, was sie nur mitnehmen konnten. Sie verwahrten es an einem sichern Orte. Als nun die Zeit kam, daß der König verabschiedet wurde, konnte er mit seinem Freunde des Reichtums genießen. Und das kam daher, daß er zur rechten Zeit Vorsorge getroffen hatte.

166. DER DERWISCH UND DIE VERWANDELTE MAUS

Es gab einst einen Derwisch, der diente Gott, war ein frommer, rechtschaffener Mann, und sein Gebet wurde stets erhört; selbst wenn er verlangt hätte, daß die Welt in ihren Urzustand zurückkehrte, es würde ihm gewährt worden sein. Eines Tages saß der Derwisch am Ufer des Stromes und sah hoch über sich einen Stoßvogel fliegen, der in den Krallen eine Maus hielt. Als der Vogel in die Nähe des Derwischs herabgeflogen war, ließ er die Maus fallen, und sie blieb vor den Füßen des Mannes liegen. Da erbarmte er sich des Geschöpfes und deckte es mit seinem Mantel zu. Er wollte die Maus zu sich nach Hause nehmen, fürchtete aber, daß seine Hausgenossen sie verachten und hinauswerfen würden. Da betete er zu Gott, daß er sie in ein Mädchen verwandeln möge. Und der Herr erhörte das Gebet des frommen Mannes, und die Maus ward zu einer herrlich schönen Jungfrau. Also führte sie der Derwisch in sein Haus, und sie blieb bei ihm. Seine Frau aber ahnte nicht, daß das Mädchen früher eine Maus gewesen war, und hielt sie für eine Sklavin, die ihr Mann gekauft hatte.

Als das Mägdlein zwölf Jahre alt wurde, sprach der Derwisch bei sich: Die Jungfrau hat das Alter erreicht, da sie ein Frauenleben führen muß; sie darf nicht mehr ohne Mann sein und muß einen Ernährer haben. Ich aber will zu meinem Dienst zurückkehren, den ich bislang getrieben habe. Und er sprach zu dem Mädchen: Suche dir einen aus, den du gern zu deinem Eheherrn haben möchtest. Die Jungfrau erwiderte: Ich wünsche mir zum Mann einen Helden von großer Kraft, der über eine Macht verfügt, wie sie kein Mensch besitzt. Darauf sprach der Derwisch: Ich wüßte außer der Sonne niemand zu nennen, der so mächtig wäre; ich will nun zu ihr beten, daß sie dir den verlobe, der über ihr waltet. Und der Derwisch reinigte sich, flehte zu der Sonne und sprach: Sonne, du Reine und Leuchtende, die du durch die Güte des barmherzigen Gottes den Geschöpfen Licht spendest, ich flehe dich mit diesem Gebet an, daß du meine Tochter dem zum Weibe gibst, der deinen Gang bestimmt, denn sie will den Stärksten der Starken und den Mächtigsten der Mächtigen zum Manne haben. Darauf antwortete die Sonne: Ich habe deine Worte vernommen, und ich will dich nicht leer ausgehen lassen des Ansehens wegen, das dir Gott vor allen andern Wesen verliehen hat. Dennoch muß ich dich auf den verweisen, der stärker ist als ich. Der Derwisch fragte: Und wer ist dieser? Die Sonne antwortete: Das ist der, der über die Wolken gebietet, in dessen Macht es steht, mich zu bedecken und mein Licht zu verdunkeln.

Also ging der Derwisch zu der Stelle, da die Wolken vom Meere aufsteigen. Er rief ihren Gebieter an und sagte ihm, was die Sonne gesagt hatte. Der Fürst der Wolken ant=

wortete: Ich habe deine Worte richtig begriffen; ich bin wohl im Besitze einer Macht, wie sie nur Engeln gegeben worden ist. Dennoch muß ich dich zu einem schicken, der noch mächtiger ist als ich. Der Derwisch fragte: Und wer ist dieser? Der Wolkenfürst entgegnete: Das ist der Wind, der mich von einem Ende des Himmels bis an das andere jagt; den kann ich nicht nötigen, und dem kann ich mich nicht widersetzen. Da begab sich der Derwisch zu dem Fürsten des Windes und redete mit ihm, wie er vorher mit dem Gebieter der Wolken geredet hatte. Der Fürst der Winde antwortete ihm: Ich bin wohl stark und mächtig, du mußt aber einen angehen, der mir widersteht, den ich nicht beugen kann. Der Derwisch fragte ihn, wer dieser sei, und da antwortete ihm der über die Winde Befohlene: Das ist der Berg, der in deiner Nähe ist. Da wandte sich der Derwisch an den Berg und sprach: Ich will dir meine Tochter zum Weibe geben, du mächtiger Riese. Der Berg erwiderte: Wohl ist es so, wie dir gesagt worden ist; ich bin stark und unbeugsam. Und doch will ich dir einen zeigen, vor dem selbst ich ohnmächtig bin. Der Derwisch fragte: Wer ist denn dieser? Der Berg gab zur Antwort: Das ist die Maus, die mich unterwühlen kann. Nunmehr ging der Derwisch zur Maus und sprach zu ihr, wie er zum Berge gesprochen hatte. Die Maus erwiderte: Ich bin in Wahrheit die, die den Berg untergraben kann. Wie kann ich aber ein Wesen freien, das menschlicher Herkunft ist, wo ich doch eine Maus bin und in einem Erdloch wohne?

Da kehrte der Derwisch zu dem Mädchen zurück und sprach zu ihr: Willst du eine Maus zum Gemahl haben? Es ist keiner so mächtig wie sie; ich habe Helden und Gewaltige angesprochen, alle aber schickten mich zu ihr. Willst du, daß ich abermals Gott anrufe und er dich wieder eine Maus werden läßt, damit du der Maus Gefährtin werdest? Das Mädchen erwiderte: Tu, was du an mir zu tun gewillt bist.

Da rief der Derwisch zu Gott, und aus dem Mädchen ward wieder eine Maus. Der Derwisch führte sie in das Loch, und dort vermählte sie sich mit dem Manne, der ihr gleichwertig war.

167. DIE TUGENDSAME FRAU UND DER BEKEHRTE KÖNIG

Es war einmal ein König, der die Frauen sehr gern hatte und ihnen immer nachstellte. Alle Tage schweifte er in seiner Königstadt umher und schaute in die Fenster der Häuser; wo er ein schönes Weib sah, suchte er sie in sein Garn zu fangen. Da er der Landesherr war, hatte er über alles freie Hand, und kein Weib konnte ihm entrinnen. Alles Volk und alle Leute im Lande wußten davon, aber keiner durfte den Mund aufmachen und etwas dawider sagen.
Nun lebte in der Stadt ein frommer Mann, und dieser hatte ein sehr schönes Weib; drei angesehene Bürger der Stadt waren ihre Brüder. Dieser Fromme pflegte, da ihm die freien Sitten des Königs bekannt waren, sein Weib sorgsam zu bewachen, damit sie in sein Fangnetz nicht falle. Auch die Frau war keusch und hütete sich, dem Könige unter die Augen zu kommen; sie wußte wohl, daß sie ihm, wenn er sie erblickte, nicht entweichen würde. Aber eines Tages schaute sie doch unversehens zum Fenster hinaus, und der Zufall wollte, daß gerade der König vorbeiging und die Augen auf die Fenster dieses Hauses heftete. Wie er das Weib gewahrte, wurde sein Herz warm, und die Lust entbrannte in ihm, ihr beizuwohnen. Das Weib merkte, daß sie vom Könige gesehen worden war, und ihr Leid war groß. Sie verbarg sich und verriegelte die Tür von innen.
Da kam der König, wollte hinein und fand die Tür verschlossen. Ob er aber gleich Herrscher war und niemand ihm etwas sagen durfte, wandte er offenkundig nie Gewalt an; er beschloß, vorsichtig zu Werke zu gehen. Von da ab

kam er täglich in den Hof dieses Hauses, denn er dachte, er werde doch einmal zu irgendeiner Stunde die Tür offen finden.

Das Weib erzählte in ihrer Treuherzigkeit ihrem Manne alles, was vorgefallen war, und nunmehr achteten sie beide darauf, daß die Tür stets verschlossen blieb. Aber eines Morgens begab sich der Fromme ins Lehrhaus und vergaß, den Eingang zu verriegeln. Das Weib, das die Achtsamkeit ihres Mannes kannte, dachte nicht daran und tat ihre Arbeit, wie sie gewohnt war. Da kam der König vor das Haus, und siehe, die Tür war nicht verschlossen. Also trat er ein. Als das Weib so plötzlich des Fürsten ansichtig wurde, überfiel sie ein Zittern, daß ihr die Sinne beinahe vergangen wären. Da es aber der König war, durfte sie nichts sagen und auch nicht laut um Hilfe rufen. Sie zwang sich, ihn freundlich zu empfangen, führte ihn in die Gaststube und erwies ihm alle Achtung. Alsdann holte sie eine kleine vergoldete Bibel, gab sie dem Eindringling und sprach: Mein Herr und König, siehe, deine Magd ist in deiner Hand, tu an ihr, wie es dir wohlgefällt. Aber nur um eines flehe ich dich an, mein Herr, laß mir etwas Zeit, daß ich in ein anderes Zimmer gehe, mich wasche und schmücke und vor deinem Angesicht, wie es sich ziemt, erscheine. Derweil möge der Herr diese Schrift hier nehmen und darin lesen, bis ich wiederkomme. Der König erwiderte: Wohlan, Tochter, geh und bereite dich vor. Und er nahm das Buch aus ihrer Hand.

Da ging das Weib fort und flüchtete sich zu einer Nachbarin in den Hof, der gegenüber lag. Dort wartete sie und schaute zu ihrem Hause hinüber, bis der König dieses verlassen haben würde. Indessen fing der König an, in dem Buche zu lesen. Da stieß er auf die Gebote: ›Du sollst nicht ehebrechen!‹ ›Es soll dich nicht gelüsten nach deines Bruders Weibe.‹ Er blätterte weiter und fand die Worte: ›Wer die Ehe bricht, soll des Todes sterben‹, und dergleichen an=dres. So las er immer mehr, bis er nachdenklich wurde und die Größe seiner Fehltritte erkannte; er sah ein, daß er von dem geraden Wege abgewichen war durch die sündige Art, allem nachzujagen, was die Augen erblickt hatten, daß er seinen Leib und seine Seele verderbe und Schande ernten würde. Und er saß da, ganz versunken in die neue Lehre, bis er auf einmal gewahr wurde, daß Stunden vergangen waren.

Er erwachte wie vom Schlafe und sprach bei sich: Gewiß=lich hat es das Weib durch ihre Weisheit so angestellt; nun ist sie weg; versäume ich mich noch länger hier, so kommt ihr Mann und findet mich, und ich erfahre Schmach und Unehre. Und der König stand eilends auf, um davonzu=gehen. Zuvor aber legte er unter das Polster des Stuhles einen Beutel voll Goldstücke, um dem Weibe das Leid zu vergelten, das er ihr zugefügt hatte. In der Eile ließ er sei=nen Perlenstab, den er mitgenommen hatte, in dem Ge=mach liegen, steckte das Buch ein und verließ das Haus.

Das Weib währenddessen wartete mit bangem Herzen, daß der König herauskäme, damit sie ins Haus zurück=kehre, ehe ihr Mann da sei. Als sie nun den König ihre Behausung verlassen sah, freute sie sich überaus und dankte dem Herrn, daß er an ihr ein Wunder getan und sie vor dem Verderben gerettet hatte. Sie eilte nach Hause, um ihrem Manne das Mahl zu bereiten. In der Hast vergaß sie, in das Gemach zu schauen, in dem der König sich aufge=halten hatte.

Als die Mittagsstunde kam, kehrte der Gatte aus dem Lehrhause zurück und ging in das Gemach, um seine Klei=der abzulegen. Da sah er den Perlenstab des Königs auf dem Stuhle liegen; das Polster darauf war verschoben, und als er es zurechtrücken wollte, fand er einen Beutel mit Goldstücken darunter. Darüber wurde der Mann sehr be=

trübt und traurig und sprach bei sich: Das sind die unfehlbaren Zeichen, daß dem Satan sein Werk geglückt ist; ich habe es vergessen, die Tür abzuschließen, und nun ist der König hier gewesen und hat seine Lust an meinem Weibe gestillt wider ihren Willen. Er verbarg die Sache im Herzen und sprach mit seiner Frau weder Gutes noch Böses, aber er hielt sich fern von ihr und mied sie hinfort.
Das Weib fühlte sich gekränkt über ihres Mannes Verhalten, und ihr Kummer war groß. Da er aber nie mit ihr darüber redete, wagte sie es nicht, ihm zu erzählen, was ihr Gott damals eingegeben hatte, zu tun, und wie sie der Sünde entronnen und rein geblieben war, denn sie dachte, er würde es ihr nicht glauben. So trug sie den Gram in ihrem Herzen, bis sie krank wurde und auf ihr Lager niederfiel. Ihre Schönheit entschwand, ihr Gesicht wurde bleich, und ihr Fleisch fiel ab, daß sie keiner wiedererkannte. Ihre Brüder kamen täglich, sie zu besuchen, und brachten ihr Ärzte mit, aber keiner konnte die Krankheit des Weibes herausfinden. Es war den Brüdern sehr leid um sie, denn sie hatten sie überaus lieb. Sie baten sie, daß sie ihnen sage, was sie so mitgenommen hätte. Wie nun die Frau so Tag für Tag darum bedrängt wurde, erzählte sie ihnen alles, was sich zwischen ihr und dem Könige ereignet hatte, und wie ihr Mann seit jener Zeit sein Angesicht vor ihr verborgen hätte —; er näherte sich ihr nicht mehr, zeigte ihr keine Liebe und Freundschaft, und es wäre, als ob Haß und Feindschaft in seinem Herzen wohnten.
Da machten sich die Brüder des Weibes auf, kamen vor den König, bückten sich vor ihm und sprachen: Unser Herr und König lebe ewiglich! Wir flehen dich an, zu richten in dem Streit, den wir mit dem Manne unserer Schwester haben. Da sie angesehene Leute in der Stadt waren, lieh der König ihnen sein Ohr und sagte: Ich will es tun. Er ließ die Edlen des Reiches und die Richter zu sich kommen

und befahl, jenen frommen Mann zu rufen. Alsdann sprach er zu den Brüdern: Nun bringt eure Klage vor. Darauf fingen diese zu reden an; in ihrer Weisheit aber kleideten sie ihre Rede in ein Gleichnis, um den König nicht zu beschämen. Sie sprachen: Unser König und Herr lebe ewig! Es ist unserm Herrn bekannt, daß unser Vater sehr reich gewesen ist; er hatte Gold und Silber, Häuser und Brachland, Felder und Weinberge. Aber außerdem hatte er noch einen Garten, überaus wertvoll, schön und prächtig; dieser Garten und die Blumen darin waren seine Lust, und all seine Sorgfalt war ihm gewidmet. Als er sterben sollte, rief er uns drei zusammen und teilte sein Vermögen in drei Teile; dem einen gab er das Gold und das Silber, dem zweiten die Häuser und die Wiesen, dem dritten die Felder und Weinberge. Seine Einteilung war wohl ermessen und wohl erwogen, und ein jeder von uns nahm sein Teil mit Freuden an. Nur den Garten behielt er für sich, weil er ihm über alles lieb war. Da kam dieser Mann hier und bat und überredete unsern Vater, daß er ihm den Garten gebe. Und unser Vater willigte ein und überließ ihm den Garten, den man mit keinem Gold der Welt bezahlen konnte, ohne jedes Entgelt und ohne einen Preis zu verlangen, allein um das Versprechen, daß er ihn pflegen würde und sorgsam bestellen, damit das Land nicht verderbe und nicht verdorre und seine Schönheit und Pracht stets bewahre. Und dieser fromme und rechtschaffene Mann hat sein Versprechen und seine Pflicht treu erfüllt, und der Garten ward noch üppiger, als er vorher gewesen war. Aber es sind jetzt einige Monate her, daß der Mann sein Gesicht dem Garten abgewandt hat; er achtet nicht auf ihn, bebaut ihn nicht mehr und tut keine Arbeit darin. Infolgedessen ist der Garten verwüstet; statt daß er Trauben brächte, bringt er Herlinge, und von Unkraut ist er so überwuchert, daß alle, die seinen Reiz vorher kannten, und die ihre Augen dar=

an ergötzten, nunmehr erstaunen und fragen: ›Sollte das Naëmi sein?‹* Diese Krone aller Schönheit, wie ist sie verwelkt und dahin. Und nun fordern wir von dem Manne Vergeltung für den Schaden, den er in dem Garten angerichtet hat, und dafür, daß er den Worten nicht nachgekommen ist, die er gesprochen, als unser Vater ihm den Garten anvertraute. Er möge den Garten wiederherstellen, ihm sein früheres Aussehen aufs neue verleihen und ihn uns zurückgeben, denn wir sind jetzt seine Eigentümer kraft unseres Erbrechts. Das Geschenk ist ihm unter besondern Bedingungen gemacht worden; nun er diese mißachtet hat, soll er auch der Gabe verlustig werden.
Da erwiderte der Ehemann der Frau und sprach: Mein Herr und König! Es ist alles wahr, was die Männer hier sprechen, und es ist kein Fehl an ihrer Rede. Aber es ist dem Herrn, unserm König, bekannt, daß es ferne von mir ist, unrecht zu tun oder böswillig und mit Absicht meiner Pflicht nicht zu gedenken. Die Ankläger selbst bekundeten es hier, wie ich mit dem Garten verfahren bin seit dem Tage, da ich seiner Herr wurde, und daß all mein Bestreben darauf gerichtet war, ihn mit Liebe und Hingabe zu pflegen und zu hegen. Und so möge es der König vernehmen, daß ich einmal vergessen habe, die Pforte meines Gartens zu schließen, wie ich es sonst gewohnt war, und sie, als ich zurückkam, geöffnet fand. Ich trat in den Garten und sah daselbst Fußspuren eines Löwen, der wohl seine Höhle verlassen hatte. Ich dachte bei mir: Gewißlich hat der Löwe von den Früchten des Gartens gegessen und sich an ihnen gesättigt. Da er aber schon einmal davon genossen hat, fürchte ich mich, in den Garten wiederzukommen, ob er nicht hereinspringe und mich töte. Dieses ist der Grund, daß ich von Stund an den Garten mied, ihn nicht mehr bestellte und bebaute.

* Anspielung auf Ruth 1, 19

Als der König all diese Worte gehört hatte, begriff er, daß sie sich auf ihn bezogen hatten, und daß nur aus Ehrfurcht vor ihm, damit es die andern nicht verstehen sollten und er in ihren Augen nicht gering würde, die Klage in bildlicher Form vorgetragen worden war. Da sprach er zu dem Ehemanne des Weibes: Deine Worte sind wahr; wirklich hat sich einmal ein Löwe aus seinem Käfige herausgeschlichen und ist in deinen Garten eingedrungen. Er sah dort eine Frucht sehr hoch hängen; deren Geruch war wie der Geruch des Feldes, das der Herr gesegnet hat, und er bemühte sich sehr, sie zu erreichen und zu pflücken, aber es gelang ihm nicht, so nahm er denn eine andere Frucht nur zum Andenken mit und kehrte zurück an seinen Platz.
Nach diesen Worten ließ der König das heilige Buch holen, das seinen Sinn geändert hatte, und zeigte es dem Manne. Dann sprach er weiter: Ich schwöre dir beim Leben des Königs, daß der Löwe nichts berührt und nichts gebrochen hat in deinem Garten außer dieser Frucht. An demselben Tage aber habe ich um seinen Zwinger eine feste Mauer machen lassen, und er kann nicht mehr ausbrechen weder nach deinem Garten noch nach dem eines andern. Dein Herz sei also ruhig wegen des Gartens; kehre zurück zu ihm, pflege und bestelle ihn weiter und gib ihm die Pracht und Schönheit wieder, die er vorher unter deinem Schutze gehabt hat.
Als der Mann der Frau diese Worte des Königs und seinen Schwur vernommen hatte, ward er ruhig in seinem Innern, und er freute sich sehr, denn nun wußte er, daß sein frommes Weib ihre Reinheit bewahrt und daß kein Fremder sie berührt hatte. Er bückte sich vor dem Könige und sprach: Ich will tun, wie du gesprochen hast. Auch die Brüder fielen vor dem Könige nieder und sprachen: Du hast uns das Leben wiedergegeben. Alsdann gingen sie alle zusammen hinaus froh und wohlgemut und küßten einander, die Brüder und der Mann ihrer Schwester.

Und der Mann kehrte in sein Haus zurück, küßte sein Weib und sprach: Gesegnet seist du, meine Tochter; nun weiß ich, daß du ein tugendsames Weib bist. Deine Weisheit hat dir in der Not geholfen, und der Herr stand dir bei. Da wandten sie sich wieder einander in Liebe und Freundschaft zu. Das Weib hatte nun ihren Trost und genas vollständig.

168. DIE HEUCHLER

Es war einmal ein reicher Mann, der hatte einen einzigen Sohn, schön von Aussehen und klug. Als die Zeit herannahte, daß der Vater sterben sollte, rief er den Jüngling herbei, gab ihm seine letzten Weisungen und sprach: Mein Sohn, siehe, ich vererbe dir großen Reichtum und viele Schätze, so daß du es dein Leben lang gut haben wirst; aber nur eins befehle ich dir an: Nimm dich in acht vor Heuchlern, vor Menschen, die im Ausüben der Frömmigkeit über das Maß hinausgehen; sie stellen sich nach außen als die Gerechten hin, und sieben Greuel sind in ihrem Herzen; sieh dich also vor vor den Allzufrommen, und dann wird es dir und deinem Samen wohlergehen. Danach starb der alte Mann.
Da nahm der Sohn eine arme Waise zum Weibe; die war sehr schön und deuchte ihm rechtschaffen. Er freute sich mit ihr nach der Hochzeit, und sie war keusch und fromm in seinen Augen. Nachdem sie nun einige Jahre miteinander vermählt waren, sprach der junge Mann zu seiner Genossin: Komm, wir wollen zusammen miteinander durch Straßen und Märkte wandeln und uns die Herrlichkeiten des Landes ansehen. Das Weib erwiderte: Ich mag nicht ausgehen; es könnte leicht geschehen, daß ich zu andern Männern meine Augen erhübe, oder daß andre Männer zu mir emporschauten und ich sie zum Straucheln brächte. Da

dachte der Gemahl in seinem Herzen: Sie scheint mir gar zu gerecht zu sein. Er entsann sich der letzten Worte seines Vaters, aber er schwieg und ging allein auf den Markt.

Ein halbes Jahr darauf ließ er zu jedem Gemach seines Hauses zwei Schlüssel machen, behielt einen für sich und gab seiner Frau auch je einen Schlüssel, sagte ihr aber nicht, daß er ebenfalls welche hatte. Alsdann teilte er ihr mit, daß er weit wegfahren müsse, um Ware einzukaufen, und daß sie ihm Zehrung für den Weg geben möge. Das Weib tat das, denn sie dachte, daß ihr Mann sich auf eine weite Reise begeben würde. Doch dieses war nur eine List von dem jungen Manne; nachdem er sich eine halbe Meile von der Stadt entfernt hatte, befahl er dem Fuhrmann, wieder umzukehren. Er ging aber nicht in sein Haus, sondern stieg in einem Gasthof ab. Als es Nacht und finster wurde, suchte er seine Wohnung auf und öffnete sie; er ging von einem Zimmer ins andre, bis er in das Schlafgemach seiner Frau kam; hier fand er einen Heiden bei seiner Gemahlin ruhen. Als das Weib ihren Mann erblickte, hieß sie den Buhlen ein Schwert nehmen und ihn erstechen. Da floh der Betrogene aus seinem Hause. Vor großem Gram irrte er in den Straßen umher, bis er sich auf dem Markte hinlegte und einschlief.

In derselben Nacht ward dem Fürsten dieser Stadt ein Schatz gestohlen. Da war ein großes Getümmel im Schlosse, und der Fürst befahl, auf allen Wegen und in allen Häusern nach dem Diebe zu suchen. Da fanden die Diener auf dem Markte den jungen Mann schlafend und dachten, daß dieser der Dieb wäre. Sie ergriffen ihn und nahmen ihn fest; nachdem er schwere Qualen ausgestanden hatte, sollte er gehenkt werden.

Als man den Unschuldigen an den Galgen führte, begleitete ihn ein Priester, der Sitte gemäß. Dieser redete dem Verurteilten zu, er möge seinen Glauben wechseln. Der

Weg führte an einem Misthaufen vorbei, auf dem Würmer krochen. Da sagte der Priester zu den Henkersknechten, daß man nicht über, sondern um den Haufen herum gehe, damit man ja keinen Wurm zertrete. Heiße es doch in der Schrift, daß Gottes Barmherzigkeit über allen Geschöpfen walte. Nun fielen dem jungen Mann abermals die Worte seines Vaters ein, und er sprach bei sich: Auch dieser Priester ist von den Heuchlern einer. Er wandte sich an die Knechte und rief: Ich und dieser Priester, wir haben beide den Diebstahl verübt. Also wurde auch der Pfaff ergriffen, und der Fürst befahl, sein Haus zu durchsuchen. Da fand man dort den ganzen Schatz.
Danach fragte der Fürst den Ebräer, wie er denn auf den Gedanken gekommen wäre, daß der Priester schuldig sei. Da fing der Jüngling an, von dem Vermächtnis seines Vaters zu erzählen; er schilderte, was ihm mit seinem heuchlerischen Weibe begegnet war und wie er durch den frömmlerischen Ausspruch des Priesters diesen als Dieb erkannt habe. Alsbald befahl der Fürst, die Ehebrecherin mit ihrem Buhlen zu enthaupten und den Priester aufzuhängen, den rechtschaffenen Jüngling aber mit Ehren in sein Haus zu führen.

169. VOM LEVJATHAN

Es war einmal ein Mann, der unterwies seinen Sohn in der Zucht und suchte ihm täglich das Gebot einzuprägen, das da befiehlt: ›Wirf dein Brot ins Wasser, nach Tagen findest du es wieder.‹*
Es trug sich nunmehr zu, daß der alte Mann starb. Der Sohn gedachte dessen, was ihn sein Vater gelehrt hatte. Er brach sein Brot und warf täglich davon ein Stück in den Strom. An diese Stelle des Wassers kam aber von nun an ein

* Prediger 11, 1

Fisch, und der aß das Brot und wurde davon so groß, daß er die Fische, die in seiner Nähe waren, bedrängte. Also versammelten sie sich alle, kamen vor Levjathan und sprachen: Herr, hier im Wasser lebt ein Fisch, der ist überaus groß geworden, und wir können neben ihm nicht bestehen; seine Kraft vollbringt es, daß er unser täglich zwanzig und mehr verschlingt. Alsbald sandte Levjathan einen Boten, der den Schuldigen holen sollte. Allein der Fisch verzehrte den Boten. Levjathan schickte einen andern Fisch, aber auch diesen fraß der Mächtige. Da begab sich Levjathan selbst zu ihm und sprach: Siehe, es leben so viele Fische im Wasser, und keiner ist so groß wie du. Der Angeredete erwiderte: Jawohl; es gibt hier auf dem Festlande einen Mann, und dieser bringt mir täglich ein Brot, das ich verzehre; davon bin ich so stark geworden; auch esse ich jeden Morgen zwanzig Fische und jeden Abend dreißig. Da fragte Levjathan: Warum frißt du aber deinesgleichen? Der Fisch antwortete: Weil sie in meine Nähe kommen. Hierauf sagte Levjathan: Geh und hole den Mann, der dich speist. Der Fisch erwiderte: Morgen will ich ihn dir vorführen. Und er schwamm stracks bis an die Stelle des Ufers, wohin der Jüngling zu kommen pflegte, und grub da eine Grube aus. Des andern Tages erschien der Jüngling; wie er sich aber an den gewohnten Platz hinstellen wollte, fiel er ins Wasser, und der Fisch, der dicht vor der Grube sein Maul offenhielt, verschlang den Mann, schwamm ins Meer und kam vor Levjathan. Levjathan sprach zu dem Fisch: Spei den Menschen aus. Das tat der Fisch, und der Jüngling fiel aus seinem Maul in das Maul Levjathans. Dieser fragte nunmehr: Mein Sohn, warum hast du dein Brot ins Wasser geworfen? Der Jüngling antwortete: So hat mich mein Vater von klein auf zu tun geheißen.

Hierauf spie Levjathan den Jüngling aus und küßte ihn; er lehrte ihn die siebzig Sprachen der Welt und führte ihn in die Schrift ein. Danach warf er ihn dreihundert Meilen vom Meere entfernt auf das feste Land, und der Jüngling fiel auf eine Stätte, die noch kein menschlicher Fuß betreten hatte. Als er nun so müde dalag, sah er zwei Raben über sich fliegen und hörte den jüngern zu dem ältern sprechen: Vater, sieh diesen Menschen hier, ob er wohl tot oder lebendig ist. Der alte Rabe antwortete: Das weiß ich nicht, mein Sohn. Da sprach der junge Vogel: Ich will hinabfliegen und will seine Augen aushacken, denn es gelüstet mich danach, Menschenaugen zu fressen. Der Rabenvater aber sprach: Mein Sohn, steig nicht hinunter, vielleicht lebt der Mensch. Doch der junge Rabe rief: Ich fliege hinunter und fresse seine Augen. Und er ließ sich hinab. Der Jüngling aber verstand alles, was die Vögel miteinander gesprochen hatten. Wie sich nun der Rabe auf seine Stirn niedersetzte, faßte er ihn an den Füßen und hielt ihn fest. Nun schrie der junge Rabe zu dem alten: Vater, wisse, ich bin in die Hand des Menschen gefallen und kann mich nicht emporschwingen. Als der Rabenvater diesen Ruf vernahm, fing er zu schreien und zu weinen an. Er rief: Weh über meinen Sohn! Und zu dem Menschen gewandt, rief er: Menschensohn, laß mein Kind fahren. Mögest du meine Sprache verstehen! Steh auf und grabe an der Stelle, wo du liegst; du wirst den Schatz Salomos, des Königs von Israel, finden. Da ließ der Jüngling den Vogel los, grub an der Stelle, wo er gelegen hatte, nach und fand den Schatz Salomos, der aus Perlen und Edelsteinen bestand. Also wurde er reich und hinterließ auch seinen Kindern großen Reichtum.

Diesen Jüngling meint der Sohn Sirachs, wenn er sagt: Brich dem Hungrigen dein Brot und laß an deinem Mahl jeden teilnehmen.

170. DIE ZWEI RABEN UND DER LÖWE

Ein Mann befand sich auf der Reise nach dem Lande Israel; da erhob er seine Augen und sah zwei Raben, einen alten und einen jungen, die miteinander haderten. Der Rabenvater sprach zu seinem Sohne: Warum hast du auf meine Worte nicht gehört, der ich dir verboten habe, die Augen des Menschen auszuhacken, der auf dem Felde lag? Ich sagte dir: Fliege zu ihm nicht hinab und friß seine Augen nicht, denn er kann lebendig sein und sich nur tot stellen – der Mensch ist immerdar ein listiges Geschöpf. Du aber behauptetest, er sei tot, und gehorchtest mir nicht; du flogst zu ihm hinunter, und da nahm er dich fest. Du schriest laut zu mir, und da jammertest du mich, als ich dich in solch großer Not sah. Ich wies den Menschen auf einen Schatz hin, damit er dich loslasse. Aber auch sonst, in andern Dingen, folgst du mir nicht. So redete der alte Rabe auf den jungen ein, der junge kehrte sich aber nicht an die Worte seines Vaters.

Da geriet der Vogel in Wut; er erhob sich wider seinen Sohn und schlug ihn tot. Nachdem er jedoch seinen Grimm gestillt hatte, gereute ihn, was er getan hatte. Er flog eilig fort, kam aber bald mit einem Gräslein im Schnabel wieder; dieses legte er auf den jungen Raben und machte ihn dadurch lebendig. Danach flogen die beiden Vögel weiter.

Das alles aber sah der Wanderer, der unten gestanden hatte. Er hob das Sträuchlein, das heruntergefallen war, auf, verwahrte es bei sich und setzte seine Reise fort. Als er wieder eine Strecke gegangen war, schaute er auf und sah abermals zwei Vögel miteinander raufen, bis der eine den andern überfiel und ihn tötete. Danach flog der Totschläger fort, und der Mann unten blieb stehen, um zu erfahren, was nun geschehen werde. Er wartete an zwei Stunden und sah diesen Vogel gleichfalls mit einem Halm im Munde geflogen

kommen und seinen toten Freund damit zum Leben erwekken. Die beiden Vögel flogen darauf friedlich zusammen.
Als der Wanderer das sah, sprach er: Ich will hingehen, will den Grashalm holen und mich überzeugen, ob er von derselben Art ist wie der, den der Rabe benutzt hat. Er ging bis an die Stelle, wo das Gras lag, hob es auf, und siehe, es ähnelte ganz dem ersten. Da sprach der Mann: Was sehe ich da? Dieses Kraut hat sich schon zweimal als wunderwirkend erwiesen; so will ich es mitnehmen und will damit die Toten des Landes Israel auferstehen lassen. Und er zog seine Straße weiter. Da sah er bald einen toten Löwen auf dem Wege liegen. Er sprach bei sich: Ich will etwas von der Pflanze auf den Löwen legen und will sehen, ob er davon lebendig wird oder nicht. Und er versuchte die Kraft des Strauches an dem Raubtier. Aber dieses richtete sich lebend auf und fraß den Menschen, bis es satt wurde.
Die zwei Raben, die gerade vorbeiflogen, stimmten eine Klage über den Wanderer an und riefen: Wehe dir, wehe dir, der du zu deinem Unglück das Gräslein aufgehoben hast!
Daher sprach der Sohn Sirachs: Laß dem Bösen nichts Gutes widerfahren; er bringt dich doch nur zu Fall.

171. DREI LEHREN

Ein Vogelsteller hatte einst einen Vogel gefangen; das war aber ein Tier, das sich in allen siebzig Sprachen auskannte. Es sprach zu dem Menschen: Gibst du mich frei, so will ich dir drei nützliche Lehren beibringen. Der Jäger antwortete: Sage mir die Regeln; ich will dich dann fliegen lassen. Der Vogel aber sagte: Schwöre mir erst, daß du mir in Wahrheit meine Freiheit wiedergeben wirst. Also schwur ihm das der Mensch. Der Vogel begann und sprach: Die erste Lehre lautet: Ist eine Sache geschehen, so bereue sie nimmer. Mein zweiter Leitspruch ist: Erzählt man dir etwas,

was unmöglich ist, so glaube dem nicht. Die dritte Lehre be=steht darin, daß du Unerreichbares nicht zu erreichen ver=suchest. Nach diesen Worten bat der Vogel den Menschen wieder um seine Freiheit, und dieser öffnete seine Hand. Hierauf flog der Vogel auf einen Baum, der höher war als die andern, und rief spöttisch zu dem untenstehenden Menschen: Du hast mich fliegen lassen und weißt nicht, daß in meinem Leibe eine kostbare Perle steckt, die mich weise macht. Da bedauerte der Jäger, daß er den Vogel freigelassen hatte, und lief bis zu dem Baum, auf dem der Spötter saß. Er versuchte, ihn zu erklettern, kam aber nur bis zur Mitte und stürzte ab. Nun blieb er mit gebrochenen Beinen und zerschmetterten Gliedern liegen. Der Vogel aber lachte und rief: Du törichter Mann, auch nicht eine Stunde behieltst du die Lehren, die ich dir gegeben habe. Ich sagte dir, du solltest nimmer Reue empfinden über das, was geschehen ist, und dir tat es gleich leid, daß du mich hattest fliegen lassen. Ich lehrte dich, daß du an unmög=liche Dinge nicht glauben sollst, und du nahmst die Er=zählung gläubig hin, daß ich eine wunderwirkende Perle bei mir trage; ich bin aber nichts denn ein wilder Vogel, der sich seine Nahrung stündlich suchen muß. Zuletzt er=mahnte ich dich, nicht vergeblich nach Unerreichbarem zu streben, und du unternahmst es, einen Vogel mit den Hän=den zu fangen. Also liegst du da, geschlagen und besiegt. Von dir gilt der Spruch: ›Auf den Klugen wirkt ein Schrei mehr als hundert Hiebe auf den Toren.‹ Es sind aber viele Menschenkinder wie du unverständig.
Und der Vogel flog weiter, nach Nahrung Umschau haltend.

172. DER ÄNGSTLICHE GAST

Ein alter Mann, der nach einem fremden Orte gekommen war, nahm Herberge im Hause eines rechtschaffenen Bür=

gers und wurde dort ehrerbietig empfangen. Um die Mittagszeit fragte die Frau des Gastgebers ihren Ehemann: Mein Herr, was werden wir heute abend unserm Gast zu Ehren essen? Ihr Mann erwiderte: Wir wollen heute den Adam verspeisen. Diese Antwort hörte der Gast; er erbebte und sprach: An diesem Orte scheint gar einer den andern zu essen; wie sie jetzt mir zu Ehren einen verzehren wollen, so werden sie dem zu Ehren, der nach mir kommt, mein Fleisch als Speise auftragen. Und der Fremde verließ das Haus und suchte eine andre Herberge auf. Als die Essenszeit kam, fragte der erste Wirt bei seinen Nachbarn nach dem alten Manne, der bei ihm eingekehrt war. Einer gab ihm zur Antwort: Ich sah ihn in das und das Haus gehen. Da ging der Rechtschaffene dorthin und fand seinen Gast bei Tisch sitzen. Er sprach zu ihm: Mein Herr, warum tust du mir solches an und verläßt mein Haus? Steh auf und komm wieder zu mir. Der alte Mann entgegnete: Ich gehe von hier nicht weg. Der Eingetretene bat zum zweiten und zum dritten Male, der Fremde mochte aber nicht mitkommen. Also zog der gastliche Mann ab. Als er fort war, fragte der zweite Wirt seinen Gast: Warum handelst du so und beschämst einen Frommen? Wisse, der dich gerufen hat, ist ein Mann Gottes. Da antwortete der Fremde: Das und das habe ich in jenem Hause gehört, und da erschauerte mein Inneres; vor lauter Furcht bin ich geflohen und bin hierhergekommen. Darauf lachte der Wirt und sagte: In unserm Orte wächst eine Pflanze, die wie alles Kraut aus der Erde kommt und in der Erde wurzelt, und die ein menschenähnliches Aussehen hat. Zuerst sproßt ihr Kopf aus der Erde, und nach und nach wächst die Gestalt heraus. Dieses Gewächs nennen wir Adam.

173. DIE BESTRAFTE HABGIER

Ein Mann aus dem Lande Israel war über das Meer in ein fernes Land gezogen; er hatte aber in der Heimat einen Sohn zurückgelassen, der der Schrift beflissen war. Da erkrankte dieser Mann an dem Leiden, an dem er sterben sollte. Er rief einen Schreiber herbei und sprach zu ihm: Setz es urkundlich fest, daß alles, was mir der Herr gegeben hat, meinem Knechte zufallen soll; meinem Sohn aber erteile ich die Erlaubnis, sich von dem, was ich hinterlasse, einen Gegenstand zu wählen, der ihm am besten gefällt. Der Schreiber faßte alles so ab, wie der Sterbende es ihm kundgetan hatte, wonach dieser seinen Geist aufgab. Hierauf raffte der Knecht des Verstorbenen die ganze Habe zusammen, nahm die Urkunde in die Hand und begab sich nach dem Lande Israel. Hier erkundigte er sich nach dem Sohne seines gewesenen Herrn und berichtete ihm: Wisse, daß dein Vater tot ist. Darauf fragte der Jüngling: Wo ist sein Hab und Gut? Der Knecht antwortete: Du hast keinen Teil an dem Vermögen; dein Vater hat mir alles vererbt und dir nur die Erlaubnis gegeben, dir eine Sache, an der du Gefallen fändest, auszusuchen.

Als das der Sohn vernahm, ging er zu seinem Lehrmeister und sprach zu ihm: Sieh, was mir mein Vater angetan hat; ich saß da und beschäftigte mich mit der Lehre in der Hoffnung, daß er mir dereinst seinen Besitz vermachen würde; nun hat er alles seinem Knechte überwiesen und mir nur freigestellt, mir einen einzigen Gegenstand aus seiner Hinterlassenschaft zu nehmen. Darauf entgegnete der Lehrmeister dem Jüngling: Dein Vater hat weise gehandelt; was er verfügt hat, sollte eben verhindern, daß sein Vermögen Eigentum des Knechtes werde. Ihr werdet jetzt beide vor den Richter kommen, und der wird dir sagen: Wähle dir nunmehr, was du gern haben möchtest. Darauf lege du

deine Hand auf den Knecht und sage: Diesen hier will ich mein Eigen nennen!
Der Jüngling tat nach den Worten seines Lehrers, und so ward der Knecht und alles Gut, das dieser hatte, sein Eigentum; denn alles, was der Knecht besessen hatte, hatte der Jüngling mit ihm erworben.

174. GOTTES AUGE SIEHT BESSER DENN DES MENSCHEN AUGE

In einer Stadt lebte ein frommer Mann, der in allem seinem Tun rechtschaffen war. Sein Haus lag auf der Straße, die zu dem Totenacker führte, so daß er jeden Leichenzug von seiner Tür aus sehen konnte. Wurde nun einer zu Grabe getragen, so machte sich der Mann auf, begleitete den Zug bis zum Friedhof und half bei der Beisetzung des Toten. Es begab sich aber, daß der Fromme auf seine alten Tage an den Füßen krank wurde; seine Schenkel wurden schlaff und wollten den Körper nicht mehr tragen. Eines Tages starb in dem Orte ein gerechter und friedfertiger Mann. Als er beerdigt werden sollte, konnte der Fromme nicht aufstehen und ihn bis zur Gruft geleiten. Da vergaß er seine Schmerzen und Qualen, und er rief zum Herrn die ganze Nacht. Er sprach: Gebieter des Himmels! Du, der du die Blinden sehen und die Lahmen gehen läßt, du, der du meine Beine steif gemacht hast, erhöre meine Bitte, die ich vom Schmerzenslager aus zu dir emporsende, und gewähre mir das eine: laß mich jedesmal, wenn ein Gerechter zur ewigen Ruhe gebettet wird, für diese Stunde stark werden und gib meinen Füßen die Kraft, mich zu erheben. Und ein Engel Gottes erschien dem Frommen und sprach: Deine Bitte ist erhört worden.
Und so war es auch von nun an. Jedesmal, wenn ein Gerechter starb und die Bahre an dem Hause des Kranken

vorbeigetragen wurde, konnte dieser von seinem Lager aufstehen, und er betete für die Seele des Verstorbenen. Da begab es sich, daß in dem Orte ein Mann verschied, der eine Zierde der Alten, eine Krone der Jungen genannt wurde, einer, von dem es hieß, daß er Gott das Seinige und den Menschen das Ihrige gegeben habe. Der Sarg wurde an dem Hause des Gelähmten vorübergetragen, dieser aber konnte sich von seinem Bett nicht erheben. Tags darauf verstarb in dem Orte ein Schlächter, ein aufsässiger und heftiger Mann, ein Missetäter, der vieler Vergehen schuldig war, und als der Zug mit seiner Leiche an der Tür des Kranken vorbeifuhr, richtete sich dieser plötzlich auf und sprach ein Gebet. Da sagten die, die zugegen waren: Vielleicht war der Schlächter gar kein Bösewicht. Und die Bürger verwunderten sich über den Fall und sprachen zueinander: Warum ist der Schmerzensmann gestern, als der Schlächter starb, aufgestanden und bei dem Begräbnis des gerechten Mannes liegen geblieben?
Zwei bejahrte Männer aber ereiferten sich über das Geschehene, und einer sprach zum andern: Wir wollen nicht eher ruhen, als bis wir erfahren haben, was der Vorfall bedeutet. Sie gingen erst zu der Frau des Schlächters und fragten sie über ihren Mann aus. Da rief sie ihnen laut entgegen: Gedenkt nicht des Bösewichtes und dessen, der von Mutterleibe an ein Übeltäter war. Den ganzen Tag schlug er auf mich ein; er zwinkerte mit den Augen und klapperte mit den Zähnen; er mißhandelte seine Kinder und stiftete immerfort Zank und Unruhe; er war mit einem Worte einer, der das Gesetz Moses gänzlich verwarf. Nur eine gute Eigenschaft konnte man an ihm rühmen. Er hatte einen Vater, der hundert Jahre alt war, und diesen pflegte und wartete er; er küßte ihm die Hand, fütterte und tränkte ihn, zog ihn aus und zog ihn an. Aus den Knochen der Rinder und Schafe nahm er das Mark heraus und bereitete

dem Greis eine leckere Speise. So verfuhr er alle Tage. Nun begriffen die zwei Männer, daß die Ehrfurcht vor dem Vater die Vergehen des Bösewichtes entsühnt hatte, und daß er von allen Sünden rein heimfahren durfte.
Danach gingen die Männer zu der Frau des Gerechten und fragten sie nach seinem Wandel aus. Sie antwortete bittern Herzens: Mein Mann, möge er sanft ruhen, hat, seitdem er den Bund mit mir geschlossen, mich niemals gescholten und niemals beschämt. Er machte mich zur Herrin über alles, was sein war, und er erhob nie seine Hand wider mich, auch nicht wider seine Kinder und Knechte. Sein Herz war nicht stolz, und seine Augen blickten nicht hochmütig. Dreimal am Tage richtete er sein Gebet zum Herrn, dem Gewaltigen und Gefürchteten, empor. Mitternachts aber stand er von seinem Bette auf und ging in seine Kammer, wo er den Schöpfer lobte. Da sprachen die Männer: Wo ist die Kammer, in der dein Mann zu beten pflegte? Die Frau zeigte ihnen die Tür zu dem Raume, aber siehe, das Gemach war verschlossen. Da sagte sie: So wahr ich lebe und so wahr ich meinen Mann ehre: seit zwanzig Jahren habe ich die Kammer nicht betreten; auch durfte keines der Kinder und auch sonst kein Mensch dahinein; den Schlüssel zu dem Zimmer trug mein Mann auf der Brust. Die zwei Männer schlossen die Türe auf und sahen in dem Raume nichts mehr als ein Kästchen, das lag auf dem Fenster, welches nach Norden ging. Sie öffneten die Lade und fanden darin die Gestalt eines Menschenkindes, in Gold gegossen. Nun wußten sie, daß er ein Ungläubiger und ein Leugner des wahren Bundes war, daß er zu den Heuchlern gehörte, die mit dem Kopfe nicken und ihren Gebetzipfel offen zur Schau tragen. Solcher erbarmt sich der Herr nicht; ihr Wandel ist der Wandel Simris, sie wollen aber wie Pinehas belohnt sein.*

* Anspielung auf die Erzählung 4. Buch Mose, Kap. 25

175. DER SCHARFSINNIGE RICHTER

Ein Mann fiel einst einem Richter zu Füßen, weinte und schrie und jammerte flehentlich: Schaff mir Rat und Hilfe, mich hat ein böses Geschick ereilt. Der Gesetzesmann fragte: Was fehlt dir, daß du Tränen vergießest? Der Mann sprach: Mein Herr, ich habe nur eine einzige Tochter, und die habe ich einem Jüngling zugesagt, einem, der meines Volkes und Stammes ist. Gestern lud ich ihn mit seinem Vater zu mir ein, rief außerdem meine Freunde und Nachbarn zusammen und zeigte den Gästen den herrlichen Brautschmuck, die Kleider und Mäntel, die Arm- und Stirnreifen, die Halsbänder und Ketten. Die Zeit wurde bestimmt, da die Hochzeit stattfinden und der Freudentag gefeiert werden sollte. Und heute standen wir auf in der Frühe, ich und mein Weib, um das Haus rein zu machen und zu schmücken, und siehe, es war nichts mehr da von den Gewändern und dem Geschmeide, nur das Hemd und die Schuhe der Braut waren geblieben. Bei meiner Seele, mein Herr, darin steckte mein ganzes Gut und mein ganzes Vermögen und meiner Hände Mühe, und nun weiß ich nicht, was anfangen, womit ich meiner Tochter Blöße bedecken soll. Da sprach der kluge Richter: Führe mich in dein Haus, daß ich es sehe, vielleicht läßt sich das Verlorene finden. Der Geschädigte brachte den Richter in seine Wohnung, und dieser besah sich alles genau. Die Wände waren alle hoch, es konnte kein Mensch sie erklettern noch sich an ihnen herablassen. Nur an einer Stelle war in der Mauer ein Loch, und diesem gegenüber wuchs draußen ein Baum, die Orange genannt, der dornige und stachlige Äste hat. Der Richter fragte den bestohlenen Mann: Wer ist dein Nachbar? Dieser erwiderte: Mein Herr, es ist ein Vorbeter, ein gerader und redlicher Mann, der in seinem Tun und Reden rechtschaffen ist. Da schaute sich der Rich=

ter noch einmal im Raume gut um und sprach zu dem Manne: Komm morgen um die Zeit, ich will dir zu deinem Recht verhelfen.
Des Morgens ließ der Richter den Vorbeter vor sich kommen. Er blickte ihm ins Angesicht und bemerkte an ihm Spuren einer Übeltat. Er führte ihn in einen besonderen Raum, und der Richter fing an, seine Kleider abzulegen. Er sprach zu dem diebischen Vorbeter: Zieh auch du dich aus; ich sah diese Nacht im Traume uns beide nackend miteinander ringen; nun will ich gerne das Gesicht ergründen. Der nichts Ahnende legte seine Kleider ab, und da sah der Richter, daß sein Körper voll von Wunden, Striemen und Beulen war. Nun wußte er, daß seine Vermutung der Wahrheit entsprach. Durch das Loch in der Mauer war der Raubsüchtige eingedrungen; er hatte aber seine Kleider vorher abgelegt, um sie nicht zu zerreißen. Nun sprach der Richter zu dem Entlarvten: Erstatte das Gut, das du gestohlen hast, und gib der Tochter deines Nachbarn ihren Schmuck zurück. Tust du das nicht, bei meiner Seele, so züchtige ich dich mit feurigen Ruten wie einen Dieb und Räuber. Da erbebte der Mann und fiel auf sein Angesicht; er konnte kein Wort herausbringen, denn er war bestürzt. Und er gab dem Richter alles wieder, was er bei seinem Nachbarn geraubt hatte. Als nun der Bestohlene beim Gesetzesmann erschien, zeigte ihm dieser den Brautschmuck seiner Tochter. Da fiel der Glückliche zur Erde nieder und küßte die Hände und Füße seines Wohltäters. Er rief: Gesegnet seist du vor dem Höchsten, der du ein Schutz den Armen und eine Stütze den Elenden bist. Und er nahm freudig seine Habe und ging frohgemut nach Hause. Er führte seine Tochter unter den Thronhimmel, wie es des Mädchens Wunsch und Lust war.

176. DAS KLUGE BAUERNMÄDCHEN

Es gab einst einen König, der war weise und mächtig und hatte viele Frauen und Kebsweiber. Da träumte er in einer Nacht, daß ein Affe aus dem Lande Theman auf dem Nakken seiner Weiber und Geliebten herumgesprungen wäre. Des Morgens erwachte der König betrübt und unmutig, und er sprach bei sich: Es ist nicht anders, als daß der König von Theman mein Reich erobern und meine Frauen zu seinen Beischläferinnen machen wird. Alsbald erschien vor dem König sein Kämmerer, der ihn allmorgendlich zu besuchen pflegte, und er sah ihn seufzend dasitzen. Er sprach: Was ist dir, mein Herr, daß du so traurig bist? Offenbare dein Geheimnis deinem Knechte, dem Sohne deiner Magd, vielleicht kann ich deinen Kummer lindern. Darauf erwiderte der Herrscher: Ich habe diese Nacht einen Traum gesehen, der enthielt den bittern Vorgeschmack des Todes. Kennst du nicht in unsrer Gegend einen weisen Mann, der Träume zu deuten versteht? Der Kämmerer sagte: Ich hörte, daß drei Tagereisen von hier entfernt ein Mann von großer Weisheit wohnt, der den rätselhaftesten Traum zu entwirren versteht. Erzähle mir dein Gesicht, und ich will den Traumdeuter aufsuchen. Das tat der König und sprach zu seinem Diener: Geh in Frieden!

Also trat der Kämmerer die Reise an. Er bestieg sein Maultier und ritt aus mit dem Gedanken, den wundersamen Mann zu finden. Des andern Morgens begegnete er einem Phrisiter, der auf einem Esel saß. Er begrüßte ihn und sprach: Friede mit dir, der du die Erde bebaust, der du Erde bist und Erde issest. Da lachte der Phrisiter über diese Worte. Der Kämmerer fragte: Wo geht die Fahrt hin? Der Phrisiter antwortete: Ich ziehe heim. Der Kämmerer sagte: Willst du mich tragen oder soll ich dich tragen? Darauf sprach der Bauer: Wie soll ich dich tragen, wo du auf deinem Tiere sitzest und ich auf meinem Tiere sitze? Und sie ritten eine Strecke Weges zusammen. Da sahen sie bald ein mit Weizenähren bedecktes Feld. Der Phrisiter sagte: Sieh, wie schön dieser Acker ist, und wie die Halme darauf voll sind. Der Kämmerer antwortete: Wenn nur der Weizen nicht schon verzehrt ist. Sie ritten weiter und erblickten einen hohen, auf Felsen errichteten Turm. Der Phrisiter sprach: Sieh, wie prächtig und fest dieser Bau ist. Der Kämmerer gab zur Antwort: Wenn er nur nicht von innen zerstört ist. Und er sprach weiter: Auf dem Gebirge liegt Schnee. Da lachte der Bauer, denn es war Hochsommer und weit und breit kein Schnee zu sehen. Bald kamen die beiden an einen Weg, der durch ein Weizenfeld ging. Da sagte der Kämmerer: Ein Pferd ist über diese Straße gelaufen, das war auf einem Auge blind, und seine Last bestand zur Hälfte aus Essig, zur Hälfte aus Öl.

Die Reitenden näherten sich einer Stadt und sahen eine Bahre mit einem Toten darauf. Da fragte der Kämmerer: Ist dieser im Sarge tot oder lebendig? Darauf dachte der Bauer bei sich: Der Mann dünkt einen klug, er scheint aber der Dümmsten einer zu sein.

Der Tag ging zur Neige, und der Kämmerer fragte: Ist hier in der Nähe eine Herberge? Der Phrisiter antwortete: Vor uns liegt ein Dorf, und in diesem Dorfe ist mein Haus und meine Wohnstätte; beehre mich und kehre bei mir ein, ich habe Stroh und Futter zur Genüge. Der Kämmerer antwortete: Ich will gerne deinen Wunsch erfüllen und bei dir Herberge nehmen. Und er ritt mit dem Phrisiter weiter, bis sie vor seine Wohnung kamen. Der Bauer führte den Gast hinein, gab ihm zu essen und zu trinken, fütterte seinen Esel und wies ihm eine Lagerstatt zu. Danach ging er mit seiner Frau schlafen, und seine beiden Töchter schliefen in derselben Stube.

In der Nacht erwachte der Wirt und sagte zu seiner Frau

und den Töchtern: Wie töricht ist bloß der Mann, der mit mir gekommen ist. Und er gab die seltsamen Aussprüche wieder, die der Kämmerer während ihres gemeinsamen Weges getan hatte. Darauf sagte die jüngere Tochter des Phrisiters, die fünfzehn Jahre alt war: Der Mann, den du in unser Haus gebracht hast, ist mitnichten töricht, er ist vielmehr weise und klug zu nennen; was er gesagt, ist voll tiefen Sinnes und verborgener Bedeutung. Sein Wort, daß der, der die Erde bebaut hat, auch Erde ißt, wies auf den Ursprung aller Speise hin, die doch von der Erde kommt. Auch sagte er zu dir: Du bist Erde – und damit meinte er den Satz: Vom Staube bist du genommen, und Staub wirst du werden. Mit der Frage, wer von euch beiden den andern tragen sollte, wollte er gleichsam ausdrücken, wer den andern unterhalten sollte, denn wer seinem Mitreisenden etwas erzählt, der erleichtert ihm die Fahrt und lenkt seine Gedanken von der Mühsal des Weges ab, daß er sich wie auf Händen getragen fühlt. Auch mit dem, was er von dem Weizen auf dem Felde sagte, konnte er recht gehabt haben, denn vielleicht ist der Eigentümer ein armer Mann, und er hat das Getreide verkauft oder verpfändet, ehe es geschnitten worden ist. Den Turm hielt er nicht für befestigt, solange er nicht wußte, ob Vorräte an Speise und Trank darin enthalten seien; denn eine Festung ohne Nahrung ist von vornherein als zerstört anzusehen. Mit dem Wort von dem Schnee, der auf den Bergen läge, deutete er auf deinen ergrauten Bart hin. Du hättest darauf antworten sollen: Das hat die Zeit bewirkt. Von dem Pferde wußte er, daß es auf einem Auge blind gewesen war, und das wohl daher, weil nur die eine Seite des Feldes abgefressen war. Daß die Ladung des Tieres aus Essig und Öl bestand, erkannte er an den Spuren auf der Erde, denn der Essig saugt den Staub auf, das Öl aber nicht. Über den verstorbenen Mann fragte er, ob er tot sei oder lebendig; wofern der

nämlich Kinder hinterlassen hätte, sei er nicht als ein Toter anzusehen.
Der Landmann dachte von seinem Gast, daß er schlafe, dieser aber war wach und hörte das Gespräch mit an. Des Morgens sprach das Mädchen zu ihrem Vater: Setze dem Gast, bevor er von uns scheidet, das vor, was ich dir geben werde. Sie gab ihm aber dreißig Eier, eine Schüssel voll Milch und ein ganzes Brot, und sie sprach: Frage den Fremden, wieviel Tage vom Monat fehlen, ob der Mond voll und die Sonne ganz ist. Der Phrisiter aß von dem, was seine Tochter ihm gereicht hatte, zwei Eier und ein Stück Brot und trank etwas Milch. Das übrige stellte er vor den Kämmerer hin und richtete an ihn die Frage, die ihm seine Tochter aufgegeben hatte. Der Diener des Königs erwiderte: Sage deiner Tochter, daß weder die Sonne noch der Mond in ihrer Fülle sind, und daß vom ganzen Monat zwei Tage fehlen. Der Bauer überbrachte die Antwort seiner Tochter und sprach: Sagte ich dir nicht, daß der Mann töricht ist? Wir sind in der Mitte des Monats, und er behauptet, daß vom Monat nur noch zwei Tage fehlen. Darauf sprach die Tochter: Vater, hast du nicht von den Speisen genossen, die ich dir gegeben habe? Der Phrisiter antwortete: Ich habe davon zwei Eier, ein Stück Brot und etwas Milch genommen. Da sagte das Mädchen: Nun weiß ich, daß der Fremdling ein weiser und verständiger Mann ist.
Als der Kämmerer von dieser Weisheit des Mädchens vernahm, ward er voll Staunens. Er säumte nicht, mit ihrem Vater zu sprechen, und sagte zu ihm: Laß mich mit deiner Tochter reden. Und das Mädchen wurde dem Gast vorgeführt. Er stellte ihr noch andre Fragen, und sie wußte auf alles eine Antwort zu geben. Da offenbarte er ihr den Zweck seiner Reise und erzählte ihr den Traum des Königs. Wie das Mädchen diesen hörte, sagte es: Ich weiß wohl, was das Gesicht bedeutet, allein ich verrate es niemand, außer

dem König. Da bat der Kämmerer die Eltern des Mädchens, daß sie es mit ihm ziehen ließen, und bekannte ihnen, wer er sei. Nun willfahrten die Leute dem Wunsch ihres Gastes.

Also brachte dieser die Tochter des Phrisiters vor den König, und sie fand Gnade vor den Augen des Herrschers. Er führte sie in ein besonderes Gemach und erzählte ihr seinen Traum. Da sprach das Mädchen: Der Herr hege keinen Kummer wegen des Gesichtes, denn es enthält keine üble Weissagung. Allein die Deutung des Traumes mag ich nicht sagen, um des Königs Schmach nicht aufzudecken. Darauf sprach der König: Warum scheust du dich, mir den Traum zu erklären, wo doch niemand hier zugegen ist? Das Mädchen sagte: Untersuche deine Frauen, die Mägde und die Kebsweiber; du wirst unter ihnen einen Mann finden, der Frauenkleider trägt, und der wohnt ihnen bei; dieser ist der Affe, den du im Traume sahst.

Da befahl der König, der Sache nachzugehen, und man fand im Frauengemach den bezeichneten Jüngling. Der Fürst ließ diesen vor seinen Weibern töten und mit seinem Blut ihre Gesichter besprengen. Hiernach ließ er auch die Buhlerinnen umbringen.

Nachdem dieses alles vorüber war, machte er das weise Mädchen zu seiner Gemahlin und setzte ihr die königliche Krone aufs Haupt. Er gelobte, fortan bei keinem andern Weibe zu schlafen, und diese blieb seine einzige Genossin.

177. DIE TREULOSE WITWE

Im alten Rom war es Sitte, einen Gehenkten zehn Tage nach der Hinrichtung auf dem Galgen hängen zu lassen und ihn erst hernach zu begraben. Damit aber Freunde und Verwandte des Sträflings den Leichnam nicht stehlen sollten, wurde ein Vornehmer geheißen, ihn die Nächte über

zu bewachen; geschah es aber, daß der Tote abgenommen wurde, so wurde der ihn Bewachende statt seiner gehenkt.
Es begab sich nunmehr, daß der römische Kaiser einen fürstlichen Reiter hängen ließ, der sich gegen ihn vergangen hatte. Sogleich wurde ein Hauptmann entsandt, die Leiche zu behüten, wie es Brauch war. Als es Mitternacht wurde, hörte der Wachhabende ein lautes, bitteres, durchdringendes Geschrei, ein Wehklagen und Jammern. Da erschrak er überaus, spornte sein Roß und sprach: Ich will dorthin eilen und sehen, woher das Schreien kommt. Er ritt der Stimme nach und kam bis an die Grabesstätten des gemeinen Volkes. Hier fand er ein Weib, das im Dunkel der Nacht aus Herzeleid gar jämmerlich schrie. Er sprach zu ihr: Was ist dir, törichtes Weib, daß du bei Nacht so zeterst, lärmst und tobst? Die Trauernde erwiderte: Mein Herr, ich bin ein Weib, dessen Herz voll Gram ist; darum weine ich laut. Gott hat meiner Seele ein bitteres Leid zugefügt; meines Hauptes Krone hat mir der Tod entrissen; von meinem Ehegemahl hat er mich getrennt, ein Klagegelübde habe ich getan: die Trauer wird aus meinem Herzen nicht eher weichen, als bis ich selbst zu Staub geworden bin. Darauf sagte der Reiter: Mache dich auf, kehre heim, dort kannst du deinen Mann beklagen und nach Herzenslust weinen. Und er geleitete sie bis zu den Toren der Stadt und kehrte selbst auf seinen Standort zurück.
In der folgenden Nacht, zu derselben Zeit, hörte der diensttuende Reiter abermals das Weib weinen und schreien; er eilte zu ihr und redete mit ihr voll Güte und Milde; er gab ihr gute Worte und spendete ihr Trost. Als das Weib die Glätte und Süße seiner Rede vernahm, gewann sie ihn lieb mit ihrer ganzen Seele; sie vergaß die Trauer um ihren Mann und sprach zu dem, der vor ihr stand: Mein Herr, ich bin der Lust zu dir nicht verschlossen; meine Seele hängt an deiner Seele; von den Fesseln der Liebe bin ich umfangen.

Und so folgte sie dem Reiter und kam mit ihm bis an den Galgen; aber siehe, der Leichnam hing nicht mehr da. Da sprach der Römer zu dem ihn geleitenden Weibe: Du suche in Frieden in dein Haus zu gelangen, ich aber will fliehen, vielleicht kann ich mich noch retten; mein Herz zittert aus Angst vor dem König; findet er mich, so hänge ich an diesem Gerüst. Die Witwe aber sprach: Mein Herr, fürchte dich nicht und ängstige dich nicht; komm mit mir; wir wollen meinen Mann aus dem Grabe ziehen und ihn statt des Verurteilten an den Galgen hängen. Da sagte der Reiter: Ich erwähle lieber den Tod und das Grausen des Todes, als daß ich einen Menschen aus seiner Gruft zerre. Darauf sprach das Weib: Ich allein will ihn ausgraben und aus der Erde herausziehen; dich soll man keiner Sünde und keiner Schuld zeihen können; wie sagt doch ein Weiser: Es ist statthaft, einen Toten aus dem Grabe zu holen, wenn dadurch einem Lebenden Hilfe werden kann.
Also kehrten die beiden auf den Friedhof zurück, und das Weib schaufelte ihren Mann aus dem Grabe heraus. Als aber der Reiter den Toten erblickte, rief er: Oh, wie verdrießt mich das! Es nützt mir nichts, daß du das Grab zerstört hast. Der Gehenkte, den man gestohlen hat, war kahl, dieser aber hat lockiges Haar; der Betrug wird nicht verborgen bleiben. Da sprach das Weib: So will ich ihm schnell die Haare ausreißen, bis auch nicht eins auf dem Kopfe bleibt. Und sie rupfte ihren Ehemann, bis er haarlos ward. Alsdann trug sie ihn mit dem Reiter bis an das Gerüst, und sie hängten ihn gemeinschaftlich auf.
Es waren nur wenige Tage vergangen. Die Hurenfrau drang so lange in den Reiter, bis er sie zum Weibe nahm.

178. DER BÜSSER UND SEINE GEFÄHRTIN

Zu Asdod lebte ein Ismaeliter, ein seltsamer Mann, rein von Sitten und gerecht, der treu zu Gott und zu den Heiligen hielt und schon bejahrt war. Er hatte eine Frau, vornehm und sittsam, schön wie der Mond und strahlend wie die Sonne. Jedoch vor lauter Unschuld war der Mann scheu und schamhaft und hielt seine Blicke zurück vor den Reizen seines Weibes. Die Frau aber fand Gefallen an einem Jüngling aus derselben Stadt, der war zart und fein; das Verlangen entbrannte in ihrem Herzen, und gar stark wurde ihre Liebe zu ihm. Es kam die Zeit der Weizenernte; das Weib hing in Gedanken ihren Lüsten nach, und sie trugen sie weitab von dem Pfade der Tugend. So nahte der Tag eines Festes heran, an dem alle jubelten und froh waren. Der Mann brachte seiner Frau ein Zicklein dar, und als es Abend wurde, ging er in Lobesstimmung ins Bethaus.
Alsbald stellte sich das Weib vor die Tür ihres Hauses und schaute nach der leichtfertigen Jugend aus, die vorbeizog. Und nun kam der Jüngling mit Gesang daher, schritt auf sie zu und trat mit ihr in das Haus. Das Weib schloß hinter ihm zu, faßte ihn bei seinem Kleid und ergötzte sich an seinem Wuchs und an seiner Schönheit. Alsdann fing sie an und sprach: Seit langem habe ich ein Schlachtopfer zu bringen; mir bangte schon um die Erfüllung des Gelübdes, und ich hatte Angst, daß ich es versäumen würde. Nicht zu Unrecht haben uns unsre Lehrer vermahnt: wer ein Gelöbnis tut und die Erfüllung hinausschiebt, bis die drei Hauptfeste verflossen sind, macht sich bald eines Vergehens schuldig. Schwer zu nehmen sind Dinge wie Eid und Gelübde. Wird doch dem Manne, der seines Schwures nicht gedenkt, seine Frau durch den Tod entrissen. Nun ich Hoffnung habe, daß du mein werdest, will ich mein Gelübde getreulich einlösen. Komm mit mir in das Gemach,

wir wollen zusammen speisen, und du sollst dich an mir erfreuen. Da sprach der Jüngling: Hast du es denn nicht merken können, daß auch ich deine Freundschaft begehre und mit dem Munde den Saft deiner Liebe trinken möchte? Allein, ich habe bis jetzt keine schickliche Stunde gefunden, und ich fürchtete den Herrn dieses Hauses, dessen Eifergeist mich Dornen und Stacheln gleich dünkt. Da erwiderte das Weib: Ich kann deine Gedanken wohl begreifen; auch ich bin es müde, die Liebe zu tragen. Setz dich zu mir und laß uns fröhlich sein; mehr noch als das Kalb trinken will, will die Kuh nähren. So bedrängte sie den Jüngling mit Worten und glatter Rede. Sie sprach: Du weißt wohl, daß mein Eheherr, Gott behüte und beschütze ihn, ein Büßer ist; seine Seele ist voll Ernst, und sein Tun ist lauter. Er sieht meine Schönheit nicht an und zollt mir nicht die Eheschuld. Er ist ein hochgelehrter Mann; er kommt als erster ins Bethaus und verläßt es als letzter; schon am frühen Morgen bringt er sein Flehen dar. Und wenn die Gebetzeit vorüber ist, hält er noch Zwiesprache mit seinem Schöpfer. Nun tritt in das Gemach, fürchte dich nicht.

Also ließ sich der Jüngling führen. Die beiden aßen und tranken, freuten sich miteinander und brachten das Opfer dar. Das Weib sprach: Genieße deine Jugend und sei nicht bekümmert; komm zu mir jeden Morgen, laß dich nicht andrer Schönheit gelüsten; mein Gemahl ist dann nimmer zu Hause, denn er weilt im Tempel und liegt dem Gebete ob. Nun aber zieh ab, Geliebter, und bleibe nicht hier; doch sollst du bald wieder herkommen. Da wandte sich der Jüngling zum Gehen und begab sich heim in seines Vaters Haus. Und das Weib blieb allein, von Liebe gefangen.

Sie machte sich jedoch schnell wieder auf, bereitete das Festessen und tat Würze darein. Alsdann legte sie die Teppiche in den Räumen aus – es waren feine Gewebe aus dem Lande Ägypten; sie zündete die Lichte an, stellte den Wein und das Fleisch zurecht und deckte den Tisch rein. Inzwischen wurde ihr Gatte mit dem Gebet fertig und kam zurück in sein behagliches Heim. Hier fand er seinen Sitz wohl gebettet, den Tisch angerichtet und die Lampe hell leuchtend. Er sprach zu seiner Gemahlin: Es mögen dich alle Völker und Zungen preisen. Was du jetzt vollbracht hast, ist mehr denn alles Bisherige. Und er lehnte sich mit Wohlgefühl in seinen Stuhl, aß und trank und ward guter Dinge. Als er das Mahl verzehrt hatte, sagte das zärtliche Weib: Da wir von der Köstlichkeit der Welt zur Genüge genossen haben, so lies mir jetzt aus der Schrift vor. Der Mann fing an und sprach: Höre zu, Tochter mein, neige dein Ohr den Worten deines Schöpfers; ich will dich hohe Dinge lehren und dich wissen lassen, was die Weisen über die Pflichten des Weibes geboten haben. Ein Weib muß sein brav und fromm, keusch und tugendsam; flink und behend muß sie ihren Mann bedienen und an seiner Freude ihr Genüge finden. Auf sein Wort muß sie ständig hören und seinen Willen jederzeit tun. Nie soll er sie zweimal rufen müssen, und sie muß ihn wie den Himmel verehren. Sein Zorn und seine Freude, seine Liebe und sein Haß müssen ihr gleich heilig sein. Die Zeit seines Schlafens und die seines Erwachens hat sie zu beachten. Sie hasse nicht, wen er liebt, sie liebe nicht, wen er haßt. Sie spähe nicht nach seinen Geheimnissen, sie verletze nicht seine Anverwandten. Ihr Recht und ihr Gesetz muß sie fahren lassen. Das Zusammensein mit ihm muß ihre einzige Freude sein. Sie bedränge ihn nicht mit Bitten, und schenkt er ihr etwas, so darf sie nicht grübeln, ob es viel ist oder wenig. Seine Lieblingsspeisen muß sie gerne essen. Sie sei sanftmütig und nicht aufwallend. Sie liebe ihr Heim und nicht die Straße; auf ihr Haus muß sie ein wachsames Auge haben, aber mit ihrer Zunge Barmherzigkeit lehren. Ihr Schmuck sei keusch; es darf an ihr kein Fehl und kein Makel sein. Sie zeige ihrem Mann kein vergrämtes Gesicht und lasse ihn ihren Unmut nicht merken. Sie überhebe sich nicht ihrer Herkunft. Der Eheherr steige in ihren Augen immer höher und höher, sie bete für ihn, und er sei ihr teuer wie ihr Augapfel. Den ganzen Tag hat sie ihn zu loben. Welches Weib sich also führt, ist hoch zu preisen. Von ihr sagt Salomo, sie sei edler als die köstlichsten Perlen. Und nun, mein herzliebes Weib, ich kann wohl meinem Gott danken, denn von den Tugenden, die ich erwähnt, und den frommen Sitten, die ich aufgezählt, besitzt du selber das volle Maß.

Als das Weib diese Worte vernahm, stand sie auf und verneigte sich tief. Sie sprach: Solltest du recht haben mit deinem Lob, sollte ich deine Gunst verdient haben, so bin ich wohl wert, daß du mich erkennst. Da vollendete der Mann bei Tische sein Werk. Sie standen auf und begaben sich in ihre Schlafkammer; sie ruhten zusammen und freuten sich nach ihres Herzens Lust.

Als aber die erste Morgenstunde kam, erwachte der Mann von seinem Schlummer, und es zerstreuten sich seine Traumbilder. Er rief: Steh auf, meine Schwester, bringe mein Kleid, denn meine Gedanken sind schon geläutert, und es ist für mich Zeit, mich an den Herrn zu wenden. Schaff Ordnung im Hause und bereite das Essen. Stelle zurecht das Mehl, Fett und Honig und Würze; alsdann mache dich selbst auf den Weg nach dem Bethaus, Dank zu sagen dem Herrn für alles Gute. Darauf erwiderte das Weib mit demütiger Stimme: Mein Herr möge es nicht übel deuten und nicht als Sünde und Saumseligkeit ansehen; ich mag nicht aus dem Hause gehen, auf daß ich nicht Schaden an meiner Tugend erfahre und mir mein Teil nicht verscherze. Bete du für mein Heil und mehre allein unser Gut. Denn die Töchter dieser Stadt kann ich nicht rechtschaffen heißen.

Auf ihre Lüste sind sie allein bedacht; sie verunglimpfen mit Worten die Ehre ihrer Männer; sie pflegen dreiste Sitten und treiben es gar schändlich. Nicht der Gebete und der Gesänge wegen suchen sie das Gotteshaus auf, sondern um Ausschau zu halten nach den Jünglingen. Als ich ihren Wandel erkannte, ward es mir zur Pflicht, mich von ihrem Gehaben fernzuhalten. So habe ich denn bei deinem Haupte, mein Herr, geschworen, die Schwelle meines Hauses nicht zu verlassen und lieber in einer Ecke der Stube zu sitzen. Ich darf um so eher hierbleiben, als doch die Frauen von der Pflicht frei sind, das Gebet nur in der Gemeinschaft zu verrichten. Hierauf sagte der Ismaeliter: Gelobt sei der Herr, der solches dir eingegeben. Eines Mannes rechtes Weib mußt du genannt werden. Bleibe, Tochter, zu Hause; das möge dein Ruhm sein. Ich will für dich beten. Und er ging in den Tempel, seinem König zu dienen.
Kaum war der Fromme fort, da war der Buhle schon da und klopfte mit dem Stab an die Tür des Hauses. Das Weib tat ihm auf und rief: Komm herein, du von Gott Gesegneter, warum stehst du draußen? Mein Mann ist fort und ist nicht hier. Da trat der Jüngling herein und benahm sich nach der Jugend Weise. Die beiden trieben ihr Spiel miteinander und balgten sich zusammen auf der Erde. Auch aßen sie und tranken von allem Guten und schwelgten in Freuden wie toll. Als sie aller Genüsse satt wurden, wandte sich der Jüngling zum Gehen. Und das Weib schickte sich gleich an, das Festmahl zu rüsten. Alsdann verhüllte sie sich mit dem Schleier und setzte sich sittsam in den Stuhl. Da kam der Mann aus dem Bethaus in festlichen Kleidern. Sie stand behend auf und senkte ihre Lider; sie beugte sich in Ehrfurcht vor ihm siebenmal und führte ihn alsdann auf seinen Ehrenplatz. Hernach kamen seine Freunde und Verwandten, ihm und seiner Frau ihren Gruß zu entbieten und nach ihrem Wohl zu fragen. Also saßen die Wirte und

Gäste zusammen und freuten sich des Feiertages; das Weib glänzte wie ein Stern an der Seite ihres Mannes.
So vergingen für die Hausherrin die Tage in Sünde und Laster, und ihr Gatte wußte nichts von dem, was sie heimlich tat. Denn sie verstand es, ihn zu trügen und zu blenden. Und als ein Jahr um war, bekam der Jüngling Lust zum Würfelspiel. Er hielt sich fern von seines Vaters Hause und brachte seine Zeit in der Spielhölle zu. Er würfelte immerfort und verlor seine ganze Habe. Also war er gezwungen, die Stadt zu verlassen. Er dang sich einen Esel und machte sich zur Fahrt bereit. Er stand des Morgens früh auf, eilte zu der Geliebten und verkündete ihr sein Vorhaben.
In der Nacht zuvor war der Ismaeliter aufgestanden und war ins Bethaus gegangen, seine Andacht zu verrichten. Der Jüngling sprach zu dem Weibe: Sieh, ich ziehe von hinnen und werde mein Volk nie wiedersehen. Darauf sagte das Weib: Verweigere mir nicht meine Bitte, laß mich dich auf deinem Wege geleiten. Nimm aus meines Mannes Hause, was du haben willst, Gold und Silber, Kleider und Schmucksachen. Da raffte der Jüngling alles Gut zusammen, nahm Spangen und Ketten, Perlen und Edelsteine, Stirn- und Halsbänder, Arm- und Fingerringe. Es war ein ansehnlicher Haufe. Sie mieteten noch einen Esel dazu und luden den Raub auf die Tiere. Sie ließen nur zurück, was sie nicht mitnehmen konnten, und machten sich auf und ritten davon; ihr Ziel war, das Land Ägypten zu erreichen. Sie durchstreiften alle Städte der Amoriter und kamen nach einem Orte, woselbst sie wohnen blieben.
Inzwischen ward zu Asdod der Mann mit seiner Andacht fertig und kehrte nichtsahnend in sein Haus zurück. Da fand er die Tür weit offen stehen und das Haus leer und aller Sachen bar. Er schaute in die Kammern, und siehe, auch hier war nichts. Da sprach er: Es ist nicht anders,

mein frommes Weib wird unsre Habe einer armen Braut verehrt haben, damit diese Gnade erfahre an ihrem Freudentage. Der Arme wußte nicht, daß er Hörner bekommen hatte. Und er wartete vergeblich auf die Rückkehr seines Weibes. Sie aber säumte zu kommen. Da ward sein Herz bekümmert, und er sprach: Ich will hinausgehen und erfahren, wer mir dies Leid zugefügt hat. Und er machte sich auf und fragte die Nachbarn nach dem Verbleib seines Weibes. Allein niemand wußte ihm etwas zu sagen. So kam er fragend bis vor das Tor der Stadt. Wem er begegnete, den redete er an. Da sah er einen Mann von Osten her kommen, der kannte ihn von früher. Der sprach den Betrübten an und sagte: Du bist doch der, der Buße tat und den Weg der Frommen ging. Du hieltest dein Weib für die Keuscheste von allen. Sie aber war der Buhlerinnen größte. Heute sah ich sie mit dem und dem Jüngling gehen. Ihre Esel trugen doppelte Last, und sie ritten in schnellem Trab in der Richtung gen Ägypten.
Als der Ismaeliter diese Kunde vernahm, bedeckte sein Antlitz die Scham. Er hub seine Stimme auf und rief: Durch meine Gerechtigkeit bin ich verunehrt worden. Wehe mir, ich vergehe! Der Grund meines Leidens ist allein die Buße. Wäre ich mehr daheim geblieben, mir wäre von ihrem Treiben weniger entgangen. Die Listige hat mich umgarnt, und ich ließ sie gewähren. Ich habe den bittern Kelch geleert und meine Jahre mit eiteln Dingen zugebracht. An meinen Knochen wird die Fäulnis nagen. Ihr Männer, die ihr Buße tut, laßt ab von diesem Pfad und betretet den Weg der Frechheit und Wildheit. Es kann euch sonst wie mir ergehen. Eure Würde wird durch Trauer geknickt werden; ihr werdet zum Gespött der Menge werden.
Wie der Ismaeliter seine Klage beendigt hatte, kehrte er verstört nach seiner Wohnung zurück. Der Schmerz zehrte an ihm lange Zeit, und er wurde von allen verhöhnt.

179. DER SEGEN DER TORHEIT

In der Stadt Zoan im Lande Ägypten lebte ein Mann, der war klug und verständig, fromm und bescheiden. Doch litt er große Armut und hatte ungeratene Kinder. Es gelang ihm nicht, das zu erwerben, was zum Unterhalt nötig war. Hunger und Not hielten ihn jedoch vom Forschen nicht ab; er las laut in den Büchern, während seine Kinder an fremde Haustüren klopften und um Brot bettelten. Die Nachbarn des Mannes waren böse Menschen und frohlockten über sein Unglück. Sie sprachen: Wozu beschäftigt sich ein solcher mit der Lehre? Was hat er mit Weisheit zu schaffen?

Und da kam ein heißer Sommer ins Land, und Dürre suchte die Fluren heim. Kein Regen und kein Hagel fiel vom Himmel, und alles war vertrocknet und versengt. Da drang die Hitze unserm Mann ins Gehirn, und sein Verstand war dahin; er verlor das Gedächtnis und gebärdete sich albern; seine ehrbaren Kleider zerriß er in zwölf Stücke; man konnte ihn füglich mit einem Stück Vieh vergleichen. Und loses Volk umstand ihn und ließ von ihm nicht ab; Buben spotteten seiner und ahmten sein Gebaren nach. Also närrisch tuend, erschien er einmal auch vor dem Schlosse des Königs. Der König und sein Kebsweib waren oben in der Sommerlaube, und der Fürst fand Gefallen an dem Treiben des Einfältigen. Er gab ihm ein Hemd und einen Mantel von sich, speiste ihn von seinem Tisch und behielt ihn in seiner Nähe. Auch die Frau und die Kinder des Blödsinnigen erhielten von dem König Speise und Trank, denn ihn belustigte überaus, was der Narr sprach und tat. Also schlug das Ungemach dem Manne zum Vorteil aus, und er war satt und bekleidet von des Königs Gnaden.

Nach zwei Jahren der Mißernte und Dürre erbarmte sich der Herr der Erde und segnete sie mit reichen Regengüs=

sen. Es sproßten die Halme und öffneten sich die Knospen, die Wiesen und Gärten prangten im Blütenschmuck, die Luft war voll herrlichen Blumenduftes. Und der Liebe Sehnen erfüllte die Herzen. Weggefegt waren Sorge und Trauer; Freude und Heiterkeit hielten Einzug in die Welt. Des Dummen Unverstand nahm ab und schwand, des Aussätzigen Haut ward heil und rein.

So geschah es eines Abends, daß der König seinen Narren zu Albernheiten aufforderte und keine Antwort von ihm erhielt. Die Hofleute reizten den Mann, daß er seine tiefsinnigen Reden von sich gebe, allein dieser schwieg und kehrte sich nicht an sie. Da sie ihn nun bedrängten und arg quälten, hub er seine Stimme plötzlich auf und rief aus: ›Der Einsicht bar sind die Fürsten Zoans, und die Ratgeber Pharaos dünken sich weise!‹*

Mißbehagen erfaßte den König und seinen Hofstaat, und sie sprachen: Nur um uns zu betrügen, ist dieser zu uns gekommen; unsre Blöße wollte er schauen; sein närrisches Gehaben war nichts als Verstellung. Seine Strafe müssen Hiebe sein. Und der König befahl, die schönen Kleider dem Manne auszuziehen und ihn dafür in Lumpen zu hüllen. Er ließ ihm Schläge versetzen und verjagte ihn mit Schande aus seinem Hause. Also langte der Geschmähte bei den Seinigen an und erzählte ihnen, was ihm widerfahren war. Sein Blödsinn war gewichen, und dafür erlitt er Prügel und Kränkungen. Er sprach: Nun weiß ich, was des Weisen Spruch bedeutet: ›Wertvoller denn Weisheit und Ehre ist ein wenig Torheit.‹**

* Jesaja 19, 11 ** Prediger 10, 1

180. DER EMSIGE UND DER TRÄGE

Es gab einst einen großen mächtigen König, der mit Hoheit und Würde seinen Herrscherstab hielt und ein billiges Regiment führte. Des Fremdlings, der Waise und der Witwe Recht wurde nicht gebeugt. Dieser König hatte zwei Freunde, die in seinem Schlosse aus und ein gingen und an seiner Tafel obenan saßen. Nun wollte der Fürst ihre Treue erproben und sehen, ob sie ihre Schuldigkeit tun würden. Er gab ihnen beiden goldgestickte Kleider, schenkte ihnen Rosse aus seinem Stall und gewährte ihnen seine Huld. Sodann sprach er: Nördlich von hier steht ein schönes Haus, über das jedes Menschen Auge staunt, denn es ist gefällig und gar fein gebaut. Allein innen ist es voll Unrat und Schmutz. Nun will ich es gern säubern und instand setzen und es meinem Wunsche gemäß wieder herrichten. Ich mag aber niemand die Schlüssel anvertrauen als nur einem, der verläßlich ist. So leg ich sie denn in eure Hand. Seid ohne Furcht, betretet das Haus und säubert es fein, damit seine Schönheit voll zur Geltung komme. Ihr müßt aber die Arbeit selbander ausführen, es darf kein fremder Arm in den Räumen Ordnung schaffen. Da sprachen die Genossen: Deine Knechte werden alles befolgen. Und der König bestimmte ihnen eine Frist, in der sie die Aufgabe zu vollführen hätten. Da begaben sich die Freunde stracks in das Haus. Sie fanden es arg verschmutzt und verwahrlost. Unkraut und Dornen wuchsen auf den Wegen, die Wände waren mit Lehm bespritzt, der Boden mit Schlamm bedeckt. Also machten sich die zwei Männer an die Arbeit. Der eine von ihnen war umsichtig und fleißig, der andre faul und jeder Anstrengung abhold. Sie teilten die Mühe untereinander und legten die Last auf beider Schultern.

Der Emsige wartete, bis es dunkel wurde. Dann legte er sein kostbares Gewand ab, zog schlichte Arbeitskleider an und putzte den Teil des Hauses, den er übernommen hatte. Er schaffte in aller Stille; kein Auge sah, was er tat. Des Morgens wusch er sich rein, hüllte sich in sein goldgesticktes Gewand und trieb tagsüber ganz andere Dinge. Und also verwandelte er sich jede Nacht.

Der Faule wiederum schlief bis in den Tag hinein und ging an die Arbeit fein angezogen, wie er war. So wurde sein Gewand staubig und befleckt, und seine Würde war dahin. Jedem, der vorbeiging, erzählte er laut von der Aufgabe, mit der ihn der König betraut hatte.

Nach Ablauf der Frist, die der König festgesetzt hatte, kam er nachsehen, ob die Arbeit ordentlich ausgeführt worden sei. Er betrat das Haus und fand den Teil, der dem Fleißigen unterstanden hatte, sauber und hell, den andern düster und wüst. Da zog der König ab und ließ die beiden Gesellen vor sich kommen. Der Fleißige erschien in seinen köstlichen Kleidern. Die Boten des Königs eilten ihm entgegen, empfingen ihn freudig und riefen: Gesegnet sei deine Ankunft. Der König hat befohlen, dir einen Sitz zu bereiten. Da bückte sich der Emsige und fiel auf sein Angesicht. Und der König ließ ihn in seinem Wagen fahren und setzte ihm eine Krone auf das Haupt.

Danach kam der Träge mit großer Angst an, denn seine Kleider waren schmutzig und zerfetzt. Die Knechte des Königs wunderten sich über den Anblick. Sie riefen: Das schöne Gewand, wie ist es besudelt! Da antwortete der Mann: Der Herr hat mir befohlen, sein Haus rein zu machen und mit den eignen Händen den Unrat zu entfernen. Die Knechte sprachen: Hattest du nicht Lumpen genug, um deine Kleider zu schützen und zu schonen? Wie wagst du es, in diesem Aufzuge hier zu erscheinen? Da wußte der Träge keine Antwort zu geben, denn er fühlte sich der Schuld überführt. Der König aber ward voll Zorn und sprach: Dieser muß gerichtet werden. Und er befahl, dem

Manne die Kleider auszuziehen, ihn selbst aber in Ketten zu legen und in eine Grube zu werfen. Das wurde ausgeführt; dort verblieb er bis an sein Lebensende und war ein Greuel allem Fleisch.

181. DER LANDMANN UND DER SCHREIBER

Im Lande der Türken lebte einst ein Mann, ein Dorfbewohner, der trieb Ackerbau und nährte sich mit Ehren von seiner Hände Arbeit. Drei Tagereisen von dem Dorfe entfernt lag eine große, berühmte Handelsstadt. Da traf es sich eines Jahres, daß die Bäume gut gediehen, auf denen die Seidenraupe ihre Fäden spinnt. Die Würmer vermehrten sich überaus, und der Ertrag an Seide war sehr groß. Nachdem der Mann die Ernte eingesammelt hatte, machte er sich mit seiner Ware auf den Weg in die benachbarte Handelsstadt. Er tat die Seide in einen Sack und hängte diesen an die eine Seite des Esels; damit aber das Gleichgewicht gewahrt bliebe, hängte er von der andern Seite einen Sack mit Steinen an. Er nahm Zehrung auf den Weg und trat die Reise an.

Er ging zuerst allein die Heerstraße entlang; danach gesellte sich zu ihm ein Mann von ärmlichem Aussehen. Unser Landmann fürchtete sich, denn er war unbewaffnet. Er sprach zu dem Armen: Hast du friedliche Absichten? Der Angeredete erwiderte: Fürchte dich nicht. Bei Gott, ich habe nichts Böses im Sinne. Der Landmann fragte: Wo willst du hin? Vielleicht gehen wir zusammen. Der Arme antwortete: Ich ziehe nach der Handelsstadt, nach dem Orte, wo die Seide gewogen wird. Da freute sich der Landmann über diese Antwort und sprach: Ich gehe sicher in deiner Begleitung und fühle mich wohl in deiner Gesellschaft; sage mir nun, was dein Gewerbe ist, so ich vor deinen Augen Gnade gefunden habe. Der Wanderer antwortete:

Ich wohne seit meiner Jugend in der Hauptstadt Soundso, die viele weise Männer in ihren Mauern beherbergt, und bin von Beruf ein flinker Bücherschreiber. Ich habe einen Bruder und viel gute Freunde im Türkenlande wohnen, die will ich jetzt aufsuchen und in Freuden wiedersehen.
Wie die beiden so miteinander redeten, da strauchelte der Esel im Schreiten und war nahe daran, unter der Last zusammenzubrechen. Das tat dem Landmann leid, und er stieß Weherufe aus. Da sprach der Begleiter: Warum bist du in Angst? Auf und nimm die Ware vom Rücken des Esels, daß er ein wenig erleichtert werde. Also machte sich der Landmann daran, den Esel zu befreien, und der Schreiber war ihm dabei behilflich. Als er den Sack mit den Steinen gewahrte, fragte er den Inhaber des Tieres: Was bedeutet diese Last? Der Landmann erwiderte: An der einen Seite hängt ein Sack voll Seide, an der andern einer mit Steinen, damit die Schwere gleichmäßig verteilt sei. Da sagte der Schreiber: Ich will dich lehren, wie ein Gleichgewicht zu erzielen sei. Und er riet, die Steine aus dem Beutel zu schütten und die Seide zu gleichen Teilen in beide Säcke zu tun. Das tat der Landmann, und der Esel setzte den Weg erleichtert fort.
Also schritten die beiden rüstig weiter, und der Esel lief ihnen voran. Der Schreiber unterhielt den Landmann durch Rätsel und feine Sprüche und vertrieb ihm so die Langeweile und den Kummer. Der Bauer verwunderte sich über die Weisheit seines Begleiters und fragte ihn: Wo du so viel Einsicht in die Dinge hast, wie kommt es, daß du ein armer Mann bist? Der Schreiber antwortete: Unsre Frommen haben durch Fasten und gute Taten bewirkt, daß Schreiber und Kleinekinderlehrer nimmer reich werden sollen. So steht es geschrieben, und so ist es besiegelt, und von uns heißt es: Schön kleidet Israel seine Armut, gleichwie ein roter Sattel ein weißes Pferd. Als der Bauer diese

Worte vernahm, sprach er: Da nun Armut dein Los ist, so will ich, beim Dienst, deinen Rat nicht befolgen und will mit dir auch nicht Freundschaft halten. Scheide von mir und rede mit mir nicht weiter. Geh deines Weges, so schnell es dir behagt, ich will langsam hinterdreinziehen. Also mußte der Schreiber den Bauern verlassen. Der Inhaber des Esels aber machte Kehrt und sammelte die Steine auf, die er weggeworfen hatte. Er tat die ganze Seide wieder in den einen Sack und füllte den andern mit den aufgelesenen Steinen. Hernach setzte er seine Reise wieder fort. Durch Wälder und Berge schritt er mit seinem Esel und langte nach drei Tagen müde und erschöpft in der Handelsstadt an. Hier übernachtete er in einer Herberge und gab seinem Esel Stroh und Futter.

Des Morgens kam ein Kaufmann zu dem Landmann, erstand von ihm die Seide und wog dafür den Preis in Silber ab. Danach fragte er: Hast du nicht noch etwas zu verkaufen? Ich will dir den vollen Wert zahlen. Der Landmann antwortete: Ich habe nichts als die Steine, die ich des Gleichgewichts halber auf den Esel getan habe. Da wollte der Kaufmann die Steine in Augenschein nehmen und fand, daß sie merkwürdig von Aussehen waren. Er merkte sogleich, daß das Steine waren, die man zum Schärfen von Schwertern gut gebrauchen konnte. Und zu der Zeit hatte der König des Landes den Bürgern befohlen, ihre Schwerter und Spieße recht scharf zu machen. Wer das aber nicht tat, wurde schwer bestraft. Der Kaufmann sprach zu dem Bauern: Nenne mir den Preis, den du für die Steine haben willst; ich zahle ihn dir gern. Das war dem Bauern zum Lachen, und er sagte: Ich verkaufe sie dir schon um ein Paar Schuhe. Ist es aber dein Wille, so gib zweimal so viel, als die Seide dir gekostet hat. Der Kaufmann sprach: Ich zahle dir, was du verlangst, damit des Königs Befehl nicht umsonst verhalle. Und er nahm die Steine und gab

dem Bauern Kleider und Schuhe und außerdem noch viel Silber.
Da freute sich der Bauer über seine Einfalt und daß er auf den Rat des klugen Schreibers nicht gehört hatte. Er sprach: So erntet man Gutes, wenn man den Weisungen andrer Leute sein Ohr nicht neigt. Und er zog heim frohen Mutes, kaufte Schafe und Rinder und war reich und glücklich.

182. DER FRÖMMLER

Im Lande Sidonien lebte ein Greis, der galt als ein Mann von guten Sitten, bescheiden und demütig, denn er betete vor seinem Schöpfer siebenmal am Tage. Sein Inneres aber war hohl und verderbt. Da begab es sich auf einen Tag, daß ein Kaufmann nach der Stadt kam, um hier in rechtschaffener Weise Handel zu treiben, und einen großen Geldsack mitbrachte. Er stieg in einer Herberge ab, aber es beschlich ihn Angst um sein Geld, denn er sah sich unter fremden, unbekannten Menschen. Also sprach er bei sich: Ich will mich aufmachen, will einen redlichen Mann finden und bei ihm den Beutel lassen, bis ich meine Ware gekauft habe. Da er nun durch die Stadt ging, hörte er aus dem Bethause eine Stimme schallen. Er trat in den Raum und erblickte den Greis, der mit Inbrunst und Hingebung sein Flehen darbrachte. Da staunte der Fremde ob dieser Frömmigkeit und bot dem Betenden seinen Friedensgruß. Der alte Mann fragte: Wo kommst du her? Der Angekommene erwiderte: Ich bin ein Kaufmann aus dem Orte Soundso und halte Umschau nach einem getreuen Mann, dem ich mein Geld anvertrauen könnte. Nun hörte ich dich eben laut zum Herrn beten, und so bin ich willens, es bei dir zu hinterlegen. Der Greis sagte darauf: Warte nur ein wenig, bis ich mit meiner Beichte zu Ende bin und mein Herz vor Gott ausgeschüttet habe. Und er fing aufs neue an zu beten und in demütiger Weise seine Sünden zu bekennen. Als er mit seinem Erguß fertig war, nahm er das Pfand aus der Hand des Kaufmanns, und dieser entfernte sich froh und wohlgemut. Nach Ablauf von sieben Tagen hatte der Fremde seine Geschäfte erledigt und kam zu dem Greis, den Beutel zu holen. Da sprach dieser: Nach welchem Pfande fragst du mich jetzt? Du führst unnütze Reden im Munde. Der Kaufmann erwiderte: Ich meine den Geldsack, den ich dir gab, als ich dich beim Beten antraf. Der alte Mann antwortete: Solche Dinge sind nie und nimmer geschehen. Und er jagte den Fremdling mit Schande aus seinem Hause. Also kehrte dieser voll Gram in die Herberge zurück und gab seiner Bitternis laut Ausdruck. Des andern Tages ging er abermals zu dem Greis und versuchte aufs neue, sein Geld zu gewinnen. Er sprach: Mein Herr, du mein Fels und meine Stütze, befiehl, mir mein Gut wiederzugeben. Allein der Alte erwiderte: Hinaus, du Blutrünstiger und Verachtungswürdiger, dessen Zunge falsche Worte spricht. Wie wagst du es, von mir ein Pfand zu verlangen, du streitsüchtiger und zänkischer Kerl. Und der Redliche wurde wieder hinausgeworfen. Er blieb in seinem Jammer auf der Straße stehen. Da sah er einen Mann daherkommen, das war ein würdiger Händler aus der Stadt Tarsis. Auch jener erkannte ihn wohl und fragte ihn gleich nach dem Grunde seiner Trübsal. Der Beraubte antwortete: Ein Greis aus diesem Orte hat mich schmählich betrogen. Und er erzählte ihm alles, was ihm zugestoßen war. Da sprach der Teilnehmende: Gräme dich nicht und vergeh dich nicht gegen dein Fleisch. Ich will dir Recht verschaffen und dich von der Hand des Frömmlers erretten. Morgen wird sich ein Wunder ereignen.

Des andern Tages nahm der Tarsiser eine große Tasche voll Gold und Silber und sprach zu dem Beraubten: Ich gehe jetzt in das Haus des Betrügers, um das dir Wegge=

nommene wieder zu holen; ich will eine feine List mit ihm anstellen; ich will ihm schmeicheln und ihn preisen, und er wird dein Pfand sicher herausgeben. Du kommst sodann und verlangst dein Gut. Der Betrogene erwiderte: Ich erfülle alles, was du befiehlst.

Und der kluge Mann eilte stracks zu dem Frömmler und fand ihn, in den Betmantel gehüllt, an der Tür seiner Hütte beschaulich sitzen. Er fragte den Angekommenen nach seinem Begehren, denn er wollte ihn rasch in sein Netz fangen. Da bückte sich der Handelsmann bis zur Erde, dankte dem Greis für die freundliche Rede und sprach: Tarsis ist mein Heimatort, und ich bin Kaufmann von meiner Jugend an. Ich habe eine Tochter im Lande Patros wohnen und will nun jetzt nach ihrem Wohle sehen. Ich führe aber große Schätze mit mir, und man sagte mir, daß die Straße voll von Dieben sei. Da nun von dir alle Welt voll Lob ist, deine Treue hoch gepriesen wird und man dich den barmherzigen Vater nennt, so will ich meine ganze Habe bei dir zurücklassen; du allein sollst meine Reichtümer bewahren! Der Greis sprach darauf: Ich will mir Mühe geben und deinen Wunsch in allem getreulich erfüllen; vertraue deine Habe mir an; an dem Tage deiner Rückfahrt will ich sie dir aushändigen. Der Kaufmann sagte: Ich bitte dich nur noch, den Sack zu zeichnen und meinen und meines Vaters Namen darauf zu setzen, denn es sind der Betrüger gar viele auf Erden. Der Greis sagte: Ich schreibe, wie du sagst, deinen Namen, den deines Vaters und den Namen deines Heimatortes auf den Beutel, zeichne außerdem noch andre Bilder darauf, damit uns kein Fremder darin betrüge. Während die beiden dasaßen und geheime Zeichen verabredeten, kam der erste Kaufmann an, wandte sich an den Wirt und sprach: Bei deiner Güte, ehrwürdiger Greis, befiehl, mir mein Pfand herauszugeben, denn ich hab meine Ware bereits erworben. Da sagte der Frömmler: Tritt näher, mein

Sohn, daß ich dich befühle und sehe, ob du in Wahrheit der Mann bist, der sein Geld bei mir gelassen hat. Der Beraubte trat nun nahe an den Betrüger heran und ließ sich von ihm betasten. Nun konnte der Alte nicht länger leugnen, denn er befürchtete, daß der andre sein Geld bei ihm nicht lassen werde. So sprach er denn: Fürwahr, du bist es, der mir seinen Geldbeutel anvertraut hat. Kurz vor dir war hier ein Betrüger, der sah dir ähnlich und behauptete von sich, daß er der Inhaber des Geldes sei. Ich wies ihn mit schroffen Worten zurück. Du aber, mein Sohn, empfange deine Habe. Und er stand auf und gab dem Eigentümer sein Geld wieder, es fehlte auch nicht eine Münze daran.

Wie nun der zweite Handelsmann seinen Freund den Beutel nehmen sah, hob auch er seinen Sack auf und wollte gehen. Da sprach der Betrüger: Laß doch hier dein Pfand, daß ich es verwahre. Der Tarsiser aber sagte: Nein, mein Herr, denn dieser ist nicht der richtige Sack; der, den ich hier lassen wollte, ist weit größer als dieser. Ich will ihn schnell holen und ihn dir geben. Darauf sagte der Greis: Beeile dich aber sehr und säume nicht allzulange; denn kommst du nicht bald wieder, so kann ich dich nicht sprechen, da ich vor meinem Schöpfer anbeten muß. Da sprach der kluge Handelsmann: Bete, soviel du Lust hast! Meinen Beutel erhältst du nicht, bei Gott, denn du bist ein Bösewicht und ein Unhold, und von deinesgleichen heißt es: ›Es darf kein Heuchler vor den Herrn treten.‹* Dieses wohl wissend, suchte ich dir mit List zu entreißen, was mein betrübter Genosse dir anvertraut hatte. Dafür lobe ich meinen Schöpfer, der den Armen aus der Hand dessen, der stärker ist als er, zu retten weiß.

Da nun der Frömmler sah, daß der Rat, den er ersonnen hatte, zunichte geworden war, schrie er, brüllte und heulte und legte sich eine Schlinge um den Hals.

* Hiob 13, 16

183. DANIEL UND EPHRAIM

Es lebte ein Mann zu Rom, der hieß Mose mit seinem Namen; er war allseitig beliebt und selber wohlwollend gegen andre. Nur hatte er eine Frau, die ihm viel Herzeleid bereitete, und einen Sohn Daniel, der ungeraten war. Dieser pflog schlechten Umgang und geriet in Schulden. Also erfuhr der Mann wenig Freude in seinem eignen Hause, er litt vielmehr Angst, Trauer und Gram. Mann und Weib, Vater und Sohn zankten und stritten immerfort miteinander. Da sprach der Mann eines Tages bei sich: Ich bin es müde, mit ihnen zusammen zu hausen; hier ereilt mich nur ein böses Geschick. Für mich ist es am besten, ich verlasse die Unglückseligen und wandere von hinnen weit in die Fremde; vielleicht fügt es der Herr, und ich finde eine Ruhestatt. Und er machte sich auf, raffte sein Hab und Gut zusammen und zog hinaus in die Ferne. Er landete in Griechenland in einer Stadt, die Siwema hieß, und fand hier seinesgleichen an Glauben und Abstammung. Er ließ sich in dem Orte nieder, denn der war lieblich und gut, und vergaß das Leiden, das ihn bisher bedrängt hatte. Er sprach: Dies ist das Land, das mir wohlbehagt, hier finde ich meine Ruhe, hier will ich fürder wohnen. Auch die Ortsansässigen gewannen ihn lieb für sein rechtschaffenes Wesen und sein gefälliges Betragen. Sie sprachen von ihm: Er bleibe bei uns, er wird uns trösten. Und der Mann ward reich an Gold, Silber und Vieh, denn Gott ließ all sein Tun gelingen. Nachdem er zwanzig Jahre in diesem Lande geweilt hatte, verfiel er der Krankheit, an der er sterben sollte. Da er sein Ende herannahen sah, rief er einige Bürger, die ihm wohlgesinnt waren, und sprach zu ihnen: Hört mich an, ihr lieben Freunde. Ich werde zu meinem Volke versammelt und hinterlasse hier keinen Anverwandten. Aber in Rom, da habe ich einen Sohn. Ich bitte euch nun, ihr ehrwürdigen Männer, bewahrt mein Vermögen in eurer Hand und teilt meinem Sprößling meinen Tod mit. Kommt er sodann mit einem beglaubigten Zeugnis, so gebt ihm das Erbe heraus. Wo er aber ein solches Zeugnis nicht mitbringt, so erachtet ihn als einen Dieb und Einbrecher. Da antworteten die Freunde: Herr, du Krone unsres Hauptes! Wie du deinen Knechten befohlen hast, also wird es geschehen. Und da der kranke Mann zu sprechen aufgehört hatte, tat er seine Füße zusammen auf das Bette und nahm ab und starb und fuhr heim zu seinen Vätern. Da kamen die Bürger der Stadt, ihn zu betrauern und zu beweinen. Sie setzten ihn in der besten Grabstätte bei und erwiesen dem Toten große Ehren.

Und die Freunde gedachten der Weisung des Verstorbenen und schrieben einen Brief nach Rom, in dem sie das Ableben des redlichen Mannes meldeten und von dem hinterlassenen Reichtum berichteten, der des mit wahrem Zeugnis ausgestatteten Erben harrte. Es lebte aber zu der Zeit in Rom ein Judäer mit Namen Ephraim, das war ein böser Wicht und roher Geselle, ein Fresser und Prasser, ein Lügner und Betrüger und zu alledem ein trefflicher Sprecher, ein Meister in Verstellung und glattem Betragen. Als dieser die Kunde von dem Tode des braven Mose vernahm, faßte er einen frevlen Beschluß. Er gedachte sich als den Sohn des Verstorbenen auszugeben und sein Vermögen an sich zu reißen. Und von dem Tage an trug er ein verändertes Wesen zur Schau; er zog schwarze Kleider an und blickte tieftraurig aus den Augen; es sollten in ihm alle den Leidtragenden sehen. Nach einigen Tagen aber machte er sich auf, durchquerte Wüsten und Meere, bis er sein Ziel erreichte und an den Ort gelangte, da der Rechtschaffene gelebt und gewirkt hatte. Wie er in der Herberge abstieg, rief er einen Knaben und sprach zu ihm: Rufe mir zehn Männer von den Angesehensten der Stadt, die die Gesetze

Gottes und seine Satzungen kennen, und richte ihnen folgendes aus: Daniel, der Schmerzerfüllte, ist angekommen, und sein Inneres wallt in ihm; denn er will die Sohnespflicht seinem Vater gegenüber erfüllen und bittet euch, ihm den Hügel zu zeigen, allwo der teure Entschlafene beigesetzt worden ist. Der Knabe führte rasch den Befehl aus und rief an die zwanzig Mann zusammen, alles würdige Greise von hochedlem Sinn.

Als sich diese der Herberge näherten, hörten sie eine jammernde, wehklagende Stimme, und wie sie eintraten, sahen sie einen Mann Tränen vergießen, der weinte und rief: Vater, lieber Vater, wo bist du hingefahren? Als er die Ältesten erblickte, erhob er sich in Ehrfurcht und Demut und tat, als ertrüge er kaum die Last der Trauer. Er sprach: Ich flehe euch an, ihr Lehrer des Gesetzes, tut an mir Gutes und führt mich an die Stätte, da mein Vater, der Gerechte, ruht. Da sagten die Greise: Wir wollen deinen Wunsch gern erfüllen. Und sie gingen mit ihm und zeigten ihm das Grab. Wie nun Ephraim das Grab sah, erhob er ein lautes, bitteres Geschrei und sprach: Vater, lieber Vater! Wer hätte je geglaubt, daß du in fremdem Lande verscheiden würdest? Das Weib deines Busens hast du verlassen, und sie trauert um dich bei Tag und bei Nacht; ihre Wange wird nimmer trocken. Wer hat diesen Ratschluß über dich verhängt? Warum ist mir solch ein Schlag zugefügt worden? Erbarmt euch meiner, ihr Freunde, denn Gottes Hand hat mich getroffen. Und er schluchzte und raste vor Leid. Die Gier nach dem Gelde hatte im Kraft verliehen! Als ihn die Ältesten vom Weinen abhalten wollten, schlug er sich aufs Gesicht und auf die Brust und raufte sich die Haare. Die Freunde des Verstorbenen versuchten, ihn zu trösten, er aber weigerte sich, Trost anzunehmen, und sprach: Nein, ich und meine Mutter, wir fahren zu meinem Vater in die Grube. Und er zerrte an seinen Kleidern, um sie zu zerreißen. Da wollten die Ältesten ihn daran hindern, er aber sprach: Bei meines Vaters Seele! Laßt ihr mich nicht mein Gewand entzweireißen, so reiße ich mein Herz entzwei. Und er schrie, bis er heiser wurde, und schwur, daß er sich das Leben nehmen würde. Des andern Tages aber fiel er über das Grab, leckte den Staub der Erde und blieb in seiner ganzen Länge ausgestreckt liegen. Da die Einwohner des Ortes dies unstillbare Herzeleid sahen, staunten sie überaus und sprachen zueinander: Dieser ist gewißlich ein Mann Gottes. Nach einigen Tagen aber, während welcher er sich an lauter Klage nicht genugtun konnte, sprach der Gauner zu den Ältesten: Ich bitte euch, auf dem Grabe meines Vaters das Gebet vom gerechten Richter hersagen zu lassen; vielleicht wird sich dadurch mein Gram etwas legen. Die Ältesten säumten nicht, dieses Verlangen zu erfüllen, denn sie ahnten nicht, daß der scheinbar Unglückliche ein Heuchler war, der den Tod des ehrbaren Mannes zum Anlaß eines Narrenspiels machte. Als der Vorbeter die Worte sprach: Der die Schatzkammern des Gartens Eden behütet – und den Namen des Verstorbenen nannte, da stieß der falsche Anwärter einen erschütternden Seufzer aus. Mit verhülltem Kopfe ging er vom Friedhof nach der Herberge, sein Herz aber sann auf Böses. Die Ältesten und das Volk begleiteten ihn bis dorthin, und jeder suchte den Jammer des Fremdlings zu besänftigen. Danach gingen sie auseinander, ein jeglicher in sein Heim.

Hierauf sprach der Bösewicht in seinem Herzen: Ich will heute freigebig sein und morgen dafür meine Freude haben; ich will etwas ganz Neues anstellen, und das wird seine Früchte tragen. Und er ließ Schafe und Rinder schlachten und für die Armen des Ortes ein Mahl veranstalten. Er ließ jedermann sein Teil zukommen und sagte, er tue dieses für die Seele seines Vaters. Außerdem spendete er dreißig Silberlinge, die sollten unter die Witwen und Wai-

sen verteilt werden. Danach beschloß er, auf dem Grabe ein Mal aufzubauen, alles nur, um sein Ziel sicherer zu erreichen. Er sprach bei sich: Mag ich heute mein Geld verschwenden, morgen heimse ich den Gewinn ein; das Silber wird zu Gold, das Kupfer zu Silber, die Steine zu Eisen. Und er ließ Künstler und Handwerker kommen, gab ihnen Geld die Menge und sprach zu ihnen: Ich will meinem Vater einen Denkstein setzen, auf dem soll mit eisernem Stift der Name des Gerechten, der seines Erzeugers und sein Geburtsort eingemeißelt werden. Die Beauftragten sagten: Bei deinem Leben, wir wollen nichts prüfen und über deine Worte nicht grübeln; was du befiehlst, werden deine Knechte ausführen. Und sie machten sich ans Werk und errichteten laut den Weisungen des Mannes ein großes, herrliches Mal. Und der falsche Sohn ließ folgende Inschrift darauf eingraben: Hier ruht die Krone aller Frommen, der Schmuck aller Edlen, Mose, der Sohn des und des Mannes, aus der Stadt Rom gebürtig; dieses Denkmal aber setzte ihm sein von Schmerz erschütterter, gramgebeugter Sohn Daniel, der ihn von ganzem Herzen, von ganzer Seele und ganzem Vermögen geliebt hat und der es nicht hat verwinden können, daß er bei seinem Verscheiden nicht zugegen war, um ihn rechtzeitig zu betrauern und zu beweinen. Mein Vater, mein Herz, mein Alles ist dahin!
Und der Heuchler blieb noch einen Monat in dem Orte und machte die Stadt zum Zeugen seiner Trauer. Er erschien jeden Tag im Bethause und ließ sich nur mit Gebetmantel und Gebetriemen sehen. Von der Erbschaft ließ er kein Wort verlauten. Da nun die Ältesten sahen, daß der Mann nicht müde wurde zu seufzen und zu klagen, daß er sich um das Vermögen des Verstorbenen gar nicht bekümmerte und sein ganzes Geld für die Armen hergab, dachten sie nicht, daß sein Herz böse Gedanken hegte, und sie sprachen zueinander: Warum verhalten wir uns still? Es

ist offenbar, daß der Mann heiligen Samens ist. Ein solcher bedarf keiner Zeugnisse und keiner Briefe. Für ihn spricht am besten der Stein am Grabe. Gelobt sei Gott, der den Verstorbenen nicht ohne Nachfolger gelassen hat, damit seines Namens gedacht werde. Wir wollen das Erbe dem Trauernden herausgeben. Und sie riefen den vermeintlichen Sohn des Toten und sprachen zu ihm: Herr, du Ausbund aller Tugenden, dein Vater hat uns vor dem Tode folgendermaßen vermahnt: Das Geld, das ich euch zum Verwahren gelassen habe, gebt meinem Sohn Daniel, daß er es erbe, jedoch nur unter der Bedingung, daß er ein beglaubigtes Zeugnis von seinem Heimatorte mitbringt; laßt euch von keinem Fremden betrügen. Nun aber sahen wir dein wundersames Betragen; deine Taten, deine Seufzer und Tränen sind mehr denn hundert Zeugnisse; durch das Grabmal aber, das du deinem Vater gebaut hast, hast du dich vollends als sein Sproß ausgewiesen.
Da bückte sich der falsche Daniel vor den Häuptern der Gemeinde – seine Augen waren verweint, und das Herz frohlockte – und sprach zu ihnen: Der Herr lohne euch das Gute, das ihr an eurem Knechte tut. Zuvörderst aber schickt Boten aus und laßt sie groß und klein ausfragen, ob mein Vater nicht irgendeinem hier etwas schuldig geblieben ist, sei es beim Handel, sei es beim Kauf. Desgleichen laßt mich wissen, wer ihn in seiner Krankheit gepflegt und nach seinem Tode bestattet hat; er erhalte seinen Lohn und den Entgelt für seine Mühe. Da antworteten die Greise: Dein Teil ist von Gott, du hehrer Sprößling, du hast uns Ehre erwiesen und nimmer etwas geraubt; wir haben von dir und deinem Vater kein Unrecht erfahren. Was uns zukommt, haben wir erhalten. Gelobt, wer dich hierhergebracht; zieh hin in Frieden!
Also nahm der Fremdling das Vermögen in Empfang und sprach in seinem Herzen: Oh, wie bin ich reich geworden;

ich habe dich gewonnen, Gold! Der Herr hat mein Weinen erhört. Ich heiße nicht umsonst Ephraim, der Üppige; meine Trauer ist in Tanz umgewandelt worden. Danach aber sprach er bald: Es ist für mich am besten, ein Schiff zu besteigen und mich, so schnell es geht, davonzumachen. Es kann unversehens der wahre Erbe kommen und mir die Beute aus den Zähnen reißen. Und er sattelte rasch einen Maulesel, nahm Abschied von den Ältesten und war geschwind wie ein Adler.

Nach Ablauf von zwei Jahren fiel es Daniel, dem Sohne des Entschlafenen, ein, über See zu reisen und das Geld zu holen, das sein Vater hinterlassen hatte. Er wußte nicht, daß Ephraim ihm zuvorgekommen war und den Segen bereits empfangen hatte. Daniel ließ sich von den Ältesten der römischen Gemeinde einen Ausweis geben, daß er in Wahrheit der Sohn des Mannes war, der in der Fremde seinen Geist aufgegeben hatte. Das Schriftstück wurde mit einem Siegel versehen und von den Häuptern Roms unterzeichnet. Und der Erbe bestieg ein Schiff und landete an der Küste Griechenlands in der Stadt, in der sein Vater begraben lag. Hier angekommen, fragte er nicht viel nach seinem heimgegangenen Erzeuger und erkundigte sich nicht, ob seine Leiche in Ehren beigesetzt worden oder unbeachtet liegen geblieben sei; er weinte und klagte nicht, raufte sich nicht die Haare und zerriß nicht seine Kleider, sondern stellte bald unumwunden die Frage, in wessen Hand sein Vater für ihn das Vermögen hinterlegt habe, denn er sei, so sprach er, der Erstling seiner Kraft und ihm komme gerechterweise die Erbschaft zu.
Doch wehe, welche Schmach ward dem Armen zuteil! Welche Enttäuschung mußte er erfahren! Die Bürger Siwemas sagten ihm: Was willst du, Narr, uns weismachen? Willst du aus Stroh Körner dreschen? Du bist ein Schelm und Betrü-

ger und willst ein Erbe haben, das der rechtmäßige Sproß bereits erhalten hat. Laß ab von uns, einfältiger Tor, und rede nicht mehr in dieser Weise. Da Daniel diese Antwort ward, blieb er bestürzt stehen; bald jedoch holte er aus dem Busen seine Urkunde hervor und sagte: Dies mag für mich zeugen, daß ich Daniel, der Sohn des Mannes bin, der in eurer Stadt gestorben ist. Ich komme zu euch nicht be=trüglich, sondern gestützt auf mein gutes Recht. Die Leute lasen den Brief, und siehe, er handelte in der Tat von dem Manne, der bei ihnen geweilt hatte und verschieden war, und trug ein Siegel der Obersten Roms. Dessen verwun=derten sie sich ohne Maßen. Ein Teil von ihnen sprach: Der Mann, der das Erbe erhalten hat, hat es auf unredliche Weise von uns erschlichen. Andre wiederum dachten schlecht von Daniel. Die ersten sprachen untereinander: Wie waren wir doch blind, wie handelten wir unüberlegt, als wir ei=nem, der sich vor uns nicht auswies, das Vermögen aus=händigten. So waren die Meinungen über den Ankömm=ling geteilt.

Hierauf sprach Daniel: Ich sehe euch miteinander flüstern; habt ihr mein Erbe bereits vergeben? Die Bürger erwider=ten: Ein vorbeiziehender Fremdling hat es bekommen. Da erbebte Daniel, schrie auf und rief: Wer war es, der mei=nen Jammer verursacht und mir den Segen gestohlen hat? Die Ältesten antworteten: Ein weidlicher Mann ist vor dir hierhergekommen, und der hat große Taten vollbracht. Er wehklagte und vergoß Ströme von Tränen, er zerfetzte seine Kleider und tat einen Sack um seine Lenden. Er ver=teilte viel Geld unter die Armen, um die Seele des Verstor=benen zu entsühnen, und hielt Woche für Woche eine Klage für ihn ab. Er ließ auf dem Grabe ein Denkmal errichten und tat, was noch nie ein Sohn für seinen Vater getan hat. Und die ganze Zeit über fragte er mit keiner Silbe nach dem Gelde und war wie ein Stein stumm vor Schmerz. Er ließ sich nicht anders denn mit Gebetmantel und Schaufäden sehen. Also hat er durch die Spenden, die er gestiftet, und die Zähren, die er geweint, den Reichtum deines Vaters gewonnen. Wenn nun aber, wie dein Zeugnis aussagt, du der wahre Sohn des Verstorbenen bist, warum merkt man dir keinen Gram an? Warum sind deine Augen trocken und deine Kleider ganz? Wie kommt es, daß du nach deinem Vater keine Klage hältst und keine Seufzer ausstößt? Und weshalb hast du mit deiner Ankunft so lange gesäumt? Nun ist vor dir einer gekommen, und der hat den Lohn davongetragen. Da sprach Daniel: Wie muß ich verzagen. Meinen Schmerz kann nichts lindern. Ist denn für mich nichts übriggeblieben? Die Gemeindeväter erwiderten: Den Tod deines Vaters beweinst du nicht, dir ist es allein um das Erbe zu tun. Wo ist aber ein Sohn, der seines Vaters nicht gedächte? Du bist am Ende nur der Sohn seines Weibes, und deine Mutter hat die Ehe gebrochen. Nur so ist es zu erklären, daß dich der Tod deines Vaters nicht rührt. Weh dir, wenn du zu mahnen fortfährst. Darauf sagte Daniel: Ihr Häupter Siwemas, mein Zorn komme über euch, warum wart ihr so eilig und gabt einem fremden Manne mein Erbe weg? Die Ältesten antworteten: Sagten wir dir doch den Grund bereits; wir sahen seine Trauer und seine Pein und dachten, er würde sich vor Schmerz nimmermehr aufrichten. Also gaben wir ihm das Gut und unsern Segen dazu. Daniel sagte: Er sei verflucht, der nach meinem Vater getrauert und mich um meine Habe gebracht hat, daß ich arm und geschmäht heimkehren muß. Und er schied von dannen und trat die Heimreise an. Mit leeren Händen kam er in Rom an. Seine Mutter fragte ihn, wo der Reichtum geblieben wäre, und da antwortete er ihr: Ich habe dir nichts Gutes zu berichten. Ein böser Bube war vor mir da; der tat, als ertrüge er den Jammer nicht, und damit betörte er die Häupter der Gemeinde, daß sie ihn für den wahren Erben hielten und ihm das Vermögen gaben. Nur um Schande zu erfahren, war ich hingegangen; ich mußte falsche Beschuldigungen anhören und Flüche hinnehmen; auch von dir sprachen sie wie von einem leichtfertigen Weibe. Da mir nun solches widerfahren ist, will ich um meinen Vater keine Träne fallen lassen und mich nicht toll gebärden vor Schmerz. Ich war hingefahren und hatte das beglaubigte Schreiben vorgezeigt; ich hatte mein Netz ausgebreitet, aber nichts darin gefangen. Habe ich verloren, so habe ich verloren.

Als die Mutter das vernahm, legte auch sie ihrerseits ihre Witwenkleider ab und sagte, daß auch sie den Toten nicht beweinen werde, wo sie von seiner Hinterlassenschaft nicht zehren könne.

184. TIMOTEUS

Der berühmte Heilkünstler Timoteus der Mazedonier beschloß einst, eine Wanderung durch die Welt zu machen. Er sprach: Der dem Menschen Wissen verleiht, hat meinen Geist erleuchtet und mir der Heilkunst Geheimnisse eröffnet. Es sind nur wenige in diesem Lande, die mir an Weisheit gleichkommen. Gleichwohl können sich in fernen Ländern Menschen finden, die mehr wissen als ich, und wenn ich mich zu ihnen geselle, so kann ich noch mehr erfahren; wiegt doch die Weisheit schwerer denn Gold, und groß ist besonders der Wert der Heilkunst, die des Menschen Leben verlängern kann.

Und Timoteus machte sich auf und wanderte von Land zu Land; er hatte nur seinen Esel mit, auf dem er ritt, und einen kleinen Sack voll Arzneien. Wo er hinkam, erkundigte er sich nach den Kranken des armen Standes und suchte ihnen Heilung zu verschaffen.

Da traf es sich, als er durch Kanaan zog und unweit der

Stadt Bethar war, daß ihn Müdigkeit überfiel. Er stieg vom Esel ab, legte sich den Sack mit den Heilmitteln zu Häupten, streckte sich seitwärts von der Landstraße aus und schlief ein. Der Esel aber weidete daneben auf der Wiese. Bald kam ein Landstreicher des Weges gezogen, sah den Arzt in tiefem Schlafe liegen und sprach bei sich: Das Glück ist mir hold. Und der Bube entledigte sich seiner schmutzigen Lumpen und warf sie auf die Erde, zog dem Schlafenden sein prächtiges Gewand aus und legte es selber an. Danach bestieg er den Esel und ritt auf ihm davon.

Der weise Mann erwachte von seinem Schlaf und sah sich nackend und barfuß daliegen. Vor ihm lag ein zerfetztes Kleid, und sein Esel war nicht mehr da. Er begriff, daß ein loser Wicht ihm dies angetan hatte, und zog notgedrungen und widerwillig die Lumpen, die dalagen, an. Er sprach: Wahr ist, was der Weise sagt: Der Schlaf macht arm. Und er nahm seinen Sack und zog in die Stadt.

Als er durch die Straßen von Bethar ging, hörte er eine Frauenstimme laut und bitter wehklagen. Er sprach bei sich: Ich will hier einkehren und erfahren, was dieses Jammern bedeutet. Und er trat in das Haus und sah einen Jüngling auf dem Schmerzenslager liegen; der schien für die Welt verloren zu sein, und nur ein schwacher Odem war noch in ihm. Drei Ärzte standen vor dem Bette, die hatten die Hoffnung verloren, daß der Kranke genesen könnte. Die Eltern des Knaben aber, sein Vater und seine Mutter, weinten und schrien um ihr Kind. Timoteus sah sich den Knaben an und wußte bald, worin sein Leiden bestand, und daß er nicht schwer zu heilen sein würde. Es drängte ihn, seine Hilfe anzubieten, denn es übermannte ihn Mitleid mit dem Jüngling, der in der Blüte seiner Jahre dahingehen sollte, und so sprach er zu den im Raume Stehenden: Hört mich an, Brüder, vertraut mir den Kranken an, und ich will ihn heilen, vermöge der Kraft, die mir

Gott verliehen, mit den Arzneien, die ich hier im Sacke habe, so mir der Herr beistehen möge. Die Ärzte schauten den Ankömmling an, brachen in Lachen aus und spotteten über ihn. Der Hausherr aber, der Vater des Knaben, der die Ärzte lachen sah, wurde voll Zorn über den Fremden und sprach: Wir sind in großer Trauer, und du kommst, dich über uns lustig zu machen! Fort, schere dich aus meinem Hause. Und er trat erregt auf Timoteus zu, faßte ihn beim Haarschopf, stieß ihn aus dem Hause und schloß hinter ihm die Türe zu. Der Mazedonier war so bestürzt und so voll Scham, daß er seinen Mund nicht auftun konnte, und so ging er weiter, gedemütigt und verstört.

Als danach auch die Ärzte das Haus verließen, sprach die Mutter des kranken Jünglings zu ihrem Eheherrn: Warum warst du so heftig und jagtest jenen Armen fort, ohne seinen Worten Beachtung zu schenken? Wenn einer vor Ärzten so zu sprechen wagt, so werden seine Worte sicher Bedeutung haben; vielleicht hat dieser mit Heilkünstlern jemals Umgang gepflegt und von ihnen manches erfahren. Wir haben doch den Sack mit eignen Augen gesehen, von dem er sprach, daß er Arzneien enthält. Es war voreilig von dir, den Fremdling zu vertreiben. Über diese Worte ward der Hausherr noch mehr erbost, und er sprach: Halte still, einfältiges Weib! Nicht umsonst heißt es von euch: Der Frauen Sinn schwankt hin und her. Du fügst meinem Herzen nur neuen Schmerz zu, wenn du so sprichst. Wie ist es möglich, daß ein solcher Strolch Arzt sei? Oder hältst du ihn gar für den Mazedonier Timoteus? Seine Kleidung straft seine Worte Lügen. Der Sack aber, von dem du sprichst — verlaß dich darauf, ich weiß wohl, was in einem solchen Sacke steckt: verschimmeltes Brot, ein schadhafter Schlauch und ein Bündel Lumpen. Und solch einem armen Tropf bist du bereit zu glauben! Schweige lieber, törichte Frau, Schweigen steht dir besser an denn Sprechen.

Des Abends aber verschied der kranke Jüngling und hinterließ seine Eltern in tiefer Trauer. Tag und Nacht weinten sie um ihn, denn er war ihr einziger Sohn.
Des andern Morgens sprach Timoteus bei sich: Nun ist es Zeit, daß ich mich den Menschen zu erkennen gebe. Stelle ich mich weiter fremd, so kann es mir wieder so ergehen wie gestern. Und er rief laut in den Straßen: Hört mich an, ihr Bürger! Ich bin der Heilkünstler Timoteus. Ein jeder, der einen Kranken im Hause hat, bringe ihn zu mir, und ich will ihn gesund machen mit Gottes Hilfe. Die Vorbeigehenden schauten den Mann an und hielten ihn für wahnsinnig; sie höhnten und verspotteten ihn. Da nun Timoteus sah, daß ihm niemand glaubte, setzte er sich auf die Erde und zog aus seinem Sacke Fläschchen mit Tropfen und Dosen mit Salben. Er öffnete die Behälter und reichte sie denen, die in seiner Nähe waren. Der Geruch der Arzneien drang aber weiter und zog die Menschen an; sie umstanden bald den Seltsamen, um den Duft der Essenzen einzusaugen, und es umringten ihn immer mehr und mehr Menschen. Sie sprachen zu ihm: Wie kann es wahr sein, daß du der Arzt Timoteus bist, wenn du solche Lumpen anhast? Dir ziemte es, wenn du der berühmte Mazedonier wärest, in Byssus und Purpur gekleidet zu gehen. Timoteus antwortete: Da ihr mich darum fragt, so will ich euch erzählen, was mir auf dem Wege zu eurer Stadt widerfahren ist. Und er berichtete, was ihm begegnet war.
Da begannen die Leute ihm Glauben zu schenken und brachten zu ihm Kranke, die von andern Ärzten aufgegeben worden waren. Er heilte ihre Leiden mit Leichtigkeit und vollbrachte wahre Wunder. Da staunten alle Bürger Bethars, und es ward ihnen klar, daß dieser Mann kein anderer als Timoteus der Mazedonier war. Also drang die Kunde auch in das Haus des Mannes, dessen Sohn verstorben war. Da schrie die Frau bitter auf und jammerte vor

ihrem Mann: Weh dir, du aufbrausender Mensch! Wehe mir, daß ich dein Teil geworden bin. Durch deinen Jähzorn hast du die Seele deines Sohnes verderbt und sein Leben vernichtet. Ach, daß du auf mich nicht hören wolltest! Ihr Gatte hatte darauf nichts zu erwidern. Auch er war betrof=fen, und sein Herz starb ab. Vor übergroßem Schmerz brachen sie beide ohnmächtig zusammen.

185. CHOWAW UND RAHEL

Eine Geschichte trug sich einst zu; die lief folgender=maßen ab:

Es lebte ein Mann im Lande Uz, namens Absalom; das war ein friedliebender Mann und ein Fürsprecher seines Vol=kes; er war das Haupt aller Weisen und Einsichtigen, an Jahren reich und von ehrwürdigem Aussehen; er war vie=len ein Vater, was mehr wert ist als alles Wissen und aller Ruhm. Es gab keinen Menschen in Israel, der so geachtet und gelobt gewesen wäre wie Absalom. Absalom hatte ei=nen Sohn, der hieß Chowaw, der Liebevolle. Das war ein Jüngling von gutem Gemüt; du fändest keinen gütigern im ganzen Volke. Wer nur von ihm hörte, war des Lobes voll; wer ihn nur sah, mußte seine Tugend bezeugen. Das war aber einer, den allein die Liebe zu leiten vermochte; ein Weib konnte ihn aufrechterhalten, ein Weib konnte ihn zerstören; der Liebe Lohn war seine Erlösung; es ging ihm darin wie mir, dem Sänger.

Da nahte die Zeit, wo Absalom sterben sollte, und so rief er seinen Sohn und sprach zu ihm: Habe ich Gnade vor deinen Augen gefunden, so neige dein Ohr meiner Rede und horche auf den Segen, den ich dir erteilen will. Mein Sohn, ich habe dich gezeugt, habe dir den Weg der Weis=heit gewiesen und dich in die Bahnen der Rechtschaffenheit gelenkt; ich habe dich großgezogen, bin dir beigestanden und habe dich gestützt, und so stehst du nun heute da. Aber es ist nicht gut, daß du allein bleibst und kein anderes Wesen an deiner Seite ist. So laß dir dieses mein Gebot ins Herz gegraben sein: begib dich zu den Vornehmen des Geschlechts und suche dir unter ihnen ein Weib. Dir steht das Recht des Freiens zu, und dein wird das Erbteil sein. Du wirst eines festeren Schrittes wandeln, wenn du deine Jugendgefährtin neben dir hast, ein Weib, das dir nicht widerspricht und allem, was du sagst, zustimmt. Wenn du schlafen gehst, so bist du ohne Angst; es ist je besser zwei denn eins; und kommt gar ein Kind hinzu, so seid ihr ein dreifacher Faden, der nicht leicht entzweireißt, und wie eine silberne Schnur, die nicht versagt. Hat doch Abraham, der Vater aller Völker, alle seine Güter geringgeachtet, als er keinen Nachkommen hatte, und hat von sich gesprochen: Einem Verbannten bin ich gleich, da ich keinen Sproß habe, der meines Namens gedächte. Auch sein Sohn, mit dem der Herr einen Bund geschlossen hat, bat um Leibesfrucht für sein Weib. Rahel und Hanna ließen darum ihre Gebete emporsteigen. Auch der Sunamitin will ich Erwähnung tun. Sollten der Beispiele noch zuwenig sein, ich will dir ihrer noch mehr aufzählen. Schon unsere Altvordern sprachen: ›Das Erbe des Herrn sind die Kinder.‹ So weise meine Lehre nicht von dir, mein Sohn, denn warum soll Gottes Teil eingehen? Höre auf meine Stimme und auf meinen Rat, und der Ewige wird mit dir sein; suche dir unter den Gläubigen ein frommes Weib, dessen Fuß nicht ausgleitet; ein Weib, dessen Tugend ewig währt; sie sei fruchtbar wie ein Weinstock und schön wie ein junges Kalb; ihr Auge soll des Hauses fröhlich walten, ihr Antlitz leuchte wie der Mond, ihr Leib sei von Myrrhe und Weihrauch beräuchert; eine Jungfrau, schön und unschuldsvoll, nimm zum Weibe, die kein Mann vor dir erkannt hat. Denn was ist die Freude aller Erdenkinder ohne den Frieden, den ein Weib spendet?

Aber hüte dich, daß du dem Herrn nicht zuwiderhandelst und keinerlei Untreue an deinem Weibe begehst.

Chowaw erwiderte: Vater, du hast mich durch deine Milde erbaut, mich durch deine Weisheit und treffliche Lehren aufgerichtet; laß mich Gnade vor deinen Augen finden, mein Herr; du hast mich getröstet, ich will weder zur Rechten noch zur Linken von deinen Geboten weichen und will nach deinen Worten tun. Auch mein Herz hat viel gelernt und erfahren über das, was ich eben gehört. Und Chowaw führte seinen Spruch an und rief: Wie ein scharfes Schwert schneidet die Liebe, Brüder und Freunde. In den Armen eines Mädchens zu ruhen, danach verlangt es mich. Meine Augen sind des Wassers voll, als hätte die Geliebte ihren Krug darin geleert. Und tötet sie mich, mir ist drum nicht bange; mein Andenken bleibt wie Myrrhe und Würze. O der Toren, die die Liebe nicht erfahren! Sie sterben und gehen ohne Freude von dannen. – Da sah Chowaws Vater, daß seines Sohnes Verstand groß und sein Herz lauter geworden waren, weil der Hauch der Liebe ihn gestreift hatte, und das gefiel ihm wohl. Er vollendete seine Rede an seinen Sohn und nahm ab und starb und ward zu seinem Volke versammelt.

Und Chowaw gedachte der Gebote seines Vaters und seiner getreuen Worte; er konnte aber nicht gleich das Weib finden, das ihm gebührte. Da endlich wählte er eine Freundin. Das war ein Mädchen ohne Fehl, schön wie der Mond, leuchtend wie die Sonne, ein einziges Kind ihrer Mutter; sie war in allem, wie sie sich Absalom gedacht hatte. Die Töchter sahen sie und waren voll Rühmens, Königinnen und Kebsweiber priesen sie hoch. Rahel hieß sie mit ihrem Namen. Ihr Vater hieß Sichem, ihre Mutter Kesita. Wie ein blitzendes Schwert, so blendete ihr Angesicht; kein Mensch konnte sie sehen, ohne ihrer zu begehren. Also säumte auch Chowaw nicht, sie zu freien, denn ein Meer von Liebe war in ihm aufgestiegen, das wogte und brauste in ihm immerzu. Und nach der Jünglinge Art mehrte er Flehen und Bitten vor ihrem Vater. Also antwortete ihm Sichem: An dir, nicht an einem Reichen, finde ich Gefallen; so will ich sie lieber dir als einem andern Manne geben; bleib bei mir, laß dir von meiner Ehre zuteil werden und suche Schutz unter meinem Dache; dein Flehen ist vor mich gekommen, alle deine Notdurft laß meine Sorge sein. Da sprach Chowaw: So hast du nun meiner Stimme gehorcht; es ist keine wie deine Tochter; gib sie mir, sie allein ist mir recht, sie ist das Weib, das mir Gott bestimmt hat. Und Chowaw wollte gern bei Sichem bleiben, und der gab ihm seine Tochter zum Weibe.

Als aber die Anverwandten Rahels sahen, daß das Mädchen vergeben worden war, wurden sie des Zornes voll und riefen: Dahin ist unsere Größe und unsere Pracht. Und die Elenden sprachen: Was soll uns dieser Taugenichts und Geringe, seit gestern und ehegestern uns nicht Bekannte? Wir wollen mit List ihm beikommen, denn er ist uns eine Schande. Hinaus soll er in die Wüste, von Haus und Hof wollen wir ihn jagen, daß ihm viel Ungemach begegne; alsdann wollen wir ihn zur Ruhe betten und ihn in eine Grube werfen. Wir wollen ihn aus seinem Volke herausreißen und ihn umbringen.

Rahel aber erfuhr von dem, was vor sich ging, und sie erhob ihre Stimme und weinte um ihren Mann. Sie sprach zu Chowaw: Wir wollen es anders machen als bisher, wir wollen keinen Reichtum und keine Güter begehren, das Geld wird uns nur ins Verderben bringen; bleiben wir hier bis morgen, so ereilt uns das Unglück, und wir sind beide verloren. So ist es wohl besser, Stadt und Schloß zu verlassen und in die öde Wüste zu ziehen. Das Mägdlein war aber klug und findig und stellte es so an, daß niemand von ihrem Vorhaben erfuhr. Sie machten sich beide in der Nacht auf und davon, um dem Grauen zu entfliehen; sie ließen ihren Reichtum liegen, der allein an allem schuld gewesen war, und retteten ihre Seelen.

Da brachte ihr Geschick sie nach Dinhaba, der Goldstadt; die lag auf dem Scheidewege, und darin herrschte ein König, Baal-Chanan, der Milde. Der aber die Stadt verwaltete, war ein Unhold und hieß Mered; er entfachte Brände und war nachher ihr Löscher; von seinem Munde hing es ab, ob einer dablieb oder weiterzog. Um ein Stück Brot tut ein Mensch Übles, und so gehorchte alles seiner Stimme. Das war ein Mann, voll böser Triebe, gewaltig an Kraft und aussätzig.

Als die Knechte Mereds die Rahel erblickten, sprachen sie: Welch liebliche Hindin! Das soll eine Gabe für unsern Herrn sein; der wird es ihr an Speise, Kleidern und Eheschuld nicht fehlen lassen. Und sie schlugen den Chowaw, hetzten und jagten ihn weit fort; sein Weib nahmen sie mit Gewalt und brachten sie vor ihren Herrn. Und Rahel stand da, wie ein Schaf vor seinem Scherer.* Die Knechte sprachen: Hier ist eines Menschen Pracht und Schönheit, die kann einen Kranken vom Aussatze heilen.

Und das Mägdlein gefiel dem Mered gar wohl und fand Gnade vor seinen Augen. Er sprach in seinem Herzen: Diese will ich mir zur Freundin erküren, bei ihr will ich ruhen allezeit, bei ihr will ich wohnen, denn sie ist nach meinem Wunsch. Da sah Rahel, daß sie in große Not geraten war, und beschloß, mit List vorzugehen. Sie sprach: Sei mir gnädig, mein Herr; habe ich Gunst in deinen Augen gefunden, so laß deine Magd ein Wort vor deinen Ohren sprechen und meine Bitte vor dir aufsteigen. Wisse denn, der Mann, der mit mir hierhergekommen ist, hat mich aus meines Vaters Hause und aus meiner Heimat entführt; ich bin aus dem Ebräerlande gestohlen worden, allwo ich

* Das Wort Rahel bedeutet Schaf.

wohlgeborgen in den Gemächern saß. Die Barmherzigkeit tu an mir und laß mich vor den König kommen, daß ich ihm meine Klage vorbringe. Vielleicht daß der für mich Rache übt, mir mein ausgestandenes Leid vergilt und den Verführer hängen läßt. Da sprach Mered in seinem Herzen: Wenn diese hier der König erblickt, so wird er sie eilends für sich selbst behalten oder er wird sie für seinen Sohn bestimmen. Ich habe Köstliches für mich erworben, werde aber dessen verlustig werden; wenn erst der Fürst des Schönen ansichtig wird, so erhebt er es, wie der Priester die Keule. Darum sprach er zu Rahel: Fürchte dich nicht, ich will deinetwegen mit dem Könige sprechen, ihm dein Begehr und deine Bitte unterbreiten. Rahel erwiderte: So füge meinen Worten nichts hinzu und nimm auch nichts hinweg; es möge sein, wie du gesprochen hast.

Also kam Mered vor den König und sprach: Ein loser Wicht ist in meine Hand gefallen, einer, der eine Untat begangen hat; ein Mädchen, das ihm nicht zu Willen war, hat er gestohlen und seinen Weg auf Erden verderbt. Diesem gebührt der Tod nach eines jeden Richters Spruch. Der König erwiderte: Wir wollen den Mann rufen und wollen hören, was er darauf zu sagen hat. Also wurde Chowaw vor den Herrscher gebracht; er bückte sich wie ein Schuldiger und sprach: Der König lebe ewiglich! Der König versetzte: Erzähle erst nicht viel, spar dir deinen Wortschwall, deine glatten Reden sind vergeblich; du bist des Todes, dir ist kein Entrinnen, denn du hast eine Jungfrau geraubt, und wie du es verdient hast, so will ichs über dich verhängen. Da sah sich Chowaw in großer Bedrängnis, denn offenbar war es des Königs Absicht, ihn sterben zu lassen. Darum brachte er seine Sprüche vor und sagte: Wohl richtet ein König durch Recht sein Land auf. Wenn aber der Törichte gegen den Aufrechten vorgeht, so ist es an dem Könige, den Fall zu untersuchen, denn der Könige Ehre ists, eine Sache zu erforschen. Und er sprach weiter: Mein Herr und König! Deine Gerechtigkeit und deine Gnade mögen mir Schutz sein, ich will nicht fragen noch prüfen; aber die Worte des Mädchens will ich hinnehmen, als wären es Aussagen zweier redlicher Zeugen, mögen sie mir Tod oder Leben verheißen. Der König entgegnete: Wohlan, das soll dein Urteil sein, das du dir selbst gewählt hast. Wir wollen das Mägdlein rufen und sie fragen.

Nun wurde Rahel dem König vorgeführt, und sie errang sein Wohlgefallen. Sie sprach: Es helfe uns der König, der jeden Armen stützt und stärkt, sei er Bürger oder Wanderer; dieser hier ist mein Gemahl; er war ausgezogen, einen Ort zu finden, da er wohnen könnte, und ich war ihm gefolgt, um uns unsern Unterhalt zu suchen. Uns war das Brot aus dem Korbe geschwunden, und nur unsere Leiber waren übriggeblieben. Da kam Mered und nahm mich mit Gewalt; er brachte mich in sein Haus und ließ mich im Finstern sitzen; mit meinem Mann verfuhr man wie mit einem Nichtswürdigen; um mich zu besitzen, wurde der Sturm entfesselt.

Da ergrimmte der König überaus, und sein Zorn brauste in ihm auf. Er sprach zu Mered: So weit haben dich also deine Sünden gebracht, daß du auf diese hier deine Blicke warfst; die Bosheit deines Herzens hat dich zur Falschheit geführt; du bist des Todes um des Weibes willen, denn sie ist eines Mannes Eheweib. Auf, fort aus meinen Augen, du sollst mein Angesicht nimmermehr schauen. Und der König gab dem Weibe Geschenke, wie sie es durch ihre Klugheit verdient hatte, und befahl seinen Knechten, sie mit ihrem Manne aus der Stadt zu geleiten. Die Getreuen befolgten, was ihnen aufgetragen worden war. Danach legte sich erst des Königs Groll.

Chowaw und Rahel hatten sich kaum aus der Stadt entfernt, da wurde das Weib von Mutterwehen ergriffen. Und sie freute sich, da sie einen Sohn gebar. Als die Ehegefährten aber drei Tage durch wüstes Land gezogen waren, wurden sie unmutig; Rahel trug ihren Sohn in den Armen und konnte ihn kaum noch halten; sein Geschick wollte über ihn kommen, und er sollte sterben. Sie gingen langsam und wollten noch eine Zufluchtsstätte erreichen. Da sprach Rahel: Was nun tun? Der Herr hat unserer Sünden gedacht und will sie an dem Kinde heimsuchen und es töten. Wohl ist die Stadt nicht mehr fern; den geliebten Knaben jedoch dorthin zu schaffen, geht nicht mehr an. Vielleicht soll das nur eine Versuchung sein, dann müssen wir es wohlgemut hinnehmen. Stirbt der Knabe, wo gehe ich da mit meiner Schande hin? Wir wollen nun eine Grube graben, und wenn er verschieden ist, ihn in Trauer bestatten. Chowaw gehorchte Rahel, und sie fingen an, ein Loch zu schaufeln. Kaum hatten sie aber drei Fuß gegraben, als sich vor ihnen Türen auftaten und sie in eine Höhle kamen, darin eitel Gold und Silber und Edelsteine waren. Da sprach das Weib: Willst du Reichtum erwerben, so beeile dich, lauf in die Stadt und kaufe um Geld zehn gute Kamele.

Chowaw hub seine Füße auf, kam in die Stadt, kaufte zehn Kamele um hundert Silberlinge und führte sie nach dem Orte, wo sein Weib mit dem Sohne geblieben war. Er fand den Knaben heil und gesund und freute sich wie ein Bettler, der ein kostbares Gerät im Schutthaufen entdeckt. Die beiden luden alles Gold und Silber auf die Kamele und kehrten nach ihrer Stadt zurück. Und seitdem hörte ihr Reichtum nicht zu wachsen auf, und ihr Ansehen ward immer größer und größer. Die Leute in der Stadt staunten über sie und sprachen: Das sind dieselben, die von hier geflohen und nach einem Lande, das nicht ihres war, gegangen sind; dort haben sie ihre Säcke mit Gold und Silber gefüllt. Die Feinde Chowaws wurden seine Freunde; was er ihnen aufgab, taten sie willig und handelten ihm in nichts zuwider.

So hat der Herr dem Manne seine Gerechtigkeit und Treue vergolten durch die Hand einer Gefährtin, die einer Königstochter glich. Gott segnete das Leben Chowaws, weil er ihn lieb hatte. Also ward des Dinges Ende besser denn sein Anfang.

186. JOSCHER UND TEHILLA

Einem Manne, der Emeth, der Aufrichtige, hieß, ward ein Sohn geboren; diesen nannte er Joscher, den Rechtschaffenen, und er sprach zu einem Manne aus dem Volke, namens Hamon: Ist es dir recht, so möge deine Tochter Tehilla, die Huld, meinem Sohne als Braut bestimmt sein. Hamon willigte darin ein, und die beiden schlossen darüber einen Bund miteinander. In derselben Zeit gebar Taawa, die Lüsterne, die Magd Emeths, gleichfalls einen Sohn, und sie blieb mit ihm im Hause Emeths wohnen. Da kam aber ein fremdes Heer über das Land; die Feinde plünderten die Stadt und führten die beiden Knaben weg. Als nun Emeth sah, daß sein Sohn in Gefangenschaft geraten war, ging er vor die Tore der Stadt zu Mischpat, dem Rechtsprechenden, und schrieb in ein Buch folgende Worte ein: Meinen Sohn und meinen Knecht haben Unholde verschleppt. Damit nun mein Sohn im Laufe der Jahre mit dem Sohne meiner Magd nicht verwechselt werde, trage ich seine Merkmale hier ein. Und er zählte die Erkennungszeichen seines Sohnes auf und setzte sein Siegel unter die Urkunde. Danach starb Emeth.
Es vergingen Tage, und der Sohn der Magd Taawa kam in das Haus eines Mannes mit Namen Dimion, der Phantasiereiche. Er wurde daselbst aufgezogen, und man hieß ihn Rahab, den Hochmütigen. Eines Tages sprach Mirma, der Falsche, zu Rahab: Ich will hingehen und will dem Manne Hamon sagen: Sieh, der Sohn Emeths wohnt im

Hause Dimions – und er wird sich überreden lassen und wird die Tehilla, die Verlobte deines Herrn, dir zum Weibe geben. Und Mirma ging und sprach zu Hamon: Mein Herr vernehme die Kunde: der Sohn Emeths hat sich gefunden, und siehe, er wohnt im Hause Dimions. Alsbald ging Hamon, holte den Rahab aus der Wohnung Dimions und sprach zu ihm: Da ist meine Tochter Tehilla, von der ich deinem Vater Emeth versprochen habe, daß ich sie dir zum Weibe geben werde. Führe sie nun heim, und sie möge deine Gemahlin werden.
In der Zeit tauchte Joscher, der Sohn Emeths, unter dem Volke auf, aber niemand erkannte ihn. Der Knabe wurde groß und nahm zu; da sah ihn Tehilla und gewann ihn lieb in ihrem Herzen. Allein das Wort ihres Vaters Hamon, der sie Rahab zu geben sich verpflichtet hatte, war für sie bestimmend. Inzwischen war die Hochzeitfrist herangenaht, und Rahab sprach zu Hamon: Gib mir mein Weib, denn die Zeit ist erfüllt. Da machte sich Hamon auf, lud alle Einwohner der Stadt zu sich und bereitete ein Fest. Als aber die Gäste beim Essen und Trinken saßen, da erhob sich ein schweres Wetter; ein heftiger Sturm erfaßte das Haus von allen vier Seiten, die Wände drohten umzustürzen, die Pfeiler kamen ins Wanken; die Menschen gerieten in große Angst, und einer sah den andern mit Schrecken an.
Da stand einer von den Ältesten auf und sprach: Hört mich an, ihr Brüder und Volksgenossen, vom Herrn ist dieses Beben über uns gekommen. Ich gedenke jetzt dessen, daß Gott einst unserer Stadt gezürnt und über sie ein wüstes Heer hat kommen lassen, das sie ausgeraubt hat. Unser Bruder Emeth hatte zu der Zeit einen Sohn, und außer diesem war noch seiner Magd Sohn im Hause; die Knaben wurden vertrieben, und man konnte sie voneinander nicht mehr recht unterscheiden. Da schrieb Emeth die Merkmale

seines Sohnes vor den Richtern nieder, auf daß ihm dieses Schriftstück als ewiges Zeugnis diene. So wollen wir denn in dem Gedenkbuche des Gerichtes nachsuchen und sehen, ob nicht ein andrer der Sohn Emeths sei; dann muß nicht Rahab die Tehilla als Braut bekommen, sondern sie muß dem wahren Sohne Emeths zugeführt werden.
Also wurde die Sache untersucht und wohl erforscht, und an Rahab wurden die Zeichen nicht gefunden, die in der Schriftrolle angegeben waren. So wußte man, daß er nicht der Sohn Emeths war, und schickte ihn fort. Davon erfuhr Sechel, der Verständige, und der erschien, bückte sich vor den Versammelten und sprach: Gelobt sei der Herr, der wahre Gott; ich will euch den richtigen Sohn Emeths zeigen, und diesem soll die Tehilla als Weib angehören. Und er holte den Joscher und führte ihn dem Mischpat vor; dieser fand an dem Jüngling die Male, die von seinem Vater verzeichnet waren. Also erkannte er ihn als den Sohn Emeths an und sprach zu Hamon: Dieser hier ist es, dem du deine Tochter zugesprochen hast. So nahm Joscher die Tehilla zum Weibe; es kam Ruhe in die Stadt, und alles Volk freute sich sehr und lobte den Herrn.

187. DIE TRUNKSUCHT

Ein frommer König versammelte einst Weise in seinem Hause und hielt mit ihnen Zwiesprache über den gerechten und bösen Wandel. Er fragte: Sagt an, welche Sünde ist die größte, die zu begehen man sich hüten muß? Da antwortete der erste Weise: Es ist keine Sünde schlimmer als der Mord. Wer Menschenblut vergießt, zerstört ein Gebäude und vernichtet eine Welt, denn jeder Mensch ist gleichsam eine Welt für sich. Das Blut des Ermordeten hört nicht auf zu schreien, und der Mörder muß getötet werden. Der zweite Gast sprach: Die ärgste Sünde dünkt mich der

Ehebruch. Wer dem Weibe seines Nächsten beiwohnt, begeht eine Missetat, die dem Morde gleich ist. Frauen, die durch Hurerei empfangen haben, bringen nicht selten ihre Leibesfrucht um, also führt Unzucht auch zu Blutvergießen. Der dritte von den Rednern sagte: Ich sehe den Diebstahl als die schwerste aller Sünden an. Der Dieb, der des Nachts ein Loch in das Haus seines Nächsten bohrt, wird zum Mörder, wenn der Schlafende erwacht und ihn an seinem Vorhaben hindert. Auch hat ein Diebstahl allemal einen Meineid zur Folge. Der nächste Mann, der an der Reihe war, sagte: Schlimmer als die Sünden, die ihr aufgezählt habt, ist die Abgötterei. Der Götzendiener betet seiner Hände Werk an, er bückt sich vor den Gebilden aus Holz und Stein, die nicht sehen und nicht fühlen, und vergißt seinen Gott, der ihn von Anbeginn geschaffen und in die Welt gebracht hat, der ihn ernährt und am Leben erhält.

Unter den Weisen befand sich auch ein alter Mann, und dieser hatte zu allem lange geschwiegen. Da fragte ihn der König: Gibt es noch eine größere Sünde als die, die deine Genossen erwähnt haben? Der Greis erwiderte: Jawohl, mein Herr, horche auf. Da wunderten sich die Männer, und alle schauten auf den Mund des Sprechenden. Dieser fing an und sagte: Es gibt eine Sünde, die alle von euch angeführten Sünden gebiert. Die Anwesenden fragten: Welche Sünde ist das wohl? Der Greis erwiderte: Das ist die Trunksucht. Und er erzählte einen Vorgang, der sich in seiner Jugend zugetragen hatte. Drei Männer, die miteinander befreundet waren, traten in einem Hause zusammen, um sich hier einen ganzen Tag an Essen und Trinken zu vergnügen. Als die Nacht kam, der Wein ausgetrunken war, geriet ein böser Geist über sie, und sie bohrten ein Loch in die Wand des Nachbarn und stahlen aus den Gemächern, was sie fanden. Mit dem geraubten Gelde gingen sie dann zu der einzigen Schankwirtin, die im Orte war. Diese aber hatte eine schöne Tochter. Die Frau machte Licht und öff=nete ihnen die Tür. Danach gab sie die Kerze ihrer Tochter und ging nach dem Keller, um Wein zu holen. Da rissen ihr die Gesellen den Schlauch aus der Hand und erwürgten sie. Danach ergriffen sie das Mädchen und schleppten es ins Haus. Einer von ihnen erweckte aber die Eifersucht sei=ner Genossen dadurch, daß er der Jungfrau zuerst beiwoh=nen wollte, und wurde von ihnen mit einem Messer ersto=chen. Und die übrigen trieben die ganze Nacht ihren Mut=willen an dem Mädchen. Als sie nachher von ihrem Rausch erwachten und sich des Geschehenen erinnerten, fürchte=ten sie, daß die Mißhandelte alles erzählen würde; sie tö=teten sie und flohen davon. So hatte das eine Vergehen so viele andre nach sich gezogen.

188. DER VERJAGTE VOGT

Ein König unterhielt sich mit einem seiner Vögte über ein wichtiges Staatsgeschäft, als er aus dem Fenster seinen jüng=sten Sohn das Frauengemach verlassen sah. Der Knabe fürchtete die Strafe des Vaters und wagte nicht, ihm zu nahen. Da überkam den König Mitleid mit seinem Kinde; er rief den Knaben zu sich, und als dieser kam, küßte er ihn, setzte ihn auf seinen Schoß und tat mit ihm zärtlich. Danach wandte sich der König dem Würdenträger zu und wollte das angefangene Gespräch fortsetzen. Er sah aber dem Beamten an, daß diesem sein Gebaren mit dem Kna=ben nicht gefallen hatte. Da fragte er ihn: Hast du Kinder? Der Vogt erwiderte: Dein Knecht hat Frauen und Kebs=weiber, und ihm sind von ihnen an dreißig Kinder gebo=ren worden. Der König fragte weiter: Verfährst du mit deinen Kindern ebenso wie ich? Da antwortete der Vogt, sich rühmend: Bei deinem Leben, mein Herr, ich habe kei=nes von ihnen je geküßt und je auf meinem Schoß gehal=

ten. Hierauf rief der König mit lauter Stimme in den Hof hinein: Wer ist draußen? Und er ließ alle seine Amtleute und Höflinge kommen. Als diese erschienen waren, erzählte er ihnen von dem Vorfall und von dem Wortwechsel, den er mit dem Vogt gehabt hatte. Der hartherzige Mann aber mußte bekennen, daß es sich in Wahrheit so verhielt. Da sprach der König voll Zorn: Bei unserm Vater im Himmel, der allen Geschöpfen das Gefühl der Liebe zu ihrer Brut eingegeben hat, du darfst nicht mehr in meinem Dienste stehen. Du hast kein Erbarmen mit deinen Kindern, also erbarmst du dich auch nicht der Kinder andrer Leute.

189. DIE GROSSMUT EINES KÖNIGS

Es gab einst einen König, der war sehr freigebig und speiste täglich Tausende an seinem Tische. Er hatte seinen Dienern anbefohlen, keinen zurückzuweisen, der käme, und wäre dieser auch sein ärgster Feind. Eines Tages erschien vor der Tür des Schlosses ein Mann von seltsamem Aussehen, schwarz im Gesicht, kahlköpfig und lahm. Den schrien die Knechte an und sagten: Wir wollen dir dein Essen herausbringen, trage es zu dir nach Hause und iß dich satt, komm aber nicht an den Tisch des Königs, denn wir fürchten um unser Leben, wenn dich die Gäste sehen. Da weinte der Abgewiesene laut wegen des erlittenen Schimpfes. Er blieb vor dem Schloßtore stehen, bis der König herauskam. Zu diesem schrie er auf, und der Fürst fragte: Was fehlt dir? Der Lahme antwortete: Mir ist Schlimmes widerfahren. Der König sprach: Erzähle es mir. Der Arme entgegnete: Ich kann nicht eher sprechen, als bis ich gegessen habe und meine Seele zu mir zurückgekehrt ist; ich kam müde und hungrig hierher, um an deinem Tische zu speisen, aber deine Diener ließen mich nicht ein und beschämten mich. Da entbrannte der Zorn des Kö=

nigs, und er strafte seine Knechte. Er führte den Gedemü=tigten an seinen Tisch und ließ ihm Essen auftragen. Und der Hungrige aß wie ein Löwe, der lange nichts genossen hat. Der König verwunderte sich über die Menge der ver=zehrten Speisen. Er sagte: Und nun erzähle, was dir ge=schehen ist. Der Schwarze sprach: Ich habe drei böse, scharf=züngige Frauen, und von jeder sechs Töchter, deren jede mehr ißt als ich. Was ihr Aussehen aber betrifft, so bin ich mit ihnen verglichen als ein schöner Mann anzuspre=chen. Da lachten alle Anwesenden außer dem König. Er befahl, dem Sonderbaren Gold, Silber und Kleider für ihn und seine Frauen zu geben. Danach trug er seinen Namen in das Buch der Gäste ein, die täglich an seinem Tische speisten, und ließ im ganzen Lande verkünden, daß, wer eine Tochter von diesem Manne zum Weibe nähme, zu den Freunden des Königs zählen und ein großes Vermögen er=halten würde. Da fiel der Lahme auf sein Angesicht, voll Dankbarkeit gegen seinen König.

190. DIE KEUSCHE JUNGFRAU

Es lebte in einem Orte eine Jungfrau, die keusch und fromm war und die an den Nichtigkeiten der Welt keinen Gefal=len fand. Da sah sie der Statthalter des Ortes und verliebte sich in sie. Er schickte mehreremal zu ihr Boten und ver=suchte sie zu überreden, allein es gelang ihm nicht, sie sei=nem Willen gefügig zu machen. Also beschloß er, Gewalt anzuwenden, drang in ihre Kammer mit starker Gefolg=schaft ein und brachte das Mädchen in sein Haus. Da sie nun sah, daß ihr lautes Rufen und Schreien nichts half, wandte sie sich an den Fürsten mit der Bitte, ihr zu sagen, was ihm an ihr so gefallen hätte, daß er sie allen andern Frauen und Jungfrauen vorzöge. Dieser antwortete: Deine Tau=benaugen haben mich gefangengenommen. Darauf sprach das Mädchen: Nun ich sehe, wie stark deine Liebe zu mir ist, will ich deinen Willen tun; verstatte es mir nur, in ein abgeschlossenes Zimmer für eine Stunde zu gehen und mich da fertigzumachen. Der Fürst ließ ihr einen besonderen Raum anweisen, und das Mädchen schloß hinter sich die Türe zu. Hier nahm sie ein Messer und stach sich beide Augen aus. Danach öffnete sie die Tür des Zimmers und sprach zu dem Fürsten: Da du mit solcher Liebe an meinen Augen hingest, so sollst du sie haben. Hier sind sie, tu mit ihnen, was du willst. Entsetzt und bestürzt blieb der Fürst stehen; er ließ die Jungfrau nach Hause ziehen, und sie blieb ihr lebelang rein und keusch.

191. DER HOCHDENKENDE

Von einem Fürsten und hochgestellten Manne wird erzählt, daß ihm einst als Gabe herrliches Ton- und Glasgeschirr überbracht wurde. Die Sachen waren kunstvoll gearbeitet und reizend zum Ansehen. Der Fürst fand großen Gefallen an dem Geschirr, dankte denen, die es ihm verehrt hatten, und reichte ihnen ein namhaftes Geschenk. Danach aber nahm er die Stücke einzeln in die Hand und schlug jedes in Scherben. Da fragten ihn die, die zugegen waren, weswegen er dies getan hätte. Der Fürst antwortete: Ich kenne mich und weiß, daß ich ein heftiges Gemüt habe; ich sagte bei mir: Eines Tages werden deine Diener doch die kostbaren Gegenstände zerschlagen, und du wirst die Menschen in deinem Zorn umbringen. So ist es wohl besser, daß die Gegenstände vernichtet werden, als daß durch deine Hand ein Unglück entstehe.

192. DER DEMUTSVOLLE

Ein frommer Heide wurde einmal gefragt: Welchen Tag deines Lebens hältst du für den freudigsten und glücklichsten? Er erwiderte: Eines Tages stieg ich in den untern Raum eines Schiffes, das über See fuhr. Ich bekam einen unscheinbaren Platz, denn meine Kleidung war ärmlich. Also legte ich mich auf den Boden, mit dem Gesicht der Decke zugewendet. Auf dem Schiffe aber fuhren viele reiche und vornehme Handelsleute. Einer von diesen wollte seine Notdurft verrichten; da erhob er sich von seinem Platz und kam bis an die Stelle, wo ich lag. Hier, in meinem Beisein, deckte der ruchlose Bube seine Blöße auf und entleerte sich. Ich staunte ob dieser Schamlosigkeit; ich geriet aber nicht in Zorn und wallte nicht auf wegen der Mißachtung, die er mir erwiesen hatte. Im Gegenteil, ich freute mich, daß meine Seele diese Stufe der Demut erreicht hatte, und daß sie eine solche Erniedrigung ertragen konnte.

In der Tat ist einer, der solches erdulden kann, ein großer Mann und ein Held zu nennen, weil er seines Unwillens Herr geworden ist. Menschen, die dies vermögen, sind kostbarer denn Perlen.

193. IN DER GRUFT

Einem Könige wurde einst von den Greueltaten eines Mannes berichtet, der als Unhold und Bösewicht bekannt war. Einer von den Erzählenden sprach: Mein Herr und König, wisse, daß der Missetäter sich letzthin einer Handlung schuldig gemacht hat, die alles, was er bislang vollbracht hat, übertrifft. Ich bezeuge es dir, daß er um Mitternacht aufsteht und die Leichen ihrer Totenkleider beraubt.

Da befahl der König zweien von seinen Getreuen, der Sache

nachzugehen. Die Männer verfolgten den Frevler und sahen ihn in ein Grabesgewölbe steigen. Hier holte er eine Eisenkette, band sie sich um den Hals, zog an ihr mit Gewalt und rief: Weh dir, du gemarterter Leib, du arme, verlassene Seele, du unzureichender Verstand, du geplagtes Menschenkind, du staubgebornes Wesen! Was ist deine Hoffnung? Und was wirst du sagen, wenn du dereinst hier liegen wirst? Du, der du nur dich geliebt, der du Reichtum gesammelt hast! Weswegen hast du getobt und gezetert? Warum dachtest du nicht an den Zustand, in den du zuletzt kommen wirst? Auf wen hast du dich verlassen? Wo sind die, die dir helfen sollten? Wo sind deine Freunde und Getreuen? Mögen sie sich einfinden in der Stunde der Not. Du hast Böses getan, nun wirst du es tragen; du hast gesät, nun wirst du es ernten. Du hast verachtet, nun wirst du verachtet werden. Demütige dich, du törichte Seele, die du dich durch Missetaten entstellst und deine Ehre in den Staub trittst. Suche deinen Ursprung zu ergründen und erkenne deinen Schöpfer. Würmer werden an dir nagen, und Maden werden dein Fleisch fressen; Feuerflammen werden dich verzehren. Was willst du anfangen, wenn du an diesen Ort kommst, wenn du das Haus der Finsternis und des Grauens beziehen mußte? Der Himmel ist hier nimmer klar, die Sonne ist ein düsterer Knäuel, der Mond ist blutig, und die Sterne versagen dir das Licht. Wohin willst du dich flüchten? Wohin willst du entrinnen? Dieses ist dein Heim, dieses deine Wohnstätte! Was sollen dir die großen Paläste und die weiten Hallen, die du als deinen Besitz und dein Erbe ansahst? Wie du deine Nachbarn aus ihren Häusern ziehen sahst, so wirst du aus dem deinigen ziehen. Sieh deine enge Gruft, dahinein kein Licht scheint. Hier wirst du liegen, als wenn du nicht gewesen wärest; hier wirst du tot sein, als wenn du nie gelebt hättest. So laß denn von dem Bösen, das du getan hast, und kehre zurück zu deinem Gott. Denke an den Zustand, der deiner harrt. Vermöchtest du ihm zu entgehen, du hättest das Recht, in allem deinen Willen zu tun. Von allem, was du bis jetzt auf Erden getan hast, wird nichts Früchte tragen als allein die Buße.

Als der König von dem Gehaben des Seltsamen erfuhr, verwunderte er sich sehr. Und alsbald ließen er und seine Höflinge von jedem bösen Tun ab.

194. ZWEI KÜNSTE

Zwei Malergruppen wetteiferten vor einem König um den Vorrang, und eine jede rühmte ihre Art zu schaffen. Da beschloß der König, die Künstler von beiden Gruppen an einer Halle arbeiten zu lassen. Diese wurde durch einen Vorhang in zwei Teile geteilt und jeder Gruppe ein Teil zum Bemalen der Wände überwiesen. Nach vollendeter Arbeit sollte der Vorhang wieder weggezogen und dann entschieden werden, welche Gruppe als siegreich und welche als besiegt anzusehen sei. Und alles geschah, wie der König befohlen hatte.

Die erste Gruppe trug, bevor sie an die Arbeit ging, die herrlichsten Farben zusammen, die andre brachte keinen einzigen Farbtopf mit und verlegte sich nur darauf, die ihr zum Ausschmücken überwiesenen Wände mit allen Mitteln zu glätten und blank zu machen. Als die Farbenmischer mit ihrer Arbeit fertig waren, erklärten auch die andern, daß ihr Werk verrichtet sei. Da wurde ihnen entgegengehalten: Wie könnt ihr von euch behaupten, daß ihr etwas vollbracht habt, wo ihr doch keine Farbe angewendet und kein Bild auf die Wand gemalt habt. Sie aber antworteten: Zieht den Vorhang auf und seht dann, wer es besser gemacht hat. Da wurde das Tuch, das die beiden Räume voneinander trennte, entfernt, und siehe da, der

Teil, der von den Verächtern der Farbe hergerichtet war, schillerte genau so bunt und ließ dieselben Bilder sehen wie der von den Künstlern bemalte. Die Wände waren durch viele Mühe und Sorgfalt dahin gebracht worden, daß sie wie Spiegel glänzten und alles, was gegenüber lag, getreulich wiedergaben.
Ebenso kann die Seele des Menschen auf zwiefache Weise der göttlichen Weisheit teilhaftig werden. Entweder sucht der Mensch sie mit schönen Eigenschaften zu schmücken, oder er ist bestrebt, sie so lauter und klar zu machen, daß sie das Herrliche von selber spiegelt.

195. DER BESTELLTE UND DER UNBESTELLTE ACKER

Zwei Brüder hatten von ihrem Vater ein Stück Brachland geerbt, das erst bearbeitet werden mußte. Sie teilten es in zwei Teile, hatten aber außerdem keinen Besitz. Von den Brüdern war der eine verständig und umsichtig, der andre war in allem das Gegenteil. Der Kluge erkannte bald, daß das Feld allein ihn nicht werde ernähren können, und so verdang er sich als Lohnarbeiter bei andern und lebte von seiner Hände Mühe. Wenn er des Abends nach Hause kam, widmete er sich seinem eignen Acker, und blieb ihm von seinem Lohn so viel übrig, daß er einen Tag auskommen konnte, so weihte er diesen Tag ebenfalls seinem Erbland. So verfuhr er eine ganze Weile, bis sein Feld bestellt war. Als dann die Erntezeit kam, konnte er in die Scheuer so viel einfahren, daß es für ein ganzes Jahr zum Leben reichte. Nun beschäftigte er sich ausschließlich mit dem Acker und brachte es so weit, daß dieser ihn allein ernährte.
Der törichte Bruder merkte auch gleich, daß der Acker ihm seinen Unterhalt nicht geben würde, und verdang sich ebenfalls bei andern als Arbeiter, er ließ aber sein Feld ganz liegen und kümmerte sich nicht darum. Er holte sich

täglich seinen Lohn und kaufte dafür, was er brauchte. Und hatte er einmal mehr verdient, als für den einen Tag nötig war, so tat er den andern Tag nichts und lief müßig herum, ohne daran zu denken, daß er die Zeit für den Acker hätte verwenden können. Also verwilderte das Land immer mehr und mehr und ward voll Unkraut, wie es schon der König Salomo beschreibt: ›Ich ging an dem Acker des Faulen vorüber und am Weinberg des Narren. Und siehe, da waren eitel Nesseln darauf, und er stund voll Disteln, und die Mauer war eingefallen.‹*
Wer weise ist, wird alsobald die Lehre aus diesem Gleichnis ziehen.

196. DAS KIND IN DER GRUBE

Ein Kind wurde in einer Grube geboren, in der die vor dem König Schuldigen saßen. Der König aber hatte Mitleid mit dem Knaben und sorgte für seinen Unterhalt, bis er groß und verständig wurde. Da das Kind aber in dem Loch aufgewachsen war, wußte es nichts von der Welt da draußen. Ein Diener des Königs kam zu ihm jeden Tag und versah es mit allem, was zu seiner Notdurft gehörte, mit Speise und Trank, mit Licht und Kleidern. Er belehrte den Knaben darüber, daß er Abgesandter eines Fürsten sei, und daß die Grube mit allem, was in ihr war, sowie dem, was der Knabe genoß, diesem Herrscher gehöre. Nun sollte der Zögling den Gütigen dafür loben und ihm danken. Also sprach der im Kerker Geborene: Ich rühme den Herrn dieser Grube, der mich sein Eigentum nennt, der mir alles Gute beschert und der sein Augenmerk auf mich richtet. Darauf sagte der Bote des Königs zu dem Knaben: Sprich nicht in dieser Weise, damit du dich nicht versündigest, denn unser König ist nicht bloß dieser Grube Herr,

* Sprüche 24, 30–31

sondern sein Reich erstreckt sich weit und breit und ist nicht zu ermessen; ebenso bist du nicht allein sein Knecht – seine Knechte sind nicht zu zählen; auch ist das Gute, das er an dir tut, nichts im Vergleich mit dem, was er an andern tut. Der Knabe erwiderte: Was du sagst, davon weiß ich nichts; ich verstehe von der Macht des Königs nur so viel, als ich an mir gewahre. Der Diener des Königs sagte: Sprich so: Ich preise den erhabenen König, dessen Reich keine Grenzen hat und dessen Gnade und Güte ohne Ende sind. Ich bin nichts im Vergleich zu dem Heer seiner Streiter, und was ich Gutes erfahre, ist nichts gegen das, was er vermag.

Nunmehr begann der Knabe etwas von der Größe des Königs zu ahnen, und die Furcht vor ihm schlich sich in sein Herz.

197. DIE HEIMKEHR

Auf einer Insel, hoch auf einem Berge, lag eine herrliche Siedlung. Hier wehte eine frische Luft, und Wasser, klar und süß, durchzog das Land. Bäume mit köstlichen Früchten, schön anzusehen und lieblich zu essen, wuchsen für jedermann, und ein friedlicher Stamm, dessen Glieder Brüder und Freunde untereinander waren, bewohnte das Land. Hier kannte man keinen Haß und keinen Neid, und ein jeder war bestrebt, seinem Nächsten in allem behilflich zu sein. Das Land wurde auch deshalb der Hort der Frommen genannt.

Da begab es sich eines Tages, daß einige von den Einwohnern einen entfernten Ort aufsuchen mußten und dazu ein Schiff bestiegen. Während der Fahrt aber erhob sich ein Sturm, und die Insassen wurden in einen Urwald verschlagen. Hier wuchsen keine fruchttragenden Bäume, sondern nur öde Nadelsträucher, und die das Land bewohnten, waren Geschöpfe von affenähnlichem Aussehen. Ein mächtiger Vogel flog von Zeit zu Zeit durch die Luft, fing mit dem Schnabel einen von den Affen und fraß ihn. Und auch sonst wimmelte der Wald von bösem Getier und Gewürm. Die hierher Geratenen suchten sich von den Pflanzen zu ernähren und brachten die Tage in Höhlen und Verstecken zu. Nach und nach gesellten sie sich zu den Affen als den Tieren, die ihnen am ähnlichsten waren. Sie vergaßen ihre früheren Sitten und Gewohnheiten, fingen zu pflanzen und zu bauen an, und so kam es von selbst, daß sie an den Gütern dieser Welt Gefallen fanden. Was sie früher verachtet hatten, das erregte jetzt ihre Freude, und Haß und Neid hielten Einzug in ihr Gemüt.

Nach einiger Zeit träumte einem von ihnen, daß er in das Land, aus dem er gekommen, zurückgekehrt sei, und daß seine Landsleute ihm entgegeneilten, als sie von seiner Ankunft erfuhren. Wie sie aber die Veränderung, die mit ihm vorgegangen war, gewahrten, mochten sie ihn in ihre Siedlung nicht hereinlassen. Er mußte sich erst in dem Brunnen, der vor dem Tore war, waschen, dann seine Haare schneiden und die Kleider wechseln. Danach durfte er seine frühere Heimat betreten. Und der Mann war voll großer Freude, daß er den Affen entronnen war und sich wieder unter seinesgleichen befand. Als er aber erwachte, sah er, daß es ein Traum war, und daß er weiter unter den Affen lebte. Nun erzählte er das Gesicht einigen seiner Genossen, und sie gedachten des Schönen, das sie in ihrem Lande hatten, und beschlossen, aus den Bäumen, die in dem Walde wuchsen, ein Schiff zu bauen und dorthin zurückzukehren. Aber da kreiste der Raubvogel über ihren Köpfen und fing einen von ihnen. Doch wie er sah, daß das Geschöpf, das er im Schnabel trug, ein andres Antlitz hatte als die Affen, ließ er es fallen, und der Zufall fügte es, daß der Ergriffene in seine frühere Heimat hinab=

geworfen wurde. Da frohlockte er, als er sich wieder von Brüdern und Freunden umgeben sah, und er wünschte seinen Genossen, die in der Fremde verblieben waren, daß es ihnen ebenso wie ihm ergehe. Diese aber weinten und trauerten um ihn, daß er von ihnen geschieden war, denn sie wußten nicht, wo er sich befand. Hätten sie aber geahnt, daß der vom Vogel Geraubte in sein wahres Vaterland zurückgekehrt war, daß er aus dem Orte der Angst und der Betrübnis in das Reich der Ruhe und Freiheit gekommen war, sie hätten gewünscht, dasselbe Geschick zu erfahren.
In dieser Geschichte haben wir ein Sinnbild des irdischen und des ewigen Lebens.

198. DIE MACHT DER DICHTKUNST

In einem Lande herrschte ein König; das war ein Fürst, der alle Tugenden eines Herrschers besaß. Er war ein tapferer Heerführer, und die Feinde fürchteten ihn. Die Bösewichter genossen unter ihm nicht der Ruhe; er führte ein strenges, aber gerechtes Regiment. Er war weise und freigesinnt, und ihn umgaben Glanz und Ruhm.
Da wurde dem König ein Sohn geboren, aber dieser geriet seinem Vater nicht nach. Er hatte keine von den Eigenschaften geerbt, die seinen Erzeuger in so hohem Maße auszeichneten, und schien nicht geeignet, das Amt eines Fürsten in Zukunft zu versehen. Den König betrübte es sehr, daß er in seinem Sohn keinen Nachfolger sah. Hat ein Land einen klugen Herrscher, so ist es glücklich, und seine Bürger gedeihen; unter einem einfältigen Fürsten aber seufzt ein Volk.
Dennoch ließ der König weise Männer kommen, daß sie seinem Sohne die Grundsätze der Regierungskunst und die Sitten derer, die das Zepter schwingen, beibrächten. Die Lehrer versuchten, den Knaben zu unterweisen, allein

dieser folgte nur den Eingebungen seines Herzens und pflog Umgang mit zuchtlosen Buben. Der König grämte sich sehr über die Unbelehrbarkeit seines Sohnes und verzagte an ihm ganz.

Da geschah es nach vielen Tagen, daß ein Sänger aus einem fernen Lande in die Stadt des Königs kam. Ihm wurde von dem Kummer berichtet, den der König um seinen Sohn litt, und er trat vor ihn und sprach: Der König lebe hoch, und der Schöpfer sei ihm in allem gnädig. Der Herrscher fragte den Fremden: Wo kommst du her? Welches Volkes bist du? Was ist dein Gewerbe? Der Ankömmling erwiderte: Ich bin ein Araber, betreibe die Dichtkunst und komme von einer Insel, die die Insel der Sänger genannt wird. Mir ist von der Sorge erzählt worden, die du um deinen Sohn hast. Ist es dir recht, so möge er einige Tage bei mir verweilen, und ich will ihn für den Beruf des Herrschers erziehen. Ich erhelle sein Herz, indem ich ihn nur meiner Kunst teilhaftig werden lasse. Aber sobald er diese begriffen hat, wird der Geist der Weisheit über ihn geraten, und er wird tapfer und ein Held werden. Der König antwortete: Nimm dich des Jünglings an und richte dein Augenmerk auf ihn; vielleicht, daß sein Wesen sich wandelt. Dein Lohn aber wird sehr groß sein.

Und der Sänger führte den Knaben in die Kunst des Dichtens ein. Er lehrte ihn die Laute richtig bilden und sich in schönen Redewendungen üben. Da traf es sich, daß ihnen eine Schar von Sängern begegnete. Der Jüngling schloß sich ihnen gleich an und begann wie sie zu singen und zu dichten. Darob verwunderte sich das Volk und sprach: Was ist mit dem Königssohn geschehen? Ist auch er unter den Propheten?* Und wirklich war etwas wie ein hehrer Geist über den Knaben geraten; er wurde weise und redete in Gleichnissen. Er sah einen Mann, der einen Narren züchtigte, und

* Anspielung auf 1. Samuel 10, 11

machte gleich darauf einen Vers. Danach fing einer seiner Genossen Streit mit den andern an; da strafte ihn der Königssohn mit einem beißenden Gedicht. Und seine Klugheit nahm zu, und sein Name wurde bekannt weit und breit. Nunmehr ließ der König seinen Sohn holen, und dieser kam zusammen mit dem Meister. Wie der Fürst das Angesicht des Jünglings gewahrte, rief er aus: Welch neuer Geist hat den Knaben umfangen! Und er gab dem Lehrer alles, was dieser begehrte.

199. DER ZURECHTGEWIESENE PHILOSOPH

Es lebte einst ein nachdenklicher Mann, der suchte gern die Einsamkeit auf und grübelte über die Fragen, wieso die Welt erschaffen worden und was das Ziel ihres Bestehens sei. Diese Gedanken beschäftigten ihn in einem fort. Eines Tages wandelte er wie gewöhnlich am Ufer des Flusses und dachte über den Endzweck alles Seins nach, desgleichen ob die Welt seit jeher bestehe, oder ob sie auf höheres Geheiß entstanden sei, was vorher gewesen wäre, und was nach ihr sein würde. Da sah er auf einmal einen Mann in seiner Nähe stehen; der hatte ein kleines Loch am Ufer gegraben, schöpfte mit einem Eimer Wasser aus dem Fluß und goß es da hinein. Der Philosoph fragte voll Staunen den Fremden: Was willst du damit bezwecken? Der Angeredete antwortete: Ich will das Wasser des Flusses in diese Grube hinüberleiten. Der Denker sagte: Dies ist heller Wahnsinn und ein Ding der Unmöglichkeit. Darauf antwortete der Seltsame: Toller und unmöglicher ist, was du zu erfahren suchst. Und er entschwand seinen Blicken und ward nicht mehr gesehen. Da begriff der Einsiedler, daß ihm eine göttliche Erleuchtung geworden war, damit er von seinem Irrwahn ablasse und demütig im Denken werde. Er rührte auch nie mehr an diese Dinge.

200. DIE SIEBEN KRÄUTER

Ein König erzürnte über seinen Arzt und befahl, ihn in eine Grube zu werfen. Der Arzt wurde in Ketten gelegt, und sein Nacken wurde in ein Joch gezwängt. Man zog ihm seine Kleider aus, und er mußte ein Hemd aus rauher Wolle tragen. Als Nahrung sollte er täglich ein Gerstenbrot, einen Löffel Salz und einen Krug Wasser erhalten. Seinen Wächtern wurde befohlen, ihn auszuhorchen und dem Könige von dem, was er sprechen würde, Mitteilung zu machen.

Der Gefangene aber saß da in der Grube und sprach kein Wort. Der König ließ ihn von Freunden und Verwandten aufsuchen in der Erwartung, daß er mit diesen reden würde. Die stiegen in das Loch, in dem der Arzt saß, und sprachen zu ihm: Herr, wir schauen die Pein, die du hier zu erdulden hast. Wir sehen die Ketten an deinen Füßen, das Joch auf deinem Nacken, und wir wissen, daß du Hunger und Durst leidest. Aber dieser Qual ungeachtet hat sich dein Angesicht nicht verändert, dein Leib ist nicht verfallen, und deine Kräfte haben nicht abgenommen.

Darauf erwiderte der Arzt: Ich habe sieben Kräuter gemischt und mir aus ihnen ein Getränk bereitet; von diesem nehme ich täglich einen Schluck, und das erhält meine Lebenskraft. Die Freunde sprachen: Nenne uns die Kräuter, aus denen dein Trank besteht. Wenn einen von uns ein solches Schicksal trifft, wird er sich gleichfalls dieses Heilmittels bedienen. Der Dulder antwortete: Die erste Arznei ist das Vertrauen auf Gott und die Überzeugung, daß er aus jeglicher Bedrängnis helfen kann, mich also auch aus dieser erlösen wird. Die zweite Arznei ist Hoffnung und Zuversicht; diese beiden darf niemand verlieren, den Leiden umfangen haben, wenn er ihnen nicht erliegen will. Das dritte Heilmittel ist das Bewußtsein meiner Schuld.

Ich weiß, daß ich für mein eignes Vergehen eingekerkert worden bin, also hab ich nicht zu klagen und zu murren. Das vierte Kraut ist die Aussichtslosigkeit des Widerstandes. Was kann ich andres tun als geduldig ausharren? Steht mir irgendein Mittel zu Gebot, um des Königs Urteil abzuwenden? Das fünfte Heilmittel ist der Glaube, daß es zu meinem Vorteil geschieht, wenn der Herr mich züchtigt; ich soll mich in dieser Welt von meinen Sünden reinigen, damit ich des zukünftigen Lebens würdig werde. Die sechste Arznei ist die Zufriedenheit mit meinem Los; es hätte mich ja ein noch schlimmeres Geschick ereilen können. Wie, wenn ich auch noch zu Rutenhieben verurteilt worden wäre, wenn ich statt des Gerstenbrotes gar kein Brot erhalten, wenn man mich vor Durst hätte verschmachten lassen. Ich habe jetzt ein rauhes Hemd an, man hätte mich ganz nackend hier liegen lassen können. Es gibt Leiden, die steigen und immer größer werden; die meinigen sind heute nicht schlimmer als am ersten Tage. Das siebente Mittel ist der Glaube, daß Gottes Hilfe blitzschnell erfolgen kann, denn er ist barmherzig und langmütig, voller Gnade und Treue, und ihn reut das Böse. Er wird mich befreien und das Unrecht von meinen Feinden einfordern.

Ein Frommer kam einst zu einem Arzt, der ein Mann von Zucht war und der auch die Seelen der Menschen zu heilen verstand, und sprach zu ihm: Mein Herr, nenne mir ein Heilmittel gegen die Sünde, und habe ich Gnade in deinen Augen gefunden, so stelle mir einen Trank zusammen, der die Seele stärkt und sie von Unflat reinigt, denn ich bin an der Seele krank. Da machte der Arzt Anstalten, dem Bittenden zu helfen. Dieser stand stumm da und harrte mit Begierde der Antwort. Endlich sprach der weise Mann: Du Kranker, der du Heilung von Sünden suchst, die den Geist brechen und ihn plagen! Nimm Wurzeln der Demut, lege zu ihnen Blätter der Hoffnung, Zweige der Lehre und Blüten der Weisheit und tu das alles zusammen in den Mörser der Buße. Stoße es gut und mit Liebe und gieße Tropfen der Gottesfurcht hinzu. Danach schütte es in einen Topf, zünde ein Feuer des innigen Dankes darunter an, und wenn es gekocht ist, tu es in ein Tuch der Vernunft, schlage es durch das Sieb der Wahrheit und der Treue und trinke es aus dem Becher des Willens. Du wirst alsdann von Sünde, Schuld und Spottlust lassen und von jedwedem Unheil genesen.

201. DIE DREI SÖHNE DES KÖNIGS

Es war einmal ein König, der hatte zum Grundsatz, bei der Wahl seiner Ratmannen und Amtleute anders zu verfahren, als sonst Fürsten tun. Es sollten nicht bloß Reiche und Vornehme hohe Würden bekleiden, sondern nur die, die sich vorher durch irgendeine große Tat ausgezeichnet hatten.

Dieser König hatte drei Söhne, die er überaus liebhatte. Als die Prinzen groß wurden und so verständig waren, daß man sie in die Ferne schicken konnte, sprach der König zu ihnen: Meine Söhne und Freunde! Mein Wunsch wäre, euch immer in meiner Nähe zu behalten und mich von euch nimmer zu trennen. Da ich aber bestimmt habe, daß es keinem Menschen mehr zustehen soll, durch seine Geburt allein einen hohen Rang einzunehmen, so darf ich auch mit euch, die ihr meine Söhne seid, keine Ausnahme machen. Deshalb tätet ihr gut, in die weite Welt zu gehen und euch dort zu bemühen, etwas Besonderes zu vollbringen. Ich werde dann meine Boten zu euch senden und euch holen lassen. Wenn ich gesehen habe, was ihr vollführt habt, so will ich euch, des seid sicher, nach Verdienst entlohnen.

Die Knaben gehorchten der Stimme ihres Vaters; sie machten sich auf, stiegen in ein Schiff und fuhren nach dem Mohrenland. Als sie auf hoher See waren, sahen sie eine Insel, auf der sich ein großer, prächtiger Garten befand. Hier beschlossen sie zu landen und stiegen aus dem Schiff. Das Tor des Gartens stand offen, und vor diesem saßen drei Wächter. Der eine war sehr alt, und seine Haltung war gebückt. Als er die drei Jünglinge nahen sah, sprach er zu ihnen: Kommt, Burschen, in den Garten und lustwandelt in ihm. Wißt aber, daß ihr nicht ewig in ihm bleiben dürft, sondern daß ihr ihn früher oder später werdet verlassen müssen. Der zweite Wächter war ein aussätziger, mit vielen Gebrechen behafteter Mann und sprach zu den Königssöhnen: Betretet den Garten und tut euch gütlich an seinen Früchten; wißt aber, daß ihr beim Verlassen der Anlage nichts mitnehmen dürft. Der dritte Wächter war ein Mann in mittleren Jahren, schön von Aussehen, und dieser sprach zu den Jünglingen: Kinder, gehorcht mir, und es wird euch wohl ergehen; befolgt meinen Rat und wählt nur Früchte, die ganz ausgereift sind, eßt aber keine, die unreif oder überreif und verdorben sind, damit eure Seele keinen Schaden erleide.
Die Prinzen hörten die Warnungen an und traten in den Garten. Die Bäume hingen voll der herrlichsten Früchte, Bäche lebendigen Wassers, das süßer war als Honig und Blütensaft, strömten dahin, auch Gold, Perlen und edles Gestein lag in Mengen da. Und die Jünglinge aßen und tranken und gaben sich ganz dem Vergnügen hin und vergaßen ihr Schiff, das auf dem Wasser geblieben war. Nach einiger Zeit brüderlichen Zusammenseins trennten sie sich jedoch voneinander, und ein jeder schlug einen andern Weg im Garten ein; dieser war so groß, daß jeder in ihm eine eigne Richtung wählen konnte und mit den andern nicht zusammentraf.

Der eine Bruder dachte an nichts als an den Genuß und frönte allein der Eß- und Trinklust. Der zweite Bruder fand keinen Gefallen an den Früchten des Gartens, dafür hatten die Kostbarkeiten seine Begierde erweckt, und er gedachte von ihnen, soviel es nur ging, zusammenzuraffen. Zuerst füllte er die Taschen seines Kleides mit Gold, Silber, Perlen und Edelsteinen und tat auch, soviel er nur konnte, davon in den Busen. Am andern Tage zog er sein oberstes Gewand aus und machte daraus eine Art Sack, in den er nun die Kostbarkeiten stopfte. Je mehr er aber der Herrlichkeiten gesammelt hatte, um so größer ward seine Lust und Habsucht; er zog nach und nach alle seine Kleider aus, machte aus ihnen Beutel für die Edelsteine und blieb selbst nackend und bloß. Er lud sich die Säcke auf die Schulter und mußte, gleich einem Esel, eine schwere Last schleppen. Er gönnte sich keine Zeit zum Essen und Trinken, um keinen Augenblick für das Häufen von Schätzen zu verlieren. Aber von der Schwere der Last und der Mißachtung der leiblichen Bedürfnisse ward er bald erschöpft und kraftlos.

Der dritte Bruder war anders als die ersten beiden und begehrte keines von den Dingen, nach denen die zwei jagten. Er suchte vielmehr die einzelnen Baumarten kennen zu lernen und die Eigenschaften der Pflanzen und der Minerale zu erforschen. Er sann darüber nach, wieso auf einer Insel inmitten des Meeres solch ein herrlicher Garten entstehen konnte, und er fragte sich auch, wer ihn wohl gepflanzt habe. Er sah, daß die Bäche die Bäume und Gräser zur richtigen Zeit tränkten, als würden sie von einer Hand dazu getrieben. Er sah, wie alles nach wohldurchdachtem Plane geordnet war, und er sprach bei sich: Wie wunderbar ist doch die Einrichtung des Ganzen; dies alles ist nimmer von selbst so geworden. Er schaute sich um, ob er nicht jemand begegne, der ihm das Rätsel entwirrte. Von den Früchten, die an den Bäumen hingen, genoß er nur so viel, als zur Stillung seines Hungers und zur Erhaltung seiner Kräfte notwendig war.

Nach einiger Zeit trafen die Brüder wieder zusammen. Eines Morgens erhoben sie ihre Augen und sahen einen Mohren, den ihr Vater zu ihnen entsandt hatte. Der Sklave hielt in der Hand ein Schreiben des Königs, und dieses lautete: Macht euch auf, ihr meine Söhne, und kommt wieder zu mir, denn die Frist ist um. Säumt also nicht, aufzubrechen. Und die Brüder traten sogleich die Heimreise an. Als aber der erste Bruder, dessen Körper durch das Schwelgen in Genüssen verweichlicht worden war, sich draußen befand, ertrug er nicht die veränderte Luft. Seine Kräfte nahmen ab, und alles, was er genossen hatte, schlug zu seinem Schaden aus. So erkrankte er und starb unterwegs. Auch dem zweiten Bruder, der sich die ganze Zeit abgemüht hatte, um ja recht viel Reichtum zu erraffen, erging es schlimm. Als er nämlich zu dem Gartentor hinausgehn wollte, kamen die drei Wächter, nahmen ihm alles, was er so mühselig gesammelt hatte, weg, schlugen und schmähten ihn. Nur der dritte Bruder durfte unbehelligt den Garten verlassen.

Also gingen die beiden Brüder zusammen, bis sie nach der Hauptstadt gelangten und sich dem Palast ihres Vaters näherten. Der Ärger über den Verlust der Schätze und die erlittenen Mißhandlungen hatten das Angesicht des einen Prinzen so verändert, daß die Diener ihn nicht einlassen wollten. Es half ihm nichts, daß er laut weinte und beteuerte, er sei der Königssohn, der vor vielen Jahren von seinem Vater in die Ferne geschickt worden sei, es nützte auch nichts, daß er das Schreiben seines Vaters, das ihn zurückrief, erwähnte, die Wachen stießen ihn davon und jagten ihn fort. Dem andern Jüngling hingegen sahen sie an, daß er ein Prinz war, und führten ihn mit großen Ehren in das Schloß des Königs.

Hier erzählte der Königssohn seinem Vater, was er erlebt hatte, und sprach: Mein Herr Vater, die Insel, nach der du uns geschickt hast, ist ein köstliches Eiland, und Dinge sind dort zu finden, wie sie kein Ort aufzuweisen hat. All die Zeit, die ich dort geweilt habe, bemühte ich mich nur darum zu erfahren, wessen Sinn den schönen Erdfleck so herrlich gestaltet hat. Ich ging keiner andern Neigung nach.
Als der König diese Worte vernahm, umarmte und küßte er seinen Sohn mit großer Liebe. Es gefiel ihm wohl, daß dieser sein Sproß nicht eitlen Vergnügungen nachgejagt hatte. Danach gab er ihm im Vertrauen Antwort auf die Fragen, die den Jüngling beschäftigt hatten, und verlieh ihm die hohe Würde, die er sich durch seinen Wandel verdient hatte.
So gibt es auch auf Erden dreierlei Menschenarten. Die eine denkt nur daran, dem Körper alles zuzuführen, die andre hat nur den Reichtum im Sinne, die dritte allein sucht den Schöpfer zu erkennen. Die ihren Lüsten frönen – ihr Leben währt nicht lange; die, welche Reichtümer häufen, gehen von hinnen nackend und bloß; und nur die, die ihr Leben dem Erkennen weihen, erringen den Preis.

202. DER KRANKE KÖNIG

Es war einmal ein großer König, den das Bewußtsein seiner Würde stolz und übermütig machte. Als er aber krank und siech wurde, ließ er einen Weisen befragen, was er tun solle. Dieser gab den Rat, das Heer und die Rüstungen zu verkleinern. Das tat der Fürst, allein es half nicht. Da fragte er abermals den Weisen um ein Mittel, und dieser legte ihm nahe, die königlichen Gewänder abzulegen. Der König befolgte auch diese Weisung, aber sie fruchtete nicht. Nun bat der Herrscher den Weisen selbst zu kommen, und dieser erschien vor ihm. Der Fürst und der Weise lustwan=

delten zusammen durch Gärten und grüne Plätze; sie hörten den Gesang der Vögel und erfreuten sich an dem Duft der Blumen und dem Rauschen der Bäche. Die Palmbäume standen hoch, Honigduft kam aus den Wäldern, der Weinstock sproßte, die Granatbäume blühten.

Von da gingen der König und der Weise weiter und kamen zu dem Teil der Stadt, wo die Abwässer flossen und der Unrat weggeworfen wurde. Der Weise blieb stumm und staunend stehen, und der König fragte ihn verdrossen: Was soll dein Nachdenken an diesem Orte bedeuten? Der Weise erwiderte: Mein Herr und König, ich stellte einst an die Pflanzen eine Frage und erhielt eine treffliche Antwort. Ich fragte: Ihr herrlichen Pflanzen, wie kommt es, daß ihr, die ihr so wohl riecht, zu Unrat werdet, nachdem ihr genossen worden seid? Da sprachen die Pflanzen: Du bist es, der unsern Duft in das Gegenteil verwandelt durch die Säfte deines Leibes. – Ob dieser Antwort schlug der König die Hände zusammen. Er sagte sich, daß er wohl selbst an seinem Leiden schuld sei. Er zog die Lehre aus der Geschichte und genas von seiner Krankheit.

203. DER PRINZ UND DER RUMPF

In früheren Zeiten lebte ein mächtiger König, und dieser hatte einen Sohn, der sich in allen Künsten auskannte, schön von Wuchs, rechtschaffen und bescheiden war. Aber einen Fehler hatte der Jüngling: er war von klein auf gefräßig. Ein jähriges Schaf, gebraten oder gekocht, und sechzig Brote bildeten sein Mahl, ungerechnet die Fische und das gemästete Federvieh, und zweimal am Tage verzehrte er eine solche Menge. Den König betrübte die Freßsucht seines Sohnes, und er gedachte ihn dafür umzubringen. Allein das Mitleid ließ es ihn nicht tun, zumal der Jüngling bei groß und klein im Volke beliebt war. Also führte er seine Untertanen an und sagte, er schicke seinen Sohn zu seinem Bruder nach der Stadt Farsa in Indien, damit er des Oheims Tochter freie. Und er ließ mit ihm Rosse und Reiter wie bewaffnete Söldner ziehen, auch Musikanten mit Schallgeräten, damit sie seinen Sohn durch Spiel ergötzten, während er seine Mahlzeiten abhielte.

Der Jüngling aber bekam ein wohlversiegeltes Schreiben mit, das er seinem Oheim auszuhändigen hatte. In dem Briefe stand folgendes: Du, der du meinem Herzen nahe, meinen Blicken aber fern bist, mächtiger Bruder, König Arnai. Ich schicke dir hiermit meinen Augapfel und Sohn, einen löblichen Jüngling, der durch Gaben des Geistes und durch Kenntnisse seine Altersgenossen überragt, der aber in einer Hinsicht anders als alle Menschen ist. Ein ganzes Schaf und sechzig Brote muß er täglich zweimal bekommen. Ein Schaf ißt er am Morgen, das andre in der Dämmerungsstunde. Und nun, herzlieber Bruder, gewähre mir meine Bitte und töte diesen meinen Sohn; laß dich von seiner Weisheit nicht rühren. Ich aber muß wie einer sein, der seiner Kinder beraubt ist. Dein tief gebeugter Bruder. – So lautete das Schreiben.

Am siebenten Tage, nachdem sich der Prinz von seinem Vater getrennt hatte, zog er mit seinem Gefolge durch eine gebirgige Gegend und setzte sich zur Rast an den Strand eines Stromes unter einen Pappelbaum. Da sah er einen Schädel auf dem Wasser schwimmen, und bald gewahrte er einen toten Körper; der Kopf schwamm weiter und ward von der Strömung fortgerissen, der Körper aber wurde an den Strand gespült, und sein oberster Teil berührte die Füße des Jünglings. Nun schaute dieser sich die Schnittfläche des Halses an und untersuchte die Sprech- und Schlingvorrichtung an der Leiche. Während die Röhre, die zum Singen und Sprechen dient, ihr vollkommenes Aussehen bewahrt hatte, war die Speiseröhre eingeschrumpft und zerstört. Bei diesem Anblick ward es dem Jüngling klar, daß das Essen keine edle Sache ist. Er sprach bei sich: O der Schande und der Schmach, die meiner harrt, wenn mein Oheim mich in seinem Hause aufnimmt und meine Freßsucht sieht! Und er weinte bitterlich und beschloß, von nun an Maß zu halten. Als er zu seinen Begleitern zurückgekehrt war, bat er seinen Haushalter, daß er, wenn er ihm jetzt ein Schaf bereite, es nicht ganz auf den Tisch bringe. Und so sollte er es auch mit den andern Speisen machen. Den nächsten Tag ließ er sich noch weniger geben, und so machte er es alle Tage, bis er sich das übermäßige Essen abgewöhnt hatte und nicht mehr als die andern Menschen genoß.

Im dritten Monat, nachdem der Prinz und seine Begleiter die Reise angetreten hatten, gelangten sie in die Umgegend der Stadt Farsa und lagerten hier an dem Flusse Tissa. Da kam der König Arnai seinem Brudersohn mit großem Gefolge entgegen. Der Prinz fiel, als sein Oheim ihm nahte, auf sein Angesicht. Und der König Arnai bückte sich und hob ihn mit den Händen auf. Als er aber das leuchtende Antlitz des Knaben sah, lobte und pries er seinen Gott. Danach zog der Prinz den Brief hervor, der an seinem Busen lag, und reichte ihn dem fürstlichen Verwandten. Wie jedoch der König Arnai das Schreiben las, veränderte sich sein Angesicht, und seine Seele ward betrübt, denn er hatte zu dem Jüngling eine tiefe Neigung gefaßt.

Danach im Schlosse, zur Essenszeit, befahl der König, jedem Gast seinen Teil vorzusetzen, der Prinz aber sollte von allem das Vielfache bekommen. Der König Arnai und seine Gemahlin nahmen zu beiden Seiten des Jünglings Platz. Und siehe, der Knabe griff nur mit zwei Fingern nach den dargebotenen Speisen und aß auch sonst nicht mehr als die andern; vieles aber ließ er unberührt. Da dachten der König und die Königin, er lege sich aus Scham vor ihnen Zwang auf. Des andern Morgens deckte man den Tisch für den Jüngling allein und trug große Mengen von Speisen auf. Der Fürst aber und seine Gemahlin schauten aus einem Nebengemach zu. Nachdem der Prinz nur ein wenig gegessen und getrunken hatte, rief er einen von den Bedienten und bat, den Tisch abzuräumen. Da verwunderte sich das fürstliche Paar überaus und wußte nicht, was das zu bedeuten hätte.

Den Abend darauf sprachen der König und seine Genossin mit dem Jüngling und fragten ihn: Antworte uns, wir wollen es hören, rede mit uns, wir wollen es wissen. Das Schreiben, das du mitgebracht hast, sagt über dich nichts Gutes aus. Du sollst ganz unbändig im Essen sein. Wie hast du es nun gelernt, diese deine Leidenschaft zu bezähmen? Der Prinz erwiderte: Mein Herr und König, meine Herrin und Königin, wißt, daß ich einen Rumpf am Ufer eines Flusses treiben sah, und dieser Anblick hat mich Weisheit gelehrt. Und er erzählte die Begebenheit, wie sie sich zugetragen hatte. Da staunten der König und die Königin ob des Verstandes des Jünglings, und sie gaben ihm ihre Tochter zur Braut.

204. DER GEFIEDERTEN KÖNIG

Es gab einst einen Prinzen, der, als er König wurde, von seinen Ratmannen und Hofleuten nicht gebührend geachtet wurde. Mit dem Prinzen aber ward ein Habicht aufgezogen, der fraß aus seiner Hand und schlief auf seinem Schoß. Im dritten Jahre seiner Regierung machte der König ein Fest allen seinen Vornehmen und Dienern, Kriegern und Reitern, und er hielt den Habicht in seiner Nähe, um sich seiner zu rühmen. Plötzlich erblickte der Habicht einen Adler, der einen jungen Vogel raubte; da flog er ihm nach und trat ihn mit seinen Füßen. Danach flog er zurück auf die Hand des Königs und glaubte, daß diesem sein Tun wohl gefallen hätte. Allein der König legte die Hand an das Genick des Vogels und erwürgte ihn. Da wunderten sich die Hofleute darüber, und die Tat verdroß sie sehr. Der Fürst aber sprach: Was ich tue, mißfalle euch nicht und erwecke nicht euren Zorn. Dieses ist Regel und Gesetz: wer sich mit der Hand an seinem Gesalbten vergreift, der ist des Todes. Der Adler ist der Gefiederten König, wer sich wider ihn auflehnt, verliert seinen Kopf. Und so wird es einem jeden ergehen, der seinen König schmäht. Da bewunderten die Hofleute die Klugheit und List des Fürsten, und sie bekamen Furcht vor ihm.

205. WORTE UND BEISPIELE DER WEISEN

Es gab einst einen Mann, der moralische Sprüche über alles liebhatte und sich mit ihnen gern beschäftigte. Eines Tages versammelten sich in seinem Hause viele ruhmreiche Weise, und so sprach er zu ihnen: Ein jeder von euch erzähle eine Begebenheit oder sage einen Spruch her, der die Toren belehre, die Unmündigen reif mache, dem Rechtschaffenen zur Leitschnur diene, die Sünder aber warne.

Da fing der Älteste an und erzählte: Ein frommer Mann ging an den Gräbern der Toten vorüber und sprach: Friede mit euch, ihr Bürger des Schattenreichs, ihr, die ihr im Hofe des Jenseits weilt. Sagt mir, was ihr gefunden und wie ihr die Schwere des Gerichts ertragen habt. Ihr habt die Früchte der Arbeit verzehrt und, was ihr Böses gesät, geerntet. Ihr seid vor uns dahingegangen, wir folgen euch nach. Der Herr möge uns und euch vergeben und uns und euch gnädig sein.

Der zweite Gast sprach: Ein frommer Mann wurde von seinen Freunden gelobt, und seine Taten wurden hoch gepriesen. Da erhob er seine Augen zum Himmel und rief:

Gebieter der Welten! Du kennst mein Inneres, wie ich es nicht kenne; ich wiederum weiß von mir, was diese hier nicht wissen. O Herr, laß mich das werden, wofür mich diese halten, und strafe mich nicht für das, was sie an mir fälschlich preisen.

Der nächste Redner sagte: Ein frommer Mann ging des Weges mit seinem Freunde, und sie sahen einen Sünder am Galgen hängen. Da sprach er zu dem Genossen: Wer den geraden Weg verläßt, dessen Vergehen sühnt der Strick.

Der folgende erzählte: Ein König hatte über einen Schuldigen die Prügelstrafe verhängt. Der Verurteilte war ein lang gewachsener Mann, der ihn aber züchtigte, war klein von Wuchs. Da sagte der Henker zu dem Schuldigen: Bücke dich, damit ich dich prügeln kann. Darauf sprach der Sträfling: Du Hurensohn, rufst du mich, ein Mahl einzunehmen? Ich wünschte, ich wäre groß wie der Riese Og, du aber klein wie der Zwerg Gog. Da mußte der König lachen und erließ dem Mann die Strafe.

Ein weiterer sprach: Ein kluger Mann wurde nach seinem Befinden gefragt. Er antwortete: Mein Bauch und mein böser Trieb machen mich krank. Bin ich hungrig, so nehme ich ab; bin ich satt, so werde ich müde. Mein Trieb aber schläft, wenn ich munter bin, und erwacht, wenn ich ruhen will.

Noch einer aus der Versammlung trug vor: Ein weiser Mann war sterbenskrank. Er betete zu Gott um Vergebung der Sünden, seine Freunde aber umstanden ihn, priesen seine Tugenden und weinten um ihn. Da sagte er: Laßt ab von dem Lob und helft mir beten.

Der folgende Erzähler sagte: Ein Sänger pries seinen König, solange dieser lebte, als er aber starb, sang der Dichter nur ein kurzes Klagelied. Man fragte ihn: Warum waren deine Loblieder so lang und deine Klage so kurz? Der Sänger erwiderte: Mein Lob war Pflicht, meine Klage aber freiwillige Gabe.

Die nächste Geschichte lautete so: Eine arabische Frau pflegte folgendermaßen zu beten: Herr der Welten! Habe ich mich eines Vergehens schuldig gemacht, so erfährst du dadurch keinen Schaden; vergibst du mir aber, so erleidest du gleichfalls keinen Verlust. So sei mir denn gnädig, o Herr!
Der Nachbar dessen, der zuletzt gesprochen hatte, erzählte folgendes: Ein armer Mann pflegte, wenn ihm ein Unglück widerfuhr, im Gebet so zu rufen: Möge das Böse, das ich jetzt erleide, als Warnung und Belehrung, nicht aber als Strafe und Zuchtrute gedacht sein.
Der folgende Erzähler sagte: Einer arabischen Frau war ihr Sohn gestorben, und so rief sie bei seinem Begräbnis: Mein Sohn, du warst das Darlehen eines Gläubigers, das Geschenk eines Gebers, das Pfand eines Vertrauensseligen; nun will der Gläubiger das Geborgte haben, der Geber verlangt das Geschenk wieder, der das Gut mir anvertraut hat, fordert es zurück.
Der letzte Redner erzählte eine ähnliche Geschichte: Eine Araberin hatte ihren Sohn verloren und tröstete sich gleich darauf. Ihre Nachbarinnen fragten sie: Wie hast du dich so schnell mit dem Verlust abfinden können? Sie erwiderte: Der sich im Unglück faßt, erfreut sich im Diesseits der Ruhe und im Jenseits des Lohnes; der aber in seinem Grame verzagt, trägt hienieden schwer an seinem Schmerz und muß im Jenseits für seine Widersetzlichkeit büßen.

Ein Weiser besuchte einen seiner Freunde und fand ihn traurig und seufzend. Er sprach zu ihm: Bist du um dein zukünftiges Leben besorgt, so wisse, daß dein Handel geglückt ist; ist es dir aber um das Diesseits zu tun, so bist du verloren.
Sehen wir uns die Freuden des Diesseits näher an. Es sind dies das Essen und Trinken, die Liebe, die Freude an schönen Kleidern, an Wohlgerüchen und wohllautenden Tö=

nen und die Befriedigung der Schaulust. Von den Speisen ist die süßeste der Honig, und dieser ist die Ausscheidung der Biene, eines kleinen, unscheinbaren Tieres. Die Getränke – der Grundbestand von allen ist Wasser, ein Stoff, der überall da ist. Die Liebe zu den Frauen, sie ist nicht die Sehnsucht nach dem, was an dem Weibe schön ist, sondern nach dem, was an ihm häßlich ist. Von den Kleidern sind die schönsten die aus Seide, und Seide ist das Gespinst eines armseligen Wurmes. Und was ist Moschus, der lieblichste der Wohlgerüche? Doch nur der Saft aus der Drüse eines Bockes. Die Laute, die wir vernehmen, sind nichts denn Schwingungen der Luft. Was unsere Schaulust endlich erregt, das sind wechselnde Bilder ohne Dauer und Bestand.

Ein Weiser sagte: Ich wundere mich über die, die die menschlichen Ausscheidungen sehen und noch Stolz hegen können. Denn der Anblick dieser Dinge und der Gedanke an sie muß den Menschen demütigen.

Ein Weiser wurde gefragt: Wodurch bist du Gebieter deines Geschlechts geworden? Er antwortete: Weil ich keinem Menschen begegnet bin, der nicht Vorzüge vor mir hätte. War einer weiser als ich, so sagte ich mir: er wird mich wohl auch an Gottesfurcht übertreffen. War einer weniger weise als ich, so sagte ich mir: von ihm wird am Tage des Gerichtes weniger verlangt werden; denn wenn ich fehle, so fehle ich wissentlich, er aber fehlt, ohne es zu wissen. Begegnete ich einem, der älter war als ich, so sagte ich: seine Verdienste sind größer als die deinigen. War einer jünger, so sagte ich: seiner Sünden sind weniger denn deiner. War er mit mir gleichen Alters, so sagte ich: sein Herz ist wohl besser als das deinige. War einer reicher, so sagte ich: er kann viel Gutes tun. War einer ärmer, so sagte ich: er ist der wahrhaft Demütige.

Ein Mann, der die Weisheit liebte, kam zu einem Einsiedler und bat, daß er ihn aufnehme und ihn gleichfalls zu einem Heiligen mache. Da sprach der Einsiedler: Gesegnet seist du, mein Sohn, denn dein Vorhaben ist löblich; allein sage mir, bist du auch zur Genüge gleichmütig? Der Bittende sprach: Herr, erkläre mir deine Worte. Da fragte der Einsiedler: Wenn du zwei Menschen gegenüberstehst, von denen der eine dich ehrt, der andre dich beschimpft, sind sie dir beide gleich wert? Der Jünger entgegnete: Bei deiner Seele, mein Herr, ich empfinde Freude beim Lob und Schmerz bei der Schmähung; ich trage aber dem Schmähenden nichts nach. Darauf sagte der Einsiedler: Zieh also in Frieden von dannen, mein Sohn. Denn solange du einen Schimpf als solchen empfindest, bist du nicht reif für die höchsten Dinge und kannst nicht in der Einöde leben. Kehre zurück zu den Menschen und beuge deinen Sinn, bis du allem, was dir zustößt, mit gleicher Milde begegnen kannst; dann darfst du die Einsamkeit wählen.

Ein weiser Mann befand sich in einem fremden Lande, als seine Bewohner gerade in großer Bedrängnis waren. Er aber tat das Seinige und schien sich um die Leiden der Bürger nicht zu kümmern. Da sprachen die Leute zu ihm: Betrübt dich nicht unsre Not? Er antwortete: Ich bewahre die Ruhe. Die Leute fragten: Wie kannst du gleichgültig sein? Der Fremdling erwiderte: Was ich im Traume geschaut habe, betrübt mich nicht, wenn ich erwacht bin. Daher erschüttert mich nichts, was hienieden geschieht, denn beim Lichte des Verstandes gesehen sind alle Dinge des Diesseits nichts denn Traumbilder.

Ein mildtätiger Mann ward zu seinem König beschieden, und da fragte ihn dieser: Sage mir, worin deine Verdienste bestehen. Darauf erwiderte der Bürger: Mögen andre mein

Lob singen. Der König sprach: Ich befehle dir, mir Rede zu stehn. Da sagte der Mann: Es kam niemals vor, daß ich, wenn jemand bei mir saß, den Fuß vorgestreckt hätte. Der König fragte: Warum das? Der Mann erwiderte: Damit der nicht denke, daß ich ihm irgendwie überlegen bin.

Es gab einst einen König, der ein jähzorniges Gemüt hatte und jedem, der seinen Hof ohne Erlaubnis betrat, die Schenkel abhauen ließ. Eines Tages kam ein Mann in das Schloß, der keine Befugnis dazu hatte. Da befahl der König, dem Eindringling die Schenkel abzuhacken. Aber da fuhr der Fremde auf und rief: Du Bösewicht, der du Unschuldige verstümmelst, du dünkst dich höher als die andern Menschen und willst ein König geheißen werden? Bist du nicht wie wir alle in unschöner Weise gezeugt und geboren worden? Wie nimmst du dir heraus, andre zu Krüppeln zu machen? Diese mutige Rede bewirkte, daß des Königs Hochmut gebrochen wurde und er von seiner bösen Gepflogenheit ließ.

Ein Höker sah einst eine Königstochter aus dem Bade gehen. Er seufzte und sprach: Wäre diese doch meinesgleichen, daß ich meinen Willen an ihr tun könnte! Darauf erwiderte die Prinzessin: Auf dem Totenacker wird dies geschehen, nicht hier. Da freute sich der Mann, als er dieses hörte, denn er glaubte, daß er nur auf den Friedhof zu gehen brauche, und sein Verlangen werde gestillt. Die Prinzessin aber hatte es anders gemeint. Sie hatte mit ihren Worten sagen wollen, daß auf dem Gottesacker der Geringe und der Hochmögende, der Knabe und der Greis, der Verachtete und der Angesehene alle einander gleich seien.

Ein Weiser kam zu einem König, gerade als dieser von heftigem Zorn erregt war. Er sprach zu dem Fürsten: Ich

sehe, daß meines Herrn Gemüt bewegt ist, so will ich nur ein Wort vorbringen. Der König sagte: Sprich. Da sprach der Weise: Nun ist mir offenbar, warum Gott die Welt in sechs Tagen erschaffen hat, wo er sie doch in einem Augenblick hätte entstehen lassen können. Er wollte damit jedem Herrschenden ans Herz legen, daß, wenn er auch jeder seiner Regungen gleich nachgeben darf, er dennoch lieber warten soll.
Diese Worte fanden das Wohlgefallen des Fürsten, und er entließ den Weisen in Frieden.

In eine Stadt, in der ein König wohnte, kamen einst fremde Männer, und da bat der König sie, bei ihm zu speisen. Als sie aber bei Tische saßen, bemerkte der König, daß in dem Brot, das der eine Gast aß, sich ein Haar befand. Er sprach zu ihm: Du fremder Mann, wirf das Brot weg, ein Haar ist darin. Da erzürnte der Angeredete über den Fürsten und sprach zu ihm: So genau betrachtest du also die Speisen, daß du von dieser Entfernung aus ein Haar bemerkst. Du Mißgünstiger! Gottes Segen sei nicht mit deinen Gästen! Und er verließ voll Unmut den Raum, und der König verblieb beschämt und betroffen da.

Ein Mann besuchte einen andern, der krank war und im Bette lag. Er ließ sich von dem Siechen das Leiden beschreiben und sagte darauf: An dieser Krankheit ist mein Vater gestorben. Diese Worte taten dem Bettlägerigen weh. Der Gast aber sagte gleich darauf: Ich will zu Gott beten, daß er dich heile. Darauf antwortete der Kranke: Füge deinem Gebet die Bitte zu, daß ich keinen hartherzigen Menschen mehr zu Gesicht bekomme.

Des Menschen Leben in dieser Welt gleicht dem Aufenthalt eines Kaufmanns in einem fremden Lande, der gereist ist, um Waren einzukaufen, der sich aber beeilen muß, da sein Schiff jeden Tag abgehen kann. Ist er träge, so kauft er nichts und sagt gemächlich: Was heute nicht getan worden ist, kann morgen getan werden. Fährt das Schiff aber plötzlich ab, so ist er gezwungen, es wider Willen zu besteigen, auch wenn er das Nötige noch nicht besorgt hat. Wie sieht aber sein Gesicht aus, wenn er mit den andern Kaufleuten zurückfährt und nichts bei sich führt? Kein Zweifel, daß sein Aussehen finster ist. Und die Genossen sprechen zu ihm: Oh, wärest du lieber gar nicht gereist! Was hast du erworben, und was bringst du mit? Und er ist außerstande, ihnen zu antworten. So auch der Mensch in dieser Welt . . .

Hier die Geschichte von einem König, der zu seinen Dienern sprach, indem er auf ein Stück Land hinwies: Seht ihr diesen Acker? Seid fleißig und bebaut ihn und laßt in ihm nutzbringende Pflanzen aufwachsen. Und die Diener betraten den Acker, und jeder befleißigte sich der Arbeit und pflanzte, was er für nützlich hielt. Am Abend kam der König, um ihnen ihren Lohn auszuzahlen, und fragte den ersten Arbeiter: Was hast du gepflanzt? Der Mann antwortete: Ich habe einen Apfelbaum gepflanzt. Da sagte der König: Nun wohl, du erhältst als Lohn einen Dinar. Darauf fragte der König einen andern Diener: Und du, was hast du gebaut? Der Mann erwiderte: Ich habe Pfeffer gebaut. Da sagte der König: Du hast fünf Dinare zu erhalten. Darauf fragte er einen dritten, was er gepflanzt hätte, und der Mann gab zur Antwort: Ich habe eine Malve gesät und außerdem Petersilie und Rüben gesteckt. Da sagte der König: Dein Lohn macht dreißig Silberstücke aus, nicht mehr. Er fragte einen vierten: Und du, was hast du gepflanzt? Der Mann antwortete: Ich habe eine Dattel gepflanzt. Da sagte der König: Du hast von mir einen halben Dinar zu erhalten. Einem, der einen Mandelbaum gepflanzt hatte, sagte der König: Auch du erhältst den nämlichen Betrag. Ein Arbeiter hatte Rettiche gesteckt, und zu diesem sprach der König: Du hast fünf Silberstücke verdient. Da sagten die Arbeiter, die die kleinen Gewächse angebaut hatten: O König, du hattest unsern Lohn im voraus bestimmt, wir aber kannten ihn nicht, als wir an die Arbeit gingen. Wüßten wir, daß die einzelnen Pflanzenarten verschieden bezahlt werden, wir steckten gleichfalls Großes in die Erde und erlangten höheren Lohn, anstatt unsern Tag für geringes Entgelt zu verschwenden. Darauf sagte der König: Hätte ich euch den Lohn genannt, der für das Pflanzen eines jeden Baumes bestimmt war, ihr hättet die Gewächse, für die der Lohn niedrig ist, außer acht gelassen und nur das gebaut, wofür man hohe Bezahlung erhält. Mein Garten aber bliebe dann unvollständig. Deshalb zog ich es vor, euch den Lohn nicht zu verraten, damit mein Garten alle nutzbringenden Pflanzen enthalte.

Eine Schar von augenkranken Männern fand Aufnahme in einem Heim, in dem alles zu ihrem Wohl Nötige beisammen war. Auch ein Arzt war zur Stelle, und der ordnete alles an, was die Kranken zur Heilung ihrer Augen tun sollten. Allein die Blinden wendeten die Arzneien nicht an und befolgten die Vorschriften des Heilkünstlers nicht; was sie trieben, war im Gegenteil dazu angetan, ihr Leiden noch zu verschlimmern. So gingen sie im Hause umher und stolperten über die Gegenstände, die zu ihrer Heilung aufgestellt waren; der eine fiel und schlug sich wund, der andre brach eins seiner Gliedmaßen. In ihrem Unverstand zürnten sie dem Wirt und Erbauer des Hauses und glaubten, daß er mit ihnen Böses vorhabe. Ihr starrer Blick ließ sie seine Barmherzigkeit und Güte nicht sehen. – –

An der Küste des Zweistromlandes lebt ein Vogel, der Koreh genannt wird und der viele Eier legt. Diesen Vogel übermannt des öftern die Furcht um seine Brut, und er tut seine Eier in die Nester andrer Vögel, je ein Ei in ein Nest. Die Eier werden zusammen mit den andern von den Besitzern der Nester ausgebrütet. Wenn nun die Zeit kommt, daß die Küchlein die Schale sprengen, fliegt der Vogel, der seine Eier verstreut hat, zu nächtlicher Stunde an jedes Nest, in dem er sein Junges weiß, und schreit mit seiner Stimme. Die Küchlein aber, die von ihm sind, erkennen die Stimme als die ihrer Gattung und fliegen aus dem Nest und sammeln sich um ihre Mutter. Die andern Küchlein aber, die nicht dieses Vogels Brut sind, hören den Ruf nicht und werden von ihm nicht geweckt.
So auch die *Propheten,* Friede mit ihnen. Sie rufen die Menschen und reden auf sie ein. Allein nur die vernehmen die Stimme, die mit ihnen geistesverwandt sind und ihre Sprache verstehen. Die aber nicht von ihrer Art sind, wenden ihnen den Nacken.

SIEBENTES BUCH: IN DEN LÄNDERN DER ZERSTREUUNG

207. DIE LEVITEN

Als Israel nach Babylon verbannt wurde und an den Strom Euphrat kam, wo es seine Trauerlieder erschallen ließ, da sprachen die Heiden zu den Leviten: Auf und singt vor unsern Göttern die Weisen, die ihr in euerm Tempel zu singen pflegtet. Darauf erwiderten die Leviten: Ihr Einfältigen! Ach, hätten wir dem Herrn lobgesungen für jedes Wunder, das er an uns getan, wir wären aus unsrer Heimat nicht vertrieben worden und hätten Größe und Herrlichkeit erlangt. Nun sollen wir fremden Göttern lobsingen? Für diese Antwort schlugen die Heiden ganze Haufen von Israel nieder. Wiewohl aber von den Judäern so viele vernichtet worden waren, waren sie fröhlich, daß sie keinen fremden Gott angebetet hatten. Die übriggebliebenen Leviten aber hackten ihre Finger ab, damit sie die Leier nicht mehr spielen konnten. Forderte man sie auf zu spielen, so zeigten sie ihre verstümmelten Hände und sprachen: ›Wie sollen wir das Lied Gottes auf fremder Erde spielen?‹*

Als der Tag zu Ende ging, ließ Gott eine Wolke auf die Verbannten niedersteigen, und die deckte sie vor ihren Verfolgern zu. Er erleuchtete ihnen aber mit einer Feuersäule den Weg und führte sie die Nacht hindurch weiter von der Stätte, bis sie mit dem Morgendämmern an der Meeresküste angelangt waren. Mit dem Morgenlichte zerstreute sich die Wolke, die sie umgeben hatte, und auch

* Psalm 137, 4

die Feuersäule verschwand. Und der Herr schloß sie durch einen Fluß ein, der Sambation genannt wird, und welcher drei Monatsreisen Länge und drei Monatsreisen Breite mißt. Die Tiefe des Stromes beträgt zweihundert Ellen; er ist voller Sand und Steine, die von den Wellen mit großem Geräusch an den Strand geworfen werden. Eine halbe Tagereise weit ist das Tosen des Stromes zu hören; nur am Sabbat legt sich der Lärm. An dem Tage erhebt sich ein Feuer, das weithin seinen Schein wirft und die Eingeschlossenen vor dem Eindringen von Fremden beschützt. Das Feuer verbrennt jeden Grashalm, der am Meeresufer wächst.
Die Leviten aber, die dorthin verschlagen worden sind, sind die Nachkommen Moses. In dem Lande lebt kein unreines Tier und kein Wurm; nur Schafe und Rinder gedeihen daselbst. Außer dem großen Strom sind noch sechs Quellen da, die alle in eine zusammenfließen und das Land wässern. Die Wasser wimmeln von Fischen, und über den Wassern fliegen reine Vögel; auch Früchte von allerlei Art wachsen in dem Lande. Jedes Saatkorn trägt hundertfältige Frucht. Die Einwohner sind im Glauben treu, sie halten zur schriftlichen und zur mündlichen Lehre. Sie sind weise, fromm und rechtschaffen und hüten sich vor falschem Schwören. Ihr Leben währt hundertundzwanzig Jahre, und sie sehen Nachkommen bis ins dritte und vierte Glied; es geschieht niemals, daß der Sohn vor dem Vater stirbt. Sie verrichten alle ihre Arbeit selbst, halten keine Diener und keine Knechte und schließen ihre Häuser für die Nacht nicht ab. Ein kleiner Knabe treibt ein Tier durch weite Strecken und fürchtet sich weder vor Räubern noch vor Bestien, noch vor unflätigen Geistern. Denn sie sind alle heilig und bewahren noch heute die heiligen Satzungen.
Dafür hat Gott sie auserwählt und ihnen diese Herrlichkeit verliehen. Sie sehen keine andern Völker und werden auch von niemand gesehen außer den Stämmen Dan und

Naphtali, Gad und Asser, welche jenseits des Stromes im Mohrenland wohnen.

208. ESRA UND DIE THEMANITER

Einer alten Überlieferung zufolge sind die Vorfahren der Juden in Theman zweiundvierzig Jahre vor der Zerstörung des ersten Tempels nach diesem Lande eingewandert. Als nämlich die Weissagung Jeremias laut ward: ›Wer diese Stadt verläßt, wird am Leben bleiben‹* – versammelten sich fünftausend Mann von den Besten des Volkes, nahmen all ihr Hab und Gut zusammen, ließen sich von Leviten, Priestern und ihren Knechten begleiten und zogen aus, ein Land zu suchen, das ihnen Ruhe böte. Sie überschritten den Jordan, fuhren südwärts über die Wüste und kamen nach elftägiger Wanderung nach dem Lande Edom; von da gelangten sie nach Seïr und zuletzt nach Theman. Sie sahen, daß das Land fruchtbar und einem Garten Gottes gleich war; es erinnerte in allem an das Land Israel. Auch fanden sie alle Pflanzen und Früchte vor, die zur Feier des Laubhüttenfestes gehören. Also ergriffen sie Besitz von dem Lande und ließen sich daselbst nieder. Sie wählten einen König aus ihrer Mitte und kehrten zum Herrn zurück. Sie bauten eine Festung auf dem Berge Nakum und wurden ein mächtiges Reich, das es zu Größe und Ansehen brachte.

Als danach Esra aus Babel nach Jerusalem zog, ließ er Sendschreiben an alle Juden, die in der Fremde waren, ergehen und ermahnte sie, nach dem Lande Israel zurückzukehren. Auch die Juden in Theman rief er zurück, die wollten aber ihr Land nicht verlassen. Da kam Esra selbst zu ihnen, doch sie weigerten sich, ihm zu folgen, und sagten, was er bringe, sei nicht die endgültige Erlösung, die jetzt Heimkehrenden

* Jeremia 21, 9; 38, 2

würden noch einmal in Verbannung gehen. Warum soll= ten sie sich dann voreilig aufmachen, bevor der von Gott bestimmte Tag gekommen sei? Darüber entbrannte Esras Zorn, und er legte sie in Bann. Sie aber verwünschten ihn gleichfalls und verhängten über ihn den Fluch, daß seine Gebeine nicht im Heiligen Lande ruhen sollten. Und beide Flüche gingen in Erfüllung. Der Themaniter Glück blieb unbeständig; keiner von ihnen behielt seinen Reichtum; er zerrann, sobald er erworben war. Es gelang ihnen nie, etwas von ihrer Habe den Kindern zu hinterlassen, auch waren sie nicht langlebig. Aber an Esra erfüllte sich eben= falls der Fluch: sein Grab liegt nicht im Heiligen Lande, und er ist in der Wüste von Bozra beigesetzt worden.

Bis heute noch ist Esra den Themanitern verhaßt; es wird kein Kind mit seinem Namen benannt, während in Babel vielen Knaben dieser Name gegeben wird.

209. ALEXANDER BEI DEN VERSCHOLLENEN STÄMMEN

Auf einem seiner Feldzüge kam Alexander von Mazedo= nien auch nach dem Mohrenlande. Der Weg führte über Seen und Flüsse, und es war nur auf Flößen möglich, dort= hin zu gelangen. Also ließ Alexander dreihundert Schiffe bauen und erreichte auf ihnen das Land. Dieses lag aber unweit der Siedlungen der zehn Stämme, die der König gleichfalls kennen lernen wollte. Allein der Strom Sam= bation, der die Grenze bildete, warf die Werktage über einen Steinhagel in das Land. Alexander wartete bis zum Abend des sechsten Wochentages, alswann der Strom stille= stand und keine Steine mehr spie. Da machte er sich mit seinen Mannen auf, und sie setzten über den Fluß. Sie be= traten das Land und ließen sich am Ufer nieder, wo der König harren wollte, wie das Ding auslaufen werde. Er schickte Boten zu den Bewohnern, die auskundschaften soll=

ten, welcher Herkunft sie seien. Die Befragten antworteten: Wir sind von den Söhnen des Gottesvolkes, die zur Zeit des Assyrerkönigs Sanherib ihr Land verlassen haben. Da überbrachten die Boten dem König den Bescheid.

Nunmehr ließ Alexander durch den Schreiber Menahem* die Judäer fragen, ob er mit seinem Heer das Land durchqueren dürfe. Als Menahem aber vor ihnen erschien und mit ihnen in der heiligen Sprache zu reden anfing, sagten sie: Bist du denn ein Judäer? Er erwiderte: Jawohl. Da sprachen sie zornig: Wieso fürchtetest du nicht den Gott deiner Väter und entweihtest den Sabbat, indem du an diesem Tage den Strom überschrittest? Menahem sagte darauf: Euer Zorn lege sich. Die Furcht vor dem Herrscher mag mir als Entschuldigung dienen. Ich mußte den Fluß am Sabbat überfahren, sonst wäre ich ein Fraß der wilden Tiere geworden. Sie antworteten: Du lügst! Es gibt keine Raubtiere in unserm Lande; unsre Kinder weiden draußen das Vieh bei Tag und Nacht, und es widerfährt ihnen nichts Schlimmes. Heb dich von hinnen, du bist sonst des Todes!

Also kehrte Menahem betrübt zurück und erzählte dem König, was ihm widerfahren war. Alexander versuchte andre Boten in das Land zu schicken; die Kinder der zehn Stämme wollten aber auch mit diesen nicht sprechen, bevor sie sich nicht beschneiden ließen. Sie teilten dem König die Antwort mit, und Alexander willigte darein.

Danach machte er sich selber auf und begab sich zu den Judäern. Er trat in ein Zelt und fand hier einen Greis, der ein Buch in der Hand hielt. Der König entbot ihm den Friedensgruß, der alte Mann erwiderte ihn aber nicht. Da sagte Alexander: Ich habe wie du teil am Bunde Abrahams und bin König und eines Königs Sohn. Als der Greis das vernahm, erwies er seinem Gast alle Ehren. Alexander fragte ihn: Wie kommt es, daß ihr euer Heer nicht wider mich

* Siehe Seite 116

sammelt und ohne Furcht vor meiner Macht seid? Der Greis erwiderte: Wir fürchten uns nicht, denn von uns gilt der Satz: ›Fünf von euch werden hundert Feinde in die Flucht schlagen, und euer hundert werden Tausende niederwerfen.‹

210. BOSTANAI

Es herrschte einst in Persien ein närrischer Fürst, und der verfiel auf den Gedanken, den Samen Davids auszurotten. Er ließ in seinem ganzen Reiche nach Abkömmlingen des ehemaligen jüdischen Herrscherhauses suchen und tötete alle, deren er habhaft wurde. Ihre Anverwandten und Freunde sperrte er ins Gefängnis und marterte sie schwer; ihre Säuglinge wurden zerschmettert, und den schwangeren Frauen schlitzte man den Leib auf. Allein der Barmherzigkeit unsres Gottes ist es zu danken, daß ein junges Weib, welches einem Jüngling aus dem königlichen Stamme angetraut war und von ihm Leibesfrucht trug, am Leben blieb.
Da geschah es, daß dem Könige folgendes träumte. Er sah sich in einem herrlichen Garten wandeln, in dem liebliche Bäume wuchsen. Der Garten gehörte ihm aber nicht, und er riß aus Neid Früchte und Zweige ab und beschädigte die Bäume. Nachdem er fast alles vernichtet hatte, suchte er noch im Garten umher, ob nicht ein Reis oder Stämmchen übriggeblieben wäre, das Früchte tragen könnte. Und siehe da, an einer Stelle erblickte er ein kleines Bäumchen, an dem seitlich ein Trieb sproßte. Er erhob die Axt, um es zu fällen, als er plötzlich einen Greis vor sich stehen sah. Der schrie ihn laut an, riß ihm die Axt aus der Hand und schlug mit ihr den König auf die Stirn, daß ihm das Blut über Gesicht und Bart rann. Er fiel zur Erde, weinte flehentlich vor dem alten Mann und rief: Sei mir gnädig, mein Herr, und verdirb mich nicht; was habe ich dir Böses getan? Da erwiderte der Greis und sprach: Ist das des Bösen noch zu

wenig, daß du meinen Garten verwüstet hast? Wenn es dich nach den schönen Früchten gelüstete, so konntest du sie essen oder dir mitnehmen; gefiel dir ein Baum, so konntest du ihn bei dir einpflanzen. Dir aber genügte es nicht, daß du Zweige, Blätter, Blüten und Früchte zuschanden machtest, du wolltest auch noch dieses zarte Bäumchen in seiner Wurzel treffen. Diesen Garten habe ich gepflanzt, gewässert und gepflegt, viele Jahre hindurch. Nun war mir noch dieses einzige Bäumchen übriggeblieben, und ich gedachte es aufzuziehen und erhoffte mir von ihm Ersatz für die verlorengegangenen Pflanzen. Du aber wolltest mir auch dieses nehmen, damit mir nichts übrigbliebe, und in deinem Übermut hieltest du dich noch für gerecht. Hättest du nur einen Teil deiner Missetaten begangen, du hättest verdient, ausgerottet zu werden. Der König fuhr fort, im Traume zu weinen und um Gnade zu bitten. Er sprach: Ich habe in Wahrheit töricht gehandelt. Nun ich aber Reue empfinde, so laß meine Seele vor dir etwas gelten und bring mich nicht um. Ich will es auf mich nehmen, das Pflänzlein zu hüten und zu begießen, bis es wie eine Zeder stark wird; alsdann will ich die Zweige weiter pflanzen, bis dein Garten wieder so wird, wie er zuvor gewesen ist. Vergib mir, denn ich habe gefehlt.
In diesem Augenblicke erwachte der König von seinem Schlaf und fühlte, daß seine Stirn blutete. Da ward ihm eng ums Herze. Verstörten Gemütes erwartete er den Anbruch des Tages. Als es Morgen wurde, ließ er seine Weisen und Zeichendeuter kommen und erzählte ihnen von dem Traumgesicht. Sie aber schwiegen und wußten kein Wort zu sagen. Da trat einer von den Dienern des Fürsten vor und sprach: Mein Herr und König! Du weißt wohl, daß die judäischen Weisen und Abkömmlinge ihres Herrscherhauses nach ihrer Verbannung den Perserkönigen als Ratgeber dienten, und daß sie von deinen Vorgängern

Ehrensold empfingen und jedesmal zugezogen wurden, wenn es galt, Rätsel zu entwirren und nächtliche Gesichte zu deuten. In einem Anflug von Zorn hast du den Befehl gegeben, sie alle zu vertilgen und in Kerker zu sperren, wo viele von ihnen noch heute Qualen leiden. Ist es dir nun recht, einen von diesen vor dich kommen zu lassen und ihm deinen Traum zu erzählen, so will ich nach einem solchen Ausschau halten und ihn holen. Diese Rede gefiel dem Könige, und er befahl, ihm einen von den Gefangenen vorzuführen.

Der Diener begab sich in das Gefängnis, in dem die Verfolgten eingeschlossen waren, und überbrachte ihnen den Wunsch des Königs. Da erbot sich ein Weiser zu dem Gange. Das war der Schwäher des eingangs erwähnten letzten Sprößlings aus dem Hause Davids, dessen junge Frau durch ein Wunder am Leben geblieben war. Dieser sprach: Ich will vor den König treten und ihm sagen, wodurch sein Herz in Unruhe geraten ist. Die Genossen des Eingekerkerten sagten: Dränge dich nicht vor, du weißt ja nicht, worum der Fürst dich angehen will. Da sprach der Weise: Der König hat einen Traum gesehen, und dasselbe Gesicht habe auch ich geschaut, und ich weiß es zu deuten. Da sagten die andern: Gott, der Herr, stehe dir bei! Nunmehr sprach der Diener des Königs zu dem Weisen: Wasche und salbe dich; hier sind die Kleider, die du anzuziehen hast; so hat es der König befohlen. Der Greis weigerte sich indes, seine Kleider zu wechseln. In dem traurigen Zustand, in dem er war, ließ er sich vor den König führen. Jedes Auge, das ihn sah, wurde naß.

Als er vor dem König erschienen war, sprach dieser zu ihm: Ich hatte einen Traum und weiß ihn nicht zu deuten. Kannst du ihn enträtseln? Der Weise erwiderte: Des Herrn sind die Deutungen. Erzähle mir dein Gesicht, mein Herr und König, oder willst du, daß ich es dir beschreibe? Da sprach

der König: Nun wohl, tu es. Also fing der Weise an, den Traum zu schildern, und er erwähnte vieles, was dem Fürsten selbst bereits entfallen war. Da staunte der Herrscher über die Maßen und sprach: Was du sagst, ist in allem wahr. Und jetzt deute das Geschaute! Der Weise weinte und sprach: Mein Herr und König! Der Garten, in dem du wandeltest, ist das Haus David; die großen und kleinen Bäume, die du sahst, das sind die Sprößlinge dieses Hauses, seine Männer, Jünglinge und Säuglinge; die Früchte, die auf den Bäumen wuchsen, das sind die Weisen dieses Stammes, die, denen Weisheit und Gerechtigkeit innewohnt. Diesen Garten hast du verwüstet: du hast in deinem Zorn alle Glieder des Hauses David ausgerottet. Das letzte Bäumchen endlich, das zu vernichten dir verwehrt wurde, ist ein junges Weib aus diesem Geschlecht, das dem Verderben entronnen ist und bald niederkommen wird. Der Greis aber, der die Axt deinen Händen entwunden hat, war der König David selbst, und dein Versprechen, das gerettete Bäumchen zu tränken und zu pflegen, bedeutet die Pflicht, dich des noch ungebornen Kindes anzunehmen und es großzuziehen.
Hierauf sprach der König: Ich weiß, daß Wahrheit bei dir ist. Finde nun das Weib aus dem Stamme David; ich will, was ich gefehlt, an ihrem Kinde wiedergutmachen. Als der alte Mann diese Worte vernahm, konnte er seiner Erregung nicht Herr werden. Er sprach: Ich habe den Giftbecher geleert und auch noch den bittern Bodensatz schlukken müssen. Das Weib ist meine Tochter. Ich hatte sie mit einem trefflichen Jüngling aus dem Hause David verlobt, und als die Freudentage gefeiert wurden, da waren deine Knechte daran, das Haus zu vertilgen. Mein Eidam wurde getötet; mich und meine Verwandten warf man ins Gefängnis, und meine Tochter blieb da, ein verwitwetes und verlassenes Weib.

Da sprach der König: Eile in dein Haus und sage deiner Tochter, daß ich dich und deine Genossen heute von der Gefangenschaft befreit habe; ihr sollt fürder nicht mehr gepeinigt werden, und ich will mit meinem Auge über euch wachen. Und der König zog den Ring von seinem Finger und gab ihn dem alten Manne zur Bekräftigung seiner Worte. Alle Sträflinge durften die Kerker verlassen.
Der Weise ging schnell in sein Haus und fand seine Tochter noch wohlbehalten und ihrer Niederkunft entgegensehend. Er ward voll großer Freude und teilte es auch dem König mit. Da befahl der König, der jungen Frau ein besondres Gemach in seinem Hofe zuzuweisen und sie mit allem, wessen sie bedurfte, zu versehen. Er ließ sie mit ihrem Vater zu sich kommen und empfing sie mit großen Ehren.
Der Tag, da das Weib gebären sollte, nahte heran, und sie kam mit einem Sohne nieder. Sie gab ihm den Namen Bostanai nach dem Garten, in dem der König den Traum gesehen hatte, denn Garten heißt auf Persisch Bostan. Da war ein Frohlocken in Israel, und fern und nah erscholl die Kunde davon, daß der Herr in seiner Barmherzigkeit einen Rest vom Stamme David am Leben gelassen hatte. In dem Geschlechte Bostanais sollte der Name David fortleben bis zum Tage der Erlösung.
Der Knabe Bostanai ward groß und verständig und nahm an Weisheit und Wissen zu. Er kannte sich in der mündlichen und schriftlichen Lehre wohl aus und wußte auch in den weltlichen Dingen Bescheid. Gott hatte dem Jüngling allen Reiz und alle Anmut seines Ahnherrn David verliehen. Der König begehrte ihn zu sehen, und als er vor ihm erschien, da staunten der Fürst und seine Höflinge über den gottbegnadeten Knaben.
Bostanai stand vom Morgen bis zum Abend vor dem Herrscher in aufrechter Haltung; er senkte den Kopf nicht und

scharrte nicht mit dem Fuß. Eine Fliege kam und stach ihn in die Stirn, daß eine Geschwulst von der Größe einer Dattel entstand, der Jüngling machte aber keine Bewegung, um das Insekt zu vertreiben. Das Blut troff aus der Wunde, so daß es der König bemerkte. Er fragte den Knaben: Was ist dir? Dieser erwiderte: Was du selber schaust, mein Herr und König. Da sah der Fürst hin und gewahrte die Fliege, die auf der Stirn des Jünglings saß und sein Blut sog. Der König sprach: Warum vertreibst du das Kerbtier nicht? Bostanai erwiderte: Von unsern Vätern ist uns die Lehre überliefert worden, nicht zu sprechen, nicht zu lachen und kein Glied zu bewegen, wenn wir vor einem Fürsten stehen. Diese Rede gefiel dem König wohl; er sah, daß er einen überaus verständigen Jüngling vor sich hatte. Er beschenkte ihn reich und befahl, ihn im Wagen des Vizekönigs fahren zu lassen und vor ihm auszurufen: So wird der Exilfürst geehrt! Er wurde das Oberhaupt Israels und sollte auch die Staatsgeschäfte lenken; er hatte die Richter zu ernennen und die Oberaufsicht über die Hochschulen in Nehardaa und Pumbedita zu führen.

Seit den Zeiten Bostanais weist das Siegel des Exilfürsten eine Fliege auf, zur Erinnerung an das erzählte Ereignis.

211. MAR SUTRA

Der Exilfürst R. Huna hatte zur Gemahlin die Tochter des R. Chanina, des Hauptes des Lehrhauses. R. Chanina aber war ein hochverdienter Mann.

Eines Tages wurde nach dem Orte, in dem sich das Lehrhaus befand, ein neuer Richter gesandt. Der wurde von dem Exilfürsten dorthin geschickt; R. Chanina aber verhinderte ihn an der Ausübung seines Amtes. Da ließ der Exilfürst R. Chanina vor sich kommen. Als der Fromme erschien, mißhandelte ihn der Fürst und raufte ihm die

Barthaare aus. Da ging der Gedemütigte mit großer Trauer von dannen. Er kam nach dem Bethause und weinte so lange, bis eine Schale von seinen Tränen voll wurde; die trank er dann aus. Alsobald brach in dem Hause des Exilfürsten die Pest aus, und in einer Nacht starben alle Bewohner bis auf die Tochter Chaninas, die schwanger war und den nachmals berühmt gewordenen R. Sutra unter dem Herzen trug.

Zu der Zeit lebte in Babel ein Mann mit Namen Pachra. Als dieser sah, daß das Haus David ausgestorben war, schmeichelte er sich beim Könige durch Geschenke ein und bat ihn, ihn zum Exilfürsten zu ernennen. Als aber Mar Sutra fünfzehn Jahre alt wurde, ging er zusammen mit dem Vorsteher des Lehrhauses und wirkte aus, daß Pachra seines Amtes als Exilfürst entsetzt wurde. Das Ende dieses Mannes war, daß eine Fliege in seine Nase drang und er davon starb. Daher führten die Nachkommen Davids eine Fliege in ihrem Siegel.

R. Sutra ward Exilfürst und bekleidete diese Würde zwanzig Jahre lang. Die Weisen R. Chanina, R. Chama und R. Isaak waren zudann Häupter der Lehrhäuser. R. Isaak aber erlitt den Märtyrertod.

Wenn R. Sutra auszog, ging eine Wolkensäule ihm voran. Ihm gesellten sich vierhundert Mann, und mit diesen zusammen schlug er die Perser. Er befestigte seine Herrschaft und erhöhte die Abgaben. So ging es sieben Jahre lang. Nach Ablauf der sieben Jahre aber fing das Volk zu sündigen an, trank verbotenen Wein und führte sich ungebärdig auf. Da wich die Wolkensäule von R. Sutra. Die Perser ergriffen ihn und hängten ihn auf der Brücke von Mechosa auf. Am Tage seiner Hinrichtung wurde ihm ein Sohn geboren, der wurde wie sein Vater gleichfalls Sutra genannt.

212. ISRAELS BRUDER

Der Lehrer Jakob, der Sohn Eliesers, durchstreifte das Land der Kosaren und sah, daß dessen Bewohner der Stamm Simeon waren. Da rief er aus: Wehe, es ist an uns in Erfüllung gegangen, was da geschrieben steht: ›Ich werde euch unter die Völker zerstreuen.‹ Als er aber danach erfuhr, daß die Kosaren den jüdischen Glauben angenommen hatten, freute er sich und sprach: ›Auch wenn sie schon in der Feinde Land sind, hab ich sie gleichwohl nicht verworfen, daß mein Bund mit ihnen nicht mehr gelten sollte.‹

Zwei Tugenden des Kosarenvolkes haben es bewirkt, daß es ihm vergönnt ward, Israel ein Bruder zu werden: seine Mildtätigkeit und seine Gastlichkeit. Jakob ben Elieser sprach: Ich bin durch alle Lande gezogen und habe nirgends ein Volk gesehen, das wohltätiger und gastfreundlicher wäre als dieses, welches jenseits des Stromes wohnt. Eines jeglichen Hütte gleicht da der Hütte Abrahams, und jedes Haus ist weit geöffnet wie das Hiobs, zu dem es Eingänge gab von Ost und West, Nord und Süd. Weit höher noch wird Hiob gepriesen als Abraham. Zu Abraham sprach Gott: Nun weiß ich, daß du Gott fürchtest. Von Hiob aber sprach er: Der ist unschuldig und rechtschaffen, fürchtet Gott und meidet das Böse. Warum wird er unschuldig und gerecht genannt? Weil er von Geburt aus beschnitten war. Warum wird er ein Gottesfürchtiger geheißen? Weil er die Schriftgelehrten hoch in Ehren hielt. Woraus entnimmt man, daß er das Böse mied? Weil er von einem andern Volke abstammte und danach Ebräer wurde. Und ebenso hatte sich der König der Kosaren aus einem Heiden in einen Diener Jahves verwandelt.

Als Jakob ben Elieser nach dem Kosarenlande kam, fragte ihn der König dieses Volkes: Was bittest du dir von mir aus? R. Jakob erwiderte: Ich wünsche mir von dir nichts mehr, als daß du mir deine Herkunft erklärst. Der König antwortete: Die Kosaren sind ein uralter Stamm. Ihre Väter sind bereits in der Schrift erwähnt. Die Söhne Japhets waren: Gomer, Magog, Madai, Javan, Thubal, Mesech, Tiras. Gomer ist der Vater Askenas', Riphats und Togarmas;* Togarma aber ist der Stammvater der Türken, und diese sind Brüder der Kosaren.

Als die Kinder Gomers Götzendienst trieben, erhob sich ihr Bruder Kosar und redete ihnen ins Gewissen. Da sprach der Herr zu Kosar: Bei deinem Leben, das will ich dir vergelten. Und Kosar trennte sich von seinen Brüdern und gründete ein Reich, das das Kosarenreich genannt wird. Der Herr fügte es aber, daß auch die Kinder Simeons nach diesem Lande kamen. Die Nachkommen Kosars verschwägerten sich nun mit den Kindern Jakobs und bekehrten sich zur Lehre Moses.

213. DER DISPUT

Es wird erzählt, daß, als der Kosarenkönig daran ging, einen neuen Glauben anzunehmen, der König von Edom und der von Ismael zu ihm Boten mit reichen Gaben entsandten; der Zug wurde von Weisen begleitet, und diese sollten ihn zu ihrem Gesetz bekehren. Der Kosarenkönig aber war sehr weise, und so ließ er einen judäischen Schriftgelehrten holen, der mit den Abgesandten der beiden Könige disputieren sollte. Allein einer widerlegte nur die Worte des andern, und sie kamen zu keinem Ergebnis. Als das der König sah, ließ er sie nach Hause gehen und befahl ihnen, nach drei Tagen wiederzukommen.

Am andern Tage aber beschied er den edomitischen Priester allein zu sich und sprach zu ihm: Ich weiß, daß dein König ein großer Fürst ist, und daß sein Glaube ein herr-

* 1. Buch Mose 10, 2–3

licher Glaube ist; ich bin auch geneigt, ihn anzunehmen. Doch will ich dich vorerst bitten, mir eine Frage zu beantworten. Sei nur aufrichtig, und ich werde dir Gunst erweisen. Sage mir, welches von den beiden andern Gesetzen besser ist. Ists das von Ismael oder das von Israel? Darauf erwiderte der Priester: Der König lebe ewiglich. Es gibt kein höheres Gesetz als das Israels. Gott hat dieses Volk von allen Völkern erwählt und seinen erstgebornen Sohn genannt. Er hat an ihm große Wunder getan, hat es aus Ägypten geführt, das Meer vor ihm gespalten und seine Verfolger ertränkt. Er hat es mit Manna gespeist und Wasser aus dem Felsen für es sprudeln lassen; er hat mit ihm aus dem Feuer geredet und ihm seine Lehre gegeben. Er hat es nach Kanaan gebracht und ihm einen Tempel gebaut. Wohl hat es gefehlt und gesündigt und das Gesetz verwirrt, wofür er ihm gezürnt, es aus dem Lande vertrieben und in alle Winde zerstreut hat. Wäre dies nicht geschehen, sein Gesetz wäre ohnegleichen. Was ist dagegen Ismael und sein Glaube? Dies Volk kennt keinen Sabbat und keinen Festtag, keine Gebote und keine Satzungen; alles Unreine dient ihm zur Speise. Es ißt das Fleisch der Kamele, der Pferde, der Hunde, wie alles, was da kreucht und fleucht. Hierauf sprach der König zu dem Edomiter: Da du mir einen wahren Bericht gegeben hast, so will ich dir Gnade erweisen.

Des andern Tages ließ der König den Kadi vor sich kommen und sprach zu ihm: Ich will dich um eins befragen. Sage mir offen und ohne Verstellung, welches Gesetz dir mehr zusagt, das der Juden oder das der Christen. Der Ismaeliter erwiderte: Das Gesetz der Juden ist das wahre Gesetz, ihnen sind auch Satzungen und Gebote gegeben. Wohl hat Gott sie gestraft, als sie fehlten, und sie ihren Feinden überantwortet, aber das Heil und die Erlösung sind ihr. Die Christen hingegen haben kein eigentliches

Gesetz. Den Genuß des Schweinefleisches verbieten sie nicht, ebenso nicht den der andern unreinen Tiere. Darauf sprach der König: Du hast wahr gesprochen, du sollst meine Gunst erfahren.

Am dritten Tage ließ der Kosarenkönig wieder die drei Weisen zusammentreten und sprach zu ihnen: Verständigt euch miteinander und sagt mir, welcher Glaube der beste ist. Die drei Männer stritten miteinander, sie wurden aber nicht eins. Also wandte sich der König an den Edomiter und fragte ihn: Welcher Glaube ist höher? Ists der jüdische oder der ismaelitische? Der Edomiter erwiderte: Der jüdische ist höher zu bewerten. Danach stellte der König an den Ismaeliter die Frage: Welchem Glauben gibst du den Vorzug: dem der Juden oder dem der Christen? Der Ismaeliter antwortete: Dem Glauben der Juden ist der Vorzug zu geben. Hierauf sagte der König: Also habt ihr beide bekannt, daß das Gesetz der Juden das ehrwürdigste Gesetz ist. Es ist das Gesetz Abrahams, und dieses habe ich mir erwählt. Was die Gaben betrifft, die eure Fürsten mir verehren wollen, so wird mir mein Gott ebensolche verleihen, wenn er mit mir ist. Ihr aber zieht in Frieden heim.

Und der Allmächtige war mit dem Könige; er stärkte seinen Mut und gab ihm Kraft. Der Herrscher beschnitt die Vorhaut seines Fleisches; dasselbe taten seine Diener und das ganze Volk. Er ließ viele judäische Weise in sein Land kommen, und die verbreiteten die Lehre Moses und führten die Bräuche dieser Lehre ein. Sie werden bis auf heute von diesem Volke gehalten. Von dem Tag aber, da die Kosaren den Glauben Israels angenommen hatten, konnte ihnen niemand widerstehen; selbst Edom und Ismael wurden ihnen tributpflichtig.

214. ELDAD DER DANITER

Eldad der Daniter bestieg mit einem Judäer aus dem Stamme Asser einen Kahn, um den im Hafen landenden Schiffen entgegenzufahren und mit ihren Reisenden Tauschhandel zu treiben. Aber da erhob sich ein Sturm, und der Kahn zerbrach. Nur ein Floß schwamm auf dem Meere, und an diesem hielt sich Eldad fest. Auch sein Gefährte rettete sich auf das Brett, und so schaukelten sie beide auf dem Wasser auf und nieder, bis sie an eine seltsame Küste geworfen wurden. Diese ferne Gegend war von einem menschenfressenden Volke bewohnt, das großgewachsen und von schwarzer Hautfarbe war und unbekleidet einherging. Die zwei Fremdlinge wurden sofort ergriffen. Der Gefährte Eldads war ein feister Mann, und so schlachteten ihn die Rohlinge und verzehrten ihn. Der Unglückliche schrie, als man ihn band: Weh mir! Mutter, warum hast du mich geboren? Eldads Fleisch aber war fettarm, und so sperrten ihn die Wilden in einen Käfig, damit er hier zunehme und dick werde. Sie brachten ihm Speise, die den Judäern zu essen verboten ist, und so rührte er sie nicht an. Er schaffte sie im geheimen fort, und als man ihn fragte, ob er sie gegessen habe, sagte er ja. So verblieb er einige Zeit in der Hand der Menschenfresser, bis Gott ein Wunder an ihm vollbrachte und ein feindliches Heer über die Mohren herfallen ließ. Sie wurden geschlagen, geplündert und gefangengenommen.

Eldad der Daniter wurde gleichfalls gefangen abgeführt und brachte unter seinen neuen Herren vier Jahre zu. Diese waren Feueranbeter. Jeden Morgen ließen sie Flammen zum Himmel emporzüngeln und neigten sich vor ihnen in Ehrfurcht. An einem bestimmten Tag im Jahr kamen sie in einem tiefen Talkessel zusammen, wo eine uralte Eiche wuchs. Eine schöne Jungfrau bestieg den Wipfel des Bau=

mes und schlug mit den Händen gegen die Knie. Ihre Stimme machte das Volk erzittern, und es fiel mit dem Angesicht zur Erde. Danach richteten sich alle auf und liefen in den Tempel, der sich auf einer Anhöhe befand. Hier schlossen sie die Türen zu und löschten die Lichter aus, und Männer wohnten den Frauen bei. Ein jeder Mann ergriff Besitz von einem Weibe, und es konnte geschehen, daß ein Vater mit seiner Tochter, ein Sohn mit seiner Mutter und ein Bruder mit seiner Schwester das Lager teilte. Das erste Kind aber, das sodann geboren wurde, ob es ein Knabe oder ein Mädchen war, wurde verbrannt und die Asche zur Bereitung von Sprengwasser verwahrt.

Eines Tages wurde Eldad nach dem Lande Aziz gebracht. Hier kaufte ihn ein Judäer aus dem Stamme Isaschar und führte ihn nach seinem Lande fort. Die Kinder Isaschar hausten in einem Gebirge, das tiefe Schluchten hatte und im persisch-medischen Reiche lag. Sie lebten nach dem Spruche: ›Das Buch der Lehre weiche nicht von deinem Munde.‹ Für sie galt nur das Joch des Gesetzes und keine irdische Macht. Sie hatten auch Feldherren in ihrer Mitte; doch stritten sie nur mit dem Wort, nicht mit dem Schwert. Sie erfreuten sich des Friedens und der Ruhe und kannten keine Mordwaffe. Raub und Diebstahl kamen da nicht vor; selbst wenn einer Geld oder ein Kleid auf der Straße liegen sah, hob er es nicht auf.

Die Kinder Sebulon wohnten in ihrer Nachbarschaft im Gebirge Pharan. Sie machten ihre Zelte aus Tierfellen, die aus dem Lande Armenien kamen. Ihr Handel umspannte die Lande bis zum Euphrat.

Jenseits vom Gebirge Pharan wohnten die Kinder Ruben. Diese bedienten sich der heiligen wie der persischen Sprache. Am Sabbat lasen sie in der Schrift und legten die Abschnitte in der persischen Sprache aus. Sie kannten auch die mündliche Lehre.

Der Stamm Ephraim und die eine Hälfte des Stammes Manasse wohnten in einem Gebirge unweit von Mekka. Das waren Menschen von hartem Herzen und unbeugsamem Gemüt, wilde Reiter und Wegelagerer, die kein Erbarmen mit ihren Feinden hatten und nur von der Beute lebten.
Der Stamm Simeon und die zweite Hälfte des Stammes Manasse wohnten sechs Monatsreisen von ihnen entfernt im Chaldäerlande. Ihre Zahl war größer als die aller andern Stämme, und fünfundzwanzig Reiche waren ihnen tributpflichtig.

215. AUGE UM AUGE

Zu Lebzeiten des Gaons Scherira lebte ein reicher, in seinem Volke angesehner Mann, der hatte die von Esra eigenhändig geschriebene Gesetzesrolle in seinem Besitz. Der reiche Mann starb und hinterließ zwei Söhne. Unter diesen entstand sofort ein Streit um den Besitz der Rolle; jeder von ihnen wollte sie haben und wollte dem andern dafür alles Gold und Silber überlassen. Da sie sich nicht einigen konnten, kamen sie mit ihrem Anliegen zu Scherira. Der Gaon entschied den Streit dadurch, daß er sie Lose ziehen ließ. Also fiel dem einen die Schriftrolle, dem andern das ganze Vermögen zu. Der erste schätzte sich glücklich, der andre aber litt große Pein, denn alles Gold und Silber wog ihm nichts gegen die heilige Rolle.
In derselben Stadt aber wohnte ein Gottesleugner. Ihn verdroß es, daß der Erbe den ganzen Reichtum für eine Schriftrolle hingegeben hatte, und er sann auf Böses. Er schlich sich verkleidet in das Bethaus, in dem die Schriftrolle lag, und wartete ab, bis alle hinausgegangen waren. Danach holte der Gottlose die Rolle aus dem Schrein und schlug sie an der Stelle auf, wo es heißt: ›Ihr sollt dem Herrn, eurem Gott, dienen.‹* Hier kratzte er den Buchstaben Ajin aus

* 2. Buch Mose 23, 25

und schrieb dafür ein Alef, wodurch der Vers zu einer Gotteslästerung wurde. Er lautete nunmehr: Ihr sollt den Herrn, euren Gott, verderben.
Der Frevel blieb einige Zeit unentdeckt, kam dann aber doch an den Tag. Als der Besitzer der Schrift das erfuhr, wurde er vor Schmerz krank; er sagte sich, daß, selbst wenn der Schaden noch gutgemacht würde, die Rolle doch nimmer als eine Handschrift Esras angesehen werden könne. In der Nacht aber erschien ihm sein verstorbener Vater und sagte, daß man unter dem Tisch des Bethauses nachsehen solle; man werde da das Auge des Gottlosen finden. Gleich nachdem er nämlich den Buchstaben Ajin ausgekratzt hatte, war ihm sein rechtes Auge aus der Höhle gefallen. Also ging an ihm der Spruch – ›Auge um Auge‹* – in Erfüllung. Ferner befahl der Verstorbene, den Fehler nicht zu verbessern, denn es sei vom himmlischen Gerichtsrat bestimmt worden, daß Esra selbst dieses tun solle.

216. DIE GRUFT EZECHIELS UND BARUCHS

Ein Sultan sprach einmal zu einem Judäer namens Salomo (das war der Vater des damaligen Exilfürsten Daniel): Komm mit mir; mein Wunsch ist, das Grab des Propheten Ezechiel zu öffnen, denn ich habe gehört, daß er Wunder wirkt. Der Jude Salomo erwiderte darauf: Das verhüte der Himmel! Aber unweit seiner Gruft ist das Grab seines Schülers Baruch, des Sohnes Nerias, der gleichfalls ein Prophet war. Wenn es dir gelingt, diesen zu schauen, so wirst du auch Ezechiel schauen dürfen. Da sagte der König: Du hast wohl gesprochen. Und er ließ seine Vögte und Ratmannen kommen, damit sie der Öffnung des Grabes, in dem Baruch ruhte, beiwohnten. Es geschah aber, daß, wer nur immer das Grab berührte, alsobald tot hinfiel.

* 2. Buch Mose 21, 24. Das Wort Ajin bedeutet Auge

Unter den Versammelten befand sich auch ein alter Ismaeliter, und dieser sprach: Der hier begraben ist, war ein Judäer; die Judäer sind es, die seine Lehre halten, also ist es nur billig, daß ein Judäer das Grab öffne. Hierauf befahl der König den Judäern, dieses zu tun. Sie baten um drei Tage Frist, und als ihnen diese gewährt wurde, taten sie Buße, fasteten und beteten. Am vierten Tage stiegen einige von ihnen in das Gewölbe und öffneten das Grab, ohne daß einer von ihnen dabei zu Schaden kam. In einem Marmorsarg lag vor ihnen ein Toter, der sah aus; als wäre er erst vor wenigen Tagen entschlafen. Der König sprach: Es ziemt sich nicht, daß sich zwei Fürstenhäupter einer Krone bedienen; es ziemt sich nicht, daß dieser Große neben einem andern Großen ruht. Ich will den Sarg Baruchs nach einer andern Stelle überführen. Und der Marmorschrein wurde gehoben und sollte weitergetragen werden. Als die Männer sich aber um eine Meile von dem Grabe Ezechiels entfernt hatten, blieben sie stehen wie festgebannt; auch die Pferde und Maultiere zogen die Bahre nicht weiter. Da sagte R. Salomo: Vielleicht hatte sich der Gerechte noch bei Lebzeiten diese Stätte hier als Ruhestätte erwählt. Hierauf ließ der König an der Stelle ein Gewölbe errichten und den Sarg da hineinstellen.

Der König war voll Verwunderung darüber, daß die Leiche Baruchs nicht verwest und auch das Gewand nicht versehrt war. Andres gewahrte er in Mekka am Grabe Mahomets. Da trat er zum jüdischen Glauben über. Er sprach: Die Lehre Moses ist allein wahr!

217. SCHEPHATIA UND BASILIUS

Zur selben Zeit war ein Fürst in Edom*, der war ein harter und grausamer Mann; er lechzte nach dem Blute von Da=

* Gemeint ist Byzanz

vids Samen. Achthundert Jahre nach Zerstörung des Tempels, nachdem Israels Verbannung ihren Anfang nahm, erstand dieser Feind, ein Nachfolger Hamans; der Name des Verruchten war Basilius. Er gedachte in seiner Wut, das Volk Gottes zu vernichten, Israels Namen und Spur zu verwischen. Er ließ durch Boten und Reiter die Kunde verbreiten, daß Israel seinem Glauben zu entsagen habe und einen andern annehmen müsse.

Der König Basilius hatte eine Tochter, die hatte er über alles lieb. Sie war von einem Dämon besessen, und es war kein Mensch, der sie heilen konnte. Da schrieb der Fürst Schephatia einen Brief und bat ihn, heimlich zu ihm zu kommen. Er sprach zu ihm und bat ihn gar flehentlich: Hilf mir, o Schephatia, und heile meine Tochter. Da sprach der Weise: Das will ich tun mit des Allmächtigen Beistand. Und er sagte dem König: Nenne mir einen Ort, an dem nichts Unreines ist, und der sich füglich für mein Vornehmen eignet. Der König sprach: In Boccaleone habe ich einen Garten, der dünkt mich wohl geziemend. Der Ort heißt verdolmetscht: der Rachen des Löwen. Dies gefiel dem weisen Manne gar wohl, und also brachte er die Jungfrau dorthin. Er beschwor den Teufel im Namen des, der im Himmel wohnt und in den Höhen weilet, der die Erde mit Weisheit gegründet hat, der Berg und Meer hat entstehen lassen. Da schrie der Dämon mit lauter Stimme: Für wen verschwendest du deine Mühe? Für das Kind eines bösen, gottlosen Königs, der das Volk des Heils zu vernichten gedenkt. Sie ist mir verfallen, daß ich sie verderbe; laß ab von mir, ich weiche nicht von der Stelle. Schephatia aber sprach: Ich geb dir keine Antwort. Im Namen des Herrn, verlasse den Leib; mögen alle erkennen, daß Israel einen Gott hat. Also mußte der Dämon eilends entweichen; Schephatia aber bannte ihn in ein Gefäß von Blei, verschloß es fest und drückte ein Siegel drauf; das Siegel trug den Na=

men des Herrn. Danach versenkte er es in des Wassers tiefe Fluten. So genas die Jungfrau zur Freude ihrer Eltern. Und Schephatia rüstete sich zur Heimfahrt. Da ließ ihn der König zu sich bescheiden. Er sprach zu ihm: Erbitte dir von mir, so viel du nur willst; ich werde dir Reichtum und Reiche verehren. Der Weise erwiderte voll Demut und Betrübnis: So mein Herr Schephatia wohl will, so lasse er davon ab, die Frommen zu bedrücken; er zwinge sie nicht, ihrem Glauben zu entsagen, und gebe sie nicht dem Verderben preis. Tust du es nicht ihretwegen, so tu es meinetwegen. Darauf sprach Basilius voll Ingrimm und Zorn: Hätt ich es nicht beschworen und mit meinem Siegel bekräftigt, daß ich dir Gnade wollte zukommen lassen, ich wäre hart und schnöde mit dir verfahren. Nun aber ists geschehen, und ich mag es nicht widerrufen. Und er gab Schephatia einen goldenen Siegelring, der den gottlosen Erlaß aufheben sollte.

218. DIE TOCHTER SCHEPHATIAS

Der Meister Schephatia hatte eine Tochter, schön und lieblich und voller Anmut; Kessia hieß sie mit ihrem Namen. Der Vater liebte sie überaus zärtlich und wollte sie gern einem Manne vermählen; der Mutter aber war kein Bräutigam recht. Wer sich nur anschickte, um das Mädchen zu werben, dem sagte sie nein und brachte folgende Rede vor: Meine Tochter ist ein wertvolles Weib; ihr Vater ist ein bedeutsamer Mann; findet sich nicht einer, der ihm gliche, so will ich mein Kind von mir nicht ziehen lassen. Ihr Freier muß sein ganz wie ihr Vater im Können und Wissen, in Weisheit und Vernunft; er muß in der Schrift- und Gesetzeskunde bewandert sein, in der Lehre und ihren Auslegungen wohl Bescheid wissen, das Geringe wie das Wichtige gut beherrschen; er muß ihm gleich sein an Reichtum und Größe, an Stärke und Würde, an Gottesfurcht und Demut, an Befolgen der Gebote und der Lehren und muß der edlen Tugenden alle haben.

Da geschah es in einer Nacht, daß Schephatia sich vom Lager erhob, um, wie er es gewohnt war, vor dem Herrn zu beten, seine Größe zu preisen, Lobgesänge und Lieder zu rezitieren, heilige Hymnen und Klänge erschallen zu lassen, in süßen Weisen sich zu ergehen vor dem, der in Arawoth thront, dem obersten der sieben Himmel, Gebete vor dem Ewigen herzusagen, im Schatten des Allmächtigen zu ruhen, vor seinem Stuhle in Andacht zu stehen, Vertrauen und Stütze bei dem Höchsten zu suchen und hoch zu verherrlichen den Weltenbegründer, den in den Wolken Weilenden, dessen Schönheit in den Gewölben prangt, dessen Stimme über den Gewässern ertönt, dessen Majestät vom Himmel erstrahlt.

Die Tochter Schephatias stieg gleichfalls aus dem Bette, und vor ihm bloß im Hemde stehend, war sie ihm behilflich beim Waschen der Hände. Da schaute sie ihr Vater an, und siehe, die Granatäpfel ihres Busens waren voll erblüht, und die Zeit für sie war gekommen, in eines Mannes Armen sich der Liebe zu freuen. Er stand und vollendete rasch sein Gebet; danach ging er zu seinem Weibe, schalt sie weidlich aus und redete mit ihr hart. Er sprach: Eine Taube habe ich da, fromm und unschuldig, und die Zeit der Ehe ist für sie gekommen; sie soll ihrem Manne eine Krone sein; mein Bruder wollte sie für seinen Sohn Chassadia haben, und ich hörte törlich auf deine Stimme; nun habe ich keine Ruhe, denn die Weisungen der Schrift habe ich verletzt und den Worten unserer Großen zuwidergehandelt.

Des Morgens, als Schephatia sein Haus verließ und ins Gotteshaus ging, sein Gebet zu verrichten, kehrte er bei seinem Bruder Chananel ein und rief vor ihm aus: Mein Wille, mein Wunsch, mein Begehr ist allein, meine Toch=

ter deinem Sohne Chassadia zu vermählen; wahrlich, es ist besser, ich gebe sie ihm. Der Bruder neigte sich in Demut dem Schephatia bis an die Knie. Als das Beten beendet war, lud Schephatia die Gemeinde zu sich, brachte sie in sein Haus und traute seine Tochter dem Brudersohne an.
Und der Bruder des Mädchens, der Amittai hieß, verfaßte ein Hochzeitlied, der Jungfrau zu Ehren. Darin pries er hoch des Ewigen Taten, der gleich am Anfang das Ende verkündet, und krönte die Schönheit und Anmut der Braut.

219. DER TOTGEGLAUBTE KNABE

Es begab sich einst um Mitternacht, da zog Schephatia durch die Straßen einer Stadt. Er hörte aus einem Hause ein Wehklagen dringen; der Hausherr aber war mit ihm eines Stammes; er war sein Freund und liebster Geselle. Doch vor dem Hause standen zwei Frauen, und er hörte die eine zur andern sprechen: Schwester, greif den Knaben, wir verspeisen ihn beide. Da der Weise die Worte vernahm, eilte er stracks dem Knaben zu Hilfe und entriß das Kind den Händen der Verderber. Die zwei Frauen waren nicht menschlichen Samens, sondern nächtliche Geister und böse Teufelinnen.
Schephatia zog mit dem Knaben davon und brachte ihn in sein eignes Haus. Er zeigte ihn seiner Frau, die ihn alsbald erkannte, und sie verbargen ihn beide in der Stube, da sie schliefen.
Indes aber grämten sich seine Erzeuger, denn sie hatten einen Leichnam im Hause. Sie weinten bitterlich um ihren Sohn; alsdann trugen sie ihn betrübt zu Grabe. Der Weise Schephatia machte sich auf, sie zu trösten, wie es die Sitte befiehlt. Inmitten der Rede stellte er die Frage: Welches Gebreste hatte der Knabe, und was war die Ursache seines frühen Todes? Die Gramgebeugten sagten: Er hatte bis

zum Abend mit uns gegessen und gemeinsam mit uns das Mahl eingenommen. Wir gingen schlafen und legten uns hin, und als wir erwachten, fanden wir ihn tot. Wir schrien die ganze Nacht und jammerten um ihn; des Morgens aber gruben wir das Grab und setzten ihn bei, wo die Väter ruhn. Darauf sagte Schephatia mit heiterm Blick: Ich glaub euch nicht recht, zeigt mir erst die Gruft. Euer Sohn liegt nicht drinnen, er lebt wie zuvor; ich will ihn euch bringen, wohl und unversehrt. Sie gingen auf den Friedhof und öffneten das Grab, und siehe da, ein Besen lag darin. Nun führte Schephatia die Betrübten in sein Haus und ließ sie ihren Sohn in Freuden wiedersehen; er erzählte ihnen alles, was sich begeben hatte. Da priesen sie alle gemeinsam den Herrn, der Israels Flehen in Gnaden vernimmt.

220. SCHEPHATIAS TOD

Es war des frommen R. Schephatia Gewohnheit, beim Gottesdienst am Neujahrstage das Widderhorn zu blasen. Da erkrankte er einmal vor dem Feste und konnte die Handlung nicht vornehmen. Allein das Volk flehte ihn darum an und sprach: Wir mögen den Ton hören, nur wenn du in das Horn bläst, kein andrer bläst es so schön wie du. Also nötigten sie ihn sehr, und er ließ sich dazu bewegen. Danach wurde er in sein Haus getragen und auf das Bett gelegt. Die ganze Gemeinde war ihm ins Haus gefolgt und umstand sein Lager. Er wandte sich an die Versammelten und sprach zu ihnen: Ich ziehe dorthin, wo der Friede wohnt, ich bin an der Zeiten Ende angelangt, ich gehe zu meinen Vätern heim. Ich will euch aber ansagen, ihr herzlieben Sprossen, Abkömmlinge Abrahams, Isaaks und Jakobs, daß unser Verfolger und Bedrücker, der König Basilius, nicht mehr am Leben ist. Ich sehe ihn in der Hölle in feurigen Ketten schmachten und von züchtigenden Engeln

gepeinigt werden. Nun ruft auch mich der Herr Zebaoth, daß ich Basilius entgegentrete und mit ihm über das Böse rechte, das er an seinem Volke getan.
Die Anwesenden merkten sich den Tag und die Stunde, da der Gerechte dieses gesprochen hatte. Und richtig traf auch bald die Kunde ein, daß Basilius verstorben wäre. Sein Tod aber war genau in dem Augenblick erfolgt, in dem Schephatia sein Ende verkündigt hatte.

221. DAS KIND DES JENSEITS

Der Weise R. Aaron kam nach Benevento und vollbrachte dort wunderbarliche Dinge. Als er die Stadt erreichte, ging alles Volk ihm entgegen, und am Sabbat war der Gottesdienst feierlicher denn je. Und ein lieblicher Jüngling erhob sich, um zu beten, und sang mit süßer Stimme Gebete und Lieder. Als er zu der Stelle kam: Preiset den Herrn — zog er die Weise gar sehr in die Länge, doch sprach er den Namen des Herrn nicht aus. Da begriff R. Aaron und erkannte es weislich, daß der Sänger einer von den Abgeschiedenen war und nimmermehr zu den Lebendigen zählte, denn nie darf ein Toter lobsingen dem Herrn.* Und mit lauter Stimme rief er dazwischen: Halt ein, du Knabe, und singe nicht weiter! Dir steht es nicht zu, den Schöpfer zu preisen; vor ihm anzubeten, ist dir nicht verstattet. Und er begann auf ihn einzureden und mit guten Worten seinen Sinn zu bewegen: Sei ohne Furcht und laß alle Sorge; bekenne frei, von wannen du kommst; verhehle nichts vor dem, der dich fragt, und beichte die Wahrheit vor allem Volk. Erweise Ehre dem Herrn der Ehre, dann wirst du ewiges Leben erlangen und das Teil erben, das der Frommen ist. Alsbald gab der Tote dem Weisen zur Antwort: Ich habe gefehlt und habe gesündigt; ich habe Übles getan

* Nach Psalm 115, 17

und meinen Gott gelästert. Wollt ihr mich Sünder in eurer Mitte dulden? Und die Gemeinde bejahte dies willig.
Da fing der Verblichene an, zu erzählen und zu berichten, was er erlebt. Er sprach: Hört mich an, Gottes Volk, hört, ihr Ehrwürdigen und Weisen; ihr Greise und Hochbetagten, vernehmts; horcht auf, ihr Ratmannen und Fürsten: ihr sollt alles erfahren, was sich zugetragen hat. Ein judäischer Mann, Achimaaz mit Namen, pflegte dreimal im Jahr gen Jerusalem zu pilgern. Er nahm jedesmal hundert Goldstücke mit und verteilte sie an die, so der Schrift ihr Leben weihn und um die verlorene Herrlichkeit trauern. Als er einst im Begriff war, die Fahrt zu unternehmen, bat er meine Mutter, mich mitziehn zu lassen. Er sprach: Ich führe ihn hin, ich bring dir ihn wieder; von mir fordere ihn zurück, ich will sonst schuldig sein vor Gott mit den Meinigen. Also zogen wir aus, frohgemut und ohne Trauer. Als wir sodann beim fröhlichen Mahle mit den Häuptern des Lehrhauses beisammen saßen und ihre Jünger jauchzten und sangen, da erhob sich das Haupt der Gemeinde und sprach: Möge der Knabe, der eben gekommen, der des R. Achimaaz Schützling ist, uns erfreun durch seiner Rede Fluß und seine Quelle vor uns sprudeln lassen. So fing ich denn an mit Vortrag und Gesang und pries den Ewigen, der in Licht gehüllt ist.
Daselbst saß ein Greis mit weißem Haar, der lauschte meinem Liede und verfiel in Trauer und fing plötzlich an zu weinen und zu schluchzen. Der Meister Achimaaz bemerkte die Trübsal; er erhob sich von seinem Sitz und eilte zu dem Greis; er bat und beschwor ihn, ihm doch zu sagen, warum er weine und Tränen vergösse. Da erwiderte ihm der greise Mann, es sei des Herrn Ratschluß und Spruch, den Knaben, der da spräche, alsobald hinwegzunehmen und ihn in die Ewigkeit eingehn zu lassen. Da füllten sich die Augen des Achimaaz mit Tränen, er zerriß seine Kleider und raufte

sich die Haare; er rief mit lauter Stimme: Dahin ist mein Leben, denn ich schwur seiner Mutter, ihr ihn wiederzubringen; ich gab einen Eid ab, daß er unversehrt bliebe. Wie kehre ich heim, und der Knabe ist nicht mit mir? Da sie nun sahen, wie sehr er sich grämte, und seines Jammers Größe erkannten, wurde ein heiliger Name geschrieben; man ritzte mein Fleisch am rechten Arm auf und steckte da das Schildchen hinein. Also blieb ich am Leben, und man brachte mich heim. Solange der Meister Achimaaz noch lebte, floh ich vor ihm von Eiland zu Eiland. Und so lebe ich seither nur kraft dieses Schildchens; die Stelle am Arm kennt niemand außer mir. – Doch nun will ich sie euch zeigen und mich euch überliefern; tut mit mir, wie es euch wohlgefällt.

Man streifte das Gewand auf und fand die Stelle. Nun riß R. Aaron das Schildchen heraus, und der Knabe fiel hin, leblos und ohne Atem.

222. CHANANELS BRUDER

Ich will meinen Geist hochfliegen lassen und euch hier von einem Wunder berichten, das R. Chananel der Weise vollbracht hat. Er hatte einen Bruder, Papuleon mit Namen, und den raffte in der Jugend der Tod hinweg. An dem Tag aber, da er des Würgengels ward, waren seine Anverwandten in einem andern Orte. Also säumte Chananel, die Leiche zu bestatten, und wartete, bis die Freunde heimkämen und gemeinsam mit ihm den Toten beweinten. Damit aber der Körper nicht verwese und keinen Gestank um sich verbreite, schrieb er auf ein Fell den Namen seines Schöpfers und schob das Schildchen dem Toten unter die Zunge. Da erwachte der Leichnam und ward wieder lebendig.

Seinen Verwandten indes erging es gar seltsam. Die Nacht, bevor sie in die Heimat zogen, da hatten sie einen rätsel=

haften Traum: ein Engel Gottes erschien vor ihnen und sprach zu ihnen die befremdlichen Worte: Warum bemüht ihr den Herrn, euern Gott, und tut Dinge, die nicht getan werden dürfen? Der Herr macht tot, und ihr macht lebendig; laßt ab davon, versucht euern Gott nicht. Sie aber wußten nicht, was der Engel damit meinte.

Als sie ihre Heimatstadt erreichten, ging ihnen der weise Chananel entgegen, und sie eilten gemeinsam zu dem kranken Bruder. Sie fanden ihn auf seinem Lager sitzend, wußten aber nicht, was vorgefallen war, und daß nur das Schild ihn am Leben erhielt. Doch als der Weise es ihnen erzählte, brachen sie in Weinen aus. Zu Chananel aber sprachen sie laut: Du hattest die Kraft, ihm noch Leben zu geben, so laß ihn nunmehr von hinnen gehen. Da nahte Chananel dem lebendig-toten Knaben und sprach zu ihm unter Seufzen und Weinen: Gib mir deinen Mund, daß ich dich küsse. Als dann der Tote ihm die Lippen darbot, schob er schnell seinen Finger dazwischen und zog das Schildchen mit dem Namen hervor. Sogleich sank der Körper zurück auf das Lager; er ward von den Brüdern zu Grabe getragen. Der Leib wurde Staub und verfiel der Verwesung, die Seele aber kehrte heim zu ihrem Gott.

223. THEOPHILOS

Ein Mann, Theophilos genannt, wurde einer strafbaren Tat überführt und zum Tode durch den Strang verurteilt. Als er zum Galgen gebracht wurde, lief viel Volk mit Geschrei ihm nach. Allein der Stadthauptmann trieb die Menge auseinander, wandte sich an den Verurteilten und sprach: Wenn du deinen Glauben verlassen willst und den unsrigen anzunehmen dich bereit erklärst, so will ich dich vor dem grausigen Tode retten. Da neigte Theophilos zustimmend sein Haupt, denn es tat ihm leid, das Leben zu lassen. Alsbald wurde er in das Schloß des Stadthauptmannes geführt, und man begann mit ihm über Dinge des Glaubens zu reden. Es zeigte sich indessen, daß Theophilos am judäischen Bekenntnis festhielt. Da sprach der Stadthauptmann zu ihm: Ich habe deines Lebens geschont und dir den Tod erlassen wollen, und du hast meiner gespottet. Ich will dich durch Schmerzen peinigen und dir grausame und absonderliche Leiden bereiten. Und er schlug auf ihn mit dem Stock ein, hackte ihm sodann Hände und Füße ab und warf ihn ins Gefängnis.

Daselbst aber im Kerker war noch ein andrer Judäer, ein gottergebener Mann, und dieser tat Gutes an Theophilos und speiste und tränkte ihn von dem Seinigen. So verging ein Jahr. Theophilos hatte zu Hause eine Tochter, die war eine Jungfrau und noch unvermählt. Also sprach er eines Tages – es war vor dem Versöhnungsfest – zu seinem Genossen: Bringe Zeugen her, ich will dir meine Tochter antrauen. Der Gefährte antwortete: Du bist ein hochangesehener Herr; ich aber bin ein schlichter Mann. Hört deine Sippe, was du zu tun gedenkst, so zerreißen sie mich in Stücke gleich einem Fisch. Theophilos aber entgegnete: Es hat keiner außer mir über meine Tochter zu bestimmen. Also ging der Mann, holte drei Zeugen und die Tochter des Leidenden und vermählte sich mit ihr im Gefängnis. Danach sprach Theophilos zu seinem Eidam: Geh in Frieden von hinnen; du wirst mich nicht mehr sehen. Der Getreue entfernte sich, kam jedoch nach dem Fasttag wieder. Er fand aber seinen Schwäher weder tot noch lebendig; denn der Herr hatte ihn hinweggenommen.

224. IN DEN FLUTEN

Aus der Landschaft Kordova zog ein Kriegsheld, ein Führer vieler Schiffe, namens Ibn Rumahis; der Kalif Abderrahman an-Nazzâr, der über Spanien herrschte, hatte ihn ausgeschickt. Ibn Rumahis sollte mit seinen Leuten feindliche Schiffe abfangen und an den Küsten gelegene Städte erobern. Sie bogen in das griechische Meer ein, umkreisten die Inseln und kamen bis an die Gestade des Landes Israel. Auf ihrer Kreuzfahrt begegneten sie einem Schiff, in dem sich vier bedeutsame Gesetzeslehrer befanden, die von Bari nach der Insel Saphsatin fuhren; sie hatten vor, in den Gemeinden Geld für arme Bräute zu sammeln. Ibn Rumahis raubte das Schiff und fesselte die Weisen darauf. Von diesen war der eine R. Chuschiel, der zweite R. Mose, der dritte R. Schemaria; der Name des vierten ist nicht bekannt. R. Mose führte seine Frau und seinen Sohn mit, den späterhin berühmt gewordenen R. Henoch; dieser war aber zu der Zeit noch ein Knabe.

Nun wollte der Admiral die Frau des R. Mose bezwingen, denn sie war überaus schön. Da rief sie in der heiligen Sprache zu ihrem Manne, R. Mose, und sprach: Gibt es auch für die Ertrunkenen ein Auferstehen nach dem Tode? R. Mose erwiderte: Der Herr hat gesprochen: ›Ich werde sie aus Basan heimkehren lassen, aus den Tiefen des Meeres werde ich sie holen.‹* Als das Weib diese Antwort vernahm, stürzte sie sich ins Meer und ertrank.

225. SAMUEL NAGID

Samuel Halevi, der Sohn Josephs, welcher Nagid genannt wurde, wohnte in Kordova. Er war einer von den großen Gelehrten und kannte sich in der Sprache und den Schrif-

* Psalm 68, 23

ten der Ismaeliter aus, welche Kenntnisse den Verkehr mit Königen ermöglichen. Er betrieb einen kleinen Handel und ernährte sich kümmerlich davon. Da kamen die Zeiten des Bürgerkrieges in Spanien, der Herrscher Abiemed wurde gestürzt, und die Barbaren errangen den Sieg. Die Gemeinde Kordovas wurde arm, und die Einwohner mußten fliehen. Viele retteten sich nach Saragossa, wo noch heute ihre Nachkommen leben, viele eilten nach Toledo, wo sich ebenfalls noch gegenwärtig Abkömmlinge von ihnen aufhalten. Samuel Halevi floh nach Malaga, wo er einen kleinen Kramladen eröffnete. Der Laden lag in der Nähe des Schlosses Alarifs, des Wesirs des Königs Habus von Granada. Der Wesir war meist abwesend, und seine Magd hatte an ihren Herrn Berichte zu erstatten. Sie ließ sich diese von Samuel Halevi schreiben. Da wunderte sich der Wesir über die Kunstfertigkeit, mit der die Briefe geschrieben waren. Nach einiger Zeit wurde Alarif von seinem Könige Habus aufgefordert, nach Malaga zurückzukehren. In seiner Stadt angekommen, fragte er seine Hausgenossen, wer die Berichte geschrieben hätte. Man antwortete ihm: Sie wurden von einem Judäer verfaßt, der aus Kordova stammt und hier in deiner Nachbarschaft wohnt. Alsbald befahl der Wesir, ihm den Judäer vorzuführen. Als Samuel kam, sprach Alarif zu ihm: Dir geziemt es nicht, deine Tage in einem Laden zuzubringen; du sollst von meiner Seite nicht weichen. Also ward Samuel Schreiber und Ratmann des Wesirs; dieser wiederum war Ratgeber des Königs Habus. Seine Ratschläge waren stets voll göttlicher Weisheit und brachten dem Könige Glück.
Da begab es sich, daß Alarif krank wurde. Der König Habus besuchte ihn und fragte: Bei wem soll ich mir fortan Rat holen, wenn ich von Feinden bedrängt werde? Da antwortete der Wesir: Ich habe dich aus eignem Geiste niemals beraten. Alle meine Ratschläge stammten von dem

Judäer Samuel. Auf ihn richte dein Augenmerk, er wird dir Vater und Führer sein. Was er dir rät, das tu, und der Herr möge dir beistehen.
Als nun Alarif starb, nahm der König Habus den R. Samuel zu sich in den Palast, und er ward sein Schriftführer und Ratmann.

226. DER SÜNDIGE BRAUCH

In den Tagen des Weisen R. Abraham ibn Esra lebte in einer kleinen, wenig bevölkerten Stadt ein armer, bedürftiger Mann, der große Not litt. Eines Tages drückte ihn die Armut gar zu schwer, und er machte sich auf und verließ die Stadt. Er irrte weinend in den Bergen umher und gelangte tief in den dichten Wald; müde und matt setzte er sich auf einem der Hügel nieder und klagte, seufzte und weinte, denn seine Kraft war dahin.
Wie er so laut jammerte, erschien vor ihm plötzlich ein Greis in lang herabwallendem Mantel, und der fragte den Bekümmerten: Was hast du? Warum ist dein Angesicht trübe und bleich, und warum erhebst du deine Stimme zum Weinen? Der Arme erwiderte und sprach: O mein Herr, ob der bittern Trübsal meiner Seele weine ich und heule, denn die Pfeile des Hungers sind in meine Hütte gedrungen, und Elend und Armut lasten auf mir; meine Kinder schreien um Brot, und keiner ist da, ders ihnen breche, und mein zartes Weib, das vordem nie versucht hat, seine Fußsohle auf den Boden zu setzen, sieht mich scheel an. Ach und weh über mich in meinem Leide, denn der Herr hat mich geplagt, und der Allmächtige hat mich gepeinigt; vor wem soll ich da noch klagen? Da sagte der Greis: Du dauerst mich, armer Mann, und ich will dir in deiner Not helfen. Höre auf meine Stimme und vernimm meinen Rat, der wird dich aufrichten. Geh in dein Haus und hole mir

von da deinen einzigen Sohn, den du liebhast; diesen bring mir als Opfer dar, und ich will dich segnen mit Gold und Silber, Schafen und Rindern und allem, was dein Herz begehrt. Darauf antwortete der Arme: Jawohl, mein Herr, es wird nach deinen Worten geschehen. Morgen erfülle ich, was du begehrst.

Und der Törichte ging beruhigt und getröstet nach Hause. Er erzählte keinem Menschen von dem, was vorgefallen war, nur zu seiner Frau sprach er in folgender Weise: Unser Sohn ist mit sachten groß geworden und weiß noch nichts von der Lehre; ich will ihn auf meine Arme nehmen und ihn nach einem Lehrhause bringen, wo er in der Heiligen Schrift und in den Büchern der Gesetze unterwiesen werden soll, daß er uns Ehre bringe und Freude bereite. Das Weib erwiderte: Tu, was in deinen Augen recht ist. Und der Mann nahm den Knaben und führte ihn an die Stelle, wo ihm der Greis begegnet war. Als sie aber anlangten, schichtete der Mann Holz auf, legte ein Feuer an, band seinen Sohn, nahm ein Messer in die Hand und schlachtete den Knaben. Er opferte ihn den Ziegenböcken, die da umhersprangen. Auf einmal stand der Greis wieder vor ihm und sprach: Nun weiß ich, daß du Gott fürchtest, denn du hast deines einzigen Sohnes nicht geschont; dafür will ich mit dir einen Bund schließen. Wenn du jetzt die Schwelle deines Hauses betrittst, wirst du großen Reichtum vorfinden; kehre heim, und es wird dir wohlergehen, und dir wird alles gelingen, was du vornehmen wirst.

Also war der Mann von Stund an reich und vermögend. Die bösen Nachbarn wurden neidisch, und die Nachbarinnen sprachen zu dem Weibe des Reichgewordenen: Wo habt ihr bloß das viele Geld her, und wie habt ihr es errafft und gesammelt? Gesegnet sei euer Gönner, sage uns aber nur, wer er ist. Die Frau entgegnete: Ich kenne den Mann nicht und weiß von seinem Treiben nichts; mein

Eheherr ist es allein, der mich mit allem versieht, und von seinem Gute zehre ich. Da sprachen die Weiber: Es ist doch nichts Leichtes, solch ein Vermögen in wenigen Tagen zu erwerben; mit menschlicher Vernunft allein ist solches nicht zustande zu bringen; es muß noch etwas dahinter stecken. Suche es von deinem Manne zu erfahren, denn etwas verheimlicht er sicherlich vor dir. Das Weib trug von nun an ein betrübtes Wesen zur Schau. Sie sprach zu ihrem Mann: Ich will nichts essen und nichts genießen, als bis du mir gesagt hast, wo du den großen Reichtum her hast. Der Mann antwortete im Anfange nichts, und da weinte die Frau und mochte nichts essen. Ihr Ehemann fragte: Warum weinst du denn? Da sprach die Frau plötzlich: So sage denn der Mutter des Knaben: Wo ist unser Sohn, den du nach dem Lehrhause geführt hast? Hast du ihn etwa auf den Berg Tabor hingebracht und da gelassen? Der Mann ward wie stumm bei dieser Frage. Als sie ihn aber weiter bedrängte und nicht abließ zu forschen, da ward seine Seele matt, und er erkannte, daß er es nicht länger verheimlichen konnte. Also erzählte er ihr alles, was sich zwischen ihm und dem alten Mann begeben und was dieser ihm auferlegt hatte. Dann sprach er: Sind dir Reichtum und Leben nicht lieber denn zehn Söhne? Da ergab sich auch das Weib darein und ließ das Geschehene gut sein.
Hernach aber teilte sie ihren Freundinnen und Nachbarinnen mit, was sie von ihrem Manne erfahren hatte. Und bald brachten diese mit der Glätte ihrer Rede auch ihre Männer dahin, dasselbe zu tun, um Reichtum zu erringen. Sie sprachen: Wollen auch wir unsre Söhne auf dem Gipfel des Berges opfern, damit auch unser Horn hoch aufrage. Und es gelang ihnen, sich die Männer gefügig zu machen. Die Väter brachten in ihrer Torheit die Söhne dem Teufel dar, denn der Greuel hatte von ihnen Besitz ergriffen. Und auch sie wurden reich und gewannen große Habe; sie wur=

den stolz und glücklich über ihren Reichtum und ihre Größe. Bald wurde es Gesetz in dem Lande, die Kinder dem Dämon zu opfern, und die Freveltat wurde lange Zeit hindurch geübt. Alljährlich feierten sie ein Fest, aßen und tranken und vergnügten sich gemeinsam, und der Satan kam in ihre Mitte und saß da wie ein König in der Schar der Schlemmer und Jauchzenden. Er verführte sie und machte sie irre, und sie folgten ihm wie Trunkene und erhoben ihn zuletzt zu ihrem Götzen.

Da begab es sich eines Tages, daß der Weise Abraham ibn Esra in diese Gegend kam, bei einem Bürger einkehrte und da über Nacht blieb. Des Morgens wollte er seines Weges weiterziehen, und da sprach der Hausherr zu ihm: Habe ich Gnade vor deinen Augen gefunden, mein Herr und Meister, so verlaß deinen Knecht heute nicht. Wir feiern heute unser Opferfest, womit wir unser Gelübde erfüllen. Wir geben uns der Liebeslust hin und vergnügen uns mit den Weibern; wir berauschen uns an würzigem Wein, es wird an fetter Speise und an süßen Leckereien kein Mangel sein. Wir feiern das Fest dem Greis zu Ehren, ihm, der uns ernährt und uns am Leben erhält jedweden Tag und jedwede Stunde. Seinetwegen versag es uns nicht, an der Feier teilzunehmen, der Greis selbst wird gleichfalls zugegen sein. – So nötigte der Mann den Weisen Abraham ibn Esra, und endlich willigte dieser ein.

Des Morgens wurden Schafe geschlachtet, und man bereitete vor, was aufgetischt werden sollte: üppige Speisen und Wein die Fülle, wie es bei Königen Brauch ist. Um die Mittagszeit setzte man sich zum Mahle, und Abraham ibn Esra saß in der Mitte der Schmausenden. Alsbald fingen die Männer an, laut zu rufen und wie Löwen zu brüllen. Sie schrien: Komm, du Greis, säume nicht; denn dich zu feiern, sind wir hier versammelt. Wie sie ihre Stimme erhoben, erschien ein Greis mit dem Antlitz eines Königs,

weißhaarig und in edlem Gewande. Der Weise Abraham ibn Esra sah ihn von der Ferne, und durch seinen Heiligen Geist erkannte er sofort, daß es ein Dämon war. Er blieb aber stumm und ließ sich nichts anmerken; er wartete, bis der Unflätige an die Tafel kam. Wie dieser den Meister unter den Geladenen erblickte, fing er zu schreien an und rief: Entfernt den fremden Mann von hier; möge er unser Fest nicht stören. Da erhob sich der Heilige und sprach: Du Satan und verruchter Geist, im Namen des Allmächtigen verbanne ich dich in die Tiefen der Hölle, in das Reich der Finsternis und des Dunkels, wo Lilith haust. Dort sei dein Wohnsitz; hier auf Erden darfst du nimmer weilen. Denn du bist ein Teufel und gehörst unter die Teufel und nicht unter die Menschen; was fährest du hoch auf? Und Abraham ibn Esra verfluchte den Dämon; er sprach den heiligen Namen über ihm aus, und der Unhold entfloh und fuhr in die Einöde. Er durfte nie mehr auf die Erde kommen.
Zu den Einwohnern des Ortes aber sprach der Weise: Dafür, daß ihr solch eine Freveltat geübt und des Herrn Wort verworfen habt, sollt ihr verflucht sein vor Gott; verflucht euer Trieb, der so heftig ist, verflucht euer Sinn, der so störrisch ist. Im Schweiße eures Angesichts werdet ihr euer Brot essen; Dornen und Disteln werdet ihr ernten. Übergroß ist eure Missetat und eure Sünde nicht zu ermessen; übel, übel habt ihr getan! Da fingen alle zu weinen an und sprachen: Hilf uns, hilf uns, du göttlicher Mann, wir haben gefehlt und gesündigt; wir haben unschuldiges Blut vergossen und zarte Kindlein wie Widder geschlachtet. Weise uns den Weg der Buße, vielleicht daß der Vater im Himmel sich unser erbarme.
Da öffnete ihnen der Meister das Tor der Buße, und sie kehrten um von ihrer bösen Bahn; sie fasteten und trauerten und zogen Säcke an. Der Reichtum, der durch üble Taten gewonnen worden war, zerstob gleich dem Reichtum

Korahs; in ihren Händen blieb nicht einmal das Öhr einer Nadel. Sie wurden wieder arm, wie sie zuvor gewesen wa= ren, und hatten auch ihre Kinder nicht mehr. Also konnte man sie zwiefach kahl nennen.*
Dieses, um die Herzen in Israel zu erwecken, daß sie nim= mer nach Reichtum streben mögen.

227. IBN ESRA

Juda Halevi, der ruhmreiche Verfasser des Buches Kusari, war sehr reich und hatte eine einzige Tochter, die sehr schön war. Als diese groß wurde, bedrängte Halevis Frau ihren Mann darum, daß er das Mädchen noch bei seinen Lebzeiten vereheliche. Darüber geriet einst Juda in Zorn und tat einen Schwur, seine Tochter dem ersten Manne, der sein Haus betreten würde, anzutrauen.
Da begab es sich am Morgen darauf, daß Ibn Esra als armer Wanderer in abgetragenen Kleidern in das Haus Halevis kam. Als die Frau den Fremden erblickte, gedachte sie des Schwures ihres Eheherrn, und ihr Angesicht erblaßte. Den= noch begann sie den Ankömmling auszufragen, wie er heiße und ob er der Lehre kundig sei. Ibn Esra stellte sich aber anders, als er war, und verschwieg die Wahrheit über sich. Da ging die Frau zu ihrem Manne ins Lehrhaus und weinte vor ihm. Halevi sprach zu ihr: Verzage nicht, ich will den uns Zugewiesenen in der Schrift unterweisen und will seinen Namen groß werden lassen. Danach ging er zu dem Wanderer hinaus und fing mit ihm ein Gespräch an. Ibn Esra führte auch ihn über seine Person irre und deckte ihm seinen Namen nicht auf. Nach vielem Flehen von sei= ten Halevis ging Ibn Esra zum Schein darauf ein, sein Schüler zu werden, und stellte sich, als lerne er fleißig und mache Fortschritte.

* Der Eigenname Korah (Korach) bedeutet Glatzkopf

Da geschah es in einer Nacht, daß Halevi sich im Lehrhaus länger als sonst versäumte; er war mit der Abfassung des Gedichtes — Du Herr, deine Gnade — beschäftigt und mühte sich vergeblich, für den Buchstaben *Resch* einen passenden Stollen zu finden. Seine Frau ließ ihn mehrmals zum Essen rufen, er wollte aber nicht kommen. Da ging sie selber hin und bat ihn so lange, bis er zum Mahle erschien. Ibn Esra fragte Halevi, was für eine Stelle in der Lehre ihn so lange aufgehalten hätte? Darauf gab Halevi eine spöttische Antwort. Ibn Esra wiederholte seine Frage sovielmal, bis Halevis Weib, die gleichfalls gelehrt war, in das Lehrhaus ihres Mannes ging, sein Heft holte und es Ibn Esra zeigte. Alsbald nahm dieser eine Schreibfeder und fing an, am Gedicht zu bessern. Als er aber zu dem fehlenden Stollen kam, dichtete er ihn geschwind hinzu. Wie das Juda Halevi sah, ward er sehr froh, und er umarmte und küßte den Schreibenden. Er sprach: Du kannst kein andrer als Ibn Esra sein, und dich will ich zum Eidam haben. Da legte Ibn Esra die Maske ab und bekannte sich zu seinem Namen. Hierauf gab ihm Juda Halevi seine Tochter zum Weibe und schenkte ihm sein ganzes Vermögen.

228. GABIROL UND JUDA HALEVI

Salomo ben Gabirol lebte in Saragossa, er verschied aber in der Stadt Valencia. Er war ein großer Schriftgelehrter und Dichter, ein Kenner sowohl der heiligen als auch der griechischen Sprache.

Über seinen Tod geht die folgende Überlieferung um. Seine Weisheit verursachte es, daß ein Türke schlimmen Neid gegen ihn empfand und ihn ums Leben brachte. Er vergrub die Leiche in seinem Garten unter einem Feigenbaum, und siehe da, der Baum trug Frucht vor der Zeit und hing voll von großen, prächtigen Feigen. Dessen verwunderte sich

das Volk überaus, und auch der König staunte, als er das erfuhr. Er ließ den Türken rufen und fragte ihn: Wie kommt es, daß der Baum so frühzeitig reife Früchte trägt? Der Mörder Gabirols schwieg und gab keine Antwort. Der König drang sehr in ihn, allein er wollte nichts aussagen. Hierauf befahl der König, ihn zu foltern, und da gestand der Missetäter, was sich unter dem Baume befand, und bekannte auch zum Schluß, daß er der Mörder des Begrabenen wäre. Von dem Tage aber, daß der Leichnam an der Stelle läge, sei der Baum so herrlich gediehen. Alsbald gab der König Befehl, den Gottlosen an den Baum zu hängen.
Der Tod Gabirols fiel in das Jahr viertausendachthundertunddreißig.

Die Sage erzählt, daß, als der Dichter Juda Halevi die Tore Jerusalems erreichte, er seine Kleider zerriß und sich kniend auf der Erde fortbewegte, als wollte er den Vers erfüllen: ›Deine Knechte haben Gefallen an den Steinen des Landes und lieben seinen Staub.‹* Und er sagte das Klagelied her, das er verfaßt hatte: Und fragst du mich, Zion, wie es um deine Gefangenen steht... Ein Ismaeliter aber wurde ob dieser Hingebung von Wut erfaßt, und er überrannte ihn mit seinem Pferde, das ihn mit den Hufen zertrat und tötete. Juda Halevi war fünfzig Jahre alt, als er das Heilige Land betrat.

229. DER UNTERLASSENE AMENRUF

Vor den Verfolgungen des Jahres viertausendachthundertsechsundfünfzig gab es in Spanien viele judäische Gemeinden. Also war auch eine Stadt bekannt, in der besonders viel Juden wohnten, und die die Residenz des Fürsten war. Dieser gedachte vielmals, die Judäer aus seiner Landschaft

* Psalm 102, 15

zu vertreiben, allein der Vorsteher der Gemeinde, ein frommer und demutsvoller Mann, der seine Gunst besaß, verstand es immer, ihn von dieser Absicht abzubringen.
Eines Tages aber war der Zorn des Fürsten stärker denn je, und er gab Befehl, die Juden des Landes zu verweisen. Da wandten sich die Betroffenen an den erwähnten Frommen und baten ihn, den Fürsten wieder um Gnade anzuflehen. Der Satan fügte es aber, daß sie zur Zeit des Nachmittagsgebetes zu ihm kamen. Der Fromme sagte, er werde mit ihnen zum Fürsten gehen, er wolle aber vorher noch das Gebet verrichten. Darauf sprachen die Männer: Israel aus der Not zu retten, ist doch wohl gleichfalls ein Gebot. Jetzt ist die Stunde für die Fürsprache günstig; so eile denn in den Hof des Fürsten; hernach wirst du dein Gebet sprechen. Also ging der Fromme zum Fürsten.
Als dieser ihn kommen sah, erwachte seine Gunst von neuem, und er eilte ihm entgegen, umarmte und küßte ihn. Da dachte der Fromme in seinem Herzen, daß der Herrscher den schlimmen Erlaß sicherlich aufheben werde, und er unterhielt sich mit ihm im Anfang über andre Dinge. Währenddessen kam ein Priester aus einer andern Stadt zum Fürsten und begrüßte diesen mit einer langen Ansprache, die er in fremder Zunge hielt. Der Judäer aber fürchtete, die Gebetszeit zu versäumen, und so ging er leise in eine Ecke und betete still für sich. Der Priester hatte inzwischen seine Rede beendet, und alle Anwesenden mußten Amen sagen, damit die Segenswünsche in Erfüllung gingen. Allein der Judäer stimmte in die Amenrufe nicht ein, denn er hatte den Sinn der Worte nicht verstanden und wollte sein Gebet nicht unterbrechen. Dessen wurde der Priester gewahr, und er begann sich die Haare zu raufen und zu wehklagen, denn nun bliebe ja sein Segen ohne Kraft. Auch der Fürst geriet in Zorn, und er verwandelte sich rasch aus einem Freund in einen Feind. Er

befahl seinen Dienern, den Frommen zu töten und seinen Leib zu zerstückeln. Die Knechte führten den Befehl aus, wickelten die Körperteile in ein Tuch und schafften sie in sein Haus. Nun ließ der König alle Juden aus seinem Reiche vertreiben.

Unter den Vertriebenen war noch ein andrer Frommer, und dieser verwunderte sich darüber, daß sein Freund den Martertod hatte sterben müssen, wo er doch ein Gerechter gewesen war. Er bat, daß ihm vom Himmel Antwort darauf werde. Eines Tages saß er allein in einer Kammer und sann über die Sache nach, da erschien ihm der Verstorbene am hellichten Tage und klärte ihn auf. Er sprach: Ich habe mein Lebtag keine Sünde getan, aber der Herr nimmt es mit den Frommen allzu genau, und so rechnete er mir das als Sünde an, was er bei vielen ungestraft hingehen läßt. Es geschah nämlich einmal, daß, als mein Sohn den Segen über das Brot sprach, ich den Amenruf nicht folgen ließ. Der Herr übte Langmut mit mir, bis zu der Stunde, da ich, vor einem irdischen Fürsten stehend, gleichfalls nicht Amen rief. In diesem Augenblick sollte ich dafür büßen, daß ich das Gebet meines Sohnes nicht durch ein Amen bekräftigt hatte...

Nachdem der Tote dieses gesprochen hatte, verschwand er.

230. DER LEHRER RABBI SALOMO UND GOTTFRIED VON BOUILLON

Zur Zeit des großen Lehrers R. Salomo ben Isaak lebte in Frankreich der berühmte Gottfried von Bouillon. Das war ein tapferer Kriegsheld, aber auch ein zerstörungswütiger, grausamer Mann. Der Ruf von der Weisheit R. Salomos war sehr groß und war auch zu Gottfried gedrungen. Er wollte ihn zu sich bescheiden; der Lehrer aber blieb daheim. Da ritt Gottfried mit seinen Getreuen zu der Stadt, wo R. Salomo wirkte. Er kam vor sein Lehrhaus und fand hier alle Türen offen und alle Bücher aufgeschlagen, es saß aber niemand vor den Schriften. Da rief der Held mit lauter Stimme: Salomo, Salomo! Der unsichtbare Lehrer erwiderte: Was wünscht der Herr von mir? Gottfried fragte: Wo bist du denn? R. Salomo antwortete: Hier bin ich –, Gottfried konnte ihn aber nicht erblicken. Dies wiederholte sich einige Mal. Da versprach Gottfried, dem Lehrer nichts zuleide zu tun, und R. Salomo stand bald vor ihm. Der Krieger sprach: Nun habe ich mich selbst von deiner Weisheit überzeugt. So will ich dir denn mitteilen, was ich Großes vorhabe. Mein Wille ist, Jerusalem zu erobern. Hunderttausend Reiter und zweihundert große Schiffe stehen mir zur Verfügung. Auch in der Stadt Ekron sind siebentausend Reiter mir ergeben, und ich vertraue auf Gott, daß ich mit diesen Streitkräften die dort ansässigen Ismaeliter besiegen werde, zumal diese der Kriegskunst nicht kundig sind. Sage mir nun, was du über dies Vorhaben denkst, und fürchte dich nicht. R. Salomo erwiderte und sprach: Du wirst Jerusalem einnehmen und drei Tage über die Stadt herrschen. Am vierten Tage werden dich die Ismaeliter vertreiben, und du wirst fliehen und nur mit drei Gäulen hier anlangen. Da ergrimmte der Zorn Gottfrieds, und er sprach: Komme ich aber mit vier Rossen zurück, so lasse ich dein Fleisch von Hunden fressen und töte alle Juden meines Landes.

Doch es widerfuhr dem Krieger alles, was R. Salomo vorausgesagt hatte, nur daß er mit vier Pferden entkam. Er wollte nun an dem Lehrer Rache nehmen, aber Gott lenkte es anders. Als er die Stadt R. Salomos erreichte, fiel von der Oberschwelle des Stadttores ein Stein herab und tötete den vierten Reiter und sein Roß. Da erschrak Gottfried von Bouillon; er sah, daß R. Salomo mit seiner Weissagung vollauf recht gehabt hatte. Er suchte sein Haus auf, um ihm seine

Ehrfurcht zu bezeugen. Allein R. Salomo war inzwischen heimgegangen. Da trauerte Gottfried um ihn gar sehr.

231. VOM LEBEN RABBI SALOMOS

Von R. Isaak, dem Vater des nachmals berühmt gewordenen R. Salomo, auch Raschi genannt, wird erzählt, daß er im Besitz einer kostbaren Perle war. Die Leute seiner Stadt wollten ihm diese gern abkaufen, um sie in ein Heiligenbild als Auge einzusetzen. Sie boten ihm eine große Summe dafür, R. Isaak aber weigerte sich, sie zu diesem Zwecke herzugeben. Da wandten die Priester List an und lockten ihn auf ein Schiff, das bald vom Strande stieß. Als sie auf hoher See waren, versuchten sie, ihn zu zwingen, die Perle herauszugeben. In dieser Bedrängnis nahm R. Isaak das Juwel und warf es ins Meer. Und Gott rettete ihn aus der Hand derer, die ihn bedrohten.

Im selben Jahr ward in seinem Bethaus eine Stimme hörbar, die rief: Dir wird ein Sohn geboren werden, der wird eine Leuchte in Israel sein. Und das Weib des Frommen genas eines Knaben, und R. Isaak nannte ihn Salomo nach seinem Vater. Der Knabe aber ward überaus weise, und es gab nicht seinesgleichen in ganz Frankreich.

R. Salomo, der Sohn Isaaks, brachte viele Jahre in der Verbannung zu, er gab sich aber in der Fremde niemand zu erkennen und galt als schlichter Mann aus dem Volke, denn er zog wie ein Bettler von Stadt zu Stadt.

Die Ältesten des damaligen Geschlechtes erzählten, daß, als R. Salomo ben Isaak in die Verbannung ging, er auch das Land Ägypten durchstreifte und Mose, den Sohn Maimons, besuchte. Dieser erwies ihm große Ehren und schenkte ihm ein Maß Balsamöl, das mit Gold gewogen wird.

Salomo ben Isaak war von dem Geschlecht des Talmudlehrers Jochanan des Schuhflickers. Bevor er daran ging, die Schrift zu erläutern, soll er sechshundertunddreizehn Tage gefastet haben, welche Zahl der der Gebote Moses entspricht.

R. Salomo, der Sohn Isaaks, erschien nach seinem Tode dem Sohne seiner Schwester, R. Samuel, im Traume und weckte ihn aus dem Schlaf. R. Samuel fragte: Wer bist du? Salomo erwiderte: Ich bin dein Oheim Salomo. Steh auf und wasche deine Hände in Reinheit; ich will dich lehren, den unverstellten Namen anzurufen; ich habe dich in allem unterwiesen, nur dieses eine hab ich dir vorenthalten. Da stand R. Samuel auf und setzte sich zu Füßen des Meisters; er konnte ihn aber nicht sehen. R. Salomo lehrte ihn, den heiligen Namen anzurufen, und sprach: Nimm es rasch auf, denn ich darf mich nicht lange aufhalten.

232. DER PAPST ELCHANAN

In der Stadt Mainz, die am Rhein liegt, lebte der große Lehrer R. Simeon. In seinem Hause hingen an der Wand drei Spiegel, in denen er sehen konnte, was sich bisher in der Welt begeben hatte und was sich in Zukunft begeben würde. Nach seinem Tode entsprang der Kopfseite seines Grabes eine sprudelnde Quelle.

R. Simeon hatte einen Sohn, mit Namen Elchanan, der war aber noch klein. Eines Tages, es war am Sabbat, als der Lehrer und seine Gefährtin im Bethaus weilten und der Knabe unter der Aufsicht einer jungen Magd zurückgeblieben war, kam wie allwöchentlich die andersgläubige Dienerin und heizte den Ofen. Danach nahm sie das Kind aus der Wiege auf ihren Arm und ging mit ihm hinaus. Die Magd argwöhnte nichts, denn sie dachte, daß die Fremde

mit dem Kinde nur spielen wollte und bald zurückkehren würde. Die Ungetreue aber kam nicht wieder, sondern trug das Kind nach einem fernen Orte und übergab es der Kirche.
Als R. Simeon und seine Gattin zurückkehrten, fanden sie weder ihr Kind noch die Magd zu Hause, denn diese war hinausgelaufen, um nach dem Knaben zu suchen. Sie fand ihn aber nicht mehr, kehrte weinend zurück und berichtete, was vorgefallen war. Da erhoben die beiden Eltern ihre Stimme und weinten und schrien vor übergroßem Schmerz. R. Simeon fastete und kasteite seinen Leib Tag und Nacht; er betete zu Gott, daß er ihm seinen Sohn wiedergeben möge, allein die Gebete verhallten ungehört, und der Herr weigerte sich, den Ort zu offenbaren, wo sich der Knabe befand.
Elchanan wuchs inzwischen bei den Priestern auf und nahm an Weisheit und Gelehrsamkeit zu, denn er hatte einen offenen Sinn für alles wie sein Vater R. Simeon. Er kam von einer Hochschule auf die andre, bis seine Weisheit überaus groß ward, und er gelangte zuletzt nach Rom. Hier lernte er noch mehr Sprachen kennen und erwarb einen großen Ruf. Bald wurde er zum Kardinal erhoben; sein Ruhm drang noch weiter, und alle Welt verehrte ihn wegen seiner Schönheit und Gelehrsamkeit. Es begab sich aber zu dieser Zeit, daß das Haupt der römischen Kirche verstarb, und keiner ward für würdiger befunden, sein Nachfolger zu sein, als der neue Kardinal. Also ward der Sohn R. Simeons Papst von Rom.
Der neue Papst wußte wohl um seine Abstammung; auch war ihm bekannt, daß sein Vater der große R. Simeon aus Mainz war. Allein das Ansehen, das er genoß, und die hohe Würde, die er bekleidete, zwangen die Sehnsucht, zu seinem Volke und zu seinem Gotte zurückzukehren, in ihm nieder. Nun er aber die höchste Stufe erklommen hatte, ward in ihm das Verlangen wach, seinen Vater von Angesicht zu sehen, und er beschloß, ihn durch eine List nach

Rom zu bringen. Er schrieb sogleich an den Bischof von Mainz und befahl ihm, den Juden das Befolgen ihrer Bräuche zu untersagen: sie sollten den Sabbat nicht feiern, ihre neugeborenen Söhne nicht beschneiden, und ihre Frauen sollten die Reinigungsvorschriften nicht halten dürfen. Der neue Papst dachte in seinem Herzen: Wenn die Judäer den schweren Erlaß erfahren, werden sie alsbald verdiente Männer zu mir entsenden, um mich um Aufhebung der Bestimmungen anzuflehen, und es ist gewiß, daß mein Vater an der Spitze der Abgesandten sein wird. Und wirklich traf alles so ein. Die Juden in Mainz erschraken, als der Bischof das Schreiben des Papstes vorlas. Sie flehten ihn an, das Böse von ihnen abzuwenden, er aber sagte, daß seine Macht dazu nicht hinreiche, und riet ihnen, sich an den Papst selbst zu wenden. Da taten die Juden zu Mainz Buße und beteten vor dem Herrn. Hernach wählten sie zwei Lehrer, die R. Simeon auf seinem Wege nach Rom begleiten sollten.

Die drei Abgesandten kamen nach Rom und erzählten den dortigen Ebräern, was sie hierhergeführt hätte. Zuerst wollten es diese nicht glauben, da der Papst als Freund der Judäer bekannt war. Als sie ihm aber den Erlaß des Kirchenoberhauptes an den Mainzer Bischof zeigten, sagten die römischen Juden: Wahrlich, es ist nicht anders, als daß der Herr euch zürnt. Und sie riefen einen Fasttag aus und beteten für ihre Brüder zu Mainz.

Hernach gingen sie zu dem Kardinal, der den Papst täglich sah, und erzählten ihm den Sachverhalt. Der Kardinal gab den Mainzern den Rat, ihre bedrängte Lage in einem Schreiben zu schildern, welches er zu befürworten und dem Papst zu überreichen versprach. Das taten die Abgesandten. Als das Gesuch zu Händen des Papstes gelangte und er die Unterschriften las, befahl er, R. Simeon vorführen zu lassen. Also stand R. Simeon bald dem gegenüber, der das Haupt der römischen Kirche war. Er fiel vor ihm nieder, doch der

Papst befahl ihm, aufzustehen und auf einem Stuhle Platz zu nehmen. Er ließ ihn seine Bitte vortragen, und der Lehrer erzählte unter Tränen, was über seine Gemeinde verhängt worden war. Der Papst antwortete nicht sogleich, sondern begann mit R. Simeon einen gelehrten Disput, und dieser staunte über den Scharfsinn und die Gelehrsamkeit des Kirchenoberhauptes. Aber der Papst konnte seine Erregung nicht lange bemeistern; er hieß alle, die vor ihm standen, hinausgehen und gab sich bald als den Sohn des Mannes aus Mainz zu erkennen. Er erklärte ihm, der Erlaß sei nur eine List gewesen, um ihn, den Vater, von Angesicht zu schauen. Er händigte R. Simeon ein Schreiben aus, das die Verordnungen aufhob, und ließ ihn in Frieden heimkehren.

Nach Jahr und Tag verschwand der Papst aus Rom und kam heimlich nach Mainz; hier kehrte er zu dem Gott seiner Väter zurück. Dieser Papst soll eine Streitschrift gegen den neuen Glauben verfaßt haben, die er in seinen Gemächern zum Aufbewahren niedergelegt hat. Die Schrift sollten alle seine Nachfolger lesen.

Über diese Begebenheit hat der Meister R. Simeon eine Hymne verfaßt, die am zweiten Neujahrstag hergesagt wird. Es zweifle niemand an dem Erzählten; es hat sich in Wahrheit alles so zugetragen.

233. RABBI AMNON

In der Stadt Mainz lebte ein Lehrer namens R. Amnon, der war von edler Abkunft und ein sehr schöner Mann, auch begütert und angesehen unter seinen Zeitgenossen. Diesen R. Amnon suchte nun der Kurfürst von Mainz zu überreden, den Glauben seiner Väter aufzugeben. R. Amnon neigte diesen Worten sein Ohr nicht; man fuhr jedoch fort, täglich dieses Ansinnen an ihn zu stellen. Als er eines Tages besonders bedrängt wurde, antwortete R. Amnon, er

wolle mit sich zu Rate gehen und werde seinen Entschluß nach drei Tagen mitteilen. Wie er aber das Haus des Statthalters verlassen hatte, reute es ihn, daß er solche Worte hatte aussprechen können, und er war schwer bekümmert.
Nach drei Tagen ließ der Kurfürst R. Amnon rufen, der aber weigerte sich, zu ihm zu gehen. Da wurde er wider seinen Willen abgeführt, und der Kurfürst redete mit ihm hart. R. Amnon sagte: Ich will mein Urteil selbst sprechen: mir möge meine Zunge herausgeschnitten werden, die eine Lüge gesprochen hat. Das sagte er, weil er den Namen des Herrn heiligen wollte. Der Kurfürst aber sprach: Nicht die Zunge ist schuld, denn sie hat die Wahrheit gesprochen, sondern die Füße, die hierher nicht gehen wollten. Ich will sie abhacken und den Leib züchtigen. Und er gab Befehl, die Finger der Hände und die Zehen der Füße einzeln abzuhauen. Bei jedem Gliede aber, das abgeschnitten werden sollte, fragte man R. Amnon, ob er seinen Sinn nicht ändern wolle, und er antwortete: Das will ich nicht tun. Als das Werk verrichtet war, befahl der Kurfürst, R. Amnon auf eine Bahre zu legen und nach Hause zu tragen. Die abgeschnittenen Glieder legte man zu dem Körper. Nicht umsonst hieß der Märtyrer Amnon, denn er bekundete den Glauben an den lebendigen Gott.*
Kurz darauf wurde das Neujahrsfest gefeiert, und R. Amnon ließ sich ins Bethaus tragen. Als das Gebet der Gottesheiligung gesprochen werden sollte, sagte der Dulder zu dem Vorbeter: Laß mich den Namen des Herrn heiligen. Und er rief mit lauter Stimme und sprach: Unsre Heiligung möge zu dir aufsteigen, denn du bist unser Gott, o König. Danach sang er die von ihm verfaßte Hymne: Lasset uns reden von des Tages Macht, welcher furchtbar ist und voller Schauer! Wie er aber den Gesang vollendet hatte, verschied er und entschwand den Blicken, denn Gott hatte ihn

* Amnon von omen, Glaube

hinweggenommen. Nach drei Tagen erschien der Heilige dem Sohne Meschullams, Kalonymos, im Traume der Nacht, lehrte ihn die Hymne und befahl ihm, diese überall, wo die Kinder Israel zerstreut wohnten, bekanntzugeben.
Seit der Zeit ist es Brauch, diese Hymne am Neujahrstage in den Synagogen vorzutragen.

234. DER SARG RABBI AMRAMS

Der Lehrer R. Amram aus Mainz verließ seine Vaterstadt und ging nach Köln, wo er eine Hochschule für das Studium des Talmuds begründete. Als er alt wurde und nicht mehr nach Mainz zurückkehren konnte, befahl er seinen Schülern, ihn, wenn er sterben würde, nach Mainz zu bringen und bei seinen Vätern beizusetzen. Die Schüler meinten darauf, daß eine solche Tat mit großen Gefahren verbunden sei. Der Meister aber antwortete: Reinigt meinen Körper nach dem Tode und legt ihn in einen Sarg; diesen tut dann in einen Kahn, der stromaufwärts zieht, der wird ihn von selbst nach dem Bestimmungsort bringen.
Nach dem Tode des Lehrers erfüllten die Schüler das gegebene Versprechen, und der Kahn folgte dem Lauf des Stromes und kam bis vor Mainz. Als die Schiffer am Ufer den Kahn mit dem Sarge sahen, vermuteten sie, daß der Sarg einen Heiligen berge, der in Mainz begraben sein wollte. Und sie streckten die Arme aus, um den Kahn zu ergreifen, der aber entglitt ihnen und schnellte zurück. Da staunten sie und berichteten dem Stadtältesten den Vorfall. Auf diese Kunde begaben sich viele aus der Stadt an das Ufer, darunter auch einige Judäer. Die Schiffer versuchten wieder, den Kahn zu fassen, der aber drehte sich und fuhr davon. Bald jedoch näherte er sich der Stelle, wo das Häuflein Judäer stand. Man sprach zu diesen: Steigt in den Kahn und seht, was mit ihm ist. Die Judäer taten so und öffne=

ten die Lade. Sie fanden die Leiche und neben ihr das Schriftstück Amrams, das folgendes enthielt: Meine Brüder und Freunde, ihr Bundesmitglieder der heiligen Gemeinde von Mainz; ich bin zu euch aus Köln gekommen, woselbst ich verschieden bin, und ich bitte euch, mich in der Gruft meiner Väter beizusetzen.
Da fingen die Judäer zu trauern an; sie zogen den Sarg aus dem Kahn und legten ihn ans Ufer. Die Bürger von Mainz wollten aber den Sarg den Juden nicht überlassen und schlugen sie in die Flucht; sie selbst jedoch konnten den Sarg nicht von der Stelle heben. Da stellten sie Wächter auf, die ihn behüten sollten, und errichteten an der Stelle eine Kapelle. Die Juden bemühten sich mit Bitten und Flehen, den Sarg des Frommen zurückzubekommen, es gelang ihnen aber nicht. Und R. Amram erschien jede Nacht den Jünglingen von Mainz im Traum und sprach zu ihnen: Setzt mich in der Gruft meiner Väter bei. Da beratschlagten die Schüler untereinander, was zu tun sei. Eines Nachts holten sie einen Sünder, der außerhalb der Stadt an einem Baume hing, zogen ihm Totenkleider an und legten ihn statt R. Amrams in den Sarg. Den Lehrer aber betteten sie in dem Grabe, in dem er zu ruhen gewünscht hatte.

235. DAVID ALRUI

Heute vor zehn Jahren, so erzählt Benjamin von Tudela in seinen Reisebeschreibungen, machte ein Mann von sich reden, der hieß David Alrui und war aus der Stadt Amadia. Er war Schüler des Lehrmeisters Ali, welcher unter dem Exilfürsten Chasdai Oberhaupt des Lehrhauses Gaon Jakob zu Bagdad gewesen war. Er kannte sich im Gesetze und in der mündlichen Lehre aus, beherrschte aber auch die andern Wissenschaften, die Sprache und Schrift der Ismaeliter sowie die Schriften der Wahrsager und Zeichen=

deuter. Dieser Mann ließ es sich nun in den Sinn kommen, die Judäer der Chaphtanischen Berge von dem Joch des Perserkönigs zu befreien, mit den Völkern Krieg zu führen und Jerusalem wieder zu erobern. Er machte dem Volke Wunder und Zeichen vor und sagte von sich, Gott habe ihn gesandt, das Volk von der Knechtschaft zu befreien; und es gab welche, die seinen Worten Glauben schenkten und ihn ihren Messias nannten. Als der Perserkönig von dem Aufwiegler erfuhr, ließ er ihn vor sich kommen. Und David Alrui erschien ohne Furcht vor dem Herrscher. Dieser fragte ihn: Bist du es, den man den König der Juden nennt? Alrui erwiderte: Ich bin es wohl. Da ließ ihn der Fürst festnehmen und in das Gefängnis werfen, in dem die vor dem König Schuldigen saßen. Dieses befand sich in der Stadt Dabestan an dem großen Strome Gosan.

Nach drei Tagen saß der König mit seinen Hofleuten und Vögten zu Gericht über die Judäer, die es gewagt hatten, sich wider ihn zu erheben. Und siehe da, David Alrui erschien plötzlich vor ihm. Er hatte sich selbst von den Fesseln befreit und war ohne jegliche Hilfe aus dem Gefängnis ausgebrochen. Da fragte der König erstaunt: Wer hat dich hierher gebracht? Alrui erwiderte: Meine Weisheit und Findigkeit haben mich befreit. Ich fürchte weder dich noch deine Schergen. Da schrie der König laut: Ergreift ihn! Die Hofleute aber antworteten: Wir sehen niemand hier und hören nur eine Stimme. Da verwunderte sich der König noch mehr. Alrui aber sagte: Ich gehe meines Weges. Und er zog ab, und der König folgte ihm, und dem König folgten seine Räte und Höflinge. Sie kamen an einen großen Fluß; hier breitete Alrui ein Tuch über das Wasser und schritt darüber, als wäre es eine Brücke. Da erst erblickten ihn die Verfolger und versuchten ihm auf kleinen Kähnen nachzusetzen, sie konnten ihn aber nicht einholen. Da sagten sie, einen solchen Zauberer habe es noch nie gegeben.

David Alrui aber legte an diesem Tage einen Weg von zwanzig Tagen zurück und langte in Amadia an. Das gelang ihm kraft des unverstellten göttlichen Namens, dessen er sich zu bedienen wußte. Er erzählte seinen Landsleuten, was er vollbracht hatte, und die staunten ob seiner Weisheit.
Inzwischen ließ der Perserkönig den Kalifen in Bagdad Emir el-Mumenin um die Sache wissen und bat ihn, den Exilfürsten und die Häupter der Lehrhäuser zu bewegen, daß sie dem Tun David Alruis Einhalt geböten. Wo dies nicht erfolgen würde, drohte er, alle Juden in seinem Reiche auszurotten. Eine schwere Zeit war für die jüdischen Gemeinden Persiens angebrochen. Auch sie sandten Schreiben an den Exilfürsten und die Ältesten von Bagdad, die lauteten: Sollen wir vor euren Augen umkommen? Sucht auf den Mann einzuwirken, daß nicht unschuldig Blut vergossen werde.
Da ließen die Empfänger der Briefe David Alrui folgendes sagen: Dir sei hiermit kund und zu wissen, daß die Stunde der Erlösung noch nicht gekommen ist und die Anzeichen dafür noch nicht zu sehen sind; der Geist allein bringt noch nicht den Sieg. Und so befehlen wir dir, von deinem Tun abzulassen, sonst wirst du von Israel verbannt. In demselben Sinne schrieben ihm auch der Fürst Sakkai aus Mossul und der Seher Joseph Barhan al-Falach. Allein Alrui gab das Treiben nicht auf. Da fand sich ein fremder Fürst, der hieß Sain-Eddin und war dem Könige von Persien tributpflichtig. Dieser ließ den Schwäher David Alruis vor sich kommen und bestach ihn mit zehntausend Goldstükken, daß er den Aufrührer beiseite schaffe. Und der Schwäher ließ sich zu der Tat überreden und tötete seinen Eidam, während der in Schlaf versunken auf seinem Bette lag.

236. MAIMONIDES' KINDHEIT

Ich habe die Geschichte von einem Greis erzählen hören, der sie in einem alten Buche gefunden hat. Die besagt, daß der Vater Maimonides' lange kein Weib freien mochte. Er stand schon in mittleren Jahren, als ihm im Traume ein Mann erschien und befahl, die Tochter eines Fleischhauers aus einer Stadt unweit Kordovas zur Ehe zu nehmen. Der Weise lachte über den Traum, der wiederholte sich aber mehrere Male. Da machte er sich auf und fuhr nach der ihm bezeichneten Stadt, und auch dort hatte er in der Nacht denselben Traum. Also heiratete er das ihm zugewiesene Weib. Dieses ward schwanger und gebar den nachmals berühmt gewordenen Maimonides. Es kam sie aber hart an bei der Geburt, und sie starb. Da nahm R. Maimon ein andres Weib und zeugte mit ihr viele Kinder. Mose aber, der Sohn seiner ersten Frau, war schwer von Begriff und zeigte wenig Liebe für Dinge des Wissens. Sein Vater gab ihm Schläge und nannte ihn einen Metzgersohn; zuletzt vertrieb er ihn aus seinem Hause. Mose ging in ein Bethaus und schlief dort ein. Als er erwachte, war er ein andrer Mensch geworden.

Er verließ seine Vaterstadt und kam nach dem Orte, in dem R. Joseph, der Sohn des Ibn Megas, lehrte. Dieser ward sein Meister, und Mose nahm rasch zu und ward reich an Weisheit und Wissen. Nach Jahren kehrte er nach Kordova zurück. Er suchte sein Vaterhaus nicht auf, sondern wartete bis zum Sabbat und hielt im Bethaus eine Predigt, in der er bestürzende Dinge sagte. Nach dem Vortrag kamen sein Vater und seine Brüder zu ihm, küßten ihn und hießen ihn willkommen.

237. DER GIFTIGE TRANK

Der Lehrer Maimonides bekleidete eine hohe Würde am Hofe des Königs von Spanien und wurde den andern Hofleuten vorgezogen. Der König schätzte die Weisheit des gelehrten Mannes, besonders aber seine Kenntnisse in der Heilkunde. Allein die Gunst des Herrschers erregte den Neid derer, die um ihn waren, und sie verleumdeten den Maimonides vor dem Fürsten, so daß er die Flucht ergreifen mußte; er wandte sich gen Ägypten. Maimonides beherrschte die arabische Sprache vollkommen; nur des Chaldäischen und des Medischen war er nicht mächtig.

In Ägypten begründete der Lehrer eine Hochschule, zu der Schüler aus Alexandria und Damaskus strömten. Sein Ruf drang sehr weit; seine Weisheit aber ward nur den Judäern bekannt und mußte den andern Stämmen verborgen bleiben, weil ihm die Sprachkenntnisse dazu mangelten. Also unternahm es Maimonides, die chaldäische und türkische Sprache zu erlernen, und brachte es in sieben Jahren zur vollkommenen Kenntnis der beiden. Da ward sein Name noch mehr bekannt, und der Sultan von Ägypten machte ihn zu seinem Leibarzt.

Zu der Zeit war es Sitte in Ägypten, daß der Herrscher an bestimmten Tagen auf seinem Thron saß und um ihn in sieben Reihen die Weisen und Ratmannen. Der Sultan wußte aber nicht, in welcher Reihe er Maimonides einen Sitz anweisen sollte, denn er fand, daß er alle Weisen durch Verstand und Wissen übertraf. Doch der Fromme wollte in seiner großen Bescheidenheit auf keinem der Stühle Platz nehmen.

Die Ehren, die Maimonides erfuhr, wie die Liebe des Sultans, der er sich erfreute, verdroß die andern Räte, und sie schwärzten ihn vor dem Fürsten an. Sie brachten es zu einem Disput mit ihm in Fragen der Heilkunde und schlugen vor, den Streit folgendermaßen auszutragen: Maimo=

nides sollte einen giftigen Trank bereiten, den sie einzunehmen sich verpflichteten; sie wiederum wollten gleichfalls ein Gift zusammensetzen, das er zu trinken hätte. Wer darauf am Leben bliebe, sollte Sieger sein. Maimonides aber hatte als erster das Gift zu schlucken. Der Lehrer ging auf die Probe ein.

An dem Tage, da sie stattfinden sollte, teilte Maimonides seinen Schülern das, was bevorstand, mit. Die Jünglinge wurden sehr betrübt; Maimonides aber spottete ihrer und befahl ihnen, die Mittel herzustellen, die er vor und nach dem Einnehmen des Trankes anwenden wollte. Das taten die Schüler; sie riefen aber auch ein Fasten aus und beteten zu Gott für ihren Lehrer. Er machte inzwischen getrost den Weg zum Könige. Hier nahm er den Giftbecher entgegen, den ihm seine Gegner gereicht hatten, und leerte ihn bis zur Neige. Danach ließ er sich in seine Wohnung führen und trank das von den Schülern bereitete Gegengift; Gott war mit ihm, und er genas.

Drei Tage darauf erschien Maimonides wieder vor dem Sultan und brachte das von ihm hergestellte Gift. Seine Feinde verwunderten sich sehr, wieso der Ebräer am Leben geblieben war. Sie mußten, obschon widerwillig, die Mischung trinken. Alsbald fielen zehn von ihnen vor den Augen des Herrschers tot nieder.

238. DER ADERLASS

Es begab sich einst, daß der Sultan krank wurde und Maimonides für ihn die Arzneien herstellte. Da fanden seine Neider Gelegenheit, in einen der Heiltränke Gift zu schütten. Sie gingen darauf zum Herrscher und vertrauten es ihm als Geheimnis an, daß der Judäer ihm nach dem Leben trachte.

Als danach Maimonides beim Sultan erschien, um ihm die

Arznei zu reichen, befahl der Sultan, zuerst einen Hund von der Flüssigkeit trinken zu lassen. Der Hund trank und war bald tot. Der Fürst ward betroffen. Er dachte zwar bei sich, die dem Maimonides feindlichen Ärzte könnten die Arznei vergiftet haben, er vermochte aber gegen die Tatsache nichts vorzubringen. Maimonides aber stand da, ein Leib ohne Seele. Der König sprach: Du siehst, daß du den Tod verdient hast. Jedoch deiner langen Dienste eingedenk, will ich dir das Recht zubilligen, deine Todesart selbst zu wählen. Maimonides bat um drei Tage Frist. Er besprach sich mit seinen Schülern und teilte ihnen mit, daß er den Tod durch Öffnen der Adern wählen werde. Sie aber sollten ein Mittel in Bereitschaft halten, wodurch sie ihn nachher wieder ins Leben zurückrufen könnten. Denn die Ärzte würden in ihrer Unkenntnis ein Blutgefäß, das vom Herzen ausgeht, und das nur ihm allein bekannt war, sicher übergehen und es nicht öffnen.

Das geschah in der Tat; die Schüler brachten Maimonides in sein Haus und behandelten ihn sachgemäß, daß er den Blutverlust überwand und gesund wurde.

Danach flüchtete sich Maimonides in eine Höhle, in der er zwölf Jahre lang verblieb; er verfaßte dort den berühmten Gesetzeskodex Mischne-Thora.

239. DIE EILFAHRT

Als unser Meister Maimonides sich in Algier aufhielt, welche Landschaft im Berberreiche in Afrika liegt, genoß er dort großes Ansehen, wie dies allerorten der Fall war, wo er zu wirken pflegte. Auch über die Richter des Landes hatte er Macht. Unter diesen aber befand sich einer, der R. Mose haßte und ihm wegen seiner Weisheit feind war. Eines Tages erbaten nun die Judäer der Hauptstadt den Rat des Maimonides in einer Gesetzesfrage; ein Heide hatte

ein Faß voll Wein, das offen dastand, berührt. Maimonides sagte, es sei zu befürchten, daß der Heide in Gedanken den Wein seinen Götzen als Trankopfer geweiht habe, und er verbot daher den Genuß. Bald darauf wurde eine andre Entscheidung von ihm verlangt; in eine Kanne voll Öl war ein Wurm gefallen. Der Lehrer gestattete es dennoch, das Öl zu gebrauchen. Diese beiden Urteile wurden dem feindseligen Richter hinterbracht. Er geriet in Zorn und sprach: Also sind wir, ich und mein Volk, schlimmer als ein Wurm. Und er gedachte sich an Maimonides zu rächen.
Die Absicht gelangte aber zu Wissen des Meisters. Er machte sich auf, nahm all seine Schätze zusammen und ging zu einem Schiffer. Er sprach zu ihm: Mein Herz ist schwer, fahre mich über die See spazieren, damit mein Kummer von mir weiche. Ich will dich dafür belohnen. Der Schiffer erfüllte den Wunsch des Weisen, und sie schaukelten bald beide auf dem Wasser. Der Seemann aber fiel in Schlaf, und da holte R. Mose ein Blatt hervor, auf das er den heiligen Namen schrieb. Er legte es auf den Boden des Schiffes. Das bewirkte, daß das Fahrzeug in wenigen Augenblicken an die Küste Ägyptens gelangte. Das Schiff blieb stehen, und in diesem Augenblicke erwachte der Seemann. Da er sich nun in einem fremden Lande sah und eine Sprache sprechen hörte, die er nicht verstand, erschrak er und dachte, daß der Fahrgast ein Zauberer wäre. Maimonides aber beruhigte ihn und sprach: Sei ohne Sorge; in einer Viertelstunde sollst du wieder in deiner Heimat sein. Wenn du aber angekommen bist, so wirf dieses Blatt ins Meer; du darfst mit niemand darüber sprechen, sonst bist du des Todes. Der Schiffer schwur, daß er schweigen würde. Und er war bald wieder in Algier.

Auch von dem Lehrer Nachmanides wird berichtet, daß er vermittels eines wundertätigen Blattes mit einem fremden

Steuermann von der spanischen Küste nach einem entfernten Hafen geflüchtet sei. Als sein Begleiter die Rückfahrt antrat, ermahnte ihn Nachmanides ebenfalls, das Blatt zu vernichten, sobald er dem heimatlichen Gestade nahegekommen sei. Der Seemann aber schlief während der Reise ein, der Kahn langte im Hafen an und bewegte sich auch auf dem Festlande weiter. Die Stadtbewohner verwunderten sich über das seltsame Fahrzeug. Von ihrem Geschrei erwachte der Schiffer, und sein erstes war, daß er das Blatt zerriß. Da stand der Kahn still inmitten des Weichbildes von Barcelona. Die Bürger errichteten an dieser Stelle einen Turm zur Erinnerung an das Ereignis.

240. MAIMONIDES' TOD

Zehn Jahre saß unser Meister Mose, der Sohn Maimons, über seinem Werk Mischne-Thora und verließ seinen Raum nicht, bis er es vollendet hatte. In der Nacht nach dem Abschluß des Buches sah er im Traume seinen Vater Maimon die Schwelle betreten; mit ihm zusammen war auch noch ein andrer Mann. R. Maimon wies auf den Fremden und sprach: Das ist unser Lehrer Mose, der Sohn Amrams. Da erschrak Maimonides. Mose aber sprach: Ich bin gekommen, um zu sehen, was du vollbracht hast. Als er das Werk schaute, sagte er: Deine Kraft wachse!

Zur Zeit des Lehrers Maimonides gab es einen Mann, der sich weigerte, am Vorabend des Versöhnungstages die vorgeschriebene Beichte herzusagen. Er behauptete von sich, er sei von allen Vergehen frei, und was habe er da zu beichten? Da ließ ihn Maimonides zu sich kommen und sprach zu ihm: Es ist kein Mensch von Sünden rein; hat er auch keine sündige Tat vollbracht, so hat er doch in Gedanken Sünde getan.

Mose, der Sohn Maimons, sein Angedenken sei gesegnet, verschied im Jahre viertausendneunhundertfünfundsechzig in Ägypten. Die Judäer und die Ägypter beweinten ihn drei Tage lang. Danach sollte der Schrein mit dem Toten nach dem Lande Israel gebracht werden. Unterwegs aber wurde der Zug von Räubern überfallen, und die Leute flohen, den Sarg zurücklassend. Da versuchten die Räuber, die Lade ins Meer zu werfen, sie konnten sie aber nicht heben, wiewohl ihrer mehr als dreißig Mann waren. Sie sprachen: Gewißlich war der Tote ein Mann Gottes. Und sie riefen die Geflüchteten zurück und versprachen ihnen, sie bis an das Ziel ihrer Reise zu begleiten. So wurde der Schrein nach Tiberias gebracht. Andre aber behaupten, das Grab des Maimonides befinde sich in Hebron, wo die Erzväter ruhen.

Als die Leiche des Maimonides geborgen werden sollte, bemerkte man, daß an einem Fuß eine Zehe abgebrochen war. Nach einiger Zeit erschien der Tote einem Weisen im Traume und sagte ihm, wo sich das Glied befände. Also wurde die Zehe geholt und in den Sarg zu der Leiche getan.

241. DER MESSIAS AUS THEMAN

Zur Zeit des Maimonides tauchte im Lande Theman ein Mann auf, der sagte, er sei der Sendbote des Messias und sei gekommen, ihm den Weg zu bahnen. Der Messias selbst würde sich in Theman offenbaren. Und die Menge – Judäer sowohl als Araber – scharte sich um den Mann, der in den Bergen umherstreifte und rief: Kommt mit mir, dem Messias entgegen!

Da sandten die Judäer des Landes Theman ein Schreiben an den Lehrer Maimonides, in dem sie von dem Tun des Verkündigers berichteten, seine Wunder aufzählten und die neuen Gebete, die er eingeführt hatte, wiedergaben. Maimonides erkannte sogleich, daß dem Manne wohl Gottesfurcht innewohnte, daß er aber ein Narr war und ihm jedes Wissen fehlte. Die Wundertaten, die von ihm erzählt wurden, mußten auf Täuschungen beruhen. Dem Lehrer bangte um das Los der Juden in Theman, und er verfaßte drei Sendschreiben über den Gegenstand; er legte dar, wie der wahre Messias aussehen würde, wie die Zeit seines Erscheinens zu berechnen sei, und welche Ereignisse seiner Ankunft vorangehen würden. Zugleich ermahnte er die Themaniter, den Mann aufzufordern, daß er von seinem Tun lasse, damit er sich und die Gemeinde nicht ins Verderben stürze.

Wie ein Jahr vergangen war, wurde der Messias gefangengenommen, und die, die ihm gefolgt waren, ergriffen die Flucht. Der Araberfürst, der ihn hatte festnehmen lassen, sprach zu ihm: Was hast du angerichtet? Der Gefesselte erwiderte: Mein Herr und König, was ich getan, geschah alles im Namen des Herrn. Darauf fragte der König: Welche Wunder, die beweisen, daß du der Erlöser bist, kannst du vollbringen? Der Messias erwiderte: Laß mir den Kopf abhauen, und du wirst sehen, daß ich danach leben werde. Da sagte der Fürst: Dieses ist der Wunder größtes; wenn du es vollbringst, so werden ich und mein Volk an dich glauben. Wir werden dann einsehen, daß dein Glaube wahr und, was unsre Väter überlieferten, eitel Trug ist. Und der König befahl alsobald, dem Einfältigen den Kopf abzuhauen. Also fand der Messias den Tod. Möge sein Ende Israel entsühnen!

Den Gemeinden, die dem Verkündiger gefolgt waren, wurde ein schwerer Tribut auferlegt. Noch lange nach seinem Tod gab es Leute, die glaubten, er werde auferstehen.

242. VON RABBI JUDA DEM FROMMEN

Rabbi Juda der Fromme war schon über achtzehn Jahr alt und hatte von der Lehre noch nichts erfahren. Er konnte weder die Morgenandacht noch das Abendgebet hersagen und verstand sich nur auf das Spannen des Bogens und das Abschießen der Pfeile. Eines Tages, als sein Vater, R. Samuel, im Lehrhause den Schülern das Gesetz auslegte, beschoß sein Sohn die Stätte mit Pfeilen und lief zuletzt selbst herein. Darüber wurden die Jünger ungehalten und sprachen zu dem Meister: Du, dein Vater und deines Vaters Väter, ihr wart alle berühmte Männer, deinen Sohn aber läßt du sein wie einen Wilden, dessen Handwerk das Rauben ist. Da antwortete R. Samuel: Ihr seid im Rechte.

Nachdem die Jünger weggegangen waren, sprach R. Samuel zu Juda: Mein Sohn, du sollst ein Schriftgelehrter werden, doch zuvor will ich mit dir einen Versuch anstellen, ob du dessen würdig bist. Laß das wilde Treiben; das ist eine Schande für dich und mich. Und er führte ihn hinauf zu der Stätte, wo er lehrte, und woselbst der Bruder Judas, Abraham, bereits saß. R. Samuel sprach einen heiligen Namen aus, und der ganze Raum ward voll Licht. R. Abraham schlug die Augen nieder, Juda aber rührte sich nicht und zuckte mit keinem Glied. Als R. Samuel sah, daß sein Sohn unbeweglich stehengeblieben war, rief er einen Namen an, der noch wundertätiger war als der erste. Da konnte Abraham den Glanz nicht ertragen und hüllte sich in das Gewand seines Vaters, Juda aber senkte seinen Blick zu Boden. Da sprach R. Samuel zu Abraham: Mein Sohn, die Stunde entscheidet zugunsten deines Bruders. Du wirst Haupt eines Lehrhauses sein, dein Bruder Juda aber wird wissen, was die Höhen und was die Tiefen bergen, sein Geist wird alles schauen, und seine Taten werden ihm einen Namen machen.

Als R. Samuel darauf im Kreise seiner Schüler aus der Lehre vortrug, begann sein Sohn Juda Fragen zu stellen, die scharfsinniger waren als die der andern Jünger. Da staunten sie darüber, daß dieser Jüngling, der weder die Schrift kannte noch von den mündlichen Satzungen wußte, so tief in ihren Sinn eingedrungen war. Nachdem der Lehrer den Abschnitt durchgenommen hatte, sprach er zu Juda: Mein Sohn, bringe deinen Bogen und die Pfeile her. Juda holte die Waffen, und R. Samuel zerbrach sie vor den Augen der Jünger. Er sprach: Dein Beruf sei fürder nicht der des Schützen, sondern das Forschen in der Lehre sei dein Teil.
Und richtig, von dem Tage an ward kein Pfeil und kein Bogen in der Hand R. Judas gesehen. Er lauschte den Worten der Weisheit aus dem Munde seines Vaters und diente ihm, bis er selbst ein großer Meister ward, berühmt durch Wissen und Werke.

Der Meister R. Samuel war einst mit zwei Männern unterwegs, und da erhob er seine Augen und sah den Himmel offen stehen. Er sprach zu seinen Gefährten: Erbittet euch von dem Herrn, was ihr nur wollt, denn die Feste da droben ist offen; ein jeder aber darf nur eins verlangen, und der Heilige, gelobt sei er, wird es ihm erfüllen. Da wünschte sich der eine Kindersegen, der andre Reichtum, R. Samuel aber betete um Samen, der ihm gliche. Als er heimkam, hatte seine Gemahlin das Tauchbad genommen. Sie ward schwanger und gebar R. Abraham und sodann R. Juda den Frommen.

R. Juda der Fromme pflegte jeden Menschen, der ihm weh tat, zum wahren Glauben zu bekehren kraft der Größe seiner Heiligkeit, die die Herbheit der Gesetze süß machte. Er war die Krone seines Geschlechts, und dieses verdankte ihm Sein und Bestehen. Er kasteite seinen Leib zeit seines

Lebens, selbst am Sabbat genoß er nichts, denn das Essen war ihm eine Pein, das Fasten hingegen eine Wonne.

Als R. Juda der Fromme auf den Tod krank dalag, kamen die Vornehmen und Schriftgelehrten der Stadt, ihn zu besuchen. Da befahl der Meister, die Stube rein zu fegen und vor dem Bette den Staub zusammenzukehren. Hierauf sprach er zu denen, die vor ihm saßen: Seht ihr in dem Raume etwas Besonderes? Sie antworteten: Wir sehen nur, daß in dem Staub vor deinem Lager das Wort ›der Fromme‹ geschrieben steht. Da sagte R. Juda: Gebt mir Tinte, ein Schreibrohr und Papier; ich will die Letzten Dinge niederschreiben und sie euch offenbaren. Da sie aber das Gewünschte brachten, verschied der Fromme.

243. DU SOLLST DEINEN BART NICHT SCHEREN

In der Stadt R. Judas des Frommen gab es einen reichen Mann, der wider das Gesetz seinen Bart stutzte. Der Fromme schalt ihn für die Nichtachtung des Gebotes, der Mann aber kehrte sich nicht an die Mahnung und sagte: Ich bin ein reinlicher Mensch und kann keine langen Barthaare leiden. R. Juda sprach zu ihm: Wisse, daß du ein bitteres Ende haben wirst; Teufel in Rindsgestalt werden dir erscheinen, und sie werden dir das Kinn zertreten dafür, daß du Israels heiliges Abzeichen zu zerstören wagtest.

Als der reiche Mann starb, waren in seinem Hause die Angesehenen der Stadt zugegen, und auch R. Juda war da. Er schrieb einen heiligen Namen auf ein Blatt und legte es auf den Toten. Alsbald richtete sich der Verstorbene auf. Da flohen die Besucher entsetzt davon, und es ward ihnen Angst wie einer Gebärenden.

Der Tote aber griff nach seinem Kopfe und raufte sich die Haare. Der Weise sprach zu ihm: Was ist dir? Er antwor=

tete: Weh über mich, und weh, daß ich auf die Worte meines Meisters nicht gehört und des Lehrers Mahnungen nicht beherzigt habe! R. Juda fragte: Sage mir, was ist deiner Seele da droben widerfahren? Der Sünder erwiderte: Als ich des Todes ward, da kam ein Dämon, der einem Rinde glich, und zertrat in wildem Zorn mit den Hufen mein Gesicht; hernach trug er ein Gefäß herbei, voll Schwefel und Pech und brennenden Salzes. In diese Schale tat er meine Seele; dann kam ein Bote vom Obersten Gerichtshof und holte die Schale hinweg. Ich ward vor den Stuhl dessen gebracht, der das All erschaffen hat. Eine Stimme erscholl und stellte die Frage: Hast du die Schrift gelesen und in der Lehre geforscht? Ich antwortete: Ich weiß wohl Bescheid im Gesetz. Da ward das Buch mit den Satzungen Moses gebracht, und mir ward befohlen, darin zu lesen. Ich schlug es auf und stieß auf den Vers: ›Du sollst die Ecken deines Bartes nicht abschneiden!‹* Da verstummte ich vor Scham. Wieder erscholl eine Stimme und rief: Werft diesen in den tiefsten Abgrund der Hölle. Die Peiniger wollten mich schon greifen und in die Tiefe stoßen, als zum dritten Mal eine Stimme erscholl und sprach: Laßt ab von ihm; mein Sohn Juda der Fromme soll erst innewerden, was für eine Strafe des Gottlosen harrt. Gewährt ihm eine Frist, und seine Seele fahre nicht eher in die Hölle, als bis der Wille des Frommen erfüllt ist.

244. DER GEWARNTE FREMDLING

Der Meister R. Juda der Fromme hatte zur Sitte, an jedem Vorabend zum Sabbat im Lehrhause zu sitzen, das Angesicht mit einem Betmantel verhüllt, und jedem, der sein Haupt vor ihm neigte, mit den Händen den Segen zu erteilen. Einmal kam in die Stadt ein Fremder auf einem

* 3. Buch Mose 19, 27

Roß geritten und stieg in einer Herberge ab. Wie der Rüsttag zum Sabbat herankam, ging der Wirt nach dem Lehrhaus R. Judas beten und nahm seinen Gast mit. Hier sah der Fremdling, wie nach dem Gebete sich alle vor dem Meister beugten, und wie dieser sie segnete, ohne sie anzuschauen. Da bückte auch er sich vor ihm und legte seinen Kopf in den Schoß des Frommen. R. Juda aber schlug den Betmantel von seinem Angesicht zurück und sagte: Warte bis zum ersten Tage der Woche, dann will ich dich segnen, so es Gott gefällt.

Doch der Gast mochte an dem Orte nicht länger säumen und reiste schon am Ausgang des Ruhetages ab; er sattelte das Pferd und zog seines Weges. Es dauerte aber nicht lange, da verlor er die Richtung, und bald wußte er nicht mehr, wo er sich befand. So ritt er ziellos einher bis Mitternacht, als er plötzlich in der Ferne ein Licht erblickte. Sofort lenkte er das Roß dahin und erreichte bald ein Haus. Er stieg hinunter, band das Tier an einen Baum und trat in die Hütte. Hier sah er seltsam gekleidete Gestalten sich hin und her bewegen. Ein Schrecken befiel den Ankömmling. Und da trat einer von den Sonderbaren an ihn heran, begann sein Messer an einem Steine zu wetzen und sagte: Du bist des Todes! Da entsetzte sich der Fremde und begann zu weinen, aber bald erschien ein Greis und rief dazwischen: Haltet ein, er soll vorerst gerichtet werden. Holt eine Waage und wägt seine Taten. Die Dämonen gehorchten dem Greise, und das Gerät ward gebracht: auf die eine Waagschale wurden die Vergehen des Mannes getan, auf die andre seine Verdienste; die Missetaten überwogen aber das Gute. Da trat auf einmal ein unbekannter Mann herzu und legte einen Mantel auf die Schale des Verdienstes, so daß sich die Waage auf die Seite des Guten neigte. Und der Greis sprach zu dem Manne: Du bist frei.

Der Arme wußte nicht, wie ihm geschehen. Er sah sich

wieder allein im Felde irren; es gab kein Haus, kein Licht und kein lebendiges Wesen in der Nähe. Die Haare sträubten sich auf seinem Haupte. Aber siehe da, der Unbekannte, der den Mantel auf die Waagschale geworfen hatte, stand vor ihm. Der Wanderer fragte ihn: Wer bist du? Wo befinde ich mich? Der Retter erwiderte: Ich bin einer, der schon lange tot ist. Einst fuhrst du in einer kalten Winternacht in einem Wagen, und ich lief zu Fuß nebenher und fror. Du ließest mich in deiner Güte zu dir heraufsteigen und decktest mich mit dem Mantel zu; den schenktest du mir dann auch. Heute wurde ich aus dem Grabe gerufen, und man befahl mir, dir zu Hilfe zu eilen. Du warst in den Händen der Satanskinder; lobe den Schöpfer, daß du ihnen entronnen bist.

Am folgenden Tage kehrte der Mann nach der Stadt R. Judas zurück und erzählte dem Lehrer, was ihm widerfahren war. Da antwortete der Fromme, er habe noch am Rüsttage zum Sabbat dies alles geschaut, und dies sei der Grund gewesen, warum er ihn bis zum ersten Wochentage hätte dabehalten wollen.

245. RABBI SAMUEL UND DIE DREI PRIESTER

Zu dem Frommen R. Samuel kamen einst aus einem fernen Lande drei heidnische Priester, die sich der Hilfe der Dämonen zu bedienen wußten. Sie sprachen zu dem Lehrer: Wir haben von deiner Weisheit gehört, deren Ruf die ganze Welt durchdringt. So bitten wir dich denn, uns eins deiner Wunder zu zeigen, und auch wir wollen dich nie Dagewesenes schauen lassen.

R. Samuel aber verlangte es schon lange danach, eine seltene Schrift zu schauen, die sich in den Händen R. Jakobs, eines berühmten Meisters jener Zeit, befand. Er sprach also zu den Priestern: Könnt ihr mir die Schrift holen, die

R. Jakob hütet, sei es durch Beschwörung eines Geistes, sei es durch wundersame Kürzung des Weges, so will ich an eure Kraft glauben. Darauf erwiderten die Priester: Wir werden noch viel Größeres vollbringen. Komm mit uns aufs Feld nach einem einsamen Platz, der von Menschen nicht besucht wird. Dort wird einer von uns einen Zauberkreis machen, der andre wird unsern dritten Genossen beschwören, daß seine Seele den Leib verläßt und den Flug macht, den du befiehlst; sie wird deine Botschaft erfüllen, und müßte sie auch über Meere ziehn. Der Körper aber wird unbeweglich an dem Orte verbleiben, bis nach drei Tagen die Seele wiederkehrt.
R. Samuel ließ die Priester gewähren, und sie machten alles, wie sie es gesagt hatten. Am dritten Tage sprachen sie zu dem Frommen: Heute um die Mittagszeit wollen wir nach der Stätte gehen, an der wir unsern Genossen verlassen haben, und du wirst die Seele in den Körper zurückkehren sehen. R. Samuel folgte den Priestern, und sie kamen an den Ort, da der Körper des Dritten liegengeblieben war. Als aber die Seele sich mit dem Leib vereinigen wollte, wehrte es ihr R. Samuel. Sie flog im Kreise um den Körper und seufzte, und die Priester jammerten gleichfalls und standen verzagt da. Da sprach R. Samuel: Gestehet ein, daß meine Macht größer ist als die eure; so will ich der Seele verstatten, den Leib zu beleben. Sie antworteten: Fürwahr, du bist der Mächtigere. Da löste R. Samuel den Bann, und die Seele vereinigte sich mit dem Körper. Der zum Leben Erwachte aber erhob sich und händigte R. Samuel das Buch R. Jakobs aus.

246. DAS LÄCHELN DES TOTEN

Der Lehrer R. Jechiel wurde im Jahre viertausendneunhundertundsiebenzig nach der Weltschöpfung geboren. Als er sechzehn Jahre alt war, gewann er einen treuen Freund und Lehrgenossen, das war R. Salomo der Priester. Nun schlos= sen die beiden Gefährten einen Bund, daß ein jeder von ihnen an dem Lohn für die guten Taten und Verdienste des andern teilhaben solle.

Da begab es sich in der Nacht zum Versöhnungstage des Jahres fünftausendzweiundzwanzig, daß die Wachskerze R. Jechiels im Bethause, die die ganze Nacht und den Tag darauf zu brennen hatte, plötzlich erlosch. Eine böse Vor= ahnung beschlich den Lehrer. Am Laubhüttenfest darauf gab er seinen Geist auf. Der Sarg mit dem Toten wurde der damaligen Sitte gemäß auf einen Stein vor den Fried= hof gelegt und kurz vor der Beisetzung geöffnet, damit man sähe, ob sich die Lage der Leiche durch das Schütteln nicht verschoben hätte. R. Salomo trat nun an den Schrein heran, weinte mit lauter Stimme und rief, daß die ganze Gemeinde es hörte: Ich erinnere hiermit meinen Freund und Meister R. Jechiel, daß er des Bündnisses gedenke, das wir miteinander geschlossen haben. Da verzog sich das Gesicht des Toten zu einem Lächeln, und alles Volk sah dieses.

Tage vergingen nach dem Ableben R. Jechiels, und R. Sa= lomo saß einmal im Lehrhause vor der Schrift, als er sei= nen verstorbenen Freund neben sich gewahrte, der gleich= falls das Gesetz durchzunehmen schien. R. Salomo fragte ihn nach seinem Wohlergehen, und der Freund erzählte, daß er im Garten Eden weile und einen Stuhl unter den Gerechten habe. Da sprach R. Salomo: Und ist es dir ge= stattet, dich den Menschenkindern zu zeigen? R. Jechiel er= widerte: Mir steht auch das Recht zu, in mein Haus wie bei Lebzeiten zu kommen, nur tue ich es nicht, damit man nicht sage: Seht, wie sich dieser eine über die andern Ge= rechten erhebt.

Sechs Monate nach seinem Tode, um Mitternacht, erschien

R. Jechiel seiner Frau, da sie wach war, und sprach zu ihr: Auf, nimm deine Kinder und verlasse mit ihnen die Stadt, denn morgen werden alle Judäer hier ausgerottet. Diese Strafe war schon für die ganze Gegend verhängt worden; wir aber beteten für sie, und so wurde das Land begnadigt mit Ausnahme unsres Ortes. Da tat das Weib nach diesen Worten und entrann dem Verderben.

247. RABBI MEÏR AUS ROTHENBURG

Der Meister R. Meïr aus Rothenburg, der ein Sohn R. Baruchs und der Lehrer R. Assers war, beschloß seine Tage im Gefängnis. Er wurde nämlich vor dem Könige verleumdet, und da verlangte der Herrscher von ihm eine große Summe Geldes. Der Weise aber war sehr arm, und der König mochte keinen andern für ihn bürgen lassen als seinen Jünger R. Asser. Dieser fand sich aus Ehrfurcht vor seinem Meister bereit, die Bürgschaft zu leisten. Da milderte man des Lehrers Los im Gefängnis. Bald aber verschied R. Meïr, und der Bürge entfloh.

Aus dem Munde eines Greises, der es von andern erfahren hat, habe ich vernommen, wie der Lehrer R. Meïr bestattet wurde. Ein reicher Mann setzte seinen Ehrgeiz darein, bei dem Könige auszuwirken, daß der Leichnam zur Beerdigung freigegeben würde, und es gelang ihm auch. Die Nacht nach der Beisetzung erschien der Tote dem mutigen Manne im Traum und fragte ihn, was er sich lieber wünsche: ein Leben voll Reichtum und Ehren für sich und seine Nachkommen oder einen baldigen Tod, dafür aber Teil an der zukünftigen Welt. Der Mann wählte das ewige Leben. Er wurde bald darauf krank, bestellte sein Haus und starb.

248. NACHMANIDES

Nachmanides, der ein gelehrter Arzt und Philosoph war, stand anfänglich der Geheimlehre fern. Eines Tages besuchte ihn ein Greis, der sich in dieser Lehre wohl auskannte, und als er sah, wie weise und wißbegierig Nachmanides war, versuchte er, ihn in die Kabbala einzuführen. Allein Nachmanides schenkte den Reden des alten Mannes keine Aufmerksamkeit.

Da wandte der Greis eine List an und begab sich in die Hurengasse. Hier wurde er festgenommen und verurteilt, am kommenden Sabbattag verbrannt zu werden. Als dies Nachmanides bekannt wurde, wollte er für den Ergriffenen kein Wort einlegen. An dem festgesetzten Tage sollte der Greis auf den Scheiterhaufen geführt werden, allein dank seiner Kenntnis der Geheimlehre stellte er es so an, daß ein Esel statt seiner genommen und verbrannt wurde. Er selbst ging nach Verrichtung des Nachmittaggebetes in das Haus ben Nachmans und traf ihn beim Sprechen des Segens über den Wein an. Da rief er: Amen! Nachmanides wunderte sich über das Erscheinen des von ihm totgeglaubten Mannes. Der Greis aber sprach: Nun siehst du mit deinen eignen Augen die Macht der Kabbala. Da ward Nachmanides für die neue Lehre begeistert und war Tag und Nacht beflissen, sie zu erfassen. Er wurde auch einer ihrer größten Kenner.

In einem alten Buch steht geschrieben, daß Nachmanides seinen Wohnort in einer Stadt unweit Kölns hatte. Auf seine alten Tage aber zog er nach dem Heiligen Lande, um dort sein Leben zu beschließen. Seine Schüler begleiteten ihn eine Strecke Wegs und baten ihn, er solle ihnen sagen, woran sie dereinst seinen Heimgang erkennen würden. Er sprach: An meinem Todestage wird das Grab meiner Mut=

ter einen Riß bekommen, und in dem Riß wird das Abbild eines Leuchters zu sehen sein.
Drei Jahre, nachdem Nachmanides ins Heilige Land gezogen war, trat dieses Zeichen ein. Ein Schüler, der den Friedhof aufgesucht hatte, erblickte es zuerst. Die Kunde verbreitete sich alsobald im ganzen Kreise, und Nachmanides wurde beweint. Man erfuhr hernach, daß sein Grab auf der Straße liegt, die dereinst die Erlösten Israels ziehen werden.

249. DER SCHÜLER ABNER

Der Lehrer Nachmanides, seinem Andenken Heil, hatte einen Schüler namens Abner, der auf Abwege geraten und seinem Glauben untreu geworden war. Da er aber aufgeweckten Geistes war, erlangte er bei den Andersgläubigen ein hohes Amt. Eines Tages – es war Versöhnungstag – lud er seinen Meister zu sich ein. Als Nachmanides erschien, holte der Schüler aus dem Stalle ein Schwein, stach es nieder, briet es und aß davon. Der Meister unterhielt sich mit ihm über dies und das, als wenn nichts geschehen wäre, nur zum Schluß sagte er: Dein Name wird in der Schrift erwähnt, und zwar enthält ihn der Vers: ›Hinweg mit ihnen! Ich will ihr Andenken vertilgen.‹* Als der Schüler diese Worte vernahm, erschrak er über die Maßen; er fiel auf sein Angesicht und fragte den Meister: Könnte ich durch Buße noch Heil und Rettung erlangen? Darauf erwiderte der Lehrer: Du hast den Vers gehört, der da spricht: Ich werde ihr Andenken vertilgen.
Da machte sich der Jünger auf und setzte sich auf ein Schiff, das keinen Seemann trug und ohne Steuer und Steuermann war. Er ließ sich treiben, wo es nur hinführe, und

* 5. Mose 32, 26. Jedes Wort dieses Verses enthält in der Ursprache einen Buchstaben des Namens Abner

schrie bitter aus verzagter Seele. Man hörte von ihm nichts mehr, und er blieb verschollen.
Sein Meister mehrte indes Gebet und Flehen, daß dem Jüngling etwas von Sühne und Vergebung zuteil würde. Nach Jahren erschien dieser dem Lehrer im Traum und sprach ihm seinen Dank aus dafür, daß er durch sein Gebet Gnade für ihn erwirkt hätte.

250. DER ÜBEREIFRIGE

Unter den Schülern Nachmanides' war einer, der lag mit solchem Eifer dem Studium des Gesetzes ob, daß er für nichts andres Zeit behielt und sich keinen Schlaf gönnte. Wenn er seine Mahlzeit einnahm, so lag vor ihm immer ein Buch aufgeschlagen, und er wendete sein Auge nicht davon ab. Selbst das Beten vernachlässigte er aus übergroßer Liebe zur Lehre. Der Meister Nachmanides tadelte ihn deswegen und sprach warnend zu ihm: Iß, wenn Essenszeit ist, schlafe, wenn Schlafenszeit ist, und bete, wenn es Zeit ist zu beten; dann wird dir deine Weisheit beistehen. Hüte dich, gegen den Brauch zu fehlen, denn die versäumten Gebote rächen sich, und du kannst schwere Strafen erleiden.
Der Schüler kehrte sich indessen nicht an die Mahnung und verfuhr weiter nach seiner Weise. Da begab es sich eines Tages, daß er auf den Markt ging, etwas einzukaufen. Als er heimkehrte, fand er auf dem Tisch, auf dem er seine Bücher zu lesen pflegte, seine Tochter liegen, und über sie beugte sich ein fremder Ritter und tat ihr Gewalt an.
Da ergriff den Jünger furchtbare Trauer, und er trug den Schmerz viele Tage. Von der Zeit an befolgte er jede Satzung und ließ kein Gebot außer acht.

251. DER FEIGEN-NATHANAEL

Es gab einen Weisen namens Nathanael, berühmt durch Wissen und Taten, den man den Feigen-Nathanael nannte. Diesen Beinamen erhielt er nach folgender Begebenheit.
Er hatte zur Gepflogenheit, jeden Rüsttag zum Sabbat Hände, Füße und Antlitz zu waschen und sich in ein reines Gewand zu hüllen, und er sah dann aus wie ein Engel Gottes. Er war sehr reich und trug immer einen kostbaren Ring mit einem Edelstein daran an seiner Hand, wie es Könige und Fürsten zum Brauch haben. Als er sich einmal in gewohnter Weise für den Sabbattag vorbereitete, streifte er vor dem Waschen seinen Ring vom Finger und tat ihn zwischen die Zweige eines Feigenbaumes, der vor seinem Hause wuchs. Er dachte dann nicht mehr an das Schmuckstück und erinnerte sich seiner erst am ersten Wochentage. Er vergaß aber, wo er es hingelegt hatte, und suchte überall vergeblich danach. Als er es nicht fand, ward er sehr zornig und sprach: Wer meinen Ring an sich genommen hat, dem möge das Leben genommen werden. Alsbald verdorrte der Feigenbaum und trug keine Frucht.
Nach drei Jahren befahl Nathanael, den Baum zu fällen, da er doch zu nichts nütze wäre. Als man aber daran ging, ihn abzuhauen, fand man den abhanden gekommenen Ring. Vor Freude über das wiedergefundene Kleinod dachte man nicht mehr daran, den Baum abzusägen. Dieser aber fing wieder an zu blühen und trug Frucht wie zuvor.

252. HONIG STATT BLEI

Es gab einst einen Bösewicht, der hatte zeit seines Lebens nichts denn Übles getan. Er wußte wohl, daß, selbst wenn er seine Vergehen hätte büßen wollen, seine Buße nicht angenommen worden wäre. Dennoch fragte er einmal im

Scherz den Lehrer R. Mose de Leon, ob er noch Vergebung der Sünden erlangen könne. Der Meister erwiderte: Dir könnte nur verziehen werden, wenn du als Sühne für deine Vergehen freiwillig den Tod auf dich nähmest. Der Bösewicht fragte: Wenn ich mich diesem Urteil beuge, habe ich dann teil an der zukünftigen Welt? Mose antwortete: Das wird dir gewährt werden. Der Missetäter sprach: Werde ich dann in deiner Nähe weilen dürfen? Das schwur ihm R. Mose zu. Da das der Sünder vernahm, faßte er sich ein Herz und folgte dem Rabbi in sein Lehrhaus.

Hier angelangt, befahl R. Mose, ihm Blei zu reichen. Das geschah. Danach trat er den Blasebalg und fachte ein Feuer an, das Blei zu schmelzen. Nun wurde der Bußfertige auf eine Bank gesetzt und ihm die Augen mit einem Tuch verbunden. Danach sprach R. Mose zu ihm: Bekenne alle deine Sünden vor unserm Gott und nimm den Tod auf dich als Vergeltung dafür, daß du dein Lebelang deinen Schöpfer erzürnt hast. Da brach der Übeltäter in lautes und bitteres Weinen aus. Es waren aber viele Menschen in der Lehrhalle zugegen, Greise, Schriftgelehrte und Volk. R. Mose sprach zu dem Schuldigen: Öffne deinen Mund, ich will geschmolzenes Blei da hineingießen. Und der Reumütige tat vor allem Volk seinen Mund weit auf, den schweren Tod auf sich zu nehmen, damit er das ewige Leben erlangte. R. Mose aber nahm einen Löffel Rosenhonig und gab ihn dem Sünder zu schlucken. Er sprach: Deine Vergehen sind gesühnt und deine Missetaten vergeben. Doch da fing der Bußfertige zu schreien an und sprach: Rabbi! Bei dem König aller Könige, dem Heiligen, gelobt sei er, töte mich und laß meine Seele nicht verderben. Was soll mir das Leben, wo meiner Sünden so viele sind und nichts an mir heil ist? Warum hast du mir dieses angetan? Warum hast du mich betrogen? R. Mose antwortete darauf: Fürchte dich nicht und entsetze dich nicht; dem Herrn ist dein Tun genehm.

Von dem Tage ab verließ der Reumütige nicht die Lehrhalle R. Moses und übte Buße und Fasten alle Tage. Nach diesen Begebenheiten ward aber R. Mose abberufen, und er zog heim in das Haus der Ewigkeit. Da hub sein Jünger, der Bußfertige, zu weinen an, und er schrie zu Gott, daß er auch ihn zu sich nähme, nachdem sein Herr und Meister hinweggenommen worden sei. Wie er lange gebetet und Gott angefleht hatte, ließ der Herr sich erbitten, und der Jünger fiel nieder auf sein Lager. Als er verscheiden sollte, rief er aus: Der Platz neben R. Mose möge frei werden! Er mahnte den Lehrer an das Versprechen, das dieser ihm einst gegeben hatte, und verstarb alsbald. Nach seinem Tode sahen Greise und fromme Männer im Traume den Büßer neben R. Mose im Eden sitzen und mit ihm in der Schrift lesen.
Das Verdienst dieser Gerechten möge uns und ganz Israel beschirmen.

253. DIE PARABEL VON DEN ZWEI EDELSTEINEN

Als einmal der Ratmann des Königs Don Pedro des Alten, Nikolaus von Valencia, seinen Fürsten wider die Juden hetzte, ließ dieser einen judäischen Weisen, namens Ephraim Sancho, vor sich kommen. Nachdem sie die ersten Worte miteinander gewechselt hatten, fragte der Herrscher den Weisen: Welcher Glaube ist besser, unser oder deiner? Der weise Mann antwortete: Für uns ist unser Glaube besser, denn als wir in Ägypten Sklaven von Sklaven waren, führte uns Gott durch Wunder und Zeichen aus diesem Lande. Für dich aber ist dein Glaube besser, denn er verheißt dir irdische Macht. Da sagte der König: Ich frage nach den Bekenntnissen als solchen, nicht nach dem, was sie ihren Gläubigen geben. Der Weise erwiderte: So es meinem Herrn gefällt, so will ich drei Tage darüber sinnen

und ihm dann meine Meinung vortragen. Der König sagte: Es möge so sein.
Nach drei Tagen erschien der Weise, und siehe, sein Angesicht war düster. Da fragte Don Pedro: Warum schaust du so trübe drein? Ephraim erwiderte: Ich bin heute ohne Schuld geschmäht worden, und du, mein Herr, sollst mein Richter sein. Die Angelegenheit ist diese: heute vor einem Monat zog mein Nachbar in die Ferne und hinterließ seinen beiden Söhnen zwei kostbare Steine, damit sie miteinander Frieden hielten. Nun kamen die beiden Brüder zu mir und baten mich, ihnen die Eigenschaften der Steine zu erklären und zu sagen, wodurch sich der eine vom andern unterscheide. Ich riet ihnen darauf, sich an ihren Vater zu wenden, da dieser ein großer Künstler und ausgezeichneter Kenner der Steine sei und ihnen gewiß die Wahrheit sagen werde. Für diesen Rat schlugen und schmähten sie mich. Darauf sagte der König: Ganz ohne Recht haben sie dich beleidigt; sie verdienen bestraft zu werden. Da sprach der Weise: Deine Ohren, o Fürst, mögen vernehmen, was dein Mund eben gesprochen hat. Solche zwei Brüder waren Esau und Jakob, und ein jeder von ihnen empfing einen Edelstein. Nun fragt mein Herr, welcher von den Steinen besser sei. Möge er einen Boten zum Vater im Himmel senden, und dieser sage uns, wodurch sich die Steine unterscheiden.
Hierauf wandte sich der König an seinen Ratmann und sagte: Siehst du, Nikolaus, die Weisheit der Judäer? Dieser Mann verdient, daß man ihn ehre und achte, dir aber kommt Strafe zu, denn du hast Falsches wider die Gemeinde Israel geredet.

254. DIE ERHEBUNG DER HIRTEN

In der Stadt Agen in Frankreich tauchte ein Jüngling auf, der versammelte um sich viel Volk und erzählte, daß ihm täglich eine Taube erscheine, die sich bald auf seine Schulter, bald auf seinen Kopf setze und ihm verborgene Dinge offenbare. Wo er aber seine Hand ausstrecke, die Taube zu fangen, verwandle sie sich in eine Jungfrau von schönem Aussehen, die mit ihm in folgender Weise spreche: Du Knabe, ich mache dich zum Hirten im Lande; du wirst über die Ismaeliter herfallen und ihnen Wunde auf Wunde zufügen; dieses aber ist das Zeichen, das du mit deinen Augen sehen wirst: auf deinem Arm stehen diese Dinge geschrieben.

Und viele bezeugten, daß sie die Schriftzeichen auf dem Arme des Jünglings gesehen hätten, andern war es, als sähen sie das Kreuz des Erlösers auf seinem Arme glänzen; noch andre sagten, daß sie zwar keine Taube gesehen hätten, die Weissagungen aber gleichfalls vernommen hätten.

Als sich die Kunde von diesen Dingen verbreitete, strömte viel Volk zu dem Knaben und betete ihn an. Er ward Anführer und Oberhaupt der Menge. Es waren hauptsächlich Hirten, die ihm gefolgt waren; deren gab es nämlich viel in der Gegend weit und breit. Der Name des Jünglings wurde immer mehr berühmt, und bald hatten sich dreißigtausend Hirten um ihn geschart. Ihr nächstes Ziel war die Stadt Grenade; von da wollten sie gegen das ganze Reich der Ismaeliter vorgehen.

Als sie einmal ihre Beratungen abhielten, sprach einer von ihnen: Unser Vorhaben ist übereilt; wie sollten wir den Ismaelitern beikommen, wo sie doch ein kriegserfahrenes Volk sind? Außerdem sind ihrer mehr als unser; sie verfügen über allerlei Kriegsgerät, wir aber haben nicht einmal eine Ahle. Ist es euch recht, so wollen wir zuerst ge=

gen die Ebräer vorgehen; das ist ein schwaches und hilf=loses Volk, und die können wir mit einem Finger umwer=fen. Hernach, wenn wir uns mit dem Vermögen der Juden bereichert haben – und ihre Schätze sind nicht klein –, können wir uns Waffen anschaffen, Krieger werben und mit der Aussicht auf sichern Sieg gegen die Ismaeliter vorgehen.

Während sie so miteinander beratschlagten, ging ein ar=mer judäischer Schneider an ihnen vorbei, und der lachte über ihr Gebaren. Alsbald fielen sie über ihn her und machten seinen Körper zu einem Sieb. Doch dieses sollte nur der Anfang sein. Ein Judäer hatte gefehlt, und das ganze Volk sollte den Zorn tragen. Die Gottlosen hatten beschlossen, den Namen Judas auszumerzen.

255. DER PROPHET AUS CISNEROS

Im Jahre fünftausendeinhundertdreiundfünfzig nach der Weltschöpfung, das war das dreizehnhundertundfünfund=zwanzigste nach der Zerstörung des Tempels, im Monate Kislew, gelangte an die Juden in Korfu ein Schreiben von R. Chasdai Crescas aus Tunis, das folgendes enthielt:

Wißt, daß der Prophet, der jetzt auftritt, ein wahrer Pro=phet ist; die Gemeinde Burgos in Spanien bezeugt es gleich=falls, und sie sagen von ihm, es habe seit Mose keinen solchen gegeben. Elia erschien ihm und salbte ihn mit Salböl. Darauf zeigte er sich dem Volke und sagte, daß er im Monate Nissan Wunder vollbringen werde. Der König von Spanien schickte einen Höfling zu ihm und forderte ihn auf, sich durch ein Zeichen auszuweisen. Da sagte der Messias, daß der Hofmann, wenn er nach Hause käme, sei=nen Sohn tot vorfinden werde. Dies traf ein, wurde aber nicht beachtet. Derselbe Höfling kam noch einmal zum Propheten. Da sagte dieser: Wenn du heimgekehrt bist,

ist dein Weib tot. Und auch dieses erfüllte sich. Als der König später mit dem Propheten sprach, hüllte diesen plötzlich eine Wolke ein, und man hörte einen Engel mit ihm sprechen. So vollführte er noch viele wundersame Taten. Eines Tages sprach der König zu ihm: Wenn es wahr ist, daß du ein Prophet bist, so will ich dich ins Feuer werfen und sehen, ob du dann am Leben bleibst. Und der Herrscher befahl, einen Kalkofen drei Tage und drei Nächte lang zu heizen und ihn glühend heiß zu machen, und ließ danach den Propheten hineinwerfen, aber siehe da, er kam heil und unversehrt heraus. Da mußten alle an Gott und seinen Knecht glauben.

Bevor der Prophet aufgetreten war, verstand er nicht die heilige Sprache. Nachdem ihm aber Elia erschienen war, sprach er in ihr fließend. Er ist bescheiden und demütig, fromm und gerecht, vollkommen in seinen Sitten und rein von Gemüt, und seine Hände sind unbefleckt. Er ist von edler Abkunft und ist es wahrlich wert, daß der Geist Gottes über ihn kommt. – So viel berichtete das Schreiben aus Tunis.

Von demselben Propheten wird erzählt: Er hatte verheißen, in Jerusalem ein Zeichen von Gottes Hand zu zeigen. Da erscholl aus dem Innern der Omar-Moschee, welche an der Stätte, an der ehemals der heilige Tempel gestanden hat, errichtet worden ist, eine Stimme, die rief: Verlaßt mein Haus, auf daß meine Kinder wieder einziehen. Da fiel ein Schrecken auf die Ismaeliter. Einer von ihnen stieg in das Gewölbe hinab und sah dort drei Greise verhüllt dasitzen. Er fragte sie: Wer seid ihr? Sie antworteten: Wir sind die Häupter der Stämme Israel. Du geh hinauf und sage deinen Brüdern, daß sie die heilige Stätte räumen möchten, denn ihr Ende sei gekommen. Der Ismaeliter sagte: Und wenn meine Brüder mir nicht glauben werden? Die Greise erwiderten: Sage ihnen, daß Abraham der Ebräer, Mose der Sohn Amrams und Elia der Prophet dir dies befohlen hätten. Der Ismaeliter stieg aus dem Gewölbe und erzählte seinen Genossen, was er geschaut hatte. Da erschraken sie noch mehr. Seit der Zeit schlossen sich die Tore der Omar-Moschee, und sie wurden bis heute nicht geöffnet. – Derselbe Prophet soll im Namen Elias verkündigt haben, an einem Neumond des Monats Nissan werde Israel die Ankunft des Messias erfahren. Da freute sich das Volk und ward voll Jubel.

Die Gelehrten der Stadt, in der der Prophet wirkte, wollten ihn richten und sagten, daß er den Tod verdiene. Sie sprachen zu ihm: Laß uns ein Wunder sehn, sonst bist du des Todes. Der Prophet antwortete: Wenn mir vom Himmel nichts gegeben wird, kann ich euch gleichfalls nichts geben. Darauf sollte über ihn das Todesurteil gefällt werden. Der Vater und die Mutter des Sehers standen draußen und weinten. Aber da sagte der Prophet zu den Richtern: Gewährt mir eine Frist, und ich will euch Rede stehen. Und er ging in den Tempel und betete dort. Da vernahmen die Richter, die draußen standen, die Stimme eines Engels, der mit dem Propheten sprach. Sie konnten die Worte nicht verstehen, sie hörten nur ein leises Summen. Danach zeigte sich der Prophet, und siehe da, sein Angesicht leuchtete, und das Haupt war von einem Heiligenschein umgeben. Er erhob seine Hände, und man sah auf der rechten den unverstellten Gottesnamen glänzen, auf der linken aber gewahrte man einen Regenbogen, von einer Wolke umgeben. Alsbald fielen die Richter zur Erde und riefen: Gott ist der Herr! Gott ist der Herr!
Dennoch sprachen sie: Dies Zeichen genügt uns nicht, gib uns noch ein andres. Da kam eine Hand vom Himmel herunter und schrieb auf die Oberschwelle des Tempels: ›Es wird ein Reis aufgehen vom Stamme Isai, und ein Zweig aus seiner Wurzel wird Frucht bringen.‹

256. ISAAK BEN SCHESCHET

Der Same Edoms ereiferte sich über den Frommen Isaak ben Scheschet, der aus Saragossa nach der Landschaft Majorka kam, und seine zwei Söhne sollten wegen einer falschen Beschuldigung den Feuertod sterben. Er wurde in Ketten gelegt und mußte den Martern seiner Kinder zuschauen, ohne sie teilen zu dürfen. Die Jünglinge riefen, als die Hitze sie quälte: Vater, gib uns zu trinken! Er aber antwortete: Bald werdet ihr am lebendigen Quell euern Durst stillen.

Danach gedachten die Edomiter auch ihn umzubringen. Da floh der Fromme nach Tunis. Die Behörden von Majorka schickten dem Statthalter von Tunis einen Haufen Geld, damit er den Lehrer ausliefere. Da flüchtete er nach Algier. Hier aber wurde Isaak von seinen eignen Stammesbrüdern mißachtet. Er ward voll Unwillens und ging von dort nach der Stadt Amadia in der Hoffnung, hier Ruhe zu finden. Allein die Hoffnung hatte ihn betrogen; auch hier erfuhr er Geringschätzung und Leiden. An einem Sabbatabend umringten ihn lose Buben und riefen über ihn wie einstens die Knaben über den Propheten Elisa: Kahlkopf, komm herauf! Da riß seine Langmut, und wilder Zorn erfaßte ihn. Er fluchte seinen Schmähern im Namen Gottes. Danach lief er aus der Stadt und stieß in das Widderhorn.

Von Stund an lastete die Hand Gottes über dieser Gemeinde. In kurzer Zeit zerstoben ihre Glieder, und bis auf den heutigen Tag ist dort kein Judäer zu finden.

257. RABBI ISAAK KAMPANTON

Es begab sich einst, daß ein Mann namens Samuel Zarza zum Feuertode verurteilt ward; der Urheber der Todesstrafe aber war der Lehrer Rabbi Isaak Kampanton.

Dieses trug sich folgendermaßen zu: Die Rabbinen hatten sich im Bethaus versammelt, um eine Eheurkunde zu verlesen. Als sie die Anfangsworte: Im Jahre soundsoviel nach der Weltschöpfung — aussprachen, trat Samuel Zarza vor. Er faßte sich beim Bart und sprach: Ihr zählt die Jahre nach der Weltschöpfung? Damit deutete er an, daß er des Glaubens war, die Welt bestehe seit jeher und sei nicht auf einmal erschaffen worden. Da erhob sich R. Isaak und sprach: Und dieser Dornbusch hier verbrennt nicht?* Alsbald wurde der Dreiste vor ein Gericht gebracht, und dieses verurteilte ihn zum Flammentode dafür, daß er die Weltschöpfung geleugnet hatte, wie es der Heiden Art ist.

Der Lehrer R. Isaak Kampanton verschied in Peniafiel im Jahre fünftausendzweihundertdreiundsechzig, nachdem er viel Drangsal erfahren hatte; er war sein Lebtag unstet und flüchtig und mußte vor dem Zorn der Fürsten von Land zu Land fliehn; er tauschte nur Elend um Elend.
Einmal, als er auf der Flucht war, machte er Rast auf dem Grabe des berühmten Kabbalisten R. Isaak Gikatilla. Als er sich von der Grabstätte erhob, sagte er zu seinen Schülern: Von heute in acht Tagen bin ich nicht mehr.

258. DER NÄCHTLICHE BESUCH

In der Stadt Bejar, die eine Tagesreise von Salamanka entfernt liegt, wohnte eine Witwe, die war erst arm gewesen und gelangte dann plötzlich zu großem Reichtum. Das hatte sich so zugetragen: In jeder Sabbatnacht besuchte sie ein Mann, dem rüstete sie das Mahl, und er gab ihr dafür Gold und Silber. Doch einmal war es der Frau, als sei ihr Tun Sünde, und sie ging, den Weisen R. Chajim ibn Musa darum zu befragen. Dieser sagte ihr: Was du tust, ist ver=

* Wortspiel: Der Eigenname Zarza bedeutet auch Dornbusch

boten. Da ließ die Frau davon ab. Als in der nächsten Sab=batnacht der Mann zu ihr kam und ihr verändertes Wesen gewahrte, fragte er sie: Warum bist du heute anders als sonst? Nunmehr erzählte sie ihm, daß sie den Weisen auf=gesucht und dieser ihr bisheriges Verhalten als sträflich befunden habe. Da sagte der Gast: Du pflegtest mir damit eine große Freude zu bereiten, ach fahre nur weiter so fort! Und er erzählte ihr unter Eid, daß er der Mann soundso aus Toledo sei, der vor mehr als dreihundert Jahren ge=storben wäre. Er habe in einem Streit, doch ohne Vorbe=dacht, seine Frau erschlagen, und als er seine Tat erkannt, habe er sich selbst getötet. Darum sei ihm der Einlaß in den Garten Eden verwehrt, und seine einzige Freude seien die Sabbatnächte gewesen, an denen er wie zu seinen Leb=zeiten vor einem gedeckten Tische saß.

259. DIE WANDERNDE SEELE

Es begab sich einst in Kastilien, daß dem Volke ein Stier zur Belustigung preisgegeben wurde, und alle vergnügten sich daran, das Tier zu quälen und zu mißhandeln. Da er=schien in einer Nacht einem judäischen Manne sein Vater im Traum und sprach zu ihm: Wisse, mein Sohn, daß um meiner Sünden willen meine Seele nach dem Tode wan=dern mußte und ich zuletzt in einen Ochsen verwandelt wurde; ich bin das Tier, an dem sich morgen das Volk er=götzen wird, indem es mich peinigt und plagt und zu Tode hetzt. So bitte ich dich denn, mein Sohn, erlöse mich von dieser Qual und laß mich entrinnen, daß ich durch die Marter nicht unrein werde. Scheue kein Opfer, suche mich zu erwerben und mich nach heiligem Brauche zu schlach=ten; alsdann speise mit meinem Fleisch die Bedürftigen, die der Lehre obliegen. Dies ist vom Himmel verkündigt wor=den, und dieses sollte ich dir anbefehlen; so du die Tat

vollbringst, so wird meine Seele den tierischen Leib verlassen und wieder eine menschliche Gestalt annehmen; ich werde dann würdig sein, meinem Gott zu dienen.
Solcher Geschichten haben sich viele in Israel zugetragen. ›Frage deinen Vater, und er wird es dir sagen; horche bei den Greisen, und sie werden es dich vernehmen lassen.‹

260. DER SCHARFBLICK DES WEISEN

Es war einst große Dürre im Lande, und da nötigten der König und seine Ratmannen den Weisen R. Isaak, zu seinem Gott zu beten und Regen zu erflehen. Da befahl der Lehrer, die Höhentempel der Heiden zu schließen und ihm die Schlüssel zu überliefern, außerdem aber alle Huren aus der Stadt zu weisen; danach wollte er sein Gebet sprechen. Der Befehl wurde vollzogen und die Schlüssel R. Isaak ausgehändigt, allein um ihn zu versuchen, ließ man einen Tempel offen und behielt darin ein buhlerisches Weib. Des Morgens beschied R. Isaak die Weisen und Ältesten der Stadt zu sich und sprach höhnisch zu ihnen: Ihr treibt wohl Spott mit mir! Was bittet ihr mich, für euch um Regen zu flehen? Mag die Buhldirne, die ihr in dem einen Tempel habt sitzen lassen, für euch beten, mir aber klagt eure Not nicht. Als die, die ihn hatten prüfen wollen, diese Worte vernahmen, erstaunten sie über die Maßen; sie jagten alsbald die Metze aus dem Tempel und überbrachten auch den letzten Schlüssel dem weisen Manne.
Da erhob sich R. Isaak zum Gebet und sprach: Herr, du Gott Abrahams, Isaaks und Jakobs, heute soll es kundgetan werden, daß du der Allmächtige bist und ich dein Knecht; was ich getan, tat ich auf dein Geheiß. So erhöre mich denn, Herr, erhöre mein Flehen. Und siehe da, wie er sein Gebet zu Ende gesprochen hatte, überzog sich der Himmel mit Wolken, und R. Isaak ließ dem König sagen:

›Spanne an, zieh hinab, daß dich der Regen nicht ergreife!‹ Und das Wasser strömte vom Himmel nieder und brachte Segen, Fülle und Fruchtbarkeit.

261. WIE ISAAK ABOHAW EINÄUGIG WURDE

Der Lehrer R. Isaak Abohaw war auf einem Auge erblindet. Das hatte sich so zugetragen.

Zu der Zeit wurden die Judäer schwer bedrückt. Sie hatten die Pflicht, jedesmal, wenn Dürre einträte, ihren Gott so lange um Regen anzuflehen, bis er sie erhörte, und nur so duldete sie der König in seinem Lande. Es kam nun ein trockenes Jahr, und der Lehrer R. Isaak wurde gebeten, den Herrn anzurufen, daß er sich erbarme und Regen schicke. R. Isaak stellte sich also vor die Lade, betete zu Gott und bedrängte ihn gleichsam um Hilfe. Als die heilige Rolle aus dem Schrein genommen wurde, las er den Abschnitt von der Opferung Isaaks her und schrie laut: Unser ist das Wasser! Unser ist das Wasser! Sodann erhob er ein bitteres Geschrei und rief: Herr der Welt! Vor den Thron deiner Herrlichkeit ist es gekommen, daß Israel in Not ist, und daß die Völker es für die Dürre strafen wollen; denn wir müssen ihnen Regen schaffen. Erbarme dich deines Volkes, erbarme dich deiner Herde; laß durch uns Wasser kommen. Unser ist das Wasser! Und R. Isaak stieß beinahe Drohungen wider den Himmel aus. Er sprach: Ich gehe nicht von hinnen, als bis du dich deines Volkes angenommen hast. Alsbald verdunkelte sich der Himmel, und dem Betenden ward sein Wille. Allein er verließ das Bethaus, auf einem Auge blind.

262. DIE SIEBEN HIRTEN

Der Lehrer R. Isaak Abohaw, er ruhe in Frieden, war sich über die Schreibweise einiger Worte nicht klar. Da reiste er nach andern Ländern, wo sich alte Handschriften befanden, um in diese Einblick zu nehmen. Er erfuhr, daß es in einem Orte eine Handschrift von der Hand Esras gab. Dort wollte er nun hin. Es fügte sich aber, daß er an einem Freitagnachmittag in ein Dorf kam und es schon zu spät war, um vor Anbruch des Sabbats jene Stadt zu erreichen. Er suchte eine Herberge auf und fragte, ob hier zehn Judäer beisammen wären, um den Gottesdienst mit ihnen abzuhalten. Das war der Fall, und er betete mit ihnen. Des Morgens, als der Abschnitt aus der Schrift verlesen werden sollte, rief der Vorbeter mit lieblicher Stimme zum Lesen auf. Er sprach: Der Priester Aaron, der Sohn Amrams, möge die Bühne besteigen. Sodann forderte er unsern Meister Mose zum Beten auf. Und so rief er hintereinander alle sieben Hirten* auf. Zuletzt kam R. Isaak an die Reihe, und es wurden gerade die Verse verlesen, deren Schreibweise er genau hatte wissen wollen. Da ward der Lehrer voll großer Freude. Am Sabbatausgange aber entschwand ihm die Herberge samt den Betenden, und er reiste in Frieden in seine Heimat zurück.

263. ISAAK DE LEON

Der Lehrer R. Isaak de Leon war ein hochangesehener Mann in Spanien. Er starb noch vor der Vertreibung der Juden aus diesem Lande. Ein Jahr vorher erschien der Fromme dreimal seiner Frau im Traume und sprach zu ihr: Entferne den Denkstein von meinem Grabe und laß die Erde darüber bebauen, damit meine Ruhestätte nicht be=

* Abraham, Isaak, Jakob, Joseph, Mose, Aaron, David

kannt sei. Da teilte das Weib des Frommen ihren Traum den Weisen mit. Sie verfügten ein Fasten und gewährten der Frau die Freiheit, alles zu tun, was ihr verblichener Gemahl ihr anbefohlen hatte. An der Stelle befanden sich außerdem noch die Gräber von R. Asser, R. Jona und andern berühmten Lehrern. Auch diese wurden vom Pfluge durchfurcht und unkenntlich gemacht.

264. DON JOSSE JACHJA

Der König Don Juan von Portugal hatte beschlossen, die Juden seines Landes zu nötigen, ihren Glauben zu verwerfen. Er überlegte, wie er dabei zu Werke gehen sollte, und sprach bei sich: Wenn es mir gelänge, den ehrwürdigen Greis Don Josse Jachja zum Übertritt zu bewegen, so würden die Judäer sicherlich seinem Beispiel folgen. Und er schickte einen seiner Höflinge zu Don Josse, der sollte wie folgt zu ihm sprechen: Der König befiehlt dir, seinen Willen zu tun und deinem Glauben abzusagen; du sollst seinem Gott und seinem Priester dienen, dann will er dich zum Herrn von Braganza machen. Wo du aber seinen Willen nicht befolgst, so wird dein Ende schlimm sein.

Als der Greis diesen Befehl des Königs vernahm, weinte er und betete zu Gott, daß er ihm in der Bedrängnis beistehe. Er holte seine drei Söhne und floh mit ihnen vor dem Zorn des Landesherrn. Er ließ all sein Hab und Gut und kehrte sich nicht an sein Haus, das aus fünfzehn Mitgliedern bestand und weit und breit im Rufe von Weisheit, Tugend und Reichtum stand.

Der König verfolgte Don Josse erst zu Lande, dann zu Wasser auf Holzflößen; aber dem Flüchtling widerfuhr ein Wunder, und ein starker Ostwind trieb sein Schiff an die Küste von Kastilien. Der König kehrte zurück und warf sich wutschnaubend wie ein Löwe auf die Hausgenossen

Don Josses. Sie verfielen dem Schwert, der Vernichtung und Ausrottung. Danach zwang er alle Juden zur Ableugnung ihres Glaubens.
Die meisten von ihnen zogen es aber vor, für ihren Gott den Tod zu erleiden.
Der greise Don Josse und seine drei Söhne wurden nachher in Kastilien ergriffen und zum Feuertode verurteilt.

265. DER LETZTE WILLE

Der Weise Abraham Sebba, der Verfasser des Buches ›Der Myrrhenstrauß‹, befand sich auf der Reise nach Italien, als er auf dem Schiffe plötzlich erkrankte und sein Ende kommen sah. Die Reisenden waren nur drei Tagereisen von der Stadt Verona entfernt; da ließ Gott einen Sturm kommen, und das Schiff war nahe daran unterzugehen. Die Seeleute mühten sich, das Festland zu erreichen, doch ihre Anstrengung blieb vergeblich, denn das Meer fuhr ungestüm. Da schrien, die auf dem Schiffe waren, zu Gott und wandten sich an R. Abraham, indem sie sprachen: Wir wissen, daß du ein Mann Gottes bist, und daß der Herr durch deinen Mund die Wahrheit spricht. So bete denn für uns zu ihm, daß wir nicht verderben; er schaue hernieder auf unser Elend und sehe unsre Plage. Der Fromme antwortete darauf: Ich bin dem Sterben nahe; allein die Hoffnung, die ihr auf mich setzt, soll nicht zuschanden werden. Nehmt es nur auf euch, mich, wenn ich tot bin, nicht ins Wasser zu werfen und das Schiff um diese Last nicht leichter zu machen. Wir sind nicht fern von der Stadt Verona; bittet die Judäer, die dort ansässig sind, daß sie meinen Körper von dem Schiffe holen und mich auf dem Gottesacker zu meinen Vätern legen. Ihr werdet gerettet werden, und das Wasser wird euch nicht verschlingen. Und so geschah es auch. Der Sturm legte sich, und der Fromme ver-

schied in das Reich der Ewigkeit. Das Schiff aber kam an Land.
Des andern Tages ging der Steuermann mit einigen Ge=nossen in die Stadt und suchte das Bethaus der Judäer auf. Hier bot er den Andächtigen den Friedensgruß und sprach zu ihnen: Vernehmt, ihr Judäer, auf meinem Schiff ist ein gerechter Mann entschlafen. So und so befahl er mir in seiner Todesstunde zu tun; ich erfülle hiermit seinen Willen, und das Haus Israel möge gleichfalls vollbringen, was er ihm auferlegt hat. Die Judäer befolgten, was ihnen der Heim=gegangene geboten hatte; sie beweinten ihn und setzten ihn auf dem Friedhof der heiligen Gemeinde zu Verona bei.

266. DAS BETHAUS RABBI SAMUELS

Der Lehrer R. Samuel ibn Said, einer von den aus Spanien Geflüchteten, der Verfasser des Buches ›Die Lehrsätze Sa=muels‹, der Jünger des R. Isaak de Leon und Eidam des berühmten Abohaw, stand in schwerer Zeit seinem Volke bei, als Israel von dem Bösewicht Achmet Murad bedrängt wurde. Er war ein Kenner der Geheimlehre und hatte die Dämonen aus dem Bethaus der Stadt Sevilla vertrieben, wofür dieses seinen Namen trug.
Das Gebäude war anfänglich als Wohnhaus gedacht, es konnte sich aber kein Mensch darin aufhalten, denn Dä=monen hatten davon Besitz ergriffen. Gar viele Menschen waren darin umgekommen. Als nun R. Samuel nach dieser Stadt kam, wollte er in dem Hause Wohnung nehmen; es war aber verriegelt und verschlossen wegen der Plage=geister, die darin hausten. Das wurde dem Lehrer gesagt, er aber sprach: Dennoch will ich das Haus beziehen. Und er nahm einen Stab, ritzte darauf wundertätige Schriftzei=chen ein und betrat das Haus. Er legte den Stab sich zu Häupten und ging dann schlafen.

Es geschah aber um Mitternacht, daß ein Mann mit entblößtem Schwerte vor sein Bett trat; da entsetzte sich der Lehrer und fuhr zusammen. Der Fremde sprach: Wer hat dich zum Fürsten und Gewalthaber über uns gemacht? Wie hast du es gewagt, hier zu nachten? Alsbald stand der Lehrer auf und hob den Stab empor, auf dem der unverstellte Name Gottes geschrieben war. Er sprach: Dies hier hat mir die Macht verliehen über dich und deinesgleichen. Und er zwang den Dämon, alle Teufel, die in dem Hause waren, herbeizurufen, und Scharen von Geistern folgten dem Befehl. Der Lehrer schrie sie an und jagte sie davon; er verfolgte sie und schlug auf sie ein. So trieb er sie bis zu der Grube, die Charath Elkarez genannt wird. Er zwang sie hinabzufahren und bannte sie da; sie durften sich nimmer erheben, noch irgendeinem Menschen etwas zuleide tun.
Nach dieser Tat wurde das Haus zu einer Bethalle umgebaut und trug den Namen des weisen R. Samuel.

267. DIE ZWEI SÖLDNER

Einst sprach ein hoher Würdenträger mit einem Weisen Judas und sagte: Ihr ruft so stolz: ›Es schläft und schlummert nicht der Hüter Israels.‹* Haben denn die andern Völker keinen Wächter und Beschützer? Der Weise erwiderte: Mein Herr, sind wir doch das schwächste unter allen Völkern; nähme sich Gott unser nicht besonders an, wie könnten wir, ein Schaf unter siebzig Wölfen, unter den siebenzig Völkern der Erde bestehen?
Zur Regierungszeit des Sultans Murad lebten in der Hauptstadt Stambul auch viele Christen. Diese pflegten einen Teil ihrer Söhne den Türken in den Kriegsdienst zu geben. Die Knaben wurden in dem Glauben des Moslems erzogen und wurden danach Söldner und Hauptleute des tür=

* Psalm 121, 4

kischen Heeres. Diese Zöglinge hegten eine besondre Abneigung gegen die Juden, und sie sannen Böses wider sie. Einmal, es war vor dem Herannahen des Passahfestes, kamen solche zwei Söldner zusammen und berieten darüber, wie den Juden eine Falle zu stellen wäre. Da sagte der eine: Die Ebräer feiern jetzt das Fest der ungesäuerten Brote und geben sich ihren Freuden hin; jetzt ist es Zeit, ihren Jubel zu trüben. Der andre fragte: Wie wollen wir es anstellen? Der erste erwiderte: Ich habe einen einzigen Sohn, den ich liebhabe; diesen will ich töten und in die Judengasse werfen. Morgen bringen wir die Sache vor den Sultan.

Doch es kam anders, als die Missetäter gedacht hatten. Als die beiden sich in der Passahnacht mit dem von ihnen getöteten Knaben in die Judengasse schleichen wollten, fanden sie das Tor, das zu ihr führte, verschlossen.

In dieser Nacht rüttelte Gott das Gemüt des Großwesirs auf und ließ keinen Schlaf über seine Lider kommen. Er stand vom Lager auf und setzte sich ans Fenster. Sein Haus lag gerade dem Tor gegenüber, das in die Judengasse führte. Also konnte er beim Schein des Mondes die zwei Männer mit der Leiche sehen und den nächtlichen Vorgang beobachten. Den Morgen darauf ging der Würdenträger zu seinem Herrscher und erzählte ihm, was seine Augen geschaut hatten.

Der Sultan wollte der Sache nachgehen und ließ ein Gericht zusammentreten. Alsbald erschienen auch die zwei Söldner und sprachen: Herr, steh uns bei; nimm in Gottes Namen Rache an den Judäern! Da fragte der Sultan: Was ist euch widerfahren? Der eine antwortete: Mein Sohn war nach der Judengasse gegangen; da stürzten sich die Einwohner auf ihn und schlachteten ihn, um mit seinem Blut den Teig zu ihrem Passahbrot zu rühren. Ist es ihnen doch verboten, an diesem Fest andres Brot als dieses zu genießen. Der andre sprach: Was mein Freund sagt, entspricht der Wahrheit.

Hierauf befahl der Sultan, die beiden Männer voneinander zu trennen. Man begann den zweiten auszufragen und versprach ihm hohe Ehren, wenn er alles bekennen werde. Da erzählte er, daß sein Freund selbst seinen Sohn getötet habe, um die Kinder Israel zu verleumden. Nun wurde der Vater des Knaben vernommen, und man sagte ihm, daß sein Freund ihn des Mordes bezichtige. Er rief: Bewahre, nicht ich habe Hand an meinen Sproß gelegt; mein Genosse wars. Also wurden die beiden der Tat überführt. Der Sultan befahl, die Bösewichter zu töten.

268. DIE MUTTERMILCH

Einem Vizekönig wurden nur Töchter und keine Söhne geboren. Als nun die Fürstin wieder schwanger wurde, sagte ihr Gemahl zu ihr: Wisse, daß, wenn du jetzt wieder eine Tochter gebierst, ich dich mit meinem Schwerte töte. Da das Weib dies vernahm, wurde ihr Herz zage; sie ließ die Wehmutter kommen und erzählte ihr von der Drohung ihres Eheherrn. Diese sagte: Gott wird tun, was ihm wohlgefällt. Als die Stunde der Niederkunft kam, sagte die Wehmutter zu der Gebärenden: Es ist wieder ein Mädchen, allein fürchte dich nicht. Die Frau des Vizekönigs aber hatte große Angst vor ihrem Manne.

Indessen nahm die Wehmutter das neugeborene Kind und schlich sich mit ihm unbemerkt bis an die Stelle, von der aus die Frauen Wasser schöpften und an der sie ihre Kinder liegen ließen. Hier vertauschte sie geschwind das Mädchen mit einem Knaben und trug diesen zur Vizekönigin. Dem Vizekönig wurde gemeldet: Dir ist ein Sohn geboren worden. Da ward dieser voll großer Freude und verehrte seiner Gemahlin kostbare Geschenke. Inzwischen wurde die Mutter des Knaben gewahr, daß ihr Kind vertauscht worden war. Sie weinte und fragte die Einwohner des Or=

tes, wer wohl den Betrug begangen hätte. Man forschte nach dem Geschehenen und kam gar bald dahinter.
Hierauf wurden die beiden Frauen, die Mutter des Knaben und die Gattin des Vizekönigs, vor den König und seine Richter gerufen. Und die Frau aus dem Volke sprach: Mein Herr und König! Ich und dieses Weib hier gebaren an einem Tag Kinder; ich brachte einen Knaben zur Welt, sie eine Tochter. Da sie sich aber vor ihrem Manne fürchtete, stand sie in der Nacht auf, nahm meinen Sohn und legte mir statt seiner ihre Tochter ins Bett. Deine Magd schlief fest und bemerkte nichts von dem Vorgang. Als ich aber des Morgens mein Kind baden wollte, sah ich, daß es ein Mädchen war. Die Frau des Vizekönigs sprach dagegen: Nein, mein Herr, die Tochter gehört ihr, der Sohn ist aber mein. Da wußten die Richter des Königs den Streit nicht zu entscheiden. Nunmehr sprach der Fürst zu den Frauen: Geht beide zu meinem Ratmann, dem Judäer Eliahu, und tut, was er euch befiehlt.
Des andern Tages erschienen die zwei Rechtenden vor dem Judäer und trugen ihm ihre Sache vor. Die obersten Diener des Königs und viele Bürger der Hauptstadt kamen, um das Urteil zu vernehmen. Der Weise befahl, zwei gleichgearbeitete feine Becher zu bringen. Er legte je einen auf die Waagschalen, und beide hatten ein und dasselbe Gewicht. Danach sollten beide Frauen Milch aus ihren Brüsten ausdrücken und in die Becher laufen lassen. Die zwei Kelche wurden wieder abgewogen, und da erwies sich die Milch der Frau aus dem Volke schwerer als die der Vizekönigin. Darauf sprach der Weise zu der Fürstin: Diese Frau ist die Mutter des Knaben; gib ihr ihren Sohn und nimm dir deine Tochter wieder; fürchte dich nicht vor deinem Manne; ich werde für dich sprechen.
Da staunten alle über das gefällte Urteil, und der judäische Richter brachte noch viele Beweise dafür, daß die Milch,

die Knaben als Nahrung bestimmt ist, schwerer wiegt als die, die Mädchen trinken. Also sah man, daß Gottes Weisheit dem Manne innewohnte. Er wurde von diesem Tage an Liebling des Königs und des ganzen Hofes und starb hochbetagt und des Lebens satt. Es stand nach ihm keiner auf, der ihm geglichen hätte.

269. DER SULTAN UND DIE JUDÄERIN

Der Sultan Mahomet der Zweite ließ einst folgenden Befehl in seinem Volke bekanntgeben: Es verlasse niemand sein Haus nach der zweiten Abendstunde, auch nicht dann, wenn er Nahrungsmittel zu besorgen hat. Ebenso war es den Ladeninhabern streng untersagt, nach dieser Zeit etwas zu verkaufen.

Nun wollte der König sehen, ob sein Gebot auch wirklich eingehalten würde, und machte sich in einer finstern Nacht auf, um einen Streifzug durch die Stadt zu unternehmen. Er zog einfache Kleider an und ließ sich von zwei Dienern begleiten. Der Zufall führte ihn an dem Hause einer Judäerin vorbei, die einen Ausschank hatte und Öl, Weißbrot und sonstige Speisen feil hatte. Der König klopfte an die Tür des Hauses und rief: Liebe Schwester und Freundin, süße Taube, tränke mich mit Wasser, denn mich dürstet, gib mir ein Stück Brot, denn mich hungert. Die Wirtin antwortete: Ich darf das alles nicht tun; sieh, du redest mir zu, das Gebot des Königs zu übertreten, das wird dir nicht gelingen. Der Fürst fuhr aber fort, zu rufen und zu bitten, und sprach: Öffne deine Tür einem Gast; ich bin ein armer Mann, in meinem Haus ist kein Brot und keine Decke. Ich bin eben abends von meiner Arbeit im Felde zurückgekehrt, bei Gott, ich habe keinen Löffel Mehl in meinem Sacke und kein Öl in meinem Kruge. Labe mich mit Brot und Wein, erfülle meine Bitte, so ich Gnade vor deinen Augen gefunden habe. Das Weib jedoch antwortete wie zuvor: Geh von hinnen; warum trachtest du mir nach dem Leben und willst mich umbringen? Da sprach der König: So tu wenigstens das eine: öffne das Fenster und reiche mir aus diesem etwas Brot und Wein, denn ich bin matt. Ich will meinen Mund auftun, und du gieße mir etwas hinein, ich will es dir lohnen. Allein die Frau hielt sich die Ohren zu, um nichts zu hören; sie erhob ihre Rechte und Linke zum Himmel und schwur, dem Bittenden nichts zu geben, und wenn es das Geringste wäre. Sie sprach: Wer wider den König handelt, verdirbt seine Seele; des Fürsten Zorn ist wie der des Todesengels; wer kann ihm sagen, was er zu tun hat? Da sah der König, daß die Frau klug und standhaft war und sich nicht überreden ließ. Und er sprach bei sich: Das ist ein Weib, das ihren Fürsten fürchtet; sie sei gepriesen, und ihre Taten mögen verherrlicht werden. Und der König holte einen roten Stift hervor und machte an dem Hause ein Zeichen, damit er es erkenne, wenn er wiederkäme.

Des andern Tages, als der König an sein Richteramt ging, gedachte er des gestrigen Vorfalls mit der Judäerin und schickte einen Boten nach dem von ihm mit dem Zeichen versehenen Hause mit dem Auftrag, die Schankwirtin zu holen. Der Diener befolgte den Befehl seines Fürsten und brachte die Judäerin in das Schloß. Die Frau erschien vor dem Herrscher und fiel vor ihm auf ihr Angesicht. Da fuhr der Sultan sie an und redete mit ihr hart. Er sagte: Höre zu, Weib, die du vor mir stehst. Die Judäerin erwiderte: Rede, mein Herr, deine Magd lauscht. Der König fragte: Wer bist du? Das Weib antwortete: Ich bin Ebräerin. Der König sprach: Mir ist gesagt worden, daß die Ebräer ein mitleidiges, wohltätiges Volk seien; wieso hattest du nun kein Erbarmen mit dem Armen, der vergangene Nacht dich bat, ihm ein Stück Brot zu geben. Du hast ihn ungesättigt abziehen lassen und fürchtetest deinen Gott nicht. Deine Missetat ist groß, denn du hast einem Hungrigen Nahrung versagt. Darauf antwortete die Frau: Es sei ferne von deiner Magd, solch eine Untat zu begehen, und in Wahrheit sind unter deinen Untertanen die Ebräer die mitleidvollsten. Nicht, weil der Bittende ein Türke war, habe ich ihn fortgeschickt, denn unsre Pflicht ist es, auch die Hungrigen andrer Völker zu speisen, sondern, um dein Gebot zu halten und weil die Furcht vor dir mich leitete. Sollte ich denn die noch größere Sünde begehen und deinen Befehl übertreten? Hattest du uns doch ausdrücklich befohlen: Keiner verkaufe etwas in der Nacht.

Nunmehr sprach der König milde und sanft: Friede mit dir! Fürchte dich nicht, ich weiß wohl, daß du nur aus Achtung vor deinem Herrscher so gehandelt hast.

270. DAVID RUBENI UND SALOMO MOLCHO

Im Jahre fünftausendzweihundertvierundachtzig erschien in Rom ein Mann aus der Fremde, der nannte sich David Rubeni und behauptete von sich, er sei ein Prophet und Feldhauptmann des Königs Messias. Er ließ sich zum Herrscher von Portugal führen und nahm einen Dolmetscher mit, denn er beherrschte außer der heiligen Sprache nur noch die arabische. Er erzählte dem Könige, daß Gott ihn als Propheten zu seinem Volke Israel gesandt habe, und trug ihm an, mit ihm gemeinsam nach Konstantinopel zu ziehen, den Sultan der Türken zu bekriegen und sein Land zu erobern; nur Jerusalem und die Umgebung der Stadt sollten das Teil des Messias sein. Dieses Vorschlages ward der König von Portugal sehr froh, und er bezeugte dem Fremden Ehrfurcht. Er ließ ihn mit dem obersten Kirchenfürsten zusammenkommen, damit der ihn in Rätseln prüfe.

Auch die Judäer, besonders die zum Schein übergetretenen,

glaubten den Weissagungen des Mannes. Rubeni reiste im Lande umher und fand überall, wo er hinkam, Anhänger und Verehrer. Er ließ Fahnen vor sich hertragen, auf denen die heiligen Namen geschrieben waren, und zeigte dem Volke einen Schild, auf dem ebenfalls heilige Namen eingeritzt waren. Von diesem Schilde sagte er, es sei der Schild des Königs David, der mit ihm seine Kriege für den Gott Israels geführt habe. Dieser Schild soll noch heute in einem Bethaus der Stadt Bologna aufbewahrt liegen. David Rubeni fastete sechs Tage und sechs Nächte ununterbrochen.

Zu der Zeit erleuchtete der Herr den Geist eines Jünglings, der judäischer Herkunft war und am Hofe des Königs das Amt eines Schreibers versah. Dieser Jüngling tat Buße, beschnitt die Vorhaut seines Fleisches und nannte sich fortan Salomo Molcho. Er glaubte, er sei zum Messias ausersehen, und sah in David Rubeni seinen Verkündiger. Und Gott gab Salomo große Weisheit, daß er weiser ward denn alle Menschen. Er predigte in den Städten Italiens vor großen Menschenmengen und sprach laut von den Vorzügen seines Glaubens vor andersgläubigen Priestern. Er redete bald geheimnisvoll, bald offen und klar über die Gegenstände der mündlichen und schriftlichen Lehre und ließ Dinge vernehmen, die Staunen erweckten, weil sie nie zuvor gehört worden waren. Jeden Vers, um dessen Erklärung er gebeten wurde, konnte er bald neunundvierzigmal verschieden auslegen. Auch verfaßte er unzählige Schriften über die Geheimlehre. Den Satz: Gelobt sei der Herr Tag für Tag – legte er an einem Tage so vielmal aus, daß man die Erklärungen nicht behalten konnte. Also wuchs die Bewunderung für ihn, und die Christen glaubten an ihn bald noch mehr als die Juden. Von überall her kamen Menschen, der Weisheit Salomos zu lauschen. Er selbst schickte Sendschreiben nach allen Ländern.

Es begab sich aber nach einiger Zeit, daß Salomo Molcho vor König Karlos verleumdet wurde und dieser ihn festzunehmen befahl, da er gegen den herrschenden Glauben aufgetreten sei. Das Urteil lautete: Führt ihn hinaus und verbrennt ihn! Als Molcho zum Scheiterhaufen geführt wurde, verfügte ein Priester, daß ihm ein Zaum um den Mund gelegt werde, damit verhindert würde, Beschwörungen zu flüstern oder Zauberformeln zu sprechen, wodurch er entrinnen könnte. Dieser Befehl wurde ausgeführt, und danach ward Salomo Molcho auf den brennenden Holzstoß geworfen. Hier hauchte er seine Seele aus. David Rubeni wurde in eine Grube geworfen, in der er verstarb.
Aber auch nach dem Tode Salomos hörte das Volk nicht auf, an ihn zu glauben, und selbst einsichtige Männer behaupteten, ihn acht Tage nach seiner Verbrennung lebendig in seinem Hause gesehen zu haben. Ebenso sollte er Sabbat für Sabbat seine Verlobte im nördlichen Galiläa besuchen. Und noch heute glauben viele an ihn, wie es zu seinen Lebzeiten war.

Man erzählt, daß, als man Salomo Molcho mit dem Zaum im Munde auf den Scheiterhaufen führte, viel Volk auf dem Richtplatz war. Ein Bote des Königs befahl, ihm den Zaum abzunehmen, weil er im Namen seines Fürsten einige Worte an ihn zu richten hatte. Der Beauftragte sprach: Der König läßt dir, Salomo, sagen, daß, wenn du von deinem Wandel lässest, er dich begnadigen wird und dich wird leben lassen; wo aber nicht, wird das Böse seinen Lauf nehmen, das über dich verhängt ist. Allein Molcho rührte sich nicht von der Stelle und zuckte mit keinem Gliede, und er antwortete, einem Heiligen, einem Engel Gottes gleich: Mein Herz trauert und grämt sich um die Tage, die es, den wahren Glauben nicht kennend, zugebracht hat. Tut mit mir jetzt, wie es euch gefällt; meine Seele wird zu ihrem Gott zurückkehren, dem sie von jung an angehört, und es wird mir wohler ergehen denn je. Da wurden die Richter von neuem voller Zorn, und Salomo Molcho ward auf den Holzstoß geworfen und gleich einem Ganzopfer, das dem Herrn dargebracht wird, verbrannt. Und Gott roch den lieblichen Geruch und nahm die reine Seele in seinem Wonnegarten auf, und sie ward sein herzliebstes Spiel allezeit.

271. ELIA UND DER SULTAN

In den Tagen des Sultans Soliman gedieh zu hoher Blüte der Ruhm des Weisen Mose Hamon, sein Andenken sei gepriesen. Denn er hatte sein Leben seinem Volke geweiht. Ihm war es gelungen, bei seinem Herrscher auszuwirken, daß jede Beschuldigung wegen Blutgebrauchs zum Passahfest, die man gegen die Judäer vorbrächte, von keinem als vom Sultan selbst geprüft werden sollte. Der Sultan Soliman war ein gnadenvoller König, und ihm war auch einst der Prophet Elia erschienen. Dieses hatte sich folgendermaßen zugetragen.

Der Wesir des Sultans ereiferte sich darüber, daß der Herrscher die Judäer mit seiner Gunst umgab, und er sann nach Mitteln, sie zu verderben. Er ließ einen unterirdischen Gang von seinem Hause bis zu dem Palast des Sultans graben. Um Mitternacht vernahm der Sultan in seinem Schlafgemach eine Stimme, die aus der Tiefe kam und also sprach: Soliman, Soliman, wie lange willst du noch träge daliegen? Mache dich auf und laß das Volk Israel aus deinem Reiche verschwinden. Das befiehlt Gott.

Der Sultan dachte, er höre die Worte im Traum, und schlief wieder ein. In der folgenden Nacht aber vernahm er erneut die seltsamen Rufe. Da sprach er in seinem Herzen: Dieses ist ein schlimmes Vorzeichen für die Juden; über sie ist Böses verhängt worden.

Und er ließ alsbald den weisen Mose vor sich kommen. Er sprach zu ihm: Gestern redete Gott durch seinen Propheten mit mir und sagte mir, daß vom Himmel euer Untergang beschlossen sei. Da ward das Herz Moses wie Wasser zag. Er fiel vor dem Sultan nieder und sprach zu ihm: Gedenke dessen, daß ich von Jugend auf in deinen Diensten stehe, und daß ich willigen Herzens deinen Befehlen gefolgt bin. Laß das Böse nicht über uns kommen. Der Sultan sprach: Du sollst heute nacht selbst die Stimme vernehmen.

Und richtig, zum dritten Mal erscholl die Stimme aus der Tiefe, und R. Mose hörte sie mit eignen Ohren. Auf den Rat des Sultans begab er sich noch in derselben Nacht in die Wüste. Er ging weinend daher; da begegnete ihm ein Greis, und der fragte ihn: Wo kommst du her? Welches Volkes, welches Stammes bist du? R. Mose berichtete ihm von dem, was sich in seinem Lande zugetragen hatte. Da sagte der Greis: Wenn du ein gottesfürchtiger Mann bist, wieso verläßt du dein Volk? Da begriff R. Mose, daß der, der zu ihm sprach, Elia war. Er fiel dem Seher zu Füßen und sprach: Was soll ich nun tun? Elia sagte: Kehre um nach dem Schlosse des Königs und sprich mit ihm, was ich dir eingeben werde. Ich werde im Garten sein.

R. Mose tat nach der Weisung Elias, und bald stand er vor dem Sultan in ehrerbietiger Haltung. Er sprach: Ich bin mit dem Propheten Elia hierhergekommen. Da ward der König voll großer Freude. Er wechselte seine Kleider, wusch seinen Leib und begab sich alsobald in den Garten. Der Seher sprach zu ihm: Du warst bislang ein gütiger Herrscher und hast den Judäern Gutes erwiesen. Nun willst du töricht an ihnen handeln. Wer aber hat je dies Volk gepeinigt und ist ohne Strafe ausgegangen? Dein Wesir war es, der dieses angestellt und durch einen unterirdischen Gang zu dir geredet hat.

Am Morgen ließ der Sultan vor seinem Palast die Erde aufgraben, und der geheime Gang lag offen da. Der Wesir wurde an der Tür seines Hauses aufgehängt und der Vorfall in einer Chronik niedergeschrieben, damit er zur Warnung diene.
Der Sultan aber schloß einen Bund mit Elia, daß er ihm allmonatlich erscheinen solle. Und Elia tat so.

272. DON JOSEPH NAXOS

Unter denen, die dem Schmelzofen Portugals entrannen, befand sich der Maranne Don Joseph, der nachmalige Fürst von Naxos. Er kam zuerst nach Ferrara, woselbst er aber nur einige Wochen verblieb. Von dort ging er nach der Türkei. Er gewann die Gunst des Sultans Soliman und wurde sein Liebling. Der Sultan überließ ihm die in Trümmern liegende Stadt Tiberias sowie die sieben Ortschaften, die sie umgaben, und ernannte ihn zum Fürsten über diesen Landstrich. Don Joseph betraute seinen Diener Joseph, den Sohn Adrets, mit dem Wiederaufbau der Stadtmauer, und auch dieser fand Gnade vor den Augen des Sultans. Er setzte ihm einen Lohn von sechzig Aspern täglich aus und ließ ihn von acht Männern, die ihm behilflich sein sollten, begleiten. Auch gab er ihm einen Ferman mit seinem Siegel und gebot dem Pascha von Damaskus und Safed, alles zu tun, was der von ihm Empfohlene verlangen würde. Und es erging eine Verordnung, daß alle Maurer und Lastträger, die in der Gegend von Tiberias wohnten, die zerstörte Stadt wiederaufzubauen hätten; wer sich weigerte, sollte bestraft werden. Steine gab es dort in Mengen, denn Tiberias war zu allen Zeiten eine große Stadt gewesen und hatte allein dreizehn Gotteshäuser gehabt. Den Sand nahm man von den Ufern des Sees Tiberias.
Aber der Bau der Stadt erregte den Neid der Ismaeliter,

und ein alter Scherif wiegelte die Einwohner auf und rief: Laßt die Israeliten dies Werk nicht verrichten; es kann uns daraus Böses erwachsen. Ich habe in einer alten Schrift gelesen, daß, wenn man die Stadt Tiberias wiederaufbaut, unser Glaube untergehen wird. Die Rede wirkte, und der Bau wurde eingestellt.
Dieses verdroß Joseph, den Sohn Adrets, sehr, und er eilte zu dem Pascha von Damaskus und schrie: O Herr, die Landbewohner weigern sich, den Befehl des Sultans zu erfüllen. Da ließ der Pascha zwei Anführer hinrichten, damit die andern abgeschreckt würden.
Der Bau der Stadt wurde wieder aufgenommen. Beim Graben fand man einen großen Stein und unter ihm eine Leiter, die in die Tiefe führte. Da unten aber waren Überreste eines Tempels mit Marmorbildern und Altären zu sehen. Don Joseph ließ dies von seinen Knechten zerstören.
Die neuerbaute Stadt hatte einen Umfang von fünfzehnhundert Ellen. Vollendet ward die Arbeit im Monat Kislew des Jahres fünftausenddreihundertfünfundzwanzig.

273. DER BESTRAFTE FREVEL

Ein nichtswürdiger Mann zankte auf offener Straße mit dem Lehrer R. Joseph ibn Leb aus Saloniki wegen eines Urteils, das dieser in einem Handel gegen ihn gesprochen hatte. Und der Rohling schlug dem Weisen einen Streich auf die Wange. Dieses trug sich auf dem Markte zu, im Beisein vieler Menschen; es fand sich aber niemand, der dem Buben gewehrt, keiner, der, empört ob der Untat, ihn gescholten hätte, denn der Bösewicht war ein reicher Mann und hatte über alle Gewalt. Der Vorgang spielte sich unmittelbar vor dem Laden eines Gewürzhändlers ab, und da zerriß der Rabbi sein Kleid und rief: Ihr Himmel, bleibt nicht stumm!

In der Nacht darauf ging der Krämer durch seinen Laden und hörte hier eine Maus rascheln. Er verfolgte sie mit einem brennenden Licht in der Hand, aber da kam die Flamme an einen Haufen Papier heran, und es entstand ein großes Feuer. Von dem Laden des Gewürzkrämers griff es auf die benachbarten Gebäude über, und so wurden fünfhundert Häuser, darunter auch Lehr- und Betstätten, ein Raub der Flammen, und zweihundert Seelen kamen um in der Glut. Danach wurde die Stadt von einer Seuche heimgesucht, und es starben jeden Tag soundso viele von den Kindern Israel, bis daß eines Tages die Zahl der Toten dreihundertvierzehn ausmachte, welche Zahl dem Gottesnamen Schaddai entspricht. Von da ab verringerte sich die Zahl der Opfer täglich, bis die Seuche stille stand.
Dieses alles trug sich zu im Jahre fünftausenddreihundertundfünf nach Erschaffung der Welt.

274. MODENAS BRAUT

Tag für Tag pflegte die Mutter des Gelehrten Juda Arje di Modena zu ihm zu sprechen: Wenn du doch auf meine Weisungen hören möchtest und mich von meinen Sorgen befreien wolltest, du würdest die Tochter meiner Schwester zum Weibe nehmen. Sie gefällt mir gar wohl. Unter meinen Verwandten möchte ich dich wissen; in unserm Hause wird dann der Friede seinen Sitz haben. In derselben Weise war sie bemüht, auch Modenas Vater für ihr Vorhaben zu gewinnen. Sie schrieb auch ihrer Schwester in dieser Angelegenheit, und jene antwortete ihr. Die Sache blieb aber unentschieden.
In derselben Zeit richtete Modena eine Bitte an den Himmel, daß ihm seine Zukünftige im Traume gezeigt werde. Er suchte das allein durch Gebete zu erreichen und nahm keine Beschwörungen vor. Darauf erschien ihm im Traume

ein alter Mann, der faßte ihn bei der Hand und führte ihn an eine Wand; daselbst war ein Bild aufgemalt, das war aber verhängt. Da zog der Alte den Vorhang weg, und Modena erblickte das Bild seiner Base; auch konnte er deutlich die Farben ihres Gewandes erkennen. Wie er aber noch das Wandbild betrachtete, verschob es sich, und ein anderes Bild kam an seine Stelle; das konnte er jedoch nicht deutlich sehen. Des Morgens darauf erzählte Modena den Traum seinem Vater und seiner Mutter, sie wollten es aber nicht glauben.
Nach einiger Zeit fuhr Modena mit seiner Mutter nach einem Orte in einer Erbschaftsangelegenheit; ihr Weg führte durch die Stadt, wo die Muhme wohnte, und sie wurden dort aufgehalten. Wie sie nun da waren, lenkten die Verwandten das Gespräch auf das beabsichtigte Bündnis, und die Einigung kam zustande. Das Verlöbnis wurde durch Handschlag und den üblichen Rechtsbrauch bekräftigt, und alle freuten sich sehr. Modena zeigte seiner Mutter die Braut, und siehe, ihr Gewand und ihr Schmuck stimmten genau mit dem Bilde überein, das er vor einem Jahr im Traum gesehen hatte. Das Mädchen war fürwahr überaus schön und weise.
Das Jahr darauf, als die Hochzeitfrist herannahte, rief der Bräutigam seine Freunde und Anverwandten zusammen, und nach dem Wochenfest begaben sie sich mit ihm in die Stadt seiner Braut fröhlich und guten Muts. Allein, daselbst angelangt, fanden sie das Mädchen krank im Bette liegen. Ihre Verwandten meinten, es sei nichts Böses und nur vorübergehend, und sie würde bald genesen. Die Krankheit wurde aber von Tag zu Tag schlimmer, und der Braut stand der Tod bevor. Ihr Herz war jedoch stark wie das Herz eines Löwen, und sie empfand keine Furcht. Am Todestage rief sie ihren Verlobten herbei, umarmte und küßte ihn und sprach: Ich weiß, daß das, was ich tue, eine Drei=

stigkeit ist; dem Herrn ist aber bekannt, daß wir das ganze Jahr, wo wir verlobt waren, einander nicht berührt haben, und nun, wo ich verscheiden soll, nehme ich mir das Recht der Sterbenden. Es ist mir nicht vergönnt worden, deine Gefährtin zu werden. Was vermag ich dagegen zu tun? So ist es vom Himmel bestimmt worden. Der Wille des Herrn geschehe! Danach bat sie, daß man einen Weisen rufe, damit sie vor ihm ihre Sünden bekenne. Das wurde erfüllt. Nun erbat sie den Segen ihrer Eltern und der Mutter des Bräutigams. In der Nacht zum heiligen Sabbat entstieg ihre Seele der irdischen Leere, um in die Ewigkeit zu gelangen. Da war ein großes Weinen im Hause und draußen unter ihren Freunden und Anverwandten, und sie wurde mit Ehren zur Ruhe gebettet.

Nachdem die Jungfrau bestattet worden war, erhoben sich die Verwandten und sprachen zu dem Bräutigam und zu dessen Mutter: Ist doch die Schwester der Braut, die nach ihr kommt, ebenso recht. Sollten wir jetzt als geringer angesehen werden und uns miteinander nicht mehr verbrüdern? Warum soll dem Vater und der Mutter des Mädchens dieser Trost nicht zuteil werden? Und sie bedrängten Modena sehr darum, die Schwester seiner Verlobten zu ehelichen. Darauf schrieb dieser an seinen Herrn Vater, und jener erwiderte ihm: Tu nach deinem Willen, denn dir steht die Wahl zu. Ich kann heute oder morgen dir genommen werden, du aber wirst immer mit der Erkorenen sein; also wisse, was du vor dir hast, und laß dich von der gütigen Hand Gottes, die dich stets beschützt hat, leiten. Nun willigte Modena ein, um seiner Mutter die Freude zu bereiten, und eingedenk der Andeutung, die ihm seine entschlafene Braut gegeben hatte. Er vermählte sich mit ihrer Schwester.

275. DAS KUPFERNE BILDNIS

In einer großen Stadt lebte einst ein armer Judäer, der sich davon ernährte, daß er von Haus zu Haus ging und allerlei alten Kram wie Lumpen, zerbrochenes Geschirr und andres unbrauchbares Zeug aufkaufte; er reinigte und ordnete die Gegenstände nach ihrem Wert und verkaufte sie wieder. Der Mann war rechtschaffen, obzwar der Schrift unkundig.

Eines Tages erwarb er aus einem alten verfallenen Hause, das einem Heiden gehörte, einen Haufen verschiedener Dinge, wie Stücke von Eisen und Kupfer und Kleiderfetzen. Als er sie zu Hause dem Stoffe nach sonderte, fand er ein Bildnis in Kupfer, das ganz verschrammt und mit Grünspan bedeckt war. Er tat es zu den andern Stücken aus diesem Metall und setzte seine Arbeit fort. Wie er aber noch mit dem Ordnen der Gegenstände beschäftigt war, hörte er plötzlich eine Stimme leise und klagend rufen: Judäer, warum wirfst du mich fort? Da entsetzte sich der Mann und drehte seinen Kopf nach allen vier Ecken der Stube, um zu erfahren, woher die Stimme käme. Er sah aber niemand, und so arbeitete er weiter. Aber bald hörte er wieder dieselbe Stimme rufen und vernahm die Worte: Warum läßt du mich in Staub und Schmutz auf der Erde liegen? Erbarme dich meiner und hebe mich auf. Abermals sah sich der Mann in dem Raume um und konnte den Sprecher nicht finden. Er ging wieder an seine Arbeit, und die Stimme erscholl zum dritten Mal, diesmal aber mit größerer Stärke, weinend und ächzend. Nun horchte der Mann genau hin und fand, daß die Rufe aus dem Haufen der kupfernen Gegenstände kamen. Er fing an, darin zu wühlen, und bald wußte er, daß es das Bildnis war, das geseufzt hatte. Und das Bild sprach: Heb mich auf und stelle mich auf die Lade, die hier steht. Dir wird daraus Gutes

erwachsen, und du wirst sehen, daß dein Gewinn heute doppelt so groß sein wird als sonst. Tu es nur, es wird dir wohlergehen.
Und der arme Mann neigte in der Einfalt seines Herzens das Ohr dieser Rede; er hob das Bild auf, stellte es auf die Lade, und wirklich verdiente er an dem Tage das Doppelte. Am andern Tage sprach das Bild zu ihm: Erfülle meine Bitte und putze den Grünspan weg, der mich bedeckt; du wirst sehen, daß du heute das Zwiefache des gestrigen Gewinnes verdienen wirst. Also tat der Mann auch dieses. Am dritten Tage sprach das Bild: Höre auf meinen Rat und baue mir eine neue Lade, die nur für mich allein sein soll; deine Einkünfte werden heute noch größer sein. Da der Mann sah, daß sein Gewinn immer mehr zunahm, erfüllte er auch diesen Wunsch des Bildes. Und der Götze stellte jeden Tag neue Forderungen an den Mann und verlangte immer größere Ehrenbezeugungen, bis der ihm ein besondres Haus errichtete und vor der Lade stets ein Licht brennen ließ. Sein Reichtum wuchs aber auch in demselben Maße, und er wohnte bald in einem herrlichen Palast. Er tat von seinem Gelde viel Gutes und verteilte Gaben an Arme und Bedürftige. Die Leute ringsumher wunderten sich baß über den plötzlichen Aufstieg des Armen und sprachen von ihm: Es ist an ihm der Spruch in Erfüllung gegangen: ›Er erhöht den Armen aus dem Kot.‹ Sie wußten nicht den wahren Grund seines Reichtums, denn der Mann hütete das Geheimnis streng und ließ nichts davon verlauten.
Und der Glückliche richtete einen Teil seines Schlosses als Lehrhaus ein, darin täglich zehn weise Männer der Schrift oblagen; sie wurden dort auch gespeist, und wenn sie abends nach Hause gingen, empfing ein jeder ein Geschenk. So verfuhr er mit den Schriftkundigen des Ortes, aber auch alle vorbeiziehenden Weisen waren seine Gäste

und fanden in seinem Hause Zuflucht und Nachtlager, und schieden sie von ihm, so bedachte er einen jeden noch mit einer besondern Gabe. Auch im Bethaus war er der erste, wo es galt, Arme zu unterstützen, so daß auch die Reichen ihn hoch ehrten und sich von ihm beschämt fühlten.

Da begab es sich eines Tages, daß der Weise R. Josia Pinto nach diesem Orte kam; denn er schweifte im Lande umher und forschte danach, ob irgendeiner Götzendienst triebe, damit er den Wahn ausrotte. In der Stadt angelangt, vernahm er bald den Namen des Reichen, der in seinem Hause weise Männer beherbergte, und kehrte bei ihm ein. Er wurde mit Ehrfurcht empfangen und zu den Schriftgelehrten geführt. Er nahm mit ihnen das Mahl ein, und nachdem dieses beendet war, wurde der Hausherr gerufen, daß er den Tischsegen spräche. Da betrachtete der Meister das Antlitz des Gastfreundes und erkannte bald, daß dieser ein schlichter, der Lehre unkundiger Mann war. Nachdem der Wirt sich entfernt hatte, fragte R. Josia die Weisen: Was hat es mit diesem Manne für eine Bewandtnis? Und nun erzählten sie ihm, daß der Wohltäter vordem ein armer Lumpenhändler gewesen und dann auf einmal reich geworden sei.

Da das der Weise vernahm, schlug sein Herz, und er beschloß, dem Ding auf den Grund zu gehen. Er ließ den Hausherrn rufen und sprach zu ihm: Du bist mir wie ein Bruder; ich sehe, was du Gutes tust, und ich heiße dein Teil glücklich und dein Los herrlich. Allein sage mir eins: wie kommt dieser Reichtum zu dir? Hast du ihn auf redliche Weise erworben, so wollen wir Gott den Allmächtigen preisen; verhehle mir aber nichts. Tust du das dennoch, so wisse, daß es in meiner Hand liegt, die Wahrheit zu erfahren. Diese Worte des Weisen erschreckten den Mann und zwangen ihn, die Wahrheit zu bekennen; er erzählte dem Lehrer alles von Anfang bis zu Ende.

Nachdem der Weise ihn angehört hatte, sprach er zu dem Manne: Bist du ein frommer Judäer, der von ganzem Herzen an seinen Gott glaubt? Der Einfältige erwiderte: Gewißlich, mein Herr, ich bin ein Judäer und eines Judäers Sohn. Ich glaube von ganzem Herzen an den Herrn, unsern Gott; ich spreche täglich das Höre Israel und liebe die Lehre und die, die ihr dienen. Da sprach der Weise: Wünschst du dir Reichtum, der durch Götzendienst erkauft ist? Der Hausherr verneinte mit Eifer die Frage. Nun sprach er zu ihm: Zeige mir einmal das Bildnis. Da führte ihn der Mann in den Tempel, öffnete den Schrein und enthüllte den Götzen. Alsbald hieb der Weise auf ihn ein und schlug ihn entzwei, und der Abgott stöhnte und jammerte laut. Danach zerstampfte der Meister die Stücke zu Staub und warf diesen ins Wasser.
Hierauf sprach er zu dem Verirrten: Wisse, mein Sohn, all dein Geld, auch das, das du zu guten Zwecken verwendet hast, ist nur durch Götzendienst gewonnen worden; es ist aber verboten, sich solchen Reichtums zu erfreuen. Dennoch will es dir Gott nicht als Sünde anrechnen, denn du warst betört. Du mußt aber all dein Gut zerstören und verbrennen. Und der Herr, der dein Herz und deinen guten Sinn kennt und weiß, daß du stets darauf bedacht warst, seine Gebote zu erfüllen, der wird dich auch weiterhin ernähren.
Und der Mann säumte nicht und befolgte die Weisung. Er verbrannte sein Haus und alles, was darin war, und auch seine kostbaren Kleider. Er kehrte zu seiner Armut und frühern Beschäftigung zurück. Da das Volk diesen Opfermut sah, wie der Mann lieber mit eignen Händen seine Habe vernichtete, als daß er vom Gold des Teufels zehrte, und wie er immerdar auf Gott vertraute; wie es ferner dessen gedachte, daß er auch, als er reich war, fromm und mildtätig gewesen, da hegte es große Liebe zu ihm. Alle

standen ihm bei und halfen ihm, wie sie konnten, daß er sich mit Ehren ernährte.

276. DER HEIMGANG ESRA JEDIDIAS

In einer kleinen Stadt nahe Venedig lebte ein frommer Mann mit Namen Esra Jedidia. Er war gottesfürchtig von Jugend auf, und schon als siebenjährigen Knaben sah ihn die Mitternacht nicht anders als über die Lehre gebeugt; er grübelte bis zum Tagesanbruch über des Gesetzes einfachen wie verborgenen Sinn. Wie er älter wurde, sprach er keinen Segen und kein Gebet, ohne in jedes Wort die gehörige Andacht zu legen. Nur einmal geschah es, daß er, als er tiefen Gram über den Tod eines Knaben empfand, der Worte des Gebetes nicht so achtete, wie es sich ziemte, und darüber war er unglücklich sein Leben lang; er fastete so lange, bis seine Zähne schwarz wurden. Als Knabe von zehn Jahren befolgte er schon das Gebot, nur in Gemeinschaft mit neun andern zu beten, und wich nur einmal von diesem Grundsatz ab, als im Lande Krieg war und alle Judäer unter Waffen standen. Er setzte sich nicht an den Tisch, wenn nicht ein armer Mann mit ihm das Mahl teilte, und sprach den Tischsegen nie anders als im Beisein von andern und über einen Becher voll Wein. Selbst Gebote, die nicht mehr galten, befolgte er treu, und so wurden sie auch von andern beachtet. Er kümmerte sich nicht um irdische Dinge und wußte nicht einmal, wie eine Münze aussieht. Bevor er in die Ehe trat, ernährte ihn seine Mutter, danach aber trug die Gefährtin seiner Tage die Sorge des Unterhaltes. Sie betrieb mit gutem Erfolg einen Handel und schaffte für ihren Mann und die Kinder. Also hielt sich Jedidia von jedem weltlichen Treiben fern und lebte nur der Lehre und der Frömmigkeit.

Bevor der heilige Mann zum Sterben kam – er hatte ein

Alter von siebzig Jahren erreicht –, erhob er seine Finger zum Schwur, daß all sein Sinnen und Trachten nur Gott gegolten habe und daß man sich an ihm ein Beispiel nehmen möge. Er hatte nämlich sein Lebtag kein Wort mit einem Weibe gewechselt, ausgenommen mit seiner Genossin und seinen nächsten Anverwandten, und auch mit ihnen redete er nur kurz. Wenn er den Neumondsegen sprechen sollte, zog er die Alltagskleider aus und hüllte sich in sein schönstes Gewand. Und oftmals hatte man ihn aussprechen hören, wie sehr es ihm danach verlangte, die Stufe des berühmten Rabbi, der Raw genannt wird, zu erreichen, welchem die vier Ellen seiner Kammer allein genügten, und dessen fromme Taten zu beschreiben ein Pergament nicht hinreichen würde.
Vier Jahre nach seinem Tode erschien Jedidia im Traume seinem Freunde, dem Gerechten R. Abraham Gedalia, der gleichfalls ein Mann von großer Frömmigkeit war, Jedidia aber kaum an die Knöchel heranreichte. Er sprach zu ihm: Bruderherz, wehe mir, ich habe meine Tage mit Nichtigem zugebracht. Als R. Abraham Gedalia dieses vernahm, fiel er auf sein Angesicht und weinte laut und mit Tränen, bis seine Angehörigen erwachten und gleichfalls weinend ausriefen: Vater, Vater, du Führer Israels, warum weinst du? Da erzählte er ihnen, was er im Traume geschaut hatte, und sprach: Wenn dieser Gerechte, von dem wir dachten, daß er den Vätern gleich sei, von sich sagt, er habe seine Tage mit Eitlem verloren – was sollen wir von uns denken, die wir nicht den hundertsten Teil seines Wertes erreicht haben und dem Ysop gleichen, der aus der Wand wächst!
Den Morgen darauf zogen Männer, Frauen und Kinder auf das Grab Jedidias und flehten ihn an, einem von ihnen im Traume zu sagen, worin sein Fehl bestanden habe. Und dieses Gebet wiederholten sie an seinem Grabe nach verrichteter Morgenandacht einen ganzen Monat lang. Nach

Ablauf dieser Frist erschien Jedidia seinem Freunde im Traume und erzählte ihm: Ein Jahr nach meinem Abscheiden ward ich vor das himmlische Gericht gerufen, und man zählte mir meine Taten auf, die ich hienieden vollbracht habe. Auch wurde dessen Erwähnung getan, daß ich es einst beim Beten an Andacht hätte fehlen lassen, doch weil ich danach lange gefastet hatte, wurde mir diese Sünde nicht angerechnet. Da wurde ich fröhlich, und mein Angesicht strahlte, und ich pries den Herrn, daß er mich den rechten Weg hatte finden lassen. Doch kaum hatte ich zu Ende gesprochen, da ward mir befohlen, ich solle meine Augen gen Himmel erheben. Da sah ich dort anstatt der Sterne viele Blumen prangen. Erschrocken fragte ich: Was soll das bedeuten? Und man antwortete mir: Das sind die Buchstaben und Laute, die du beim Hersagen der Gebete nicht gehörig betont und nur wie nebenher vor dich hingelallt hast. Sie sind alle gezählt, und keins ist übersehen worden. Sie beklagen sich nun und rufen über dich: Dieser hat uns mißachtet und geringgeschätzt und hat uns nicht für wert befunden, in dem göttlichen Kranze enthalten zu sein. Also mußt du noch einmal auf die Erde kommen, damit du dieses Vergehen sühnst. Hättest du nicht so viel Gutes geübt, deine Strafe wäre viel härter geworden.
Als die Einwohner der Stadt dieses erfuhren, ließen sie von weit her einen Mann zu sich kommen, der sich auf den Klang der Worte verstand. Der sollte ihr Lehrmeister sein und sie darin unterweisen, wie jedes Wort des Gebetes ausgesprochen wird, damit es vom Himmel erhört werde.

277. DAS DRITTE GEBOT

Der fromme Verfasser des Buches ›Der Same Isaaks‹ ging heim in die Ewigkeit. Da hörte seine Seele, wie eine große Erregung sich im Himmel verbreitete, und vernahm den

Ruf: Platz gemacht, ein Gerechter ist verschieden! Und der Fromme wurde mit großen Ehren empfangen. Man gab ihm die Heilige Schrift in die Hand und fragte: Hast du auch alles erfüllt, was hier geschrieben steht? Er antwortete: Jawohl. Es folgte die Frage: Hast du das Gebot der Fruchtbarkeit und der Vermehrung beachtet und dieses dem Himmel zulieb geübt und nicht, um der Wollust zu frönen? Er antwortete: Jawohl. Der Gerichtshof fragte: Wer ist Zeuge dafür? Alsbald erschienen die Engel, die durch die Taten des Frommen ins Leben gerufen worden waren, und legten ihr Zeugnis ab. Ein jeder bekundete, welcher Tugend des Gerechten er das Leben verdanke. Danach wurden die vier Gesetzesbücher der mündlichen Lehre geholt und der Verstorbene gefragt: Hast du, was hier enthalten ist, befolgt? Er antwortete: Ich habe keine Satzung außer acht gelassen. Und abermals wurde die Aussage des Gerechten durch das Zeugnis der Engel bekräftigt. Nun folgte die Frage: Hast du auch den Namen des Herrn niemals unnütz ausgesprochen? Da schwieg der Fromme und gab nichts zur Antwort. Die Frage wurde zum zweiten und dritten Mal wiederholt, der Schuldige aber erwiderte kein Wort. Man rief Zeugen herbei, und da erschienen Scharen von Würgengeln, in schwarze Tücher gehüllt, und bejahten die Schuldfrage. Sie erzählten, wie sie dadurch entstanden seien, daß der Verstorbene den Namen Gottes mißbraucht und Gebete ohne Andacht gesprochen hatte. Da zerrissen die himmlischen Richter ihre Kleider und riefen: Wie wagtest du es, du armseliger Wurm, den herrlichen Namen Gottes leichthin auszusprechen? Wie bebtest du nicht vor der Sünde zurück, wie vermochtest du es, du im Staube Geborner, eines der Zehn Gebote zu übertreten? Und das Urteil fiel dahin aus, daß der Schuldige entweder in die Hölle fahren oder eine nochmalige Erdenwanderung machen solle. Da wählte er die Höllenfahrt.

278. DAS GEBET AUF DEM TOTENACKER

In Ägypten gelangte einst ein Richter zur Macht, der war aus der Türkei gekommen und wurde der Kadi Aleschkir genannt. Dieser war ein Feind der Juden; er brachte täglich neue Beschuldigungen gegen sie vor und machte ihnen das Leben schwer. Es war aber niemand da, der ihnen beistehen konnte.

Dazumal lebte in dem Lande ein frommer Mann mit Namen Mose Aldamuhi, und dieser sollte ihnen Hilfe bringen. Als die Not groß ward, ging er mit seinem Diener auf den Friedhof, wo die Vorfahren ruhten. Hier schaufelte er eine Grube und stieg hinab. Er rief die Toten an und sprach: Ich beschwöre euch, ihr Heimgegangenen, beim Namen dessen, der Herr der Lebendigen und der Toten ist, daß ihr mit mir betet, gleichwie wir für euch beten und dreimal am Tage rufen: Gelobt seist du, der du die Toten erweckst. Denn Israel ist in Verbannung und gleicht einer Herde ohne Führer; seine Feinde bedrängen es gar sehr. Und der Fromme betete mit solcher Inbrunst, daß die Grabsteine des Friedhofes zu wanken begannen.

Als Mose sein Gebet zu Ende gesprochen hatte, sagte er zu seinem Diener: Mache dich auf und geh nach dem Innern der Stadt; erfahre, was heute Neues vorgefallen ist. Der Diener tat so. Als er die Vorstadt erreichte, in der der Totenacker der Ismaeliter lag, sah er auf einmal viel Volk sich bewegen. Ein Ägypter sprach zu ihm: Kehre zurück, Judäer, hier kommst du nicht durch. Da fragte der Diener: Was bedeutet das Getümmel der Menge? Der Heide erwiderte: Weißt du denn nicht, daß der Kadi Aleschkir plötzlich verschieden ist? Er wird jetzt von den Ältesten des Landes zu Grabe getragen.

279. DER RABBI UND DER SCHEICH

In der Stadt Damaskus wohnte der Kabbalist Mose Galante, der sich in allen sieben Wissenschaften auskannte; neben ihm machte auch ein Scheich von sich reden. Dieser war gleichfalls in vielen Wissenszweigen beschlagen, hatte aber vor dem Rabbi noch dies voraus, daß er von jedem Kranken, nachdem er in der Stille für ihn gebetet hatte, sagen konnte: Dieser wird sterben, dieser wird am Leben bleiben.

Diese Überlegenheit des Scheichs verdroß den Rabbi. Er sprach bei sich: Diene ich doch dem wahren Gott und befolge getreu seine Gebote. Warum soll meine Kraft geringer sein als die eines Ismaeliters?

Und R. Mose entsandte einen angesehenen Mann aus der Stadt zu dem Scheich und ließ ihm folgendes sagen: Der und der Rabbi will zu dir kommen und dein Angesicht schauen. Der Scheich erwiderte: Ich habe von dem Gesetzesmann gehört, daß er ein weiser Mann ist, und ich würde ihn gern sehen. R. Mose machte sich sogleich auf und begab sich in den Palast des Scheichs. Dieser empfing ihn freundlich und mit Ehren, setzte ihn neben sich und erkundigte sich nach seinem Befinden. Als er aber seiner Weisheit gewahr wurde, schloß er mit ihm Freundschaft und unterhielt sich mit ihm des längern. Sodann begleitete er seinen Gast hinaus und bat ihn, ihn jede Woche zu besuchen. R. Mose kam dieser Aufforderung nach, und so lernten die zwei Männer einander immer näher kennen. Als der Scheich sah, daß der Rabbi aller Wissenschaften mächtig war, bat er ihn, ihm einen Wissenszweig, der ihm ganz verschlossen war, zu erklären. R. Mose erwiderte darauf: Ich will das tun, wenn du mich hierfür die Kunst deines Betens lehrst. Der Scheich sagte: Du hast ein schweres Ansinnen an mich gestellt; es ziemt sich nicht, daß ein

Erdensohn dieses Geheimnis aufdecke. Da sprach der Rabbi: Also muß auch ich dir das vorenthalten, was du zu wissen begehrst. Nunmehr willigte der Scheich ein und sprach zu dem Gesetzeslehrer: Du mußt dich aber dazu erst gehörig vorbereiten. Zwei Tage hast du dich jeder Speise zu enthalten und morgens und abends ein Tauchbad zu nehmen. Hernach sollst du bei mir erscheinen.

R. Mose kehrte nach seiner Wohnung zurück und tat in allem, wie ihm der Scheich befohlen hatte. Er brach das Fasten auch am dritten Tage nicht und begab sich zum Scheich. Dieser erbebte, als er sein Angesicht sah, und sprach: Willkommen seist du, von Gott Gesegneter; dein Antlitz zeugt davon, daß du meinen Befehlen getreulich gefolgt bist. Und nun komm; du sollst alles schauen.

Und der Scheich führte R. Mose in ein Gemach, zu dem außer ihm kein Mensch den Schlüssel hatte. Sie durchschritten den Raum und kamen zu einer andern Tür auf einen Gartenplatz hinaus. Hier floß ein Bach mit lebendigem Wasser, und vor dem Bach war eine Bank, auf der neue Kleider für zwei Männer vorbereitet lagen. Der Scheich sprach zum Rabbi: Bevor wir zu der heiligen Stätte kommen, müssen wir wieder eine Waschung vornehmen. Sie zogen ihre Kleider aus, stiegen in den Bach und tauchten unter. Sodann gingen sie hinaus, trockneten sich ab und zogen die neuen Gewänder an. Sie schritten weiter. Am Rande des Gartens erhob sich ein Gebäude von großer Schönheit. Die Türen waren von lauterem Silber und mit Bildern bemalt, wie sie selbst in den Schlössern der Könige nicht zu sehen sind. Als der Scheich daran ging, die Tür aufzuschließen, sprach er zu R. Mose: Achte darauf, daß du den Raum voll Ehrfurcht betrittst; was du mich tun siehst, das tu gleichfalls. Er machte die Tür auf, und ein herrlicher Saal empfing die beiden Männer. Gegenüber der Tür befand sich ein halbrunder Raum, vor dem ein

kostbarer, aus Perlen und Edelsteinen gewirkter Vorhang hing. Mit frommem Schauder näherte sich der Scheich dem Heiligtum und bückte sich davor siebenmal bis zur Erde. R. Mose aber erbebte bei dem Gedanken, daß der Tempel ein Götzenbild bergen könnte.
Nun sprach der Scheich zu R. Mose mit leiser Stimme: Zieh den Vorhang zur Seite und blicke hinein. R. Mose hob den Vorhang und sah in der Nische eine prächtige Tafel hängen, auf der ein siebenarmiger Leuchter abgebildet war. Darüber war in hebräischen Schriftzeichen der Vers eingeschnitten: ›Ich habe Jahve allezeit vor Augen.‹ Die Buchstaben des Gottesnamens blendeten durch ihren Glanz. Der Scheich sprach zum Rabbi: Die großen Schriftzeichen, die den Namen dessen nennen, der da sprach: Es werde eine Welt – diese sagen mir jeweilig das Schicksal des Siechen voraus. Leuchten sie hell, während ich für den Kranken bete, so weiß ich, daß er leben wird, verdunkeln sie sich, so weiß ich, daß er sterben wird.

280. DIE BESESSENEN

In einer Stadt Italiens lebte ein Philosoph unsres Stammes, der eine große Neigung für den Glauben der andern hatte. Er hegte Zweifel an der Wirkung der heiligen Namen; vielleicht glaubte er auch nicht recht daran. Da begab es sich, daß ein Mann in Piemont, der bereits ein hohes Alter erreicht hatte, von einem Dämon besessen wurde. Der Philosoph spottete über die Leute, die daran glaubten, und sagte, die Krankheit sei ein natürliches Leiden des Leibes und bestehe in Krämpfen. Die andern, die ihn zur Wahrheit zurückführen wollten, sprachen: Du wirst bald ein Wunder schauen. Und sie legten in die Hand des Kranken, der regungslos auf dem Bette ruhte, verschiedene Blätter und Amulette; der aber rührte sich nicht und schien nichts zu fühlen. Zuletzt zwängten sie in seine Faust einen Zettel, auf dem die Namen des Seins und der Gewalt geschrieben waren, beide ineinander verschlungen; diese Namen aber sind den meisten Deutern nicht bekannt, denn die bedienen sich nur der zehn unverwischbaren. Da schrie der Liegende mit lauter Stimme und warf das Blatt weit von sich; seine Augen aber waren geschlossen, und er sah nichts. Nun tat man ein Büschel Ysop in seine Hand, und wieder schleuderte er es davon. Man hörte ihn jammern, aber die Stimme klang anders als das erste Mal. So verfuhr man zehn Tage lang mit dem Kranken, und der Ungläubige schaute allem zu. Jedes Blatt und jedes Ding tat eine andre Wirkung, und die Umstehenden konnten es sehen. Da gestand der Philosoph seine Torheit ein und schämte sich nicht.

Im Jahre fünftausenddreihundertsiebenunddreißig ging eine Sage um, die von Männern und Frauen erzählt, von Kindern und Unmündigen gelispelt wurde. Und also wird sie wohl der Wahrheit entsprechen, sonst würde nicht jedermann dasselbe darüber berichtet haben:
In der Stadt Ferrara lebte ein judäisches Weib, das an Fallsucht litt. Aus ihrer Kehle drangen seltsame Laute, die Lippen aber bewegten sich nicht. Fragte man: Wer bist du? so antwortete die Stimme: Ich bin der Mann soundso, der da und da gewohnt hat; ich bin in den Leib dieses Weibes gefahren. Und er wies sich durch besondre Merkmale aus, so daß ihn alle erkannten; es war ein Mann, welcher kurz vorher verstorben war.

281. AUS ZEITEN DER NOT

Aus der Zeit Esras gab es eine Abschrift der heiligen Bücher, die zwei elternlose Schwestern, über die der Heilige Geist kam, hergestellt hatten. Es war Brauch bei den Ebrä=

ern, diese Handschrift nur in besondern Fällen aufzuschlagen. Als der König von Portugal die Bücher der Juden an sich nahm, gelangte auch diese Handschrift in seinen Besitz. Er ging aber mit ihr besonders behutsam um.
Einmal sprach ein Abgesandter der Juden beim Könige vor und bat um die Erlaubnis, die Schrift sehen zu dürfen. Der König entsprach diesem Wunsche und führte ihn in einen Tempel, der voller Bücher war. Hier hing die genannte Handschrift verschlossen an einer eisernen Kette. Der Abgesandte machte den Verschluß auf und schlug das Buch auf, und siehe da, alle Verse, in denen das Wort Zara, Not, vorkam, leuchteten in goldener Schrift. Die Überlieferung besagte, daß im Jahre fünftausendzweihundertundneunzig, welche Zahl in dem Worte Zara enthalten ist, Israel der Erlöser kommen werde. Deshalb wurde die Tinte an diesen Stellen in Gold verwandelt.

Ein Frommer betete und bat, man möge ihn wissen lassen, wer sein Genosse im Jenseits sein werde. Da wurde ihm der Bescheid, er solle nach dem Orte Soundso reisen, dort werde er den Mann sehen, der im Himmel sein Gefährte sein würde. Der Fromme tat nach dieser Weisung und fand den Mann. Das war aber ein schlichter Bürger, der nie etwas Besondres vollbracht hatte, und der sich nur darin von andern unterschied, daß er überaus viel aß. Da fragte ihn der Fromme nach dem Grund dieser Gewohnheit. Er antwortete: Meinen Vater wollte man zwingen, seinen Glauben abzuleugnen, und ließ ihn große Qualen leiden. Er aber blieb standhaft und starb als Märtyrer für seinen Gott. Vor seinem Tode rief er mich zu sich und befahl mir, viel Nahrung zu mir zu nehmen, damit ich erstarke und die Kraft habe, gleichfalls alle Marter und Folter zu ertragen.
Da begriff der Fromme, warum ihm dieser als Nachbar in der zukünftigen Welt zugedacht war.

In einer alten Schrift ist die Geschichte enthalten, daß während der Verfolgungen des Jahres viertausendachthundertsechsundfünfzig viele angesehene Männer in der Stadt Metz drei Greise in der Judengasse wandeln sahen, die mit lieblicher Stimme riefen: Über alles heilig und erhaben sei der Name des Herrn. Die Einwohner fragten den Vater der Gemeinde, R. Simeon den Großen, was die Erscheinung zu bedeuten habe. Er antwortete darauf: Die drei Greise waren die Erzväter Abraham, Isaak und Jakob, welche neue schreckliche Greuel über ihre Kinder kommen sahen; sie wollten aber erwirken, daß Asmodäus, der König der Geister, wider die Feinde der Juden ziehe und für sie kämpfe. Wird das Blut, das in der Schlacht fließt, rot sein, so ist dies ein gutes Zeichen, ist es aber grün, so bedeutet dies Unheil. Der Ausgang war, daß Asmodäus selbst in der Schlacht fiel. Die Überlieferung erzählt, daß R. Simeon Gott gebeten habe, ihn das Schlimme nicht schauen zu lassen. Dieser Wunsch ging in Erfüllung, und er starb drei Tage vor Ausbruch der Metzelei.

Nach den großen Verfolgungen des Jahres fünftausendzweihundertundzwölf war ein Dorf in der Nähe von Erfurt verschont geblieben. Daselbst lebte ein armer gottesfürchtiger Mann, der sich in der Schrift sonst nicht auskannte, aber eins ihrer Bücher beständig las. Das war das Buch der Psalmen. Der Mann war bereits hochbetagt, und so ging er heim in gutem Alter. Es waren aber noch nicht dreißig Tage nach seinem Tode vergangen, als er einem gelehrten Manne in Erfurt im Traume erschien. Er war mit einem Totenhemd angetan und hielt ein kleines Buch in der Hand. Der Schlafende fragte: Bist du nicht der Mann Soundso, den wir an dem und dem Tage zu Grabe getragen haben? Der Tote erwiderte: Du hast mich erkannt; ich bin derselbe Mann. Der Träumende fragte: Und das Buch, das du im

Arme hältst? Der Tote antwortete: Es ist der Psalter. Ich kam, dich zu bitten, daß du die Bewohner meines Heimat=ortes vor der Gefahr warnest, die ihnen droht; sie mögen fliehen und sich retten. Solange ich in dem Dorfe weilte, las ich jede Woche die Psalmen von Anfang bis zu Ende, und so wurden meine Landsleute vor Heimsuchung be=wahrt. Nun bin ich tot, und es ist niemand da, der sie be=schützen könnte.

Da erwachte der weise Mann, erschüttert von dem, was er gesehen und gehört hatte. Des Morgens schickte er einen Boten nach dem genannten Dorfe mit einem Brief, in dem er auf das, was den Bewohnern bevorstand, hinwies. Die, die die Mahnung des Frommen gläubig hinnahmen, ver=ließen die Stätte und entrannen so dem Bösen, die andern aber, die ihr kein Gewicht beilegten, wurden von dem Ver=hängnis betroffen.

In einer Zeit, da man die Juden zwang, ihrem Gott ab=trünnig zu werden, lebte ein Eiferer, der viele kleine Kin=der umbrachte, damit sie nicht in einem andern Glauben aufgezogen würden. Ein Rabbi geißelte dieses Tun und nannte den Mann einen Mörder; dieser aber ließ davon nicht ab. Da weissagte ihm der Rabbi einen martervollen Tod, und die Weissagung ging in Erfüllung. Der Eiferer wurde ergriffen, man zog ihm die Haut ab und streute Sand auf das bloßgelegte Fleisch.

Als die aus Spanien Vertriebenen auf dem Wege nach Fez waren, begab sich ein Fall, wie ihn die Geschichte nicht kennt. Ein Araber erblickte unter den Flüchtlingen ein schö=nes Mädchen; er bemächtigte sich ihrer und schändete sie vor den Augen ihrer Eltern. Danach machte er sich davon. Nach einer Weile aber kam er wieder mit einem Spieß in der Hand und erstach das Mädchen. Da schrien die Leute: Grausamer, was hast du getan? Der Unhold erwiderte: Ich wollte nicht, daß von mir Gezeugtes dem jüdischen Glauben verfalle.

Als zu Lissabon die großen Ausschreitungen vor sich gin=gen, nahm man einer Frau ihre sieben Kinder weg. Da hörte die Unglückliche, daß der König im Begriff war, in die Kirche zu fahren. Sie lief hinaus und warf sich vor sein Pferd, ihn anflehend, daß er ihr das jüngste Kind lasse. Der König hörte nicht auf ihr Flehen und befahl seinen Dienern, das Weib fortzujagen. Sie aber jammerte immer weiter. Die Knechte schrien sie an, der König aber sprach: Laßt ab von ihr, sie ist wie eine Hündin, der man ihre Jungen genommen hat.

An den Lehrer R. Simeon und noch an sechs Weise erging der Befehl des Königs, ihren Glauben zu verleugnen. Sie aber befolgten seinen Rat nicht und hielten mit ganzem Herzen und ganzer Seele fest an der Lehre Gottes. Da be=fahl der König, schwere Steine zusammenzutragen und eine Mauer zu machen, die die Männer eng umschloß und ihnen bis an den Hals reichte. Nach drei Tagen wurde die Wand niedergerissen. Die sechs Männer waren tot; R. Si=meon allein lebte noch. Da schleifte man den Frommen vom Gefängnis zum Stadttor; danach erst machte man sei=nem Leben ein Ende.
Und die Leiche des Frommen lag da unbestattet, bis eines Tages ein Maranne mit seinem Sohne, welche beide Ge=fängnisdiener waren, die Erlaubnis erhielten, den Toten beizusetzen. Ihnen gesellten sich noch sechzig rechtschaf=fene Männer von den zum Schein Übergetretenen, die nur dem Zwange gehorchend ihren Glauben verleugnet hatten, und sie trugen gemeinschaftlich den Toten zu Grabe. Sie setzten ihn auf dem Friedhof der Judäer bei und hielten über ihn die Klage.

Ein Judäer fuhr auf einem Schiffe zusammen mit seinem alten Vater und führte auch seinen einzigen Sohn mit. Da wurden die drei in eine unbewohnte Gegend verschlagen. Der Greis wurde bald von Schwäche übermannt, denn er hatte drei Tage lang nichts genossen. Da überkam den Sohn das Mitleid, und er eilte mit dem Knaben nach der nächsten Siedlung, um ihn hier um Brot zu verkaufen. Als er aber mit dem Brot zu seinem Vater zurückkam, fand er diesen tot daliegen. Er zerriß seine Kleider und lief mit dem Brot zum Bäcker, ihn bittend, das Brot zurückzunehmen und ihm den Sohn wiederzugeben. Das wollte der Bäcker aber nicht tun. Da schrie der Mann um seinen Sproß und wehklagte bitter.

Auf einem Schiffe, das aus Spanien Vertriebene führte, brach die Pest aus, und so warf der Steuermann alle Judäer an Land, an eine einsame, menschenleere Stätte. Hier kamen die meisten vor Hunger um, ein kleiner Rest aber raffte sich auf und ging zu Fuß, eine Niederlassung zu suchen. Unter diesen befand sich ein Mann mit seiner Frau und zwei Kindern. Das Weib war des Gehens ungewohnt, und so wurde sie bald schwach und verstarb. Der Mann trug die Kinder weiter, aber auch ihn verließen bald die Kräfte, und vor Hunger und Mattigkeit fiel er in Ohnmacht. Als er erwachte, waren die zwei Knaben tot. Gramerfüllt stand er auf und rief: Gebieter der Welten! Du tust alles, um mich meinem Glauben abwendig zu machen. Wisse aber, auch gegen den Willen des Himmels bin ich und bleib ich Judäer; was du über mich bringen magst, mein Sinn ändert sich nicht. Und er scharrte Gras und Erde zusammen und deckte die Toten zu.

ACHTES BUCH:
VOLKSGESCHICHTEN

282. DIE EDOMITISCHE TRUHE

In der Stadt Rom befand sich von alters her ein mächtiger Turm, der sieben verschlossene Tore hatte. Es bestand die Sitte, daß jeder König, der den Thron bestieg, den Turm mit einem neuen Schloß versah. Niemand wußte aber, was die Sitte zu bedeuten hatte, und was in dem Turme aufbewahrt war.

Da begab es sich, daß ein Herrscher, ohne Erben hinterlassen zu haben, verstarb und die Bürger zur Beratung zusammentraten, wen sie zu ihrem Fürsten ernennen sollten. Ihre Wahl fiel einstimmig auf einen Mann, der zum Regieren wohl geeignet schien. Die Vornehmsten unter ihnen begaben sich zu dem Erwählten, und sie sprachen zu ihm: Unser Wunsch ist, daß du über uns herrschest. Der Mann erwiderte: Ich bin geneigt, eurem Verlangen zu entsprechen, denn ich will euch nicht unverrichteter Dinge fortschicken, allein ich stelle die Bedingung, daß ihr zu mir eine Abordnung eurer besten Männer schickt und diese mir mit Brief und Siegel die Versicherung geben, daß sie sich jeder meiner Verordnungen beugen und sie ohne Murren befolgen werden. Da fragten die Vornehmen: Und was möchtest du uns auferlegen? Der zukünftige Herrscher antwortete: Ich sage es nicht eher, als bis ihr mir das erwähnte Schriftstück ausgehändigt habt. Nach langem Hin- und Herreden bequemten sich die Römer dazu, eine solche Urkunde auszustellen, und sie setzten ihr Siegel darunter. Darauf bestieg der gewählte Fürst den Thron und wurde gekrönt.

Am folgenden Tage rief der König wieder die Männer zusammen, denen er das Versprechen des Gehorsams abgenommen hatte, und sprach zu ihnen: Ich will euch die Bitte unterbreiten, mir den Turm mit den sieben Toren zu öffnen, denn ich möchte wissen, was drinnen ist. Da erwiderten die Männer wie aus einem Munde: Unser Herr und König, du hast ein schweres Ansinnen an uns gestellt. Wie viele Fürsten regierten nicht in unsrer Stadt, und keiner hat den Wunsch geäußert, den Turm zu öffnen; im Gegenteil, jeder neue Herrscher hängte noch ein Schloß an und war darauf bedacht, den Turm unzugänglicher zu machen. Willst du nun als erster den Zaun des Gesetzes durchbrechen? Auch kann ein solches Vorhaben womöglich zum Bösen ausschlagen. Der Gebieter aber gab darauf zur Antwort: Spart euch die lange Rede! Ihr habt mir den Turm aufzumachen, damit ich sehe, was drinnen ist; tut ihr das nicht, so seid ihr des Todes.
Als die Männer diese Worte vernahmen und den Zorn des Herrschers sahen, beeilten sie sich und riefen die Eisenschmiede der Stadt zusammen; diese nahmen die Schlösser ab und öffneten die Tore des Turmes. Der König trat beherzt als erster ein; die andern hatten vorher gezittert und gezagt, nach dem König aber faßten auch sie Mut, und einige folgten ihm auf dem Fuße. Der Fürst sah sich aufmerksam in den Gemächern um und durchsuchte jede Ecke und jeden Winkel; er fand aber nichts Besondres, bis er endlich in einem der innern Räume auf einen Kasten stieß, der aus schwerem Golde gearbeitet war. Er öffnete die Lade und fand sie zu seinem Erstaunen voll frischer Kräuter und Gräser, die, obgleich sie so lange verschlossen gelegen hatten, einen Duft ausströmten und aussahen, als wären sie eben gepflückt worden. Da wunderte sich der König sehr, wie solches möglich war. Er kehrte in seinen Palast zurück und ließ den Kasten mit sich führen. Danach

beschied er zu sich die Priester der Stadt und gab ihnen auf, das Geheimnis zu erforschen, wieso die im Kasten befindlichen Pflanzen, die Jahrtausende aufbewahrt worden waren, ihr frisches Aussehen behalten hätten. Wo sie die Frage nicht zu beantworten wüßten, sollten sie mit dem Tode bestraft werden. Da antworteten die Priester: Unser Herr und König lebe ewig! Gib uns einige Tage Frist, damit wir in den alten Schriften nachsehen und da vielleicht Aufschluß finden. Der König sagte darauf: Diesem Wunsche willfahre ich gern, und es seien euch dreißig Tage gegeben, in denen ihr das Wunder zu ergründen habt. Wenn ihr aber am einunddreißigsten Tage mir darüber nichts zu sagen wißt, so ist es um euch geschehen. Die Weisen entfernten sich voll Angst und Bangigkeit. Sie suchten den Tempel auf, nahmen es auf sich, zu fasten und den Leib zu kasteien, zogen Säcke an und verbrachten die dreißig Tage mit Beten und Weinen; sie forschten in den alten Büchern und Rollen, befragten alle Greise Roms, aber nirgends bot sich ihnen auch nur der geringste Anhalt für die Erklärung des Rätsels. So kam der Tag heran, an dem die gesetzte Frist zu Ende gehen sollte. Das ganze Volk ließ von seiner Arbeit und saß da in Trauer und Betrübnis.

Es lebte aber in der Zeit in Rom ein Greis, der hundertundfünfzig Jahre alt war. Dieser Greis hatte sieben Söhne, die angesehene Bürger waren. Sie hatten es zur Gewohnheit, jeden Morgen, bevor sie an ihre Geschäfte gingen, ihrem Vater die Hände zu küssen, nach seinem Wohle zu fragen und seinen Segen zu erbitten. Danach wandte sich ein jeder seiner Arbeit zu. An diesem Tage jedoch hatten die Söhne ihre Pflicht versäumt und waren nicht zur Begrüßung ihres Vaters erschienen. Erst am Abend, als sie verzagten Gemütes nach Hause zurückkehrten, traten sie bei dem alten Manne ein. Er sprach zu ihnen: Ihr Söhne, womit ist dieser Tag anders als alle bisherigen, daß keiner von euch mich aufgesucht hat? Die Söhne antworteten: Herr, unser Vater, was sollen wir dir sagen, und wie sollen wir uns rechtfertigen? Wir hatten den ganzen Tag an unserm Kummer und Gram zu zehren und die Tücke unseres Schicksals zu beweinen. Nun aber müssen wir von dir scheiden und dich in Frieden verlassen; des morgigen Tages sind wir alle tot. Es ist uns aber nicht um unser Leben zu tun, sondern um dich, du hochbetagter Mann, der du ohne jegliche Stütze verbleibst. Der Greis hörte die seltsame Rede seiner Kinder und sah in ihren Augen das Grausen des Todes. Er sprach zu ihnen: Bei eurem Leben, Kinder, erzählt mir, was vorgefallen ist. Da berichteten ihm die Söhne von dem Ansinnen des neuen Herrschers und von der Verfügung, die er erlassen hatte. Darauf sagte der Greis: Wenn dieses die Angelegenheit ist, die euch mit Sorge erfüllt, so könnt ihr ruhig sein und braucht nichts zu fürchten. Ich weiß um das Geheimnis, das des Königs Sinn beschäftigt, und ich will es ihm offenbaren. Morgen in der Frühe mögt ihr mich zu ihm führen, und ich will das Dunkel erhellen, das über der Sache schwebt. Wie die Söhne diese Antwort vernahmen, sanken sie in die Knie, küßten die Hände des Greises und riefen: Heil dir, du hast uns gerettet! Und sie gingen schlafen, getröstet und voll Zuversicht.

Am Morgen des folgenden Tages, sobald die Sonne aufgegangen war, taten die Söhne, wie ihnen ihr Vater befohlen hatte. Sie nahmen ihn auf ihre Schultern und trugen ihn zum Könige. Sie verneigten sich vor ihm und sprachen: Unser Herr und König, heute ist die Frist um, die du uns und unsern Genossen gewährt hast. Nun sind wir gekommen, das Rätsel zu lösen und dir zu erklären, was es für eine Bewandtnis mit den Kräutern hat. Und der Greis fing an und sprach: Mein Herr und König neige sein Ohr meiner Rede und höre, was ich ihm sagen werde. Ich bin der ein=

zige, der um das Ding Bescheid weiß. Der goldene Kasten, der im Turme aufbewahrt war, ist in uralten Zeiten dorthin gebracht worden. Man sagt, daß der König, der im vierten Geschlecht nach Eliphas, dem Sohne Esaus, regiert hat, ihn dort aufgestellt hat. Er tat sechshunderttausend Kräuter darein nach der Zahl der sechsmalhunderttausend Israeliten, die Ägypten verlassen haben. Die Kräuter wurden von ihm verzaubert, und sie sollten so lange ihre Frische und ihren Duft bewahren, als Israel bestehen bliebe. Ich kann dir aber noch ein zweites Geheimnis verraten. Wenn es sich bewerkstelligen ließe, daß die Judäer den Kasten als Tisch benutzten, an ihm ihr Passahfest verrichteten und die Passahsage läsen, so würde aus den Gräsern ein Wesen entstehen, das diesen Stamm und seinen Messias vertilgt. Solange aber dies nicht geschieht, wird Israel am Leben bleiben und die Herrschaft Edoms bedrohen.
Der König hörte die Rede des Greises, und die Worte fanden Eingang in sein Ohr. Er ließ alsbald Männer kommen, die der Schmiedekunst kundig waren, und befahl ihnen, einen Kasten aus Gold herzustellen, der dem, der im Palast aufgefunden wurde, in allem gliche. Die Künstler nahmen den Befehl entgegen und befolgten ihn aufs genaueste. Sie brachten die Lade dem Könige, und dieser füllte sie mit Perlen und Edelsteinen. Danach rief er einen von seinen Dienern und sprach zu ihm: Ich wünsche, daß du dich zu der und der Stunde zu dem Gesetzesmann der Juden begibst und ihn zu mir bescheidest. Der Diener lief schnell und holte den Gesetzesmann. Der König empfing ihn mit Ehren und sagte zu den Umstehenden: Laßt jedermann von mir hinausgehen. Also blieben der Fürst und der weise Mann allein zusammen, und der König sprach: Du weißt, daß ich der bin, der vor kurzem die Herrschaft angetreten hat. Ich sehe das Treiben meiner Untertanen, die doch mit mir eines Glaubens sind, und ich hege kein Zutrauen zu

ihnen. Sie werden sich noch eines Tages erheben und mir meine Herrschaft und meinen Reichtum rauben. So habe ich denn beschlossen, dich ins Vertrauen zu ziehen und dir alles zu offenbaren; das Geheimnis aber bleibe bei dir. Sieh diesen Kasten hier; er ist bis obenauf voll Perlen und edlen Gesteins. Nimm ihn zu dir ins Haus, und er möge bei dir aufbewahrt bleiben, damit ich ihn, wenn die Not kommt, vorfinde. Weiß ich denn, was der Tag gebiert? Und der König öffnete die Lade und zeigte dem jüdischen Weisen den Schatz, den sie barg. Er sprach weiter: Ich mache es dir zur Pflicht, diese Lade nicht aus den Augen zu lassen; sie möge dein Tisch sein, an dem du der Lehre obliegst und deine Mahlzeiten einnimmst; sie möge auch dein Bett sein, auf dem du schläfst. Du siehst, daß sie all mein Vermögen enthält, sie bleibe bei dir als Pfand; ich werde es zur Zeit zurückfordern. Der Weise antwortete: Ich werde tun, wie du befiehlst.

Allein der König hatte den Gesetzesmann betrogen. Anstatt der Lade, in die die Edelsteine getan worden waren, gab er ihm die, in der sich die seltsamen Kräuter befanden. Der Weise ahnte nichts davon und ging mit dem Diener, der ihm die Lade nach der Wohnung trug. Hier ließ er sie in den Raum stellen, in dem er sich am meisten aufhielt. Er befolgte treu, was ihm der König auferlegt hatte. Er benutzte den Kasten als Tisch, und dieser diente ihm bald als Tafel, bald als Lesepult. Selbst in der Passahnacht wollte er das Mahl an keinem andern Tische einnehmen als an diesem.

Es geschah aber in dieser Nacht, daß, als der Gesetzesmann aus dem Bethaus nach Hause kam und den Segen sprach: Dieses sind die Feste des Herrn – er eine Stimme vernahm, die rief: Bei Gott, dem wahrhaften Richter, es ist Sauerteig im Hause! Der Weise verstummte und stand erschrocken da. Er dachte aber bald, daß es vielleicht nur Zufall gewe=

sen sei, und fing wieder an, den Segen zu sprechen. Und wieder vernahm er die Worte: Beim wahrhaften Richter, im Hause ist Sauerteig. Diesmal jedoch kehrte sich der Gesetzesmann nicht an das, was er hörte, sondern sprach den Segen zu Ende. Als er aber danach den Passahabend in der vorgeschriebenen Ordnung abhalten wollte, erscholl wieder eine Stimme, die schrie jetzt laut und eindringlich, daß sich im Hause Gegorenes befinde. Nun sprangen alle Hausgenossen des Rabbi erregt auf und sprachen zu ihm: Wie lange willst du noch diese Rufe schweigend hinnehmen? Der Gesetzesmann erhob sich und untersuchte alle Ecken und Verstecke des Hauses nach verbotener Speise; er konnte aber nichts finden. Da befahl er dem Diener des Bethauses, sofort die ältesten und angesehensten Mitglieder der Gemeinde zu rufen. Als diese sich in seinem Hause versammelt hatten, sprach der Rabbi zu ihnen: Erweist mir die Ehre und bleibt diese Nacht bei mir; wir wollen das hohe Fest nach vorgeschriebenem Brauch gemeinsam begehen. Die Geladenen erwiderten: Wir sind bereit, deinen Willen zu erfüllen; du hast uns mit deiner Bitte erfreut. Und sie setzten sich hin, lasen die Rolle und verrichteten die Handlungen, die zum Feste gehören. Und die Stimme aus der Lade rief nach wie vor: Gelobt der wahrhafte Richter, Gesäuertes ist im Hause! Der Gesetzesmann sprach zu seinen Gästen: Hört ihr den Ruf? Diese antworteten: Wir hören ihn und sind des Staunens voll. Und sie scheuten die Mühe nicht, und ein jeder ging mit einer Kerze in der Hand, nach Gesäuertem zu suchen. Es war aber auch kein Krümchen sauern Brotes zu finden. Sie ahnten nicht, daß sich in der Lade selbst Gesäuertes befand. Zuletzt aber sprach der Rabbi: Mir sagt das Herz, daß der Kasten, an dem wir sitzen, Verbotenes enthält. Sie räumten von dem Deckel des Kastens, der ihre Tischplatte war, die Speisen und Getränke ab und hoben ihn in die Höhe. Und siehe da, ein Kalb sprang aus dem Kasten. Entsetzen bemächtigte sich der Anwesenden; ein jeder griff in seiner Angst nach einem Messer, und sie hieben mit aller Kraft auf das seltsame Wesen ein. Aber die Schläge taten keinerlei Wirkung, und die Kreatur blieb ganz und unversehrt. Die weisen Männer standen ratlos da und wußten nicht, wie dem Werke Satans beizukommen wäre. Einer sprach zum andern: Daß Gott in dieser heiligen Nacht einen solchen Schrecken über uns bringen mußte! Da sagte der Rabbi: Wir werden das Ungeheuer mit unserer Kraft nicht vernichten können; also wollen wir es mit unserem Munde tun und die Hilfe des Herrn anrufen. Seid getrost und seid Männer! Die Verzagten vereinigten sich im Gebet, vergossen Tränen, weinten, und der Allmächtige erhörte ihr Flehen. Eine Stimme kam vom Himmel – sie wurde von dem Gesetzesmann und allen, die da waren, gehört – und rief: Der Rabbi zeichne die Stirn des Geschöpfes mit dem heiligen Namen Soundso, der dem und dem Vers entnommen ist; er zeichne seine Hände, sein Herz, seine Füße und alle seine Glieder mit dem heiligen Namen, und es wird absterben und vergehen. Und der Rabbi tat so. Sobald er den Stift auf die Stirn des seltsamen Wesens setzte, fing das Fleisch des Kalbes zu schwinden an, und es nahm mit dem Beschreiben der weiteren Glieder immer mehr ab, bis es zuletzt in Wasser zerfloß und nicht mehr vorhanden war. Da sprach der Rabbi zu den Umstehenden: Der heutige Tag ist der Tag der frohen Botschaft; das ist der Tag des Herrn, freuen wir uns und jauchzen wir an ihm! Nun aber kehret heim in eure Hütten, und ein jeder gehabe sich wohl mit den Seinigen. Also gingen die von ihrer Pein Befreiten in ihre Wohnungen zurück und feierten das Passahfest in fröhlicher Laune. Sie blieben die ganze Nacht über wach und munter, denn sie konnten vor übergroßem Glück nicht schlafen, und sangen Loblieder dem Herrn.

Als es Morgen wurde, schickte der König Boten zu dem Gesetzesmann und ließ ihn rufen. Auch der Fürst hatte diese Nacht kein Auge zugetan und keinen Schlaf gefunden, denn er war begierig zu erfahren, was für einen Verlauf das Fest für die Juden gehabt hatte. Als der Gesetzesmann erschien, befahl der Herrscher, daß man ihm die Lade wieder zustelle. Der Rabbi holte den Kasten, und der König machte diesen sogleich auf. Da sah er, daß die in ihm enthaltenen Kräuter trocken und welk geworden waren. Er entsetzte sich über den Anblick und dachte daran, wie die Gräser noch vor kurzem frisch und grün ausgesehen hatten. Er verlangte von dem Rabbi, daß er ihn über den Vorgang aufkläre, und dieser berichtete nach anfänglichem Zögern getreulich und ausführlich, was sich in der heiligen Nacht abgespielt hatte.

Erschüttert von dem, was er gehört hatte, sprach der König: Ich will die Finsternis von mir abwerfen und meine Seele in Licht baden; ich will allein dem wahren Gott dienen. Und er rief seine Ratmannen und die hohen Würdenträger zusammen und tat ihnen seinen Entschluß kund; sie sollten einen andern über sich zum Fürsten wählen. Er aber trat zum jüdischen Glauben über und bekannte sich zu unsrer heiligen Lehre. Also ward auf wunderbarliche Weise das Verderben von Israel abgewendet.

Gelobt, der da rettet und erlöst; er möge wie in den Tagen des Auszuges aus Ägypten an uns Wunder tun und die Zerstreuten in Bälde versammeln.

283. DIE SCHAFFUNG DES GOLEMS

Es lebte zu Worms ein Mann von gerechtem Wesen mit Namen Bezalel. Diesem wurde in der Passahnacht ein Sohn geboren. Es war das Jahr fünftausendzweihundertdreiundsiebenzig nach der Weltschöpfung, und die Juden

litten unter schweren Verfolgungen. Die Völker, in deren Mitte sie lebten, beschuldigten sie, daß sie bei der Herstellung des Passahbrotes Blut verwendeten. Als der Sohn R. Bezalels zur Welt kam, brachte seine Geburt schon Gutes. Wie nämlich das Weib von Geburtswehen erfaßt wurde, liefen die Hausgenossen auf die Straße, um die Wehmutter zu holen, und vereitelten dadurch das Vorhaben einiger Bösewichte, die ein totes Kind im Sacke trugen und es mit der Absicht, die Juden des Mordes zu beschuldigen, in die Judengasse werfen wollten. Da weissagte R. Bezalel über seinen Sohn und sprach: Dieser wird uns trösten und uns von der Plage befreien. Sein Name in Israel sei Juda Arje, gemäß dem Vers im Segen Jakobs: ›Juda ist ein junger Löwe; als meine Kinder zerrissen wurden, stieg er hoch.‹*
Und der Knabe wuchs heran und ward ein Schriftgelehrter und Weiser, dem alle Wissenszweige vertraut waren, und der alle Sprachen beherrschte. Er wurde Rabbiner der Stadt Posen, bald darauf aber berief man ihn nach Prag, woselbst er oberster Richter der Gemeinde ward.

Sein Sinnen und Trachten war darauf gerichtet, seinem bedrängten Volke zu helfen und es von der Verleumdung des Blutgebrauches zu befreien. Er bat den Himmel, ihm im Traume zu sagen, wie er den Priestern, die die falschen Anklagen verbreiteten, beikommen könnte. Da ward ihm in nächtlichem Gesicht der Bescheid: Mache ein Menschenbild aus Ton, und du wirst der Böswilligen Absicht zerstören. Nun rief der Meister seinen Eidam wie seinen ältesten Schüler zu sich und vertraute ihnen die himmlische Antwort an. Auch erbat er ihre Hilfe zu dem Werk. Die vier Elemente waren zur Erschaffung des Golems notwendig: Erde, Wasser, Feuer und Luft. Von sich selbst sprach der Rabbi, ihm wohne die Kraft des Windes inne; der Eidam sei einer, der das Feuer verkörpere; den Schüler nehme er

* 1. Buch Mose 49, 9. Arje, hebr. Löwe

als Sinnbild des Wassers; und so hoffe er, daß ihnen dreien das Werk gelingen werde. Er legte ihnen ans Herz, von dem Vorhaben nichts zu verraten und sich sieben Tage lang für die Aufgabe vorzubereiten.

Als die Frist um war, es war der zwanzigste Tag des Monats Adar im Jahre fünftausenddreihundertundvierzig und die vierte Stunde nach Mitternacht, begaben sich die drei Männer nach dem außerhalb der Stadt gelegenen Strome, an dessen Ufer eine Lehmgrube war. Hier kneteten sie aus dem weichen Ton eine menschliche Figur. Sie machten sie drei Ellen hoch, formten die einzelnen Gesichtszüge, danach die Hände und die Füße und legten sie mit dem Rükken auf die Erde. Hierauf stellten sie sich alle drei vor die Füße des Tonbildes, und der Rabbi befahl seinem Eidam, siebenmal im Kreise darum zu schreiten und dabei eine von ihm zusammengesetzte Formel herzusagen. Als dies vollbracht war, wurde die Tonfigur gleich einer glühenden Kohle rot. Danach befahl der Rabbi seinem Schüler, gleichfalls siebenmal das Bild zu umkreisen und eine andre Formel zu sagen. Da kühlte sich die Glut ab, der Körper wurde feucht und strömte Dämpfe aus, und siehe da, den Spitzen der Finger entsproßten Nägel, Haare bedeckten den Kopf, und der Körper der Figur und das Gesicht erschienen als die eines dreißigjährigen Mannes. Hierauf machte der Rabbi selbst sieben Rundgänge um das Gebilde, und die drei Männer sprachen zusammen den Satz aus der Schöpfungsgeschichte: ›Und Gott blies ihm den lebendigen Odem in die Nase, und der Mensch ward zur lebendigen Seele.‹*

Wie sie den Vers zu Ende gesprochen hatten, öffneten sich die Augen des Golems, und er sah den Rabbi und seine Jünger mit einem Blick an, der Staunen ausdrückte. R. Löw sprach laut zu dem Bildnis: Richte dich auf! Und der Go=

* 1. Buch Mose 2,7

lem erhob sich und stand da auf seinen Füßen. Danach zogen ihm die Männer Kleider und Schuhe an, die sie mitgebracht hatten – es waren Kleidungsstücke, wie sie Synagogendiener trugen –, und der Rabbi sprach zu dem Menschen aus Ton: Wisse, daß wir dich aus dem Staub der Erde geschaffen haben, damit du das Volk vor dem Bösen behütest, das es von seinen Feinden zu leiden hat. Ich heiße deinen Namen Joseph; du wirst in meiner Gerichtsstube wohnen und die Arbeit eines Dieners verrichten. Du hast auf meine Befehle zu hören und alles zu tun, was ich von dir fordere, und hieße ich dich durchs Feuer gehen, ins Wasser springen oder dich von einem hohen Turm herunterwerfen. Der Golem nickte mit dem Kopfe zu den Worten des Rabbi, als wollte er seine Zustimmung ausdrücken. Er hatte auch sonst in allem ein menschliches Gebaren; er hörte und verstand, was man zu ihm sprach, nur die Kraft der Rede blieb ihm versagt. So waren in jener denkwürdigen Nacht drei Menschen aus dem Hause des Rabbi gegangen; als sie aber um die sechste Morgenstunde heimkehrten, waren ihrer vier.

Seinen Hausgenossen sagte der Rabbi, daß er, als er des Morgens nach dem Tauchbad gegangen sei, einem Bettler begegnet wäre und ihn, da er redlich und unschuldig zu sein schiene, mitgenommen habe. Er wolle ihn in seiner Lehrstube als Bedienten gebrauchen, verbiete es ihnen aber, den Knecht für häusliche Arbeiten zu verwenden.

Und der Golem saß beständig in einer Ecke der Stube, den Kopf auf beide Hände gestützt, und verhielt sich reglos wie ein Geschöpf, dem Geist und Verstand abgehen und das sich um nichts bekümmert, was in der Welt vorgeht. Der Rabbi sprach von ihm, daß ihm weder Feuer noch Wasser etwas anhaben würden, und daß ihn kein Schwert verwunden könne. Den Namen Joseph hatte er ihm zur Erinnerung an den im Talmud erwähnten Joseph Scheda

gegeben, welcher halb Mensch und halb Geist gewesen war, die Schriftgelehrten bedient und sie vielmal aus schwerer Bedrängnis gerettet hatte.
Der Hohe R. Löw bediente sich des Golems nur, wo es galt, die Blutbeschuldigung zu bekämpfen, unter welcher die Juden Prags besonders zu leiden hatten. Schickte R. Löw den Golem irgendwohin, wo dieser nicht gesehen sein sollte, so legte er ihm ein Amulett um, das auf Hirschhaut geschrieben war. Das machte ihn unsichtbar, er selbst aber konnte alles sehen. In der Zeit vor dem Passahfest mußte der Golem allnächtlich durch die Stadt streifen und jeden aufhalten, der eine Last auf dem Rücken trug. War es ein totes Kind, das in die Judengasse geworfen werden sollte, so band er den Mann und die Leiche mit einem Strick, den er immer bei sich trug, und führte ihn nach dem Stadthaus, wo er ihn der Obrigkeit übergab. Die Kraft des Golems war übernatürlich, und er vollbrachte viele Taten.

284. BRUDER UND SCHWESTER

Zu der Zeit lebten in Prag zwei reiche Männer, die Genossen im Handel waren. Sie erwarben zusammen ein großes gemauertes Haus und lebten Tür an Tür in getreuer Nachbarschaft. Doch in einer Sache war ihr Schicksal nicht gleich. Während der eine gesunde und muntere Kinder hatte, brachte die Frau des andern nur schwächliche Wesen zur Welt. So erwachte in dem Weibe, das um das Leben ihrer Kleinen bangen mußte, Neid über das Glück ihrer Genossin. Sie ließ sich ihre Gefühle nicht anmerken, aber die Wehmutter, die den beiden Frauen bei ihren Geburten beizustehen pflegte, verstand, was in dem Herzen der Unglücklichen vorging, und sann auf Mittel und Wege, sich ihr dienstbar zu erweisen.
Es fügte sich nun, daß die beiden Frauen an demselben

Tage ein reinigendes Tauchbad nahmen und darauf zur selben Zeit schwanger wurden.
Die beiden Geburten trafen denn wirklich zusammen, und beide Frauen kamen mit Knaben nieder. Weil aber das erste Kind kräftiger war als das andre und zu befürchten stand, daß dieses nicht am Leben bleiben würde, vertauschte die Wehmutter sie heimlich in derselben Nacht, als die Einwohner beider Häuser im Schlafe lagen.
Die zwei Frauen säugten die Kinder, und keine dachte daran, daß das Kind, dem sie die Brust reichte, nicht ihr eignes war. Und die Knaben wurden groß und wußten nicht, daß die, die sie Vater und Mutter nannten, nicht ihre Eltern waren. Auch sonst erfuhr niemand die Wahrheit, denn die Wehmutter hütete das Geheimnis sorgsam und verriet nichts von der begangenen Tat. Und eines Tages verstarb sie plötzlich, und das Geschehnis versank wie ein Stein im Meer.
Inzwischen nahte die Zeit heran, da die Sprossen der zwei Nachbarn sich verehelichen sollten. Gar verschieden waren die Verbindungen, die der Kinderreiche durch seine Söhne und Töchter einging. Bei dem jüngsten Sohne kam er jedoch mit dem Nachbarn überein, ihn mit dessen Tochter zu vermählen. Also wurde die Verlobungsurkunde geschrieben, und bald darauf sollte die Hochzeit gefeiert werden. Der Hohe Rabbi Löw ward gebeten, das Paar einzusegnen, und er erschien zur Trauung. Als er aber den Kelch in die Hand nahm und den Segen sprechen wollte, entfiel ihm das Glas und zerbrach, und der Wein wurde verschüttet. Ihm wurde ein andres Glas mit Wein gereicht, aber auch dieses fiel ihm aus der Hand. Da erbleichte R. Löw ob des seltsamen Falles, und alle Anwesenden erschraken. Man schickte Joseph, den Golem, daß er andern Wein hole. Und der Golem lief über den Hof nach dem Keller seines Herrn. Die Hochzeitgäste blickten ihm nach und sahen, wie

er mit einem Unsichtbaren Winke wechselte. Als er vor der Kellertür anlangte, blieb er plötzlich stehen und wandte sich, ohne der Zurufe der Leute, die ihn zur Eile anspornten, zu achten, nach der Gerichtsstube R. Löws. Hier schrieb er auf einen kleinen Zettel einige Worte, kam zurück und reichte das Blatt seinem Meister. Darauf stand geschrieben: Braut und Bräutigam sind Bruder und Schwester. Starr vor Entsetzen warf R. Löw einen fragenden Blick auf den Golem; dieser aber machte eine Bewegung, als bäte er ihn, ihm zu folgen. Nun sagte R. Löw den Versammelten, daß die Hochzeit an dem Tage nicht stattfinden könne und man die Speisen unter die Armen verteilen solle. Darauf verließ er mit dem Golem den Trauungsort. Vor dem Fenster des Bethauses sah er einen Geist stehen; das war der Geist, der dem Golem gesagt hatte, wie es sich mit dem Brautpaar verhielte.

R. Löw beschloß nunmehr, das Dunkel der Angelegenheit zu klären. Am folgenden Tage, als die Gemeindemitglieder zum Beten erschienen waren, bat er sie, auch nach dem Gottesdienst dazubleiben. Er hatte noch vorher in dem Raum in einer Ecke einen Verschlag aus Brettern machen lassen. Nachdem die Gebete verrichtet waren, nahm er mit seinen zwei Hilfsrichtern, die die Betmäntel noch umhatten, an einem Tische Platz. Den alten Synagogendiener schickte er zu dem Brautpaar und den Eltern, und als diese gekommen waren, befahl er dem Golem, im Beisein der ganzen Gemeinde auf den Friedhof zu gehen und die verstorbene Wehmutter zu rufen. Er gab ihm seinen Stock, damit er an das Grab schlage und die Entschlafene wecke. Die Anwesenden überfiel Angst, als sie diese Worte vernahmen. Der Meister aber sagte: Seid stille, es geschieht euch nichts.

Nach kurzer Zeit erschien der Golem; er händigte R. Löw den Stab aus und wies mit einer Armbewegung nach dem

Bretterverschlag, als wollte er ihm damit bedeuten, daß er die Botschaft ausgeführt und die Seele der Verstorbenen bereits hierhergebracht habe. Die Anwesenden wurden wieder von Furcht ergriffen; sie schlossen die Augen und saßen wie versteinert da. Da vernahm man die Stimme R. Löws, der sprach: Wir, der irdische Gerichtshof, bestimmen hiermit, daß du uns erklärst, wieso es von den Verlobten heißt, daß sie Bruder und Schwester sind.

Nun fing der Geist zu erzählen an und berichtete getreulich, was sich vor vielen Jahren in der Nacht, da die beiden Kinder geboren wurden, zugetragen hatte. Die Gemeinde hörte nur die Stimme der Sprechenden und unterschied nicht die einzelnen Worte; die Richter aber, die Eltern der Verlobten wie diese selbst konnten alles verstehen. Und die Tote fuhr fort und gestand, daß sie in den zwölf Jahren, die seit ihrem Ableben verstrichen waren, keine Ruhe im Grabe gekannt habe. Nur um des Hohen R. Löws willen sei ihr erlaubt worden, die Trauung zu stören, damit sie so die Möglichkeit erlange, ihren Fehler wiedergutzumachen. Sie weinte am Ende ihrer Rede, und die Gemeinde weinte mit.

R. Löw beriet sich mit den Richtern, wie das Urteil zu fällen sei. Diese bestimmten, daß die Schuldige zuallererst den Verlobten abbitten müsse dafür, daß sie ihnen vor aller Welt eine solche Beschämung zugefügt hatte. Wenn diese ihr vergeben hätten, so sei sie rein und frei von jeder Schuld. Wieder ward ein Schluchzen hörbar, die Verstorbene bat das Brautpaar um Verzeihung. Die Geschwister erwiderten ihr: Wir vergeben dir. Darauf verkündete der Gerichtshof: Wir irdischen Richter sprechen dich, Weib Sounddso, frei, und also möge auch der himmlische Gerichtshof dich begnadigen. Zieh in Frieden, und ruh in Frieden, bis daß der Messias kommt.

Hernach befahl R. Löw, den Bretterverschlag abzubrechen

zum Zeichen, daß die Tote nicht mehr dahinter sei, ein Brett aber zum Andenken an den Vorfall an das Grabmal der Wehmutter zu nageln. Er ließ das Gedenkbuch der Synagoge holen und trug die Begebenheit ein, damit die Nachwelt von ihr erfahre. Die anwesenden Richter mußten ihr Siegel darunter setzen.
Der Hohe R. Löw verfügte aber noch, daß der Knabe und das Mädchen, die zusammen aufgewachsen waren und in aller Welt Augen als Geschwister gegolten hatten, einander heiraten sollten. Des waren die beiden zufrieden, und auch die Eltern willigten ein. Also wurde die Hochzeit gefeiert, und die Neuvermählten wurden ein glückliches Paar.

285. DIE RUINE

Unweit der Stadt Prag, auf der Straße, die zur Stadt führt, befand sich zur Zeit des Hohen R. Löw eine verlassene Ruine, in der Dämonen ihr Unwesen trieben. Wanderer fürchteten sich, in der Nacht an dieser Stelle vorbeizugehen. Die einen glaubten, das Spiel einer Kapelle da zu hören, die andern wollten einen Mann auf dem Dache gesehen haben, der die Trompete blies, als riefe er Streitkräfte zu einem Kriege zusammen. Noch andre sahen eine Meute schwarzer Hunde um die Ruine kreisen. Also mieden die Reisenden die unheimliche Stätte.
Einmal begab es sich, daß ein Judäer aus Prag, der sich davon ernährte, daß er in den umliegenden Dörfern mit Waren umherzog, zu nächtlicher Zeit an dem zerstörten Hause vorbeiging. Da sprang ein schwarzer Hund an ihn heran, umkreiste ihn bellend einigemal und lief zurück nach der Trümmerstätte. Grausen und Entsetzen erfaßten den Mann, und fast ohnmächtig vor Schreck schleppte er sich nach Hause. Hier erzählte er seinen Angehörigen, was ihm widerfahren war, und begab sich darauf zu Bett. In der

Nacht aber fuhren die Hausgenossen von ihrem Schlaf auf, denn sie hörten den Heimgekehrten einem Hunde gleich bellen. Sie eilten an sein Lager und weckten ihn. Der Mann war schweißbedeckt und erschüttert von dem, was er im Traume gesehen hatte: Es war ihm gewesen, als befände er sich in einer Schlachtreihe mit noch andern Männern, die alle auf schwarzen Hunden rittlings saßen und gleich Hunden laut bellten; sie zwangen auch ihn, aus Leibeskräften zu bellen. In der Nacht darauf kam dasselbe Gesicht wieder, und der Händler gab wieder im Schlaf Hundelaute von sich. Dieses wiederholte sich nun Nacht für Nacht, und der Mann ward ganz schwach von der Qual, die er zu erdulden hatte.

Als er nun sah, wie schlimm es mit ihm gekommen war, nahm er seine letzten Kräfte zusammen und ging mit seiner Frau und den Kindern zu dem Hohen R. Löw. Er weinte vor ihm, bat ihn flehentlich um Hilfe und erzählte von dem Ungemach, das ihn betroffen hatte. Da befahl der Rabbi, den Latz mit den Schaufäden, den der Mann dem Brauche gemäß an seinem Körper trug, zu untersuchen. Es erwies sich, daß an dem einen Zipfel einige Fäden fehlten, und dieser mußte erneuert werden. Danach ließ der Rabbi von dem Thoraschreiber ein Amulett aus Hirschfell anfertigen, das der Händler vor dem Schlafengehen an die Stirn zu binden hatte. Außerdem aber sollte der Mann eine Woche lang nicht in seinem Hause nächtigen, sondern in der Gerichtsstube auf der Lagerstatt des Golems schlafen. In seinem Bett wiederum hatte der Golem zu liegen. Dieses wurde befolgt. Der Händler fand auf dem Lager des seltsamen Knechtes seinen ruhigen Schlaf wieder und wurde von keinem bösen Traum mehr heimgesucht. Danach kehrte er in seine Wohnung zurück und ward gesund. Dem Golem aber gab der Rabbi ein Bündel Stroh und einen Zündlappen und befahl ihm, die Trümmerstätte in Brand zu stecken. Dies geschah, und der Ort hörte auf, ein Ort des Verderbens zu sein.

286. DER RÄTSELHAFTE BESCHEID

In dem Bethaus des Hohen R. Löw ereignete sich einst am Versöhnungstage ein betrüblicher Vorfall. Ein Mann, dem die Ehre zuteil ward, nach dem Verlesen der Thora das heilige Buch wieder in die Lade zu legen, ließ es beim Tragen aus der Hand auf die Erde fallen. Dieses verursachte dem R. Löw großes Herzeleid, und er gab Befehl, daß alle, die bei dem Fall zugegen waren, am Rüsttage des nun nahenden Laubhüttenfestes fasten sollten. Er wußte aber, daß er damit seiner Pflicht noch nicht genügt hatte, denn nicht am Fasten allein hat der Wächter Israels Gefallen, und daß es ihm oblag, den Grund des Übels zu erforschen. Also sandte er an dem Fasttag die Bitte gen Himmel, ihn durch einen Traum aufzuklären, wodurch das Unglück gekommen sei. Er erhielt darauf eine Antwort, die aus einzelnen Schriftzeichen bestand, welche keinen Sinn ergaben. Da beschloß er, sich auch darin der Hilfe des Golems zu bedienen. Er schrieb die Schriftzeichen einzeln auf verschiedene Zettel und gab dem Golem auf, sie in der richtigen Reihenfolge zu ordnen.

Und der tönerne Knecht überlegte nicht lange und ordnete rasch die Zettel nach ihrem Inhalt. Sie ergaben den Vers aus der Schrift: ›Du sollst nicht bei deines Nächsten Weibe liegen.‹*

Also begriff der Rabbi, daß der Mann, dem die heilige Rolle aus der Hand gefallen war, mit eines Mannes Eheweib sündigen Umgang pflog. Er ließ ihn vor sich kommen und legte ihm ans Herz, seine Sünde zu bekennen. Der Schuldige gestand sein Vergehen, und R. Löw gab ihm

* 3. Buch Mose 18, 20

auf, Buße zu tun. Das sündige Weib aber wurde dem Gesetz gemäß von ihrem Manne geschieden.

287. DER TOD DES GOLEMS

Nachdem ein Erlaß herausgekommen war, der die Blutbeschuldigungen als grundlos bezeichnete und jede Anklage dieser Art untersagte, beruhigten sich die Gemüter, und R. Löw beschloß, dem Golem seinen Odem wieder zu nehmen. Er ließ ihn auf ein Bett legen, befahl seinen Schülern, ihn abermals siebenmal zu umkreisen, wobei sie die Worte herzusagen hatten, die seinerzeit bei der Erschaffung des Golems gesprochen worden waren, nur in umgekehrter Ordnung. Als die siebente Umkreisung zu Ende war, ward der Golem wieder zum Klumpen. Man zog ihm die Kleider aus, wickelte ihn in zwei alte Gebetmäntel und verwahrte das tönerne Bild unter einem Haufen alter, schadhafter Bücher in der Dachstube des Rabbi.

R. Löw erzählte, daß, als er darangegangen sei, dem Golem den Odem einzublasen, zwei Geister zu ihm gekommen wären: der des Joseph Scheda und der des Jonathan Scheda. Er wählte den Geist Josephs, weil dieser sich schon bei den Schriftgelehrten des Talmuds als Retter bewährt hatte. Die Kraft der Rede konnte er dem Golem nicht eingeben, denn was diesem innewohnte, war eine Art Lebenstrieb, aber keine Seele. Er war wohl mit einem gewissen Unterscheidungsvermögen ausgestattet, aber Dinge der Weisheit und höhere Einsicht blieben ihm versagt.

Wiewohl nun der Golem keine Seele hatte, merkte man ihm am Sabbat etwas Besondres an, und sein Gesicht erschien freundlicher als an Wochentagen. Andre wiederum sagen, daß R. Löw an jedem Rüsttage zum Sabbat das Schildchen mit dem heiligen Gottesnamen, das unter der

Zunge des Tongebildes steckte, zu entfernen pflegte, weil er befürchtete, daß der Sabbat ihn unsterblich machen könnte und die Menschen ihn als Götzen anbeten würden.
Der Golem barg in seinem Innern keinerlei Neigungen, weder gute noch sündhafte. Was er tat, geschah nur unter Zwang und aus Furcht, zurück ins Nichts versenkt zu werden. Alles, was zehn Ellen über und zehn Ellen unter der Erde lag, war für ihn mit Leichtigkeit zu erreichen, und nichts konnte ihn an der Ausführung des einmal Unternommenen hindern.
Er mußte ohne Zeugungstrieb erschaffen werden, sonst hätte sich kein Weib vor ihm retten können, und es wäre wieder das eingetreten, was sich in der Urzeit begeben hatte, als die Engel an den Menschentöchtern Gefallen fanden. Weil er aber keinen Trieb kannte, so haftete ihm auch keine Krankheit an. Auch besaß er die Eigenschaft, daß er den Wechsel der Stunden zur Tages- und Nachtzeit genau empfand. Es weht nämlich zu jeder Stunde vom Garten Eden ein Wind auf die Erde, der die Luft reinigt, und diesen Lufthauch spürte der Golem dank seinem feinen Geruchsinn.
R. Löw behauptete, daß der Golem auch Anteil am ewigen Leben haben werde, da er sovielmal Israel vor schwerer Not bewahrt hatte. Auch sagte er, daß er dereinst zusammen mit den Toten erwachen werde; er werde aber dann nicht mehr die Gestalt Joseph Schedas noch die, die er jetzt hatte, tragen, sondern in einer ganz neuen Gestalt erscheinen.

288. DER REDENDE KOPF

Es lebte zu Prag ein Kaufherr, der einen einzigen, mit Gaben wohlausgestatteten Sohn hatte. Dem Knaben ward schon mit zwölf Jahren die Ehre zuteil, Schüler des Hohen R. Löw zu sein; der Meister liebte ihn wie seinen eignen Sohn. Unter den Handelsgenossen des Kaufherrn befanden

sich auch zwei reiche Männer, die aus der Ferne zu kommen pflegten. Diese Männer wandten ihre besondre Gunst dem Knaben zu; sie beschenkten ihn immer, wenn sie in das Haus kamen, um sein Herz zu gewinnen. Eines Tages traten die zwei Fremden mit einem Anliegen vor den reichen Mann und fragten ihn, ob er nicht gewillt wäre, einem hochehrsamen Ehevorschlag seine Aufmerksamkeit zuzuwenden, den der eine von ihnen ihm unterbreiten möchte. Es handle sich um den Bund seines Sohnes mit der einzigen Tochter eines überaus reichen Mannes, der außer dieser keine Kinder habe, und nach dessen Tode alles dem Eidam zufallen würde. Die Braut selbst aber sei ein Mädchen, das an Schönheit, Weisheit und Tugend alle ihre Genossinnen überrage.
Hierauf zog der Kaufherr Erkundigungen ein, und es wurde ihm gesagt, daß der Mann, dessen Tochter sein Sohn freien sollte, Haufen Goldes besitze, und daß die Tochter ein ausgezeichnetes Mädchen sei. Dies genügte dem Kaufherrn jedoch nicht, und er holte sich noch beim Hohen R. Löw Rat. Die Antwort des Meisters fiel bejahend aus.
Als der Kaufherr in sein Haus zurückkehrte und den Männern den Bescheid, der ihm geworden war, mitteilte, stand der eine von ihnen auf und sagte: So wisse denn, ich bin derjenige, dessen Lob deine Ohren eben vernommen haben. Dein Sohn soll mit meiner Tochter einen Bund schließen. Der Vater des Jünglings willigte ein, und ungesäumt wurde die Verlobungsurkunde niedergeschrieben. Ein Mahl ward angerichtet und ein Fest gefeiert, und der Bräutigam hielt eine Predigt, die von großem Scharfsinn zeugte. Die zwei Kaufherrn blieben noch einige Tage da und unterhielten sich mit dem Jüngling. Als sie abreisen sollten, baten sie den Vater des Bräutigams, ihnen den Sohn mitzugeben, damit die Braut und die Mutter ihn von Angesicht sähen. Dem Kaufherrn fiel es schwer, sich von seinem Sohne zu trennen; er ließ sich aber doch überreden.

Nunmehr begaben sich die zwei Männer auf den Weg, und
der Jüngling trat mit ihnen die Reise an. Nach vielen Ta=
gen kamen sie in einer fremden Stadt an, und hier brach=
ten die Männer den Knaben in einen hohen Turm. Ein dü=
sterer Schatten lag über den Räumen, und der Knabe wurde
aus dem einen in den andern geführt, ohne seiner Verlob=
ten oder ihrer Mutter zu begegnen. Dem Jüngling ward
sonderbar zumut, und er fragte den Hausherrn, was das
alles zu bedeuten habe? Darauf führte ihn der Brautvater
in ein noch ferner gelegenes Zimmer, in dem viele Schrif=
ten lagen. Er sprach zu ihm: Was willst du noch mehr ha=
ben, mein Sohn? Sitze hier und forsche in den Rollen.
Inzwischen bangte daheim dem Vater um seinen Sohn. Za=
gen Herzens sah er ihn davonziehen, und nun schaute er
sehnsuchtsvoll auf den Weg, ob er nicht eine Kunde von
ihm erlange. Allein es vergingen Wochen und Monate, und
des Vaters Hoffnungen wurden zuschanden. Nicht zu be=
schreiben war der Kummer, den er und die Mutter des Kna=
ben litten. Mochte draußen die Sonne scheinen, ihr Gemüt
umfing Finsternis; der Schlaf kam nicht über ihre Lider
und der Schlummer nicht über ihre Augen; einem unver=
siegbaren Quell gleich flossen ihre Tränen.
Der Knabe war die ganze Zeit über in dem Turme einge=
schlossen. Als er eines Morgens wieder allein saß, vernahm
er eine Stimme, die rief: Ach und weh über dich, der du
gleich mir hierhergeraten bist! Du Unglückseliger, du wirst
den Ort nicht lebend verlassen! Der Knabe schaute sich,
erstaunt und erschrocken, um, um zu erfahren, von woher
die Stimme käme. Hierauf sah er einen Kopf auf einer
Säule stehen. Dieser war es, aus dem die Stimme gespro=
chen hatte. Der abgehauene Kopf sprach wieder: Der Ort,
an dem du weilst, ist eine Stätte des Unflats; die, die dich
hierhergebracht, sind Diener der Teraphim.* Auch ich war

* eine Art Hausgötter; an dieser Stelle sind Götzen gemeint

ein feiner Jüngling und der Schrift wohl kundig; da breiteten die Seelenfänger ein Netz vor meine Füße. Seit den Tagen Jerobeams, des Sohnes Nebats, wird alle achtzig Jahre von dieser Gemeinschaft ein gelehrter Jüngling, der dreizehn Jahre alt und Erstgeborner, Sohn eines Erstgebornen ist, geschlachtet. Der Kopf des Getöteten wird aufgehoben, und unter die Zunge wird ein Schildchen gesteckt, auf dem der Name des Satans eingeritzt ist. Dadurch erlangt der Kopf die Kraft der Sprache, und er vermag Zukünftiges zu weissagen. Die Jahre meines Dienstes sind nun bald um, und du bist auserkoren worden, an meine Stelle als Götze zu treten. Siehst du den Wein, der hier steht, und die Kerzen, die hier brennen? Das alles wird mir geweiht.

Entsetzt und an allen Gliedern bebend, hörte der Knabe den Worten zu, die der redende Kopf von sich gab. Er brachte nur noch so viel Kraft auf, um das Orakel zu fragen, was er tun solle, um diesem Schicksal zu entrinnen. Der Kopf erwiderte: Du mußt noch diese Nacht von hier fliehen und aus dem Fenster springen. Tust du das nicht, so bist du morgen nicht mehr heil, und dein Kopf nimmt die Stelle des meinigen ein. Du mußt mich aber mit fortnehmen, damit ich nicht hierbleibe und den Männern deine Flucht verrate. Erweise mir noch die Gnade, wenn du heimgekehrt bist, und setze mich auf dem Totenacker bei. Bete dann auch für meine Seele. Beherzt nahm der Knabe das Orakel in den Arm. Er öffnete das Fenster und sprang hinaus. Aber wie auf Flügeln trug es ihn durch die Luft.

Der Leser soll sich indessen noch nicht der Freude überlassen; er soll vorerst an dem Schmerze teilnehmen, den die Stadt Prag über das Ausbleiben des Jünglings ertragen mußte. Es wurde ein Fasten angesetzt; die ganze Gemeinde versammelte sich im Bethause; man wehklagte und schrie und sagte die Psalmen her. Der Hohe R. Löw predigte mit großer Inbrunst. Zuletzt wurde auch die Posaune geblasen. Und siehe da, der Ton war noch nicht verhallt, als das Fenster des Gotteshauses aufging und der Jüngling einstieg und auf seinen Füßen vor dem Lehrer stehen blieb. Das Volk ward voll Staunens und schaute verwundert den Jüngling an. Dieser aber erzählte vor den Ohren der Versammelten, was ihm in dem fernen Lande alles zugestoßen war, und zeigte den mitgebrachten Kopf. Da rief der Hohe R. Löw mit lauter Stimme: Eine Fügung des Himmels war dieses Geschehen; denn nun ist die Reinheit von dem Unflat befreit worden, und so viele sind dem Verderben entgangen.

Und er streckte seine Hand aus und zog das Schildchen heraus, das unter der Zunge des Kopfes versteckt war und den Namen des Satans enthielt; er zerbrach es in viele Stücke. Danach befahl er, den Kopf mit Ehren zu bestatten und über ihn das Trauergebet zu sagen.

289. DER KÖNIG UND DER FLICKER

Zwei Könige führten lange Jahre einen ergebnislosen Krieg um ein Stück Land. Bald siegte der eine und bald der andre, und sie fügten einander große Verluste an Gut und Blut zu. Endlich kamen sie überein, in den Stammbüchern zu forschen, und wer von beiden sich als der Höhergeborne erweisen würde, sollte das strittige Land behalten. Da zeigte es sich, daß der eine König ein Nachkomme Hamans des Agagiters war, desselben, der den jüdischen Stamm hatte ausrotten wollen. Als er das erfuhr, überkam ihn die Lust, in den Spuren seines Vorfahren zu wandeln und Israel zu drangsalieren. Er gab ein Gesetz heraus, wonach die Juden seines Landes ihm zehntausend Silberlinge binnen kurzer Frist zu zahlen hätten, und nahm einen von ihnen namens Mordechai als Geisel, den er aufhängen wollte, falls sie die

Summe nicht eintrieben. Da fingen die Juden zu fasten an und schickten Boten zu den großen Männern ihrer Zeit, daß die für sie beten möchten. Der eine Weise aber sagte, als er um Rat gefragt wurde, folgendes: Kehrt in die und die Stadt ein, ihr werdet draußen vor dem Tore einen Mann finden, der alte Kleider flickt; diesen bittet in meinem Namen um Hilfe.

Das taten die Männer. Sie suchten den armen Flicker auf und erzählten ihm, was ihren Landsleuten widerfahren war. Der Mann sagte: Wer bin ich, daß ich euch helfen soll? Der vor euch steht, ist nichts denn ein armer Schneider. Da sprach der Bote: Der Fromme Soundso hat uns zu dir geschickt. Darauf erwiderte er: Kehrt heim und fürchtet euch nicht.

Bald danach begab sich mit dem König folgender seltsame Vorfall. Er hatte zur Gewohnheit, des Morgens früh aufzustehen, es durfte aber niemand zu der ersten Tagesstunde bei ihm eintreten. An diesem Tage erwachte er wie immer und sah in seinem Gemach einen Mann in zerlumpter Kleidung stehen, der ein Judäer zu sein schien. Er geriet in heftigen Zorn und ergriff ein geladenes Gewehr, um auf seine unachtsamen Wächter zu schießen. Aber bald fühlte er sich von unsichtbaren Händen ergriffen und durch die Luft getragen. Er wurde hundert Meilen von seinem Schlosse weit weggeführt und auf einem Friedhof abgesetzt. Dieser aber war von einer hohen Mauer umgeben, die bis zum Himmel zu reichen schien. Da schrie der König den ganzen Tag, aber was hilft das Rufen in der Einöde? Des Abends glaubte er Schritte eines Menschen zu vernehmen, der hinter dem Zaune ging, und er flehte ihn um Hilfe an. Hierauf erschien ein Bettler von seltsam hohem Wuchs, der zwei Säcke auf den Schultern trug. Er entnahm dem einen von ihnen Brot und gab es dem König. Am andern Tage kam er zur selben Zeit wieder und reichte dem König wieder

ein Stück Brot; das wiederholte sich Tag für Tag eine ganze Woche lang.
Am achten Tage bat der König den Mann, der ihn speiste, daß er ihn unter Menschen bringe, denn er zöge es vor, schwere Arbeit zu tun, als zwischen Grabsteinen zu sitzen. Da brachte der Bettler den König in einen Wald, wo er Schindeln für Dächer zu schneiden hatte. Nach einiger Zeit erhielt er einen edleren Dienst und arbeitete an einer Stelle volle drei Jahre. So durfte er noch einigemal die Beschäftigung wechseln, und darüber verging eine lange Zeit. Eines Tages kam der Bettler zu ihm und sprach: Auf und geh nach der und der Stadt, woselbst der König verstorben ist. Du behauptest doch von dir, ein König zu sein, also wirst du wohl das Regieren verstehen. Nur eins fordre ich von dir, daß du alle Ausnahmebestimmungen wider die Judäer für aufgehoben erklärst. Das tat der König und gab seinem Wohltäter eine Urkunde darüber, die er mit seinem Siegel versah.
Also machte sich der Verbannte auf und kam in das Land, das ihm bezeichnet worden war. Er wurde dort zum König ausgerufen, heiratete die Witwe des früheren Fürsten, regierte das Volk und vollbrachte Kriegs- und Friedenstaten. Eines Tages geriet er in die Nähe einer Stadt, die der, in der er einst Herrscher gewesen war, ähnlich sah, und er erkannte sein Schloß von der Ferne. Er eilte hin, trat ein und befand sich bald in seinem Gemach. Und siehe da, vor ihm stand der Bettler, der sich erdreistet hatte, in der Frühe vor ihm zu erscheinen, und hielt die Urkunde in der Hand, nach der alle Ausnahmegesetze gegen die Juden aufgehoben waren. Das Schreiben aber trug das königliche Siegel. Alle diese Ereignisse waren im Laufe von wenigen Minuten an dem Herrscher vorübergegangen, er aber glaubte, daß er viele Jahre abwesend gewesen sei, denn der wundersame Mann hatte ihn für eine Weile in der zeitlosen Welt schweben lassen.

290. DER BLÄSER

Ein Mann, der zu den hohen Feiertagen im Bethaus das Widderhorn zu blasen pflegte, trat zu einem fremden Glauben über und ward Spielmann in der Kapelle des Königs. Eines Tages rühmte er sich vor den andern Spielleuten, daß er das Widderhorn besonders gut zu meistern verstehe und wohlgeordnete Töne aus ihm herauszubringen vermöge. Da reichte man ihm ein solches Horn; er fing an zu blasen, allein es kam kein Laut heraus. Das Herz erstarb in seinem Innern vor Schrecken. Er versuchte es danach in seinem Hause, als er allein war, doch auch da waren seine Bemühungen vergeblich. Da sprach er: Ich ruhe und raste nicht eher, als bis ich erfahren habe, warum das Horn bei mir nicht tönt. Und er begab sich zu einem berühmten Lehrer und erzählte ihm alles, was sich mit ihm zugetragen hatte. Der Rabbi erwiderte: Du kennst doch wohl den Satz: ›Selig das Volk, das zu blasen versteht!‹* Diese Gabe ist aber allein Israel eigen. Als der Spielmann diese Worte vernahm, wurde sein Herz wie Wasser zag, und er rief in Angst aus: Was hab ich getan? Wie konnte ich des Herrn Namen verunehren und mich von ihm abwenden? Und er floh nach einem andern Lande und tat reumütig Buße. Da kehrte die Gabe des Blasens zu ihm zurück, und er beherrschte die Kunst wie in frühern Zeiten. Er sprach: Gelobt, der sein Volk Israel mit Liebe erwählt hat; selig das Volk, dem es so ergeht, selig das Volk, dessen Gott Jahve ist!

291. DER NEUMONDSEGEN

Ein Judäer begegnete bei Nacht einem Heiden, und dieser wollte ihn töten. Es war aber Neumond am Himmel, und der Judäer bat den Bösewicht, ihn eine fromme Pflicht er=

* Psalm 89, 16

füllen zu lassen, wodurch er vor dem Tode seiner Seele zum Heil verhelfen wolle. Der Heide gewährte ihm die Bitte, denn er glaubte, danach doch noch die böse Tat ausführen zu können. Der Judäer sprach mit großer Andacht den Neumondsegen und war dann bereit, seine Seele zu Ehren des Gottes Israels freudig hinzugeben. Es widerfuhr ihm aber ein Wunder. Als er gegen den Mond sprang und die Worte ausrief: Gleichwie ich dich anzurennen versuche und dich nicht erreichen kann, also mögen meine Feinde mich nicht erreichen – da trieb ein Wind den Heiden nach einer andern Seite, so daß sie einander außer Sicht kamen und der Judäer gerettet wurde.

292. DIE ZWEI ZAUBERER

Zwei Zauberer gingen durch eine Stadt, und da erblickten sie einen Jüngling, der sehr bekümmert dreinschaute. Sie fragten ihn nach der Ursache seiner Trübsal; er antwortete, daß sein Vater schon seit langem fern von ihm weile und er nicht wisse, ob er am Leben sei oder tot. Die Männer sagten: Gib uns eine Stange Silber und schreib einen Brief an deinen Vater; wir bringen dir noch heute Nachricht von ihm. Das tat der Jüngling und schrieb den Brief. Nun sagte der eine der Zauberer: Stecke das Blatt in den Mund meines Freundes. Nachdem dies geschehen war, nahm der Hexenmeister an seinem Genossen seltsame Handlungen vor, worauf dieser wie tot hinfiel und auf der Erde liegen blieb. Nach einer Stunde führte der Wachgebliebene neue Zauberhandlungen an dem scheinbar Toten aus, worauf dieser erbebte, sich erst aufsetzte und dann ganz aufrichtete. Der Beschwörer sprach zu dem Jüngling: Zieh den Brief aus dem Munde meines Freundes. Das tat der Knabe, und siehe da, es war ein Brief, von der Hand seines Vaters geschrieben. Da fragte der Jüngling: Wie hast du das voll=

bracht? Der Angeredete antwortete: Ich bin nach dem Hause deines Vaters gegangen, und es war mir, als hätte ich auch die Kleider an, die ich jetzt anhabe. Ich gab deinem Vater das Schreiben, und er bat mich, sieben Tage bei ihm zu bleiben; ich aber sagte, daß ich bald zurückkehren müßte, er möge mir nur gleich Antwort geben. Das tat er denn auch. In Wahrheit war es aber nur meine Seele, die den Gang unternommen hatte; denn als mein Genosse den Zauber sprach, löste sie sich von dem Körper und schwebte davon; die aber, denen sie begegnete, glaubten, einen leibhaftigen Menschen vor sich zu sehen.

293. DER SCHULLEHRER

In den Tagen des Gesetzeslehrers und Meisters R. Mose Isserles ging in der Stadt Krakau eine schwere Seuche um, an der viel Volk, Männer, Frauen und Kinder, starben. Der Meister war darum schwer bekümmert. Da bestimmte er eines Morgens, daß man die Menschen, die an diesem Tage verscheiden würden, nicht begrabe und sie bis zur Nacht in dem Vorraum des großen Bethauses liegen lasse. Das wurde befolgt. In der Nacht kam der Rabbi in die Vorhalle und befahl, ihm jeden Toten zu zeigen, damit er sein Gesicht sehe. Er schaute jedem Verstorbenen ins Antlitz und gab dann Befehl, die Leichen nacheinander zu bestatten. Nur von einem Toten, das war ein Lehrer, der den Kindern des Ortes den ersten Unterricht erteilte, bestimmte der Meister, daß er noch bis zum nächsten Tage liegen bleibe.
Am folgenden Morgen befahl R. Mose, die Füße des verstorbenen Schullehrers an die Schwänze zweier Pferde zu binden und die Leiche in dieser Weise durch die Straßen der Stadt zu schleifen. Danach suchte der Meister den besten Platz auf dem Gottesacker aus und ließ den Dahingeschiedenen mit großen Ehren zu Grabe tragen. Wie nun der Tote

beigesetzt ward, stand die Seuche still, und Ruhe kam in die Stadt.
In der Nacht darauf erschien der Verstorbene dem Meister R. Mose und sprach zu ihm: Warum hat mir mein Herr solchen Schimpf angetan? Mein Wandel auf Erden ist vom himmlischen Gerichtshof geprüft und keine Sünde an mir erfunden worden, derentwegen ich eine solche Schmach verdient hätte. Ich sollte in den Garten Eden gebracht werden, durfte aber nicht eher dorthin gelangen, als bis ich meinen Herrn um den Sinn seiner Handlung befragt hätte.
Darauf erwiderte der Gesetzeslehrer: Dich allein habe ich für wert ersehen, diese Unehre zu erfahren, damit durch dich der ganzen Stadt vergeben würde; ich habe unter allen Einwohnern keinen gefunden, der so rechtschaffen wäre wie du.
Alsdann bat R. Mose den ihm Erschienenen, daß er ihn über die Ursache der Seuche, von der die Stadt heimgesucht worden war, aufkläre; ihm selbst war das Wissen darum vom Himmel vorenthalten worden. Der Tote sprach darauf: Mein Herr komme mit mir, ich will ihn den Grund des Unglücks sehen lassen. Und die beiden gingen zusammen, bis sie sich außerhalb der Stadttore befanden. Hier wies der Verstorbene den Meister auf eine Höhle hin, in der der Rabbi einen reichen Bürger der Stadt mit zwei Weibern, andrer Männer Ehefrauen, buhlen sah. Er richtete seinen Blick auf den Sünder, und der wurde zu einem Haufen Gebeine.

294. RABBI JOEL SERKES

R. Joel Serkes war lange Zeit das Haupt der Gemeinde zu Belz. Da begab es sich, daß eine Anzahl frecher Buben sich wider ihn empörte und die andern Bürger gegen den Rabbi aufhetzte. Die Bösewichte gewannen Oberhand, und es gelang ihnen, den Gesetzesmann seiner Würde zu entheben

und ihm die Krone vom Haupte zu nehmen. Er wurde mit einem Mal ein armer Mann und litt mit seinen Hausgenossen große Not.
Eines Tages, es war der Rüsttag zum Sabbat, wusch R. Joel sein Gesicht im Brunnen auf dem Hofe, und die Vögel zwitscherten über seinem Haupte. Dieses erheiterte ihn sehr; er ging fröhlich in seine Hütte und sagte zu seiner Gefährtin, daß die Vögel ihm eine frohe Kunde gebracht hätten: er sei zum Gesetzesmann einer großen Gemeinde ernannt worden. Er sprach zu ihr: Beeile dich und bereite Speisen für drei Menschen mehr; es sind Boten mit einer Vertragsurkunde zu mir entsandt worden, und die kommen gewißlich noch zum Sabbat an. Das Weib erwiderte und sprach: Wo soll ich die Mittel dazu hernehmen? R. Joel sagte: Verpfände etwas vom Hausrat. Das tat die Frau. Und wirklich erschienen noch vor Anbruch des Abends drei Boten bei R. Joel und überbrachten ihm seine Ernennung.

295. DIE BUSSE DES JÜNGERS

Der berühmte Lehrer R. Jesaja, der das Buch ›Die zwei Tafeln des Bundes‹ geschrieben hat, hatte einen Schüler, der es an Gehorsam fehlen ließ. Eines Tages schlug ihn der Rabbi deswegen und verletzte ihn am Ohr. Da floh der Schüler und gesellte sich zu den Landstreichern und Räubern. Er ward bald Häuptling einer Schar und hauste im Walde. Nun fügte es sich einst an einem Rüsttag zum Sabbat, daß der Lehrer, in Gedanken vertieft, den Wald betrat und, vom heiligen Tag überrascht, dort verbleiben mußte. In seiner Nähe aber war der Lagerplatz der Räuber, und der Schüler erkannte seinen Meister sogleich, diesem aber war der Wilde fremd.
Als der Sabbat verstrichen war, trat der Landstreicher auf den Lehrer zu und sprach zu ihm: Wisse, ich bin dein ehe=

maliger Schüler. Und er wies sich durch die Narbe am Ohr aus. Er bat den Meister, ihn auf die Bahn der Buße zu lenken, wo er ihm dies aber versagte, drohte er, ihn zu töten. Da legte ihm der Meister folgende Buße auf: Er sollte eine Natter in einer Büchse auf seiner Brust tragen und sieben Jahre lang speisen und tränken. Danach aber sollte er sich von der Schlange stechen lassen, und das würde die Sühne für seine Vergehen sein.

Der Schüler nahm diese Buße auf sich und ward ein Gerechter vollauf.

296. DER MUTIGE GESETZESMANN

In der Stadt Prag begab es sich einmal, daß zwei hochgestellte Männer einen Rechtshandel miteinander hatten, und der berühmte Lehrer R. Hesekiel Landau sollte Schiedsrichter sein. Da ging einer von den Rechtenden zu dem Obmann der Stadt, mit dem er befreundet war, und bat ihn, daß er den Rabbi bewege, den Streit zu seinen Gunsten zu entscheiden. Der Obmann ließ R. Hesekiel rufen und sprach zu ihm: Laß den Mann Soundso in dem Handel gewinnen, denn er ist mein Freund und Liebling. Der Rabbi aber erwiderte: Ich werde Recht sprechen, wie es unser heiliges Gesetz vorschreibt; bewahre, daß ich von dem, was die Schrift lehrt, nach rechts oder links abwiche. Da ward der Obmann voll Zorn über R. Hesekiel; er ergriff seine Büchse und sprach zu dem Rabbi: Ich schieße dich nieder, wenn du nicht versprichst, meinen Willen zu tun. Darauf entblößte R. Hesekiel seine Brust und sprach zu dem Gewalttätigen: Du kannst mich töten, ich aber lasse nicht von dem ab, was mir der Herr geboten hat.

297. DER TROTZ DER WIDERSPENSTIGEN

Zwei Männer, die miteinander Zank hatten, kamen vor R. Joseph aus Horodenko, daß er Recht zwischen ihnen spreche. Sie legten ihm ihren Zwist dar, und da sprach der Rabbi den einen frei und verurteilte den andern. Nun erhob sich der, der des Unrechts überführt worden war, und schmähte mit frecher Stirne den Richter; er warf ihm vor, er hätte nicht dem Gesetze getreu das Urteil gefällt. Der Rabbi sprach: Frechling, wage es nicht, meinen Richtspruch anzufechten; ich habe geurteilt, wie das Recht befiehlt, und das Recht ist des Herrn. Und er gab in seinem Zorn dem Schamlosen einen Schlag ins Gesicht. Dann aber, als die Erregung vorüber war, bereute der Rabbi die begangene Tat und ließ nach dem Manne suchen, den er geschlagen hatte. Diesen aber fand man zusammen mit zwei Huren in der Leichenhalle des Friedhofes sitzen. Da sah R. Joseph, daß er sich nicht an einem Gerechten vergriffen hatte.

Ein frommer Mann, der alt und hochbetagt war, führte Klage gegen einen andern, der ihm ein Unrecht zugefügt hatte, und schickte seinen Diener zu ihm, daß er ihn vor Gericht hole. Der Schuldige wollte aber nicht kommen. Der Fromme ließ ihn zum zweiten und dritten Male rufen, bis der Dreiste auffuhr und rief: Seht den Greis, wie er sich gebärdet; es dauert nicht lange, und Gras wächst auf seinem Grabe. Darauf ließ der Fromme ihm sagen: So bald wächst auf meinem Grabe noch kein Gras; wohl aber wird es auf dem deinigen bald zu sehen sein. Und richtig, nach zwei Wochen starb der, der so übermütig gesprochen hatte.

298. DER SCHULDSCHEIN

R. Israel Baal-Schem nahm einst auf seinen Fahrten durch die Dörfer Herberge bei einem bäuerlichen Juden. Er unterhielt sich mit ihm über irdische Dinge und brachte das Gespräch auf Pferde, worauf der Wirt den Meister in den Stall führte und ihm seine Tiere zeigte. Da fiel dem Baal-Schem ein kleines Pferdchen auf, und er bat den Gastgeber, es ihm zu schenken. Allein der Mann erwiderte: Mein Herr, bitte mich nicht um dieses Tier, denn gerade dieses ist mir besonders lieb und wert; den schwersten Wagen, den oft drei Hengste nicht von der Stelle rücken können, zieht es mit Leichtigkeit dahin, und so darf ich mich von ihm nicht trennen.

Der Meister schwieg; danach fragte er den Mann, ob ihm nicht andre Leute Geld schuldeten, und wollte die Schriftstücke darüber sehen. Ein Blatt aber von diesen bat er sich aus und wollte es behalten. Der Dorfmann sagte darauf, der Schuldschein sei wertlos, denn der ihn gegeben hätte, sei ein blutarmer Mann gewesen und überdies schon lange tot. Doch Baal-Schem bestand darauf, den Schein besitzen zu wollen; der Eigentümer überließ ihm das Papier, und der Meister zerriß es sofort, um somit dem Toten noch nachträglich die Schuld zu vergeben. Darauf sprach er zu dem Wirt: Und nun wollen wir wieder nach deinen Pferden sehen. Im Stalle aber lag das Pferdchen tot, das sein Herr eben erst so gelobt hatte.

Und nun offenbarte der Meister dem Manne das Geheimnis: das Pferd sei der arme Schuldner gewesen, über den es verhängt worden war, nach dem Tode das unbezahlte Darlehen als Zug- und Lasttier abzutragen.

Unter den Anhängern des chassidischen Predigers R. Israel befand sich ein schriftkundiger, frommer Mann, der seinen Meister jeden Monat aufsuchte. Dieser Mann war kinderlos, und er bat den Rabbi vielmal, er möge für ihn beten, daß ihn Gott mit einem Sprossen segne; allein der Heilige enthielt sich jeder Antwort auf diese Bitte. Das Weib des Frommen bedrängte ihren Mann darum, daß er sich von dem Meister irgendeine Zusage erflehe, und einmal fing sie vor ihm zu weinen an und ersuchte ihn, nicht eher von dem Heiligen zu lassen, als bis er von ihm einen klaren Bescheid erhalten habe. Ihr Leben, meinte sie, sei kein Leben, wenn sie bedenke, daß sie ohne Kinder dahingehe. Sie versicherte ihrem Mann, daß sie alles tun wolle, was der Rabbi befehlen würde, und verhängte auch dieser, daß ihr Gatte sich von ihr trenne. Also machte sich der fromme Mann wieder auf den Weg zum Meister und sagte ihm, als er vor ihn trat, daß er es müde sei, die Klagen seiner Frau und ihr Jammern anzuhören, und daher bei sich beschlossen habe, dazubleiben, bis er von dem Rabbi ein Wort als Erwiderung vernommen hätte.

Da sagte der Heilige: Willst du dich deiner Habe für immer entäußern, so wird dir geholfen werden. Der fromme Mann erwiderte: Ich will mich mit meiner Frau beraten. Und er kehrte nach Hause zurück und berichtete seiner Gefährtin: Soundso hat der Rabbi gesprochen; entscheide nun, wie es sein soll. Da sprach das Weib: Es komme, wie es komme! Der da Leben gibt, der gibt auch Nahrung; wenn wir nur mit Nachkommen gesegnet werden. Der Mann überbrachte dem Meister die Antwort seines Weibes und erzählte ihm, daß sie zu allem bereit sei, wenn ihr nur ein Sohn geschenkt würde. Da sprach der Rabbi: So fahre abermals zurück, hole alles, was du an Geld besitzest, und komm wieder her; dir steht ein weiter Weg bevor. – Der Fromme tat in allem so. Er kehrte heim, raffte seine Habe zusammen und erschien wieder vor dem Meister. Nun sprach R. Israel zu ihm: Du hast jetzt nach der Stadt zu fahren, woselbst mein Freund, der Seher R. Jakob Isaak, wirkt; sage ihm, daß ich dich zu ihm gesandt habe und daß er dich belehren möge, was du zu tun hast, damit dir Segen zuteil werde; wo er dich nun hinschickt, dort geh hin, und was er dir zu tun aufgibt, das erfülle.

Alsbald reiste der Fromme nach der Stadt, in der der Seher wohnte, und bestellte ihm die Worte seines Meisters. Darauf hieß ihn der weise Mann einige Zeit in dem Orte verbleiben. Nach Ablauf der Frist sprach der Seher zu dem Wartenden: Dein Lehrer hat deinen Fall richtig gesehen und den Grund deiner Kinderlosigkeit wohl erkannt. Du bist in deiner Jugend mit einem Mädchen verlobt gewesen, hast es dann verschmäht und den Bund gebrochen; dieser Sünde wegen sind dir Kinder versagt worden. Ehe du deine Braut nicht um Vergebung gebeten hast, wird dir kein Sohn geboren werden. Da sie aber fern von dir weilt, so hast du dich auf die Wanderung zu begeben und so lange zu suchen, bis du sie gefunden hast. Ich will dir die Mühe erleichtern und rate dir, während des Jahrmarktes, der in Bälde in der und der Stadt abgehalten wird, nach ihr Ausschau zu halten. Und, sei getrost, du wirst ihr begegnen.

Da gehorchte der Mann der Weisung des Sehers und machte sich alsbald auf den Weg nach jener Stadt. Er dachte bei sich: Vielleicht treffe ich mit ihr noch unterwegs zusammen. Er fragte schon während der Fahrt seine Mitreisenden, ob ihnen nicht ein Weib bekannt wäre, das den und den Namen trüge. Niemand wußte ihm aber etwas zu sagen. So langte er in dem Orte noch vor Beginn des Jahrmarkts an. Er bezog Herberge daselbst und verbrachte die Zeit mit Beten und Lesen; nur einige Stunden des Tages

verwandte er darauf, die Straßen und Plätze zu durchstreifen. Er stieß aber auf nichts, was ihn seinem Ziele näher gebracht hätte.
Als die Meßwoche anbrach, ging der Fromme mit Eifer an seine Aufgabe. Er suchte mit allen Mitteln über seine frühere Braut Kunde zu erlangen und fragte nach ihr, wo er nur konnte. Allein er fand kein Zeichen und keine Spur. Doch unverdrossen tat er weiter, was ihm befohlen worden war, denn sein Glaube war stark, daß der Seher ihn nicht umsonst diese Reise hatte unternehmen lassen. Er stellte sich vor das Tor der Stadt und redete jeden Einziehenden an. Aber weder von den Fremden noch von den Einheimischen erfuhr er etwas über die Verlobte seiner Jugend. Als der letzte Tag kam und die Zugereisten die Stadt zu verlassen anfingen, der Markt sich aufzulösen begann und dem Manne noch immer keine Hilfe geworden war, ging er durch eine Straße, in Gedanken versunken. Und hätte er nicht an die Worte des Heiligen gedacht, daß er seine Braut doch noch finden würde, er wäre nahe daran gewesen, zu verzagen. Wie er so sinnend dahinzog, wurde er auf einmal von einem Platzregen überrascht und stellte sich vor einen Laden, um Schutz vor dem Wetter zu suchen. Es hatten sich schon mehrere unter das Dach geflüchtet. Und siehe da, dicht neben ihn kam eine Frau zu stehen, die mit Seide und gestickten Kleidern angetan war und kostbares Geschmeide trug. Der züchtige Chassidäer trat einen Schritt zurück, um von dem Weibe in einiger Entfernung zu bleiben. Da lachte die Unbekannte und sprach zu denen, die neben ihr standen: Seht den Mann hier! In seiner Jugend hat er mir die Treue gebrochen; ich war ihm verlobt, und seine Seele wandte sich von mir ab. Aber dem Herrn sei Lob, daß er mich damals verschmäht hat; ich bin reicher als er. Als der Fromme diese Worte vernahm, kam er näher an die Sprechende heran und fragte: Was erzählst

du da? Die Fremde erwiderte: Ich bin von dir vergessen worden, gleichwie ein Toter vergessen wird. Entsinnst du dich nicht der Tochter jenes Mannes, mit der du vier Jahre lang in einem Verlöbnis gestanden hast? Ich, das Weib, das vor dir steht, bin einst deine Braut gewesen. Und nun, was hast du hier vor? Hast du Frau und Kinder? Da antwortete der betroffene Mann: Ich will dir die Wahrheit nicht verhehlen, daß ich deinetwegen hierher gekommen bin. Mir sind keine Kinder geschenkt worden, und da sagte mir ein heiliger Rabbi, daß ich nicht eher Segen erlangen würde, als bis ich deinen Sinn versöhnt hätte. Ich bin bereit, alles zu erfüllen, was du mir auferlegen willst, allein vergib mir meine Sünde und mehre nicht den Gram meiner Seele. Das Weib entgegnete: Mir war der Herr gnädig; ich bedarf deiner Gaben nicht. Aber ich habe einen armen Bruder, der sich in der Schrift auskennt; dieser wohnt in einem Dorfe, unweit der und der Stadt; er soll dieser Tage seiner Tochter die Hochzeit machen, und es fehlt ihm an allem. Willst du, daß ich dir vergebe, so fahre dorthin und schenke meinem Bruder zweihundert Goldstücke. Es sollen dir dann Kinder geboren werden. Da sprach der Mann: Nimm, was du von mir haben willst, und schicke es selbst deinem Bruder. Wozu legst du mir noch diese Last auf? Bin ich doch schon genug gewandert; soll ich noch weitere hundert Meilen reisen? Das Weib entgegnete: So laß es sein! Ich kann es nicht übernehmen; du mußt selber hinfahren und das Geld aus deiner Hand in die Hand meines Bruders legen; sobald er es erhalten hat, vergebe ich dir. Und die Fremde wollte mit dem Manne keine Worte mehr wechseln und sagte: Ich habe keine Zeit, hier zu warten, bis der Regen aufgehört hat; ich gehe von hinnen, und du siehst mich nicht mehr, und ob du mich auch suchst, du findest mich nicht; darum mache dich bald auf den Weg zu meinem Bruder, und dir soll durch Gott geholfen werden. Sie nahm

Abschied von ihrem ehemaligen Verlobten und sagte: Entbiete meinem Bruder meinen Segen. Und sie ging davon. – Der fromme Mann eilte ihr nach, sie wandte sich aber um und sagte: Du folgst mir vergeblich. Und sie entschwand seinen Blicken inmitten der Straße. Da sprach der Mann bei sich: Etwas Wundersames ist mir begegnet.
So wurde der Fromme in seinem Glauben befestigt. Er kehrte in die Herberge zurück, mietete einen Wagen und reiste sogleich nach dem Dorfe, in dem der Bruder seiner Braut wohnte. Der aber, dem er helfen sollte, ging in seiner Wohnung auf und ab und war so verstört, daß er den Angekommenen gar nicht bemerkte und seinen Friedensgruß nicht beantwortete. Der von seiner Braut Abgesendete fragte: Bist du der Mann Soundso? Der Betrübte erwiderte: Ich bin es. Der Eingetretene fragte weiter: Weswegen bist du so bekümmert? Der Mürrische entgegnete: Was nützt es, wenn ich es dir sage? Kannst du mir denn helfen? Vielleicht doch, sprach der Gast, erzähle es nur. Der Vergrämte weigerte sich jedoch, Antwort zu geben, und ging in ein andres Zimmer. Der Fromme folgte ihm dorthin und bat ihn inständig, ihm die Ursache seines Kummers zu sagen; er versicherte ihm, daß er imstande sei, ihm aus seiner Bedrängnis zu helfen. Da antwortete der Wirt des Hauses: Meine Tochter hatte eine ansehnliche Heirat vor sich, und ich hatte ein bestimmtes Brautgut versprochen; nun aber geriet ich plötzlich in Not, und die Hochzeit kann nicht stattfinden. Gestern bekam ich den Verlobungsbrief von dem Vater des Bräutigams zurück nebst einem Schreiben, in dem es heißt, daß, wenn ich das Brautgut binnen drei Tagen nicht bereitstelle, er das Bündnis rückgängig machen und seinem Sohne eine andre Braut suchen werde. Meine Tochter weint bitterlich und läßt sich nicht trösten, und ich gehe verzagt umher und weiß nicht, was ich tun soll. Der Bräutigam ist ein feiner Jüngling, und es gibt in der Stadt

nicht seinesgleichen; ich besitze nichts, was ich verpfänden könnte, habe auch keine Freunde und keine Anverwandten hier, denn ich bin von fern hierher eingewandert; woher soll mir da Hilfe werden?
Da sprach der von der Braut Beauftragte: Sei ohne Sorge; ich will dir Geld geben, das für alles reicht, und von dem dir noch etwas übrigbleiben wird. Darauf sagte der Bedrängte: So habe ich wohl Gnade vor deinen Augen gefunden, daß du mir Hilfe zuteil werden läßt? Oder spottest du gar eines Armen? Der Gast erwiderte: Ich will dir die Wahrheit sagen: ich bin von deiner Schwester zu dir geschickt worden; sie hat mir geboten, dir zweihundert Goldstücke zu schenken. Da sprach der Wirt: Wo hast du meine Schwester gesehen, und wann hat sie dir dieses aufgegeben? Der Fromme antwortete: Es sind gerade drei Wochen her, daß ich sie gesehen habe. Und er erzählte den ganzen Hergang. Als er zu Ende geredet hatte, wurde der Mann erst recht zornig über seinen Gast und rief: Geh hinweg! Gottes Grimm über dich! Du verhöhnst einen, der sich in Not befindet. Du bist hierhergekommen, um mir zu meinem Schmerz noch einen neuen hinzuzufügen und mich an meine Schwester zu erinnern, die seit fünfzehn Jahren tot ist, und die ich selbst begraben habe. Und nun erzählst du mir in ihrem Namen Dinge, die sich niemals zugetragen haben.
Da staunte der Gast, als er den Bruder seiner Verlobten so reden hörte, und er sprach: Ich schwöre dir, daß ich nicht gekommen bin, um meinen Spott mit dir zu treiben, und daß das, was ich dir gesagt habe, wahr ist. Oder bist du vielleicht gar nicht der Bruder jenes Weibes? Darauf antwortete der Wirt: Ich bin wohl der Mann, den du suchst, aber wie kommst du zu dem Wahne oder zu der Einbildung, meine Schwester auf einem Jahrmarkt gesehen zu haben, wo sie doch tot ist? Glaubst du mir nicht, so will ich dir ihr

Grab zeigen. Da wunderte sich der fromme Mann sehr über diese Worte, und er begriff nunmehr, was ihm widerfahren war. Er sprach: Es ist offenbar, daß ich vom Himmel dieser Gnade für würdig befunden worden bin. Nimm das Geld hier, das ich dir gebe, denn du bist der, den ich aufsuchen sollte. Und er erzählte dem Manne, wie ihn der eine Heilige zu dem andern geschickt hatte, wie ihn der letztere geheißen, seiner Braut abzubitten, und wie diese ihm auf dem großen Jahrmarkt erschienen war. Da erschrak der Zuhörende und fragte seinen Gast: Wie hat denn das Weib ausgesehen? Der Fromme beschrieb die Gestalt, die er geschaut hatte. Da sprach der Wirt: Das war in Wahrheit meine Schwester; sie ist vom Himmel gesandt worden, um mich aus meiner Not zu erlösen. Gott gebe es, daß ihre Segenssprüche in Erfüllung gehen, und daß dir Kinder beschieden werden, deren Sehnen der Lehre gelte. Du hast mich wieder aufleben lassen, und wer eine Seele am Leben erhält, dem wird es angerechnet, als hätte er die ganze Welt erhalten.

Hierauf gab der fromme Mann dem Bruder seiner Verlobten das Geld und schied von ihm in Frieden. Er kam zu seinem Meister, R. Israel, und erzählte ihm alles, was sich mit ihm zugetragen hatte. Da sprach der Rabbi: Es ist nun alles eingetroffen! Ich habe es durch meine Gebete erwirkt, daß deine Verlobte gesandt wurde, damit du Vergebung empfangest.

Jedermann entnehme die Lehre aus dieser Geschichte und hüte sich, ein Verlöbnis zu lösen. Die Strafe dafür harrt seiner schon im Diesseits, um wieviel größer aber ist die des Jenseits! Wird doch die Mühe, ein Paar zusammenzuführen, mit dem Überschreiten des Schilfmeeres verglichen. Wie schwerwiegend muß da nicht eine Trennung sein. Der Gerechten Verdienst stehe dir bei und beschütze dich vor allem Bösen.

300. DER RABBI UND SEINE SCHNUR

Ein heiliger Rabbi hatte einen jungen Sohn, und diesem war die Frau gestorben. Da rief der Rabbi zwei angesehene Männer der Stadt zu sich und sprach zu ihnen: Erfüllt mir die Bitte, reiset nach der und der Stadt, freit die Tochter des Frommen Soundso meinem Sohne zum Weibe und bringt das Mägdlein hierher. Die Männer taten, wie ihnen von ihrem Meister befohlen worden war. Sie mieteten einen ansehnlichen Wagen, ließen ihn mit Pferden bespannen, nahmen schöne Gewänder mit, um damit Staat zu machen, und begaben sich auf den Weg in die ferne Stadt. Dort angelangt, stiegen sie in einem Gasthause ab, und sobald sie von dem Wege sich ausgeruht und ihr Gebet verrichtet hatten, gingen sie in das Haus des Frommen.

Dieser Fromme war ein Mann, der sich von den Dingen der Welt abgewandt hatte und Tag und Nacht vor der Lehre saß. Seine Frau sorgte allein für den Unterhalt des Hauses. Als nun die fremden Männer in die Wohnung traten, war die Frau gerade aus dem Bethause heimgekehrt. Sie fragte: Wo kommt ihr her, ihr lieben Freunde? Die Männer erwiderten: Aus dem und dem Orte. Das Weib fragte weiter: Und was habt ihr hier vor? Ist es ein Anliegen des Handels oder sonst ein Vornehmen? Da erzählten ihr die Abgesandten des Rabbi, wozu sie gekommen seien, wie sie ihr Lehrer und Meister hierhergeschickt hätte, um wohlanständige Rede wegen ihrer Tochter vorzubringen; sie solle seinen Sohn ehelichen, der vor kurzem verwitwet worden sei. Das war aber der Frau zum Lachen, denn sie kannte den fremden Rabbi nicht, hatte nie von ihm gehört und hatte bislang nicht daran gedacht, ihre Tochter einem Manne zu vermählen, denn das Mägdlein war erst zwölf Jahre alt.

Als aber die zwei Männer ihren Antrag immer wiederholten, hörte sie auf ihre Worte mehr und sprach: Ist doch gottlob auch mein Herr zu Hause, was soll ich dabei? mag er tun, wie es ihm wohlgefällt. Also ließ man den Frommen aus dem Lehrhause holen. Er kam, und die Boten des Rabbi trugen ihm ihr Begehren vor. Er hörte ihre Rede an und ließ sogleich den Thoraschreiber rufen, damit er den Verlobungsbrief aufsetze. Als dieser die Urkunde zu schreiben anfing, sagten die Boten: Ihr könnt in allem über den Vater des Bräutigams bestimmen, allein die Hochzeitfrist dürft ihr nicht aufschieben. Die Eltern des Mädchens erwiderten: Heißt es doch aber in den Gesetzesbüchern, daß man einer Jungfrau zwölf Monate Wartezeit geben soll,* zumal wir bis jetzt an ihre Vermählung gar nicht gedacht haben; außerdem hat sie keine Hochzeitkleider und keinen Brautschmuck. Die Männer antworteten: Darauf gehen wir nicht ein, das können wir nicht tun, daß wir die Frist verlängern, sondern das Mädchen muß alsobald mit uns fahren.

Da nun die frommen Leute sahen, daß die Sache von Gott ausgegangen war, stimmten sie auch diesem bei. Sie kamen mit den Boten des Rabbi dahin überein, daß die Mutter allein mit der Braut zur Hochzeit hinführe; der Vater sollte daheim bleiben, um von der Lehre nicht abgelenkt zu werden. Nun dangen die Abgesandten noch einen Wagen für Mutter und Tochter und fuhren mit ihnen nach der Stadt des Rabbi.

Unterwegs kam es der Frau seltsam vor, wie sie sich zu solchem Tun hatte überreden lassen. Als aber die Wagen durch eine Stadt fuhren, die in der Nähe des Wohnortes des Rabbi lag, kamen alle Einwohner, jung und alt, und begrüßten die Schnur des großen Meisters. Da wurde das Weib ruhigeren Sinnes. Wie sie danach in dem Orte anlangten, wo der Heilige selbst wohnte, ging ihnen alles Volk, Männer, Weiber und Kinder, entgegen, daß die Pferde

* Nach Esther 2, 12

vor der Menschenmenge nur langsam schreiten konnten. Endlich hielten die Wagen vor dem Hause des Rabbi. Der Vater und der Sohn kamen heraus und boten den Frauen den Friedensgruß. Danach begaben sich die Angekommenen nach ihrer Herberge.
Mit großer Freude wurde die Hochzeit gefeiert; es war ein siebentägiges Fest; der Rabbi und seine Getreuen trugen in sinniger Weise Stücke aus der Schrift vor. Nach der Hochzeit fuhr die Mutter der Braut zurück nach Hause, frohgestimmt. Ähnliches hatte sie, seit sie lebte, nicht gesehen und nicht gehört.
Der Rabbi war sehr freundlich zu seiner Schnur. Da träumte der jungen Frau in einer Nacht, daß sie auf einen himmlischen Söller gekommen wäre, wo ein hohes Gericht von Ältesten und ehrwürdigen Männern saß; das Gericht hatte vor, ihren Mann von ihr zu nehmen und ihn von der Erde abzuberufen. Da schrie sie laut auf und rechtete mit den Richtern. Danach erwachte sie, und siehe, es war nur ein Traum gewesen. Sie erzählte aber keinem Menschen etwas davon, selbst ihrem Schwäher nicht, in dessen Hause sie war. In der folgenden Nacht sah sie wieder denselben Traum und ließ wiederum kein Wort fallen. In der dritten Nacht erschien der Frau dasselbe Gesicht; sie sah sich einen hohen Saal betreten, in dem Richter saßen und den Tod über ihren Mann verhängen wollten; sie brachte Gründe gegen das zu fällende Urteil vor, bis die Richter sprachen: Sieh, deine Klage hat uns gerührt, deswegen wollen wir dir deinen Mann noch für zwölf Jahre schenken.
Als die junge Frau am folgenden Morgen in die Stube ihres Schwähers trat, pries und segnete sie dieser dafür, daß sie durch ihre treffliche Rede das Leben seines Sohnes um zwölf Jahre verlängert hatte. Und so geschah es auch; der junge Rabbi lebte nach seiner Vermählung noch zwölf Jahre. Ehe er aber verstorben war, verschied sein Vater, der alte Rabbi.

Seine Seele fuhr in den Himmel, und er überließ das Leben den Lebenden. Aber wie nur irgendeine Not im Hause seines Sohnes war oder schwierige Dinge der Lösung harrten, erschien er der Schnur im Traume der Nacht und unterwies sie, was zu tun sei.

Es begab sich nach Jahr und Tag, daß der junge Rabbi nach einem andern Orte eine Reise unternahm. Er kam in der Stadt an, und hier empfingen ihn die Einwohner mit großen Ehren und machten ihn zu ihrem Oberhaupt. Hernach schickten sie Boten mit einem Wagen zu der Gemahlin ihres nunmehrigen Rabbi, daß sie gleichfalls zu ihnen übersiedle. Das alles trug sich vor den hohen Festtagen der Jahreswende zu. Da erschien aber der alte Rabbi seiner Schnur im Traume und sprach zu ihr: Fahre nicht hin. Als es Morgen wurde, weigerte sich das junge Weib, die Reise anzutreten. Diese Absage erregte den Unwillen der Schüler ihres Mannes, deren Wunsch es war, daß ihre Gebieterin zu ihnen komme. Das Weib achtete indessen nicht darauf. Es dauerte nicht lange, da verschied ihr Gemahl in der fernen Stadt, und der Schrein Gottes wurde geborgen. Da schämten sich die Jünger; sie erkannten, daß die Frau im Voraus=schauen des Zukünftigen ihnen überlegen war. Sie verhehlten ihr aber den Tod des Meisters und offenbarten das Geschehnis nur ihrem kleinen Sohne, damit er das Totengebet nach seinem Vater spreche. Er sollte seiner Mutter nichts davon sagen. Dieser war es jedoch aufgefallen, daß ihr Sohn eifrig darauf bedacht war, früh aufzustehen und ins Bethaus zu gehen, was er bislang nicht getan hatte. Als sie nun eines Tages nach dem Gotteshause ging, lehnte sie sich gegen die Wand des Betraumes für die Männer, um zu horchen, ob ihr Sohn nicht das Waisengebet sage. Sie konnte jedoch die Worte nicht gut verstehen. Als der Knabe aus dem Bethause kam, sprach die Mutter zu ihm:

Warum verheimlichst du mir dein Tun? Habe ich doch heute, vor dem Bethause stehend, gehört, wie du das Gebet der Leidtragenden hersagtest. So war der Knabe gezwungen, die Wahrheit zu bekennen, und die junge Frau beweinte ihren Gemahl sieben Tage.

Als die Klagezeit vorüber war, fuhr sie nach der Stadt, woselbst der Rabbi entschlafen war. Die Leute begegneten ihr mit großer Ehrfurcht und gaben am Sabbattage in dem Hause, in dem sie abgestiegen war, ihr zu Ehren ein Mahl, zu dem alle Vornehmen der Stadt erschienen waren; sie wollten ihr Trost verschaffen, allein sie ließ sich nicht trösten. Bei der dritten Mahlzeit vor Ausgang des Sabbats hatten sich fast alle Einwohner der Stadt eingefunden und trugen die üblichen Sabbatgesänge vor. Die junge Frau aber saß auf dem Ruhebette bekümmert und betrübt neben der Frau des Gastgebers. Sie schlummerte ein, und es träumte ihr, daß sie sich in weiten, herrlichen Gemächern befände; eine Tür ging auf, und ihr verstorbener Ehemann trat ein. Sein Angesicht leuchtete wie die Sonne am Mittag; hinter ihm kamen viele Älteste von ehrbarem Aussehen. Der junge Rabbi bat die Männer, sich zu setzen, und sie nahmen an einem Tische Platz. Er sprach zu ihnen: Meine Gefährtin, die hier weilt, trägt mir im Innern nach, daß ich mich von ihr, als wir Eheleute waren, allzufern hielt; die Satzungen sprechen für sie, und so will ich sie in euerem Beisein um Vergebung bitten. Das junge Weib erwiderte: Ich vergebe dir von ganzem Herzen. Der Rabbi sprach weiter: Ihr steht das Recht der Wiedervermählung zu; sie ist jung, wie darf ich sie hindern? Will sie aber keine Ehe mehr eingehen, so soll alles, was ihr fehlt, meine Sorge sein. Bei diesen Worten erwachte das Weib, und siehe, ihr Angesicht war nicht mehr vergrämt; die Rede ihres Gemahls hatte ihr Trost gebracht.

Nunmehr kehrte sie nach ihrem Wohnorte zurück. Gott

segnete all ihr Tun, und sie konnte ihr Haus in Ehren hal= ten. Wenn aber Besondres eintrat, erschien ihr wie früher ihr Schwäher, der längst heimgegangene alte Rabbi, und sagte ihr, wie sie sich zu verhalten habe. Ihr junger Sohn kam als Eidam in das Haus eines bekannten Meisters. Die= sem war die Frau gestorben, und er wollte um die Mutter seines Eidams werben. Er hatte vorher die Angelegenheit mit ihrem Sohne besprochen, und diesem gefiel das Vor= haben, denn er war noch jung an Jahren. Also fuhr er hin, um seiner Mutter den Antrag des Schwähers zu über= bringen.

Als aber der Jüngling unterwegs war, träumte ihm, daß er vor ein prächtiges Schloß gekommen wäre. Vor dem Tore stand sein verstorbener Vater; er hielt die Arme hoch und hatte mit den Händen den First des Daches erfaßt; er schrie mit lauter Stimme: Wer ist es, und wer wagt es, in meinen Pa= last einzudringen! Da erwachte der Jüngling; er begriff, worauf sich das Gesicht bezogen hatte, und kehrte inmit= ten des Weges um.

301. DER FREUND ELIMELECHS

Der berühmte Meister und Heilige R. Elimelech hatte in seiner Jugend einen Lehrgenossen und Freund, den er sehr liebhatte. Plötzlich erkrankte der Jüngling, und R. Elime= lech kam zu ihm, um ihn zu besuchen. Da weinte der Freund und bat den Lehrer, daß er sich nach seinem Tode seines kleinen Sohnes annehmen und für ihn sorgen möchte. R. Elimelech sagte darauf: Ich verspreche es dir, aber du mußt mir deine Hand darauf geben, daß du, wenn du tot bist, zu mir kommen und mir erzählen wirst, wie man im Jenseits mit dir verfährt. Da reichte ihm der Freund seine Rechte dar= auf und verschied und überließ das Leben den Lebenden.

Der Rabbi erfüllte sein Versprechen und nahm den ver=

waisten Knaben in sein Haus, er ließ ihn groß werden auf seinem Schoß und führte ihn in die Schrift ein. Als aber die Zeit der Liebe für den Knaben anbrach, freite er für ihn die Tochter eines ehrbaren Mannes. Es kam der Tag der Trauung, und alle Bürger der Stadt versammelten sich im Hause des Reichen, um an dem Feste teilzunehmen. Da aber begab sich R. Elimelech, der Schutzherr des Knaben, in einen besonderen Raum und verblieb dort lange Zeit. Die Gäste warteten bis zur Ungeduld, und danach guckten einige durch das Schlüsselloch. Sie sahen den Lehrer tief in Gedanken versunken auf einem Stuhle sitzen und mochten ihn in seiner Einsamkeit nicht stören. Nach einigen Stunden kam er aber heraus und vollzog die Trauung laut Brauch und Gesetz.

Während des Mahles wandte sich der Rabbi an die Gäste und sprach: Wißt ihr, warum ich so lange ausgeblieben bin? Ich will euch den Grund des Vorfalls offenbaren. Und er ließ die Versammelten erfahren, wer der Vater des Bräutigams war und was er ihm vor seinem Tode gelobt hatte. Er hatte – so fuhr der Erzähler fort – bislang sein Versprechen nicht eingelöst; heute aber, kurz vor der Trauung, erschien er mir, da ich wach war, und er sah aus, wie er zu Lebzeiten ausgesehen hatte. Als ich ihn fragte: Wie ergeht es dir? fing er an, wie folgt zu erzählen:

Als ich Abschied nahm vom Leben, fühlte ich keinen Schmerz; wie ein Kuhhaar, das man aus der Milch zieht, so leicht wurde meine Seele vom Körper gelöst; es war mir, als befände ich mich im Schlaf. Da man meinen Leichnam wusch, wollte ich aufstehen und davonlaufen, ich hatte aber nicht die Kraft dazu. Man ließ mich in Ruhe und wälzte den Grabstein vor das Gewölbe, und die Menschen, die mich geleitet hatten, gingen fort. Da stand ich auf in meiner Gruft und glaubte, ich wäre am Leben; es wunderte mich, daß ich mich auf dem Friedhof befand. Ich wollte nach Hause gehen, fand aber die Pforte nicht; da sprang ich über den Zaun und war bald außerhalb des Feldes. Der Tag sank dahin, und die Sonne stand im Abend. Ich erblickte einen kleinen Teich vor mir; den gedachte ich schnell zu durchwaten; aber das Wasser schwoll an und schien tief zu sein. Und da begann auch ein Regen vom Himmel zu strömen, meine Kleider wurden naß, und ich wußte nicht, wohin mich zu wenden; hinter mir war der Gottesacker und vor mir der Weiher, den ich nicht zu durchschreiten wagte. In mir brannte aber die Sehnsucht, in mein Heim zurückzukehren, und so fing ich vor übergroßem Jammer zu weinen an. Bald erblickte ich einen Mann von schrecklich hohem Wuchs vor mir; er reichte mit dem Haupt bis an den Himmel. Er fragte mich, weswegen ich jammerte, und da sagte ich ihm, daß es mich nach Hause verlangte. Er sprach: Tor! Du wähnst, du seist auf Erden; du hast dein Leben aber lassen müssen. Und er hob mich empor, und ich stand bald vor dem obersten Richter. Man fand an mir keine Sünde, um mich in die Hölle zu bannen; eines kleinen Vergehens halber durfte ich aber nicht in das Paradies. Also verurteilte man mich, in einer Halle zu weilen, die zwischen der Hölle und dem Eden lag; die eine Tür stand zur Hölle offen, die andre aber führte ins Paradies. Ich sollte die Qualen der Verdammten schauen und so die Sünde, die ich begangen hatte, büßen. Ich ertrug jedoch nicht den Anblick der Leiden, zumal ich in der Hölle viele schmachten sah, die ich auf Erden wohl gekannt habe. Aber auch die Wonne, die die Gerechten genossen, sollte ich nicht schauen, denn ich war noch nicht wert, diese Freuden zu genießen. Als der Sabbat kam, durften die Sünder von ihrer Pein ausruhen, und auch ich bat meinen Wächter, mich frei einhergehen zu lassen. Das wurde mir verstattet, und ich sah viele Seelen, die sich anschickten, den Sabbat zu empfangen.

Und R. Elimelech fuhr fort und sprach: So irrte der Tote vierzehn Jahre umher, bis er mich, der ich sein Jugendfreund war, wiederfand; inzwischen war sein Sohn groß geworden und sollte getraut werden. In diesem Augenblick erschien er mir und bat mich, ihn von seinem Gelübde zu entbinden. Ich suchte ihn zu bewegen, dazubleiben, bis das Fest vorüber wäre, er aber sprach: Halte mich nicht auf! Keine Zunge vermag die Herrlichkeiten zu beschreiben, die das Eden birgt; das Diesseits gilt mir nichts. Also gab ich ihm ein Schriftstück, das ihn von seinem Gelübde frei machte, und er entschwand.

302. DIE SÜNDERMASKE

Es lebte in einem Orte ein frommer Mann, der schon in seiner Jugend sehr gottesfürchtig war. Er pflegte als Jüngling täglich bis spät in die Nacht hinein in der Lehre zu forschen, danach aber ging er in die Versammlungsorte der tollen Jugend, wo die Ausgelassenen bei Speise und Trank dem Tanz, dem Spiel und der Sünde frönten. Er kam zu ihnen in Kleidern, wie sie sie trugen, tanzte mit ihnen, ergötzte sie durch seine schöne Stimme und verblieb bei ihnen bis zur Morgendämmerung; danach kehrte er in seine Hütte zurück, zog sich wohlgeziemend an und stellte sich zum Gebet hin. So verfuhr der Jüngling lange Zeit hindurch, und auf diese Weise hielt er seine Altersgenossen von Laster und Unzucht ab.
Der Fromme wurde nach Jahren ein berühmter Rabbi, und Hunderte von Menschen scharten sich an Sabbat- und Festtagen um ihn und lauschten seiner Predigt. Da geschah es einst, daß auch einer von den mutwilligen Jünglingen unter seinen Zuhörern war. Er sah den Rabbi, hörte seine Stimme und erkannte in ihm denselben, der einst die nächtlichen Torheiten mitzumachen pflegte. Er sprach bei

sich: Wie groß ist doch die Lüge; wie versteht es doch dieser, die Welt zu täuschen; ich entsinne mich noch wohl, wie er mit mir zusammen tanzte und spielte und einer wie ich war. Als der Mann aber danach die Worte der Weisheit aus dem Munde des Rabbi vernahm und hörte, welch süße Rede von seinen Lippen troff, sprach er bei sich: Gewißlich war es auch schon damals seine Absicht, uns vor dem Laster zu bewahren. Und er stand auf, fiel auf sein Angesicht vor dem Meister und sprach: Es lebe mein Herr! Hab tausend Dank, daß du mich von tausend Sünden gerettet hast!

303. DIE WIEDERKEHR

Ein berühmter heiliger Rabbi kam einst nach einer Stadt und sah ein Bettelweib durch die Straßen ziehen, das einen kleinen Knaben mit sich führte. Da trat der Rabbi auf das Weib zu und bat sie, ihm das Kind zu geben, denn er wollte es bei sich aufwachsen lassen und in der Schrift unterweisen. Das Weib mochte aber nichts davon hören, denn der Knabe war klug, und sie hing an ihm und wollte sich von ihm nicht trennen. Also ging der Rabbi nach der Herberge, in der die Frau übernachten sollte, und bat den Wirt, sie dazu zu bewegen, daß sie ihm den Knaben überließe. Der Wirt tat, wie ihn der Rabbi geheißen hatte, und auch da zeigte sich das Weib erst widerspenstig, danach aber gab sie nach und brachte den Knaben vor den Meister. Da gab ihr der Heilige ein schönes Geschenk, und sie ging ihres Weges.

Der Rabbi zog den Knaben auf, und dieser nahm an Wissen zu und ward als Wunderknabe berühmt. Viele reiche und vornehme Leute begehrten ihn zum Eidam, allein der Rabbi schlug ihre Bitten ab. Eines Tages aber rief der Rabbi einen seiner Diener zu sich, befahl ihm, nach einer bestimmten Stadt zu gehen, und gab ihm einen versiegelten Brief für einen Mann mit, der dort wohnte. Er trug dem Boten auf, um die Tochter des Mannes für den Jüngling zu werben und, wenn jener einwilligte, sogleich den Verlobungsbrief zu schreiben.

Der also Beauftragte machte sich auf den Weg; er kam in jener Stadt an und kehrte bei einem Manne ein, der ein Jünger seines Herrn war. Er wurde freundlich empfangen, und man gab ihm zu Ehren ein Mahl, zu dem alle Verehrer des großen Rabbi geladen wurden. Während des Essens zeigte der Gast den verschlossenen Brief und erzählte, was er in dem Orte vorhabe. Da sagten ihm die Leute, daß der, zu dem er geschickt worden wäre, ein Mann sei, der mit Zwiebeln und Grünzeug handle und den niemand beachte. Er wohne in einem kleinen Häuschen außerhalb des Ortes; der Abgesandte aber brauche nicht hinzugehen, denn der Mann käme selbst täglich in das Haus.

So geschah es. Als der arme Mann erschien, sprach ihn der Bote des Rabbi an und sagte: Ich habe ein Schreiben von meinem Herrn für dich. Der Händler nahm den Brief aus der Hand des Überbringers, verstand aber nicht, darin zu lesen. Da erklärten ihm die Gäste das Schriftstück und sagten, daß ihr Meister sich mit ihm verschwägern wolle; er habe einen feinen Jüngling, der bei ihm aufgewachsen sei, und diesen wolle er mit der ältesten Tochter des Mannes vermählen. Der Rabbi sei bereit, die Braut auszustatten und die Hochzeit zu rüsten, wie auch den Brautvater zu beschenken. Nun fragten die Gäste den Händler: Was gedenkst du zu erwidern? Der Mann antwortete: Wie sollte ich dem nicht zustimmen? Will doch der Meister alle meine Sorgen tragen. Alsbald wurde der Abgesandte des Rabbi mit dem armen Mann über das Bündnis einig und kehrte nach seiner Stadt zurück.

Als die festgesetzte Frist kam, traute der Rabbi die Jungfrau dem Jüngling an und erfüllte alles, was er verspro=

chen hatte. Die Verehrer des Meisters wunderten sich aber sehr über die Wahl, und wiewohl sie wußten, daß der Heilige in allem unfehlbar war, fanden sie dennoch den Mut, ihn zu bitten, daß er sie über seine Tat aufklären möge; hätten doch viele angesehene Leute seine Verwandtschaft gesucht, und er habe einem einfachen Manne den Vorzug gegeben. Der Rabbi willfahrte ihren Bitten und begann zu erzählen:

Das Mädchen, das der Jüngling zum Weibe genommen hat, war die Schnur seines Erbes* von ehedem, von seinem vorigen Sein auf Erden. Der Knabe war in seinem ersten Leben der Sohn eines heidnischen Königs. Er war weise und vielen Wissens kundig; er hatte sich auch den Büchern der Ebräer und der Lehre Moses zugewandt und empfand den Drang, den Glauben Israels anzunehmen. So verließ er auf den Rat eines Judäers das väterliche Haus, zog in ein fernes Land zu einem berühmten Meister und bekannte sich zu unserm Gott. Er weihte sich ganz der Schrift, beschäftigte sich viel mit der Geheimlehre und erklomm eine hohe Stufe. Seine Seele konnte zuweilen dem Körper entsteigen und ihn für eine Zeitlang verlassen. Er vermählte sich mit der Tochter eines Fürsten, der gezwungenerweise seinem judäischen Glauben entsagt hatte. Eines Tages wollte der Jüngling in die oberste Halle des Gartens Eden kommen, allein der Zutritt wurde ihm verwehrt, weil er von Herkunft und Geburt nicht heilig war. Darauf wurde er gefragt, ob er gewillt sei, zu sterben und noch einmal auf die Welt zu kommen; dann würde er dieser höchsten Ehre teilhaftig werden. Das wollte er auf sich nehmen, wenn es seiner Gefährtin recht wäre. Als er sie fragte, ob sie ihn sterben lassen wolle, antwortete sie: Nur dann will ich mich von dir trennen, wenn auch ich mit dir sterben und gleichfalls wiederkehren darf und du mir schwörst, daß du mich

* Ausdruck aus 5. Buch Mose 32, 9

in deinem zweiten Dasein ehelichen wirst. Darauf gelobte ihr der Königssohn das zu tun.
So starben die beiden und kamen abermals auf die Welt; der Königssohn als Sohn der Bettelfrau, die Tochter des Fürsten als Kind des Zwiebelhändlers. Das war der Grund, warum der Rabbi mit all seiner Kraft bemüht gewesen war, den Königssohn zu erziehen und ihn seiner Gemahlin von ehemals zuzuführen.

304. DIE GEHEIMNISVOLLEN VERMITTLER

Ein Rabbi hatte in seinem Hause einen Knaben in Dienst. Eines Tages im Winter, als es draußen schneite und die Kälte groß war, sprach der Meister zu dem Jungen: Geh aus meinem Hause, ich habe an dir keinen Gefallen mehr. Da weinte der Knabe und sprach: Wo soll ich hin zu dieser Zeit? Auch die Männer, die stets um den Rabbi waren, baten für den Knaben, allein der Rabbi beharrte auf seinem Befehl und sprach: Der Bursche gehe aus meinem Hause und aus unsrer Stadt; hier ist nicht sein Platz, was soll er mir, wo sein Gehaben mir nicht mehr zusagt. Also war der Knabe wider Willen gezwungen, das Haus seines Meisters zu verlassen und nach einem andern Orte zu ziehen.
Da fügte es sich, daß der Jüngling in eine Herberge kam. Er bat die Wirtin, ihn für eine Nacht dazubehalten; des Morgens wollte er seinen Weg fortsetzen. Die Frau ließ sich erbitten, denn es hatte sie Mitleid mit dem Knaben erfaßt. Sie ließ ihn auf den Ofen klettern, und er schlief dort alsobald ein.
In derselben Nacht kamen aber in dieses Dorf einige Handelsleute, die kehrten in der Herberge ein. Sie weckten die Wirtin aus dem Schlafe, ließen sich ein Mahl bereiten, tranken viel und wurden heiter. Es waren reiche Leute, und sie führten viel Geld mit sich. In ihrer fröhlichen Laune

standen sie auf und begannen in allen Ecken der Gaststube nach einem zu suchen, an dem sie sich belustigen könnten. So fanden sie auf dem Ofen den Knaben. Sie rüttelten ihn auf, setzten ihm Speise vor, und er aß und trank mit ihnen. Die Herbergswirtin war froh, daß sie Gäste hatte. Danach fragten die Eingekehrten sie, ob sie nicht einen Sohn oder eine Tochter hätte. Sie antwortete: Ich habe eine junge Tochter. Und sie führte sie ihnen vor. Da fragten die Handelsleute das Mädchen, indem sie auf den Knaben wiesen, ob sie diesen als Bräutigam haben wolle; wenn ja, so wollten sie gleich das Hochzeitfest feiern. Das Mädchen verstand nicht recht, was die Leute meinten, aber die Mutter, der es lieb war, daß die Gäste noch länger blieben, redete ihr zu, spaßeshalber mit dem Knaben die Ehe einzugehen. Also hatten die Fremden ihren Willen durchgesetzt; sie machten eine richtige Hochzeit, und der Knabe, der bei dem Rabbi in Dienst gestanden hatte, heiligte das Mädchen laut Brauch und Gesetz. Der Wirtin aber galt das alles als bloßer Scherz. Nachdem die Fremden ihre Sache verrichtet hatten, bezahlten sie, was sie schuldig waren, und machten sich auf den Weg nach ihren fernen Zielen.

Es vergingen einige Stunden, und der Herbergswirt kehrte von einer Reise in sein Haus zurück. Die Frau beeilte sich, ihm von dem Vorgefallenen zu erzählen, und berichtete ihm von dem seltsamen Gebaren der nächtlichen Gäste sowie von der spaßhaften Vermählung ihrer Tochter mit einem armen Knaben, der um Zuflucht gebeten hätte. Als der Mann diese Worte vernahm, erschrak er, und es verdroß ihn sehr; er befürchtete, daß die scherzhafte Trauung von bindender Kraft sein könnte. Er rief den Knaben und fragte ihn, wo er her sei, was er tue, und aus welchem Grunde er zu ihnen gekommen wäre. Der Jüngling erzählte alles, was ihm mit dem Rabbi aus der Nachbarschaft widerfahren war, wie er ihm treu gedient, und wie ihn jener verjagt hatte.

Als es Morgen wurde, spannte der Herbergswirt das Pferd vor seinen Wagen und begab sich mit dem Knaben nach der Stadt des Rabbi. Kaum hatten sie aber die Schwelle von dessen Hause betreten, als jener ihnen mit einem Segenswunsche entgegenkam und: Glückauf, Glückauf! rief. Alsdann sprach der Rabbi zu dem Ankömmling: Ich wußte, daß deine Tochter die Braut war, die diesem Jüngling von Geburt an zugedacht war. Ich sah aber nicht voraus, wie die Sache zustande kommen sollte, denn du, der du ein eitler Mann bist, hättest deine Tochter nicht so leicht einem armen Knaben, wie dieser hier ist, gegeben. Also ließ ich ihn von mir gehen. Und nun ist es vollbracht, und dieser ist dein Eidam. Es soll dir nicht leid tun, denn der Herr hat es so bestimmt, und wer darf ihm zuwiderhandeln? Jetzt wirst du auch wohl verstehen, wer die Handelsleute gewesen sind, die die Ehe gestiftet haben.

305. DIE DÄMONIN IM SCHILF

In einem Orte lebte ein Mann, und dem gebar seine Frau sechs Söhne, aber jeder Knabe starb, da er sechs Tage alt geworden war. Nun kam das Weib mit dem siebenten Kinde nieder, und dem Vater bangte um das Leben des Neugeborenen. Da erzählte ihm ein Freund von einem heiligen Einsiedler, der weitab in einem Walde lebte, abgeschieden von der Welt. Der Mann begab sich dorthin und stieß in der Waldestiefe auf einen Menschen, den er für den Gesuchten halten mußte. Er folgte ihm und ereilte ihn bald; dann fiel er vor ihm nieder, weinte und klagte; er erzählte ihm das Unglück, das ihn verfolgte, und wie er in Angst um sein Jüngstes sei. Da fragte ihn der Eremit: Hast du nicht in deiner Jugend eine Jungfrau geheiligt und ihr die Ehe versprochen? Der Mann erwiderte: Das hab ich mein Lebtag nicht getan. Dennoch, sprach der Einsiedler, suche in deinem Gedächtnis und erinnere dich der verflossenen Tage.

Da rief sich der Mann seine Jugend in Erinnerung, und er gedachte eines Tages im Sommer, da er im Flusse gebadet hatte; er war dabei an eine Stelle gekommen, die mit Schilf bewachsen war, und da hatte er im Scherz seinen Ring vom Finger genommen, ihn auf einen Rohrstengel gesetzt und lachend die Worte gesprochen: Sei mir hiermit geheiligt nach dem Gesetze Moses und Israels. Der Ring war verschwunden, und er hatte ihn nicht mehr gesehen; dann hatte der Mann den Vorfall aus dem Gedächtnis verloren.

Dies erzählte er dem Heiligen, und der sprach: In dem Schilf war eine Dämonin verborgen, und diese hast du dir verlobt; sie ist es, die jetzt Rache an deinen Kindern nimmt. Und er befahl dem Manne, einen Scheidebrief zu schreiben, damit an die Stelle zu gehen, wo der Fall sich abgespielt hatte, die Urkunde ins Wasser zu werfen und dreimal laut zu rufen: Der Rabbi befiehlt dir, den Brief anzunehmen.

Und der Mann tat in allem, wie ihn der Heilige geheißen hatte. Da er das Blatt ins Wasser getan und die Worte gesprochen hatte, sah er eine Hand sich aus der Tiefe emporrecken und den Brief ergreifen. Und nun begab er sich auf den Heimweg und fand seine Frau und den Knaben heil und gesund. Er ließ seinen Sohn den Segen des Abrahambundes erfahren und beging das Fest mit Freude und Jubel.

306. DER TISCHSEGEN

Es gab einst einen Mann, der fromm und gottesfürchtig war und sich in allem eines rechtschaffenen Wandels befleißigte, und den dennoch das Unglück verfolgte. Es war ihm nicht gegeben, seine Kinder großzuziehen; sie starben, da sie noch klein waren. Er wendete, wenn sie erkrankten, Heilmittel an, hängte den Neugebornen Amulette um den

Hals und ließ sie von Wahrsagern besprechen, allein nichts wollte helfen.

Eines Tages kam er mit einem bekannten Gesetzesmann zusammen und trug ein düsteres Wesen zur Schau. Der Rabbi fragte ihn nach dem Grunde der Trauer. Der Bekümmerte erwiderte: Was soll ich dir antworten und sagen? Groß ist mein Schmerz und mein Geschick gar absonderlich. Von allen Kindern, die mir mein Weib geboren hat, ist auch nicht eines älter als acht Tage geworden. Ich flehe dich an, mein Herr, für mich vor Gott zu beten und mir Rat und Hilfe zu schaffen.

Hierauf ließ sich der Gesetzesmann die Lebensweise des Bedrängten genau schildern. Dieser erzählte getreulich von seinem Tun und Treiben, und der Meister ersah aus seinen Worten, daß er die Gebote des Herrn erfüllte und sein Leben untadlig war. Da versank er in Nachdenken darüber, was wohl die Strafe, unter der der Mann litt, verursacht haben könnte. Er wandte sich an den Betrübten mit noch einer Frage und ließ sich erzählen, wie er seine Mahlzeiten abhalte. Da gestand der Mann, daß er an heißen Sommertagen, wenn er müde und erhitzt nach Hause käme, seine Überkleider ausziehe und in bloßem Unterzeug seine Mahlzeiten einnehme, ja bisweilen auch den Danksegen nach Tisch in Unterkleidern verrichtet habe. Darauf sagte der Gesetzesmann: Nun ists mir offenbar, warum du heimgesucht wirst. Höre auf meinen Rat und lege diese üble Gewohnheit ab. Setze dich nie ohne Überkleider an den Tisch und verrichte besonders den Segen mit geziemender Ehrfurcht und anständig gekleidet. Dir wird es vergönnt sein, deine Kinder aufwachsen zu sehen, und du wirst an ihnen Freude haben. Ich bin dir Bürge dafür.

Der Mann nahm sich diese Worte zu Herzen, und ihm ward der Lohn, den der Gesetzesmann vorausgesagt hatte.

307. DIE WAAGE

Eine Gegend ward einst von Dürre heimgesucht, und die Menschen verschmachteten vor Durst. Der Rabbi des Ortes befahl, jeden zweiten und fünften Tag der Woche zu fasten. Die Menschen beteten zu Gott und flehten ihn um Erbarmen an; sie taten Buße, allein ihre Rufe verhallten ungehört. Da hatte der Rabbi einen Traum, und er vernahm folgende Worte: Laßt ab vom Beten; eure Mühe ist vergeblich. Euch wird nicht eher Hilfe, als bis der und der Mann vor die Lade tritt und für euch betet. Da erwachte der Gesetzesmann verstört und verwirrt, denn der, der ihm im Traume genannt worden war, war ein einfacher, unwissender Mann. Der Weise sprach bei sich: Was wird das Gebet eines solchen vermögen, und warum soll Gott einem solchen Gehör schenken? Gewißlich ist der Traum eitel und ohne Bedeutung. Und er fuhr fort, sein Flehen darzubringen. Aber der Traum kam in der folgenden Nacht wieder, und er hörte abermals die Worte: Strenge dich nicht unnötig an; solange der Mann, der dir genannt worden ist, nicht als Abgesandter der Gemeinde für euch betet, wird euer Rufen vergeblich sein. Der Weise erwachte und sprach: Da der Traum sich wiederholt hat, so wird ihm sicherlich ein Sinn innewohnen.

Des Morgens ließ er das Volk im Bethaus zusammenkommen und aufs neue beten. Die Versammelten fragten ihn: Wer soll heute unser Vorbeter sein? Der Rabbi gab zur Antwort: Der Händler, der zuunterst sitzt, soll vor die Lade treten. Da wunderte sich das Volk, denn es gab in der Gemeinde angesehene und schriftkundige Männer. Der Angerufene wunderte sich gleichfalls und sagte zu dem Weisen: Was spricht der Herr zu seinem Knecht? Ich verstehe kein Wort von der Lehre und kann auch das Höre Israel nicht hersagen. Allein der Rabbi erwiderte: Bete, wie du kannst. Da legte der Händler den Betmantel ab, eilte nach seiner Wohnung und kam mit einer Waagschale zurück in das Bethaus. Den seltsamen Gegenstand festhaltend, trat er vor die Lade, und alles Volk schaute zu und staunte. Der Krämer aber öffnete seinen Mund und sprach: Herr der Welt, wenn ich diese Schale jemals mißbraucht und durch ungenaues Gewicht deinen Namen befleckt habe, so möge ein Feuer vom Himmel niedersteigen und alles verbrennen; wenn aber mein Gewicht redlich gewesen ist und ich meine Mitmenschen nie betrogen habe, so flehe ich dich an, Herr, uns deine Barmherzigkeit zuzuwenden und uns noch in dieser Stunde einen Regenguß zu bescheren. Sobald der Einfältige zu sprechen aufgehört hatte, bedeckte sich der Himmel mit Wolken, und ein Regen strömte hernieder.

Nun fing der Rabbi an, das Volk zu ermahnen, ja immer ehrliches Gewicht und ehrliches Maß zu geben.

308. DER SCHLOSSHERR ALS BETTLER

In einer Stadt, groß und weitbekannt, lebte vorzeiten ein Mann, der gelehrt, begütert und mildtätig war und einen Leumund genoß, der seinem Wandel wohl entsprach. Aber siehe da, als er auf der Mittagshöhe des Glückes zu stehen glaubte, ging seine Sonne unter; das Glück wandte sich von ihm, und der eben noch Reiche sank in die Tiefe der Armut; ihm war nichts als sein Leib übriggeblieben. Doch wohlgemut und ohne Murren nahm er das über ihn verhängte Urteil hin; er verließ seine Heimat und zog in die weite Welt.

Als er sich einmal auf der Wanderung befand, war ihm seine Zehrung ausgegangen, und müde und hungrig, wie er war, glaubte er schon sein Ende nahe, als er plötzlich einen Palast vor sich erblickte, der von einem herrlichen

Garten umgeben war. Der Besitzer des Schlosses war ein überaus reicher Mann, der sich auch mit der Lehre viel beschäftigte. Neben dem Palast befand sich ein Lehrhaus, das der Reiche errichtet hatte und in dem Männer und Jünglinge der Lehre oblagen. Der Wanderer betrat nun die Lehrstätte, und bald merkten die drinnen Sitzenden, daß der Ankömmling ein Mann von großem Wissen war. Sie trugen ihm ihre Fragen vor, und er erklärte ihnen die schwierigen Stellen im Gesetz. Mittlerweile trat auch der Schloßherr ein, und die Studierenden lobten vor ihm den Gast als einen kenntnisreichen, hochgelehrten Mann. Da wandte er sich zu diesem und begann, dessen Gelehrsamkeit zu prüfen; er überzeugte sich alsbald, daß der Fremde das Lob vollauf verdiente. Es nahte die Zeit des Frühimbisses, und die Thorabeflissenen zerstreuten sich, um das Mahl einzunehmen. Auch der Schloßherr entfernte sich, um sich zu erfrischen, er bat aber unsern Mann nicht, mitzukommen. Es muß leider gesagt werden, daß der Reiche die Tugend der Gastlichkeit nicht übte, und daß in seinem Hause niemand Unterkunft oder Nahrung fand; er sah in den Armen nur Knechte, nicht aber Kinder Gottes.

Als der Reiche seinen Hunger gestillt hatte, kehrte er in das Lehrhaus zurück und setzte seine gelehrte Unterhaltung mit dem Fremden fort, bis es Mittag wurde und wieder Essenszeit kam. Und abermals wurde der Gast nicht aufgefordert, an dem Mahl teilzunehmen. Seine Seele verging bald vor Hunger, und er versuchte sich in die Stadt zu schleppen, um hier etwas Speise zu erlangen; allein die Schwäche übermannte ihn, als er noch auf der Straße war, und er fiel tot zur Erde nieder. Die Einwohner des Ortes fanden den Leichnam des Fremden; sie wuschen ihn und trugen ihn zu Grabe, ohne zu wissen, wer er war. Die Erde bedeckte den toten Körper und bedeckte auch die Sünde des Geizigen. Aber der Herr sieht das Verborgene; er will nicht,

daß der Bösewicht sterbe, er will nur, daß er seine Missetaten erkenne und sie büße.
So saß denn der Reiche einst um Mitternacht in seinem Lehrhause bei der Schrift, und der Raum war wohlverschlossen und verriegelt. Da hörte er plötzlich Menschenschritte hinter sich. Er erbebte vor Angst, denn er wußte sich allein im Gemache. Er erhob seine Hand und holte schon zum Schlage gegen den vermeintlichen Dieb aus, als er eine Stimme vernahm, die sprach: Laß ab von mir, sonst bist du des Todes. Und er erblickte einen Mann im Totenkleide vor sich; das war der gelehrte Fremdling, mit dem er sich erst vor kurzem unterhalten hatte. Entsetzt über den Anblick, wollte der Reiche entfliehen, allein der Tote rief gebieterisch: Bleib hier, es geht um dein Leben. Und er erzählte, wie er, weil er nicht gelabt worden wäre, vor Hunger zusammengebrochen sei, und er fuhr fort: Als man mich begraben hatte und ich vor den himmlischen Gerichtshof kam, da wurde mir gesagt, ich würde nicht eher zur Ruhe kommen, als bis auch du gestorben wärest und Rechenschaft abgelegt hättest über deine Taten. So solltest du des Todes sein, ich aber bat für dich, man möchte dich auf Erden deine Schuld abbüßen lassen. Das wurde mir gewährt. Komm nun morgen an die und die Stelle im Walde; du sollst dort erfahren, was dir auferlegt worden ist. Mit diesen Worten entschwand der Tote den Blicken des reichen Mannes, und dieser blieb da, verstört und erschüttert. Er fand keine Ruhe mehr im Bette und wälzte sich wie ein Kranker auf seinem Lager.
Am Morgen sagte er seinen Angehörigen, daß er eine weite Reise vorhabe, und befahl, die Pferde vor das Gefährt zu spannen. Er verabschiedete sich von seinen Hausgenossen und hieß den Wagenlenker die Richtung nach dem Walde einschlagen. Hier angekommen, ließ er den Kutscher Halt machen und auf seine Rückkehr warten, er selbst aber be=

gab sich in das Innere des Waldes und kam bald an die Stelle, die der Tote ihm bezeichnet hatte. Dieser war schon da. Er befahl ihm, die kostbaren Kleider, die er anhatte, abzulegen, und hüllte ihn in schmutzige Lumpen, die er eigens für ihn mitgebracht hatte. Alsbald verwandelte sich auch das Aussehen des reichen Mannes; sein Gesicht ward voller Runzeln, und er sah aus wie ein umherziehender Bettler, der nichts andres gewohnt ist, als an fremde Türen zu pochen. Sodann hieß der Tote den Mann bewohnte Gegenden aufsuchen und von Lehrhaus zu Lehrhaus gehen, um sich in der Schrift zu vervollkommnen; er sollte niemand offenbaren, wer er wäre, und mit nichts verraten, was ihm widerfahren sei. Wo er aber Hunger verspüren würde, sollte er nirgends um Brot bitten, und nur in sein ehemaliges Haus gehen und seine Angehörigen um Speise angehen. So sollte er in Not und Entbehrung ein volles Jahr zubringen und niemals anders als auf der bloßen Erde schlafen. Und der Tote hörte auf zu reden und fuhr wieder dahin, wo er hergekommen war.
Also machte sich der Bettler auf und verließ den Ort. Der Wagenlenker wartete vergeblich auf seinen Herrn und durchsuchte, als er nicht kam, den ganzen Wald. Da er ihn aber nirgends fand, fuhr er zurück nach dem Schloß. Hier erzählte er, was ihm widerfahren war, und wie er die Spur seines Herrn verloren hatte. Da versuchten auch die Angehörigen, nach ihm zu forschen, allein der Mann war nirgends zu finden. Also nahmen sie an, daß er Räubern in die Hände gefallen wäre, und weinten bitterlich um sein Los.
Der reiche Mann befolgte inzwischen die Weisung des Toten und durchstreifte als Bettler verkleidet das Land. Er brachte die Tage in Lehrhäusern zu und suchte, wenn er hungrig war, sein Schloß auf. Als er das erste Mal dorthin kam, hörte er das Jammern seiner Hausgenossen, die ihn tot wähnten, und wollte umkehren. Eine unsichtbare Kraft

hielt ihn aber an der Schwelle des Hauses fest. Demütig und voll Scham bat er um ein Stück Brot. Allein die Magd fuhr ihn an und rief: Weißt du nicht, daß kein Bettler zu uns kommen darf? Und nun ist heute für uns ein Tag großer Trauer, denn unser Herr ist in der Wildnis umgekommen. Da ward das Leid des Mannes noch größer, denn er durfte ja die Wahrheit nicht sagen. Er wiederholte darum nur seine Bitte um Brot, und nach vielen Schmähungen und Beschimpfungen bekam er endlich etwas Speise und zehrte von ihr einige Tage.

In der Gegend wurde es inzwischen bekannt, daß ein seltsamer Bettler aufgetaucht wäre, der in den Bethäusern fleißig der Schrift obliege, niemand um Almosen angehe und nur von dem lebe, was er im Hause des verschollenen Schloßherrn empfange; und von diesem Haus wußte man doch, daß alle Armen dort mit bösen Augen angesehen wurden. Also wurde der Mann für wahnsinnig gehalten, und wo er sich zeigte, bewarf man ihn mit Sand und Erde. So verging für ihn ein ganzes Jahr unter Leiden und Demütigungen; er nahm aber alles geduldig hin.

Nach Ablauf der Frist begab er sich wieder an die Stelle im Walde, wo er vor einem Jahre den Toten gesprochen hatte. Der Verblichene war schon da und sagte: Wohl dir; du hast die schwere Prüfung bestanden. Nun aber wirf die Lumpen ab, in die du so lange gehüllt warst, und ziehe wieder deine herrlichen Kleider an. Da legte der Büßer seine Bettlertracht ab und bekleidete sich wieder mit den frühern Gewändern. Und siehe da, sein Angesicht ward wieder leuchtend und frisch, wie es ehedem gewesen war. Bevor er von ihm Abschied nahm, befahl ihm der Tote noch, die Bettlerlumpen zu behalten und mit nach Hause zu nehmen. Danach flog er wieder heim in die Behausung der Seligen.

Der reiche Mann aber machte sich auf und lenkte die Schritte nach seinem Schlosse. Keine Feder kann die Freude beschreiben, mit der ihn seine Angehörigen empfingen. Sie hatten ihn tot geglaubt, und nun erschien er vor ihnen! Er erzählte ihnen dies und das, sagte aber nicht, was ihm in Wahrheit widerfahren war. Die Hausgenossen wiederum berichteten von dem einfältigen Bettler, der inzwischen das Schloß heimzusuchen pflegte. Und der reiche Mann befahl, ein großes Fest zu rüsten, weil er als von den Toten auferstanden anzusehen sei. Während des Gelages, als die Gäste in fröhlicher Weinlaune beieinander saßen, schlich er sich leise hinaus und ging in einen andern Raum. Hier vertauschte er wieder seine prächtigen Gewänder mit den Bettlerlumpen und erschien so vor den Geladenen. Die Hausgenossen dachten, nun sei wieder der Bettler gekommen, und wurden bald voll Besorgnis, als sie den Hausherrn nicht sahen. Da gab sich der vermeintliche Bettler zu erkennen und erzählte vor den Versammelten alle seine Erlebnisse, und was sich die Zeit über mit ihm begeben hatte. Die Erzählung drang allen Zuhörern zu Herzen, und sie hielten Einkehr und taten Buße. Das Schloß aber ward von nun an ein Haus, das Armen und Bedürftigen Tag und Nacht offen stand.

309. DIE VERNICHTETE HOFFNUNG

Es begab sich vor tausend Jahren, daß die Zeitläufte für die Ankunft des Messias günstig waren, und er sollte bald erscheinen. Das Geschlecht war würdig, und einer aus dem Geschlecht war als Messias ausersehen worden. Da fuhr der Satan nach den oberen Regionen und begann, Anklagereden zu führen; man erwiderte ihm jedoch, daß die jetzt Lebenden die Ankunft des Messias verdient hätten und daß der Auserwählte mit Recht der Erlöser sein sollte, weil er ohne Sünde und Makel sei. Nun erbat sich der Satan eine

Frist, den Messias versuchen zu dürfen, ob er ihn nicht irgendwie zu Fall brächte. Das wurde ihm gestattet.

Also stieg der Unflätige auf die Erde nieder und erschien hier als ein Weib, ausgezeichnet durch großes Wissen; und der Ruf dieser Frau verbreitete sich bald in alle Lande. Allenthalben wurden Wunder davon erzählt, wie sie die Tiefen der Lehre ergründete. Sie reiste von Ort zu Ort und kam auch nach der Stadt, in der der Auserkorene lebte. Alle Schriftgelehrten suchten sie auf, und sie erschloß ihnen die verborgensten Geheimnisse der göttlichen Bücher; die Weisen horchten auf und waren des Staunens voll. Jedesmal aber sagte die Wissenskundige, daß, wenn der Rabbi selbst zu ihr kommen wollte, sie ihm Wunderdinge der Lehre mitteilen würde, die noch keines Menschen Ohr vernommen hätte. Die gelehrten Männer ließen den Rabbi von diesem Wunsche der Frau wissen; er aber wollte ihr Haus nicht betreten. Nach vielen Tagen jedoch ließ er sich von seinen Anhängern überreden und kam in die Herberge der fremden Frau. Da zeigte sie ihm die Kraft ihres Geistes, und der Rabbi war bestürzt über ihre Weisheit. Sie sagte aber, wenn die andern den Raum verließen und sie mit dem Rabbi allein bliebe, würde sie ihm noch wunderbarere Dinge mitteilen. Da entfernten sich alle und ließen die beiden allein.

Also war das Werk des Satans gelungen. Auf einmal verschwand das Gesicht, die Erscheinung zerrann, und der Wille, die Erlösung zu bringen, wurde zunichte.

NEUNTES BUCH:
IM HEILIGEN LANDE

310. DER GESEGNETE ORT

Die Stätte, auf der nachmals der Tempel zu Jerusalem von Salomo erbaut worden ist, gehörte in grauer Vorzeit zwei leiblichen Brüdern, die den Acker von ihren Vätern geerbt hatten. Von den Brüdern war der eine unbeweibt, der andre hatte Frau und Kinder. Sie wohnten in einem Hause und lebten miteinander in friedlicher Gemeinschaft; sie bauten das Feld im Schweiße ihres Angesichts und waren ein jeder mit seinem Teil zufrieden.

Einmal zur Zeit der Weizenernte banden sie Garben im Felde und schichteten sie zu zwei gleichen Haufen auf. Des einen Haufe war ebenso groß wie der des andern. In der Nacht darauf lag der ledige Bruder in seiner Kammer und dachte bei sich: Ich bin allein und brauche mein Brot mit niemand zu teilen. Warum soll mein Anteil an dem Ertrag des Ackers ebenso groß sein wie der meines Bruders? Und er stand leise auf, schlich sich wie ein Dieb an seinen Haufen heran, nahm mehrere Bündel davon und tat sie auf den Haufen seines Bruders. Der Bruder wiederum schlief gleichfalls nicht und sprach zu seiner Frau: Es ist nicht recht, daß wir das Getreide in zwei gleiche Hälften teilen und die eine uns, die andre meinem Bruder zuweisen. Ist doch mein Los in allem besser als das seinige. Mir hat Gott ein Weib und Kinder gegeben, mein Bruder aber führt ein einsames Leben, und seine einzige Freude ist das Einsammeln des Getreides. Wir wollen uns aufmachen und im stillen von unsern Garben auf seinen Haufen legen. Und sie taten so.

Des Morgens aber wunderte sich ein jeder von den Brüdern, daß die Haufen wie früher gleich waren. Sie fuhren auch in den folgenden Nächten fort, dasselbe zu tun; sie sahen aber jeden Morgen, daß keiner von den Haufen größer geworden war. Da beschloß ein jeder, der Sache nachzugehen. Als sie in der Nacht darauf ihr Werk verrichteten, begegneten sie einander mit den Garben in der Hand. Nun wurde ihnen beiden das Geheimnis offenbar, und sie umarmten und küßten einander. Ein jeder von ihnen pries Gott, daß er ihm solch einen guten Bruder gegeben hatte.
Der Ort aber, wo die beiden Brüder miteinander so edelmütig verfahren waren, ward ein gesegneter Ort, und Israel wählte ihn, um hier das Haus Gottes zu errichten.

311. VON DER GRUNDMAUER DES TEMPELS

Die Überreste von den Grundmauern des heiligen Tempels, die jahrhundertelang verschüttet waren, sollten durch eine besondere Schickung ans Tageslicht kommen. Es war im dritten Jahrhundert des sechsten Jahrtausends nach der Weltschöpfung, als der Sultan von Jerusalem Besitz ergriffen hatte. Er nahm Wohnung in der Halle, welche an der Stelle errichtet war, an der ehemals die Quadrathalle stand, woselbst der Hohe Rat zu Jerusalem zu tagen pflegte.
Eines Tages sah der Herrscher vom Fenster aus eine alte Frau mit einem Sack voll Unrat kommen und ihn auf einem Hügel ausschütten, der sich in der Nähe seines Sitzes befand. Diese Mißachtung seiner Wohnstätte erregte den Zorn des Sultans, und er befahl, das dreiste Weib vorzuführen. Als ihr Vorhaltungen gemacht wurden, verteidigte sie sich und sprach: Ich wohne zwei Tagereisen von hier entfernt. Ich befolge nur ein Gebot meiner Väter. Schon in den alten Zeiten haben die Häupter Roms die Bestimmung erlassen, daß jeder Einwohner Jerusalems und der Umge=

gend die fortzuschaffenden Abfälle hierherzubringen hat, denn an diesem Platz hat der Tempel gestanden, in dem die Ebräer ihrem Gotte dienten. Da das Haus bis auf seine Grundpfeiler nicht zerstört werden konnte, befahlen die Bezwinger, den Rest zu verschütten, damit auch nicht ein Stein sichtbar bliebe.

Dieser Erklärung ungeachtet gab der Sultan Befehl, die Frau einzusperren, denn er wollte die Sache noch weiter untersuchen. Seinen Dienern aber gab er auf, in der Nähe des Hügels Wache zu halten und jeden abzufassen, der es wagen würde, Schutt hier abzuladen. Allein alle, die festgenommen wurden, sagten dasselbe, was das Weib ausgesagt hatte. Als sich der Sultan nunmehr davon überzeugte, daß die Frau die Wahrheit gesprochen hatte, gebot er diesem Tun Einhalt und erließ folgenden Aufruf: Wer Gnade und Wohlgefallen vor mir erlangen will, komme mit einem Spaten an den Unratshügel und folge da meinem Beispiel. Und der Herrscher nahm selbst ein Grabscheit zur Hand und begann den Schutt abzutragen. Er ließ auch einige Beutel voll Gold und Silberstücke auf dem Hügel leeren. Er rechnete mit der Goldgier des Volkes, und daß es, um die Münzen zu erlangen, den Wust wegräumen würde. Er beteiligte sich jeden Tag an der Arbeit und spornte auch seine Hofleute und Diener zur Reinigung des Platzes an. Wie ein Monat um war, war die Stätte gesäubert, und es kam die westliche Mauer des Tempels zum Vorschein, die noch heute jedem Auge sichtbar ist.

Danach ließ der Sultan die Häupter der Judengemeinde zu Jerusalem rufen und ermahnte sie, den Tempel wiederaufzubauen; er erklärte sich bereit, ihnen die Mittel dazu aus seiner Schatzkammer zu geben. Sie aber brachen in Tränen aus und sprachen: Wir haben dich, unser Herr und König, zu segnen und schulden dir Dank für die Gnade, die du an uns tust, indem du dich der heiligen Stätte annimmst.

Allein, wie unsre Väter uns befohlen haben, dürfen wir das Heiligtum nicht eher wieder aufrichten, als bis der gerechte Erlöser gekommen ist und die Glorie wiederhergestellt hat. Da sprach der Fürst: Ist dem so, so will ich an dieser Stätte einen Tempel für die Bekenner meines Glaubens erbauen. So wird das Wort des Königs Salomo in Erfüllung gehen, der da gesprochen hat: ›Wenn auch ein Fremder, der nicht deines Volkes Israel ist, kommt aus fernem Lande um deines Namens willen, so wollest du ihn hören im Himmel, im Sitz deiner Wohnung, und tun alles, darum der Fremde dich anruft.‹* Und der Sultan entließ die Ältesten in Frieden und räumte den Judäern große Freiheiten in seinem Lande ein.

312. DIE KÖNIGSGRÄBER

Einstmals stürzte in Jerusalem eine Wand ein von der Anhöhe, die auf dem Berge war, und da befahl der Patriarch, sie wiederaufzurichten und dazu die Steine von der alten Stadtmauer zu verwenden. Es wurden Arbeiter gedungen, und diese fingen an, die Steine aus der Mauer herauszustemmen. Unter den Arbeitern befanden sich zwei junge Männer, die miteinander sehr befreundet waren. Eines Tages machte der eine zu Ehren des andern ein Mahl, und sie stellten sich später als die übrigen zur Arbeit ein. Der Aufseher fragte sie: Warum seid ihr heute so spät gekommen? Die Männer antworteten: Du sollst keinen Schaden haben; wenn unsre Genossen ihr Mittagsmahl einnehmen werden, wollen wir unsre Arbeit noch weiter verrichten.
Und sie machten sich daran, Steine aus der Mauer zu lösen. Wie sie einen großen Stein aus der Wand gezogen hatten, fanden sie ein Loch, das zu einer Höhle führte. Sie sprachen zueinander: Wir wollen hinuntersteigen und wollen

* 1. Buch Könige 8, 41–42

sehen, ob nicht ein Schatz dort verborgen liegt. Sie taten so und kamen in ein Gewölbe. Hier gewahrten sie eine herrliche Halle mit Marmorsäulen, die mit Gold und Silber ausgelegt war. Auf einem Sarkophag lag ein goldenes Zepter und eine goldene Krone. Links von diesem Sarkophag war noch ein andres Grab zu sehen und weiter in der Tiefe eine Reihe von Grabmälern. Die zwei Männer wollten gern weiter dringen, aber da kam ein Sturm und schlug sie, daß sie zu Boden fielen und wie tot bis zum Abend liegen blieben. Auf einmal hörten sie eine Stimme rufen: Steht auf und geht von hinnen! Da erhoben sie sich und verließen eilends das Gewölbe. Sie kamen vor den Patriarchen und erzählten ihm, was sie geschaut hatten.

Zu der Zeit lebte in Jerusalem ein frommer Mann mit Namen Abraham. Der Patriarch ließ diesen vor sich kommen und fragte ihn, ob er über die Gräber in der Höhle nicht zu berichten wisse. Der Fromme antwortete: Es ist uns überliefert worden, daß sich in dem Gewölbe Grabmäler der Könige David und Salomo wie die aller Könige Judas befinden.

Am nächsten Tage wollte der Patriarch die zwei Arbeiter abermals nach dem Gewölbe schicken; sie lagen aber krank in ihren Betten. Sie sprachen: Offenbar ist es nicht Gottes Wille, daß man die Halle wieder betrete. Hierauf befahl der Patriarch, den Eingang zu dem Gewölbe zu vermauern. Er machte den Ort unkenntlich, damit keiner wisse, was die Stätte birgt.

313. DAS SCHWERT DES PASCHA

Als die Königsgräber wiederentdeckt wurden, trug es sich einst zu, daß ein Pascha vor einer Luke der Gruft stand. Da entfiel ihm sein Schwert, das mit Perlen und Edelsteinen besetzt war, und geriet in das Innere der Höhle. Der Pascha befahl, das Schwert wieder zu holen, und ein Ismaeliter wurde an einem Seil in die Tiefe heruntergelassen. Als man ihn wieder emporzog, war der Mann tot. Danach ließ man einen zweiten Mann hinunter, aber auch dieser kam nicht mehr lebend herauf. So erging es auch dem dritten und dem vierten. Der Pascha aber sagte, daß er sein Schwert wieder haben müsse, und wenn auch alle Einwohner Jerusalems darum umkämen. Da trat der Kadi vor den Pascha und sprach: Mein Herr wolle unsre Gläubigen schonen. Höre auf den Rat deines Knechtes und schicke einen deiner Diener zu dem Chacham Baschi, dem geistlichen Oberhaupt der Judäer, und befiehl ihm, einen Stammesgenossen zu senden; dieser steige in die Gruft und hole dein Schwert. Der Prophet David ist seinem Volke zugetan, und er wird den Boten nicht verderben.

Dieser Rat gefiel dem Pascha wohl, und er ließ dem Chacham Baschi sagen, er möge einen von seiner Gemeinde wählen, der in die Königsgruft hinuntersteige. Wo er dieses nicht täte, müßten er und sein ganzes Volk dafür büßen. Da ward dem Gesetzesmann angst und bange. Es erschreckte ihn der Gedanke, daß die heilige Gruft von einem menschlichen Fuß betreten werden sollte, wiederum aber wollte er sein Volk nicht darum leiden lassen. Drei Tage fastete er mit seiner Gemeinde; sie gingen zum Grabe der Erzmutter Rahel und beteten dort zum Herrn. Am vierten Tage sprach der Chacham Baschi zu dem Volke: Einer von uns muß es wagen und in die Gruft des Königs David hinuntersteigen. Da ließ er Lose werfen, und es traf den Diener des Bethauses, einen rechtschaffenen und redlichen Mann. Der trat hervor und sprach: Ich will dem Gotte Israels dienen.

Er reinigte seine Seele, heiligte sich durch dreimaliges Untertauchen im Quellwasser und machte sich für den tödlichen Gang bereit. Er nahm Abschied von seinen Hausge=

nossen und von der versammelten Gemeinde und begab sich tränenden Auges zu der Grabstätte der Könige Judas. Daselbst wartete der Pascha mit seinem Gefolge und den Waffenträgern. Der Judäer wurde auf einem Seil in die heilige Gruft hinuntergelassen. Der Pascha drückte sein Ohr gegen die Grabesluke und horchte, ob er nicht irgend=ein Geräusch vernehme. Die Juden aber standen da mit einem Zittern im Herzen. Nach einer Weile ward eine dünne Stimme hörbar: Zieht mich hinauf! Nun wurde an dem Seil gezogen, und der totenbleiche Bethausdiener kam zum Vorschein, das blitzende Schwert in der Hand. Er reichte es dem Machthaber, und alles Volk fiel auf das Angesicht und rief: Gelobt sei der Herr, der Gott Israels!

Die Israeliten zu Jerusalem hielten ein Freudenfest ab. Viele bedrängten den frommen Diener, daß er ihnen sage, was er in der Gruft geschaut habe. Er aber hielt seinen Mund verschlossen und schwieg. Nur dem Chacham Baschi vertraute er an, daß, als er unten im Gewölbe war, es auf einmal hell aufgeblitzt habe und ein ehrwürdiger Greis vor ihm gestanden sei, der ihm das Schwert in die Hand gelegt habe.

314. DIE FROMME WÄSCHERIN

Einst lebte in Jerusalem eine rechtschaffene Frau, die hatte ihren Mann und ihre Kinder verloren und ernährte sich redlich durch ihrer Hände Arbeit. Sie wusch die Kleider andrer Leute, darunter auch die des Mannes, der die Gruft des Königs David zu bewachen hatte.

Eines Tages brachte sie dem Wächter seine Kleider wieder, frisch gewaschen und weiß wie Schnee. Da sprach er zu ihr: Du bist ein braves und verständiges Weib. Meine Seele lechzt danach, dir eine besondre Freude zu bereiten. Dich verlangt es doch wohl, das Gewölbe zu sehen, in dem der

König David ruht. Dieses hat bislang kein Judäer geschaut. Die Wäscherin erwiderte: Oh, könnte ich dieser Gnade teilhaftig werden! Da sprach der Wächter: So mach dich auf und folge mir. Und er schritt ihr voran, bis er zu einer Pforte kam, die zu einem unterirdischen Gang führte. Diese machte er auf und sagte zu dem Weibe: Tritt ein. Kaum aber hatte sie ihren Fuß über die Schwelle gesetzt, als der Nichtswürdige die Pforte zuschlug und sie allein im Finstern zurückließ. Er säumte nicht, rannte rasch zum Kadi und hinterbrachte ihm, daß ein judäisches Weib die Dreistigkeit gehabt hätte, sich im geheimen in die Gruft des Propheten David zu schleichen, und daß er, sobald er das bemerkt, die Tür hinter ihr zugeworfen hätte, damit sie gefaßt und verurteilt würde. Als der Kadi das vernahm, geriet er in Zorn und rief: Beim Propheten, die Frau hat ihr Leben verwirkt! Führt sie hinaus, und sie werde verbrannt.
Das unglückliche Weib hatte inzwischen begriffen, daß der Wächter sie hintergangen hatte, und daß ihr Verderben drohte. Sie warf sich auf die Erde, erhob ihre Stimme und weinte bitterlich. Sie betete zu Gott, daß er sich ihrer erbarme und sie um seines Knechtes David willen aus der Falle befreie. Wie sie so betete, erhellte sich das Dunkel der Höhle, und sie erblickte einen weißhaarigen Mann von leuchtendem Angesicht. Der Seltsame erfaßte die Hand des Weibes und führte sie durch verschlungene Gänge, bis er sie ins Freie gebracht hatte. Er sprach zu ihr: Heb deine Füße auf und suche eilends deine Wohnung zu erreichen. Dort angekommen, stelle dich sogleich an den Waschtrog und geh deiner Arbeit in gewohnter Weise nach. Laß dir nichts von dem anmerken, was mit dir vorgefallen ist. Das rechtschaffene Weib wollte ihrem Retter Dank sagen, allein er entschwand ihren Augen und ward nicht mehr gesehen.
Währenddessen war der Kadi mit vielen Aufsehern vor

dem Eingang der Grabeshöhle erschienen, um die Frevlerin zu ergreifen und sie auf den Scheiterhaufen zu schleppen. Sie stiegen in das Gewölbe und suchten es ab, konnten dort aber keine Seele finden. Da rief der Kadi zornig zu dem Wächter: Hast du uns zu deiner Belustigung hierher beschieden? Der Mann schwur beim Propheten, daß er nichts als die Wahrheit gesprochen hätte, und nannte auch den Namen der Wäscherin. Alsbald schickte der Kadi einige Diener nach der Wohnung der Schuldigen. Sie fanden sie aber vor dem Waschfaß stehen und das Leinen spülen. Da machten sie Kehrt und erzählten, daß sie die Frau bei ihrer Arbeit angetroffen hätten. Hierauf wurde der Wächter ergriffen und ins Feuer geworfen.

Die Frau aber verriet ihr Lebtag nichts von dem, was ihr in der Gruft widerfahren war. Auf dem Totenbette erst erzählte sie das Wunder.

315. DER KÖNIG DAVID UND DER SULTAN

Zur Zeit des weisen Menahem Recanati trug es sich einst zu, daß ein ismaelitischer König am Neumondsabend durch die Straßen Jerusalems ging und die Judäer den Neumondssegen sprechen hörte. Er vernahm, wie sie allzumal riefen: David, der König Israels, lebt und ist immer! Da ließ der Sultan den weisen Menahem kommen und äußerte den Wunsch, den König David zu schauen; wofern dieser Wunsch nicht erfüllt werde, wolle er alle Juden im Lande vertilgen. Da erschrak der Weise überaus. Er fastete viele Tage, bis ihm vom Himmel bedeutet wurde, daß er sich nach der Stadt Lus begeben solle, woselbst ihm die Grabstätte Davids bekanntgegeben würde. Er rief den unverstellten Namen Gottes an und gelangte so in kürzester Frist vor die Tore der Stadt Lus. Die Wächter wollten ihn nicht einlassen. Da sagte er ihnen, wer er sei, und daß

Israel eine schwere Stunde bevorstehe. Darauf öffneten sie die Tore. Gleich am Eingang begegnete dem Menahem ein steinalter Mann, und dieser sprach zu ihm: Willst du die Höhle finden, in der König David ruht, so mußt du erst durch eine weite Ebene schreiten. Vor der Höhle wirst du einen Brunnen sehen; in diesem reinige dich und sprich die heiligen Namen; sodann betritt das Gewölbe.

Der Weise befolgte in allem die Worte des Greises und machte sich auf den Weg nach der Höhle. Er gewahrte den Brunnen und reinigte seinen Leib im Wasser; danach sprach er die heiligen Namen und stieg in die Höhle. Da sah er das Schwert des Königs David an der Wand hängen und daneben die goldene Krone, die einst sein Haupt geschmückt hatte. Nach einer Weile erschien David selbst und reichte dem Jerusalemiter zwei Krüge Wasser; in dem einen war Wasser aus der Hölle, in dem andern Wasser aus dem Eden. Menahem benetzte seinen Körper zuerst mit dem Höllenwasser, und siehe da, er ward aussätzig wie Schnee. Danach wusch er ihn mit dem Paradieseswasser, und seine Haut ward rein und heil. Hierauf sprach David: Geh zu dem Sultan und laß ihn diese Zeichen sehen. Er wird dir dann glauben, daß du mir begegnet bist.

Menahem nahm die beiden Krüge und eilte zurück nach Jerusalem. Er trat vor den Herrscher und führte ihm die Wunder vor. Der Sultan aber sprach: Mein Wunsch ist, den König David selbst zu schauen. Also führte ihn der Weise bis zur Höhle und ließ ihn hinabsteigen. David sprach zu dem Ismaeliterfürsten: Du bist des Todes schuldig; allein ich will mich deiner erbarmen und dich leben lassen. Da kehrte der Sultan nach seiner Residenz zurück und hob die den Judäern angedrohte Strafe auf.

Diese Geschichte ist in einer Chronik der heiligen Stadt Jerusalem niedergeschrieben.

R. Menahem aus Recanati, der eine Auslegung der Schrift unter Anwendung der Geheimlehre und der Gesetzbücher verfaßt hat, hatte als Knabe einen unempfänglichen Geist. Er fastete und betete, daß Gott sein Herz und seinen Verstand erleuchten möchte. Eines Tages, als er im Bethaus sein Flehen darbrachte, geschah es, daß er einschlummerte. Da erschien ein Mann, mit einem Gefäß voll Wasser in der Hand, und der weckte den Knaben und sprach zu ihm: Hier, nimm diesen Trank. Menahem gehorchte und setzte den Becher an die Lippen. Er hatte noch nicht zu Ende getrunken, als der Seltsame sich entfernte.

Wie nun der Knabe seiner Gewohnheit gemäß wieder ans Beten ging, wurde er gewahr, daß sein Verstand auf einmal klargeworden war und er alles begreifen konnte. Von Stund an war er verwandelt.

316. DER ZEHNTE BETER

Es gab eine Zeit, wo in Hebron nur einzelne Ebräer wohnten, und es kam oftmals vor, daß selbst die Mindestzahl von zehn Betern, ohne die ein Gottesdienst nicht abgehalten werden kann, nicht beisammen war. So wurden aus den umliegenden Örtern die Fremden hinzugezogen, die hierher kamen, um die Gräber der Erzväter zu suchen. Die wenigen Ortsansässigen waren schriftbeflissene, gottesfürchtige und rechtschaffene Männer, die die Tugenden des Almosenspendens und der Gastfreundschaft eifrig ausübten. Kam ein Fremder in die Siedlung, so gab es bald einen Streit darum, wer ihn beherbergen und bewirten solle. Der eine sprach: Ich will die Ehre haben. Der andre sprach: Mir soll die Ehre werden. Welcher aber den Gast in sein Haus führen durfte, war glücklich, als hätte er einen Schatz davongetragen.

Eines Tages, es war der Rüsttag zum Versöhnungsfest,

fehlte es an dem zehnten Mann zu der hohen Andacht. Da waren die zu Hebron sehr bekümmert und suchten auf allen Straßen, die nach der Stadt führten, ob ihnen nicht ein Judäer begegne. Allein der Abend rückte heran, die Sonne war nahe daran zu versinken, und kein Wanderer war zu sehen. Plötzlich erblickten sie einen Greis mit langem weißem, wie Silber glänzendem Bart, in zerrissenen und verstaubten Kleidern und einen schweren Sack auf den Schultern, der sich der Stadt näherte. Sie eilten ihm mit großer Freude entgegen und riefen: Dein Kommen verheißt Frieden! Und er antwortete: Friede mit euch! Sie führten ihn in die Stadt und labten ihn mit Speise und Trank. Allein der Fremde aß nur flüchtig von den dargebotenen Speisen. Danach zog er ein weißes Gewand an und ging mit den Einheimischen ins Bethaus. Sie fragten ihn nach seinem Namen, und er antwortete: Ich heiße Abraham. Ihre Freude war groß, daß sie nun zu zehnt beten konnten.
Am Ausgange des heiligen Tages, als nach dem großen Fasten das Mahl eingenommen werden sollte, warfen die Hebroniter Lose untereinander, wer den Gast bewirten dürfe. Da fiel das Los auf den Diener des Bethauses. Die andern waren betrübt, der Diener aber war überaus froh. Doch seine Freude ward bald in Trauer verwandelt, denn als er mit dem Fremden nach seiner Hütte ging, entschwand dieser plötzlich seinen Augen. Der Diener rief: Rabbi Abraham! Rabbi Abraham! Allein kein Laut hallte ihm entgegen. Da weinte der Mann bitterlich und suchte den Fremdling auf allen Straßen und Wegen; er kehrte immer wieder zum Bethaus zurück, im Glauben, daß R. Abraham von da aus eine andre Richtung eingeschlagen habe. Aber der wundersame Gast war nirgends zu sehen. Da teilte der Bethausdiener den Vorfall seinen Genossen mit. Diese erschraken und zerstreuten sich in der Stadt, um den, der mit ihnen gebetet hatte, zu suchen. Aber auch ihre Mühe

war vergeblich. Ein jeder kehrte voll Kummer nach Hause zurück; am unglücklichsten aber war der Synagogendiener. Als er sorgenvoll eingeschlummert war, sah er plötzlich einen Greis in prächtigen Gewändern vor sich stehen, von dessen Gesicht ging ein Licht aus. Da erbebte der Mann und fuhr zusammen, doch ehe er den Mund aufgetan hatte, um ein Wort herauszubringen, sprach die Erscheinung: Dich verlangt es zu erfahren, wer ich bin. So höre denn: ich bin euer Erzvater Abraham der Ebräer, der hier in der zwiefachen Höhle ruht. Ich sah eure Trübsal, als euch der zehnte Beter fehlte, und kam zu euch, um die Zahl vollzumachen. Nun aber grämt euch nicht mehr und seid fröhlich; ein Jahr voll Segen ist euch beschieden.

317. IN DER ZWIEFACHEN HÖHLE

Einst, es war zur Sommerszeit, hatte der Herr die Schleusen des Himmels verschlossen, und monatelang war kein Tropfen Regen auf die Erde des Heiligen Landes gefallen. Aber auch, nachdem man viel gefastet und gebetet hatte, ließ sich der Himmel nicht erbitten. Der Pascha bedrängte die Israeliten, daß sie ihren Gott noch weiter um Regen anflehten. Sie sagten darauf: Wenn uns gestattet würde, in das Innere der zwiefachen Höhle zu Hebron zu treten und dort Gebete zu verrichten, so würde es Regen geben. Hierauf sandte der Pascha Boten zu dem Kadi in Damaskus und ließ durch sie den Schlüssel zu der Höhle, der von ihm aufbewahrt wurde, herbeiholen.
Die Judäer wählten aus ihrer Mitte zehn gelehrte und gottesfürchtige Männer, und diese pilgerten nach Hebron, der Stadt der vier Gräber. Es waren Männer, die durch kabbalistische Künste die geheimen Mächte sich geneigt machen konnten. Sie traten in die Höhle und stiegen die ersten fünf Stufen hinab. Hier sagten sie mit großer Andacht das

erste Buch des Psalters her. Danach ging einer von ihnen hinaus, um zu sehen, ob der Himmel nicht bewölkt sei. Die Sonne aber brannte mit unverminderter Stärke. Da stiegen die Beter weitere fünf Stufen hinab und rezitierten das zweite Buch der Psalmen. Abermals wandte sich einer zum Ausgang, um nach dem Himmel zu sehen, aber dieser war wolkenlos und klar. Nun stiegen die Kabbalisten noch fünf Stufen tiefer und sagten das dritte Buch der Psalmen mit noch größerer Inbrunst her. Wieder hießen sie einen nach dem Himmel schauen, und siehe da, der war mit Wolken bedeckt, und es fielen auch schon Regentropfen nieder.

Als er dieses seinen Gefährten mitgeteilt hatte, richteten sie ihren Sinn nicht mehr auf das Kommen des Regens, sondern dachten an die Erlösung Israels. Sie hatten aber den Vers noch nicht vollendet, als aus dem Innern des Gewölbes ein Sturmwind kam und sie mit Gewalt ins Freie hinausschleuderte.

Da begriffen die Frommen, daß der Tag für den Messias noch nicht gekommen war, und daß es freventlich sei, das Ende vor der Zeit heraufbeschwören zu wollen.

318. DIE WITWE ZU HEBRON

Eine fromme Witwe wohnte einst in Hebron, und diese war gewohnt, stets vor der zwiefachen Höhle zu beten und das Vieh, das sich heranwagte, von dem heiligen Ort fernzuhalten. Da geschah es aber, daß das Weib in Armut geriet und sich durch Hunger genötigt sah, die Stadt zu verlassen. Sie betete vor Gott und sprach: Gebieter der Welt, du weißt, daß nur das Elend mich bewegt, von der heiligen Stätte zu gehen, und daß nur die Not mich von hier wegtreibt.

In der Nacht darauf erschien dem Weibe der Erzvater Abraham, und er sprach zu ihr: Verlaß den Ort nicht; tu, was ich dir sagen werde. Geh zu dem Pascha und sage ihm, daß

ich ihm befehle, dich zu ernähren. Das Weib sprach: Mein Herr, er wird mir keinen Glauben schenken. Abraham aber sprach: Das wird er tun.
Des Morgens stand das Weib in der Frühe auf, ging zu dem Pascha und sprach zu ihm: Mein Herr, du sollst fort=an mein Ernährer sein; das hat dir unser Vater Abraham anbefohlen. Der Pascha erwiderte: Du sprichst die Wahr=heit; der Erzvater ist auch mir erschienen; ich will dein lebelang für dich sorgen.

319. DER DANKBARE TOTE

Vorzeiten lebte in Jerusalem ein sehr reicher Mann, und diesem wurde auf die alten Tage ein Sohn geboren. Als der Knabe sechs Jahre alt war und zu begreifen anfing, was gut und böse ist, beschloß sein Vater, da er seine gute Ver=anlagung sah, ihn von dem eitlen Treiben dieser Welt, das einem Trugbild gleicht, fernzuhalten und ihn der Lehre Gottes zu weihen, welche allein das Glück hienieden und drüben verbürgt. Der Sohn sollte die Zierde seines Vaters werden und ihm Ehre einbringen. Und er schloß den Kna=ben in ein besondres Gemach ein und nahm einen berühm=ten Lehrer ins Haus, daß der ihn unterrichte. Tag und Nacht sollten die heiligen Worte von ihren Lippen nicht weichen. Damit aber den Zögling die Welt da draußen nicht verlocke, wurden alle Herrlichkeiten da drinnen zusam=mengetragen, die sein Herz erfreuten. Auch dem Lehrer sollte kein Wunsch versagt bleiben. Volle zehn Jahre saßen die beiden bei der Schrift. Und der Knabe machte rasche Fortschritte und erwarb große Kenntnisse; er konnte die heiligen Bücher fast alle auswendig hersagen.
Sein Vater aber war inzwischen ein Greis geworden und sah seinen Sohn einen reifen Jüngling werden. Er sprach bei sich: Mein Ende ist nah, und der Tag ist bald gekom=

men, an dem ich das Pfand seinem Eigentümer zurückgeben muß. Was soll ich aber mit all der Habe machen, die nach mir bleibt? Soll meiner Hände Mühe verloren gehen? Mein einziger Sohn weiß nichts von dem, was um ihn ist, und kennt die Wege des Handels nicht. Soll nun mein Reichtum dahingehen und mein herzlieber Sohn seine Hand nach einer milden Gabe ausstrecken müssen? Und der betagte Mann begann den Erben über seinen Besitz aufzuklären und ihn in das Wesen des Handels einzuführen. Er besuchte mit ihm die Plätze und Märkte und lehrte ihn den Wert der irdischen Dinge kennen. Er sprach zu ihm: Sei klug, mein Sohn, und du wirst mein Herz erfreuen. Die Lehre Gottes möge indessen deinem Sinne nicht entschwinden. Wohl dem, der die Wege der Schrift mit den Wegen des Lebens verbindet! Der Knabe zeigte sich auch darin gelehrig, und sein Vater hatte Freude an ihm. Kurz darauf starb der reiche Mann und ging den Weg alles Fleisches.

Nach den Trauertagen nahm der Sohn den Schatz seines Vaters an sich, hob seine Füße auf und zog in die weite Welt. Er durchstreifte Städte und Länder, sammelte Wissen und Erfahrung, bis er in der Hauptstadt des Türkenlandes anlangte. Er spazierte durch die Straßen und Märkte, und wie er auf einen großen Platz kam, sah er einen eisernen Sarg an einer Kette zwischen zwei Pfeilern hängen, vor denen ein Söldner Wache hielt. Da blieb der Jüngling stehen und fragte den Wächter, was dies zu bedeuten habe. Dieser aber schrie ihn an und sprach: Fort mit dir! Schnüffle nicht nach unsern Geheimnissen! Allein der Wißbegierige bedrängte den Wächter mit Fragen und schenkte ihm eine Handvoll Silbermünzen. Da erzählte ihm dieser den Sachverhalt. Der Sultan hatte einen Wechsler, der judäischen Glaubens war, und dieser stand bei ihm hoch im Ansehen. Eines Tages aber verleumdeten ihn seine Neider, daß er seinen Herrn bestohlen und sich an fürstlichem Gute bereichert habe. Da ließ der Sultan ihn kommen und sprach zu ihm: Lege Rechenschaft ab über all dein Tun die Zeit über, da du mein Vermögen verwaltest. Nun ward dem Wechsler angst und bange, und seine Knie bebten; denn, kann einer das Geld zusammenrechnen, das in zwanzig Jahren durch seine Hände geglitten ist? Doch alle seine Vorstellungen und Beteuerungen der Unschuld vermochten den zornigen Fürsten nicht zu beschwichtigen, und weil dieser sich von dem Wechsler betrogen wähnte, verhängte er über ihn den Tod. Der Judäer wurde hingerichtet. Den Leichnam aber salbte man ein und tat ihn in diesen Sarg, in dem er verbleiben soll, bis seine Stammesgenossen den fehlenden Betrag bezahlt haben. Alsdann soll der Körper für das Begräbnis freigegeben werden.

Wie der Jüngling diese Worte vernahm, fragte er den Wächter, ob er nicht wüßte, wieviel die Summe ausmachte. Dieser konnte sie nennen; es war ein sehr hoher Betrag. Der Sohn des Reichen begab sich sofort an den Hof des Sultans und sprach zu den Torwachen: Ich habe ein hochwichtiges Anliegen an den Herrscher. Dies wurde dem Sultan gemeldet, und er befahl, den Fremden vorzulassen. Der Jüngling trat vor den Fürsten und begrüßte ihn mit ausgesuchter Rede. Das gefiel dem Sultan sehr, und er sprach: Was ist dein Begehren, daß ich es erfüllen kann? Der aus der Ferne Hergekommene antwortete: Laß den hingerichteten Judäer begraben; ich will die geforderte Summe Goldes entrichten. Der Sultan gewährte dem Jüngling die Bitte und befahl, den Wechsler zu bestatten. Abermals trat der Sohn des Reichen vor den König und bat ihn, er möge ausrufen lassen, daß alle Stadtbewohner dem Begräbnis des Wechslers beiwohnen müßten. Der Sultan entsprach auch diesem Wunsch. Also waren alle Bürger der Hauptstadt, alt und jung, zu dem Leichenbegängnis gekom-

men, auch Wiegenkinder waren mitgenommen worden, und dem armen Wechsler ward ein ehrenvolles Geleit zuteil.
Der Jüngling reiste von da weiter und besuchte noch viele andre Städte, bis er endlich ein Schiff bestieg, das ihn in seine Heimat bringen sollte. Doch als das Fahrzeug auf hoher See war, erhob sich ein Sturm, das Schiff zerbrach, und die Insassen fielen ins Meer. Dem Jüngling aber war es, als sähe er ein Brett auf der Oberfläche des Wassers schwimmen; dieses ergriff er, und es trug ihn an den Strand. Hier saß er da, von allem entblößt; er erhob seine Stimme und weinte. Da gewahrte er einen weißen Adler, der von der Höhe herabgestiegen war und sich ihm näherte. Er redete in seiner Vogelsprache, als wollte er dem Jüngling etwas sagen. Dieser begriff, daß der Adler ein Sendbote Gottes war, und so setzte er sich auf den Rücken des Vogels. Der Aar breitete seine Flügel aus, schwang sich in die Höhe und brachte den Schiffbrüchigen in wenigen Augenblicken nach Jerusalem an die Stelle, wo sein Hof war. Danach entschwand er seinen Augen. In der Nacht darauf erblickte der Jüngling im Finstern einen Mann, der in ein weißes Tuch gehüllt war. Er entsetzte sich und schrak zurück. Der Fremde aber sprach: Fürchte dich nicht. Ich bin der verstorbene Wechsler, der Mann, an dem du Gnade getan hast. Ich bin es, der dich dem Tode hat entrinnen lassen; als rettende Planke und als Adler kam ich dir zweimal zu Hilfe. Du wirst glücklich sein im Diesseits und wirst Köstliches erben im Jenseits.
Und der Rechtschaffene war auch bis an das Ende seiner Tage glücklich und sah Nachkommen bis ins dritte Glied. Er beschäftigte sich stets mit dem Gesetz Moses und übte Gutes.

320. ARIEL

Gedenke des Sabbattages, daß du ihn heiligest. Es ist der siebente Tag, den der Herr erwählt und geweiht hat.

Vor mehr als hundertfünfzig Jahren begab es sich, daß ein frommer und gerechter Mann aus dem Heiligen Lande eine weite Reise machen mußte, die über eine Wüste führte und zwölf Tage dauern sollte. Der Fromme bedang sich bei dem Führer der Karawane aus, daß den Sabbat über Rast gehalten würde, wofür er ihn noch besonders belohnen wollte. Der Zug setzte sich in Bewegung, und die Reise wurde angetreten. Als aber der sechste Tag der Woche zur Neige ging, weigerte sich der Führer, Halt zu machen, und zeigte sich allen Vorstellungen des Judäers unzugänglich. Der fromme Mann war sehr betrübt, und die widersprechendsten Gefühle kämpften in seiner Brust: sollte er weiterreisen und das Sabbatgebot verletzen, oder sollte er sich von der Karawane trennen und in der Wüste umkommen? Er sprach bei sich selbst: Bleib ich zurück, so ereilt mich das Ungemach; entweihe ich aber den Sabbat, so ist es um meine Seele geschehen, und ich verliere das ewige Leben. Und der Fromme säumte nicht mehr und stieg von dem Maultier; er nahm sein Bündel von der Schulter und verließ die Karawane, die die Reise fortsetzte.

Die Sonne ging unter; der fromme Judäer wandte sein Antlitz gen Osten und verrichtete mit großer Andacht das Gebet zum Empfang der Königin Sabbat. Danach zog er aus seinem Sack etwas Brot und Wein und sprach den Segen zu Ehren des heiligen Tages. Er aß von seinem Reisevorrat und sang die Sabbatlieder. Aber weh! ein tödlicher Schrecken überfiel ihn, als er ein Brüllen vernahm und einen Löwen sich nähern sah. Nun glaubte er, sein Ende sei gekommen. Der Löwe aber legte sich vor dem Erschrockenen nieder und schaute ihn mit mitleidigen und gütigen Augen an.

Also wich die Angst aus dem Herzen des Menschen, und er fuhr fort, die Sabbathymnen zu singen. Der Löwe entschlummerte, und auch der Mann ward vom Schlaf übermannt.

Des Morgens, als es hell wurde, erwachte der Fromme und sah den Löwen wie gestern vor sich liegen und ihn mit freundlichen Blicken ansehen. Da begriff er, daß das Tier ihm zum Schutze gesandt worden war. Er sprach das Morgengebet und aß sein Brot, und so unter Lobgesängen und frommen Gedanken verging der Tag. Abends, nachdem der Segen über den scheidenden Sabbat und den beginnenden Werktag gesprochen worden war, erhob sich der Löwe, der sich den ganzen Tag über ruhig verhalten hatte; er wedelte mit dem Schwanze und leckte die Hände des Mannes gleich einem treuen Hunde. Er legte sich ihm zu Füßen, als forderte er ihn auf, sich auf seinen Rücken zu setzen. Der Fromme verstand die Gebärde des Tieres, tat das Bündel auf seinen Rücken und schwang sich auf den Löwen; er hielt sich an der Mähne fest. Und einem flinken Rosse gleich rannte der Löwe durch die Nacht, und sein Reiter hörte das grausige Heulen der Wüstentiere.

Als es Morgen wurde, erreichte der Judäer die Karawane, die mit ihren Kamelen und Maultieren noch in den Zelten lagerte, und seine Reisegefährten schauten ihn verwundert an. Der Löwe kauerte nieder wie ein Kamel, das seinen Reiter absetzen will. Der Fromme stieg mit freudigem Antlitz ab. Danach richtete sich der König der Tiere auf, erhob den Schwanz und schüttelte die Mähne und rannte zurück in die Wüste. Die Augen der Reisenden folgten ihm eine Weile, konnten ihn aber bald nicht mehr sehen.

Den Anführer der Karawane reute seine Tat, und er bat den Frommen demütig um Verzeihung. Alle seine Reisegenossen sahen in ihm einen Freund Gottes.

Der Name des Frommen ward seitdem Ariel, Gotteslöwe, genannt. Sein Geschlecht lebt noch heute in der Stadt Hebron.

321. DER BLINDE UND DER LAHME

Vor einem Bethaus in Jerusalem saßen eine Zeit hindurch zwei Arme und baten um milde Gaben: der eine von ihnen war lahm an beiden Füßen; der andre blind auf beiden Augen. Eines Tages aber kamen nur wenige Menschen an dem Bethause vorbei. Die zwei Armen weinten vor Gott und sprachen: Wo wollen wir heute unser Brot hernehmen? Da erbarmte sich Gott ihrer und schickte zu ihnen einen Engel in menschlicher Gestalt. Dieser sprach zu den Krüppeln: Ihr sitzt hier und bittet die Vorbeigehenden um Almosen; nun will ich euch mit meiner Kraft beistehen. Ich werde euer beider Fehl heilen und euch zu großem Reichtum verhelfen; hütet euch aber, Böses zu tun, auf daß ihr nicht wieder von Unglück heimgesucht werdet. Geht jetzt nach euern Hütten; ein jeder von euch wird einen Schatz vorfinden, der ihm Segen einbringen wird. Übt aber ja Gutes, wenn ihr reich seid. Da schwuren die zwei Bettler dem Fremden, diese Mahnung zu befolgen. Der Engel zog ab, und die zwei Krüppel wurden alsbald heil; die Augen des Blinden wurden sehend, und die Füße des Lahmen wurden flink. Sie fanden ein jeder einen Schatz in ihren Hütten und fingen einen Handel an. Der früher lahm war, kaufte Rinder für sein Geld; der ehemals Blinde erwarb Schafe. Und sie errangen bald großen Reichtum.

Nach Jahren schickte Gott den Engel wieder auf die Erde, damit er die zwei von ihm einst Beschenkten versuche und sehe, ob sie den Schwur hielten. Der Engel nahm die Gestalt eines Mannes an, der nur einen Arm hatte, und erschien zuerst vor dem, der vorher lahm gewesen war und jetzt mit Ochsen handelte. Er sprach zu ihm: Erbarme dich meiner und schenke mir ein Rind von deiner Herde, damit ich mein Weib und meine Kinder ernähren kann. Für die Gnade, die du an mir tust, wird dich Gott davor be=

wahren, ein Krüppel gleich mir zu sein. Aber der Ochsenhändler geriet in Zorn und rief aus: Du willst mich gar erschrecken; ich werde dich bald die Kraft meines Armes fühlen lassen. Und er wollte den Bittenden schlagen. Da zog der Engel erzürnt ab. Er nahm die Gestalt eines Mannes an, der nicht sehen konnte, ließ sich von einem kleinen Knaben führen und kam vor den ehemals Blinden, der jetzt mit Schafen handelte. Er flehte ihn an und sprach: Hilf mir und schenk mir eins von deinen Schafen, damit ich mich mit den Meinigen davon ernähre. Gott wird es dir zehnfach lohnen. Alsbald erbarmte sich der ehemals Blinde des Bittenden; er führte ihn in sein Haus, speiste und tränkte ihn und gab ihm drei Schafe von seiner Herde. Nun gab sich der Engel dem Mann zu erkennen und sprach: Lobe den lebendigen Gott, daß er dir ein mitleidiges Herz gegeben. Du sollst dafür auch das Gut deines Genossen haben.
Es vergingen wenige Tage, und der Ochsenhändler verlor all sein Vermögen und wurde wieder lahm an den Füßen.

322. DER WEINBECHER

In den Bethäusern zu Jerusalem bestand die Sitte, daß der Küster jedesmal nach Verrichtung des Segens über den Empfang und Ausgang des Sabbats den Kelch nach Hause mitnahm und ihn nicht, wie es allerorten üblich ist, im Gotteshaus stehen ließ. Die Sitte hatte folgende Begebenheit zur Ursache.
Vor vielen Jahren trug es sich in einer Nacht zu, daß der Diener eines Bethauses in tiefem Schlaf lag, als plötzlich ein Mann vor ihm stand und zu ihm sprach: Auf, eile ins Bethaus! Säume nicht, denn die Lade, in der die heiligen Schriften liegen, brennt lichterloh, und – der Himmel verhüte es – das ganze Bethaus und auch die heilige Stadt werden noch in Feuer aufgehen.

Da erwachte der Synagogendiener voller Entsetzen und lief schnell nach dem Bethaus. Er stürzte zur Lade, doch diese brannte nicht und war unversehrt. Nur merkte der Diener beim Betasten des Innern, daß der Weinbecher nicht auf dem gewohnten Platze stand. Dieses erweckte in ihm ein wunderliches Gefühl. Er nahm den Kelch in die Hand, hielt ihn gegen das Mondlicht und besah sich ihn genau. Es war ein andrer Kelch als der zum Bethaus gehörige. Er goß ein wenig von dem Inhalt auf seine Hand, und siehe, es war Blut. Da begriff der Mann den Zusammenhang der Dinge und verstand den Sinn des Traumes. Er entfernte sich aus dem Bethause, zerbrach das Glas und deckte das Blut mit Erde zu. Danach stellte er einen andern Becher, den er mit Wein gefüllt hatte, in den Schrein und suchte wieder sein Lager auf. Er sprach von dem Vorgefallenen zu keinem Menschen.
Des andern Tages in der Frühe, als das Volk sich zum Morgengebet versammelt hatte, erschien der Pascha von Jerusalem und mit ihm der griechische Patriarch, begleitet von einer Menge Geistlicher und Söldner. Da erfaßte ein Schrekken die Judäer, und ihre Gesichter wurden bleich wie der Kalk der Wände. Der Pascha gab Befehl, das Bethaus zu durchsuchen und in allen Ecken und Schlupfwinkeln genau nachzusehen. Es wurde aber nichts gefunden, was für die Juden belastend gewesen wäre. Da trat ein Grieche hervor und sprach: Wir wollen noch ihren heiligen Schrein öffnen und da hineingucken. Die Lade wurde aufgemacht, und das Glas mit dem Wein wurde herausgenommen. Der Grieche rief: Seht, der Becher enthält Blut eines christlichen Knaben, den die Juden ihrem Gotte zu Ehren geschlachtet haben. Darauf fragte der Patriarch den Vorbeter, was der Becher berge. Der Vorbeter erwiderte: Nichts als Wein für den Sabbatsegen. Der Patriarch nahm den Kelch und goß etwas daraus in eine Schale. Er merkte sofort, daß die Flüssigkeit Wein war, und roch den würzigen Duft der Trauben Heb=

rons. Er reichte das Glas dem Pascha, und dieser gab es dem, der neben ihm stand; so ging der Becher von Hand zu Hand, und alle überzeugten sich, daß darin Wein war.
Hierauf bat der Patriarch den Vorbeter um Vergebung dafür, daß er den Gottesdienst gestört hatte. Er sprach: Schuld ist dieser hier, der euch verleumdet hat. Und er zeigte auf den Mann, der gerufen hatte, man solle die Lade öffnen. Da zog der Pascha das Schwert aus der Scheide und wollte den Nichtswürdigen an Ort und Stelle richten. Der Patriarch aber trat dazwischen und sprach: Du sollst das Heiligtum nicht durch Blutvergießen entweihen.
Als der Pascha mit dem Patriarchen und dem Gefolge das Bethaus verließen, gestand der Grieche seine Untat ein.

323. DAS ZEUGNIS DES TOTEN

Ein wundersamer Fall ereignete sich in der heiligen Stadt Jerusalem zur Zeit des Lehrers Kalonymos.
Die den Juden feindlichen Stämme trachteten nur danach, sie zu verderben, und erfanden täglich neue Lügen und Beschuldigungen, die sie dem Stadthauptmann vorbrachten. Dieser schenkte den Verleumdern keinen Glauben und kümmerte sich nicht um das Gerede der Gottlosen. Da traten sie eines Nachts zusammen und berieten, wie die verhaßten Juden zu vertilgen seien. Sie beschlossen, den Sohn des Stadthauptmannes zu entführen und zu töten und die Schuld auf die Häupter der Judengemeinde zu wälzen. Sie lauerten dem Knaben auf, verschleppten ihn nach einem einsamen Orte, fesselten und schlachteten ihn, als wäre er ein Hurensohn. Sein Blut aber wurde in einem Gefäße aufgefangen. Als es Nacht wurde, trugen die Mörder die Leiche nach der Stadt und warfen sie in den Betraum des Gotteshauses. Das Blut gossen sie auf den Boden der Vorhalle.
Der Stadthauptmann ängstigte sich um seinen Sohn, und

der Schlaf kam nicht über seine Lider. Er ließ in der Stadt ausrufen: Wer meinen Sohn gesehen hat, der melde dies alsobald! Ganz Jerusalem suchte nach dem Knaben, der war aber nirgends zu sehen. Da drangen die Diener des Hauptmanns in das Bethaus der Juden und fanden hier die Leiche des Kindes. Sie hoben den toten Körper auf ihre Schultern, brachten ihn zu dem Hauptmann und sprachen: Unser Herr lebe ewig! Sieh mit deinen eignen Augen, was die Judäer, denen du Gunst erweist, an deinem Sohne getan haben; so haben sie dir deine Zuneigung vergolten. Als der Stadthauptmann seinen getöteten Sohn sah und die Rede seiner Diener hörte, entbrannte in ihm der Zorn, und er ließ sogleich alle Weisen und Ältesten der Juden rufen. Er sprach zu ihnen: Ich verlange von euch, daß ihr mir den Unhold angebt, der meinen einzigen Sohn getötet und meines Herzens Freude vernichtet hat, damit ich an ihm Rache nehme. Wo ihr mir aber diesen nicht nennt, so rotte ich euren ganzen Stamm aus.

Da die hierher Beschiedenen diese Worte vernahmen, verstellte sich ihre Gebärde, und sie fanden kein Wort der Erwiderung. Voll Demut stammelten sie: Gewähr uns Frist, um nach dem Schuldigen zu fahnden. Diese bewilligte ihnen der Stadthauptmann, und die Abgesandten gingen in Furcht von dannen. Sie riefen das Volk im Bethause zusammen, beteten zu Gott und verhängten ein Fasten.

Als der große Lehrer Kalonymos von dem Unheil erfuhr und die Gefahr sah, in der sich Israel befand, machte er sich auf und ging zu dem Stadthauptmann. Er sprach zu ihm: Mein Herr, glaube es mir, daß auch mein Schmerz über das Furchtbare, das dich betroffen hat, groß ist. Allein du kannst auf die Hilfe unsres Gottes vertrauen und gewiß sein, daß ich den Täter entdecken werde und du an ihm Rache nehmen wirst. Der Herr wird ein Wunder vollbringen und mich auf die Spur des Ruchlosen lenken.

Und der Weise ging heim, wusch und reinigte seinen Leib
und wechselte seine Kleider. Danach begab er sich ins Bet=
haus, hüllte sich in den Gebetmantel und betete voll In=
brunst und mit Tränen. Er sprach: Herr der Welten, ver=
dirb dein Volk und dein Erbe nicht. Um deinetwillen sind
wir vielmal gemartert und gleich Schafen hingeschlachtet
worden. Und in dieser Weise fuhr er fort, den Herrn um
Erbarmen anzuflehen. Sodann bückte er sich abermals vor
der Lade, küßte die Schriftrolle und ging wieder zum Stadt=
hauptmann. Hier waren die Großen des Landes versam=
melt und beratschlagten darüber, wie sie mit den Judäern
verfahren sollten. Kalonymos verneigte sich vor den An=
wesenden und sagte: Reicht mir ein Blatt Papier. Als ihm
dieses gebracht wurde, schrieb er darauf den unverstellten
Namen Gottes und klebte den Zettel an die Stirn des ge=
töteten Kindes. Alsbald richtete sich der Knabe auf. Dann
sprach Kalonymos zu ihm im Beisein seines Vaters und
aller Dasitzenden: Mein Sohn, ich bitte dich, daß du alles
erzählst, was dir widerfahren ist, und sagest, wer dein
Mörder war. Da wies der Knabe auf drei Männer, die in
der ersten Reihe saßen, und erzählte den Hergang. Danach
sank er wieder tot hin.

324. DIE SCHAUBROTE

Du sollst auf den Tisch des Tempels allzeit Schaubrote le=
gen vor mir, so heißt es im Gesetze Moses.*
Ein Judäer, der in seiner Jugend in fremdem Lande gewalt=
sam einem fremden Glauben zugeführt worden war, kam
nach dem nördlichen Galiläa, kehrte hier zu dem Glauben
seiner Väter zurück und ließ sich nieder in der heiligen
Stadt Safed — möge sie in Bälde wiederaufgebaut werden.
Es war die Zeit, da der Seher und Wundertäter Isaak Luria

* 2. Buch Mose 25, 30

im Heiligen Lande wirkte und seine Jünger die neuen Lehren verkündeten. Am Sabbat ging der Fremdling ins Bethaus und hörte eine Predigt, die von dem Gesetz der Schaubrote handelte. Der Priester seufzte, als er der Sitte gedachte, und sprach mit Trauer: Nun ist es aber durch unsre Sünden gekommen, daß der Tempel zerstört und der Tisch uns genommen worden ist, auf dem die Brote für den Herrn allwöchentlich zugerichtet wurden.

Der Bekehrte nahm die Worte des Predigers gläubig hin und ging bewegt nach Hause. Er erzählte seiner Frau von dem, was er im Gotteshause gehört hatte, und befahl ihr, am Rüsttage zum Sabbat zwei feine Brote zu backen. Das Mehl dazu sollte sie dreizehnmal sieben, den Teig mit Sorgfalt rühren und im ganzen mit Reinheit und großer Umsicht zu Werke gehen, denn er wollte die Brote im Tempel darbringen; vielleicht werde der Herr an ihnen Gefallen finden. Das Weib tat in allem, wie ihr Eheherr geboten hatte. Und nun trug der fromme Mann die zwei Brote in den Tempel, legte sie in die Bundeslade, betete vor dem Herrn und flehte ihn an, die Speise gnädiglich hinzunehmen. Er sprach mit dem Allmächtigen wie ein Sohn mit seinem Vater.

Der Küster des Bethauses aber fand nachher das Backwerk liegen und nahm es nach Hause, ohne viel zu fragen, wo es her sei. Er aß das Brot und freute sich an ihm, wie sich der Bauer an der Ernte freut. Kurz vor Sabbatausgang kam der fromme Einfältige in den Tempel und fand die dargebrachten Brote nicht mehr. Er ward voll großer Freude, lief zurück in sein Haus und sprach zu seiner Gefährtin: Preis und Lob dem Herrn, gebenedeit sein Name, daß er eines Armen Gabe nicht verschmäht; siehe, er hat die Brote, da sie noch frisch waren, verspeist. Und er ermahnte das Weib, von nun an zu jedem Sabbat Schaubrote für die Lade zu bereiten. Er sprach: Wir haben nichts, was wir

Gott verehren könnten, nun sehen wir, daß ihm das Brot behagt; also ists unsre Pflicht, ihn auch weiterhin zu erfreuen. Und sie übten die Sitte mit großer Andacht Woche für Woche.

Da fügte es sich einmal, daß der Gesetzesmann, dessen Predigt den treuherzigen Fremdling bewogen hatte, das Opfer darzubringen, schon am Freitag im Bethause anwesend war, um die Ermahnungsrede, die er am Sabbat zu halten hatte, erst vor sich selbst herzusagen. Nun kam der Gläubige mit den zwei Broten, näherte sich der Bundeslade, legte sie hinein und begann mit innerer Freude und Hingebung sein gewohntes Gebet zu sprechen. Er merkte nicht, daß der Prediger zugegen war und alles mit ansah und anhörte. Diesen aber verdroß die Handlung des Fremden; er schrie ihn an und sagte: Tor! ist denn unser erhabener Gott ein Wesen, das Speise und Trank braucht? Gewißlich nimmt der Diener dieses Hauses die Brote weg und ißt sie, und du, Verirrter, glaubst und denkst, daß der Höchste sie verzehrt. Es gibt keinen größern Frevel als den, dem Herrn körperliche Eigenschaften anzudichten; er ist kein Leib und keinem Leibe gleich. So geißelte der Eiferer mit scharfen Worten den ahnungslosen Mann. Es währte nicht lange, und der Diener des Bethauses trat ein mit der Absicht, die Brote aus der Lade zu holen. Nun rief der Gesetzesmann ihm zu: Bekenne es laut: weswegen bist du jetzt hierhergekommen? Wer war es, der die Brote stahl, die dieser Mann jede Woche zu bringen pflegte? Da gestand der Küster die Wahrheit und gab zu, daß die Brote jedesmal von ihm verspeist worden waren.

Als dem Proselyten so plötzlich die Augen geöffnet wurden, fing er zu weinen und zu klagen an; er sagte, er habe die Worte der Predigt so hingenommen, wie sie gesprochen worden wären; er habe gedacht, den Herrn zu ehren, und nicht gewußt, daß er eine solche Sünde begehe.

Der Mann hatte noch nicht ausgeredet, als ein Bote vom Heiligen R. Isaak erschien und zu dem Prediger im Namen seines Meisters folgendes sprach: Geh heim und bestelle dein Haus, denn morgen bist du nicht mehr. Eine Stimme vom Himmel hat dieses verkündigt! Da erschrak der Gesetzesmann über das, was er vernommen hatte. Er eilte zu dem Seher, fiel vor ihm nieder und fragte: Worin hab ich gefehlt, und was ist mein Vergehen, daß ich nicht länger leben darf? Der Heilige erhob sich und sprach: Seit dem Tage, da der Tempel in Asche gelegt worden ist und auf dem Altar nicht mehr geopfert wird, hatte der Herr keine Freude erfahren. Nun kam dieser Fremdling hierher und brachte ihm in der Einfalt seines Herzens Schaubrote dar; der süße Geruch kam vor Jahve. Du aber hast diesen Dienst zunichte gemacht, und so ist im Himmel der Tod über dich verhängt worden; dir ist keine Rettung.
Der Prediger kehrte heim und traf seine letzten Bestimmungen. Am Sabbat, zur Stunde, da er mit der Predigt hätte anfangen sollen, verschied er in das Haus der Ewigkeit, wie es der Gottesmann vorausgesagt hatte.

325. DIE TRAUMREISE

Zur Zeit des R. Isaak Luria lebte in einem Lande ein König, der die unter seinem Schutz stehenden Judäer hart bedrängte. Eines Tages fiel ihm ein, von ihnen eine hohe Summe zu verlangen, und diese sollte in einer kurzen Frist beschafft werden. Wenn dies nicht erfolgte, sollten sie allesamt des Landes verwiesen werden. Über den Erlaß ward eine Urkunde ausgestellt und mit dem Ringe des Königs besiegelt. Nach allen Provinzen des Reiches wurden Abschriften davon geschickt. Die Judäer des Landes fasteten und trauerten und beteten heiß zu Gott; sie zogen Säcke an und streuten Asche auf ihr Haupt. Da kam ihnen eine

Eingebung, sich in ihrer Not an den Seher R. Isaak Luria zu wenden. Sie wählten zwei Männer und schickten sie zu dem Weisen.
Die Abgesandten stachen bei gutem Winde in See und fuhren nach Safed. Am Rüsttag zum Sabbat kamen sie in der Stadt an und begaben sich sofort zu dem Lehrer. Dieser saß da, in weiße Gewänder gehüllt, und war von Jüngern umgeben; sein Antlitz leuchtete gleich der Himmelsfeste, und er sah einem Engel Gottes gleich.
Die Angekommenen traten in scheuer Furcht zurück, als sie den Heiligen gewahrten. Er aber sprach: Was führt euch zu mir? Sie antworteten: Unser Herr und Meister lebe ewig! Wir kommen, deine Heiligkeit zu bitten, daß du für uns betest, damit wir nicht sterben. Und sie erzählten von der Not, die ihren Stammesgenossen drohte. Der Seher antwortete: Es ziemt sich nicht, am Sabbat trübseligen Gedanken nachzugehen. Bleibt bei mir bis zum Ausgang des heiligen Tages; ihr sollt dann Gottes Hilfe erfahren. Fürchtet euch nicht und seid nicht bekümmert. Und er sprach ihnen Trost zu, und ihr Geist lebte auf.
Am Abend, als der Segen über den scheidenden Sabbat und den herannahenden Werkeltag verrichtet worden war, sprach der Rabbi zu seinen Jüngern und zu den Gästen: Ein jeder von euch nehme einen langen Strick und komme mit mir. Und sie gingen auf das Feld hinaus und kamen an einen tiefen Graben. Hier befahl ihnen der Seher Halt zu machen und die Stricke, die sie bei sich hatten, auszuwerfen. Das taten die Schüler. Danach befahl er ihnen, an den Seilen zu ziehen. Sie wunderten sich, daß dieses Anstrengung kostete, und fühlten, daß an den Stricken ein schwerer Gegenstand hing. Als sie diesen in die Höhe gezogen, sahen sie, daß sie eine herrliche Sänfte heraufbefördert hatten; darin aber schlummerte ein König. Ein Staunen ging durch die, die um den Graben standen. Der Hei=

lige aber näherte sich dem Schlafenden, rüttelte ihn auf und rief: Bist du der hartherzige Herrscher, der den Ebräern seines Landes so Schweres auferlegt hat? Der jäh Aufgeschreckte bekannte, daß er es war. Hierauf nahm der Seher einen Eimer ohne Boden und sprach zu dem Herrscher: Schöpfe damit diesen Brunnen bis zum Morgengrauen aus. Da schrie der König laut und sprach: Und wenn ich tausend Jahre lebte, mit diesem Eimer kann ich den Brunnen nicht ausschöpfen. Da sagte R. Isaak: Das dünkt dich unausführbar. Wie soll aber ein armer Stamm das Geld, das du haben willst, herbeischaffen? Der König erwiderte: Ich will die Verfügung zurücknehmen, schone nur meines Lebens. R. Isaak sprach: Du mußt das Versprechen mit deinem Ring besiegeln.

Des andern Morgens erwachte der König von seinem Schlaf und hielt das Erlebte für einen Traum, denn er fand sich in seiner gewohnten Umgebung. Er sprach bei sich: Träume sind Trugbilder. Und er dachte nicht mehr an das nächtliche Geschehnis. Als der Tag kam, an dem die Judäer die hohe Summe zahlen sollten, erschienen die zwei Abgesandten und überbrachten dem König das neue Schriftstück. Der Herrscher erkannte sein Siegel und sagte: Ihr seid im Rechte! Er gab ihnen Geschenke und entließ sie in Frieden.

326. DER SCHWARZE HUND

Zur Zeit des Meisters R. Isaak Luria lebte in einer Stadt ein frommer Mann mit Namen Abraham. Der war reich und wohltätig und hielt seine Hand den Armen offen; seine Frau aber unterhielt einen Handel. In der Nachbarschaft des Frommen wohnte ein Judäer, und dieser kam oft in den Laden der Frau. Plötzlich aber erkrankte dieser Nachbar und fiel auf sein Lager nieder, und kein Arzt konnte ihm helfen; er starb unter schweren Qualen.

Einige Jahre darauf tauchte in der Gegend ein schwarzer, häßlicher Hund auf, und der umkreiste immer das Haus des frommen Mannes. Die Menschen fürchteten sich vor ihm, denn er sah aus wie ein Dämon. Man trieb ihn mit Stöcken davon, er aber kehrte immer wieder an denselben Platz zurück. Jeden Morgen, wenn R. Abraham seine Wohnung verließ, um nach der Bethalle zu gehen, fand er den Hund vor der Tür des Hauses stehen. Der Fromme jagte ihn fort und riegelte die Tür gut zu; der Hund ließ sich aber nicht vertreiben.

Da geschah es eines Tages, daß R. Abraham vergaß, die Tür zuzuschließen. Alsbald stieß der Hund die Pforte ein und drang in das Haus; er lief von Raum zu Raum, bis er in das Gemach kam, in dem die Frau des Frommen in ihrem Bette lag und schlief. Der Hund sprang auf das Lager, biß die Frau und verwundete sie arg. Dann lief er davon, und man sah ihn nicht mehr. Die Frau aber schrie so furchtbar, daß man ihre Stimme im Hause des Meisters R. Isaak hörte. Auch ihr Mann lief zu dem Lehrer und bat ihn, ihm den Fall zu erklären. Da sprach R. Isaak: Dein Weib hatte deinen Nachbarn, der vor Jahren gestorben ist, überredet und durch Gaben bewogen, bei ihr zu schlafen; nun ist seine Seele in den schwarzen Hund gefahren, und der hat an ihr heute Rache genommen für ihr Vergehen an ihm.

Hierauf wurde die Frau beschworen, die Wahrheit auszusagen, und sie bekannte ihre Schuld.

327. DER TANZENDE FINGER

Zur Zeit des Meisters R. Isaak Luria trug sich in der Stadt Safed im Heiligen Lande folgender Vorfall zu. Einige Jünglinge waren auf das Feld spazieren gegangen. Als sie für eine Weile Rast machten, sahen sie plötzlich einen Finger aus der Erde kommen und sich vorwärts bewegen. Da rief einer von den Knaben aus Mutwillen: Wer legt seinen Ring diesem Finger an, wie es bei einer Vermählung Brauch ist? Sogleich erbot sich einer von ihnen dazu; er tat seinen Ring an den hüpfenden Finger und sprach dazu die Formel, die man bei der Trauung sagt. Alsbald verschwand der Finger mitsamt dem Ringe. Da erschauerten die Jünglinge und kehrten verstört in die Stadt zurück.

Es verging einige Zeit, und das Geschehnis ward vergessen. Der Jüngling, der sich so kühn gezeigt hatte, verlobte sich mit einem Mädchen. Als der Hochzeittag kam, versammelte sich die Gemeinde, um vor den Brautleuten die sieben Segenssprüche herzusagen. Da hörte man auf einmal eine Frauenstimme jammern und sprechen: Was hat der Bräutigam für einen Makel an mir gefunden, daß er eine andre ehelichen will, wo er doch mir die Ehe versprochen hat? Ruft Richter herbei, und laßt mir mein Recht werden; wo nicht, so töte ich Bräutigam und Braut. Sehet, der Ring ist an meiner Hand. Und das fremde Weib zeigte den Anwesenden den Reif; die aber erkannten ihn als den Ring des Bräutigams, denn sein Name war darauf eingeritzt. Da führte der Vater der Braut eilends seine Tochter hinweg und ging mit ihr nach Hause, und so wurde der Freudentag zu einem Trauertag.

Die Sache kam vor den Meister R. Isaak Luria, und der ließ den Jüngling rufen und sprach zu ihm: Bist du willens, die Geisterfrau zu ehelichen, so tu es; fürchtest du dich aber vor ihr, so will ich dich von ihr erretten. Der Jüngling erwiderte: Wer ist denn so töricht, eine Teufelin zum Weibe zu begehren? Doch was soll ich tun gegen mein böses Geschick? Hätte ich doch an jenem Tage ein Bein gebrochen und wäre nicht aus dem Hause gegangen! Da rief der Rabbi seinen Diener und befahl ihm, die Geisterfrau zu holen. Der Bote suchte überall nach der Teufelin, konnte sie aber nicht finden. Der Rabbi sprach: Sie ist im Hause des Jünglings geblieben, allein aus Furcht vor mir hält sie sich verborgen. Geh noch einmal hin, stelle dich vor die Leiter, die auf das Dach führt, und rufe: Ich bin von meinem Meister zu dir gesandt; kommst du mit, so ist es gut; wo nicht, so wird er dich und deine Sippe in Bann legen. Der Diener ging an den bezeichneten Ort und sprach die Worte, die ihm der Rabbi gesagt hatte. Da stieg die Dämonin von dem Dache und folgte dem Boten. Der Rabbi sprach zu der Geisterfrau: Was hast du an diesem Jüngling gefunden, daß du dich gerade ihm vermählen möchtest? Wähle dir doch zum Manne einen Geist, wie du selber einer bist! Das Weib antwortete: Also das ist dein Richtspruch? Wo sich mir einer schon verlobt hat, soll ich einen andern heiraten? Der Meister erwiderte: Dein Verlöbnis mit dem Jüngling ist nichtig, denn er hat dein Angesicht nie geschaut und konnte nicht wissen, daß du eine Teufelin bist; allein zum Scherz hat er den Ring an deinen Finger gesteckt. Aber auch darauf wußte die Geisterfrau ihm eine Antwort zu geben. Da schrie der Meister sie an und sprach: Wiewohl es das Recht nicht erfordert, will ich den Jüngling dennoch bitten, daß er dir einen Scheidebrief gebe; willst du ihn aber nicht annehmen, so verbanne ich dich mit allem, was dein ist. Und er rief den Schreiber herbei und ließ die Scheidungsurkunde ausstellen. Die Teufelin mußte das Schriftstück in Empfang nehmen; der Meister bannte sie noch, so daß sie dem Bräutigam und der Braut nichts zuleide tun konnte.

328. RABBI JOSEPH BAGILAR

Der Gerechte R. Joseph Bagilar unterhielt in der Stadt Safed ein Lehrhaus, das R. Isaak Luria gegründet hatte. Auch forschte dieser Mann viel in den Geheimnissen der Kabbala. Da ward er von der Krankheit befallen, an der er sterben sollte. Schriftgelehrte aus Ägypten kamen herauf, um ihn zu besuchen, und er sprach zu ihnen: Ich werde zu meinem Volke versammelt am Freitag, dem soundsovielten des Monats. Danach bat er den Obmann des Friedhofs zu sich und besprach mit ihm das Nötige. Als der Tag kam, ließ er der Wache sagen, sie solle hinaufziehen und ein Grab schaufeln, solange noch die Sonne schiene; denn der Gerechte wollte wohlvorbereitet am Rüsttag zum Sabbat vor das Antlitz seines himmlischen Vaters treten. Und die Wache tat nach seinem Befehl.

Als die Mittagsstunde vorbei war, wurde der Friedhofsdiener zu dem Gerechten entsandt, um sich nach seinem Wohl zu erkundigen. Der kam und blieb vor der Tür des Hauses stehen. R. Joseph fragte, ob die Gruft fertig sei, und der Diener bejahte die Frage. Da sprach der Gerechte: Ich gehe jetzt heim; tretet alle herbei, daß ich euch segne. Und er gab jedem seiner Hausgenossen den Segen. Danach tat er seine Füße zusammen auf das Bette und nahm ab und starb und ward zu seinem Volke versammelt, alt und des Lebens satt. Seine Seele möge im Strauße der Lebendigen blühen!

329. NAPHTALI DER PRIESTER

Der berühmte Lehrer Naphtali der Priester zog, da er alt ward, nach dem Heiligen Lande. Als er die Hauptstadt des Türkenlandes erreicht hatte, fiel er auf das Schmerzenslager und sagte, daß er nun sterben würde; er nannte auch genau den Tag und die Stunde, an der sein Tod erfolgen würde. Allen, die sein Lager umstanden – und es waren ihrer an zweitausend Menschen –, sagte er, wessen Seele in ihnen wohnte und wann sie verscheiden würden. Danach bestimmte er, wer mit seinem Begräbnis betraut werden sollte; die Ehre sollte nur denen zuteil werden, die

vom Geist des Lehrers empfangen hatten. Diese bat er auch, bei ihm zu bleiben; alle andern mußten den Raum verlassen. Da er noch redete, erschien der Todesengel, in ein prächtiges Gewand gehüllt. Da sprach der Kranke folgende Worte zu ihm: Glaubst du, daß ich dich nicht erkannt habe? Als ich dir unterwegs begegnete, saßest du als Bettler da, und nun erscheinst du als Mächtiger vor mir. Heb dich hinweg, Bösewicht, du hast hier nichts zu schaffen, ich bedarf deiner nicht. Und er redete hart mit dem Boten des Todes und schlug mit Kraft um sich. Die Männer aber, die zugegen waren, erfaßte Grausen und Zittern. Nun befahl der Lehrer allen hinauszugehen; nur der Thoraschreiber und der Küster des Bethauses, ein hundertzehnjähriger Greis, durften dableiben. Der Fromme bat den Schreiber, die Fenster und die Tür des Zimmers mit heiligen Namen zu zeichnen. Als dies geschehen war, sprach er: Nun schaut, was werden wird; mögt ihr euer Lebtag daran denken. Und er rief: Willkommen, mein Vater! Willkommen, meines Vaters Vater! Und er begrüßte in dieser Weise viele ehrwürdige Männer, und auch Engeln bot er den Willkommsgruß. Da er noch redete, hörte man plötzlich ein Brausewetter tosen, und Flammen züngelten an der Lagerstatt empor. Dies währte eine volle Stunde.
Der Küster und der Schreiber wagten nicht, ihre Blicke zu erheben, so hatte die Angst ihre Glieder gelähmt. Der Lehrer aber sprach: Wißt, daß mein Leib die Seele Hiskias, des Königs von Juda, barg; ihr, die ihr mich zu Grabe tragen werdet, habt gleichfalls einen Funken von meiner Seele. Euch befehle ich nun, nach meinem Tode meinen Sarg nach Hebron zu tragen und meine Gebeine neben Hiskia beizusetzen. Die Männer schrieben dies nieder. Darauf bat der Lehrer sie, sich für einige Augenblicke zu entfernen, und als sie zurückkehrten, fanden sie ihn tot.
Alles aber, was er vorausgesagt hatte, traf ein.

330. DIE LEGENDE VOM PROPHETENKNABEN

Zu Anfang des fünften Jahrhunderts nach der Zerstörung des Tempels lebte im Heiligen Lande ein Mann von ausgezeichneter Frömmigkeit und Weisheit mit Namen R. Pinehas. Diesem Frommen ward die Gabe zuteil, durch das Aussprechen des unverstellten Namens Gottes Wunder zu wirken. Er beging aber nie die Sünde, diese Gabe zu mißbrauchen. Viele Male regte sich in ihm der Wunsch, nach dem Lande Edom zu gehen und kraft des heiligen Namens die gottlose Herrschaft zu stürzen. Er tat indessen jedesmal Einkehr und sprach bei sich: Sollte ich, ein Wurm und geringes Geschöpf, dem Könige der Welt vorgreifen, der doch dereinst selber der Finsternis ein Ende machen wird? Wenn die Zeit erfüllt ist, wird der Herr das hohe Heer heimsuchen, das in der Höhe ist, wie es der Prophet verheißen hat. Bei solchen Gedanken ward Pinehas' Sinn ruhig; er weinte für sich und sprach: Was der Herr im Himmel und auf Erden zu tun geruht, das tue er.

Die Ehegefährtin des Frommen hieß Rahel und war ein Weib, schön von Gestalt und gottesfürchtig von Herzen. Allein Leibesfrucht blieb ihr versagt. Sie ging die weisen Frauen um Rat an und tat alles, was die ihr befahlen, es half aber nicht. Sie klagte ihr Leid dem Herrn und rief: Die Erzmutter Rahel weint um das Los ihrer Kinder, ich weine vor dir um das Los meiner Seele. Jeden Morgen, nachdem sie ihr Angesicht gewaschen und, frommer Sitte gemäß, ihr Haupt mit einem Tuch umbunden hatte, vergoß sie Tränen ihres Elends wegen. Wenn ihr Eheherr abends aus dem Bethause kam, wusch sie seine Füße und aß mit ihm Brot; tagsüber hatte sie sich jeglicher Speise enthalten. Der heilige R. Pinehas aber sah ihr Antlitz nicht an; auch hatte er nie mit ihr gescherzt.

Da begab es sich in einer Nacht, daß Rahel dem Herrn ihr

Flehen darbrachte und rief: Herr der Welten! Du bist der
lebendige Gott, und dein Name ist lebendig. Ich weiß mich
rein von Sünde, und sollte ich gefehlt haben, mein Ehe=
mann ist keiner Missetat schuldig. Und sollten wir auch
beide Sünder sein, so gedenke dessen, was du von dir ge=
sprochen hast: ›Ich bin ein Gott, der Tausenden Gnade be=
wahrt.‹ Und das Weib fiel auf ihr Angesicht und sprach:
Tu es deines Namens wegen, deiner Treue, deiner Gött=
lichkeit und deiner Größe wegen und erhöre das Gebet dei=
ner Magd. Und die Gemahlin R. Pinehas' weinte und
seufzte; sie wähnte von ihrem Manne, daß er schlafe. Der
Fromme aber hatte ihr Jammern gehört. Er erhob sich von
seinem Lager und sprach: Herr, du Gott Israels, neige dein
Ohr der Stimme deiner Magd Rahel. Wie nun das Weib
dieses Gebet ihres Mannes vernahm, fiel sie vor ihm zur
Erde nieder, umfaßte seine Füße und rief: Ich beschwöre
dich bei dem heiligen Namen, den auszusprechen dir ge=
geben ist, bete zu Gott, daß er uns einen Sohn schenke. In
dieser Stunde stellte sich R. Pinehas zitternd und schweiß=
bedeckt zu einem Gebete hin, und der Allmächtige ließ
sich erbitten. Sein Weib Rahel wurde schwanger.
Sechs Monate verblieb das Kind im Leibe seiner Mutter.
Am ersten Tage des siebenten Monats, welcher der fünfte
Tag der laufenden Woche war, eine Stunde nach Sonnen=
aufgang, als der Himmel im Zeichen des Planeten Jupiter
und des Sternbildes der Waage stand, kam das Weib Pine=
has' mit einem Knaben nieder. Die Geburt fiel auf den
Neujahrstag des Jahres fünfhundertundzwanzig nach der
Brandlegung des Tempels, und dem Kinde wurde der Name
Nachman gegeben.
Kaum aber war der Knabe dem Schoße Rahels entspros=
sen, als er sich aufrichtete, alsdann vor seiner Mutter nie=
derfiel und die Worte sprach: Über der Himmelsfeste, die
Ihr seht, wölben sich noch neunhundertfünfundfünfzig

Himmel. Hoch darüber ist der Raum, wo die vier heiligen Tiere, die den Thron Gottes stützen, sich befinden. Über dem Stuhle der Herrlichkeit ist alles eitel Feuer, und auch die Diener des Herrn sind Flamme für und für.

Da der Vater des Neugeborenen seinen Sohn so sprechen hörte, schrie er ihn an und gebot ihm Schweigen. Also ward der Knabe stumm und sollte es zwölf Jahre lang bleiben. Seine Mutter wehklagte und sprach: Ein Sohn ist mir geboren worden. Ach, daß ich nie eines Knäbleins genesen wäre!

Der Knabe Nachman aber war sehr schön. Eines Tages, als R. Pinehas aus dem Lehrhause kam, wusch Rahel seine Füße, wie es ihre Gepflogenheit war. Danach holte sie das Kind und setzte es auf ihren Schoß; bald aber fiel sie vor ihrem Eheherrn nieder, umklammerte seine Knie und weinte und sprach, seine Fußsohlen küssend: Ich flehe dich an, gib dem Knaben die Sprache wieder, oder er möge sterben. Da blickte R. Pinehas zum ersten Male in das Angesicht seines Sohnes und sah, daß er überaus schön war; er beugte sich über ihn und küßte ihn dreimal. Als Rahel das sah, ward ihr Sinn ruhiger. R. Pinehas aber sprach zu ihr: Steh auf, du sollst mit deinem Antlitz nicht die Erde berühren. Rahel hatte ihrem Eheherrn niemals widersprochen und seinem Befehl nicht zuwidergehandelt. Aber auch Pinehas kränkte nie sein Weib. Also erhob sie sich von der Erde, und R. Pinehas sprach: Was ist dein Wunsch, daß mit dem Knaben geschehe? Die Frau erwiderte: Es geschehe mit ihm, was der Wille unseres Herrn ist.

Der Fromme sagte darauf: Ich weiß, du willst, daß ich des Knaben Zunge löse. Das Weib antwortete: Jawohl, mein Herr. Und sie fiel abermals ihm zu Füßen und flehte ihn an. Da sprach R. Pinehas: Wehe dem Kinde! So viel Weisheit wohnt ihm inne, und ihm ist kein langes Leben beschieden. Seiner Mutter Begehren ist, daß ihm die Sprache wiedergegeben werde, ich aber weiß, daß der Knabe Worte sprechen wird, die die Menschen erschauern machen werden. Rahel sagte: Mein Herr, so stelle es an, daß er seine Weissagungen nur verhüllt spreche. Da drückte R. Pinehas seine Lippen auf die Lippen Nachmans und hieß und beschwor ihn, daß er nimmer offen verkünde, was ihm sein Prophetengeist eingebe, und daß er nur dunkle und rätselvolle Rede führe, die kein Sterblicher vor ihrer Erfüllung zu deuten vermöchte. Darauf sprach R. Pinehas zu seinem Sohne: Dir ist nunmehr zu reden verstattet.

Da öffnete der Knabe seinen Mund und begann über den Jüngsten Tag zu weissagen. Diese Prophezeiungen, von denen jeder Vers mit einem anderen Buchstaben des Alphabets anhebt, zerfallen in fünf Abschnitte und sind in einem aramäischen Buche niedergelegt worden. – Als Nachman zu sprechen aufhörte, rief R. Pinehas: Sei mutig und stark! Nachman sagte: Euer beider Tage werden lang sein auf Erden, ich aber bin euer erstgeborener und jüngster Sohn; mein Vater und meine Mutter werden mich zu Grabe tragen.

Da er nun ausgeredet hatte, weinten seine Eltern, und ihre Trauer war groß. Es währte nicht lange, da verschied der Knabe und fuhr in die Ewigkeit.

Dies ist die Geschichte des Prophetenknaben Nachman Ketopha aus dem Dorfe Baream. Die Sage erzählt, daß mit ihm in der Gruft noch vierzig Gerechte schlummern.

NACHWORT

DER VERFASSER UND SEIN WERK

LEBENSLAUF (1865–1921)

Micha Josef bin Gorion, mit seinem ursprünglichen Namen Berdyczewski, im Abendland vor allem als Sammler und Herausgeber der jüdischen Volkserzählungen – insbesondere eben durch den ›Born Judas‹ – bekannt, war einer der Initiatoren der neuen hebräischen Literatur: als *Erzähler* ein Gestalter eigener Prägung, der Lebensläufe und -merkmale der zwei letzten Generationen im jüdischen Städtchen des Ostens aus lebendiger Erinnerung beschworen hat; als *Denker* und kämpferischer Geist zeitlebens um die unbetrogene Erkenntnis von Tradition, Kultur und Wesen seines Stammes bemüht und als solcher einsam, verschlossen, auch verkannt; als politischer und sozialer *Kritiker* wiederum von umwälzendem Einfluß auf eine, im nationalen wie im religiösen Sinne revolutionäre jüdische Jugend, die in seinen Tagen die Fundamente zu der heute errungenen Unabhängigkeit Israels legen sollte; zugleich, viele Jahre lang, als selbstloser *Gelehrter*, der Erschließung des bis auf seine Tage fast verschütteten altjüdischen Volksgutes hingegeben, und, nicht zuletzt, ein unabhängiger *Quellenforscher*, dessen wissenschaftliche Arbeiten, die Fragment geblieben sind, auf wesentliche Fragen der Frühgeschichte des Judentums und des Christentums eine, von angenommenen Lehrmeinungen abweichende Antwort aufzufinden wie zu begründen suchen.

Von den sechsundfünfzig Jahren seines für sein Werk viel zu kurzen Lebens waren nur knappe zwanzig der schöpfe=

rischen Reife vorbehalten, in denen er sein vielgestaltiges Lebenswerk entworfen hat, aus dessen Mitte er herausgerissen wurde; der Werdegang – recht eigentlich ein Werde-Kampf – war langwierig und schmerzhaft. Er stammte aus einer Familie von Rabbinern – das Amt, Beruf und Berufung, war in den dreizehn Generationen vor ihm, die belegt sind, erblich gewesen; er der eine, der die Kette durchbrach. Seine Geburtsstadt, Miedzyborz im Ukrainischen, ist mit der Geschichte des Chassidismus, der letzten volkstümlich-mystischen Bewegung im Diaspora-Judentum, verbunden; herangewachsen ist er in dem kleinen Städtchen Dubowa, wo der Vater über fünfzig Jahre als Ortsrabbiner gewirkt hat. Aus dieser Umgebung, die im Grunde ländlich war, trotz des kleinstädtischen Rahmens, und charakteristisch für die zur Ukraine gehörige engere Landschaft Podolien, die er in seinen Erzählungen immer wieder geschildert hat, kam er, auf der Suche nach Bildung, den Jahren nach noch ein Jüngling (aber bereits ein geschiedener Mann, hinter sich die Trennung von einem ihm im Knabenalter anverlobten unschuldigen Wesen, dessen strenggläubiger Vater den bereits damals als Ketzer verschrienen Eidam buchstäblich verstoßen hatte), auf die Talmudhochschule zu Woloshin in Litauen, wo er den Grund zu seinem enzyklopädischen Wissen des Judentums legte und zugleich den Anschluß an die weltliche hebräische Kultur gewann, die eben auf jener Hochburg des Rabbinismus im geheimen gepflegt und weitergegeben wurde. In die unmittelbare Zeit danach – in welcher er, bald ein gesuchter Mitarbeiter fast aller hebräischen Periodika jener noch ganz um den Sinn der jüdischen Wiedergeburt ringenden Epoche der sogenannten ›Aufklärungszeit‹ seinen Autorenruhm begründete, noch bevor er sein Lebensziel kannte – fällt noch eine zweite, gleichfalls kurzfristige und im Grunde als Frühehe zu bezeichnende Verbindung, die bald, diesmal auf seinen Antrieb hin, gelöst werden mußte. Nun war er ganz auf sich selbst gestellt, mit der Familie zerfallen, der Umgebung entfremdet, in steigendem Maße skeptisch auch gegenüber der aktuellen Bedeutung überkommener väterlicher Werte, die es zu erkennen galt, bevor man sich ihrer bedienen durfte. Aus alledem gab es nur einen Ausweg: zu lernen. Mit fünfundzwanzig Jahren verließ er, im Jahre 1890, sein Geburtsland (in Odessa, seiner letzten Station – damals ein Zentrum der neuhebräischen Literatur –, hat er die ersten systematischen Versuche unternommen, sich, als Autodidakt, abendländische Bildung anzueignen) und ging nach Breslau, wo er, obwohl ohne die geforderte Vorbildung, bald an der Universität eingeschrieben wurde. Fünf Jahre lang studierte er, in der Hauptsache Philosophie, nach Breslau in Berlin und später in Bern, wo er im Jahre 1896 mit der Dissertation ›Über den Zusammenhang zwischen Ethik und Ästhetik‹ promovierte. Die Studienjahre, in denen der dem Studienalter Entwachsene sich zu dem quasi ererbten Wissen ein zweites, weltliches, erkämpfte, waren Jahre bitterster Entbehrungen, deren Druck übrigens zeitlebens auf ihm gelastet hat. Seine Studienkameraden, durchweg jünger als er, waren einerseits zionistisch orientierte und am hebräischen Schrifttum lebendig Interessierte, die aber nach Amt und Würden strebten (und zum Teil später die Rabbinatslaufbahn eingeschlagen haben oder auch als Lehrer an jüdische Hochschulen berufen worden sind), wie auch der deutschen Literatur Zugewandte, aus denen sich später der Kreis der sogenannten ›Freien Bühne‹ bildete, und aus jener Zeit datiert die lebenslange Freundschaft, die ihn mit Moritz Heimann verbunden hat. Er kehrte 1896 aus der Schweiz nach Berlin zurück und setzte, unverändert mit der schwersten materiellen Not kämpfend, auch jenseits der Universität ein vielseitiges privates Studium fort, das ihn, in den

Jahren bis zur Jahrhundertwende, einerseits zu einer Systematisierung seines ungeheuren rabbinischen Wissens führte, andrerseits ihn, durch das Medium der deutschen Sprache, klassisches und modernes Denken in allen seinen Verwandlungen sich erarbeiten ließ; damals auch erwarb er sich eine souveräne und eigenartige Vertrautheit mit der deutschen Literatur, die ihn später befähigte, auch im zeitgenössischen Gewande Bleibendes – als solches unbeachtet Gebliebenes – zu erspüren (ein Beispiel, aus dem Anfang des Jahrhunderts, die von Paul Goehre herausgegebenen Lebenserinnerungen des Arbeiters Carl Fischer, in dem er den seiner Überzeugung nach größten Prosaiker deutscher Zunge verehrte). – In jene Periode, die ungefähr mit dem Jahre 1899 abschließt, gewann sein schriftstellerisches Wirken sein Gesicht; die ersten Skizzen und Erzählungen, zum Teil dem Ghetto-Milieu gewidmet, aus dem er stammte, zum Teil auch dem Schicksal einer Generation junger Menschen, die, wie er, unter Schmerzen sich loslösten von dem Vätererbe und um eine neue Lösung der Judenfrage rangen, erschienen erst zerstreut und bald gesammelt; die Aufsätze, in Form und Gehalt mehr Fragmenten ähnlich, in denen ein leidenschaftlich Fragender jedem für ›Gewiß‹ Angenommenen sein ›Vielleicht auch nicht‹ entgegenstellte, in kleinen Heften zu Zyklen geordnet, ergingen wie Aufrufe an die hebräische Jugend und wurden begeistert aufgenommen und nicht minder begeistert befehdet. Die Individualität des Autors hatte sich ausgesprochen; die künstlerische Form, die er finden sollte, deutete sich erst an. Sein eigenes Ringen um Erkenntnis, die geistige Not des Schöpferischen und die nationale eines Hebräers von Geburt, in welchem der tausendjährige Schmerz nie zur Ruhe kommen sollte, formten an ihm unaufhörlich; aber auch, da er sein Lebensziel ahnen mochte, war er noch weit entfernt von jeder Erfüllung.

Die Wende trat ein mit seiner Ehe. Im Jahre 1899 lernte er in Berlin die damals zwanzigjährige Studentin Rahel Ramberg kennen, die von ihrem Vater, einem hebräischen Verleger in Warschau, an den berühmten Schriftsteller empfohlen war und sein Leben teilen und – sie hat ihn um vierunddreißig Jahre überlebt – weiterleben sollte. Sie heirateten im Jahre 1902 und ließen sich in Breslau nieder. Die Frau, Zahnärztin von Beruf, ernährte beide knapp genug von einer kümmerlichen Praxis in dem Armenviertel, in dem sie wohnten; doch vermochte er, eben mit ihrer Hilfe, sich die ganzen zehn Breslauer Jahre ausschließlich seiner Arbeit zu widmen. Beiden kam dabei zugute – was im Leben freilich manchmal bitter genug war –, daß sie in dieser Stadt (die mit ihrer halben Million Einwohnern eine ausgesprochene Provinzstadt war) buchstäblich nicht einen einzigen Freund, vielleicht einen oder zwei Bekannte, hatten; die Einsamkeit, die für die Arbeit unabdingbare, war also freilich aufgezwungen, aber nicht minder segensreich als die selbstgewählte. Mit der Außenwelt, diesseits und jenseits der Grenzen (die hebräische Literatur war damals fast ausschließlich in den westlichen Randprovinzen des zaristischen Reiches konzentriert) stand er durch einen umfangreichen Briefwechsel in Verbindung; seine Lektüre bestand, in steigendem Maße, aus Textbüchern und Handschriften, die er sich vielfach auch aus entfernten Bibliotheken übersenden ließ und aus denen er viele Tausende von Zeugnissen und Belegen exzerpierte. Der Erzähler in ihm kam damals, mit der zunehmenden Distanz zu seiner früheren Lebensstufe, zur Reife, ebenso der Publizist und gar der Theoretiker des Judentums, der, indem ihm versagt war, aus der Ferne auf die Geschehnisse innerhalb seiner Gemeinschaft aktiven Einfluß zu nehmen, allen Streit und Widerstreit, den der Tag mit sich brachte, für eine vom Tage unabhängige, innerliche Betrachtung fruchtbar machte.

In seiner Breslauer Zeit kam auch der Forscher in ihm zum Durchbruch, er erkannte im Sammeln und Ordnen der Mythen und Mären seines Stammes eine Lebensaufgabe, nachdem sein Suchen nach Kern und Wesen der ältesten jüdisch-israelitischen Tradition ihn, über das rabbinische Schrifttum aller Kategorien, bis zu den Ursprüngen der jüdischen Antike geführt hatte. So entstanden, zunächst im Manuskript, die Fundamente eines weitschichtigen bibelwissenschaftlichen Werkes und eines, von Tag zu Tag sich vervollständigenden Legenden-Archivs. Der Gelehrte und Künstler in ihm vereinigten sich noch in einer besonderen Arbeit, die das literarische Werk Micha Josef bin Gorions in hebräischer Sprache krönt: einer Wiedererzählung volkstümlicher jüdischer Geschichten, treu dem Geist der anonymen Quellen, aber in der eigenen Prägung des mit Namen genannten Autors.
Im Jahre 1911 übersiedelte er mit der Familie nach Berlin und ließ sich in Friedenau nieder. Noch einmal waren ihm zehn Jahre des Schaffens und Verwirklichens vergönnt. Seine Frau gab die Praxis auf, widmete sich ebenfalls ganz seinem Werke und wurde, indem ihre besondere Gabe als Übersetzerin zutage trat, seine Dolmetscherin oder, wie Heimann es gefaßt hat, ›sein Mund‹. Von 1912 an erschienen, in ihrer Verdeutschung, in mehreren Bänden ›Die Sagen der Juden‹, ein Standardwerk im Editorischen, in welchem speziell die dem ersten Buche Moses parallel laufenden außerbiblischen jüdischen Mythen und Auslegungen zum ersten Male vor Laien und Gelehrten ausgebreitet wurden; es folgte, von 1916 an, der volkstümlichere ›Born Judas‹, die Sammlung der nachbiblischen und nachtalmudischen jüdischen Volksmärchen und -erzählungen. Eine dritte große Sammlung – ›1001 Geschichten aus dem Talmud‹ – kam nicht mehr zur Ausführung; einige kleinere (›Messias-Legenden‹ und ›Die zehn Märtyrer‹) sind post=

hum erschienen. In die letzten Berliner Jahre fallen auch seine Entdeckungen auf dem Gebiet der Urgeschichte des Christentums, die noch jahrzehntelang Manuskript bleiben sollten. Nach einer langen Pause kehrte er 1918 zur hebräischen Literatur zurück, und es gelang ihm, mit der fördernden Hilfe eines Mäzens, der seinem Werk in Treuen verbunden war, A. J. Stybel, zunächst sein literarisches Oeuvre abzuschließen und eine Gesamtausgabe letzter Hand vorzubereiten. Zwei Jahre vor seinem Tode erreichte ihn die Unglücksbotschaft von den Pogromen der Bürgerkriegszeit in der Ukraine, der die gesamte Bevölkerung des Städtchens Dubowa, in dem er herangewachsen war, mit seinem greisen Vater, dem fünfundsiebzigjährigen Rabbi Mose Aaron Berdyczewski, zum Opfer gefallen waren, – und zermalmte ihn. Seine Kraft war schon vorher von Arbeit und Entbehrungen aufgezehrt gewesen, und den Schlag überlebte er nicht. Er starb am 18. November 1921 und ist auf dem Friedhofe zu Berlin-Weißensee begraben.
Die von ihm vorbereitete erste Gesamtausgabe seiner hebräischen Schriften wurde in Leipzig gedruckt und erschien in den Jahren 1921–25 in zwanzig Bänden. Seine Witwe, die Übersetzerin seines editorischen Werkes, führte die ›Sagen der Juden‹ und den ›Born Judas‹ im vorgezeichneten Rahmen zu Ende, gab auch, im Jahre 1926, zusammen mit mir, dem einzigen Sohne, das bibelwissenschaftliche Werk ›Sinai und Garizim‹ (über den Ursprung der israelitischen Religion) aus dem Nachlaß heraus. Im Jahre 1936 übersiedelten wir nach Tel Aviv, wo die Arbeit fortgesetzt wurde. In den Jahren 1939 bis 1945 erschien zum ersten Male die umfassende Sammlung hebräischer Texte, die auch die Originale zu allen Geschichten des ›Born Judas‹ enthält, in einer sechsbändigen Ausgabe. Ein Seitenschößling seines hebräischen literarischen Werkes, die ›Jiddischen Schriften‹, wurde 1948 in New York, mit einer Einleitung

von Rahel bin Gorion, neu herausgegeben. Sie hat auch die biographische Einleitung zu der im Jahre 1951 begonnenen endgültigen Gesamtausgabe der hebräischen Werke geschrieben, die 1955 abgeschlossen wurde, ihrem Todesjahr; in ihren letzten Lebensjahren hat sie einige wesentliche Kapitel der ursprünglich deutsch abgefaßten gelehrten Untersuchungen bin Gorions ins Hebräische übersetzt und damit auch entscheidenden geistigen Anteil genommen an der Redaktion seiner nachgelassenen neutestamentlichen Studien, die erst heute, ein Menschenalter nach seinem Tode, veröffentlicht werden.
Zur posthumen Biographie Micha Josef bin Gorions ist noch nachzutragen, daß seine Privatbibliothek 1945 in den Besitz der Stadt Tel Aviv übergegangen ist und den Grundstock zu einer mit seinem Namen genannten städtischen bildet, wie daß eine der jüngeren Siedlungen, das 1955 mit Einwanderern aus Nordafrika im Gebirge Juda begründete Dorf ›Sedot Micha‹ (etwa: Gefilde Michas) auf seinen Namen genannt ist, mit einem seinem Gedenken gewidmeten Haus, in welches sein Legenden-Archiv überführt wurde.

DIE SCHRIFTEN

M. J. bin Gorions *prosaische Schriften* sind mit dem Gesamttitel ›Maamarim‹ bezeichnet, welches Wort im heutigen Hebräischen schlicht ›Aufsätze‹ bedeutet, im mittelalterlichen — ›Abhandlungen‹, und im frühen — ›Sätze‹ oder ›Aussprüche‹. Geordnet sind sie als kritische Schriften zur alt- und neuhebräischen Literatur, zu Fragen von Volk und Volkstum, Gemeinschaft und Land, zu Problemen des Glaubens und des reinen Denkens. Alle insgesamt sind sie Auseinandersetzungen mit der Judenfrage, Bekenntnisse eines Einzelnen, der den offiziellen Lehrmeinungen im Munde religiöser, geistiger und politischer Führer den

Versuch entgegensetzte, das Judentum, indem er seinen verborgenen Ursprüngen nachging, aus sich selbst zu begreifen. Werte, die, als solche verschüttet, vergessen oder auch bewußt unterdrückt, einmal wirksam oder gar entscheidend gewesen waren, galt es wieder aufzufinden und fruchtbar zu machen – eben gerade im Anbruch einer Epoche, da es die Zerstreuten mit Macht ergriff, heimzukehren in ihr verlassenes Haus. Sein revolutionäres Postulat war in einer Tradition begründet, die, nicht minder ehrwürdig, dabei vielleicht legitimer war als die herrschende. Darum war auch sein Zweifel weder Skepsis noch Ketzertum, sondern kam aus einem Wissen, welches eines war mit Glauben, und die bei aller Schärfe sachliche Kritik war immer gerecht, auch wo er im einzelnen irren mochte, weil sie zutiefst *erlitten* war.

Die *Erzählungen* bin Gorions – auch seine Belletristik trägt einen Sammelnamen: ›Sippurim‹, was eben ›Erzählungen‹ oder ›Geschichten‹ bedeutet – haben mit seiner didaktischen Prosa den Grundgedanken gemeinsam, daß uraltes Vätererbe dem rabbinischen Judentum mittelalterlicher Observanz verlorengegangen ist, aber unbewußt im Volke weitergewirkt und dieses recht eigentlich getragen hat und trägt; und indem der Erzähler die Menschen eines typischen osteuropäischen jüdischen Städtchens aus der zweiten Hälfte des 19. Jahrhunderts nicht nur lebens-, sondern auch seelengetreu abschilderte, zeigte er dieses Erbe in seinem latenten Kampf um sein Lebensrecht. Alle seine Erzählungen tragen den Stempel der persönlichen Erinnerung, aus der sie geschöpft sind. Die der ersten Periode sind recht eigentliche Ich-Erzählungen, zwar nicht unbedingt autobiographischen Charakters, aber in dem Sinne auf den Erzähler bezogen, als er auch die handelnden Figuren unter dem Aspekt des eigenen Lebens und Erlebens begriff und quasi mit sich selbst identifizierte; diese Erzählungen aus seiner Frühzeit, die einen großen, bis heute fortwirkenden Eindruck hinterlassen haben, haben einen unmittelbaren, zuzeiten elegisch-lyrischen Ton, und eben ihre Subjektivität macht ihre Stärke aus. In der Periode der Reife sind die Erinnerungen durchweg aus der Psyche der handelnden Personen heraufbeschworen, und der Erzähler, selbst da, wo er die eigene Person – als des Zeitgenossen und Augenzeugen – anführt, spricht als ein anonymer Sohn des Städtchens, mit dem als Gesamtheit er sich identifiziert hat. In diesen Skizzen und Erzählungen – dem Umfange nach sind sie ›short stories‹, in ihrem komprimierten Inhalte aber vielleicht eher als ›kleine Romane‹ zu bezeichnen – schwingt zuzeiten auch ein leiser Humor mit und zeigt sich selbst eine Neigung zum Idyllischen; es sind kleine Meisterwerke, die, gerade weil der Ausgangspunkt und der Rahmen so durchaus spezifisch sind, auf Menschen anderer Erziehung und anderer Daseinsbedingungen mit der Unmittelbarkeit des Selbsterlebten und -angeschauten zu wirken vermögen. In seinen letzten Lebensjahren kam der Erzähler zu einer dritten Stufe der Schilderung, die man mythisch oder magisch nennen kann; nicht nur seine Person, sondern auch das ganze Städtchen mit allen seinen Leuten war ihm zum Medium geworden, in dem sich Geschichte und Schicksal des Volkes, von seinen Anfängen an, nicht nur spiegelte, sondern manifestierte. Das gilt insbesondere von seinem letzten Werke, seinem einzigen Roman: ›Mirjam‹, – einem seiner Struktur nach fragmentarischen Werke, das dies auch äußerlich geblieben ist (er führte es zwei Tage vor seinem Tode zu einem vorläufigen Ende und schrieb darunter: ›abgeschlossen, doch nicht vollendet‹); als Buch wohl ohne Gegenstück in der literarischen Welt, eine Chronik vieler miteinander verschlungener Leben, deren jedes auch im Kreislauf der Inkarnationen historischer und legendärer Vergangenheit steht, zugleich des Verfassers Testament und Letzter Wille und ein Nachruf auf die zerstörten Städte, aus denen er gekommen war.

Als *Wiedererzähler* von Legenden gelangte der Künstler bin Gorion zu seinem Höhepunkt: hier gab er dem Volke, was des Volkes war, ohne zu interpretieren oder zu färben, indem er talmudische und nachtalmudische erzählerische Werte in einer am klassischen althebräischen Stil geschulten Sprache erneuerte. Dieses sein Werk – in der Ausgabe letzter Hand ›Zefunot we-Aggadot‹ (etwa: Mythen und Legenden) überschrieben – schließt sein dreiteiliges literarisches Oeuvre mit einer Schöpfung einheitlicher Prägung ab, der er selbst, von allem, was er zeitlebens geschrieben und erneuert hatte, die Palme zuerkannte.

ZUM ›BORN JUDAS‹

Von seinem literarischen Werke – auch da, wo es Legenden wiedererzählt – geschieden ist das *editorische*, die Sammlung von Märchen- und Legenden-*Texten* als solchen und deren Herausgabe im unretuschierten Urtext und in nach Möglichkeit wortgetreuen Übersetzungen. Auf diesem Gebiete war er Bahnbrecher und bleibender Bewahrer. Im ›Born Judas‹ gelang es ihm, das Charakteristische der erzählerischen jüdischen Volksdichtung nicht nur ans Licht zu bringen, sondern auch in gültiger Form zu erhalten. Wir haben in den klassischen Werken der Volksliteraturen in der Hauptsache zwei streng voneinander getrennte Typen: der eine, der unmittelbar aus der mündlichen Überlieferung schöpft (wie die exemplarische Grimmsche Sammlung), und der andere, der sich, obwohl anonym wie dieser, der literarischen Form bedient (wie etwa ›Gesta Romanorum‹ oder ›1001 Nacht‹). Der ›Born Judas‹, und das ist sein Sondercharakter, hält zwischen beiden die Mitte. Er

beruht ausschließlich auf geschriebenen Quellen — es sind fast durchweg mittelalterliche Texte —, die aber als solche absichtslos niedergeschrieben sind und, eben in jenen Zeiten, da das Hebräische nur Schrift- und Gelehrtensprache war, den Geist gesprochener hebräischer Volkssprache reflektieren und, für uns, deren ausschließliche Zeugnisse darstellen. Bin Gorion schöpfte aus einigen Hunderten von Büchern des rabbinischen Schrifttums, die, den verschiedensten theologischen Disziplinen angehörig, zwischendurch, meist unvermittelt, zu einer Erzählung, einer Legende oder einem Gleichnis abschweifen. Seine künstlerische Gabe stellte er in den Dienst einer Auswahl allein des Bezeichnenden und Bleibenden, wie der sinngemäßen Anordnung der einzelnen Stücke und ihrer Vereinigung zu Zyklen und Büchern. Als Kuriosum sei vermerkt, daß, da er zuerst ein sechsbändiges Werk jüdischer Märchen ankündigte, ihm voreilige Kritiker überhaupt abstritten, daß es so viele jüdische Märchen geben könne; tatsächlich aber hätte er, wäre ihm vergönnt gewesen, ein ganzes Leben an diese Sammlung zu setzen, noch manches verschüttete Gut mehr darin einbauen können. Sein Werk ist jedenfalls in den mehr als vierzig Jahren, die seit dem Erscheinen des ersten Bandes verflossen sind, als grundlegend, auch im gelehrten Bezuge, anerkannt und dient, als solches, auch der vergleichenden Märchenforschung.
M. J. bin Gorion gab den ›Born Judas‹ in einzelnen, in sich geschlossenen Bänden heraus, von denen besonders die ersten zwei — ›Von Liebe und Treue‹ und ›Vom rechten Weg‹ — fast zu jeder charakteristischen Geschichte mehrere Varianten boten, sich also gleichzeitig an Laien und Gelehrte wandten. Da ihm der Stoff unter der Hand noch wuchs, verließ er diesen Weg in den späteren Büchern und mußte dennoch, da er den fünften Band in Angriff nahm, erkennen, daß er mit sechs wohl nicht auskommen würde.

Indes ereilte ihn der Tod, und das Werk wurde, seinem ersten Entwurfe folgend, zu Ende geführt. Nachträglich erwies sich eine andere Anordnung des gesamten von ihm erschlossenen Materials als förderlich, welche, von ihm bereits vorgezeichnet, seinerzeit von den Betreuern seines Nachlasses in der sogenannten ›Neuen Ausgabe‹ verwirklicht wurde, der auch die gegenwärtige folgt.

›Der Born Judas‹ ist aus Quellen zusammengesetzt, die sich auf mehr als ein Jahrtausend verteilen, und reflektiert, soweit seine Erzählungen in einem historischen Rahmen stehen, die jüdische Geschichte als Gesamtheit, die mehr als dreitausend Jahre umspannt. Auch die Anordnung des Stoffes in einem Bande richtet sich im großen und ganzen nach der Zeitfolge der erzählten Ereignisse (weniger nach Kategorien inhaltlicher oder stilistischer Verwandtschaft oder der Abfassungszeit der einzelnen Stücke). Den Anfang bilden die ›Biblischen Mären‹, die an sich späteren Ursprungs sind: mittelalterliche, selbst nachmittelalterliche märchenhafte Geschichten, die biblischen Figuren als Helden zugeschrieben sind. Es folgen die nachbiblischen ›Historien‹, die in der Hauptsache die Epoche des zweiten Tempels begleiten und zu denen auch Außerjüdisches, aber im Judentum legitim Fortlebendes, wie der Geschichtenkreis um Alexander den Großen, wesensmäßig gehört. ›Aus dem Reiche der mündlichen Lehre‹ und ›Legenden‹ — das dritte und vierte Buch unserer Anordnung — widerspiegeln die Zeit der allein geistigen-religiösen Souveränität, die die nationale des ersten und zweiten Tempels am Ausgang des Altertums abgelöst hat; es sind dies, mit den Talmudlehrern als Helden, jene Reihen von Geschichten und Exempeln, die das Spezifikum der nachbiblischen jüdischen Fabulierkunst darstellen und, mit ihrer herben Ethik und dem Verzicht auf epische Breite, im eigentlichen Sinne original sind. Die Gruppe der ›Märchen‹ ist an keine Epoche ge=

bunden, ebenso der Zyklus ›Weisheit und Torheit‹, der den Einfluß östlicher Weltbetrachtung und Erzählungskunst auf den mittelalterlichen Judaismus veranschaulicht. Die Abteilung ›In den Ländern der Zerstreuung‹ knüpft noch einmal an die biblischen Zeiten an, schildert die ersten Etappen der Diaspora und die Meister der Exegese, Philosophie und Mystik und gibt, mit ihren sagen- und nicht nur sagenhaften Berichten über Märtyrer und Marterorte, gleichsam ein Spiegelbild einer unendlichen Leidensgeschichte, die der Geistes- und Glaubensgeschichte parallel ging und geht. In demselben Zeichen stehen die noch späteren ›Volkserzählungen‹, in denen das mystische Element noch mehr vorherrscht und die bis an die Schwelle des 19. Jahrhunderts führen. Einen besonderen Kreis bilden die Erzählungen ›Im Heiligen Lande‹, Emanationen der nationalen Sehnsucht der vom ›Tische des Vaters‹ verbannten Söhne.

Mit dem ›Born Judas‹ untrennbar verbunden ist der Name der Übersetzerin. Die Ehegefährtin des Sammlers, mit dem Mädchennamen Rahel Ramberg, entdeckte diese ihre Gabe erst nach ihrem dreißigsten Jahre und wirkte, zuerst mit der Übertragung der ›Sagen der Juden‹, die an der Lutherbibel geschult war, eindrucksvoll auch auf den literarischen Leser. In der Vorrede zum ersten Bande des ›Born Judas‹ hieß es: ›Die Übersetzung ist wortgetreu und trägt nichts in die Originale hinein.‹ Gleichwohl besteht ein Unterschied. Die Originale sind, fast durchweg, ungelenk im Ausdruck, sprachlich arm mit einer, zeitweise bis zur Unverständlichkeit führenden Anwendung gezählter und immer derselben Wörter; es war, als ob, nach dem biblischen Pathos und der talmudischen Präzision, das Schöpferische im jüdischen Volksgeist allein im Inhalt und der Lehre der anonymen Volkserzählung sich hat aussprechen können. Das Charakteristikum der Übertragung wiederum ist die

Vielfalt der verwandten Synonyme; Wort steht für Wort, aber immer wieder ein anderes.
Rahel bin Gorion, ausgezeichnet als Hebraistin, hatte ein schöpferisches Verhältnis zu der Sprache, in die sie übersetzte, stellte aber ihre Gabe ausschließlich in den Mittlerdienst. Sie war im Leben auch Betreuerin anderer zeitgenössischer literarischer Werte und durfte sich rühmen, einige ganz große Begabungen, wie Hans Voss, den bis heute verschollenen Erneuerer der ›Edda‹, und Elisabeth Langgässer, die, bereits vom Tode gezeichnet, ihren beginnenden Ruhm noch erlebt hat, entdeckt und gefördert zu haben. Ein einziges Mal hat sie aus der Weltliteratur einer anderen Sprache übersetzt: Tolstois apokryphe Volkserzählung ›Nach vierzig Jahren‹, die in den gängigen Gesamtausgaben fehlt. Nach ihrer Einwanderung in Israel wirkte sie im Rahmen der hebräischen Kultur, und nur einmal noch hat sie eine Handschrift aus dem Hebräischen ins Deutsche übertragen, die des Schreckensbuches vom ›Puppenhause‹, das einer der Geretteten von Auschwitz niedergeschrieben hat. Sie starb 1955 im siebenundsiebzigsten Jahre ihres Lebens, und der ›Born Judas‹, der ihr seine Form verdankt, ist ihre bleibende Hinterlassenschaft.

Die erste Ausgabe des ›Born Judas‹ begann 1916, während des Ersten Weltkriegs, im Insel-Verlag zu erscheinen; der Sammler, da er seinen Dank an seine Förderer zum Schluß seiner Vorrede zum Ausdruck brachte, vermerkte ausdrücklich: ›Ich darf auch nicht unerwähnt lassen, daß der Verlag mir die Hand zu diesem Werke während der schweren Kriegszeit gereicht hat.‹ Im Jahre 1933, als die Machthaber des Dritten Reichs ihr Vernichtungswerk am jüdischen Volke zunächst mit gesetzlichen Einengungen begannen, ging das Werk an einen innerjüdischen, den von Lambert Schneider geleiteten Berliner Schocken-Verlag über. Die von diesem mit hingebungsvoller Treue am Werk besorgte Ausgabe von 1934 ließ den ›Born Judas‹, aus einem der Weltliteratur angehörenden Buche des deutschen Sprachkreises, zu einer Trostfibel einer von der beginnenden Heimsuchung betroffenen engeren Gemeinschaft werden, die darin – in der symbolischen Sprache von Legende, Märchen und Volkserzählung – Weisheit, Mut und Glauben der Altvorderen wiederfand und an der geistigen Hinterlassenschaft des mittelalterlichen verfolgten Juden sich stärkte beim Anbruche eines modernen Mittelalters, grausamer und wilder als jenes erste und jede Notzeit sonst.

Fünfundzwanzig Jahre sind seither vergangen – Jahre, in denen über das jüdische Volk die größte Katastrophe seiner Geschichte hereinbrach, deren Erinnerung allen überlebenden Juden ins Fleisch eingebrannt ist und auch durch die Wiedererstehung Israels als Nation nicht gemildert wird. Wenn ich also heute, weniger noch als ein Menschenalter nach dem Geschehenen, meine Hand zur Erneuerung des Buches gebe in dem Land, von dem es ausgegangen ist, so nicht, weil ich vergessen könnte, dürfte oder wollte. Die Zeit, da an den Fabeln und Geschichten des ›Born Judas‹ unschuldige Kinder sich ergötzen mochten, ist vorüber. Vorbei auch, wie ohne Genugtuung festgestellt werden soll, die Zeit, da das Buch selbst im Abwehrkampf stand, eins mit den Verfolgten, Gemarterten und Verbrannten. Vielleicht aber ist gerade jetzt die Zeit gekommen, da diese Sammlung *befragt* werden kann von jedem, dessen Herz demütig genug ist, daß es ihm eingibt zu fragen. Ihnen, wer sie auch sein mögen und welche Sprache sie auch sprechen, will ich es nicht vorenthalten haben. Ich will nicht der Stein sein, der die Quelle verriegelt.

Tel Aviv, am dritten Todestage von Rahel bin Gorion,
30. Dezember 1958. Emanuel bin Gorion

INHALT

ERSTES BUCH: BIBLISCHE MÄREN

ZWEITES BUCH: HISTORIEN

DRITTES BUCH:

AUS DEM REICHE DER MÜNDLICHEN LEHRE

VIERTES BUCH: LEGENDEN

FÜNFTES BUCH: MÄRCHEN

SECHSTES BUCH: WEISHEIT UND TORHEIT

SIEBENTES BUCH:
IN DEN LÄNDERN DER ZERSTREUUNG

ACHTES BUCH: VOLKSGESCHICHTEN

NEUNTES BUCH: IM HEILIGEN LANDE